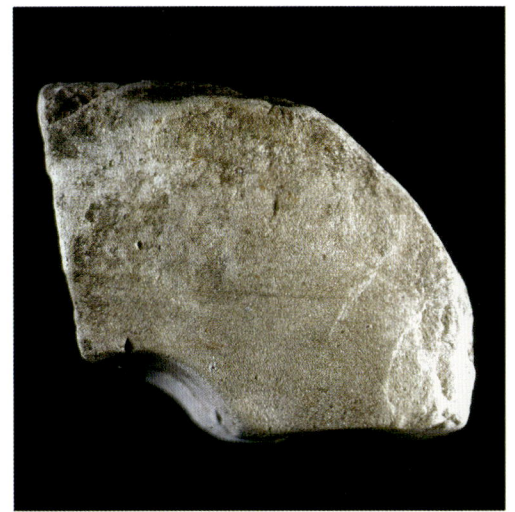

①有田遺跡第179次出土鋳型上端面　加工痕イ（文化庁所蔵）

②同　彫り込み面

③同　裏面　加工痕ア

④安永田遺跡出土鋳型（文化庁所蔵）

⑤同　裏面　加工痕イ

図版 I

①荻野公民館予定地遺跡出土鋳型側面　加工痕ア
（文化庁所蔵）

②柚比本村遺跡2区出土鋳型　加工痕エ
（佐賀県教育委員会所蔵）

図版 II

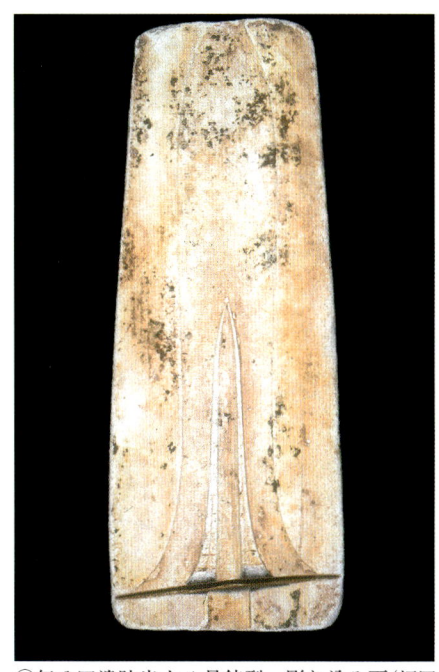
①伝八田遺跡出土4号鋳型　彫り込み面（福岡市博物館所蔵）

②同　裏面

③同　彫り込み面　加工痕ウ

④同　彫り込み面　加工痕エ

図版 III

①伝八田遺跡出土1号鋳型
　下端面　加工痕ウ
　（福岡市博物館所蔵）

②同
　彫り込み面　加工痕エ

③伝八田遺跡出土5号鋳型
　側面　加工痕ウ
　（福岡市博物館所蔵）

図版 IV

弥生時代の青銅器生産体制

田尻義了［著］

九州大学出版会

はじめに

　本書は，弥生時代の北部九州を主な対象地域とし，その地で認められた青銅器生産体制を解明した研究書である。2007 年に九州大学に提出した博士学位論文をもとにしているが，その後の最新の研究成果も取り入れ，一部を改訂している。なお，初出論文との対応は文末に記載している。

　本書では弥生時代を特徴付ける青銅器の生産に焦点をあて，当時の社会復元を試みている。日本列島における青銅器の生産は弥生時代に始まるが，その生産体制を明らかにすることが，該当地域の社会システムの一端を明らかにすることにつながると考えているからである。また，北部九州の青銅器生産は自生的なものではなく，隣接する朝鮮半島や中国東北地方などからの影響が認められる。そこで，そのような東アジアの諸地域に認められる青銅器の生産体制との比較を通じて，資料が豊富な北部九州を対象に，日本列島における青銅器生産体制を特徴付ける。

　弥生時代の青銅器生産に関する研究は，製品を対象とした研究と鋳型を対象とした研究に大きく二分することができる。しかしこれまで，製作された製品に主な関心が向けられ，鋳型に対する研究は積極的に行われてこなかった。本書の第 1 章ではこのような問題点についてこれまでの研究史をまとめ，さらに本書で使用する理論と方法の提示，用語の定義を行っている。

　次の第 2 章では，まず鋳型そのものを研究対象として，鋳型の製作に関わる痕跡である加工痕に焦点をあてた分析をしている。そこから当時の製作技術や加工方法の類似度の比較を行い生産体制の復元を試みている。

　第 3 章においては北部九州で製作された青銅器のうち，数少ない有文の青銅器である小形仿製鏡を研究対象として，製品研究からも青銅器生産体制に関する考察を加えた。有文の青銅器を扱ったため，より多くの比較属性を抽出することができ，これまでの研究では導き出しにくかった生産と消費に関する議論を行うことが可能となった。

　第 4 章では形態が特徴的な巴形銅器の研究を通じて，鋳型と製品が一致したという成果をもとに，青銅器生産体制の具体像を生産と消費の面から考察している。九州大学筑紫地区遺跡（福岡県春日市・大野城市）出土巴形銅器鋳型と森広天神遺跡（香川県さぬき市）出土巴形銅器が一致したという成果は，北部九州において鋳造された製品が，瀬戸内海を通じて遠くまで運ばれていたことを明らかにしており，青銅器の流通について新たな知見を提示している。

　以上のような成果を積み上げ，第 5 章では鋳型と製品の両者の研究を融合し，北部九州における青銅器生産体制を弥生時代中期段階と後期段階に区分し，その特徴についてまとめている。中期段階の青銅器生産体制は「自立・分散」型の体制とし，後期段階は「ネットワーク」型の体制としてモデル化した。この生産体制の違いは，背景となる社会システムの違いとも対応し，部族社会から首長制社会への変化を示している。さらに社会の発展段階が異なる朝鮮半島や中国東北地方などの

東アジア諸地域に認められる青銅器生産体制との比較も行い，それぞれの社会発展に対応した生産体制を明らかにした。

　最後に，終章では社会全体をシステムとし，青銅器生産体制から導き出した北部九州における弥生時代後期社会の評価を停滞下降方向に進む社会として捉えるならば，そこで行われていた青銅器生産は，中期以来の社会秩序を安定維持させるサブシステムとしての役割を担っていたが，十分に達成させられなかったと捉えることができるとした。青銅器生産がそのような役割を担っていたために，結果として北部九州における青銅器製作技術は，東アジアの中でも特異な方向へと発展していったと結論付けている。

初 出 一 覧

第 1 章　新稿

第 2 章　「弥生時代青銅器生産における生産体制論」『九州考古学』第 76 号　2001 年 12 月　pp. 11–33　加筆修正

第 3 章　「弥生時代小形仿製鏡の製作地—初期小形仿製鏡の検討—」『青丘学術論集』第 22 集　2003 年 3 月　pp. 77–95　加筆修正

　　　　「近畿における弥生時代小形仿製鏡の生産」『東アジアと日本—交流と変容—』第 2 号　2005 年 3 月　pp. 29–45　加筆修正

　　　　「弥生時代小形仿製鏡の生産体制論」『日本考古学』第 18 号　2004 年 11 月　pp. 53–72　加筆修正

第 4 章　「弥生時代巴形銅器の生産と流通—九州大学筑紫地区出土巴形銅器鋳型と香川県森広天神遺跡出土巴形銅器の一致—」『考古學雜誌』第 93 巻第 4 号　2009 年 3 月　pp. 1–22　加筆修正

　　　　「九州大学筑紫地区出土巴形銅器鋳型の位置付け—巴形銅器の分類と製作技法の検討—」『九州と東アジアの考古学—九州大学考古学研究室 50 周年記念論文集—』2008 年 5 月　pp. 201–216　加筆修正

第 5 章　「弥生時代小形仿製鏡の保有者と使用方法」『古代文化』Vol. 59–I　2007 年 6 月　pp. 1–19　加筆修正

第 6 章　新稿

目　次

はじめに ……………………………………………………………………………………………… i

図表一覧 ……………………………………………………………………………………………… vii

第1章　青銅器生産体制研究の現状と展開 ………………………………………………… 1

第1節　弥生時代における青銅器生産体制研究の現状 ……………………………………… 2

1. 鋳型から見た生産体制に関する研究
2. 製品から見た生産体制に関する研究
3. 原材料論

第2節　東アジアにおける青銅器生産体制研究の現状 …………………………………… 16

1. 二里頭遺跡における青銅器生産について
2. 中国東北地方・朝鮮半島における青銅器生産について

第3節　本書によって解決すべき問題の所在 ……………………………………………… 18

第4節　資料と方法 …………………………………………………………………………… 20

第5節　「工人」と「工房」の用語整理 ……………………………………………………… 21

第2章　鋳型製作から捉える弥生時代青銅器の生産体制 …………………………………… 25

第1節　加工痕より復元される鋳型の製作方法 …………………………………………… 25

1. 地域設定
2. 鋳型の出土傾向
3. 加工痕の設定
4. 加工パターンの認定と特徴
5. 鋳型加工工具に関して
6. 小　結

第2節　加工痕から見た鋳型の時期的変遷と鋳造技術の検討 …………………………… 39

1. 加工痕の時期的変遷
2. 加工痕の分析による鋳型の2期区分
3. 形式ごとの加工痕の特徴
4. 銅戈鋳型の変遷

5.　連鋳式鋳造法と連続鋳込みについて
　　　6.　小　　結

　第3節　青銅器製作技術の空間的分析 …………………………………………………… 73
　　　1.　鋳造地の認定
　　　2.　青銅器生産の地域性と時間的関係
　　　3.　遺跡群単位に見られる地域性
　　　4.　小　　結

　第4節　青銅器製作技術から見た青銅器の製作者集団の復元 ………………………… 90
　　　1.　特定形式製作者集団の有無について
　　　2.　青銅器製作者集団の地域間関係
　　　3.　青銅器製作者集団の遺跡間関係
　　　4.　小　　結

第3章　小形仿製鏡から捉える弥生時代青銅器の生産体制 …………………………… 171
　第1節　小形仿製鏡の分類 ……………………………………………………………… 171
　　　1.　小形仿製鏡研究の現状と問題点
　　　2.　方法論と概念整理
　　　3.　小形仿製鏡の分類と編年
　　　4.　小　　結

　第2節　朝鮮半島出土小形仿製鏡の製作技術と取り扱われ方の比較 ………………… 186
　　　1.　朝鮮半島出土の小形仿製鏡の製作地
　　　2.　朝鮮半島・日本列島両地域における小形仿製鏡の扱い方の違い
　　　3.　初期小形仿製鏡の製作地に関する近年の議論について
　　　4.　小　　結

　第3節　近畿産小形仿製鏡の検討 ……………………………………………………… 193
　　　1.　近畿・北陸地方における北部九州産の小形仿製鏡の抽出
　　　2.　非北部九州産の小形仿製鏡の確認
　　　3.　近畿産小形仿製鏡の分類と編年
　　　4.　近畿における小形仿製鏡の生産
　　　5.　小　　結

　第4節　小形仿製鏡の製作地と生産体制 ……………………………………………… 209
　　　1.　鏡群の抽出と分布
　　　2.　小形仿製鏡生産体制の復元
　　　3.　小　　結

第4章　巴形銅器から捉える弥生時代青銅器の生産体制 ……………………………… 245

第1節　巴形銅器研究の現状と問題点 ……………………………………………………… 245
1. 巴形銅器の分類・変遷観
2. 巴形銅器の編年
3. 巴形銅器の起源
4. 巴形銅器の地域性

第2節　九州大学筑紫地区遺跡出土巴形銅器鋳型について ……………………………… 248
1. 資料の確認
2. 製作された製品の復元
3. 鋳型と製品の一致
4. 吉野ヶ里遺跡出土巴形銅器鋳型との比較
5. 小　結

第3節　巴形銅器の製作方法の復元 ………………………………………………………… 259
1. 土製内型の採用
2. 湯口の付設位置の復元
3. 脚の彫り込み技法の細分と鋳型材質
4. 鋳型の復元
5. 小　結

第4節　巴形銅器の分類と変遷 ……………………………………………………………… 265

第5節　巴形銅器の生産体制 ………………………………………………………………… 267
1. 消費地側の様相
2. 製作地と流通の様相
3. 巴形銅器の消費の様相
4. 小　結

第5章　北部九州弥生時代青銅器における生産体制 …………………………………… 273

第1節　製作された青銅器の性格に関する検討 …………………………………………… 273
1. 威信財システムと弥生時代青銅器
2. 青銅器の使用のあり方と消費行為における階層的上下関係の検討
3. 小　結

第2節　北部九州における弥生時代青銅器の生産体制 …………………………………… 282
1. 青銅器生産体制の具体像に関する検討
2. 中期の青銅器生産体制
3. 後期の青銅器生産体制

    4. 青銅器生産体制の変遷
    5. 小　結
  第3節　青銅器製作者の社会的位置付け …………………………………………………… 302
    1. 製作者のいわゆる専業化について
    2. 専業化の定義とその出現について
    3. 考古学的事象との対比
    4. 小　結
  第4節　青銅器生産から捉える弥生後期社会の評価 …………………………………… 307
    1. 北部九州における弥生後期社会の動向
    2. 後期社会の集落動向と青銅器生産
    3. 鉄器生産の動向と青銅器生産
    4. ガラス製品生産の動向と青銅器生産
    5. いわゆる福田型銅鐸の生産について
    6. 近畿地方における青銅器生産との関係
    7. 弥生時代の社会変化と青銅器生産
    8. 小　結
  第5節　東アジアにおける青銅器生産との比較 …………………………………………… 318
    1. 二里頭遺跡における青銅器生産との比較
    2. 中国東北地方・朝鮮半島における青銅器生産との比較
    3. 北部九州における青銅器生産の評価

第6章　結　　論 ………………………………………………………………………………… 327

  参 考 文 献 ………………………………………………………………………………………… 331

  図 出 典 …………………………………………………………………………………………… 347

  あ と が き ………………………………………………………………………………………… 349

  索　　引 …………………………………………………………………………………………… 351

図表一覧

図版 I　①有田遺跡第179次出土鋳型上端面　加工痕イ（文化庁所蔵）
　　　　②同　彫り込み面
　　　　③同　裏面　加工痕ア
　　　　④安永田遺跡出土鋳型（文化庁所蔵）
　　　　⑤同　裏面　加工痕イ
図版 II　①荻野公民館予定地遺跡出土鋳型側面　加工痕ア（文化庁所蔵）
　　　　②柚比本村遺跡2区出土鋳型　加工痕エ（佐賀県教育委員会所蔵）
図版 III　①伝八田遺跡出土4号鋳型　彫り込み面（福岡市博物館所蔵）
　　　　②同　裏面
　　　　③同　彫り込み面　加工痕ウ
　　　　④同　彫り込み面　加工痕エ
図版 IV　①伝八田遺跡出土1号鋳型　下端面　加工痕ウ（福岡市博物館所蔵）
　　　　②同　彫り込み面　加工痕エ
　　　　③伝八田遺跡出土5号鋳型　側面　加工痕ウ（福岡市博物館所蔵）

図1　鋳型名称図 ……………………………………………………………………………… 25
図2　地域区分図 ……………………………………………………………………………… 26
図3　春日丘陵周辺小区分 …………………………………………………………………… 27
図4　加工痕模式図その① …………………………………………………………………… 30
図5　加工痕模式図その② …………………………………………………………………… 31
図6　加工手順推定図 ………………………………………………………………………… 32
図7　加工手順と加工痕の関係 ……………………………………………………………… 33
図8　鋳型加工の丁寧度 ……………………………………………………………………… 33
図9　加工パターン面数 ……………………………………………………………………… 34
図10　加工パターン面数比率 ……………………………………………………………… 34
図11　面別加工パターン比率 ……………………………………………………………… 34
図12　鋳型共伴鑿状鉄器出土分布図 ……………………………………………………… 37
図13　鑿状鉄器実測図 ……………………………………………………………………… 38
図14　型式別加工パターン比率その① …………………………………………………… 40
図15　型式別加工パターン比率その② …………………………………………………… 41
図16　細形段階における各面の加工パターン比率 ……………………………………… 42
図17　中細形段階における各面の加工パターン比率 …………………………………… 42
図18　中広形段階における各面の加工パターン比率 …………………………………… 42
図19　広形段階における各面の加工パターン比率 ……………………………………… 42
図20　彫り込み面における型式別加工パターン比率 …………………………………… 43
図21　裏面における型式別加工パターン比率 …………………………………………… 43
図22　上端面における型式別加工パターン比率 ………………………………………… 43
図23　下端面における型式別加工パターン比率 ………………………………………… 43
図24　側面における型式別加工パターン比率 …………………………………………… 43

図 25	側面 2 における型式別加工パターン比率	43
図 26	時期別鋳型出土数	44
図 27	銅剣鋳型加工パターン比率	61
図 28	銅矛鋳型加工パターン比率	61
図 29	銅戈鋳型加工パターン比率	61
図 30	その他鋳型加工パターン比率	61
図 31	I 期銅矛鋳型加工パターン	62
図 32	I 期銅戈鋳型加工パターン	62
図 33	I 期その他鋳型加工パターン	62
図 34	II 期銅矛鋳型加工パターン	62
図 35	II 期銅戈鋳型加工パターン	62
図 36	II 期その他鋳型加工パターン	62
図 37	全羅南道霊岩郡出土銅戈鋳型(S=1/6)	64
図 38	その他鋳型上端面加工パターン	65
図 39	その他鋳型下端面加工パターン	65
図 40	銅戈鋳型上端面加工パターン	65
図 41	銅戈鋳型下端面加工パターン	65
図 42	型式別鋳型横断面形	67
図 43	咸鏡北道鍾城郡三峰里(S=約 1/4)	68
図 44	双面笵個体数内訳	68
図 45	双面笵における形式比率	69
図 46	双面笵における型式比率	69
図 47	双面笵分布図	70
図 48	側面における加工パターン比率	70
図 49	側面―裏面間角度度数分布図	71
図 50	側面―裏面間時期別角度度数分布図	72
図 51	長方形の時期別鋳型数	72
図 52	長方形志向鋳型加工パターン比率	72
図 53	長方形非志向鋳型加工パターン比率	72
図 54	中子出土分布図	76
図 55	鞴出土分布図	76
図 56	取瓶・坩堝出土分布図	76
図 57	金属滓出土分布図	76
図 58	鋳造関連遺構①	79
図 59	鋳造関連遺構②	80
図 60	鋳造関連遺構③	81
図 61	I 期遠賀川下流域における加工パターン	83
図 62	I 期粕屋平野における加工パターン	83
図 63	I 期福岡平野における加工パターン	83
図 64	I 期早良平野における加工パターン	83
図 65	I 期宝満川中・上流域における加工パターン	83
図 66	I 期鳥栖丘陵周辺における加工パターン	83
図 67	I 期吉野ヶ里丘陵周辺における加工パターン	83
図 68	II 期糸島平野における加工パターン	85
図 69	II 期早良平野における加工パターン	85
図 70	II 期福岡平野における加工パターン	85

図 71	II期粕屋平野における加工パターン	85
図 72	II期遠賀川下流域における加工パターン	85
図 73	II期宝満川中・上流域における加工パターン	85
図 74	II期鳥栖丘陵周辺における加工パターン	85
図 75	II期吉野ヶ里丘陵周辺における加工パターン	85
図 76	II期那珂・比恵遺跡群における加工パターン	89
図 77	II期高宮周辺における加工パターン	89
図 78	II期井尻遺跡群における加工パターン	89
図 79	II期春日丘陵北側低地部における加工パターン	89
図 80	II期春日丘陵北部における加工パターン	89
図 81	II期春日丘陵東部における加工パターン	89
図 82	複数形式彫り込み鋳型出土分布図	94
図 83	I期地域別側面加工パターン	95
図 84	I期地域別裏面加工パターン	95
図 85	I期地域別上下端面加工パターン	95
図 86	I期地域別周縁面加工パターン	95
図 87	細形段階鋳型出土分布図	96
図 88	地域別細形段階鋳型出土数	96
図 89	地域別生産型式	97
図 90	II期地域別側面加工パターン	99
図 91	II期地域別裏面加工パターン	99
図 92	II期地域別上下端面加工パターン	99
図 93	II期地域別周縁面加工パターン	99
図 94	II期遺跡群別側面加工パターン	102
図 95	II期遺跡群別裏面加工パターン	102
図 96	II期遺跡群別上下端面加工パターン	102
図 97	II期遺跡群別周縁面加工パターン	102
図 98	II期遺跡群別鋳型外面加工パターン	103
図 99	II期における鋳型加工技術情報の伝達模式図	104
図 100	小形仿製鏡における製作工程	175
図 101	重圏文系小形仿製鏡のモデル推定	177
図 102	面径と縁幅の散布図	178
図 103	内行花文系小形仿製鏡の分類	179
図 104	重圏文系小形仿製鏡の分類	179
図 105	内行花文系小形仿製鏡第2型C類（S=1/2）	180
図 106	内行花文系仿製鏡の文様変化	182
図 107	甕棺出土の小形仿製鏡	184
図 108	小形仿製鏡編年図	185
図 109	小形仿製鏡の出土状況	189
図 110	朝鮮半島における倭系青銅器と小形仿製鏡の出土分布図	191
図 111	近畿出土の北部九州産小形仿製鏡	195
図 112	重圏文系小形仿製鏡第1型う類出土分布図	196
図 113	内行花文系小形仿製鏡第2型a類出土分布図	196
図 114	内行花文系小形仿製鏡第2型b類出土分布図	196
図 115	櫛歯文の本数	199
図 116	面径と鈕径の比較散布図	200

図 117	面鈕径比の比較	200
図 118	鈕孔幅と鈕孔高の比較散布図	201
図 119	鈕の形態	201
図 120	内行花文系小形仿製鏡第 5 型出土分布図	202
図 121	重圏文系小形仿製鏡第 3 型及び仿製内行花文鏡出土分布図	204
図 122	余野出土鏡	204
図 123	近畿産小形仿製鏡編年図	205
図 124	単位文様の様相	210
図 125	グループ 1 出土分布図	212
図 126	鏡群 3 の分布と単位文様の変化	213
図 127	グループ 2 出土分布図	214
図 128	グループ 3 出土分布図	215
図 129	グループ 4 出土分布図	216
図 130	面径の比較	217
図 131	内行花文数の比較	218
図 132	内行花文系小形仿製鏡第 3 型出土分布図	218
図 133	内行花文系小形仿製鏡第 4 型・重圏文系小形仿製鏡第 2 型出土分布図	219
図 134	小形仿製鏡の生産体制	222
図 135	小形仿製鏡の生産体制変遷	223
図 136	生産量の変遷	223
図 137	周辺遺跡図(S = 1/50000)	248
図 138	調査区の位置	249
図 139	出土鋳型(S = 1/3)	250
図 140	北部九州産巴形銅器集成(12〜14 を除いて S = 1/5)	252
図 141	非北部九州産巴形銅器集成(S = 1/5)	253
図 142	全径と座径	253
図 143	全径と高さ	253
図 144	座径と高さ	253
図 145	森広天神遺跡出土巴形銅器 A 群(S = 1/2)	255
図 146	九州大学筑紫地区遺跡出土鋳型と森広天神遺跡出土巴形銅器(J–6180–1)の重ね合わせ(S = 1/2)	256
図 147	突線の重ね合わせ	257
図 148	森広天神遺跡出土巴形銅器 A 群の鋳造順序	258
図 149	吉野ヶ里遺跡出土鋳型(S = 1/3)	259
図 150	湯口方向の推定	261
図 151	脚の断面形と鋳型への彫り込み相関図	263
図 152	彫り込み技法①の細分	263
図 153	巴形銅器鋳型の復元	264
図 154	北部九州産(石製鋳型)巴形銅器の製作編年案(S = 1/5)	266
図 155	森広天神遺跡周辺図	268
図 156	小形仿製鏡の出土状況	280
図 157	小形仿製鏡の型式別出土状況	281
図 158	小形仿製鏡の地域別出土状況	281
図 159	小形仿製鏡の遺跡内出土状況	281
図 160	比恵遺跡第 40 次調査出土鋳造関連遺物(S = 1/8)	284
図 161	片岡氏による渡来人と青銅器工人の関係概念図(片岡 1996a より)	285

図 162	細形・中細形銅剣が示す鉛同位体比(平尾・鈴木 1999 より)	287
図 163	細形・中細形銅矛が示す鉛同位体比(平尾・鈴木 1999 より)	287
図 164	細形・中細形銅戈が示す鉛同位体比(平尾・鈴木 1999 より)	287
図 165	細形・中細形における統一性	288
図 166	中期中葉以降における青銅器生産体制	289
図 167	福岡平野における中期後半の鋳型出土分布図	292
図 168	福岡平野における後期前半の鋳型出土分布図	292
図 169	福岡平野における後期後半の鋳型出土分布図	292
図 170	春日丘陵北側低地部における鋳型出土量の変遷	292
図 171	北九州市周辺出土の小形仿製鏡が示す鉛同位体比(平尾・鈴木 1995 より)	293
図 172	福岡県内出土の小形仿製鏡が示す鉛同位体比(馬淵・平尾 1990 より)	294
図 173	小形仿製鏡鋳型の石材利用	294
図 174	小形仿製鏡における統一性	296
図 175	中広形・広形銅矛が示す鉛同位体比(平尾・鈴木 1999 より)	297
図 176	後期における石材利用	297
図 177	中広形・広形銅矛の統一性	299
図 178	後期における青銅器生産体制	300
図 179	青銅器の製作工程	306
図 180	青銅器生産体制の変化と社会背景	317
図 181	原産地からの距離と銅滓の出土量と回収率	319
図 182	二里頭遺跡における生産体制モデルとの比較	321
図 183	対になる鋳型の出現割合	322
図 184	中国東北地方・朝鮮半島との生産体制モデルの比較	324
付図 1	唐津平野出土鋳型($S = 1/3$)	106
付図 2	糸島平野出土鋳型($7 〜 9 : S = 1/6, 10 : S = 1/3$)	107
付図 3	早良平野出土鋳型($S = 1/3$)	108
付図 4	福岡平野東北部出土鋳型 1($S = 1/3$)	109
付図 5	福岡平野東北部出土鋳型 2($S = 1/3$)	110
付図 6	福岡平野東北部出土鋳型 3($S = 1/3$)	111
付図 7	福岡平野東北部出土鋳型 4($49 : S = 1/6$, その他: $S = 1/3$)	112
付図 8	福岡平野東北部出土鋳型 5($S = 1/3$)	113
付図 9	福岡平野東北部出土鋳型 6($S = 1/3$)	114
付図 10	福岡平野東北部出土鋳型 7($S = 1/6$)	115
付図 11	福岡平野東北部出土鋳型 8($S = 1/6$)	116
付図 12	春日丘陵北側低地部出土鋳型 1($75 : S = 1/6$, その他: $S = 1/3$)	117
付図 13	春日丘陵北側低地部出土鋳型 2($S = 1/3$)	118
付図 14	春日丘陵北側低地部出土鋳型 3($S = 1/3$)	119
付図 15	春日丘陵北側低地部出土鋳型 4($S = 1/3$)	120
付図 16	春日丘陵北側低地部出土鋳型 5($S = 1/3$)	121
付図 17	春日丘陵北側低地部出土鋳型 6($S = 1/3$)	122
付図 18	春日丘陵北側低地部出土鋳型 7($155 〜 160 : S = 1/6$, その他: $S = 1/3$)	123
付図 19	春日丘陵北部出土鋳型 1($S = 1/3$)	124
付図 20	春日丘陵北部出土鋳型 2($S = 1/3$)	125
付図 21	春日丘陵南部出土鋳型($216 : S = 1/6$, その他: $S = 1/3$)	126
付図 22	春日丘陵東部出土鋳型・福岡平野その他出土鋳型($227 : S = 1/12$, その他: $S = 1/3$)	127

付図 23	粕屋平野出土鋳型 1(S=1/8)	128
付図 24	粕屋平野出土鋳型 2・宗像地域出土鋳型・遠賀川下流域出土鋳型(245：S=1/8，その他：S=1/3)	129
付図 25	遠賀川中流域出土鋳型・宝満川中・上流域出土鋳型 1(254：S=1/6，その他：S=1/3)	130
付図 26	宝満川中・上流域出土鋳型 2(256・258：S=1/6，その他：S=1/3)	131
付図 27	宝満川中・上流域出土鋳型 3(263：S=1/6，その他：S=1/3)	132
付図 28	筑後川中・下流域出土鋳型(S=1/3)	133
付図 29	鳥栖丘陵周辺出土鋳型 1(268・275：S=1/6，その他：S=1/3)	134
付図 30	鳥栖丘陵周辺出土鋳型 2(282：S=1/6，その他：S=1/3)	135
付図 31	鳥栖丘陵周辺出土鋳型 3(S=1/3)	136
付図 32	鳥栖丘陵周辺出土鋳型 4・吉野ヶ里丘陵周辺出土鋳型 1(S=1/3)	137
付図 33	吉野ヶ里丘陵周辺出土鋳型 2(S=1/3)	138
付図 34	吉野ヶ里丘陵周辺出土鋳型 3(S=1/3)	139
付図 35	佐賀平野出土鋳型(308：S=1/6，その他：S=1/3)	140
付図 36	熊本平野・その他出土鋳型(S=1/3)	141

表 1	地域別鋳型出土数	29
表 2	福岡平野内小地域別鋳型出土数	29
表 3	各加工パターンと観察できる加工痕の対応	33
表 4	鑿状鉄器出土表	36
表 5	鋳造関連遺物集成表(中子)	77
表 6	鋳造関連遺物集成表(鞴)	78
表 7	鋳造関連遺物集成表(取瓶・坩堝)	78
表 8	鋳造関連遺物集成表(金属滓)	78
表 9	複数形式彫り込み鋳型集成表	93
表 10	Ⅱ期地域別鋳型出土数	98
表 11	Ⅱ期福岡平野内遺跡群別鋳型出土数	101
表 12	日本列島・朝鮮半島出土の重圏文日光鏡集成	176
表 13	内行花文系小形仿製鏡の分類	179
表 14	重圏文系小形仿製鏡の分類	179
表 15	朝鮮半島出土の小形仿製鏡	187
表 16	近畿出土の小形仿製鏡	194
表 17	近畿産小型仿製鏡の分類	207
表 18	内行花文系小形仿製鏡第 2 型の細分	210
表 19	各文様の相関	210
表 20	乳状突起あり(グループ 1)	210
表 21	乳状突起なし(グループ 2)	210
表 22	弥生系巴形銅器集成表	251
表 23	脚幅と脚間の距離比較	257
表 24	巴形銅器分類案	263
表 25	地域別小形仿製鏡出土数	280
表 26	春日丘陵北側低地部の鋳型出土量の変遷	292
表 27	ガラス勾玉鋳型集成	312

付表 1	鋳型集成表	142
付表 2	小形仿製鏡集成表	225

第1章

青銅器生産体制研究の現状と展開

　弥生時代という時代を一言で表すならば，日本列島へ朝鮮半島から水稲耕作技術が伝来し，その後，各地で稲作が定着し，本格的な農耕文化が始まった時代とまとめることができるだろう。その定着の程度や，時間差などは列島内において様々であり，琉球諸島や北海道などはそもそも弥生時代という時代区分でまとめることができない。さらに，弥生時代は稲作に代表される農耕が始まっただけでなく，一定程度金属器を利用し始めた時代でもある。弥生時代は生業と物質文化の多様化とともに，社会全体の組織化が進展する時代として捉えることができよう。また，弥生時代は定型化した前方後円墳の出現をもって，のちに続く古墳時代と区分することができる。したがって，弥生時代とは，日本列島において体系化された農耕を生業活動の1つとしながら，金属器を利用し，社会の発展が一定程度達成された時代であり，定型化した前方後円墳出現以降の時代と区分される時代としてまとめておく。

　本書で主に対象とする北部九州地域は，地理的に日本列島の中でも朝鮮半島の一番近くに位置する。そのため，弥生時代以前にも朝鮮半島との交流は盛んに行われていたが，弥生時代開始期に，稲作をはじめとする農耕文化が日本列島において最も早く，また最も濃密に伝わった地域である。

　本書が取り扱う青銅器は，弥生時代を代表する遺物であるが，稲作農耕よりやや遅れて，やはり朝鮮半島から伝来した。当初，青銅器は朝鮮半島からもたらされるが，ほどなく北部九州でも製作されるようになる。しかし，朝鮮半島の青銅器も半島内部で突然生み出されたものではなく，隣接する中国東北地方からの影響で成立している。そこで本書では，北部九州において製作された青銅器を東アジア的な視点で捉えた場合，どのように位置付けられるかという点を明らかにする。しかし，青銅器自体の研究は型式学的な検討を含め，これまで多くの先学によって詳細に行われている。そこで，本書は青銅器自体の研究だけではなく，青銅器を製作したバックグラウンドとしての生産体制[1]の解明に主眼を置いている。

　本書の具体的な目的は2つある。1つは弥生時代の青銅器がどのような生産体制で製作されたのかという点を明らかにすることである。また，もう1つは弥生時代の青銅器生産体制と，青銅器の故地である朝鮮半島や中国大陸の青銅器生産体制との比較を行うことによって，より鮮明にその特色を導き出し，東アジアの中で弥生時代の青銅器生産体制を特徴付けることである。

　この2つの目的を達成するために，第1章ではこれまで行われてきた先行研究を踏まえ，本書で

---

1) 本書で用いる「生産体制」という用語については，本章第4節においてまとめている。

明らかにすべき問題点の抽出と，対象とする資料と方法の検討，用語整理を行う。

第1節　弥生時代における青銅器生産体制研究の現状

　弥生時代における青銅器生産体制に関するこれまでの研究を振り返ると，研究対象によって大きく2つに分けることができる。すなわち，青銅器を製作した鋳型を対象として生産体制の復元を行う研究と，青銅器製品自体を研究対象として生産体制の復元を行う研究である。これまで先学によって進められてきた全ての研究が，完全にこの2つに区分できるわけではないが，どちらかの対象資料に比重を置いていよう。本書の方向性としては，鋳型研究と青銅器製品研究の融合を求めているのであり，青銅器の生産体制を明らかにするためには，この両者の研究をバランスよく行わなければならないと考えている。

　このような視点に立ち，本節においてはこれまでの先学の研究を，鋳型を中心とした研究と製品を中心とした研究とに大きく分け，現状での研究の到達点を確認したい。

1. 鋳型から見た生産体制に関する研究

　これまでの鋳型研究の動向は大きく3つに分けることができる。すなわち，①鋳型から捉える青銅器国産開始期に関する研究，②鋳型の出土分布に基づいた製作地に関する研究，③鋳型自体を対象とした製作者に関する研究である。

　鋳型はその性格上，製品を製作した痕跡と捉えることができる。しばしば「鋳型が出土すれば，その地において青銅器の製作が行われた」という極めて一般的な考古学的類推が行われる。しかしながら，鋳型は不動産的な資料ではなく，動産的な性格をもっているため，単純に「鋳型の出土＝青銅器の生産」という図式は成り立たない。鋳型のみが何らかの事情によって製作場所を離れる可能性は十分にあるからである。けれども，これまでの鋳型研究を振り返ると，1990年代前後までの研究は鋳型資料が少なかったこともあって，「鋳型の出土＝青銅器の生産」という前提に基づいた研究が多い。

　なかでも①鋳型から捉える青銅器国産開始期に関する研究では，最古型式の鋳型の出土を根拠とする。すなわち「日本における最古型式の鋳型の出土＝その型式以降の青銅器の国産化」という図式が成り立つからである。これらの研究については以下で詳しく検討する。

　次に，②鋳型の出土分布に基づいた製作地に関する研究である。この研究の場合は鋳型の出土に一定の傾向性を導き出し，その傾向性に社会的な意味付けを行う。具体的には下條信行氏の一連の研究（下條1982・1991a・2000）があげられる。青銅器の製作地から弥生社会論まで立ち上げ踏み込んだ論考である。

　最後に，③鋳型自体を対象とした製作者に関する研究を行った後藤直氏や境靖紀氏の研究を取り上げる。後藤氏の研究は，鋳型の緻密で詳細な観察から，製作技術の復元を踏まえて，製作者について論じている（後藤1996ほか）。また，境氏は鋳型自体のもつ属性から，製作者の変化について言

及しており，鋳型研究の1つの到達点である(境1998)。

これらの3つの研究動向は，鋳型の出土量の増加とともに大きく時期変遷しており，鋳型に対する研究も深化してきていると言えるであろう。以下ではこれら3つの研究動向についてまとめることとする。

(1) 鋳型から捉える青銅器国産開始期に関する研究

鋳型は製品が彫り込まれているという性質から，鋳型の出土がその遺跡周辺での青銅器生産を裏付けるとして，鋳型出土集成表を作成することが重視されてきた。すでに江戸時代には青柳種信や矢野一貞などによって鋳型の発見・報告が記述されるが[2]，以下では，明治期以降の研究をまとめてみたい。

1887(明治20)年に淡崖迂夫氏[3]によって，吉木(福岡県遠賀郡)出土鋳型の報告が『東京人類學會雜誌』第19号に掲載され，拓本が実物大で紹介されている(淡崖1887)。本文中では，当時九州において鋳造していたとは考えられていなかった銅戈鋳型の発見を，「邦人の製造なりとは断言し難し」と評価し，外来系の遺物であるとまとめている。また，福岡在住江藤正澄氏の報告として，高宮八幡宮(福岡市)蔵の鋳型の存在についても言及しているが，御神体になっていたため調査できず，詳細については述べられていない。また，淡崖氏は1888(明治21)年に皇后峰(福岡県春日市)出土鋳型の報告をしている(淡崖1888)。1897(明治30)年には若林勝邦氏によって武器形青銅器の集成が発表され，その中で鋳型についても3地点，3個体を扱っている(若林1897)。さらに1900(明治33)年に八木奬三郎氏は鋳型の報告を行い，「6箇所10枚内外」として，6地点の地名をあげている(八木1900)。八木氏は青銅器の石製鋳型と奈良時代における鋳造貨幣の土製鋳型との間に，いかなる関係があるのかという点や，製品に比べ鋳型の発見数が少ない点を注意点としてまとめている。

こうした鋳型の発見報告を体系的にまとめたものとして，高橋健自氏による「銅鉾銅剣考」の一連の論文があげられる(高橋1916)。高橋氏は，「銅鉾銅剣考(四)」(『考古學雜誌』第7巻第3号)において，「鎔笵」として独立した章を設定している。その冒頭において，鎔笵の発見を「まさに我が國土に於いて鋳造せられしことを立証すべきものなればなり」とし，青銅器生産の裏付け資料として扱っている。また，それまでに発見されている鋳型の共通項として「何れも砥に用ゐるべき砂岩より成れり」として，石材にまで言及している。集成では廣鋒銅鉾(広形銅矛)4遺跡，10個(うち1双含む)，クリス形廣鋒銅剣(中広形，広形銅戈)3遺跡，4個，計7遺跡から出土した鋳型について，実例をあげ説明を加えている。さらに鋳型の発見が「筑前1国に限られたり」として地域性についての指摘も行っている。

その後，梅原末治氏は「銅剣銅鉾に就いて(一)」(梅原1923a)において，青銅製品資料の増加にともなう型式学的細分を行う。鋳型については高橋氏の発見報告に，異形銅剣として須玖岡本遺跡(福

---

[2] 青柳種信『筑前國續風土記拾遺』や矢野一貞『筑後将士軍談』などがあげられる。
[3] 淡崖迂夫氏は神田孝平氏の号名であり，同一人物である。

岡県春日市）より出土した数個体を加える。また，矢野の『筑後将士軍談』を引用して，太宰府（福岡県太宰府市）からの出土と，中山平次郎氏より聞いた三雲（福岡県糸島市）の出土例，さらに朝鮮江原道出土の3ヶ所を鋳型発見地として追加報告している。この論考において，梅原氏は青銅製品の舶載，仿製の区分を型式によって行う方向性を示唆している。しかし，朝鮮半島の資料不足により起源を絞り込むまでには至らなかった。

1925（大正14）年に高橋氏は，これまでの一連の研究をまとめた『銅鉾銅剣の研究』を発表し，鋳型を「青銅器製品を研究する上で重要なる資料」と位置付けている（高橋1925）。また，島田貞彦氏による『筑前須玖先史時代遺跡の研究』では，1929（昭和4）年に京都大学が発掘した須玖岡本遺跡を中心に，出土伝来していた10点の鋳型を報告しており，当時より青銅器製作地としての須玖岡本遺跡の重要性を説いている（島田1930）。

戦前の鋳型研究はその発見と報告に重心が置かれており，また鋳型に彫り込まれた製品に着目した傾向が強かった。そこでは，青銅器が使用された時代としての弥生時代の確立を目指していた当時の研究背景が想定できる。

戦後には，最古式の鋳型の出土と国産開始期の解明という点に主眼の置かれた研究がスタートする[4]。岡崎敬氏は，戦前から知られている須玖遺跡（福岡県春日市）[5]出土の中広形銅矛を彫り込んだ鋳型[6]を根拠にして，中広形以降を国産品であるとした（岡崎1953・1955）。また，銅戈では当時やや狭い広鋒銅戈と分類されていた吉木出土鋳型を仿製の根拠としている[7]。銅剣に関しては，瀬戸内を中心に分布する平形銅剣を，銅鐸との文様構成の類似を根拠に国産とした。

そうしたなかで，志賀島勝馬（福岡市東区）で細形銅剣鋳型が中期前半頃の土器[8]をともなって包含層から出土したことが注目される（森・渡辺1958）。井戸掘りの際にそれぞれ出土したため，土器と鋳型は完全な共伴関係ではなかが，その後の調査により，鋳型出土地付近から中期前半の土器と粘土塊などが発見された（森・乙益・渡辺1960；森1968）。この鋳型の出土は，それまで細形銅剣は全て朝鮮半島からもち込まれたと考えてきた説に対し，一部の細形銅剣は国産化されていたことが明らかになった点で，学史的に重要な発見であった。森貞次郎氏はこの鋳型を根拠に，明確な舶載品を第一類，粗質扁平で実用からはなれた仿製品を第二類として，それまで出土した武器形青銅器

---

4) 戦前においても鋳型の出土を国産の根拠とした研究が存在する。高橋氏の研究や，森弘氏の研究があげられる。（高橋1925；森1913）しかし，境氏はさらに遡る可能性があると指摘している（境1998）。
5) 現在，春日市教育委員会は須玖岡本遺跡と呼称しているが，当時は個別に遺跡が把握されていたため，ここでは須玖遺跡と表記する。
6) 吉村百太郎氏宅から出土した鋳型で，八木氏によって報告され（八木1908），現在は東京大学文学部考古学研究室が所蔵している。
7) 1959年に櫟ノ木遺跡（佐賀市）より，銅戈の彫り込まれたほぼ完形の鋳型が発見・報告されている（文化財保護委員会1959）。しかしながらこの鋳型については，その後ほとんど取り上げられることがなかった。中細形に分類される資料であり，東京国立博物館に収蔵されている。
8) 「黒褐色の完形の鉢形土器が出た（中略）手ずくねの様な粗製で径約10糎，高さ約6糎，平底で中央に一孔あった」と報告されている（森・渡辺1958：3）。報告当時すでにこの土器は所在不明であり，共伴土器の詳細は不明である。

を区分した(森1960)。その結果,細形段階に剣・戈・矛とも舶載品と仿製品の両方が存在することになった[9]。

こうした流れの中で,杉原荘介氏は弥生時代の墓から出土する青銅器を,当時中期中頃とされていた宇木汲田遺跡に代表される朝鮮半島からの青銅器が流入した段階,中期後半の須玖遺跡を代表とする多数の中国鏡が流入した段階,後期の桜馬場遺跡(佐賀県唐津市)に見られる巴形銅器・有鉤銅釧などの国産青銅器が副葬される段階の3段階に区分した(杉原1964a)。したがって,杉原氏は後期以降を青銅器の国産化が行われる時期とした[10]。また,勝馬出土鋳型を考慮して中細形銅剣を提唱し,同じく後期前半において国産化されたものと位置付けた[11](杉原1964b)。銅矛についても中細形という名称を初めて使用し,国産化開始期の型式名とした(杉原1964c)。また,銅戈については,概念上は中細形・中広形などの名称は想定できるが,当時の資料が少なかったこともあり,一括して広形としてまとめ,国産化されたものとして位置付けた(杉原1964d)。

杉原氏によって提唱された中細形の名称は,森氏や近藤喬一氏・岡崎氏によって継承される。森氏は杉原氏が提唱した中細形の名称を含めた4区分を継承し,細形・中細形・中広形・広形とする今日的な名称を用いた型式分類を行った(森1966)。しかしながら,中細形に勝馬出土鋳型を含めたものの,その型式の製品が朝鮮半島からも多く出土することから,「鋳型もかならずしもわが国で製作されたものとはいいがたい」(森1966: 294)として,鋳型の移動(朝鮮半島からのもち込み)と中細形が国産化の開始期であると比定することに含みをもたせている。その後,森氏は細形の一部に仿製品が含まれているとして,一部考え方を変更している(森1968)。そして,細形の中で細分化を行い,舶載品と仿製品の区分をしたが,明確な区分とはなりえなかった。近藤氏は銅剣・銅戈に関しては,明確に述べていないが,銅矛は中細形から国産品としている(近藤1974a)。岡崎氏は銅矛を中心とした論考であるが,中細形をA類とB類に二分し,B類以降を仿製品としてまとめ,北部九州を中心とした製品の出土分布の偏在傾向を根拠としている(岡崎1977)。なお,この時期に朝鮮半島における細形銅剣資料の増加にともない,細形銅剣の細分化の研究が進むが,日本列島における国産化の問題には関心が向けられておらず,扱われていない(尹1966;宇野1979)。

このような研究の流れの中で,岩永省三氏はこれまでの型式学的編年研究を概括し,明確な基準を示しながら舶載と仿製の差を明らかにすることを目的として型式分類を行った(岩永1980a・1986a・b)。

---

9) この研究において森氏が行った手順はオーソドックスな分布論の方法である。すなわち,「鋳型が出土していなくても,ある特定の型式の出土が,半島もしくは列島に偏るのであれば,そのどちらかの地において製作されたと考える」とする方法である。この方法論は,今日でも十分汎用性があるが,製品の細かな出土状況などの検討から,必ずしもあてはまるものではない。

10) このような考えは,杉原氏発表の前年1963年に,森氏によって,香椎出土有鉤銅釧鋳型の報告が雑誌『考古学集刊』に掲載されたこと(森1963)も関係があるのではないだろうか。この鋳型は戦後の開墾時に発見され,その後福岡高校に寄贈されたことから,森氏が報告したものと考えられる。

11) 勝馬出土鋳型については,本文でも述べたように1960年に森氏や乙益重隆氏,渡辺正気氏らによって鋳型出土地周辺の再調査が行われており,共伴土器が中期前半頃ではないかとすでに報告されている(森・乙益・渡辺1960)。なぜ,杉原氏がこの鋳型の時期を後期と決定したのかについては,明らかにされていない。

そこでは，志賀島勝馬出土鋳型の意義を十分に踏まえ，「細形には，純然たる舶載品・最初期仿製品の可能性のあるもの・舶載仿製の判断がつかないものを含めてある」とし，「細形＝舶載」という従来までの研究に対し，幅と含みをもたせている。すなわち，中細形について「確実に仿製品と認定でき，かつ型式的にもっとも古手のものを抽出」し，まとめている。この研究の方向性は，1984年に惣座遺跡（佐賀市大和町）出土の細形銅矛鋳型の報告（原・森田1986）と，小田富士雄氏の以下にまとめる一連の研究によって明確化し，型式分類と舶載品・仿製品との関係が1対1で対応しないことを明らかにした。

その後，各地での調査が進展し，北部九州の各地から国産開始期に遡る初期の鋳型の出土例が増加した。そこで小田氏（小田1985・1990・1992）は，新たに報告された鋳型を含めてそれぞれの鋳型の型式同定を行い，共伴土器との関係から時期を明らかにした。その結果，当時知られていた5遺跡出土の鋳型を，時期によって2群に分けた。まず，I群を中期初頭から中頃以前（城ノ越式から須玖I式）の姉貝塚（佐賀県千代田町）出土鋳型・惣座遺跡出土鋳型・志賀島勝馬出土鋳型とし，II群を中期中頃以降から末頃（須玖II式）の安永田遺跡（佐賀県鳥栖市）出土鋳型と大谷遺跡（福岡県春日市）出土鋳型とした。また，鍋島本村南遺跡（佐賀市）出土鋳型と吉武高木遺跡（福岡市）出土銅剣の成果を加え，中期初頭に国産化が行われていることを明確に示した。柳田康雄氏も近年精力的に研究を進めており，型式学的検討と再研磨，また製品の断面形に注目した研究を発表している（柳田2003b・2005c・2009aほか）。

また，片岡宏二氏によって，渡来人と青銅器生産に関する一連の研究が進められている（片岡1993a・1996a・1999）。片岡氏は中期中葉以前の鋳型を「初期鋳型」[12]と称して，「擬朝鮮系無文土器」との関連を説いている。片岡氏の研究は，製作者の実態に迫った数少ない研究の1つである。「渡来人やその子孫」が青銅器製作に携わった人々であるとして，初期鋳型と土器との関係から，弥生中期中葉以前の青銅器生産の始まりについて論じている。片岡氏の研究において注目されるのは，渡来人が青銅器生産に関わっていたであろうというこれまでの漠然としたイメージに対し，擬朝鮮系無文土器を組み合わせることによって，渡来人が全て直接関わったのではなく，列島側の人間も当初から関わっていたことを明らかにした点である[13]。

さて，このような一連の研究にあって，森氏の1966年の研究は「日本における最古型式の鋳型の出土＝青銅器の国産化」という図式に対し懐疑的である点で評価できよう。すなわち，鋳型が朝鮮半島からもち込まれた可能性を示唆したのである。志賀島から出土した1点の鋳型のみをして，国産化の根拠としていた当時の研究に警鐘を鳴らしていたとも言えよう。現在では，細形段階の鋳型も北部九州各地から出土するようになり，勝馬出土鋳型の半島からのもち込み説は薄れてしまっている。研究史を振り返るならば，「鋳型の出土＝青銅器の生産」という，この前提をいかに補強し，具体的な事実として組み上げるかは重要な問題である。

---

12) 片岡氏の「初期鋳型」とは中期前葉に遡るものを言う。
13) こうした考え方は岩永氏や武末純一氏も支持している（岩永1994b；武末1994）。

(2) 鋳型の出土分布に基づいた製作地に関する研究——下條モデルの理解——

　鋳型を素材とした研究の中で弥生時代の社会論に言及し，今日まで強い影響力をもっているのが，下條信行氏の研究である。1970年代以降の発掘調査の増加にともない鋳型資料が増加し，その結果，鋳型の量的議論が可能になり，そうした背景の中で下條氏による研究が発表される[14]。

　下條氏の研究は，北部九州において多く製作されたと考えられる銅矛の生産を中心に議論を進める。そこでは，下條氏は銅矛，銅戈の各型式変化を整理したうえで，鋳型の出土地より各段階の生産体制に言及した(下條1982・1991a)。下條氏の研究手法は，それまでの製品を主体とした研究と，鋳型を主体とした研究のそれぞれを統合する方法を採用しており，北部九州における青銅器生産体制の議論の嚆矢となった。さらに，下條氏はそうした生産体制の背後にある社会像まで踏み込んで言及している。そこで，下條氏の説を以下に詳しくまとめてみたい。

　まず，第一期(中細形)は鋳型の出土分布から銅戈の生産が玄界灘沿岸，佐賀平野，遠賀川流域で行われ，銅矛の生産は福岡平野に限られているとした。また，第二期(中広形)では，銅矛の生産が福岡平野と佐賀平野東部で行われたとしている。なお，佐賀平野東部における生産は，この時期の製品の出土量が爆発的に増加することから，その需要に応えるべき生産体制として整備されたものと位置付けている。銅剣については粕屋平野に製作地がもうけられ，その意味を瀬戸内海地域の需要に応じるためのものとして解釈している。銅戈の生産は前段階と同じく福岡平野をとりまく諸平野で行われ，製品の数が増大していることから生産体制がいっそう強化されているとした。この段階には福岡平野を中心に強力な青銅器生産体制が整い，佐賀平野東部と粕屋平野に搬出を目的とした出店が設置され，青銅器生産が行われていたとしている。第三期(広形)では銅矛が玄界灘沿岸の諸地域において生産される。この現象を，下條氏は対馬への搬出を目的としたものとして捉えている。銅戈は前段階までのような周辺諸地域における生産が行われなくなり，銅矛と同じように玄界灘沿岸の諸地域における生産に集約される。そして，この第三期では福岡平野を中心とした地域に青銅器生産が集約化され，各地へ搬出されるとしている。

　また，下條氏は中期段階の青銅器生産について，佐賀平野における銅矛の生産は玄界灘沿岸の勢力に収斂されるシステムの中での生産と位置付け，反対給付として生産工具である今山石斧や鋳造鉄器片を受け取っていたと論じている(下條2000)。佐賀平野における青銅器生産の独創性は中細形銅剣B式の創出に表れているとするが，中期後半以降の本行遺跡(佐賀県鳥栖市)での生産が終了することをもって，玄界灘勢力の掌握下で青銅器の管理生産を担ったとしている。また，安永田遺跡(佐賀県鳥栖市)の青銅器生産は，玄界灘勢力の管理下における生産と位置付けている。

　下條氏の論考は，鋳型研究から，福岡平野を中心にした玄界灘沿岸地域における強力な政治勢力を想定しており，そこを中心とした厳格な生産体制が整えられていたとまとめることができる。その強力な政治勢力とはいわゆる『魏志』倭人伝に記載されている「奴国」のことであり，「奴国」(福岡平野)を中心にした，ピラミッド構造的な社会イメージを青銅器生産体制から想定している。

---

14) 下條氏のモデルは，基本的に酒井龍一氏(酒井1978)や春成秀爾氏(春成1978・1982)らの延長線に位置付けられると岩永氏はまとめている(岩永1997)。

ここで，いくつかの問題点が浮かび上がる。まず，各地で出土する鋳型の解釈である。上述した「鋳型の出土＝青銅器の生産」という図式がいくつか認められるからである。鋳型の出土という考古学的な事実に対して，青銅器の生産という当時の行為をどこまで捉えることができるか問題である。また，各地に存在するとされる青銅器製作地間の関係が十分に説明されていないことも問題である。複数ある製作地は互いの情報をやり取りせず，ただ福岡平野の勢力に指示されるままに生産を行っていたのであろうか。福岡平野を盟主とした強力な政治勢力の存在の有無もさることながら，そうした社会体制をそのまま青銅器生産体制にあてはめた感がある。弥生社会全体，特に北部九州における弥生時代後期社会の捉え方[15]に関しては，集落の動向や墓地のあり方，また鉄器をはじめとするその他の手工業生産なども十分検討し，再考する必要があろう。しかし，下條氏の研究によって青銅器生産に関する研究が飛躍的に進んだことは間違いなく，研究史上重要な研究であると評価できる。

(3) 鋳型自体を対象とした製作者に関する研究

後藤氏の一連の研究は，鋳型の徹底した観察とそれに基づく技術系譜の比較研究を行っており，なかでも1996年に発表した朝鮮半島の霊岩出土鋳型に関する論考は，東アジアの各地で展開する青銅器生産を含み込んだ視点から論じている（後藤1996）。後藤氏は製作者に関する論究には慎重な態度をとっているが，東アジア的視点の中で，詳細な鋳型の観察から技術系譜まで論じた後藤氏の研究手法を本書でも参考にしている。

また，ここで境氏の研究に触れておく。境氏は，これまでの鋳型研究においては，彫り込まれた製品によって鋳型の分類がなされていることを指摘し，鋳型自体の横断面形によって鋳型の分類を行った（境1998）。境氏による鋳型の分類はⅠ式が細形，Ⅱ式が中細形，Ⅲ式が中広形，Ⅳ・Ⅴ式が広形にそれぞれ対応する。さらに工人集団モデルをモデルaからfまで設定し，渡来人による青銅器生産から倭人による青銅器生産への展開について考察を行っている。

境氏の研究は，彫り込まれた製品に比重が置かれるような形で進められていたこれまでの鋳型研究に対し，鋳型自体がもつ属性に注目し，分析を行った点で評価できる。鋳型研究の新たな方向性を示した画期的な研究であった。また，製作に携わった工人集団の変化について，具体的な変遷過程を示しており，北部九州における青銅器の生産の移り変わりを明らかにし，中期から後期全体の青銅器生産に関わる倭人と渡来人の関係がモデル化されている。資料不足のまま立論を行っているため，検証が難しいが，仮説としては有効であり，方法論も本書で進める研究の先駆けとなっている。

ここまで，鋳型を中心とした青銅器生産に関する研究成果を大きく3つにまとめ，一部問題点の指摘を行ってきた。鋳型から捉える青銅器国産開始期に関する研究では，これまでの研究が「鋳型

---

15) 北部九州における弥生時代後期社会の評価に関しては第5章で詳細に述べる。

の出土＝青銅器の生産」という考古学的類推に基づいており，その類推の危険性を指摘した。鋳型の出土分布に基づいた製作地に関する研究では，下條モデルを概観しいくつかの問題点を指摘した。また，鋳型自体を対象とした製作者に関する研究は，鋳型自体の研究に新たな方向性を示しており，重要である。

2. 製品から見た生産体制に関する研究

　青銅器生産の研究は，青銅器自体の分析を行うことによっても進められている。青銅器の細かな観察による分類や，出土分布の分析などからも，流通を含めた生産体制に言及する研究は少なくない。ここでは，青銅器を剣や矛などを中心とする無文の青銅器と小形仿製鏡に代表される有文の青銅器に大きく区分し，それぞれにおける生産体制に関する研究をまとめたい。なぜなら，無文の青銅器は形態的な特徴や細部調整が研究の対象となり，有文の青銅器はそれらに加え文様自体が研究対象に含まれるからである。つまり，文様をもつ青銅器は分析可能な属性を多く備えており，研究手法が無文の青銅器とは異なるからである。そこでまず，無文の青銅器に関する研究をまとめる。

(1) 無文の青銅器を用いた生産体制に関する研究①――北部九州における製作流派について――

　岩永氏は製品の検討から，銅矛・銅戈には製作流派は存在しないとしている[16]。そして，青銅器を製作させる側に製品に対する強い共通認識が存在し，各地で製作される青銅器には自由度や許容度が低かったとしている。また，そうした状況の中で根拠を明確に示してはいないが，巡回工人説を否定している(岩永1988)[17]。

　さらに，青銅器の祭器化のプロセスの中で，青銅器の生産と使用に関しては有力者が握っており，特に四国地方などで祭器として早くに成立する中細形銅剣については，生産地の北部九州では東方地域用として製作され，おそらくその使用方法についても北部九州の製作者は知っていたのであろうとしている(岩永1994b)。こうした製作段階での使用目的の想定は森氏も早くから指摘しており，朝鮮半島において細形段階に副葬の儀器として製作された可能性が強いとしている(森1968)。

　また，岩永氏は広形銅矛の生産について，青銅器の終焉に関わる分析から，生産の集中化を説いている(岩永1998)。青銅祭器の急激な消滅の要因として，支配者側に不必要になったためになくなったという理由と，生産が一極集中していたという条件を提示している。

　こうした岩永氏の研究とは別に，銅剣の研ぎ分けに着目した宮井善朗氏は鎬の研ぎ分け方法に注目し，系統差やその変遷を指摘した研究を行っている(宮井1987・1998)。さらに吉田広氏も同様に銅剣の研ぎ分けに注目し，Xタイプとyタイプに分類している(吉田1993)。吉田氏は，銅剣の剥方における研ぎ分けを，工人差であるとして，製作者集団に迫ろうとしたが，それに対し岩永氏によ

---

16) 岩永氏の言う製作流派とは製品分析から認められるものであり，本書では製作流派という用語は使用しないが，青銅器の製作については鋳型の加工段階から考える必要があるだろう。
17) 岩永氏は巡回工人を，銅鐸研究で用いられる広域に動く工人とある集団内で動く工人とに分けている。

る批判(岩永 1994b・2003)がある。岩永氏は，そうした研ぎ分けの差は，型式内の変異に過ぎず，「一人の工人ないし一つの工房ないし一つの工人流派が保有するある種の製品のある部分の仕上げ方の選択肢は一つに限られる」(岩永 2003)という問題をどのように解決するのかと指摘している。研ぎ分けに差が存在することは認められるが，製作者レベルの議論にまで踏み込むには，いくつかの手続きが必要であろう[18]。

また，宮井氏は上月隈遺跡(福岡市)7号甕棺出土銅剣の分析を行い，研ぎ分けや形態などから銅矛の製作者の関与を想定した(宮井 2000)。複数の異なる器種に共通の調整が認められることを根拠としており，北部九州の製品の分析から行った数少ない研究であろう。こうした考え方は，鋳型に複数の異なる器種が彫り込まれている例が普遍的に存在し，従来から想定されてきた説であるが，製品の研究から指摘できる例は少ない。いずれにしても，特定の製作者が特定の器種のみを製作するのではなく，様々な製品を製作していたことが明らかになりつつある。

なお，出土する製品から鋳型の復元を行う研究も認められる。この場合，北部九州ではこれまで基本的に石製鋳型のみで青銅器生産が行われていたと考えられているが，吉野ヶ里遺跡(佐賀県吉野ヶ里町)や柚比本村遺跡(佐賀県鳥栖市)出土の一鋳式中細形銅剣の存在や桜馬場遺跡出土の巴形銅器の存在から一定程度の土製鋳型の存在も想定されている(近藤 1970・1974b；岩永 1997)。しかし，これらの土製鋳型を用いた青銅器は量的に少ないことから，北部九州において普遍的に認められるものではないと考えている[19]。そこで，本書では石製鋳型による青銅器生産を中心に論じる。また，原田大六氏によって中広形銅剣の土製鋳型による製作が唱えられているが(原田 1961)，原田氏が根拠とした「型落ち」は土製鋳型だけに認められる条件ではないことは明らかであり，武器形青銅器の生産は基本的に石製鋳型で行われたと考える。

(2) 無文の青銅器を用いた生産体制に関する研究②──荒神谷遺跡出土銅剣の研究──

北部九州の事例ではないが，荒神谷遺跡(島根県出雲市)から出土した358本の銅剣に関する検討から生産体制に踏み込んだ事例をまとめる。荒神谷遺跡で1984年に発見された358本の銅剣の詳細な観察と分析の結果，報告書では鋳型の総数が226個体存在しなければならないことを示した(吉田 1996)。すなわち1つの鋳型で計算上平均1.31本しか製作ができなかったことが明らかとなった。この数値が多少変動することはあろうが，この結論は，弥生時代の青銅器生産の技術的レベルを推し量るうえで重要な情報を提供した。

また，荒神谷遺跡出土銅剣の研究が契機となり，北部九州における武器形青銅器の多量埋納にお

---

18) また，研ぎ分けについては朝鮮半島出土の武器形青銅器に対しても検討がなされ，時期差や系統差によるものではないかとされている(宮里 2001a；青木 2002；宮井 2003；宮本 2003)。
19) 柳田康雄氏は製品の検討から一定程度の土製鋳型が存在していることを指摘し，東小田峰遺跡(福岡県筑前町)から出土した土製鋳型や須玖岡本遺跡坂本地区(福岡県春日市)出土の土製鋳型と考えられる資料を紹介している(柳田 2009b；柳田・平嶋 2009)。土製鋳型が一定量存在したであろうことは否定しないが，北部九州の青銅器生産を特徴付けるほどの量ではなかったと考えており，本書では石製鋳型を中心に論じることとする。

ける同笵品の検討が行われた(島根県古代文化センター2004)。製品の細かな計測と笵傷の確認や,銅戈の文様などを検討している。その結果,1つの鋳型でやはり1.1本前後しか製作されておらず,荒神谷遺跡の事例と類似した数値が示された。あくまで現状での数値であるが,報告書の中で吉田氏はそうした同笵品が少ないという現象の理解として,製作者が鋳型は石製でなければならないとこだわった結果であり,また製品の鋳造より研磨作業に重点が置かれていたためではないかとしている(吉田2004)。

(3) 有文の青銅器を用いた生産体制に関する研究①──北部九州における有文の青銅器について──

北部九州において製作されたと考えられている青銅器は,無文のものが多く,特に出土量の多い銅剣や銅矛には,文様が施されていない。銅戈には,樋に綾杉状の文様が認められ,また,一部の製品の内に人面文様や鈎状文などが施されるが,文様の意味や解釈に関する研究(後藤1980;常松1999・2000・2006)のみで,文様から生産体制を復元する研究はほとんど行われていない。また,一部の製品に綾杉文が施される巴形銅器などについても,文様に着目して生産体制に踏み込んだ研究はほとんど認められない。

北部九州で製作されたいわゆる福田型銅鐸に関しては,北島大輔氏による一連の研究が,現在のところ進んでいる(北島2002・2004)。北島氏は近畿産銅鐸との比較検討から,北部九州において製作されたとされる福田型銅鐸について型式学的な検討を行い,赤穂ノ浦遺跡(福岡市)や安永田遺跡(佐賀県鳥栖市)出土の鋳型との比較を通じて,所属年代や製作背景について言及している。論中で,北島氏は福田型銅鐸を中期後半から後期初頭の北部九州における生産品として捉え,北部九州と本州(中国地方や近畿地方)との相互交流の結果,相手側の嗜好に合わせて製作された可能性のある製品として位置付けている。森氏や岩永氏が指摘したように製作者側が使用者側の事情を理解し,製作していたようである(森1968;岩永1994b)。しかし,その理解がどの程度であったのかという点に関しては,北島氏の研究では相互干渉作用の結果であるとして十分に触れられていない。また,そうした福田型銅鐸の特性を理解したうえで,生産体制にまで踏み込んだ議論は行っていない。

さて,北部九州で製作された青銅器のうち,最も明瞭な文様を施されるのが,いわゆる小形仿製鏡[20]である。小形仿製鏡はそもそも輸入された中国鏡をモデルとして,面径を小型化して製作された鏡である。モデルとなる中国鏡には,吉祥句や動物文などが鋳出されているが,北部九州で小型化する際には,文字や文様は理解されていないようであり,1対1関係でモデルとなる中国鏡を同定できる資料は少ない。しかしながら,一定程度の類似は認められ系譜を辿ることができる文様が鋳出されている。したがって,北部九州で製作された青銅器の中にあっては,極めて特異な文様を有する製品である。

小形仿製鏡に関する研究は,梅原氏を嚆矢とする(梅原1923b・1925)。1918(大正7)年に,朝鮮半島永川郡漁隠洞から発見された前漢鏡をはじめとする漢代の遺物と,いわゆる小形仿製鏡の報告が

---

20) 小形仿製鏡という名称に関しては,これまでの学史を尊重し,「小形仿製鏡」という固有名詞として本書では使用する。したがって,面径の大きな「大型鏡」に対する「小型鏡」という名称は使用しない。

端緒である。この報告において，小形仿製鏡が出土地である朝鮮半島において製作された可能性を示唆し，朝鮮半島南端部を，日本列島に漢代の文物が流入してくる中間地帯として位置付けている。また，小形仿製鏡のモデルとして，異体字銘帯鏡[21]をあげている。その後，中山平次郎氏は，須玖岡本遺跡出土の内行花文鏡が古墳時代のものとは異なり，弥生時代[22]にわが国（日本列島）において製作されたものではないかと指摘した(中山1928)。さらに，中山氏はカラカミ遺跡（長崎県壱岐市）出土の小形仿製鏡は前漢鏡の異体字銘帯鏡[23]が，古墳出土の内行花文鏡は後漢鏡の長宜子孫内行花文鏡がそれぞれモデルにあたると指摘している(中山1929b)。戦後になり，梅原氏は漁隠洞出土鏡は朝鮮半島において製作され，その他の小形仿製鏡は弥生時代の北部九州各地で製作されたものとし(梅原1959)，森氏は，小形仿製鏡の製作要因を弥生時代後期以降に半島からの文物の流入に停滞が起こったためとした(森1966)。

　ここまでの研究によって，今日における小形仿製鏡の位置付けがほぼ確定した。まとめるならば，弥生時代の小形仿製鏡は，後漢鏡の不足を補うためにその一部が朝鮮半島で製作され，その後，北部九州で製作されたということである。そうした成果を受け，髙倉洋彰氏による一連の研究が行われた(髙倉1972・1981a・b・1985・1993a・1995a・b・1999・2002)[24]。髙倉氏は当時出土していた小形仿製鏡に対し文様構成による型式分類を行い，第Ⅰ型を朝鮮半島産，第Ⅱ型を北部九州産とし，製作地の変遷を明確に示した。また，個別の文様についての考察を行い，モデルとなった漢鏡の推定，鋳型の出土から捉えた生産体制の復元をあわせて行った。髙倉氏は製作地の変遷に関して，近年の論文において若干幅をもたせた意見を示すが，朝鮮半島における製作を認めたままであった。また，北部九州内における製作地について，「ブランド生産」という表現を使いながら文様の独自性を認め，生産の独自性を指摘した。

　こうした一連の研究は，小形仿製鏡が有文であるがゆえに，生産体制にまで踏み込むことができるのである。初期に製作された小形仿製鏡の製作地に関する議論については，著者は疑問をもっており，小形仿製鏡は基本的に全て日本列島産であると考えている。また，髙倉氏が行った製作地の変遷に関する研究や文様の独自性から立ち上げた生産の独自性という議論は，本書でも参考にするところが多い。これらの諸問題に関しては第3章において述べる。

(4)　有文の青銅器を用いた生産体制に関する研究②――銅鐸の生産体制について――

　銅鐸の生産体制に関する研究は，佐原眞氏によるヨーロッパの青銅器時代に認められる巡回工人説の提唱から始まる(佐原1981)。佐原氏は中近世の梵鐘造りの渡り職人的なイメージを弥生時代の青銅器生産にあてはめ，製品が動くのではなく，工人が動くことを主張した。また青銅器の生産の場を「中心的工房」と「周辺的工房」の2者に分け，後者を工人が動いた結果のものであるとした。

---

21)　梅原氏は，具体的には「ゴシック式日光鏡」をモデルの候補としてあげている(梅原1923b・1925)。
22)　中山氏は，「金石併用時代にわが国で製作された」としている(中山1928)。
23)　中山氏は，具体的には精白鏡や日光鏡がモデルにあたるとしている(中山1929b)。
24)　小形仿製鏡の研究においては，樋口隆康氏や高橋徹氏らによる研究もある(樋口1979；高橋1986)。

こうした論を受け，難波洋三氏や春成氏らは，銅鐸の文様構成に注目し，一定の系譜をもつ銅鐸群を抽出し，特定の製作地とそれらが結び付くことを示した。そこで巡回工人説を否定し，特定の製作地で特定の銅鐸を製作していたことを明らかにしている(難波 1991；春成 1992a)。さらに，名古山遺跡(兵庫県姫路市)，今宿丁田遺跡(兵庫県姫路市)出土の銅鐸鋳型の事例を取り上げ，出先工房の存在を示唆している(春成 1992b)[25]。

　春成氏の論は定着工人説であり，畿内の拠点集落にそれぞれ鋳造センターと称する青銅器製作地をもち，それ以外にも拠点的な出先工房が周辺に存在するというものである。また，鋳造センターでの製作は，ある特定の銅鐸群に限られるというものである。

　最近は難波氏によって，同笵銅鐸の細かな分析から，鋳型の耐久性や工人の動きなどが明らかになりつつある(難波 2000)。石製鋳型から土製鋳型へ鋳型材質が変化することにともなって，同笵銅鐸が製作されなくなるとされてきたこれまでの研究に対して，難波氏は製品の詳細な観察によって，土製鋳型導入以前に，同笵銅鐸が製作されなくなっていった傾向を提示した。そこでは，銅鐸製作者の文様の抽出に対する意識が変化したため，文様が不鮮明になる同笵品の製作が下火になることを指摘している。また，同笵品の舞型持の形状の分析から，鋳型の使用期間が短かったことや，鋳型を所持しながら移動する巡回工人説は否定できることなどを述べている。

　ここまでが，製品としての青銅器から見た生産体制の研究である。青銅器自体の細かな観察から，製作者の癖を読みとり生産体制を明らかにしようとする方法と，青銅器に認められる文様を手がかりにして，生産体制を明らかにする方法である。鋳型研究からでは明らかにできなかった使用段階の検討を含んでおり，重要な研究手法である。次に鋳型研究と製品研究を組み合わせた先行研究をまとめたい。

(5) 鋳型と製品から捉えた青銅器生産に関する研究

　この研究には片岡氏の研究があげられる(片岡 1993c・1995)。北部九州における武器形青銅器の変化方向の特徴は，大型化であるが，製作技術もその大型化にともない変化していることに着目した。片岡氏は，製品の大型化にともなって出現した連結式鋳型[26]を，倭人が生み出した技術として評価している。石製の鋳型を組み合わせると，総重量約 40 kg になり，1 人の工人でも扱いやすくするために，鋳型の分割に至ったとしている。また，大型の鋳型石材の入手が困難であることも要因としてあげている。片岡氏は連結式鋳型で製作された製品の分析も行ったが，現状では鋳型と製品が一致する例は確認されなかった。しかし，これまで見逃しがちであった連結式鋳型に着目し，製作技術から生産体制を明らかにしようとしたという点で画期的な研究である。

---

25) 山本三郎氏の報告(山本 1989)を受け，西播磨の中で名古山遺跡，今宿丁田遺跡の周囲 2 km のみに摂津系の土器が出土していることを根拠にしている。
26) 中口裕氏は鋳型の復元製作実験と，その鋳型を使用して青銅器の鋳造実験を行った(中口 1972・1974)。連結式鋳型に関しては木枠で固定する方法を復元し，製作方法について様々な情報を得ている。

このような状況にあって北部九州では200点を超える鋳型が出土しているが，鋳型と製品が明確に一致したという事例はほとんど報告されていない。鋳型と製品の関係がわかれば，製作地と消費地の関係が明確となり，青銅器の流通にまで踏み込んで議論することができる。研究史の中で，大谷遺跡(福岡県春日市)出土の中細形銅矛の鋳型が，立岩堀田遺跡(福岡県飯塚市)出土の銅矛と一致するのではないかとされた事例がある(小田1985・柳田1986)。ところがこの事例には，春日市在住の市民が40年ほど前に付近で表採し，2008年3月に春日市へ寄贈した鋳型破片を，市が調査したところ，以前に出土し報告されていた大谷遺跡出土の鋳型と接合し，その結果，立岩堀田遺跡出土の銅矛と形態が異なってしまったという経緯がある。また，須玖岡本遺跡坂本地区(福岡県春日市)出土の筒形銅器鋳型が夜臼遺跡(福岡県新宮町)出土の製品と一致するのではないかとされる事例もあったが[27]，一致していない。

　明確な一致例がないなか，2008年9月に開催されたアジア鋳造技術史学会で，中原遺跡(佐賀県唐津市)出土の鋳型によって，久里大牟田遺跡(佐賀県唐津市)から出土した中細形銅矛aが製作されたのではないかとの報告がなされた(戸塚2008・2010)。青銅器生産があまり盛んであった地域とは言えない唐津地域において，遺跡同士の関係性を述べたものである。両者の遺跡の距離は近く，在地で製作され在地で消費されたという極めて一般的なモデルが明確になった[28]。この報告例に前後して，著者は巴形銅器の鋳型と製品の一致例を報告している(田尻2008・2009b)。

　このように鋳型と製品の関係が明確になった研究は少なく，今後両者の関係を明らかにする生産と流通の議論が期待される。

　ここまで，弥生時代の青銅器生産体制について鋳型を対象にした研究と製品を対象にした研究に大きく区分し，研究史を振り返った。それぞれの研究が対象遺物のみを扱っているわけではないので，重複や区分しにくい研究もある。しかし，鋳型と製品という研究対象によって大きく2つに区分できよう。それぞれの研究史で問題点をいくつかあげたが，その点については本章第3節でまとめたい。次に青銅器生産に関わる様々な原材料に関する研究をまとめておきたい。

3. 原材料論

　青銅器を製作するためには，青銅の原材料となる銅と錫，鉛などの金属と，鋳型に用いる石材，製品を中空にするために用いる内型の真土などが必要である。以下ではそれぞれについてこれまでの研究成果をまとめる。

　青銅器の原材料に関しては，古くから様々な意見が出されている。それらは，インゴット説と改鋳説，さらに国内産の原材料であるか，中国・朝鮮半島産の原材料であるかという産地の問題に区

---

[27] 断面は一致するが，製品の一部が鋳型からはみ出してしまい，その部分をどのように鋳造したのか疑問点が残っていると春日市教育委員会の井上義也氏より御教示いただいた。

[28] しかし，この事例は柳田氏によって検証され，鋳型に彫り込まれた型式の再検討から一致しないことが明らかとなった(柳田2011)。

分される。改鋳説では1924(大正14)年に梅原氏は，銅鐸の原材料として戦国から漢代にいたるまでの貨幣や銅器が使われたのではないかと指摘しており，銅鐸の成分が『周礼』考工記に記載されている銅と錫の成分に似ているということを根拠としている(梅原1924)。また，中国産か国産のいずれかは説いてはいないが，自然銅の使用についても示唆している。その後，三木文雄氏によっても鋳潰し説が唱えられる(三木1968)。また，久野雄一郎氏・久野邦雄氏らによって銅の国産原料説が唱えられる(久野1985：久野1999)。

鋳潰し説の中で銭貨について論じたものには，杉原氏や近藤氏などの論考があげられる。杉原氏は王莽代の貨泉を原材料に考えている(杉原1972)。また，近藤氏は日本出土の青銅器に含まれる亜鉛に注目し，貨泉などの銭貨が原材料の一部として使われたのではないかとしている(近藤1983)。近藤氏は論中で日本における銭貨の出土地と青銅器の製作地の重なり方と，亜鉛のもつ化学的特性とを根拠にあげ，銭貨を「特に融点を下げるために都合のよい媒体」として使用したのではないかと指摘している。また，対馬の青銅器を分析した下條氏は鋳潰し前の青銅器が墓に副葬されているとしている(下條1979a)。

1980年代からは，馬淵久夫・平尾良光両氏による一連の鉛同位体比分析によって，弥生時代の青銅器中の鉛に関しては，朝鮮半島産から華北産へ時期とともに変化することが明らかとなってきた(馬淵1989：馬淵・平尾1982・1990；平尾・鈴木1995；平尾・佐々木・竹中1995；平尾編1999)[29]。また，1992年に報告された吉野ヶ里遺跡では，錫の塊が出土している(佐賀県教育委員会1992)。

また，石製鋳型の石材に関しては，唐木田芳文氏による研究(唐木田1993)がある。北部九州で出土する鋳型の多くが，石英斑岩[30]であると鑑定されているが，今のところ原石の露頭は判明しておらず，どこから運び込まれたのか不明である。しかしながら，近年の調査により，石英斑岩は矢部川流域で産出するのではないかとされている(唐木田2000・2005；唐木田・首藤・藤沢2010)。採集された岩石と鋳型の石材分析が肉眼レベルで一致している。今後，採取された岩石と鋳型石材の高精度な化学的分析の実施と矢部川流域の考古学的な調査も含めて注目していかなければならない[31]。

鋳型の内型や湯口に使用する真土に関する研究は，ほとんど行われていない。製作地周辺の土を使用したのであろうが，この点に関しては，全く分析が行われていないと言ってよいであろう。そうした研究状況の中で，境氏による銅矛中型の研究は画期的である(境2006)。境氏は色調と胎土，触感の3項目について，銅矛中型の観察を行い福岡平野出土中型と佐賀平野出土中型に違いがある

---

29) しかし，鉛同位体比分析に関しては岩永氏や新井氏によって，いくつかの疑問点が提示されている(岩永1997・2001；新井2000)。
30) 石英斑岩はこれまで石英長石斑岩と言われていたものを指す。岩石学的な名称にしたがって，以下では石英斑岩とする。
31) このような問題点を受け，九州大学大学院比較社会文化研究院基層構造講座・地球変動講座を中心とする研究プロジェクトである平成22年度九州大学教育研究プログラム研究拠点形成プロジェクト「高精度元素・同位体分析システムを用いた原始古代人口移動・物流ネットワークの研究」が実施され，鋳型石材と採取石材の化学分析を行っている。その結果，鉱物組成・化学組成・岩石の生成年代測定で完全に両者が一致する結果を得た。詳細は著者が平成22年度九州考古学会総会でポスター発表し，現在論文を執筆投稿中であることを補足しておく。

ことを提示し，一部流通論にまで踏み込んだ研究を行った。

　いずれにしても原材料論に関しては，これまで，科学的分析を中心に研究が進められている。しかし，そのような研究にあって，考古学的な検討・考察が十分行われていない。すなわち，遠隔地から材料がもたらされるのであれば，その遠隔地の交渉にいかなる関係性をもって携わったのかが深められていない。特に，青銅器の生産に関わる原材料は，金属素材だけでなく，石材や土に関しても同様に行われなければならない。

第2節　東アジアにおける青銅器生産体制研究の現状

　さて，弥生時代の青銅器生産を，東アジア全体における青銅器生産体制研究の中で位置付けなければ，弥生時代の青銅器生産の特性が抽出できない。なぜなら，弥生時代における青銅器製作技術は決して北部九州の地で自発的に萌芽したものではなく，朝鮮半島から伝来してきたことが明らかであるからであり，さらには朝鮮半島における青銅器製作技術もその地で出現したのではなく，中国大陸に起源をもつからである。弥生時代の青銅器製作技術を東アジア的視点で捉えることによって，対象地域の東端に位置する北部九州における青銅器生産のあり方の特質を抽出することができよう。したがって，この節では，東アジアにおける青銅器生産体制に関する研究をまとめていきたい。

　東アジアにおける青銅器生産体制研究は，1つは中国における研究が中心である。中国は東アジアの青銅器の故地であり，初期の銅器や青銅器などが相次いで発見されている(唐1979：安1981・1993ほか)。近年は殷墟期の青銅器生産に関する議論(難波1990・1992・1995・1996，Yung-ti Li 2003：中国社会科学院考古研究所安陽工作隊2006ほか)や，西周から戦国秦漢代にかけての青銅器生産や配布，消費のあり方に関する議論も盛んである(松丸1980ほか)。しかしながら，製品としての青銅器に関する研究は多く認められるものの，鋳型研究を含んだ生産体制にまで踏み込んだ研究はそれほど多くない。

　本書では日本列島における弥生時代の青銅器生産体制について論じることを目的としているので，「東アジア」と呼称しているが，扱う資料は中国河南省二里頭遺跡に関する資料と中国東北地方および朝鮮半島を直接の比較資料とする。これらの諸地域は，いずれもその地域において初期に金属器文化が成立した地域であり，初期青銅器という用語でまとめることができる。したがって，社会の発展段階は地域ごとに異なるが，それぞれの地域における初期青銅器の生産体制との比較を通じて，新たな物質文化が社会に導入され，再生産されるあり方を比較する。その結果，弥生時代における青銅器生産体制の特徴を導き出すことができる。

1.　二里頭遺跡における青銅器生産について

　二里頭遺跡は，河南省偃師に所在する遺跡である。これまで数多くの調査がされており，1999年には『偃師二里頭』という報告書も刊行されている(中国社会科学院考古研究所1999)。報告書では，

1959年から1978年までの調査を総括し，基壇建物址(宮殿址)や数多くの墓葬が報告されている。1978年以降も二里頭遺跡の調査は継続しており，これまでに基壇建物址を取り囲む城壁址や計画的に配された道路状遺構などが検出されている。このような調査結果から，二里頭遺跡は二里頭文化の中心的な遺跡とされ，新石器時代末期の王湾三期文化に継続する初期青銅器時代に位置付けられ，文献に記載されている夏文化の遺跡であると想定されている。

遺跡からは初期青銅器の製品とともに，青銅器の生産に関わる遺物が出土している。刊行された報告書では，二里頭遺跡南部の調査区第IV区から多くの青銅器生産関連遺物が出土することを根拠に，その調査区を鋳造工房区と称して報告されており，注目される。

しかしながら，刊行された報告書の記載が不十分で，遺跡のどの地点からどの遺物が出土しているのか不明であり，遺物同士の共伴関係が明らかではなかった[32]。そうした研究状況の中で，著者は二里頭遺跡出土の鋳造関連遺物を調査する機会に恵まれ，その成果をまとめた(田尻2009a)。具体的な内容としては，鋳造工房区内における生産関連遺物の出土位置を明らかにし，特定の場所で継続的に青銅器生産が行われていることを実証した。また，青銅器以外の緑松石製品の生産が隣接して行われていることも明らかにした。

二里頭遺跡は，都市と評されることもあり，複数の大型建物基壇址やそれらを取り囲む城壁址・街路と考えられる道路状遺構などが検出されている。また，二里頭文化の社会段階が首長制社会であるか国家にあたるのかについても議論がある。いずれにしてもこの時期に二里頭遺跡において青銅器の生産が本格的に行われ始めていたのは間違いない。したがって，二里頭文化における青銅器生産体制と，同じく青銅器生産が日本列島で本格的に始まった弥生時代における青銅器生産体制との比較を通じて，弥生時代の青銅器生産体制の特徴を導き出す。

2. 中国東北地方・朝鮮半島における青銅器生産について

中国東北地方から朝鮮半島にかけては，弥生文化の様々な諸要素の故地として，古くから注目される地域である。青銅器に関しても同様であり，細形銅剣の故地としての朝鮮半島や，遼寧式銅剣の起源地と考えられる中国東北地方などが具体的にあげられる。したがって，青銅器の製品自体は中国東北地方や朝鮮半島から直接・間接を問わず，影響を受けている。その製作技術に関しては両地域における鋳型資料の不足などから十分に検討されておらず，鋳型の出土報告と観察に留まっていたが，甲元眞之氏，岡内三眞氏や後藤直氏などの研究によって，日本列島の弥生時代青銅器生産へ至る東アジア全体での位置付けが試みられている(甲元1979；岡内1983・1984・1990；後藤1996・1997)。なかでも岡内氏は，1984年段階において，東北アジア全体の鋳型集成を行い，全体像の把握に努めた。また，製品の細かな観察から製作方法について考察し，製作技術の検討も行っている。後藤氏は朝鮮半島霊岩出土鋳型について詳細に観察し，鋳型の形態的・機能的な比較検討を行っており，予察的な研究ではあるが，東北アジア全体の中での弥生時代青銅器生産の特徴について述べ

[32) 報告書の記載が不十分であることに関しては，李京華氏によって10点の問題点としてまとめられている(李2004)。

ている。また最近は，楽浪土城における青銅器生産に関して鄭仁盛氏による精力的な研究がある(鄭2001・2002a)。これまでブラックボックスであった楽浪郡における青銅器生産に関して，生産工程に則った空間分析を行い，具体的な生産の様相を明らかにしつつある。また，青銅器生産と同時にガラス製品生産も行われていたことが明らかとなった。近年は，東北アジアにおける鋳型自体の発掘調査資料も増えつつあり，著者も最新の鋳型集成を作成してそこから導き出される生産体制について検討している(田尻2007)。それらの成果を踏まえながら，弥生時代青銅器生産との比較をしていきたい。

第3節　本書によって解決すべき問題の所在

これまでの研究史を振り返ることによって，以下の8つの問題点を抽出した。そこで，本書ではこれらの問題点を解決することによって，本章において定義した2つの研究目的を達成したい。すなわち，弥生時代の青銅器生産体制の解明と，その生産体制を特徴付けるための東アジア諸地域における初期青銅器生産体制との比較である。以下では抽出された8つの問題点を確認する。

問題点1　製作地の認定方法　鋳型を対象とした研究においては，「鋳型の出土＝青銅器の生産」という図式が多くの研究で，無批判に用いられていた点が問題である。研究の当初においては，資料不足ということから厳密な議論ができていなかったが，近年の研究においても同じような論調が存在する。鋳型が出土したという考古学的な事実から，青銅器の製作がその地で行われていたことを証明するためには，鋳造関連遺物の検討・遺構の検討など複数の手続きが必要であろう。この製作地の認定に関する問題点の解決については，第2章において記述する。

問題点2　加工痕の検討　これまでの研究においては，鋳型に彫り込まれた製品に目が向けられていたことを確認した。そうしたなかで境靖紀氏の研究では鋳型の横断面形に注目することにより鋳型自体の変遷を示すことができた。こうした試みは，鋳型自体に認められる属性を分析することの有効性を示している。そこで，本書では鋳型に加えられた加工痕の検討を行い，鋳型研究の可能性を広げたい。鋳型には数多くの情報が含まれており，その中の1つが，鋳型製作時に付加された加工痕である。鋳型の製作時に，様々な工具を用いて石材加工を施すが，そうした痕跡を検討することによって，鋳型の加工方法の検討が可能である。また，その地域的・時間的特徴を抽出できれば，製作に携わった人々に迫れる可能性がある。これまでの研究では，こうした視点の分析が全く行われていない。第2章において，鋳型の加工痕の検討を行い，新たな生産体制像を導き出す。

問題点3　下條モデルの検討と弥生時代の社会イメージ　下條モデルの問題点は，福岡平野を中心にピラミッド型に階層化された社会を青銅器生産にあてはめている点である。すなわち，下條モデルでは奴国(福岡平野)を中心とした玄界灘沿岸勢力の強固なピラミッド構造という社会イメージを青銅器生産にあてはめ，奴国の周辺各地に存在する製作地は，中央(奴国)からの指示のもと，生産量や供給先まで指図を受けながら，製作を行っていたとしている。鋳型の出土量や空間分布の検討が中心に行われているが，その他の可能性を含んでおらず，特に弥生時代後期の社会イメージに関

しては，そのような階層化された社会であるのか議論する余地がある。また，生産体制に関しても，果たして中央からの様々な指示があったのか検討しなければならない。こうした問題点を解消するために，本書では，第3章において，有文の青銅器である小形仿製鏡の検討を行い，中央の製作地（須玖遺跡群）と周辺の製作地との関係や，周辺に複数存在する製作地間の関係について検討し明らかにする。また，青銅器生産と弥生時代の社会イメージに関しては第5章において検討を加える。

問題点4　青銅器の製作者と使用者に関する検討　青銅器自体の廃棄や埋納の検討から導き出される生産体制の研究は，生産と，廃棄や埋納との間に製品の使用という一定の時間経過を含むため困難な作業である。しかしながら，廃棄や埋納のあり方，またそこから導き出される使用方法の復元を通じて，青銅器の生産体制の一端を明らかにすることも可能であろう。そこで本書では，第5章において，小形仿製鏡を題材として，青銅器の使用のあり方から生産体制の復元を試みる。これまでの製品の単純な分布論ではなく，小形仿製鏡の製作者の意図と使用者の実際の使用方法が異なっている様相を導き出し，製作者と使用者の関係について考察する。

問題点5　小形仿製鏡の製作地と生産体制　小形仿製鏡の製作地に関しては，先述したように，初期に分類される鏡は朝鮮半島において製作されたと考えられている。しかしながら，その根拠は乏しく，小形仿製鏡の取り扱い方を朝鮮半島と日本列島において比較すると，明確に異なっているようである。そこで，第3章において特に初期の小形仿製鏡の製作地について検討を加える。また，有文の青銅器である小形仿製鏡を用いて，その生産体制を復元し，複数存在する小形仿製鏡の製作地間の関係について言及する。髙倉洋彰氏は「ブランド生産」という表現を用いて複数ある製作地の評価を行ったが，このことについても製作地の時期的変遷を捉えながら検討する。

問題点6　鋳型と製品の一致　弥生時代の青銅器のうち鋳型と製品が一致した事例はこれまではとんど報告されていない。そうした状況にあって，著者は巴形銅器に関して鋳型と製品が一致する事例を報告した。鋳型と製品が一致するという生産と流通に関わる基本的な事例を丹念に積み重ねていく必要があり，本書では第4章で取り扱うこととする。

問題点7　青銅器製作に関わる原材料論　研究史でも指摘したが，青銅器を製作するのに必要なものは青銅の金属のみではない。青銅器の製作には，鋳型で使用する石材や，真土に使用する土などが必要である。したがって，それら原材料の総体に関して，第5章において考察を進める。

問題点8　東アジアにおける弥生時代の青銅器生産の評価　二里頭遺跡における青銅器生産については実態が不明であったが，著者の研究によってその具体的なあり方について明らかにされつつある。特に鋳造工区と称される二里頭遺跡の調査区第Ⅳ区の実態が判明し，二里頭遺跡では青銅器生産だけでなく，緑松石製品の製作も隣接して行われたことが分かってきた。そこでこうした生産体制のあり方と弥生時代の青銅器生産体制とを比較し，東アジアにおける弥生時代の青銅器生産の評価を行う。

中国東北地方・朝鮮半島における青銅器生産に関しては，著者の集成の結果，近年の鋳型の新資料が明らかになった。そこで，技術的に弥生時代の青銅器生産に直接つながる当地域の生産体制との比較を第5章で行う。

第4節　資料と方法

　ここで本書で扱う時期と地域を明らかにする。第2章以降で扱う日本列島に関しては，弥生時代中期以降の北部九州を中心としながら，近畿地方などの青銅器生産に関しても言及を行う。また，対象としては青銅器生産体制に関わる様々な考古資料を扱う。具体的には鋳型資料や，鋳造関連遺物，製作された製品を取り扱う。第2章では主に北部九州で出土した鋳造関連遺物の中でも鋳型資料 327 点を扱う（付表1鋳型集成表）。第3章では製作された青銅器のうち，小形仿製鏡 336 点を扱う（付表2小形仿製鏡集成表）。第4章では，巴形銅器 37 点を扱う。

　また，各遺物や遺構の年代観については，基本的に報告書記載の年代を採用している。

　本書で用いる理論的方法としては，弥生時代の社会イメージに関して，新進化主義の考え方（サーヴィス 1979）を主に採用する。また，社会の内部構造やメカニズムに関しては，マルクス主義的な考え方を，さらに社会の変化や動態については考古学にシステム論を取り入れている D. L. クラークの方法論（Clarke 1978）を採用する。

　本書で鍵となるのは，「生産体制」という用語である。研究方法・理論的枠組みとも関連するので，本書で用いる「生産体制」という用語をここで定義しておきたい。ここでは「生産体制」を，具体的な生産組織の管理形態として捉えたい。生産組織は①技術を保持する製作者と②生産用具（道具）と③原材料と④製作場の有機的な結合で構成され，それらの諸要素の管理形態が規定された実態として「生産体制」という用語を用いる[33]。また，①製作者の管理とは製作者自身の社会的位置付けと彼らが保持する製作技術の安定性のことである。製作者自身の社会的位置付けとは，製作者とクライアントとの関係であり，また製作者の社会的アイデンティティーの問題も含まれる。製作技術の安定性とは，②生産用具の管理とも関連するが，具体的には鋳型の加工方法や使用道具などを示す。考古資料として比較の扱いやすいであろう。③原材料については，原産地との関係を考慮した科学的分析の検討から導くことができ，青銅製品の鉛同位体比分析や鋳型石材などの成分分析の結果が対象となる。④製作場に関する議論は，遺構論から立ち上げることが可能であり，製作地立地の分散集中度なども検討対象となる。本書ではさらに「生産体制」に，製作された製品の「製品管理」という項目を追加し，製品の配布や流通，消費形態などもあわせて検討する。本来であるならばこれらの項目は別個に分けるべきであるが，製品の生産以降の取り扱い方を検討することによって，逆に生産体制の一部や特徴を復元することが可能であると考えたからである[34]。

　これらの分析項目が資料の制約から対象地域によっては十分ではない場合もあるが，現状で明らかにできる項目を使って各対象地域の社会の発展段階と関連付けたい。すなわち，生産体制が高度

---

33)　「生産体制」の構成要素やそれらの関係等の概念整理については，岩永省三氏より御教示いただいた。
34)　岩永氏より，「生産体制」に流通や消費形態まで含み込むのは無理ではないかとの御指摘を受けた。そこで，「生産体制」に「製品管理」という項目を追加することによって，流通や消費形態にまで踏み込んで議論することとする。

に集約化し安定性をもって維持・再生産できる体制と，分離分散化してしまっている体制を両極に据え，比較するそれぞれに導き出された生産体制が相対的にどちら側に位置付けられるかを吟味し，それぞれの社会進化段階との比較検討を行う。具体的には考古学的方法論を使用して物資文化から東アジアの各対象地域における青銅器生産体制を明らかにし，それぞれの社会の発展段階と生産体制のあり方を関連付ける。その後，各対象地域に対して青銅器生産体制と社会発展段階に関する比較研究を行い，弥生時代北部九州における青銅器生産体制の特質を導き出す。

第 5 節　「工人」と「工房」の用語整理

　これまでの研究史を振り返ると，青銅器の生産に関する用語の設定が非常に曖昧で混乱を招いていることがわかる。また，設定した用語の一人歩きが始まりイメージ先行の議論が進んでいるようにも感じられる。とくに「工人」「工房」という用語である。ここでは，「工人」と「工房」に代わる語の用語整理を行い，今後の議論の混乱を避けたいと思う。

　「工人」と「製作者」，「製作者集団」　青銅器の生産に携わった人間について「工人」[35]という語が使用されている。この用語は，「工房」という語と関連して使用されることが多く，青銅器生産にある一定のイメージを付加してしまう。研究史を振り返ると，「工人」という語を九州の青銅器生産において最初に使用したのは下條信行氏であろう(下條 1975)。論中で下條氏は「銅器の専業的な生産工人」という語を使用している。この用語は今山の石斧生産と立岩の石包丁生産の論に関連付けて語られている。今山の石斧生産と立岩の石包丁生産は専業的な生産工人の存在が古くから説かれているが(藤田 1956：下條 1979b ほか)，そのような論の中で青銅器生産についても同じような生産体制を推定して「専業的な生産工人」という語を使用しているようである。しかし，この石器の生産体制に関しては，近藤義郎氏が疑問を提示しており，「周辺に居住し農耕に従事する親縁な氏族的諸集団が，なんらかの部族的統制の下に共同に利用」とまとめている(近藤 1983)[36]。そこで，先学による「工人」という用語の使い方について詳しく見ていきたい。

　1979 年に小田富士雄氏は「首長が専門工人を擁していて鋳造権を掌握」という使い方をしている(小田 1979a)。この論考の「専門工人」に関しては上述のように「専業的な生産工人」と同様の意味であろうが，「鋳造権」という語は新たに提出された概念である。この用語は小田氏の論中で後期の広形銅矛製作段階についての記述中にあり，「鋳造権」という語の意味は説明されていない。

　下條氏は 1982 年の論文において，それまでの「工人」という語をやめて，「(銅矛)生産者」，「製作集団」という語を新たに使用している(下條 1982)。いかなる理由で「工人」ではなく「(銅矛)生産者」，「製作集団」という語を使用したのか明確に記述はしていないが，この新たな「(銅矛)生産

---

35)　「工人」という語をひくと，『広辞苑』では，「①中国で労働者のこと。工員」，『大辞林』では，「①工作を職とする人。職人。②中国で労働者のこと」としている。

36)　近年の能登原孝道氏(熊本県教育委員会)の研究によると，今山や立岩における石器生産も季節的な専業であり，工人という語の使用に対して慎重であるべきと指摘している。

者」,「製作集団」の方が,より実態を示した用語のように考える。

以後は「(渡来)鋳造工人」(岩永1988・1991),「青銅器工人」(岩永1997),「渡来工人」(片岡1997)のように,「工人」という語に統一されて青銅器生産の担い手を語っている。

では,1975年の下條氏以前はどのような用語が使われていたのだろうか。岡崎敬氏は「製作技術者」という語を使用している(岡崎1955)。この「製作技術者」という用語は,1982年に下條氏が使用した「(銅矛)生産者」,「製作集団」という語に意味も内容も非常に近いものであろう。下條氏がこの用語を使用する際に,岡崎氏の論文をどの程度参照したのかは不明であるが,同様の意と解釈してよいのではないだろうか。

ここまで,青銅器の生産に携わった人について「工人」という語を中心に振り返ってきた。近年は「工人」という語が流行のように使用されているが,いま一度先学の研究を振り返ってみると,岡崎氏の言う「製作技術者」や1982年に下條氏が使用した「(銅矛)生産者」,「製作集団」の方がよりわかりやすい用語と考える。

このことは製作に携わった人間がどの程度その製作に従事していたかという従事度合,また社会における地位とも関連して考えなくてはならない。従事度合とは生産がフルタイムであったのか,パートタイムであったのかということであり,年間の製作に関わる時間がどの程度であったのかということである。考古学でこのような年間の生産従事時間まで考察することはできないが,「工人」という語を使用すると,あたかも青銅器の生産だけでその人間(達)が生活を行っていたようなイメージがつきまとう。また,社会的地位の問題にしても,「工人」という語は,社会的に明確に分化したなかでの職能として捉えてしまうこともありえよう。

そこで,以下本書では岡崎氏が使用した「製作技術者」や下條氏が1982年の論文で使用した「(銅矛)生産者」,「製作集団」と同様の意で「製作者」「製作者集団」という語を使用したい。「製作者」とは青銅器生産に携わった人間の意であり,その従事度合や社会的地位については論を進めるなかで,補足していく。

なお,青銅器の製作技術が特殊であり,高度な技術を必要とすることは言うまでもない。日常的な煮炊きに用いる火力とは異なり,青銅の融点である800度以上の高温を一定時間維持し,その火力を思い通りに扱うことができるには相応の技術が必要である。したがって,ここで用いる「製作者」が単なる技術の保持者ではなく,日常生活とはかけ離れたより高度な鋳造技術を保持する「製作者」であることを付け加えておく。この点については第5章第3節において後述する。

「工房」と「青銅器製作場」,「製作場」　　同様に青銅器生産が行われた場を表す用語として「工房」がある。1982年の下條氏の論文では「青銅器鋳造地」や「青銅器製作地」という名称で呼ばれている(下條1982)が,近年の青銅器生産に関する研究では「工房」(近藤1986；小田1992；片岡1996a),「鋳造工房」(平田1993),「青銅器製作工房」(後藤1997)などという使われ方をしている[37]。須玖岡本遺跡群(福岡県春日市)における青銅器生産は多量の鋳型や鋳造関連遺物が出土しており,また長期にわたる生産が確認されているため,「工房」,「工房区」という用語が相当するかもしれない。し

---

37)　岩永氏は製作地という名称を使用している(岩永1988・1997)

かし，鋳型出土量が少ない遺構や短期に操業を中止した場所はどのように呼べばよいのであろうか。特定の作業が特定の空間を占有しながら行われるのは，縄文社会にも事例が認められる。そうした全てに対して「工房」という用語を使用してもよいのであろうか。

　本書ではそうした無用の混乱を避けるため，青銅器生産が行われた場として「青銅器製作場」，「製作場」という用語を使用したい。生産量の多少や操業期間の長短にかかわらず，確実にその場で青銅器の生産が行われた場として使用する[38]。

---

38)　製作場に関しては段階制をもって検討すべきであると武末純一氏から御指摘を受けた。今後の課題としておきたい。

第2章

鋳型製作から捉える弥生時代青銅器の生産体制

　本章では，鋳型資料を中心に，鋳型製作から北部九州における弥生時代の青銅器生産体制について考えてみたい。なかでも鋳型の加工痕に関する検討を行い，具体的にどのように製作を行っていたのかについて明らかにし，北部九州における鋳型から捉えた青銅器生産体制を復元する。なおここでは，第1章で取り上げた「問題点1　製作地の認定方法」，「問題点2　加工痕の検討」，「問題点3　下條モデルの検討と弥生時代の社会イメージ」について検討する。

　ここでは鋳型の製作者を反映しうる加工の痕跡に注目し，鋳型の製作工程を復元する。また，加工痕の時期的変遷から鋳型の加工方法や鋳造方法の時期的変化を明らかにし，さらに加工痕の地域性についても分析する。得られた成果をもとに鋳型および青銅器の製作者集団を復元し，鋳型研究から捉えた弥生社会における青銅器生産体制の社会的位置付けを行う。

　鋳型の加工という製作される製品とは無関係な情報についての伝播の様相を復元し，青銅器生産の中で重要度が低いと想定される情報の伝達度合から，当時の社会状況の一端を復元する。

第1節　加工痕より復元される鋳型の製作方法

　まず，本節では対象地域における地域設定を行い，出土している鋳型資料を地域別に概観する。その後，鋳型の観察に基づいた加工痕を抽出し，加工痕から復元される鋳型の加工パターンを設定する。

　鋳型の各面の名称については図1を参照されたい。製品が彫り込まれている面を彫り込み面とし，彫り込み面を上にして設置したとき湯口側を上端面とする。上端面とは逆の面を下端面とし，彫り込み面の裏側を裏面と呼称する。側面については彫り込み面に一番近い面から側面，側面2，側面3とし，側面3が最も彫り込み面から離れている。鋳型によっては側面2や側面3がないものや，左右でそろわない資料もある。また側面に溝や段が彫り込まれている場合はその面を除外している。湯口が判明しているものは上端面が確認できるが，銅戈が彫り込まれた鋳型については鋒方向

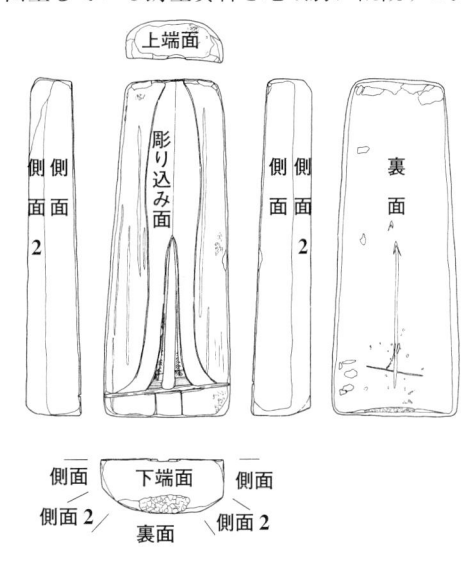

図1　鋳型名称図

を上端面として位置付けた。銅戈の湯口方向については，次節で詳しく述べる。表面や裏面を使用した双面范については最終的に鋳込みに使用した面を彫り込み面とし，その場合の裏面の加工痕については，施された段階が不明なため観察対象から除いている。

また，鋳型の単位については面ごとに数える場合は面数とし，また鋳型の個体ごとに数える場合は個体数とする。

1. 地域設定(図2・3)

北部九州地域[1]における分析方法として，玄界灘沿岸の小平野ごとに地域を設定する方法が以前より採用され，成果を収めている。また，そうした小平野ごとに中期後半以降地域的なまとまりを想定する研究も盛んである。ここでも，先学の研究方法を踏襲し，北部九州地域を玄界灘沿岸では小平野単位に，それ以外の地域では河川や丘陵ごとに区分を行い以下の分析を進めていきたいと思う(図2)。

玄界灘沿岸地域では西から松浦川の沖積平野としての唐津平野，糸島半島の付け根に位置する糸島平野，室見川の沖積平野としての早良平野，那珂川や御笠川などの沖積平野としての福岡平野，多々良川によって福岡平野と区分される粕屋平野，宗像地域，遠賀川下流域と区分される。背振山地を越えた南側では佐賀平野，吉野ヶ里丘陵周辺，鳥栖丘陵周辺，宝満川中・上流域，筑後川中・下流域，また，飯塚市周辺の遠賀川中流域に分けることができる。

1	唐津平野
2	糸島平野
3	早良平野
4	福岡平野
5	粕屋平野
6	宗像地域
7	遠賀川下流域
8	佐賀平野
9	吉野ヶ里丘陵周辺
10	鳥栖丘陵周辺
11	宝満川中・上流域
12	筑後川中・下流域
13	遠賀川中流域

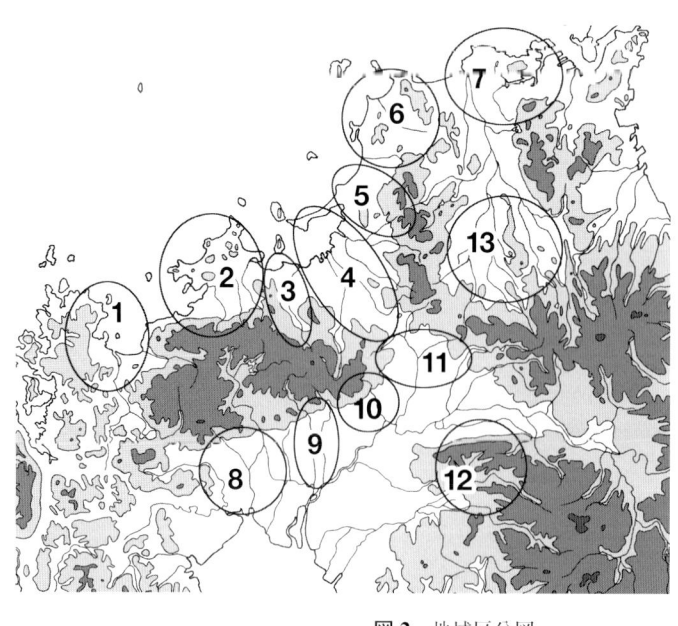

図2　地域区分図

---

1) 本章における北部九州地域とは西端を唐津平野，南端を佐賀平野・筑後平野，東端を遠賀川下流域までの地域を指す。

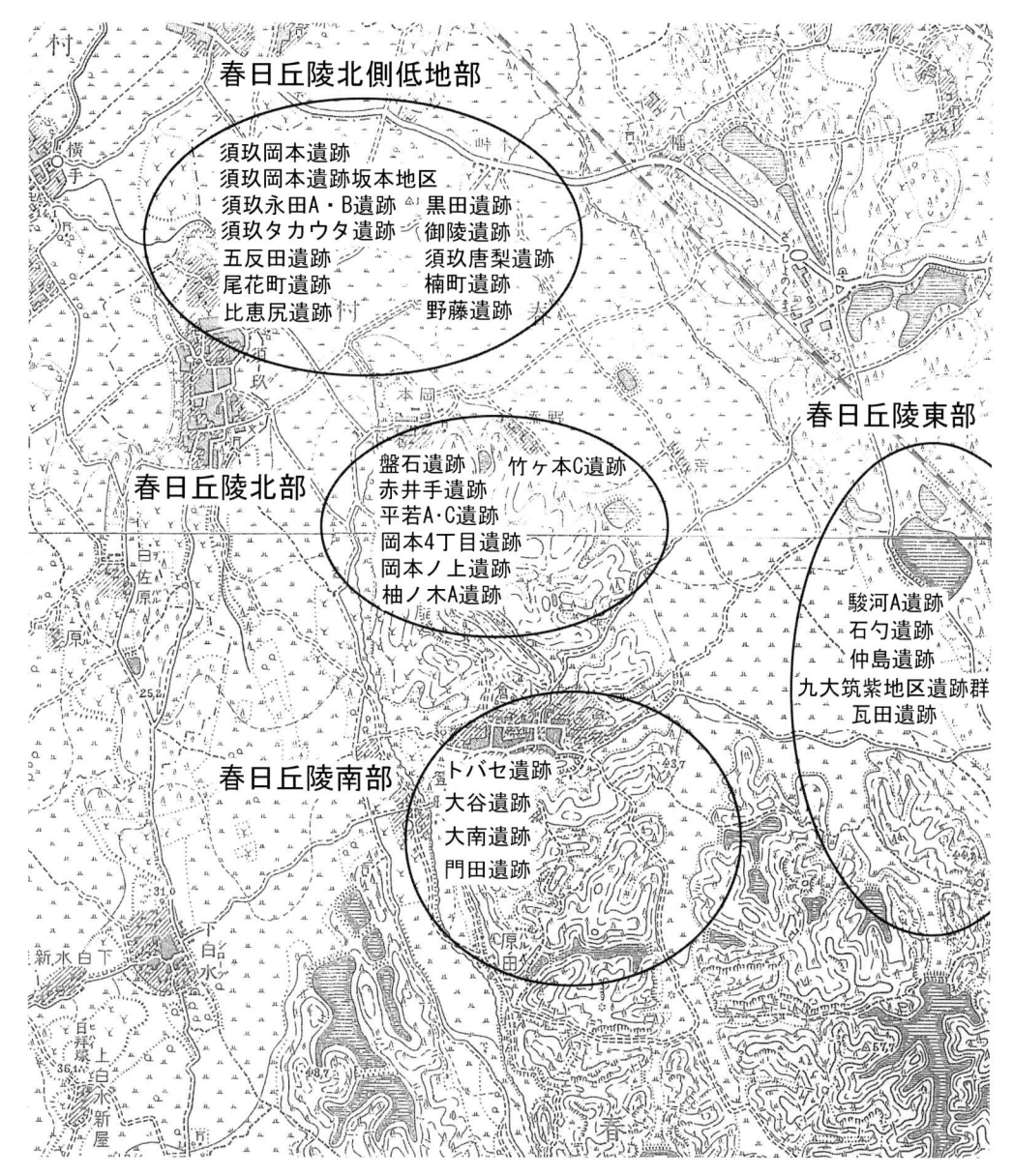

第2章　鋳型製作から捉える弥生時代青銅器の生産体制　　27

図3　春日丘陵周辺小区分

　鋳型の分析にあたっては出土量の多い福岡平野内をさらに小区分する。福岡平野東北部は，那珂・比恵遺跡群，板付遺跡，雀居遺跡，井尻遺跡を含む地域とし，さらに，この地域に高宮八幡宮蔵の鋳型群も含める。なお，これらの小地域設定は，もう少し細分できると考えているが，資料サンプル数の問題を含んでおり，本書ではとりあえずまとめて扱う。また，春日市内を春日丘陵との関係によって，春日丘陵北側低地部，春日丘陵北部，春日丘陵南部，春日丘陵東部と区分する（図3）。なお，遺跡は春日丘陵全体に広がっており，丘陵南部・北部・北側低地部として集落を明確に区分することはできないが，それぞれに鋳型の出土量の傾向と集落の立地が異なることから，本書では4

地域に区分しておく[2]。春日丘陵北側低地部は須玖岡本遺跡を中心とした遺跡群である。この地域の北側は須玖楠町遺跡周辺までであり，東側は黒田遺跡，尾花町遺跡，西側を須玖唐梨遺跡，南側を須玖岡本第5次調査地点までとする。春日丘陵北部は丘陵上に位置する赤井手遺跡，平若遺跡，岡本4丁目遺跡，岡本ノ上遺跡などを含む地域である。春日丘陵南部は大谷遺跡，大南遺跡，トバセ遺跡，門田遺跡などを含む地域である。また，春日丘陵東部は駿河遺跡，大野城市所在の石勺遺跡などを含む地域とする。

2. 鋳型の出土傾向(表1・2)

ここでは鋳型[3]の出土傾向についてまとめてみたい。これまでに確認されている北部九州地域の鋳型は破片を含めて319点を数える。また，北部九州地域以外に壱岐から1点，熊本平野から5点，山口県西部の木屋川流域から1点，大分県豊後大野市三重町から鋳型かどうか不明である資料が1点出土しており，全体で327点の出土が確認されている[4]。そこで，先に区分した地域ごとの鋳型の総数を確認してみたい。

表1では福岡平野の突出が目立つ。311点中210点と全体の65％を超える鋳型が出土している。次に鳥栖丘陵周辺の23点でかなりのまとまりが認められる。その他の地域では10点前後の地域と5点前後の地域に分けることができよう。10点前後の出土が確認されている地域は佐賀平野，早良平野，粕屋平野，吉野ヶ里丘陵周辺，宝満川中・上流域が該当する。5点前後の出土地域は唐津平野，糸島平野，宗像地域，遠賀川下流域，筑後川中・下流域，遠賀川中流域の6地域である。また，多数の鋳型が出土している福岡平野は上記で細分したように，福岡平野東北部，春日丘陵北側低地部，春日丘陵北部，春日丘陵南部，春日丘陵東部に分けることができる(表2)。福岡平野内では春日丘陵北側低地部から多くの鋳型が出土しており，福岡平野内の中でも量的中心的地域であることが判明する。

ここまで地域別の鋳型の出土量を確認したが，福岡平野においてかなりの量の鋳型が出土しており，青銅器生産の量的中心地として捉えることができる。しかし，福岡平野以外からも多くの鋳型が出土しており，それらの地域で出土する鋳型をどのように考えるかという点が問題となる。この

---

2) 近年は丘陵全体を1つの須玖遺跡群として捉え，それぞれの遺跡名を須玖岡本遺跡のように呼称している。本書でも近年の呼称に従って遺跡名を用いる。
3) 以下で扱う鋳型とは外型のことであり，内型の数は含まない。
4) 鋳型の数は本章末の付表1では327点となっているが，明らかに同一個体として考えられるものが8点存在し，以下の論中では319点分の鋳型が確認されているとする。またいわゆる北部九州地域以外の遺跡から出土した資料が8点存在するので，北部九州出土の鋳型総数は311点である。
　　中原遺跡出土鋳型(1)+(2)
　　石崎曲り田遺跡出土鋳型(8)+(9)
　　須玖岡本遺跡坂本地区試掘調査出土鋳型(145)+(146)
　　柚比平原遺跡3区出土鋳型(276)+大久保遺跡7区出土鋳型(277)
　　本行遺跡出土鋳型(285)+(286)+(287)
　　本行遺跡出土鋳型(288)+(289)
　　吉野ヶ里遺跡出土鋳型(305)+(306)

表1 地域別鋳型出土数

地　域	唐津平野	糸島平野	早良平野	福岡平野	粕屋平野	宗像地域	遠賀川下流域
鋳型出土数	3	6	10	210	9	3	4
地　域	佐賀平野	吉野ヶ里丘陵周辺	鳥栖丘陵周辺	宝満川中・上流域	筑後川中・下流域	遠賀川中流域	計
鋳型出土数	13	11	23	10	4	5	311

表2 福岡平野内小地域別鋳型出土数

地　域	福岡平野東北部	春日丘陵北側低地部	春日丘陵北部	春日丘陵南部	春日丘陵東部	その他	計
鋳型出土数	50	106	29	11	9	5	210

点は第1章で設定した問題点3に関連しており，具体的には福岡平野の南側に位置する鳥栖丘陵周辺で出土する資料や，福岡平野内でも春日丘陵北側低地部の北側に位置する福岡平野東北部から一定量まとまって出土する資料の位置付けが課題となる。

3. 加工痕の設定

鋳型の表面には彫り込まれた製品以外に数多くの情報を認めることができる。なかでも，鋳型を製作する段階に施される加工の痕跡は，これまでの研究においてあまり顧みられることなく，多くは報告書における観察どまりであった。そこで，ここでは鋳型の加工痕に注目し，鋳型加工の特徴を探ってみたい。加工痕とは石材を鋳型として加工していく過程において石材の表面に付加された痕跡として定義する。

しかし，特に北部九州においては鋳型としての機能が終わった後に，石質の特性から砥石へ転用されることが多い。したがって，鋳型に残る痕跡としては鋳型の製作時に付加されるものと，その後鋳型が転用されることによって施される痕跡とに分けることができる。今回の分析で対象とする痕跡は，上記で定義したように，鋳型製作時に付加されるものである。このようなことから鋳型が砥石として転用された資料については，以下の分析では除外する。

また，加工痕の特性として，確認可能な加工痕は製作工程における最終的に施された加工痕である。資料によってはその前の工程の加工痕についても観察することができるが，多くの場合，最終工程として付加された加工の痕跡しか認めることはできないということに注意しなければならない。なお，鋳型の中には裏面や側面を転用して，別の鋳型に再加工している資料もある。その場合も転用後の最終加工痕が基本的に観察されることに注意しておかなければならない[5]。

---

5) 武末純一氏より，鋳型の転用による再加工時の加工痕の判別方法について御指摘を受けたが，切り合い関係などを分析しても現時点では明確に区分することはできないため，基本的に最終加工痕が観察されるとしておく。

ア：大きめの工具痕　　イ：幅4mm程の工具痕　　ウ：敲打痕　　エ：線状痕

図4　加工痕模式図その①

　加工痕は肉眼観察によって5種類に分けることができた。

　アは大きめの工具痕である。幅1cm以上のものもある。何度も施されることによって明瞭な工具の単位が認められない場合もある。

　イは幅4mm程の工具で加工を施した痕跡である。複数回，同じ場所を調整することもあり，明瞭な単位を見つけにくいこともある。

　ウは敲打痕である。径3mm前後の敲いた痕が認められる。

　エは線状の痕跡が認められるものである。幅1mm程度の線が鋳型の表面に認められる。これまで報告書では，ガス抜きに用いられたものとして報告されている[6]。

　オは加工痕の痕跡として図化することはできないが，対になる鋳型面同士をすり合わせるなどして精緻な平坦面を作る加工である。基本的に彫り込み面の整形に用いられる。

　ここでは明瞭に残る代表的な加工痕について写真とともに事例を紹介する。なお，各鋳型の加工痕については付表1の加工痕観察欄（彫り込み面から側面3に相当）を参照していただきたい。また，図4・5には加工痕の模式図をあげている。

　加工痕アの事例(写真図版 I，II)　　有田遺跡(福岡市)第179次出土鋳型(付図3–18)の裏面にはアの加工痕が明瞭に認められる(写真図版 I–③)。幅1cm以上の粗い加工痕が鋳型の長軸方向に沿って，複数回施されている。単位は確認できないが，石材を大まかに加工している痕と考えられる。その他の資料で明瞭に認められる例は荻野公民館予定地遺跡(佐賀県鳥栖市)出土鋳型(付図29–275)の側面である(写真図版 II–①)。この鋳型の側面には彫り込み面方向からの縦の加工痕と，側面中位から斜め上方に向かっての加工痕が全体的に認められる。

　加工痕イの事例(写真図版 I)　　安永田遺跡(佐賀県鳥栖市)出土鋳型(付図29–269)の裏面にはイの加工痕が認められる(写真図版 I–⑤)。平面が半円状の鋳型の先端部分に向かって，左右から幅3～4mmの溝が彫り込まれている。写真左側で4回，右側で7回の工具の痕跡が認められる。工具の加工方向は写真上方から下方に抜けている。その他，明瞭に認められるイの加工痕は瓦田遺跡(福岡県大野城市)出土鋳型(付図22–227)の裏面に確認される。瓦田遺跡出土鋳型は広形銅矛が彫り込まれた連結

---

6)　エの加工痕については岩永省三氏より，彫り込み面を故意に粗くし，線状の溝を付けることで，ガス抜きに使用したのではないかとの御指摘を受けた。また，田能遺跡(兵庫県尼崎市)出土鋳型の報告においても指摘をしている(岩永・佐原 1982)。確かにそのような可能性もあるが，彫り込み面以外にも認められることや，全ての線が鋳型の外に抜けていない点から，ここでは粗い面の形成段階の加工としておく。今後，実体顕微鏡等を使った細かな観察が必要である。

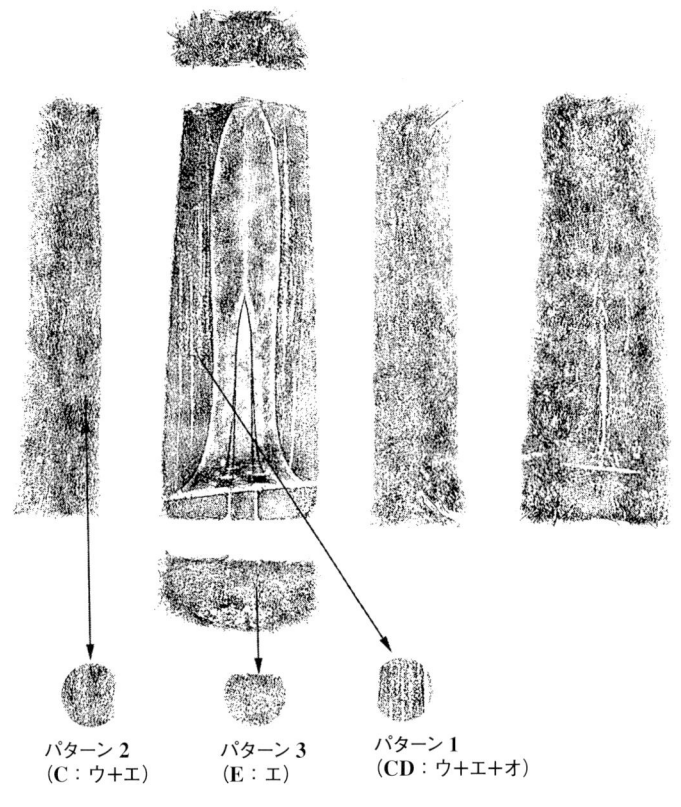

第 2 章　鋳型製作から捉える弥生時代青銅器の生産体制　　　　　　　　　　　　　　　　　　　　31

パターン 2　　　　パターン 3　　　　パターン 1
（C：ウ＋エ）　　（E：エ）　　　（CD：ウ＋エ＋オ）

図 5　加工痕模式図その②

式鋳型である。連結装置の付加が想定される鋒方向の段に認められる。幅が 4～5 mm ほどで 2 方向の加工痕跡が認められる。1 方向は段に対して直角に彫り込んでおり，もう 1 方向は鋳型を裏面にしたとき，左から右方向へ彫り込みを行っている。複数回彫り込んだ部分もあり，単位が認められない箇所もある。上述した有田遺跡第 179 次調査出土鋳型の上端面にもイの加工痕が認められる（写真図版 I-①）。湯口方向に向かって複数回彫り込んでおり，単位が明瞭に認められる。

　加工痕ウの事例（写真図版 III，IV）　　伝八田遺跡出土 4 号鋳型（付図 23-233）の銅戈彫り込み面には，ウの加工痕が認められる（写真図版 III-③）。細かな敲打痕が確認され，面形成を行っている。何度か同じ部分を敲打している箇所もあり，そうした箇所では敲打単位を確認することができない。また，伝八田遺跡出土 5 号鋳型（付図 23-234）の側面においてもウの加工痕が確認できる（写真図版 IV-③）。写真中央に溝が彫り込まれており，その上下に複数回敲いた痕跡が認められる。伝八田遺跡出土 1 号鋳型（付図 23-230）の下端面にもウの加工痕が認められる（写真図版 IV-①）。写真はエの加工痕が目立つが，中央やや左寄りにいくつかの敲打痕が確認できる。

　加工痕エの事例（写真図版 II，III，IV）　　柚比本村遺跡 2 区出土鋳型（付図 30-281）の彫り込み面にはエの加工痕が認められる（写真図版 II-②）。戈の左側に数条の線状痕が確認できる。戈の左側援部にエの加工痕は切られているため，製品の彫り込み以前に付加されたことがわかる。また，上述し

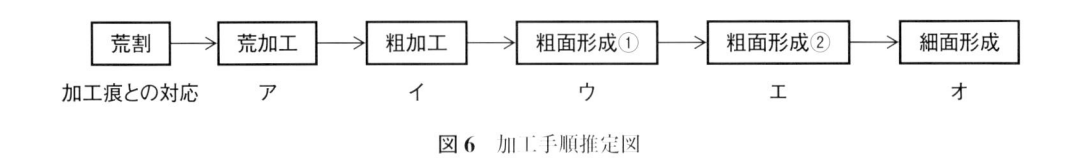

```
荒割 → 荒加工 → 粗加工 → 粗面形成① → 粗面形成② → 細面形成
加工痕との対応    ア     イ      ウ        エ        オ
```

図6　加工手順推定図

た伝八田遺跡出土4号鋳型の彫り込み面にもエの線状痕が確認できる(写真図版Ⅲ-④)。幅0.5mmほどの線が複数回引き込まれている。さらに伝八田遺跡出土1号鋳型の彫り込み面にもエの加工痕が認められる(写真図版Ⅳ-②)。戈の彫り込みの周辺には，鋳型の長軸方向に沿って不定方向の幅0.5～1mmほどの線状の痕跡が認められる。また，この鋳型でも戈の援部分がエの加工痕を切っており，施された前後関係が確認できる。

加工痕オの事例　加工痕オは加工の痕跡としては，製品の彫り込み面に認められる最終的に面を平滑にするための加工である。鋳型同士をすり合わせるなどして平滑な面を形成している。彫り込み面にはほぼ全てに認められる。

　以上，5種類の加工痕を鋳型の各面において観察することができた。では，これらの加工痕は石材の加工という工程において，それぞれどのような役割をもつ加工の痕跡なのであろうか。実際の石材を加工する手順を復元することによって，加工痕の機能について復元を試みたい。

　まず，はじめに母岩となる石材を大まかに割る荒割段階が推定できる。この荒割段階の後において，大まかに形を加工する荒加工段階が想定でき，その荒加工段階で施される加工痕がアに相当する。幅広の工具によって，石材の全体の形を整える工程である。次にもう少し細かい加工が施される。荒加工によってできた不整形面を整える粗加工段階である。粗加工段階において施される加工痕がイに相当し，荒加工段階の工具よりやや幅の狭い工具によって，面を形成する。その後，より細かな敲打を加え，さらに面の整形を行う。ウとして認められる加工痕がそれに相当し，粗い面形成を行う。この段階を粗面形成①とする。この段階にはもう1つ砥石状と想定できる平滑な面をもつ石材で，鋳型となる石材の面を形成する粗面形成②が施される。エとして認められた線状の痕跡がそれに相当する。粗面形成にはこの2種類の加工痕跡が推定される。最後に鋳型の製品を彫り込む面に対し丁寧な研磨を施し，製品の彫り込みを行う。この最後の丁寧な研磨がオに相当する加工であろう。この段階の加工を細面形成とする。

　鋳型を実見したところ，ア・イ・ウ・エ・オそれぞれの前後関係はウ・エの粗面形成を除き確認することができた。ウ・エについてはウ・エ・オとウ・エとウという加工痕が確認されたことや，ウよりエの方がより平たい面形成が可能であろうという点から，ウ→エという加工手順が行われたものと推定する。加工手順の推定については図6にまとめた。

4. 加工パターンの認定と特徴

　前項でまとめた加工工程に沿って，鋳型の加工手順のパターン化をはかりたい。加工痕を観察し

第2章 鋳型製作から捉える弥生時代青銅器の生産体制

ていくと，様々な加工手順のものを観察できた。すなわち図6で想定した加工手順をふまずに，加工を行った場合や途中で加工を止めてしまった事例が観察できた。そこで，上記の加工手順を元に，さらにまとめてパターン化をはかりたい。

まず，観察される加工痕と加工手順の関係についてまとめる。そのなかで問題となるのは粗面形成の段階で認められるウ＋エとウのみ，エのみの3種類が存在していることである。そこで，加工手順としては同じものであるのでウ＋エとエをまとめ，ウのみの加工痕とは区別したい。荒加工段階の加工痕アをAとし，粗加工段階の加工痕イをBとする。粗面形成の加工痕ウ＋エ，エをCとし，細面形成段階の加工痕オをDとする。さらに，粗面形成でもエを行わないウのみの加工をEとしたい(図7)。

観察される加工痕は最終加工痕であるので，その加工痕を観察することによって，どの段階までの加工を施しているのかが判明する。こうした各最終加工段階によって，表3のように5パターンに加工手順を分類することができる。

これらの5パターンはパターン1がより丁寧な加工であり，数字が増加するにつれて相対的に加工が粗くなる。つまり，パターン5は荒割のみしか施されていない非常に粗い加工とすることができる。鋳型加工の丁寧度として図8にまとめた。

荒加工のみ→ア→A
粗加工→イ→B
粗面形成②→ウ＋エ，エ→C
細面形成→オ→D
粗面形成①→ウ→E

図7 加工手順と加工痕の関係

パターン1 ←――――→ パターン5
丁寧 ←――――→ 粗い

図8 鋳型加工の丁寧度

表3 各加工パターンと観察できる加工痕の対応

パターン	加工手順	観察できる加工痕
パターン1	荒加工から粗加工，粗面形成②(ウ＋エ，エ)，細面形成まで行う A→B→C→D	オ，エオ，ウエオ，イウオ，イエオ，イウエオ，アイウオ，アイエオ，アイウエオ
パターン2	荒加工から粗加工，粗面形成②(ウ＋エ，エ)までを行う A→B→C	エ，ウエ，イエ，イウエ，アイエ，アイウエ
パターン3	パターン2の粗面形成②を行わない。粗面形成①まで行う A→B→E	ウ，イウ，アイウ
パターン4	荒加工と粗加工を行う A→B	イ，アイ
パターン5	荒加工のみ A	ア

図9　加工パターン面数

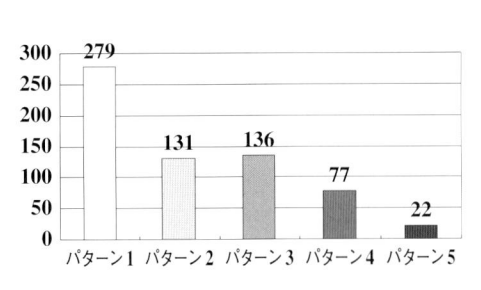

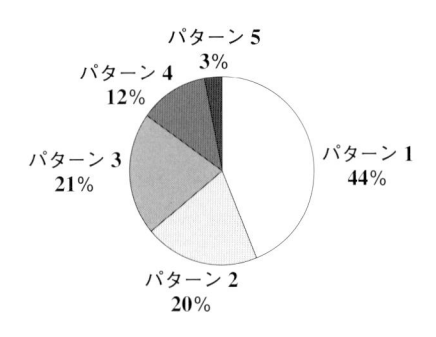

図10　加工パターン面数比率

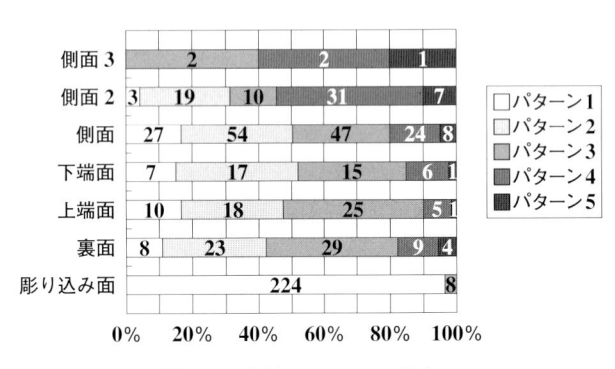

図11　面別加工パターン比率

　以上が，加工痕の設定と加工手順のパターン化である。そこで実際の資料に即して，これらの加工痕と加工パターンがどのように施されているのかを概観してみたい。

　まずはじめに，各加工パターンがどれほどの割合で施されているのか確認したい。図9・10は各パターン数を比較したものである。パターン1は279面で確認され，全体では44％の面に相当する。パターン1が確認できた面が一番多く，北部九州出土の弥生時代鋳型の約半分近くの面で丁寧な加工が施されている。パターン2や3はそれぞれ131面，136面と全体で20％，21％を占める。パターン4や5など，粗めの加工はそれぞれ77面，22面確認でき，全体の12％，3％に相当する。こうした結果から，鋳型の加工では全体として丁寧な加工が多く，粗い加工は少ないという傾向を読みとることができる。

　5つに分けたパターンがどの面に施されているのかをまとめたのが図11である。この図から，彫り込み面におけるパターン1の施される割合が非常に高いことが読みとれ，その他の面ではそのような高い割合をほとんど認めることができない。また，逆にパターン2，4，5が彫り込み面では認められない。これらのことから，鋳型の加工にあたっては彫り込み面に対し，非常に丁寧な加工が施されたと読みとることができる。この指摘は，鋳型の特性として当然であろう。鋳型本来の目的は製品の型を彫り込み，湯を流し込んで青銅製品を製作することにある。したがって，製品の彫り込み面に対しては細心の注意が払われ，丁寧な面形成を行っているはずである。この図からも彫り込み面はその他の面とは異なり，丁寧な加工を施していたということを明らかにすることができている。

側面の加工については側面から側面2，3にいくに従ってパターン4，5が増加し，粗い加工が目立つようになる。特に，側面3にはパターン1，2の加工パターンが認められない。このことは側面3に丁寧な加工が施されていないことを意味する。側面3の位置は彫り込み面から一番遠く，この面に関して加工の際にあまり注意が払われなかったことを示している。おそらく彫り込み面から遠くなるにつれ粗い加工が増えるのであろう。

また，多少のブレはあるが彫り込み面以外ではパターン1とパターン2の合計は，ほぼ30～50%の中に収まり，全体の傾向としてうかがうことができる。パターン2は彫り込み面と同様に丁寧な加工を行うが細面形成までは行わない加工である。こうしたことから弥生時代の全鋳型の30～50%は彫り込み面以外も比較的丁寧な加工が行われるということが読みとれる。

上端面と下端面は湯口の付設が関係し，加工パターンの比率になんらかの差が認められると想定していたが，全鋳型の比較ではその差を導き出すことはできなかった。

鋳型の加工痕は石材の最終加工で読みとれる痕跡であり，観察可能な鋳型の各面における半分近くに，丁寧な加工パターン1が施されていた。また，彫り込み面にパターンが多く認められ，鋳型の性質上，細心の注意が払われていたと考えられる。さらに，粗めの加工は鋳型全体としては少数であり，施される位置は彫り込み面とは離れた側面2，3などに多いとまとめることができる。

5. 鋳型加工工具に関して

これまで鋳型の加工痕について見てきたが，ここでは加工に使用した工具についてまとめておく。青銅器製作における道具については，これまで漠然と鉄器が使用されてきたのではないかと指摘されている。そうした研究の中で，北部九州と地域は異なるが，鬼虎川遺跡(大阪府)出土銅鐸鋳型の分析の中で，加工工具の考察が行われている((財)東大阪市文化財協会1982)。そこでは鋳型石材に鉄製工具6種類，石製工具6種類による彫り込み実験を行い，三角刀状の鉄器が鋳型の加工において使われた可能性が高いとしている。

北部九州では，そうした加工工具についての体系的な研究はなく，漠然と鉄器が使われたのではないかとされてきた。そこで，北部九州出土の鉄器，なかでも鋳型の加工に使用された可能性の高い鑿状鉄器について考察を進めていく。

表4は福岡県，佐賀県，長崎県，大分県，熊本県，山口県における鑿状鉄器の出土表を示したものである。また，図12には鋳型と鑿状鉄器が共伴する遺跡の出土位置を示した。

表4のうち，福岡県の1那珂遺跡，2井尻B遺跡，4飯倉D遺跡，9立岩焼ノ正遺跡，13津古東台遺跡，23赤井手遺跡，25三雲遺跡，佐賀県の1安永田遺跡，4惣座遺跡，6～8吉野ヶ里遺跡，山口県の10・11下七見遺跡ではいずれも鋳型が付近で出土している。

那珂遺跡では第20次調査SD 01より出土しており，鋳型も1点であるが同じ溝から出土し共伴している(図13-6)。井尻B遺跡14号住居跡例(図13-7・8)は後期後半～終末期に相当し，同遺跡から出土している鋳型の時期とほぼ同じ時期である。飯倉D遺跡例(図13-11～15)は鋳型と同じSC 246住居からの出土である。立岩焼ノ正遺跡例は溝からの出土で詳細は不明である(図13-22)。中期

表4 鑿状鉄器出土表

福岡

番号	遺跡名	所在	遺構名	時期
1	那珂	福岡市博多区	第20次 SD-01	中期後半～後期
2	井尻B	福岡市南区	第3次 M-14住居	後期後半～終末期
3	宮の前	福岡市西区	F地区C-9区	終末期
4	飯倉D	福岡市城南区	第1次 SC-246	後期後半
5	神松寺	福岡市城南区	第2号住居	後期
6	東入部	福岡市早良区	第5次 5・7号住居	中期末～後期初頭
7	祇園町	北九州市小倉南区	VIII・X区 5号住居	終末期
8	光照寺	北九州市八幡西区	4区 92号土壙	中期?
9	立岩焼ノ正	飯塚市立岩	溝	中期
10	坊野	八女市室岡	第2号住居	後期
11	三国の鼻	小郡市津古	79号住居	後期後半
12	三国の鼻	小郡市津古	環濠12区下層	後期中葉～後期後半
13	津古東台	小郡市津古	7号住居	後期後半
14	三沢栗原	小郡市三沢	V区 4号住居	後期後半
15	北松尾口	小郡市三沢	II地点C区 47号住居	中期前半
16	井上薬師堂	小郡市井上	38号住居	終末期～古墳初頭
17	貝元	筑紫野市古賀	47号住居	後期前半
18	貝元	筑紫野市古賀	53号住居	後期初頭
19	貝元	筑紫野市古賀	98号住居	中期末
20	貝元	筑紫野市古賀	72号土壙	中期末
21	貝元	筑紫野市古賀	114号住居	後期前半
22	以来尺	筑紫野市以来尺	1460号住居	
23	赤井手	春日市小倉	19号住居	中期末～後期中葉
24	富地原岩野B	宗像市富地原		後期前半
25	三雲	前原市三雲	サキゾノ地区I-I区 4号住居	終末期
26	穴江・塚田	嘉穂町上大隈	27号住居	後期末
27	治部ノ上	朝倉町入地	B7号住居	後期後半
28	中道	朝倉町大庭	13号住居	中期～後期
29	長島	朝倉町須川	3号落ち込み	終末期
30	西ノ迫	杷木町池田	3号住居	後期後半
31	宮ノ上	夜須町朝日	SI 07・08	終末期
32	本郷野開	大刀洗本郷	11号住居	後期後半
33	本郷野開	大刀洗本郷	13号住居	後期後半
34	徳永神手	豊津町徳永	1号石棺	終末期～古墳初頭
35	徳永神手	豊津町徳永	8号土壙墓	終末期～古墳初頭
36	十双	築城町赤幡	旧河川埋土砂礫層	後期末～古墳初頭

註：▨ は鋳型出土遺跡と近接する遺跡

佐賀

番号	遺跡名	所在	遺構名	時期
1	安永田	鳥栖市柚比町字安永田	包含層E-17	
2	茂手	武雄市橘町片白字茂手	SB 601竪穴住居	後期前半
3	茂手	武雄市橘町片白字茂手	包含層IV区 55・L	後期
4	惣座	大和町久池井字五本杉	SD 019号環濠 8D区	後期後半
5	東山田一本杉	大和町東山田・川上	SB 47	後期後半
6	吉野ヶ里	神埼町志波屋・鶴	吉野ヶ里地区II区 SD 0418溝	中期～
7	吉野ヶ里	神埼町志波屋・鶴	吉野ヶ里北地区II区 SJ 0209甕棺	中期前半～後期
8	吉野ヶ里	神埼町志波屋・鶴	田手二本黒木地区I54トレ SK 04	中期前半
9	箱町	基山町小倉字箱町	II区 6号住居	終末期
10	千塔山	基山町宮浦字宿	U字形溝 Q 30区	後期後半
11	五本谷	上峰町堤字五本谷	65号土壙墓	後期中葉

長崎

番号	遺跡名	所在	遺構名	時期
1	西ノ角	森山町西ノ角	B-22区ピット1	中期中葉～古墳初頭
2	西ノ角	森山町西ノ角	B-25区住居横	中期中葉～古墳初頭

熊本

番号	遺跡名	所在	遺構名	時期
1	西弥護免	大津町大津字西弥護免	9号住居	終末期
2	西弥護免	大津町大津字西弥護免	143号住居	終末期
3	西弥護免	大津町大津字西弥護免	5号溝	終末期
4	下山西	阿蘇町乙姫字下山西	17号竪穴住居	後期前半

大分

番号	遺跡名	所在	遺構名	時期
1	石井入口	武田市菅生字向原	53号竪穴	後期後半
2	二本木	大野町大原字二本木	10号住居	
3	中山	荻町柏原字中山	14号住居	後期前半～古墳初頭
4	宇土	天瀬町桜竹字中ノゾネ	11号住居	終末期

山口

番号	遺跡名	所在	遺構名	時期
1	吉田	山口市吉田	包含層5層	
2	上の山古墳群	山口市宮野下字庵河内	方形台状墓	後期末
3	綾羅木	下関市綾羅木	TII区 L.N.5520(貯蔵用竪穴)	
4	井上山	防府市寿町	B地区 G-07区包含層第2層	中期後半
5	井上山	防府市寿町	B地区 9号住居	中期後半
6	吹越	平生町大野	A地区第3号住居	終末期
7	吹越	平生町大野	A地区第3号住居	終末期
8	小谷	鹿野町鹿野上小谷	竪穴住居 SB 20	中期後半
9	妙徳寺山	山陽町郡	溝状遺構 SD 01	後期後半
10	下七見	菊川町七見地区	19地区 2号住居	中期末
11	下七見	菊川町七見地区	25地区 3号住居	中期末
12	中村	秋芳町別府中村	6号住居	中期後半
13	中村	秋芳町別府中村	7号住居	中期後半

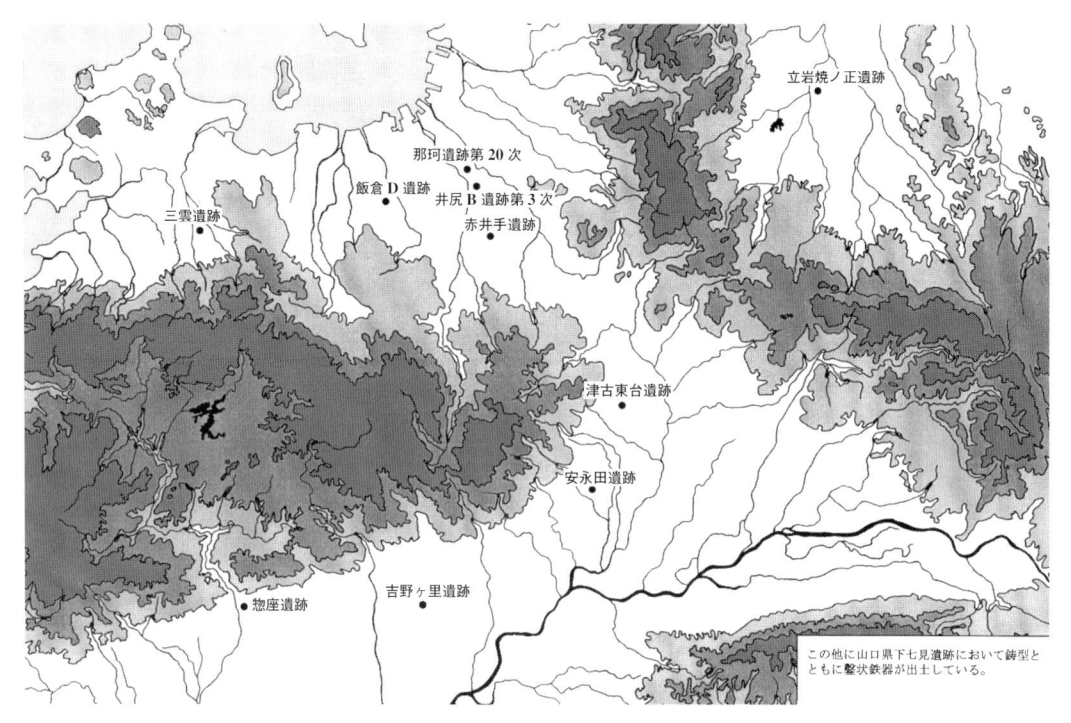

第 2 章 鋳型製作から捉える弥生時代青銅器の生産体制　　　　　　　　　　　　　　　　37

図 12　鋳型共伴鑿状鉄器出土分布図

に属すことからほぼ鋳型の年代と相関する。津古東台遺跡例(図13-21)も，年代が鋳型とほぼ同じ後期後半頃に相当する。赤井手遺跡19号住居跡例(図13-24)は，中期末から後期中葉に属し，鋳型の時期と重なる。三雲遺跡では終末期の住居から2点出土している(図13-16・17)。鋳型が出土した地点とやや離れているが，何らかの関係があるかもしれない。安永田遺跡例(図13-1～5)は包含層からの出土である。鉄鏃の茎の可能性もあるが，ここでは鑿状鉄器としておく。惣座遺跡例(図13-20)はほぼ完形の製品で，環濠から出土した。鋳型の時期とは合わないが興味深い資料である。吉野ヶ里遺跡例(図13-18・19・23)は形態の異なるものが3点出土している。いずれも中期に属する製品であり，そのうち1点は鋳型が出土した田手二本黒木地区154トレンチSK 04より出土している。下七見遺跡例(図13-9・10)は鉄矛と報告されているが，断面が長方形を呈しており鑿状鉄器と考えられる。

　このように鋳型が出土した遺跡と，鑿状鉄器が出土した遺跡が必ずしも一致共通するわけではないが，鑿状鉄器が鋳型の加工具である可能性はあろう。したがって鑿状鉄器の用途が鋳型の加工に限られているわけでなく，その他の多くの用途の1つとして鋳型の加工を行っていたと推定することができる。

　また，加工痕の分析でも明らかにしたように，いくつかの工具を鋳型の加工に使用しており，単一の鑿状鉄器のみで行ったのではない。今後，加工痕と鑿状鉄器の詳細な分析と，鑿状鉄器に限らず工具と推定できる鉄器についての分析を行っていくことによって，より細かな議論ができると考える。

　ここでは鋳型加工具の1つとして，鑿状鉄器の可能性を指摘しておく。

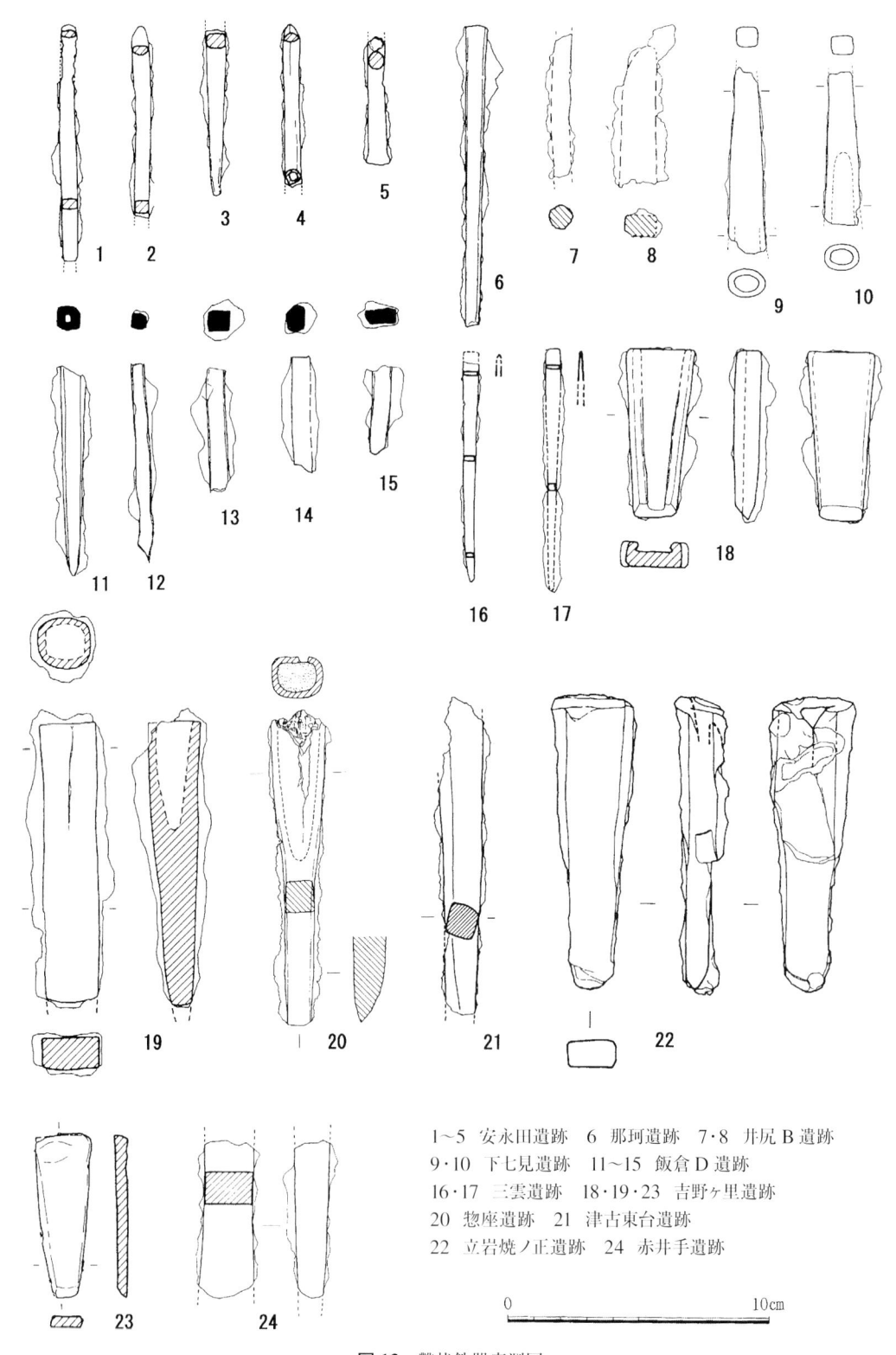

1〜5 安永田遺跡　6 那珂遺跡　7・8 井尻B遺跡
9・10 下七見遺跡　11〜15 飯倉D遺跡
16・17 三雲遺跡　18・19・23 吉野ヶ里遺跡
20 惣座遺跡　21 津古東台遺跡
22 立岩焼ノ正遺跡　24 赤井手遺跡

0　　　　　　　　10cm

図13　鑿状鉄器実測図

6. 小　　結

　本節では，北部九州地域における地域設定を行い，地域ごとの鋳型の出土状況を捉えた。そして，鋳型の観察から加工痕を抽出し，そこから導き出される加工パターンを想定した。その結果，鋳型の各面によって施される加工パターンが異なっていたことが明らかとなった。加工痕は鋳型の各面に相関し，一定の法則が認められた。また，加工を行ったであろう工具について鑿状鉄器を候補にあげまとめた。次節では，鋳型加工痕の時期的変遷を検討する。

第 2 節　加工痕から見た鋳型の時期的変遷と鋳造技術の検討

1. 加工痕の時期的変遷

　ここでは明確に時期のわかる鋳型の加工痕について，その変遷過程を見てみたい。ここで対象にする鋳型は，武器形青銅器（銅剣，銅矛，銅戈）が彫り込まれた型式のわかる鋳型とする。まず，型式別の鋳型加工痕パターンを見てみたい。

　図 14 は型式ごとに施される加工パターンの比率を示したものである。この図から型式ごとの加工パターンの比率を読みとることはできるが，具体的にどのように変化しているのか読みとりにくい。したがって，図 15 ではパターン 1 とパターン 2 の合計したものを比較的丁寧な加工を施すものとしてまとめ，パターン 4 とパターン 5 は粗めの加工としてまとめた。この図からは細形から中細形，中広形，広形へと変化するにつれて，丁寧な加工が徐々に減少していることが認められる。なかでも中細形から中広形への変化は，丁寧な加工が 83% から 65% へと約 20 ポイント減少することからも大きな画期として認めることができる。広形への変化は 36% へと約 30 ポイントの減少幅を示す。この変化も大きな画期として捉えることができる。加えて丁寧な加工が減少することに反して，時期が新しくなるとともに粗い加工が増加している。中細形から中広形への粗い加工の変化は 2% から 17% へと約 20 ポイントの増加幅を示し，広形への変化も 43% へと約 20 ポイント増加している。したがって，中細形から中広形への変化を「第 1 の画期」として捉え，丁寧な加工が大幅に減少する変化としてまとめてみたい。また，中広形から広形への変化を「第 2 の画期」として捉え，より粗めの加工が目立つようになる変化として位置付けたい。

　次に各型式において各面における加工パターンの特徴とその変化について見ていきたい。

　図 16 は細形段階における各面の加工パターンの比率である。細形型式の製品が彫り込まれている鋳型では，パターン 1, 2, 3 が認められる。なかでも全体的にパターン 1 とパターン 2 の加工手順が高い割合で施されている。これは前節で見た全鋳型における各面の丁寧な加工（パターン 1 とパターン 2 の合計）よりも高い値を示している。また，パターン 3 は側面のみに認められ，下端面のサンプルは得られなかった。このことから，細形段階の鋳型はほぼ全面に対し，丁寧な加工が施されていたと特徴付けることができる。

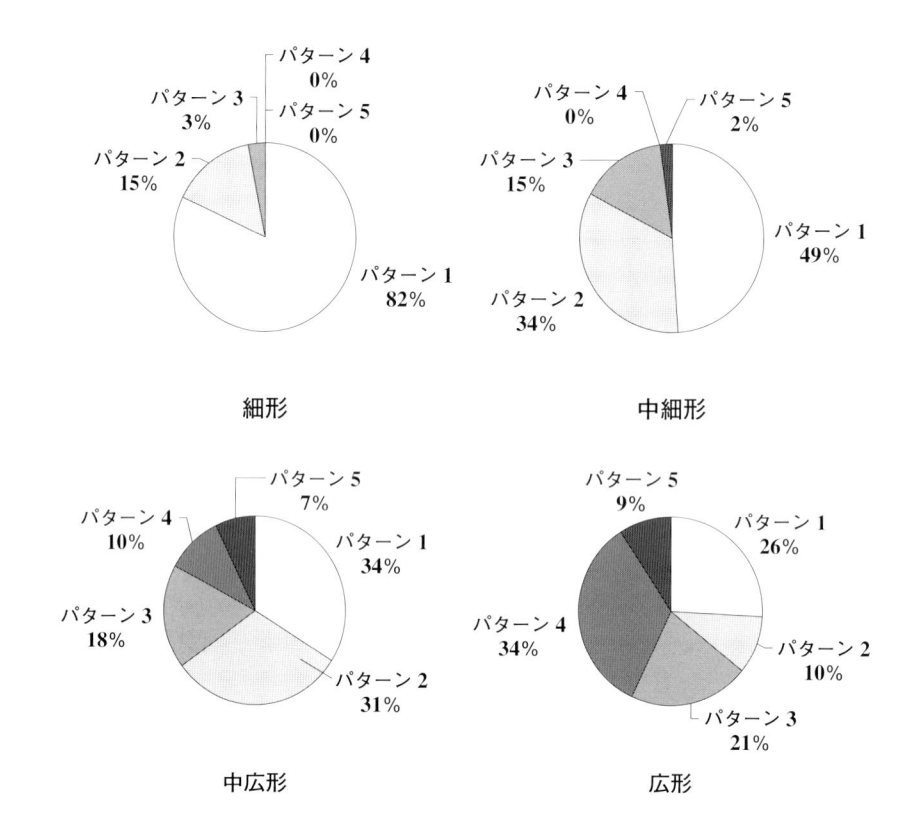

細形 — パターン1 82%, パターン2 15%, パターン3 3%, パターン4 0%, パターン5 0%

中細形 — パターン1 49%, パターン2 34%, パターン3 15%, パターン4 0%, パターン5 2%

中広形 — パターン1 34%, パターン2 31%, パターン3 18%, パターン4 10%, パターン5 7%

広形 — パターン1 26%, パターン2 10%, パターン3 21%, パターン4 34%, パターン5 9%

図14　型式別加工パターン比率その①

　図17は中細形段階における各面の加工パターン比率を示したものである。中細形型式の彫り込み面では全てパターン1の加工手順が認められる。また，上端面を除くその他の面においては，丁寧な加工(パターン1とパターン2の合計)が60%以上であり，比較的丁寧な加工が施されていたことがわかる。また，その上端面もパターン1とパターン2の合計は55%を超えており，比較的丁寧な加工が施されていると言える。側面と側面2を比較すると，僅かではあるが側面2の方にパターン2が多く認められ，粗い傾向がある。各面の全体的な傾向はパターン1の加工が少なく，パターン2が多い。また，裏面にパターン5が出現している。

　図18は中広形段階における各面の加工パターン比率を示したものである。中広形型式の鋳型では，彫り込み面を除く各面におけるパターン1とパターン2の合計は50%前後である。彫り込み面では100%を示し，あらためて彫り込み面は丁寧な加工が施されていることがわかる。全体的にパターン1が施される面が少なくなり，中細形型式の鋳型に比べ，粗い加工が目立つようになる。また，側面と側面2を比較すると側面2の方で，パターン4やパターン5が多くを占め，粗い加工が施されている。上端面と下端面を比較すると下端面の方がパターン1とパターン2の合計である丁寧な加工を施す割合が高い。この傾向は中細形段階からも読みとれる。しかし，後述するが，広形段階においては下端面と上端面の丁寧な加工の割合が逆転する。このことは湯口と関係があると

細形

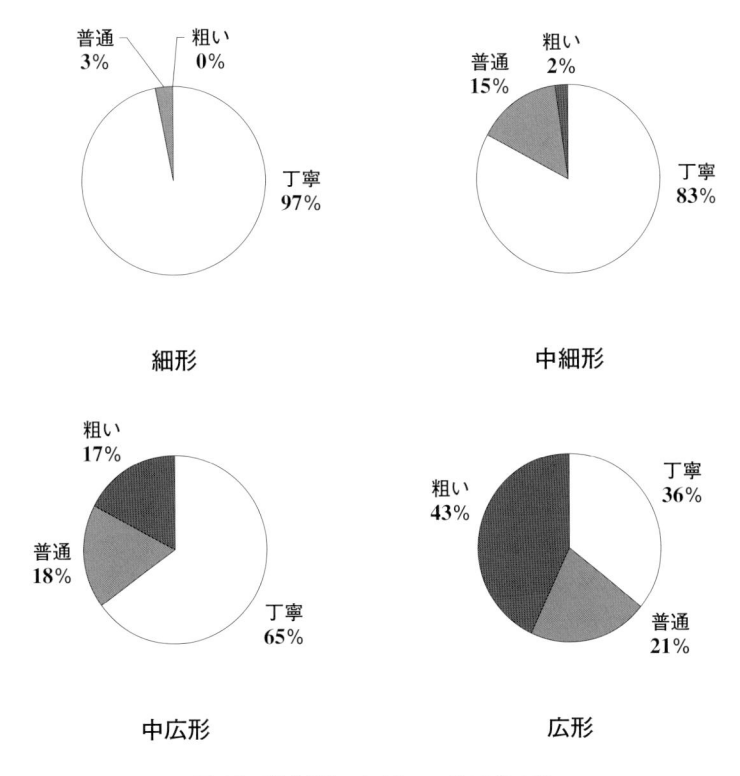

- 丁寧 97%
- 普通 3%
- 粗い 0%

中細形

- 丁寧 83%
- 普通 15%
- 粗い 2%

中広形

- 丁寧 65%
- 普通 18%
- 粗い 17%

広形

- 丁寧 36%
- 普通 21%
- 粗い 43%

図15　型式別加工パターン比率その②

思われるので後で検討を加えたい。

　図19は広形段階における加工パターン比率を示したものである。広形型式の鋳型ではパターン1は下端面では認められず，彫り込み面以外では認められても低い割合である。したがって，全体的に彫り込み面を除いて粗い加工が目立つ。側面と側面2を比較すると，側面2の方が粗い。中広形段階で読みとれた上端面と下端面との違いは上端面の方が丁寧な加工を施す割合が高い。裏面，上端面，下端面，側面，側面2ではパターン5が安定して認められる。

　これらの観察から，時期が新しくなるとともに概してどの面においても粗い加工が増加する傾向にあるということが認められ，とくに「第1の画期」である中細形と中広形との間では側面と側面2においてパターン4とパターン5が出現するということが見てとれた。さらに「第2の画期」である中広形と広形との間ではパターン4とパターン5が彫り込み面を除く全ての面において出現し，またパターン1が下端面において検出されないということも読みとることができる。こうした結果は上記で定義した「第1，第2の画期」を具体的に示すものであり，中広形段階における側面と側面2がキーとなる面であり，また，広形においては彫り込み面以外の面をキーとなる面として考えることができる。

　次に各面における加工パターンの時間的変遷をより明確にするため，面ごとに加工パターンを見ていきたい。

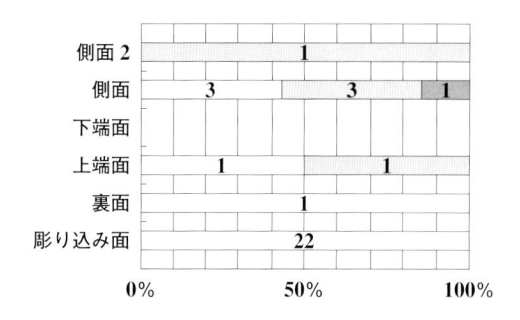

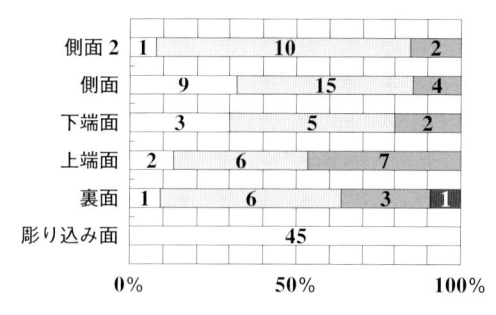

図16 細形段階における各面の加工パターン比率　　図17 中細形段階における各面の加工パターン比率

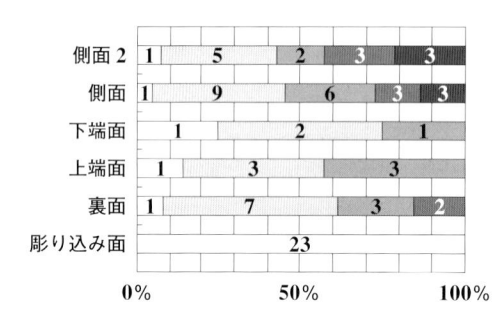

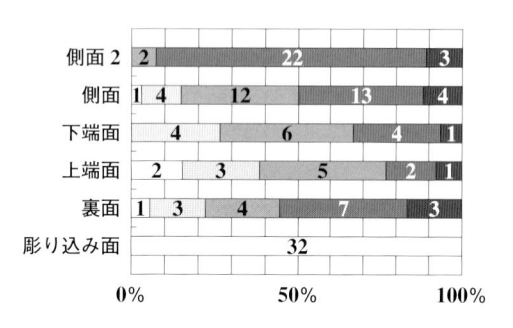

図18 中広形段階における各面の加工パターン比率　　図19 広形段階における各面の加工パターン比率

□パターン1　□パターン2　□パターン3　■パターン4　■パターン5　（図16〜19に共通）

　図20は彫り込み面における型式ごとの時間的変化を示したものである。彫り込み面においては全てパターン1の加工であり，時間的変遷を追うことはできない。しかし，彫り込み面に丁寧な加工を施すという鋳型加工の基本的原則を見てとることができる。

　図21は裏面における型式ごとの時間的変化を示したものである。裏面の加工パターンは細形段階において，パターン1の加工が50％を占めるがサンプル数が少なく，傾向の指摘に留めておく。しかし，その他の面ではパターン1は極めて少量しか認めることができない。この点は彫り込み面の加工パターンとの違いである。また，パターン4が中広形から出現する。パターン3は安定して20％前後，中細形から広形まで認められる。パターン5の粗い加工が，1点であるが，中細形で認められるのは興味深い現象である。この中細形の資料は有田遺跡第179次調査で出土した鋳型（付図3-18）で報告書の復元では中細形の銅矛が彫り込まれた鋳型としている（榎本1997）。しかし，報告者の榎本義嗣氏は報告書の記載において，中広形の特徴を有する鋳型としている。石材が中広形以降に多く認められる石英斑岩である点と鋳型の断面形が蒲鉾形に近いという点を根拠にあげている。したがって，中細形段階としては珍しく裏面にパターン5が認められることは，おそらく中細形段階の銅矛において，新しい方に属するのであろう。鋳型の加工パターンの時期変遷で見た全体的に粗めの加工が増える傾向にあるなかで，中広形への過渡的な鋳型として捉えることができる。

　図22は上端面における型式ごとの時間的変化を示したものである。全体にサンプル数が少ない。上端面の加工パターンはパターン1とパターン2の合計である丁寧な加工は時期とともに減少するという変化を見せる。そのなかでもパターン1が広形でも一定量認められる。また，パターン4と

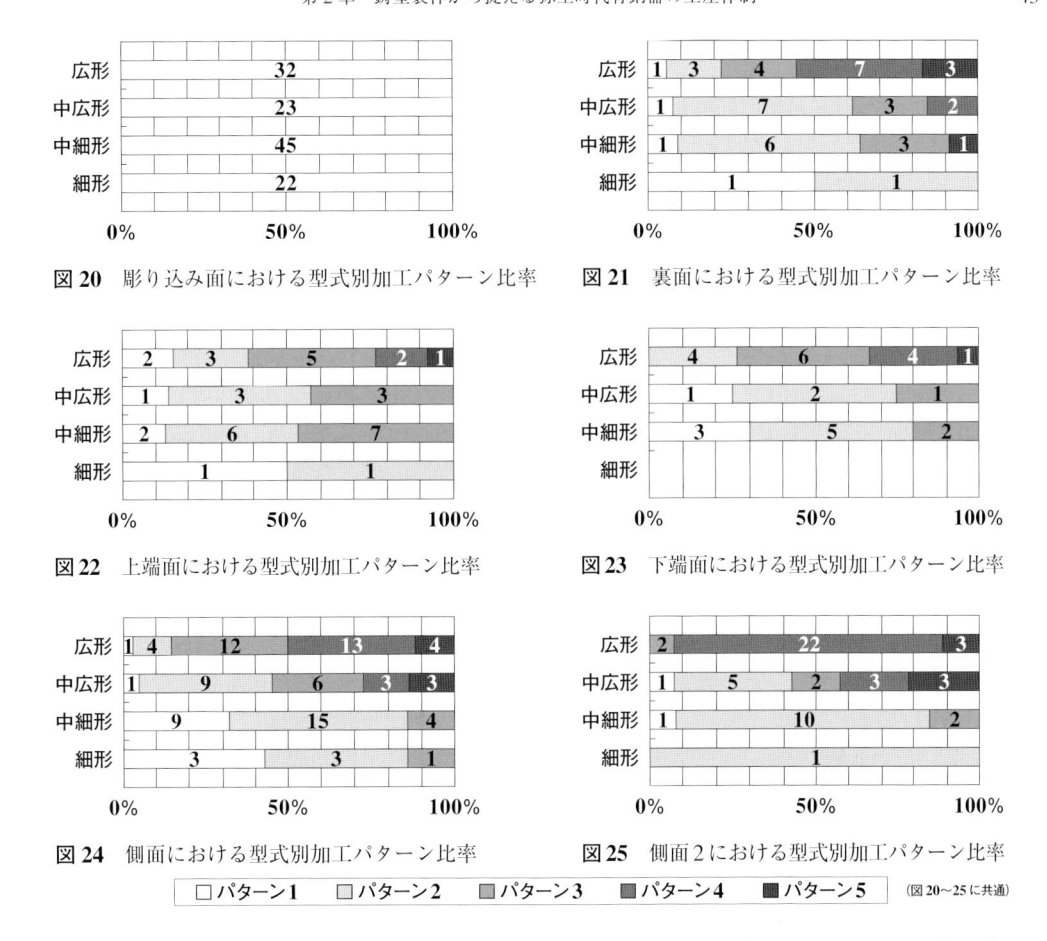

第 2 章　鋳型製作から捉える弥生時代青銅器の生産体制　　43

図 20　彫り込み面における型式別加工パターン比率
図 21　裏面における型式別加工パターン比率
図 22　上端面における型式別加工パターン比率
図 23　下端面における型式別加工パターン比率
図 24　側面における型式別加工パターン比率
図 25　側面 2 における型式別加工パターン比率

□ パターン 1　　■ パターン 2　　■ パターン 3　　■ パターン 4　　■ パターン 5　　（図 20〜25 に共通）

パターン 5 は広形から出現する。この上端面におけるパターン 1 が一定量認められるという現象は，おそらく湯口との関連が可能性として考えられる。この点については第 4 節において，銅戈鋳型における湯口の変遷という問題と関連して述べたい。

　図 23 は下端面における型式ごとの時間的変化を示したものである。細形段階のサンプルは得られなかったため中細形以降しかまとめることはできない。中細形から中広形，広形へ変化するにしたがってパターン 1 とパターン 2 の合計である丁寧な加工が減少している傾向が読みとれる。パターン 1 は中広形までしか認められず，上端面で確認できたパターン 1 が一定量認められるという現象は確認できない。広形段階においてパターン 4 とパターン 5 が出現している点は上端面との共通点としてあげることができよう。

　図 24 は側面における型式ごとの時間的変化を示したものである。側面における加工パターンはサンプル数も安定しており，時期差を反映していると言える。パターン 4 とパターン 5 が中広形段階から出現する。全体に細形から中細形，中広形，広形へと変化するにつれて，丁寧な加工が減少し，粗い加工の割合が増加するようになる。

　図 25 は側面 2 における型式ごとの時間的変化を示したものである。細形段階はサンプル数が少なく除外して読みとる。側面 2 の加工はパターン 4 とパターン 5 は中広形以降に認められ，広形段

階ではパターン4が極端に多数を占める。また，中細形段階からパターン3が出現し一定した数量を保つ。パターン2は中広形段階までで終焉する。

　以上，各面における加工パターンの時期変遷について見てみた。まとめてみると，細形型式が彫り込まれた鋳型から広形型式に変遷するなかで各面とも次第に加工パターン4や5が増加し，粗い加工となっていることがうかがえる。つまり，広形段階への変化の方向性として各面の加工を粗くするということが言えよう。

　その変化の方向性の中でも一番の画期となるのが上記で確認した中細形から中広形への変化であろう。側面，側面2で認められたパターン4とパターン5の出現である。第2の画期に相当する中広形から広形への変化は上端面，下端面に確認されたパターン4とパターン5の出現であり，下端面におけるパターン1の消滅，側面2におけるパターン2の消滅などがこれらの変化と対応する。これら2つの画期をどのような意味付けで解釈するかという問題は第5節において検討したい。

2. 加工痕の分析による鋳型の2期区分

　前項では鋳型に残る加工パターンの分析から中細形と中広形の間に大きな画期を見つけることができた。そこで，ここではその画期を積極的に評価し，次節以降の検討に使用するため，鋳型を2時期に区分したい[7]。

　I期の鋳型は，彫り込まれている型式が中細形以前の鋳型であり，II期の鋳型は中広形以後の型式が彫り込まれた鋳型が相当する[8]。武器形が鋳型に彫り込まれている場合は，その分類を直接行えるが，破片資料で型式が不明な場合や，武器形以外の製品が彫り込まれている場合などは遺跡の消長や共伴遺物，彫り込まれている武器形以外の製品の時期を考慮し設定を行った。

　I期に相当する鋳型は123点であり，II期に位置付けられる鋳型は178点となった(図26)。この鋳型の点数比較は，II期以降の生産量がそれ以前に比べて1.5倍程度に増加したことを示しているが，製品側からの研究についても，今後，検討していかなければならない[9]。

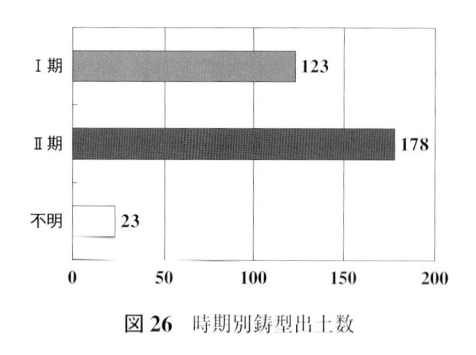

　では，各時期に該当する鋳型について前章で行った地域区分ごとにもう少し詳しく見ていきたい。

　以下では106頁からの付図も参照していただきたい。なお報告書等が未刊のため，図が掲載できない資料もある。付図○-△の○は付図番号で△は通し番号である。また△の通し番号は142頁からの付表1とも対応する。

図26　時期別鋳型出土数

---

7) 本来はより細かな時期区分を行いたいが，多くの鋳型は包含層出土のため明確な時期決定ができない。たとえ共伴遺物の検討により時期決定が行えた場合も，鋳型資料の廃棄時期を明らかにするだけであり，鋳型の使用時期まで絞り込むことが難しいため，2期区分という大まかな区分を行う。
8) I期の鋳型は弥生時代前期末～中期末に相当し，II期は後期初頭～終末までの資料を含める。
9) 銅矛のI期に相当する製品は68点確認されており，II期に相当する製品は433点出土している。銅矛に限ってではあるが青銅器はI期とII期で8倍ほど増加している。

付図は省略し，△のみ示していることもある．

(1) 唐津平野の様相

　唐津平野では，I期の鋳型として中原遺跡（唐津市）から3点の鋳型が出土している（付図1–1～3）。中細形の矛と剣が両面に彫り込まれた鋳型であり，3点は接合しないが同一個体として復元されていた（戸塚2010）が，柳田康雄氏によって，3点は2点と1点の組に分けられると指摘されている（柳田2011）。なお，鋳型は包含層からの出土であるが，共伴土器から廃棄時期を中期後半であるとして報告している。複数の鋳型資料が出土しており，この時期から唐津平野における青銅器生産が行われていた可能性を示す貴重な証拠であろう。II期においては大深田遺跡（唐津市）より広形銅矛が両面に彫り込まれた破片鋳型が1点出土している（付図1–4）。大深田遺跡は鏡山の南側に位置し，現在，遺跡の東側約300 mに宇木川，北側約600 mに半田川が流れており，その合流地の左岸に位置する。遺跡は縄文時代から古墳時代にかけての複合遺跡で，主に弥生時代中期に集落が栄えていたらしい。遺跡は1974（昭和49）年に佐賀県の圃場整備事業の文化財予備調査の一環として調査された。鋳型はB 11区の包含層から出土しており遺構にともなっていない。鋳型は現存幅5.88 cm，現存長4.38 cm，厚さ4.5 cmの破片資料で，両面に広形銅矛が彫り込まれている。片面の広形銅矛は鋒部に近い部分の破片であり，鎬の一部が彫り込まれている。鎬から刃部までの長さは5.2 cmで，製品の刃部最大幅は10.4 cmほどであろう。裏面は銅矛の袋部付近が彫り込まれている。鰭も彫り込まれており幅1 cmほどをはかる。表面は黒変しており実際に鋳造に使用されたことがわかる。

　大深田遺跡の出土状況が包含層であったため，これまで唐津地域における青銅器生産をあまり想定していなかったが，I期における中原遺跡出土例の報告により，今後もこの地域から青銅器生産を示す証拠が発見されることが予想される。I期・II期ともに今後の資料増加を期待したい。

(2) 糸島平野の様相

　糸島平野ではI期に相当する鋳型はこれまでのところ報告されていない[10]。II期に相当する鋳型は三雲遺跡（糸島市）において3点，元岡遺跡（福岡市西区）において1点，石崎遺跡（糸島市）において1点という計5点の鋳型が出土している。三雲川端遺跡（糸島市）では高橋健自氏が「明治三十二，三（1889・90）年頃三雲字川端観音堂後の溝浚の時発見せりといふ。」という報告を行っている（高橋1925）。現在は伊都国歴史博物館に収蔵されているが，石材の風化が激しく手に触れると粉状の石材粉末が付着してしまう。広形銅矛の下端部が彫り込まれているが，その彫り込みも風化のため不明瞭である。また，三雲遺跡からは広形銅矛の葉部が彫り込まれた鋳型片が出土しており，高橋氏は「今同村大字高祖金龍寺に保管せるものあり。」と報告している。現在はこの資料も伊都国歴史博物館に収蔵されている。また，三雲屋敷田遺跡（糸島市）からは広形銅戈が彫り込まれた完形鋳型が出土している（付図2–7）。茎部分に文様が認められ，湯口は鋒に取り付けられている。元岡遺跡・石崎

---

10) 元岡遺跡よりI期に相当する鋳型が出土しているが報告書が未刊である。また，今宿遺跡でも鋳型が出土しているが，現在整理作業中である。

遺跡からも広形銅矛の一部が彫り込まれた鋳型が出土している。元岡遺跡出土資料は現在民家の敷地内に保管されており詳細は不明である。石崎遺跡からは，2点の鋳型が出土している(付図2-8・9)。2点は接合しないが，同一個体と考えられ，広形銅矛の鋒に近い部分が彫り込まれている。さらに，御床松原遺跡(糸島市)より包含層出土の鋳型として報告される資料が1点存在する(付図2-10)。砥石に転用されており，包含層出土のため時期は不明である。

(3) 早良平野の様相

　早良平野では西新町遺跡(福岡市早良区)より細形銅剣と復元される製品を両面に彫り込んだ鋳型が1点出土している(付図3-14)。出土遺構は終末期の住居であるが，砥石に転用され，伝世したものと考えられる。また，有田遺跡(福岡市早良区)からは第3次調査，第81次調査，第108次調査，第179次調査より鋳型が各1点ずつ検出された。これらの調査地点は有田遺跡の中でも南東部に位置する大規模な集落域であり，中期前半から後期初頭まで継続する。したがって有田遺跡出土の鋳型は大部分がⅠ期相当の鋳型と考えることができる。第3次調査出土の鋳型は小片で彫り込まれた製品は不明である(付図3-15)。中期末～後期初頭の1号井戸から出土し，2片の接合資料で現存長5.8 cm，現存幅4.2 cm，現存厚3.4 cmをはかる。彫り込まれた製品内は黒変しており，実際に鋳造に使われたことを示す。第81次調査出土鋳型も小片で彫り込まれた製品の形式は不明である(付図3-16)。鋳型は湯口と考えられる上端面が残存しており，現存長4.6 cm，現存幅4.4 cm，現存厚3.1 cmをはかる。第108次調査出土鋳型も小片で彫り込まれた製品の形式は不明である(付図3-17)。鋒から湯口部分が彫り込まれた面と武器形の身の部分が彫り込まれている面が存在する。黒変部分があり，実際に鋳造に使われたらしい。第179次調査出土の鋳型は前節で詳細に紹介したのでここでは省略する(付図3-18)。以上が早良平野におけるⅠ期に相当する鋳型である。Ⅱ期における鋳型は吉武遺跡(福岡市西区)より1点，飯倉D遺跡(福岡市城南区)より2点，原遺跡(福岡市早良区)より1点の鋳型が出土している。吉武遺跡の鋳型は中広形銅矛の一部が彫り込まれていると想定されるが，表面の風化が著しく詳細は不明である(付図3-13)。飯倉D遺跡出土の鋳型は1点は小形仿製鏡と広形銅矛が両面に彫り込まれており(付図3-20)，もう1点は小形仿製鏡の鏡面と想定される鋳型である(付図3-21)。小形仿製鏡と広形銅矛が彫り込まれた鋳型は，住居跡より出土しており，後期後半以降の時期が想定される。彫り込み順は広形銅矛が先でその後小形仿製鏡の鋳型に転用している。小形仿製鏡の鏡面と想定される鋳型は，湯口と円弧部分に黒変が認められ，彫りくぼめられていない。原遺跡では，掘立柱建物の柱穴より中広形の銅矛が両面に彫り込まれた鋳型が出土している。小片であり鋳型は再加工用に下端面を擦り切りしている。拾六町平田遺跡からは時期不明であるが，鋳型と報告される被熱した資料が出土している。早良平野ではⅠ期の鋳型出土量の方が多く，Ⅱ期になると鋳型出土量が減少している。

(4) 福岡平野の様相

　福岡平野におけるⅠ期に相当する鋳型は那珂遺跡(以下福岡市博多区)より15点，比恵遺跡より5

点，雀居遺跡より1点，下月隈C遺跡より1点，九州大学筑紫地区遺跡(以下春日市)より1点，岡本ノ上遺跡より1点，トバセ遺跡より1点，須玖岡本遺跡第11次調査より2点，盤石遺跡より6点，平若C遺跡から6点，岡本4丁目遺跡より1点，須玖タカウタ遺跡より1点，上白水遺跡より1点，大谷遺跡より5点，石勺遺跡(大野城市)より1点，安徳台遺跡(那珂川町)より1点の計49点出土している。

　那珂遺跡出土の15点の鋳型は第8次調査で2点，第23次調査で7点，第114次調査で6点出土している。第8次調査地点は那珂遺跡群の中でも北側に位置し，中期前半から存続する。2点のうち1点は鋳型参考品(付図5-33)と報告されており，実見したところ鋳型ではないようである。残りの1点は銅戈鋳型(付図5-32)のようであるが，明確な彫り込み面もなく黒変部分もない。しかし，この調査区からは取瓶や銅矛の中子が出土していることから，元は鋳型の可能性が高い。第23次調査出土の7点のうち，4点(付図5-35～38)は鋳型片であるが，彫り込み面は残存していない。残りの3点はいずれも中細形銅戈が彫り込まれた双面笵(付図5-39・40・付図6-41)である。第23次調査出土の7点は全てSD 44(中期の溝)より中期末の祭祀土器とともに出土しており，I期に相当する鋳型と考えられる。第114次調査では，中細形の銅戈が彫り込まれた単面笵2点(付図6-42・44)，双面笵2点(付図6-43・45)と銅矛が彫り込まれた鋳型1点(付図6-46)，型式不明の鋳型1点(付図6-47)が出土している。第114次調査区は先程の第23次調査区に近く，これらの鋳型は一連の製作地で使用されたと考えられる。

　比恵遺跡の5点は第30次調査，第43次調査，第50次調査，第99次調査，第109次調査で出土した鋳型である。第30次調査出土鋳型は中細形銅戈が両面に彫り込まれた双面笵である(付図7-48)。中期末の井戸(SE 009)から出土しており，鋳型は各面砥石に転用されている。現存長4.8 cm，現存幅5.7 cm，現存厚2.3 cmをはかる。第43次調査で出土した鋳型は中期の土器とともに出土し中細形銅戈が両面に彫り込まれた双面笵である(付図7-50)。戈の内の部分と胡の部分が残っており，両面とも黒変している。鋳型全体は風化しており，あまりよい残存状況ではない。現存長3.8 cm，現存幅3.6 cm，現存厚3.27 cmをはかる。第50次調査で出土した鋳型は中細形銅戈の胡と刃部の一部が彫り込まれた鋳型である。樋の一部も彫り込まれているが，綾杉文は認められない(付図7-52)。鋳型は現存長5.6 cm，現存幅5.2 cm，現存厚3.8 cmをはかる。第99次調査で出土した鋳型は中細形C類から中広形にかかる段階の銅戈が彫り込まれている(付図8-54)。銅戈の胡と樋の一部が認められ，綾杉文は認められない。鋳型表面は黒変しており使用されたと考えられる。第109次調査出土鋳型は67号ピットから出土した(付図8-56)。中細形C類が彫り込まれたと報告されている(宮井2008)。鋳型表面は風化が激しい。銅戈の胡と樋の一部が残存しており，綾杉文は認められない。これらの5点の鋳型はいずれも中細形段階の製品が彫り込まれていることから，I期に相当する鋳型である。

　下月隈C遺跡出土鋳型は中細形銅戈が両面に彫り込まれており，SD 921より出土した(付図4-29)。共伴土器は弥生時代中期から後期末まで認められるが，中細形銅戈が彫り込まれていることからI期の鋳型とする。鋳型は銅戈の鋒部が認められ，両面とも湯口をもつ。

雀居遺跡第9次調査出土鋳型は細形銅剣と不明製品が彫り込まれた双面范である(付図4-30)。細形銅剣は茎と関の部分が彫り込まれており、現存長4.3cm、現存幅3.2cm、現存厚2.2cmをはかる。細形銅剣が彫り込まれていることからⅠ期の鋳型に相当する。

春日市の九州大学筑紫地区遺跡からは中期後半の土器とともに中細形銅戈が両面に彫り込まれた双面范の鋳型が1点出土している(付図22-223)。鋳型は製品が彫り込まれた両面とも砥石に転用されており、ともに銅戈の樋の合流点付近から鋒方向にかけて残存している。法量は現存長12cm、現存幅11.7cm、現存厚2.3cmをはかる。中細形の製品が彫り込まれていること、共伴土器が中期後半の土器であることからⅠ期に相当する鋳型である。

岡本ノ上遺跡第4次調査出土鋳型は銅剣が彫り込まれており、小片のため型式は不明である(179)。現存長3.8cm、現存幅3.35cm、現存厚2.35cmをはかり、彫り込まれた製品内は黒変している。弥生中期から中世にかけての包含層からの出土であり、おそらく春日丘陵上に位置する岡本4丁目遺跡や盤石遺跡付近から流れてきたものであろう。春日丘陵上に位置する岡本ノ上遺跡、岡本4丁目遺跡や盤石遺跡などは鋳造関連遺物を出土し、中期前半から末にかけて存続する集落遺跡である。したがって、岡本ノ上遺跡出土鋳型はⅠ期に相当する鋳型であると考えられる。

トバセ遺跡は春日丘陵の南西側に位置する遺跡である。トバセ遺跡は中期前半から中期末まで存続する遺跡で、鋳型は中期中頃～末の包含層から出土している。トバセ遺跡出土鋳型は中細形銅戈の内の部分と胡の一部が彫り込まれており、表面は黒変している(付図21-208)。中細形が彫り込まれていることや、遺跡の存続期間からⅠ期に相当する鋳型である。

須玖岡本遺跡第11次調査から2点の鋳型が出土している。須玖岡本遺跡第11次調査地点は先述した岡本ノ上遺跡から西側へ100mほど春日丘陵を下った西側斜面に位置する遺跡である。鋳型は調査地点の中央に位置する溝8より弥生時代中期の土器をともなって出土した。鋳型の1つは銅矛の関部やや上方に位置する部分が彫り込まれた鋳型(176)であり、もう1つの鋳型は銅戈の内と胡の部分が両面に彫り込まれた双面范の鋳型(177)である。

盤石遺跡からは6点の鋳型が出土している。盤石遺跡は第2章第2節でまとめた春日丘陵北部に位置する中期前半から中期末まで存続する集落遺跡である。鋳型は小片で、彫り込まれた形式が不明なものが2点(付図19-184・187)、彫り込みは認められないが石材が鋳型に使用される石英斑岩であるもの1点(付図19-186)を含んでいる。その他の鋳型は銅矛が彫り込まれた3点(付図19-182・183・185)である。182の鋳型は銅矛と銅戈が両面に彫り込まれた双面范である。銅矛は袋部と耳の一部が彫り込まれており、銅戈は内の部分が彫り込まれている。両面とも黒変しており、法量は現存長6.0cm、現存幅4.9cm、現存厚4.9cmをはかる。183の鋳型も銅矛の脊の部分が彫り込まれた鋳型であり、現存長3.6cm、現存幅3.6cm、現存厚3.0cmをはかり、彫り込み面は黒変している。185の鋳型は銅矛の中位の刃部と脊の一部が彫り込まれた鋳型で、現存長3.6cm、現存幅3cm、現存厚1.75cmをはかる。彫り込み面は黒変しており、実際に鋳造に使われたことがわかる。集落の存続時期からⅠ期に相当する鋳型と考えられる。

平若C遺跡からは5点の鋳型が出土している。中期から後期の集落遺跡で中期の遺構が主体を占

める。鋳型のうち1点は焼土が多量に出土した2号住居跡より出土しており、この遺構は製作場であった可能性が高い(196)。また、岡本4丁目遺跡からは小銅鐸が彫り込まれた鋳型が1点出土している(付図19-188)。これらの鋳型は出土遺構の時期や彫り込まれた製品からⅠ期の鋳型と判断する。

ここまで、春日丘陵北部の様相を中心に見てきたが、春日丘陵北側低地部に位置する須玖タカウタ遺跡から中期の鋳型が1点出土している(付図18-178)。鋳型は2号土壙から出土しており、共伴土器は中期中葉前後である。鋳型は小片で彫り込まれた製品は特定できないが、表面は黒変している。銅矛の中子も出土しており、付近で使用されたと考えられる。

大谷遺跡からは6点の鋳型が出土している。大谷遺跡は春日丘陵南部に位置し、中期前半から中期末まで存続する集落遺跡である。上述したトバセ遺跡の南側約400mに位置する。銅矛と銅剣が両面に彫り込まれている鋳型はB区10号住居より出土し、現存長9.3cm、現存幅3.1cm、現存厚2.3cmをはかる(付図21-210)。細形銅剣が両面に彫り込まれた鋳型はD区7号住居跡から出土しており、現存長6.32cm、現存幅3.7cm、現存厚1.74cmをはかる(付図21-211)。銅剣が両面に彫り込まれている鋳型はB区表土下から出土しており、現存長6.98cm、現存幅3.6cm、現存厚1.7cmをはかる(付図21-212)。両面とも銅剣の身の一部が彫り込まれている。銅戈の鋒部が彫り込まれている鋳型は破損後裏面に戈の線刻を施している(付図21-213)。D区ピット130から出土しており、鋳型として彫り込まれた銅戈は中細形のようである。彫り込み面は黒変しており、実際に鋳造に使われている。法量は現存長5.96cm、現存幅3.71cm、現存厚1.6cmをはかる。中広形銅矛が彫り込まれた鋳型は彫り込み面以外を砥石に転用している(付図21-214)。銅矛の身の下半が彫り込まれており、現存長9.0cm、現存幅9.0cm、現存厚5.4cmをはかる。大谷遺跡から出土した鋳型群は集落の存続時期が中期に収まることからⅠ期に相当する鋳型と考え、214の中広形銅矛が彫り込まれた鋳型は中広形型式の中でも先行する古い型式と考えておきたい。小銅鐸が彫り込まれた鋳型(付図21-209)は遺構検出時に発見された鋳型で出土状況は不明である。片麻岩製の鋳型で残存長7.95cmをはかる。彫り込まれた製品からⅠ期に相当する鋳型と考えられる。

大野城市に所在する石勺遺跡は中期初頭から後期初頭まで存続した集落である。遺跡は御笠川と牛頸川が合流する左岸に位置し、銅剣を両面に彫り込んだ双面范の鋳型が砥石に転用され出土している(付図22-226)。包含層から出土しており、また砥石に転用されていることからもこの遺跡で鋳造が行われたのかどうか疑わしい。しかし、付近には鋳型を出土した駿河遺跡も所在しており、春日丘陵東部において青銅器生産は行われていたようである。鋳型は残存長5.8cm、残存幅2.2cm、残存厚3.2cmをはかる。遺跡の存続時期からⅠ期に相当する鋳型であると考えられる。

那珂川町の安徳台遺跡は、福岡平野の最奥部に位置する台地上の遺跡である。1997(平成9)年度から遺跡の確認調査が行われ、弥生時代中期後葉に位置付けられる鉄戈やガラス塞管を副葬した厚葬墓が確認された。鋳型は2号住居跡から出土し、共伴土器から中期中葉頃のものと考えられる(付図22-229)。滑石製で残存長2.7cm、残存幅4.8cm、残存厚1.2cmをはかる。彫り込まれた製品は、武器形の鋒部で、先端部は突き抜けている。また、鋳型下端部は切断されている。共伴土器からⅠ期の鋳型と判断できる。

福岡平野におけるⅡ期の鋳型は板付遺跡より3点，那珂遺跡より2点，比恵遺跡より3点，井尻遺跡群(五十川遺跡・高宮八幡宮蔵品を含む)より14点，須玖遺跡群からは13点以上，御陵遺跡より1点，赤井手遺跡より1点以上，大南遺跡より1点，九州大学筑紫地区遺跡より1点，駿河遺跡より2点，瓦田遺跡より1点などが出土している。

板付遺跡から出土した3点の鋳型はいずれも銅戈が彫り込まれている。破片資料で包含層出土であるが，中広形以降の可能性が高い(付図4-23・24)。

那珂遺跡出土の2点の鋳型は那珂八幡遺跡と那珂遺跡第20次調査区から出土した鋳型である。那珂八幡遺跡出土の鋳型には中広形銅戈が両面に彫り込まれている(付図5-31)。第20次調査区出土鋳型には片面にのみ中広形銅戈の茎部が彫り込まれている(付図5-34)。

比恵遺跡から出土した鋳型は第42・50・57次調査区から出土した3点である。第42次調査区から出土した鋳型は広形銅矛が彫り込まれており，側面を砥石に転用している(付図7-49)。第50次調査区から出土した鋳型は広形銅矛の袋部の一部が残存するのみであるが，鋳型の裏面と下端部の一部は当時の面を残している(付図7-51)。第57次調査区より出土した鋳型は中広形銅矛の袋部と耳の彫り込みが残存している。黒変しており実際に鋳造に使われている(付図8-53)。

井尻遺跡群から出土した鋳型のうち，現存していないが熊野権現と称される鋳型が2点報告されている。青柳種信によって著された『筑前國續風土記拾遺』の井尻村の条に1797(寛政9)年に惣吉が掘り出したとの記録が認められ，その鋳型の図が高良神社蔵の銅矛の箱書きに記されている。その図を見ると，対になる銅矛の鋳型が完全な状態で描かれており，耳も認められ，全体の形状から中広形銅矛か広形銅矛の鋳型であった可能性が高い。また，井尻B遺跡からは第6・11・14・17次調査区より鋳型が出土している。第6次調査の鋳型は2点あり，小形仿製鏡と銅鏃が彫り込まれた鋳型(付図9-59)と銅鏃のみが彫り込まれた鋳型(付図9-60)である。先の鋳型は小形仿製鏡の鋳型を転用して，裏面に銅鏃が彫り込まれている。2点とも黒変しており，実際に使用されている。第11次調査区から出土した鋳型は広形銅矛が彫り込まれた鋳型で，表面の剥落が激しい(付図9-61)。第14次調査区出土の鋳型も破損が著しいが，銅鏃が彫り込まれている(付図9-63)。また，他の製品も彫り込んでいるようであるが不明である。第17次調査区からは広形銅戈の鋳型が住居跡より出土している(付図9-64)。高宮八幡宮には5点の鋳型が奉納されている。1点は広形銅戈の鋳型であり(付図10-66)，残りの4点は広形銅矛の鋳型(付図10-67・68・付図11-69・70)である。高宮八幡宮に奉納されているが，付近で出土したものと考えられるので，ここでは井尻遺跡群と合わせておく。また，五十川遺跡からは広形銅矛の袋部が彫り込まれた鋳型が出土している(付図11-71)。これらの資料から，井尻遺跡群ではⅡ期に多くの鋳型が出土していることが判明する。

須玖遺跡群からは数多くの鋳型が出土している。しかし，小片になってしまっている資料が多く，彫り込まれた製品を判断して鋳型自身からⅡ期であると確認できる資料は少ない。その他の資料は遺跡の消長や共伴土器からⅡ期に相当する鋳型として捉えることができ，須玖遺跡群出土の鋳型の多くはⅡ期に相当する鋳型である。ここでは特徴的な鋳型を取り上げ様相を把握しておく。

須玖岡本遺跡坂本地区ではこれまで試掘調査を含めて6回の調査が行われた。そのうち試掘調査

では中広形銅矛が彫り込まれた鋳型が2点確認されている(145・146)。2点の鋳型は同一個体と想定されるが，接合はしない。また，小形仿製鏡の鏡面の鋳型も出土している(付図17-147)。細かな破片資料であるが接合して全体像が把握できる。湯口部分が黒変しており，実際に使用されたようである。さらに試掘調査では，銅鏃が両面に彫り込まれた鋳型も出土している(144)。片面に銅鏃が7列×7本彫り込まれており，裏面にも4列×2本の銅鏃が彫り込まれている。筒型銅器と銅鏃が彫り込まれた鋳型も出土している(143)。これらの鋳型資料は大型で比較的残りがよく，いずれも近接した調査地点から出土しており，近辺において青銅器生産が行われていたのであろう。須玖岡本遺跡坂本地区の北側に所在する須玖永田A遺跡からは小形仿製鏡が彫り込まれた鋳型(付図13-85)や小形仿製鏡と小銅鐸が彫り込まれた鋳型(付図13-89)などが出土している。他にも鋳型の破片が多数出土している。須玖永田A遺跡より北西に位置する須玖唐梨遺跡からも広形銅矛の彫り込まれた鋳型が1号井戸より出土している(付図12-80)。鋳型は小片で裏面も欠損している。須玖岡本遺跡坂本地区からやや南側の地点では，須玖岡本遺跡第5次調査地点出土鋳型や吉村百太郎氏宅出土鋳型・皇后峰鋳型・熊野神社後方鋳型などが比較的残存のよい鋳型である。須玖岡本遺跡第5次調査では中広形もしくは広形の銅戈鋳型の破片が出土している(付図18-169)。また，吉村百太郎氏宅出土鋳型は現在東京大学が所蔵しており，中広形銅矛が彫り込まれた単面范の鋳型である(付図18-160)。皇后峰鋳型は広形銅矛が彫り込まれた鋳型であるが，現存する唯一の連結式鋳型のセットである(付図18-156・157)。銅矛の鋒先端部より約28cmの部分で，2つの鋳型に分かれている。分割された鋳型の幅が異なるものの，彫り込まれた製品のラインは一致している。鋳型の側面や下端面に段や彫り込みが認められ，2つの鋳型全体を木枠で固定して鋳造を行ったものと復元されている(中口1972)。熊野神社後方鋳型は京都大学が所蔵しており，中広形銅矛の鋒部が彫り込まれた鋳型である(付図18-165)。鋳型の上端面には溝が形成されている。このように須玖遺跡群からは数多くの鋳型が出土しており，ここに記述していない多くの破片鋳型が存在する。前述したが共伴遺物からそれらは全てⅡ期に相当する鋳型である。

須玖遺跡群から北西側に所在する御陵遺跡からは，中広形銅矛もしくは中広形銅戈と銅鏃が彫り込まれた双面范の鋳型が2号住居跡より出土している(付図12-72)。銅鏃は3列×2本以上が彫り込まれている。第2次調査では1号住居より，銅矛鋳型を転用して異形の多樋式銅剣に復元される製品を彫り込んだ鋳型が出土している(付図12-75)。広形銅矛の連結式鋳型を転用しており，鋳型の時期は出土した住居の時期から後期前半から中頃とされる。

また，須玖遺跡群から南側の春日丘陵へ登った位置に所在する赤井手遺跡からも広形銅戈が彫り込まれた鋳型が遺構検出時に出土している(付図20-201)。鋒の一部と湯口部分が残存しており，彫り込み面は黒変している。さらに南側の丘陵上に位置する大南遺跡でも広形銅戈のほぼ完形鋳型が出土している(付図21-216)。鋒部分の一部が欠損しており湯口が鋒部に付いていたのか不明であるが，茎部は彫り込み面を突き抜けており，茎部が湯口であった可能性もある。

九州大学筑紫地区遺跡からは巴形銅器の鋳型が出土している(付図22-224)。鋳型の表面は破損が著しいが，脚部が2脚認められる。この鋳型については第4章で詳細に検討する。

駿河遺跡からは2点の広形銅矛が彫り込まれた鋳型が出土しているが，報告書が未刊のため詳細は不明である（219・221）。

大野城市に所在する瓦田遺跡より1点の広形銅矛が彫り込まれた鋳型が出土している（付図22-227）。瓦田遺跡は石ヶ遺跡に隣接した集落遺跡である。砥石に転用されているため彫り込み面はほとんど平坦になってしまっているが，皇后峰鋳型と同じく側面に木枠を固定するようなほぞ孔が認められ連結式鋳型であろう。

筑前国分尼寺遺跡第7次調査出土鋳型はSD10から出土した中広形・広形銅矛を彫り込んだ破片鋳型である（付図22-231）。小片であるが黒変が認められ，実際に使用されたことがわかる。太宰府市内ではその他に2点ほど出土したようであるが，現存しておらず詳細は不明である。

以上のように，福岡平野ではⅠ期・Ⅱ期ともに多くの鋳型が出土していることが判明する。福岡平野としてまとめると大きなまとまりとなってしまうので，次節以降は福岡平野を細分して小地域単位（遺跡群単位）で分析を行うこととする。なお福岡平野は須玖遺跡群を含み込んでおり，鋳型の出土量は圧倒的である。しかしながら，須玖遺跡群に隣接する井尻遺跡群でも相当数の鋳型が確認されており，これらの両遺跡群間の関係を考察しなければならない。

（5） 粕屋平野の様相

粕屋平野でⅠ期に相当する鋳型は志賀島の勝馬（福岡市東区）出土鋳型1点，伝八田遺跡（福岡市東区）出土鋳型5点である。

勝馬出土鋳型は第1章第1節でも触れたが，1947（昭和22）年に発見され，森貞次郎氏と渡辺正気氏によって報告された鋳型である（付図24-240）。この鋳型の出土によって，鋳型による青銅器国産化開始期に関する議論が始まった。鋳型には細形銅剣の身の部分の中位が彫り込まれており，現存長18.0 cm，現存幅6.3 cm，現存厚3.0 cmをはかる。

伝八田遺跡出土鋳型は6個体以上出土しており，正確な数はわからない。伝八田遺跡出土鋳型は多々良川北側の丘陵地帯で，城ノ越山から南にのびる東西両丘陵の溜め池の西側の頂部近く，標高40 m以上のところで出土した。現在は宅地として数m以上削平されている。鋳型は現在までのところ5点の所在が確認されている。しかし，出土地が明らかなものは中広形銅剣鋳型（付図23-231）のみである。Ⅰ期に相当する鋳型はこの中広形銅剣鋳型以外の5点である。233の鋳型は1977（昭和52）年に下條信行氏によって報告された（付図23-233）。鋳型は現存長28.0 cm，現存幅12.2 cm，現存厚4.1 cmをはかる。中細形銅戈が彫り込まれたほぼ完形に近い鋳型である。235の鋳型は1989（平成元）年に明治大学博物館が購入し，1号鋳型の合わせ型であることが判明した（付図23-235）。鋳型は現存長31.9 cm，現存幅11.8 cm，現存厚4.6 cmをはかる。233と235は北部九州出土の鋳型で唯一の合わせ型である。236の鋳型は福岡市立博物館が所蔵する資料で，中細形銅戈が彫り込まれている（付図23-236）。鋳型は完形品で現存長34.4 cm，現存幅13.3 cm，現存厚6 cmをはかる。237の鋳型も福岡市立博物館の所蔵資料で中細形銅戈と中細形銅矛がそれぞれ両面に彫り込まれた双面范である（付図23-237）。鋳型は完形品で現存長38.8 cm，現存幅14 cm，現存厚5.7 cmをはか

る。238の資料は所在不明であるが，中細形銅戈と中細形銅剣が彫り込まれている鋳型らしい。これらの伝八田遺跡出土鋳型群は出土状況が不明で，遺跡自体も調査が行われていないが，鋳型に彫り込まれた型式を根拠にI期に相当する鋳型と考える。

II期にあたる鋳型は先程の伝八田遺跡出土の中広形銅剣鋳型と，香椎松原遺跡(福岡市東区)出土銅釧鋳型，多田羅遺跡(福岡市東区)出土広形銅戈鋳型の3点である。伝八田遺跡出土の中広形銅剣鋳型は現在は4点に分割しているが，同一個体として復元され2破片ずつが接合する。黒変が認められ，実際に使用したようである。香椎松原遺跡出土の銅釧鋳型は双面范で共に銅釧が彫り込まれている(付図24-241)。鋳型の断面形が台形を呈しており，彫り込み順序が推定できる。鋳型の側面には合印が認められる。多田羅遺跡出土の広形銅戈鋳型は完形の鋳型である(付図23-239)。鋒部と茎部ともに彫り込み面を貫いており，どちらが湯口となるか不明である。鋳型の出土状況などは不明である。伝八田遺跡出土鋳型以外は八田丘陵からやや下った多々良川の川沿い低地部付近で鋳型が発見されており，II期になると製作地が変化した可能性も指摘できる。

以上が粕屋平野における鋳型の時期別出土状況の様相である。粕屋平野は伝八田遺跡出土の鋳型群が特徴的であり，現在確認されている資料以外にも，複数の鋳型の存在が推定される。古くに開発が行われてしまったため，十分な調査がなされていないのは残念であるが，この付近で青銅器生産が行われていた点は明らかであろう。また，II期においては八田丘陵より下った低地部へ製作地が変化した可能性がある。

(6) 宗像地域の様相

宗像地域におけるI期に相当する鋳型は久保長崎遺跡(古賀市)より1点出土している(付図24-243)。中細形銅戈が両面に彫り込まれた2片接合の双面范で，後期初頭～前半の土器をともなって住居跡の覆土から出土した。境靖紀氏は2片を別個体として想定している(境1989)。鋳型は現存長9.2 cm，現存幅12.4 cm，現存厚3.8 cmをはかる。彫り込まれた型式からI期に相当する鋳型と考えられる。また，浜山遺跡(古賀市)から鋳型の小片と報告される資料が出土している(付図24-244)。報告では釧が彫り込まれているとされるが，小片のため不明である。中期中葉から後葉の住居跡出土である。勝浦高原遺跡(福津市)から銅鐸が彫り込まれた鋳型が出土している(242)。報告書が未刊のため詳細は不明である。

この地域におけるII期の鋳型資料は不明である。

(7) 遠賀川下流域の様相

遠賀川下流域におけるI期に相当する鋳型は松本遺跡(北九州市八幡西区)より出土した2点があげられる(付図24-247・248)。鋳型は前期末～中期初頭の土器をともなっており，集落も中期初頭以降には消滅する。したがってI期に相当する初期の鋳型である。247は20号土壙から出土した。また248は周辺の20号土壙の廃土と考えられる土中から発見された。本来は同じ20号土壙から出土した可能性が高い。247は現存長5.4 cm，現存幅7.05 cm，最大厚3.35 cmをはかる。彫り込みは

片面だけで，報告書の記載では細形銅矛か小銅鐸の可能性を指摘し，小銅鐸の蓋然性が高いとしている。鋳型の表面は一部黒変しており，鋳造に使われた可能性が高い。左側側面に合印と思われる線状の彫り込みが認められる。248の鋳型は現存長2.7cm，現存幅2.4cm，現存厚1.9cmをはかる。小片のため詳細は不明であるが，前述した鋳型と同一個体ではなく，また対となる合わせ型でもない。しかし，同じような彫り込みの形状をしていることから同一の製品の鋳造を目的として鋳型を製作したものと考えられる。出土した遺跡の時期と彫り込まれた製品からⅠ期に該当する鋳型である。

Ⅱ期の鋳型としては吉木(岡垣町)出土の中広形銅戈が彫り込まれた鋳型が存在する(付図24-245)。ほぼ完形の鋳型である。吉木ではもう1点出土したらしいが，現存はしていない(246)。

(8) 遠賀川中流域における様相

遠賀川中流域におけるⅠ期に相当する鋳型は庄原遺跡(添田町)より1点，立岩焼ノ正遺跡(飯塚市)より1点，立岩下ノ方遺跡(飯塚市)より2点，計4点出土している。

庄原遺跡出土鋳型は鉇が彫り込まれた単面范である(付図25-249)。庄原遺跡は中期前半に営まれた集落遺跡であり，鋳型は中期前半以降の遺構によって切られた7号貯蔵穴から出土した。残存長7.5cm，残存幅5.0cm，残存厚5.1cmをはかる。遺跡の存続年代と鉇という中期前半に位置付けられる製品が彫り込まれていることから，Ⅰ期に相当する鋳型と考えることができる。

立岩焼ノ正遺跡出土鋳型(付図25-250)は中細形銅戈が彫り込まれた鋳型片である。樋の合流点付近が彫り込まれている。戦前の採集資料で出土状況は明らかでない。残存長12.1cm，残存幅6.9cm，残存厚3.1cmをはかる。中細形銅戈が彫り込まれていることからⅠ期に相当する鋳型である。

立岩下ノ方遺跡出土鋳型は2点存在する(付図25-251・252)。251は細形銅戈が彫り込まれた鋳型で樋の中央部付近が残存している。採集資料のため正確な出土状況はつかめない。残存長6.2cm，残存幅4.4cm，残存厚3.3cmをはかる。252は異形青銅器の鋳型で彫り込まれた製品は不明である。黒変部分があり，実際に鋳造に使われている。残存長4.7cm，残存幅3.7cm，残存厚2.7cmをはかる。立岩下ノ方遺跡出土鋳型は彫り込まれた製品の型式からⅠ期に相当するものと考えられる。

(9) 宝満川中・上流域における様相

宝満川中・上流域におけるⅠ期に相当する鋳型は隈・西小田遺跡(筑紫野市)から1点，永岡遺跡(筑紫野市)から1点，大板井遺跡(小郡市)から1点，小郡市内出土とされる鋳型が1点の計4点が出土している。

隈・西小田遺跡第6地点出土鋳型は住居跡から出土した中細形銅矛が彫り込まれた単面范の鋳型である(付図25-254)。彫り込み面には黒変部分が残存しており，実際に鋳造に使われたことがうかがえる。各面砥石に転用されており，製品の彫り込みも研ぎ減っている。残存長26.7cm，残存幅8.8cm，残存厚4cmをはかる。中細形銅矛が彫り込まれていることからⅠ期に相当する鋳型である。

永岡遺跡出土鋳型は出土状況が明らかでない(付図25-255)。中細形銅戈が彫り込まれており，各面砥石に転用されている。残存長 18 cm，残存幅 9.5 cm，残存厚 2.7 cm をはかる。中細形銅戈が彫り込まれていることから，この鋳型もⅠ期に相当すると考えることができる。

大板井遺跡出土鋳型は P 141 から出土した(付図26-259)。黒変部分が認められ，その後砥石に転用しているため彫り込まれた製品は判明しない。共伴した土器からⅠ期の鋳型とする。また，小郡市内出土と伝えられる鋳型が大原中学校に1点所蔵されていた(付図26-260)。砥石に転用されており石材は流紋岩質火山岩として報告されている。彫り込まれた製品は不明である。

Ⅱ期における鋳型は津古東台遺跡(小郡市)出土鋳型1点，宮ノ上遺跡(筑前町)出土鋳型1点，ヒルハタ遺跡(筑前町)出土鋳型1点，小田中原前遺跡(筑前町)出土鋳型1点，仮塚南遺跡(筑紫野市)出土鋳型1点の計5点である。

津古東台遺跡出土鋳型は広形銅矛の下半部が彫り込まれた連結式鋳型である(付図26-258)。包含層からの出土であるが，彫り込み面に黒変部分が認められ，実際に使用されたようである。また，湯口部分にも黒変が認められる。この鋳型で注目すべきは2段に形成された関である。これまで多数の広形銅矛が出土しているが，製品としてこの2段関をもつものは発見されていない。報告者の片岡宏二氏は黒変状況を想定すると，この2段関は当初から計画されて彫り込まれており，彫り直しによるものではないとしている(片岡1993b)。特異な銅矛であるので，もし製品が確認されれば興味深いものとなるであろう。宮ノ上遺跡出土鋳型は銅釧が彫り込まれている(付図27-261)。SI 11 の覆土から出土したが，共伴土器は後期中葉を示し，後期前半から中葉にかけて使用された鋳型であろう。何か別の笵を再利用した石材のようで，端部が丸い(片岡1997)。ヒルハタ遺跡出土鋳型は小形仿製鏡と十字金具，銅鏃と勾玉が彫り込まれた多面笵である(付図27-262)。住居内土壙から出土し，砥石への転用は認められなかった。これほど多くの面を利用する鋳型は他に類例はない(田尻2011)。小田中原前遺跡出土鋳型は井戸掘削中に発見された鋳型で中広形銅戈が彫り込まれている(263)。茎部付近は欠損しており，完形ではない。湯口を報告者は鋒部と推定しているが，茎部が欠損しているので断定はできない(松本1966)。仮塚南遺跡出土鋳型は10号土壙より出土した広形銅戈が彫り込まれた連結式鋳型である(付図26-256)。双面笵であるが，裏面は砥石に転用されており銅戈のような彫り込みの痕跡が認められる。

以上がⅡ期に含まれる資料である。宝満川中・上流域では各集落1点ずつという出土状況であり，これまでに1つの集落でまとまった量の鋳型は出土していない。しかし，地域としてまとめてみると，数量は十分に認められ，鋳型が全て地域外からもち込まれたとは考えにくい。1つの集落で出土する量は少ないが，それぞれの集落で生産を行っていたのであろう。

(10) 筑後川中・下流域における様相

この地域は範囲が広く，1つの地域としてまとめることが難しいが，資料が少ないこともあり筑後川中・下流域の諸遺跡を含むことにする。ここでは上枇杷遺跡(みやま市)からⅠ期に相当する鋳型が1点出土している。上枇杷遺跡出土鋳型は中期前半の土器をともなって土壙から出土した(付図

28-265)。不明製品が3面に彫り込まれており，一部黒変している。残存長6cm，残存幅4.2cm，残存厚3cmをはかる。遺跡は中期初頭～前半の集落であり，共伴土器と遺跡の存続幅からⅠ期に相当する鋳型と考えられる。新府遺跡（久留米市）からは小銅鐸が彫り込まれた鋳型片が1点出土している（付図28-264）。鋳型は砥石に転用されているが，被熱しており，実際に使用したと考えられる。遺跡の時期が弥生時代後期を含まないことからⅠ期に相当する鋳型である。

　Ⅱ期の鋳型は益生田寺徳遺跡出土（久留米市）の小形仿製鏡鋳型である（付図28-266）。この小形仿製鏡鋳型は現存長9.7cm，現存幅7.7cm，最大厚2.9cmの双面笵の鋳型である。1面には小形仿製鏡と矢状の線刻，もう1面には鏡面と考えられる彫り込みが認められる。鋳型は標高34mに位置する寺徳古墳墳丘西側の平坦地から検出された。トレンチ調査の表土直下からの出土で，遺構にともなっていない。鋳型は両面とも黒変部分があり，実際に鋳造に使われたことがわかる。この遺跡からは甕棺片が出土しているが，その他の弥生時代相当遺物や鋳造関連遺物は出土していない。小形仿製鏡が彫り込まれていることから，Ⅱ期の鋳型であろう。

(11) 鳥栖丘陵周辺における様相

　鳥栖丘陵周辺におけるⅠ期に相当する鋳型はいずれも鳥栖市の柚比平原遺跡3区出土鋳型＋大久保遺跡7区出土鋳型1点，平原遺跡1区出土鋳型1点，柚比前田遺跡4区出土鋳型1点，前田遺跡出土鋳型1点，柚比本村遺跡2区出土鋳型1点，本行遺跡出土鋳型9点である。

　柚比平原遺跡3区と大久保遺跡7区は約700m離れた遺跡で，それぞれ鋳型が出土した。これらの鋳型は接合関係にあり，細形銅戈の鋳型が彫り込まれている（付図30-276・277）。破損後砥石に転用されたらしく，両鋳型の側面は別々の砥石面を形成している。2片を合わせた残存長は14.7cm，残存幅4.6cm，残存厚2.8cmをはかる。また，裏面にも彫り込みが認められるが，製品は不明である。細形銅戈が彫り込まれていることからⅠ期に相当する鋳型と考えることができる。平原遺跡1区出土鋳型は彫り込まれた製品は不明であるが，両面に黒変部分が残存する双面笵の鋳型である（付図30-278）。中期前半の土器を共伴しており，残存長3.7cm，残存幅3.0cm，残存厚1.3cmをはかる。共伴土器が中期前半の甕であることから，Ⅰ期に相当する鋳型片であろう。柚比前田遺跡4区出土鋳型は魚形製品が彫り込まれた単面笵の鋳型である（付図30-279）。鋳型は側面や裏面を砥石に転用している。残存長13.4cm，残存幅3.2cm，残存厚2.6cmをはかる。魚形製品の鋳型は土生遺跡第5次調査からも出土しており（付図35-312），土生遺跡と同様の時期と考えることができる。したがって，この鋳型もⅠ期に相当する。前田遺跡出土鋳型は小片のため彫り込まれた製品は特定できないが，4面を砥石に転用している（付図30-280）。表面の一部が黒変しており，鋳型の破片であろう。残存長5.8cm，残存幅4.4cm，残存厚3.9cmをはかる。柚比本村遺跡2区出土鋳型は中細形銅戈が彫り込まれた単面笵の鋳型である（付図30-281）。中細形銅戈は内と胡，樋，援の一部が残存しており，内には2本の縦線が彫り込まれている。中期中葉の土器を共伴しており，残存長8.9cm，残存幅7.3cm，残存厚2.9cmをはかる。この鋳型は中細形銅戈が彫り込まれていること，共伴土器が中期中葉の土器であることからⅠ期に相当する。

本行遺跡から出土した鋳型は全部で12点であるが，実見したところ同一個体と考えられるものも存在し，9点の鋳型として報告する。283の鋳型は中細形銅矛と細形銅矛[11]が彫り込まれた双面范である（付図31-283）。中期前半から中頃にかけての土器が多く出土する土器溜まりから出土し，残存長10.7cm，残存幅6.3cm，残存厚2.4cmをはかる。彫り込み順は中細形銅矛の次に細形銅矛が彫り込まれている。284は中細形銅剣と細形銅矛・棒状製品が彫り込まれた双面范の鋳型である（付図31-284）。近代の溝状遺構から出土し，残存長10.3cm，残存幅4.7cm，残存厚3.1cmをはかる。中細形銅剣の彫り込み後，細形銅矛と棒状製品を彫り込んでいる。285，286，287の鋳型は同一個体と考えた（付図31-285～287）。細形銅剣と鉇[12]が彫り込まれている双面范のものである。細形銅剣と鉇の方向は上下逆転しており，両者の彫り込みには時間差があると考えられる。288と289は接合し，中細形銅矛が彫り込まれた単面范である（付図31-288・289）。袋部と耳の一部の彫り込みが残存している。290は中細形銅矛が彫り込まれた単面范の鋳型である（付図31-290）。銅矛の袋部と耳の一部の彫り込みが残存している。石材は滑石（アクチノ閃岩）である。残存長8.5cm，残存幅3.0cm，残存厚3.0cmをはかる。291は棒状製品が横2列彫り込まれた単面范の鋳型である（付図32-291）。鋳型の側面には割付線のような2本の線刻が認められる。残存長9.3cm，残存幅3.0cm，残存厚2.2cmをはかる。292は型式は不明であるが，おそらく銅剣が両面に彫り込まれた双面范の鋳型である（付図32-292）。各面砥石に転用されており，彫り込み面の一部に黒変が残る。残存長4.6cm，残存幅3.8cm，残存厚2.1cmをはかる。出土遺構は後期の土器を含む土壙であった。293は小片で何が彫り込まれていたのか不明である（付図32-293）。出土遺構も時期不明のピットからであった。294は横帯文系銅鐸が彫り込まれた鋳型である（付図32-294）。後期後半の溝から出土した。鋳型は残存長10cm，残存幅9.1cm，残存厚6.3cmをはかる。裏面を砥石に転用しており，正確な使用時期は不明である。本行遺跡から出土した鋳型群は彫り込まれた製品の型式や出土状況から，おそらくⅠ期に相当するものであろう。

Ⅱ期におけるこの地域の鋳型は，安永田遺跡（鳥栖市）より出土した中広形銅矛鋳型2点，銅鐸鋳型5点，荻野公民館予定地遺跡（鳥栖市）出土の中広形銅矛鋳型1点，江島（鳥栖市）出土広形銅戈鋳型1点である。安永田遺跡出土鋳型のうち1点は鋳型の側面を再利用した鋳型である（付図29-268）。側面利用の鋳型は類例が少ない。もう1点は鋒部分のみの鋳型で，鋳型の側面に段が認められる（付図29-269）。ともに包含層からの出土である。荻野公民館予定地遺跡出土鋳型は，破片資料であるが残りがよく銅矛の剣身中央部が彫り込まれている（付図29-275）。1号土壙の埋土上層からの出土で，遺構にはともなっていない。これらの鋳型は銅鐸鋳型同様中期末頃と報告されているが，中広形銅矛が彫り込まれていることからⅡ期としておく。なお，安永田遺跡から出土した銅鐸鋳型5点については，時期に関する議論もあるが，中広形銅矛鋳型と同じⅡ期の鋳型として取り扱っておく。江島出土銅戈鋳型は鳥栖市所在の犬丸家の敷地内に祀ってあった弁財天を調査したところ広形銅戈が

---

11) 柳田康雄氏は短身銅矛として分類している（柳田2005c）。
12) 柳田氏は285と286を別個体と考え，285の裏面を鉇ではなく銅剣の鋒部であると判断している（柳田2005c）。また，286は両面に中細形銅剣が彫り込まれた鋳型としている。

彫り込まれていた鋳型であることが判明した(付図30-282)。近辺で出土したものをもち込んだらしい。鋳型は広形銅戈の下半部のみが残存している。鋳型の裏面に中央部分に凸状に盛り上がった突起が1条巡っており，縄掛のものかもしれないと報告書で指摘されている(藤瀬1997)。内の部分には重弧文が施文されている。

以上が鳥栖丘陵周辺で出土しているⅠ期・Ⅱ期の鋳型である。大きくこの地域における青銅器生産を捉えると，Ⅰ期の本行遺跡における生産と，後続するⅡ期の安永田遺跡における生産として対比ができる。地域内での青銅器生産は継続するが，時期によって製作地の集落が変化している。

(12) 吉野ヶ里丘陵周辺における様相

吉野ヶ里丘陵周辺におけるⅠ期に相当する鋳型は，西石動遺跡(吉野ヶ里町)から1点，姉遺跡(神崎市)から2点，詫田西分遺跡(神崎市)から1点，吉野ヶ里遺跡(吉野ヶ里町)から5点，計9点出土している。この吉野ヶ里丘陵周辺では現在のところⅠ期に相当する鋳型が大部分を占めている。

西石動遺跡出土鋳型は西石動集落の北部に位置する伊東卯太郎氏宅の裏手山際の道路を改修する際に出土したものである(付図32-295)。したがって共伴遺物や出土状況などは不明である。鋳型は中細形銅戈が両面に彫り込まれた双面范であり，両面とも同方向の銅戈が内から援の中位程まで残存している。彫り込まれた製品からⅠ期に相当する鋳型と考えることができる。姉遺跡からは銅矛もしくは銅剣の鋒部分が彫り込まれた鋳型(付図32-296)と銅剣の茎から刳り方の上方まで彫り込まれた鋳型(付図32-297)の2点が出土している。296の鋳型は中期の土器を共伴して土壙より出土した。彫り込まれた製品に関しては様々な論があり[13]特定されていないが，細形か中細形段階の銅戈以外の武器形製品である。残存長13.8 cm，残存幅9.3 cm，残存厚6.0 cmをはかり，彫り込み面は黒変している。297の鋳型は中細形銅剣が彫り込まれており，中期の土器をともなって土壙より出土した。残存長20.5 cm，残存幅7.9 cm，残存厚5 cmをはかり，彫り込み面は黒変している。これら2点の鋳型は共伴した土器や彫り込まれた製品の型式からⅠ期に相当する鋳型と考えることができる。詫田西分遺跡出土鋳型は中期の溝(SD 001)から出土した単面范の鋳型である(付図32-298)。側面4面を全て砥石に転用しており，彫り込まれていた製品について明らかにすることはできない。残存長4.2 cm，残存幅2.6 cm，残存厚2.3 cmをはかり，彫り込みのあった面は黒変している。報告者の徳富則久氏は細形から中細形段階の銅剣を彫り込んだ鋳型ではないかと推測している(徳富1999)。いずれにしても，中期の溝から出土しており，また彫り込まれた製品が中細形段階以前のものであることからⅠ期に相当する鋳型と考えられる。

吉野ヶ里遺跡からは5点のⅠ期に相当する鋳型が出土している。299は細形銅剣が彫り込まれており，後期の環濠に破壊された甕棺の埋土から出土した鋳型である(付図33-299)。銅剣は刳り方を中心に残存しており，現存長10.1 cm，現存幅4.7 cm，現存厚3.75 cmをはかる。300は三田川町教育委員会が調査した田手一本黒木地区の包含層から出土した(付図33-300)。鋳型は銅剣の背部分

---

13) 姉遺跡出土の鋳型についての考察は境氏が簡潔にまとめている(境1998)。

が彫り込まれており，裏面は僅かな彫り込みはあるが鋳型として使用されたのかどうか不明である。裏面以外を砥石に転用しており，正確な時期の位置付けはできない。残存長 6.4 cm, 残存幅 5 cm, 残存厚 2.3 cm をはかる。301 は古墳時代の土壙から出土した銅剣の背部分が彫り込まれている鋳型である (付図 33–301)。砥石に転用されていて，銅剣の型式は不明である。銅剣以外に棒状製品も彫り込まれている。この棒状製品は製品が出土しておらず，いかなる青銅器であったのか不明である。残存長 4.5 cm, 残存幅 2.8 cm, 残存厚 3.0 cm をはかる。銅剣の背付近に相当する箇所には黒変が認められ，実際に鋳造に使われたことがわかる。302 は田手二本黒木地区 154 トレンチから出土した 4 面鋳型である (付図 33–302)。鋳型の各面に細形銅剣，細形銅剣，細形銅矛，中細形銅剣が彫り込まれており，茎の一部や，袋部の一部が残る破片資料である。銅矛の袋部は 3 条の節帯をもつものであり，耳の一部も彫り込んである。彫り込み順は細形銅剣を 2 個体彫り込み，その後銅矛，最後に中細形の剣を彫り込んでいる。黒変部分があり実際に鋳造に使われたことがわかる。残存長 5.5 cm, 最大幅 6.9 cm, 最大厚 4.9 cm をはかる。303 は田手一本黒木地区 7 トレンチより出土した鋳型で，細形銅矛が両面に彫り込まれた双面范である (付図 33–303)。1 面の銅矛は袋部が彫り込まれており，3 条の節帯をもち両耳の型式である。もう片方は鋒部分が彫り込んであり，この鋳型は両面で鋒方向が逆転している。残存長 10.45 cm, 残存幅 6.25 cm, 残存厚 3.9 cm をはかる。これら吉野ヶ里遺跡出土の 5 点の鋳型は彫り込まれた型式と共伴遺物から I 期に相当する鋳型と考えることができる。

II 期における鋳型は，吉野ヶ里遺跡より出土した巴形銅器と不明銅器の鋳型がある。ともに吉野ヶ里地区 V 区の後期前半から中頃にかけての SD 0925 より出土している。巴形銅器の鋳型は近年発見された鋳型片と接合し全体の 3/4 が復元できるようになった (付図 34–305・306)。不明銅器鋳型は分銅形の製品が彫り込まれており，これまで製品が出土していない (付図 34–304)。湯口が付けられ，黒変していることから，実際に使用された可能性が高い。吉野ヶ里丘陵周辺では I 期と比較して，武器形青銅器の鋳型が出土していない点は興味深い。

(13) 佐賀平野の様相

佐賀平野から出土する I 期に相当する鋳型は惣座遺跡 (佐賀市) から 1 点，櫟ノ木遺跡 (佐賀市) から 1 点，鍋島本村南遺跡 (佐賀市) から 1 点，仁俣遺跡 (小城市) から 1 点，土生遺跡 (小城市) 第 5 次調査から 7 点，久蘇遺跡 (小城市) から 1 点，牟田辺遺跡 (多久市) から 1 点の計 13 点であり，I 期に相当する鋳型しか出土していない。

惣座遺跡出土鋳型は細形銅矛と細形銅剣 2 個体分が両面に彫り込まれた双面范で，細形銅矛の袋部には三重の節帯をもつ型式である (付図 35–307)。側面は砥石に転用されており，柱穴の可能性をもつピット内から出土した。彫り込まれた製品が細形段階であることから I 期に相当する鋳型として考えることができる。櫟ノ木遺跡出土鋳型は中細形銅戈が彫り込まれたほぼ完形の鋳型である (付図 35–308)。単面范で，裏面は砥石に転用されているようである。援の彫り込み線が二重になっており，彫り直しの痕跡が見てとれる。鋳型は耕作中に出土したもので，共伴遺物や出土状況など詳細

は不明である。彫り込まれている製品が中細形段階のものであることからⅠ期に相当する鋳型である。鍋島本村南遺跡出土鋳型は細形銅戈が彫り込まれた鋳型である（付図35-309）。銅戈の樋の合流付近やや下方の破片であり，残存長9.5 cm，残存幅8.3 cm，残存厚2.9 cmをはかる。彫り込み面が黒変していることから，実際に鋳造に使われたことがわかる。鋳型は中期前半の土器をともなっている。彫り込まれた製品と共伴遺物からⅠ期に相当する鋳型と考えることができる。仁俣遺跡出土鋳型は細形銅矛と不明製品が2個体分彫り込まれた鋳型である[14]（付図35-311）。中期前半の土壙から出土し，後述する土生遺跡とは500 mほどの距離にある。各面とも黒変しており，実際に鋳造に使われている。残存長4.1 cm，残存幅2.8 cm，残存厚1.9 cmをはかる。彫り込まれた型式と出土遺構から，Ⅰ期に相当する鋳型と考えられる。土生遺跡第5次調査出土鋳型は鉇と魚形製品が彫り込まれた鋳型である（付図35-312）。石材は滑石製で柱穴跡から中期前半の土器をともなって出土した。彫り込まれた製品と共伴遺物からⅠ期に相当する鋳型と考えることができる[15]。第11次調査では銅剣が彫り込まれた双面范1点（付図35-313）と，ミニチュア矛形銅器が2本並行に彫り込まれ，裏側には棒状製品が彫り込まれた双面范1点（付図35-314）が出土した。また，第12次調査では銅剣が両面に彫り込まれた鋳型1点（付図35-315）と，銅矛が両面に彫り込まれた鋳型1点（付図35-317），銅矛の単面范1点（付図35-316）が旧河川であるSD 14より出土し，SK 06より銅矛の袋部が彫り込まれた鋳型が1点（付図35-318）出土している。共伴する土器は中期前半の土器が多く，Ⅰ期に該当する鋳型であろう。久蘇遺跡からは3面を利用した鋳型片が1点出土している（付図35-310）。彫り込まれた製品に3条節帯の銅矛袋部が確認でき，Ⅰ期の鋳型と判断する。なお，銅矛以外に棒状製品も彫り込まれている。牟田辺遺跡から鋳型が1点出土している（319）。整理作業中に確認され，遺跡の時期が中期前半であることからⅠ期の鋳型とする。

以上，各地域ごとに鋳型の様相を捉えた。126点の鋳型がⅠ期に該当する鋳型である。Ⅰ期の鋳型は彫り込まれた製品の型式が中細形以前のもので，中期末までに収まる時期のものを含めている。Ⅱ期に該当する鋳型は173点の鋳型である。後期初頭から終末期までの鋳型を含めるものとする。

3. 形式ごとの加工痕の特徴

ここでは鋳型に彫り込まれた形式ごとに加工痕の特徴があるのか否かについて分析を行いたい。形式ごとに加工手順の特徴をつかむことができるのであれば，製作者・製作者集団の実像に迫れるとともに，上記で行った時期変遷の分析についてより深い考察を行うことができるからである。

銅剣，銅矛，銅戈，その他[16]の製品が彫り込まれた鋳型の各面の加工パターンをまとめてみた。
図27～30は銅剣，銅矛，銅戈，その他のそれぞれの鋳型の加工パターン比率を示したものである。これらの図からは銅剣が彫り込まれた鋳型における加工パターンの比率が他の鋳型とは異なっているような印象を受ける。パターン5が銅剣鋳型において認められないからである。しかし，こ

---

14) 不明製品について片岡宏二氏は鉇の可能性を示唆している（片岡1999）。
15) 土生遺跡からは新たに鋳型の報告があるが，正式報告がなされていないのでここでは扱わない。
16) その他の鋳型とは，銅剣，銅矛，銅戈以外の製品が彫り込まれている鋳型を指す。

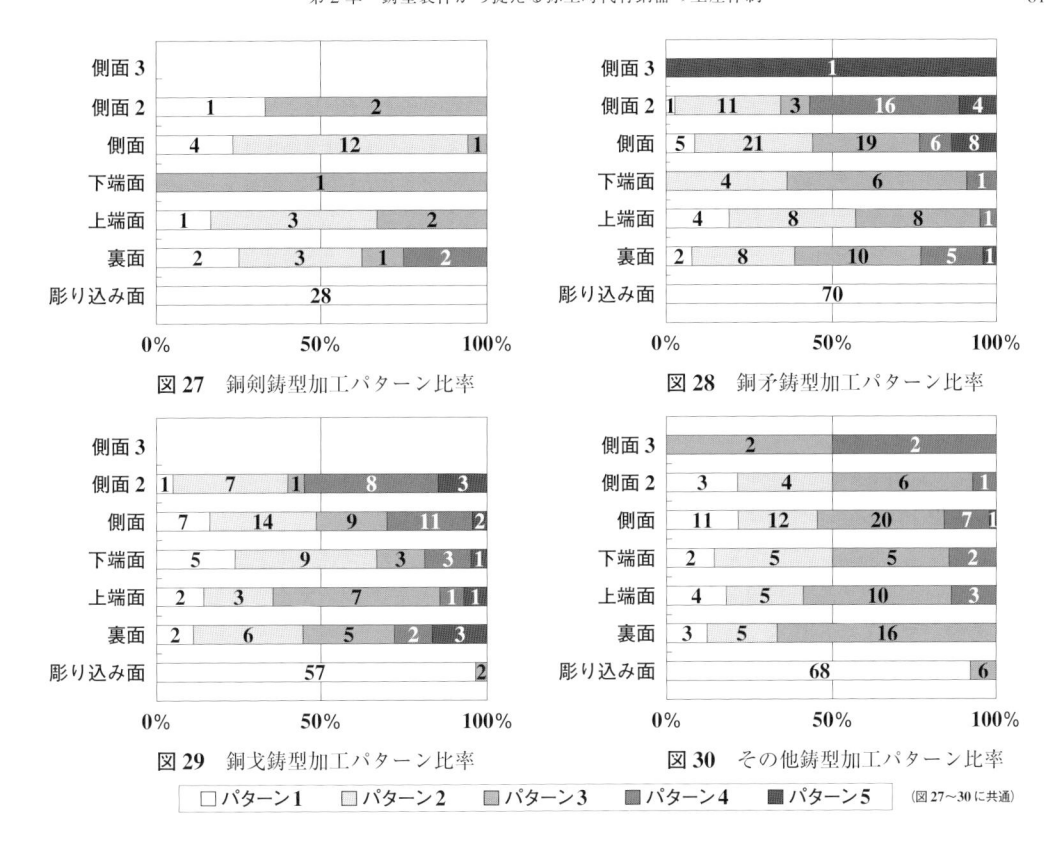

第 2 章　鋳型製作から捉える弥生時代青銅器の生産体制

図27　銅剣鋳型加工パターン比率

図28　銅矛鋳型加工パターン比率

図29　銅戈鋳型加工パターン比率

図30　その他鋳型加工パターン比率

□パターン1　□パターン2　■パターン3　■パターン4　■パターン5　（図27〜30に共通）

れは銅剣のサンプルが他の鋳型とは異なるためである。北部九州の弥生社会において銅剣の生産は細形型式から中細形型式までは認められるものの，それ以降は明瞭に認めることはできない。北部九州において，中広形型式の鋳型は伝八田遺跡出土(付図23-231)のみである。次型式の平形銅剣は分布圏を瀬戸内に移しており，北部九州とは異なったあり方を示す。したがってここで扱った銅剣が彫り込まれた鋳型のサンプルは先述したⅠ期に相当する鋳型(細形段階から中細形段階)に伝八田遺跡出土中広形型式鋳型1点を加えたものである。つまり銅剣鋳型のサンプルは前節で検討したⅠ期の鋳型にほぼ相当する。こうしたことから先程の比較は時期差を含んでいることになる。そこで銅矛，銅戈，その他の鋳型について前節で分類したⅠ期とⅡ期とに区分しそれぞれの時期において鋳型の加工パターン比率を比較したい。

図31〜33はⅠ期における銅矛，銅戈，その他の鋳型の加工パターン比率を示したものである。この各図と図27にあげた銅剣鋳型の加工パターン比率を比較すると，それほど銅剣が特異な加工パターンを示していると読みとることはできない。しかし，銅矛鋳型においてパターン5の加工が裏面と側面3に1点ずつ認められる。この加工パターンは同一個体に施されたもので有田遺跡第179次出土鋳型(18)である。この鋳型は先述した加工痕の時期変遷において述べたものであり，中細形銅矛が彫り込まれているが中広形銅矛に極めて近い様相を示す個体である。したがって，図31においてパターン5が認められることはあまり気にせず読みとりを行いたい。こうした点を考慮すると，どの形式が彫り込まれた鋳型の加工パターンも基本的には非常に類似していることがわかる。

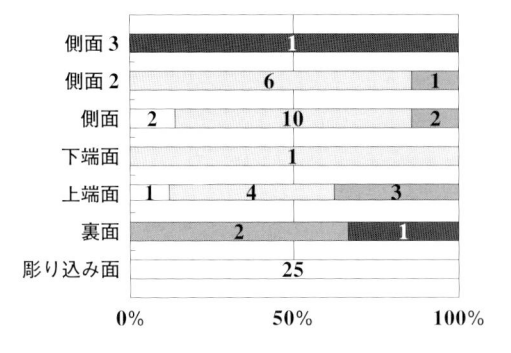

図 31　I期銅矛鋳型加工パターン

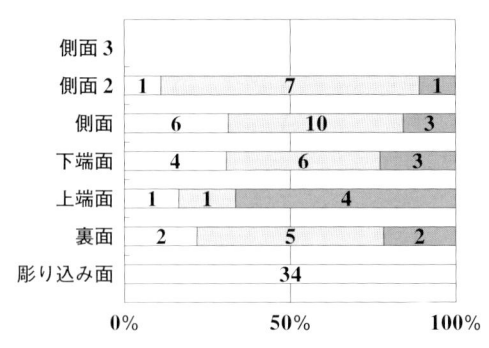

図 32　I期銅戈鋳型加工パターン

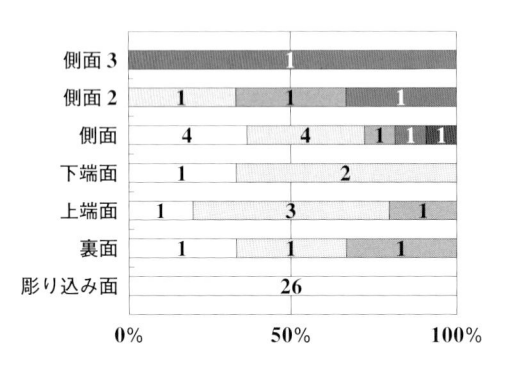

図 33　I期その他鋳型加工パターン

□ パターン1
　 パターン2
　 パターン3
　 パターン4
■ パターン5

（図31〜33に共通）

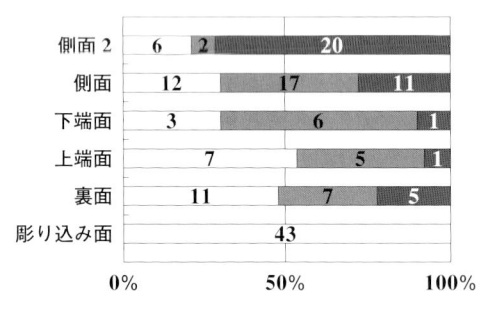

図 34　II期銅矛鋳型加工パターン

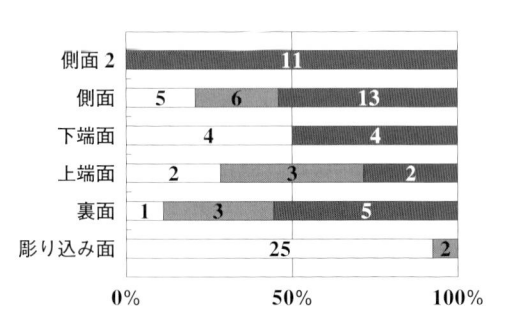

図 35　II期銅戈鋳型加工パターン

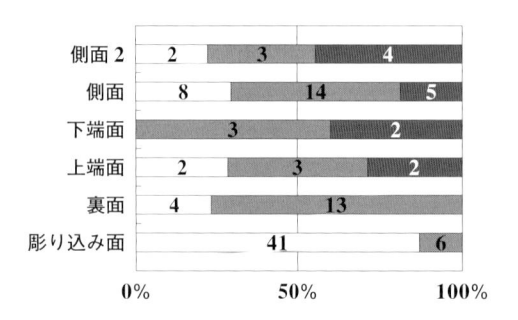

図 36　II期その他鋳型加工パターン

□ 丁寧
　 普通
■ 粗い

（図34〜36に共通）

したがって，Ⅰ期においてはどの形式に関しても同じような加工パターンを施し，同じような加工手順で石材を加工していたことが読みとれよう。

では，Ⅱ期における形式別の鋳型の加工パターン比率はどうであろうか。ここでは銅剣を除く銅矛，銅戈，その他の鋳型について比較を行いたい。なお，図が煩雑になるため，パターン1とパターン2を「丁寧な加工」に，パターン3を「普通の加工」に，パターン4とパターン5を「粗い加工」に置き換えて表示する（図34〜36）。この結果，各形式とも加工に差は認められない。Ⅰ期においても形式ごとの差が認められなかった状況を考慮すれば，時期的な変化は起こっていないことが明らかとなる。したがって，ここでは形式によって鋳型の加工は異ならないということを確認しておき，第5節における製作者集団の復元においてより考察を深めたいと思う。

4. 銅戈鋳型の変遷

銅戈の湯口に関してはこれまで内方向から湯を流し込む説と鋒方向から湯を流し込む説の両者があり，議論されてきたので，ここでこれまでの議論を簡単に振り返る。小林行雄氏は三雲屋敷田遺跡出土鋳型（付図2-7）を例にあげ「湯口は戈の先端の方にあったことがたしかである」として鋒方向から湯を流し込むことを想定している（小林1962: 232）。中口裕氏は三雲遺跡出土鋳型と多田羅出土鋳型（付図23-236）の両鋳型をそれぞれヤリミゾ型，多田羅型と区分し，ヤリミゾ型は鋒に湯口が存在，多田羅型は内方向から湯を流し，鋒に取り付けられた溝は湯流しのものであるとした（中口1972）。岩永省三氏は明確に述べているわけではないが，大阪湾型銅戈との比較で，北部九州の銅戈は内方向から湯を流し込んだものと考えているようである（岩永1980a）。難波洋三氏は大阪湾型銅戈における型式分類を行い，湯口の方向が内から鋒へ変化するとしている（難波1986a）。下條信行氏は銅戈鋳型の変遷の中で，中細形段階以降の湯口は鋒方向にあると指摘している（下條1989）。武末純一氏は口頭発表で，銅戈の湯口に関する見解を提示している（武末1998a）。後藤直氏は日本列島製の銅戈の内の部分が幅狭で薄い作りであることや鋳型の分析から，鋒方向からの湯の流し込みを想定している（後藤2000）。さらに，境氏は2002年の口頭発表で製品と鋳型の検討から，中細形段階以降は湯口の取り付け位置が内だけでなく，鋒側の事例も想定され，両者の方法が採用されているとした（境2004a）。

これまでの研究では，鋳型に残る湯口の痕跡と，製品の観察からもとめられる湯口の方向の推定が行われ，日本列島においては内と鋒の両者の方向から湯が流し込まれていた様相が明らかとなってきている。そこで，以下では鋳型の加工パターンに注目して，これまでの議論の一助としたい。

では，日本列島の青銅器の故地と考えられる朝鮮半島出土の鋳型において銅戈の湯口はどちらに付くのであろうか。全羅南道霊岩郡出土の14点の鋳型の中に銅戈が彫り込まれたものを2点確認することができる（図37）。この2点は合わせ型で黒変部分も残っており，実際に鋳込みにあたったことがうかがわれる。これらの鋳型では内の部分に湯口が作られており，内がそのまま鋳型の下端面まで抜けている。鋒にはなんら彫り込みを認めることができず，上端面まで抜けていない。したがって，1組の例だけであるが朝鮮半島における銅戈生産は，おそらく内方向から湯を流し込んだものと考えることができよう。

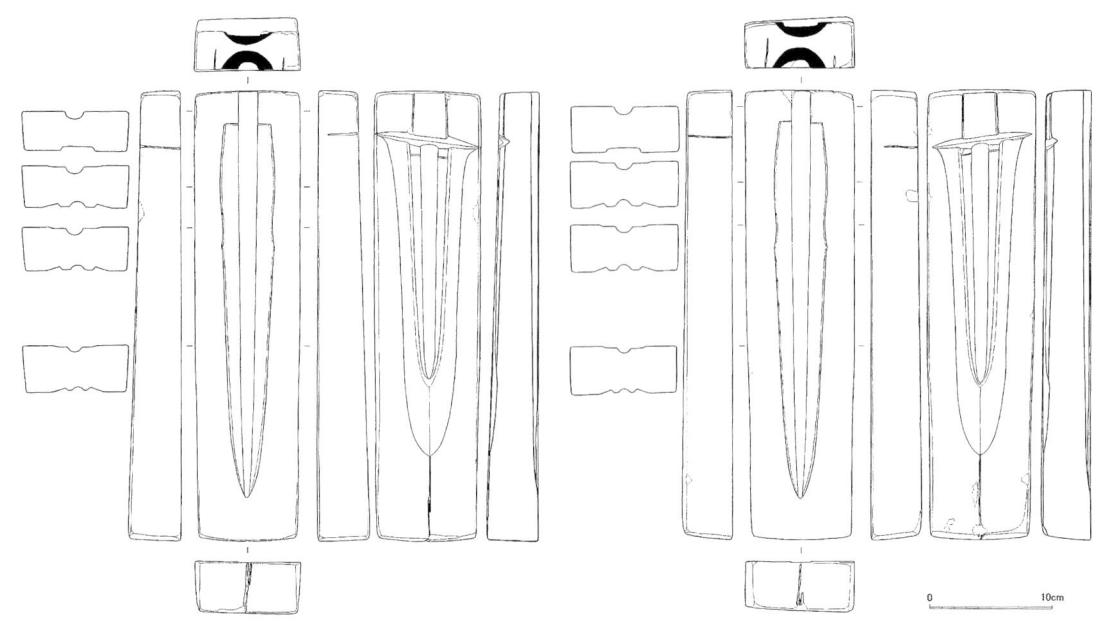

図37　全羅南道霊岩郡出土銅戈鋳型(S = 1/6)

　そうした、内方向から湯を流し込む方法は、日本列島に青銅器の製作技術が伝わって以降変化していったと考えられる。三雲遺跡出土鋳型は明らかに鋒方向から湯を流し込んでおり、そうした変化をいつ頃に求めるのかという点が問題となる。後藤氏は列島に青銅器生産が伝わり「生産開始とほぼ同時に(中略)採用された」と考えており(後藤2000)、上述のように境氏も中細形以降に変化が認められるとしている(境2004a)。このような問題点に関して、ここでは鋳型に残る加工痕から分析し、若干の考察を行いたいと思う。

　確実に彫り込まれた製品の型式がわかるものを中心にして鋳型の上端面と下端面に施された加工パターンに注目をしていきたい。図38と図39は銅戈鋳型以外の上端面と下端面の加工パターンを型式ごとにまとめたものである。サンプル数に問題のある点もあるが、基本的に湯口が取り付けられる上端面は広形段階においても一定程度丁寧な加工を施していることがわかる。時期が新しくなるにつれて、どの面も加工パターンは粗い加工を示すようになることは第1節で述べたが、上端面において一定程度丁寧な加工パターンを残すことは、この面が湯口としての機能をもっているためであると考えることができる。

　では、銅戈の鋳型についてはどうであろうか[17]。図40と図41は細形段階から広形段階までの銅戈鋳型における上端面と下端面の加工パターンの比率を示したものである。細形段階は霊岩出土鋳型の例を見てもわかるように、下端面を湯口にしていたものと考えられる。また、図40と図41で示すように、中細形段階の下端面は上端面に比べて丁寧な加工を施す割合が高い。このことから、中細形段階まではおそらく下端面に湯口が付いていたと考えることができる。では中広形段階の湯

---

17)　銅戈の鋳型に関しては彫り込み面を上に向け鋒方向を上方に置いた際、鋒方向を上端面、内方向を下端面としてサンプルを抽出した。

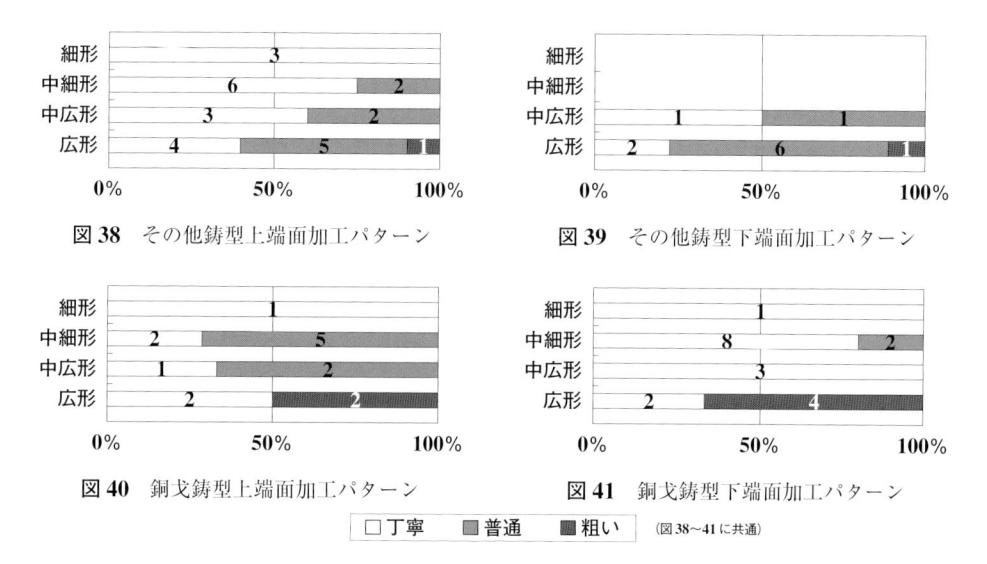

図38　その他鋳型上端面加工パターン
図39　その他鋳型下端面加工パターン
図40　銅戈鋳型上端面加工パターン
図41　銅戈鋳型下端面加工パターン

□丁寧　■普通　■粗い　(図38〜41に共通)

　口はどちらに付くのであろうか。上端面と下端面の加工パターンはどちらにも丁寧な加工が認められ，どちら側に湯口が付くのかわからない。おそらく上端面，下端面のどちらにも湯口が付いたのであろう。この時期のサンプルが少数のため，それ以上のことは不明である。最後に広形段階について検討を加えたい。下端面の加工パターンを見ると丁寧な加工は2点30％ほどで，残り4点70％は粗い加工である。中広形段階までの下端面の状況と比較すると粗い加工が目立つようになることを読みとることができる。上端面では同じように粗い加工が増加しているが下端面ほどではなく，2点50％で，丁寧な加工も下端面と比較すると多く施されている。こうした状況から，広形段階において一定程度上端面に湯口をもつ鋳型が存在し，下端面の加工に関して注意を払わないものが出現していると考えられる。

　つまり，こうした加工痕の丁寧さの観察から，朝鮮半島から伝わった段階の銅戈の湯口は内の部分に取り付けられ，中細形段階まで確実にそうした鋳造方法を行っていたようである。その後，中広形段階においてその鋳造方法の規範が弛緩し，鋒方向から湯を流すものが出現し，広形段階においては鋳造方法における両者が存在していたと考えることができるのではないだろうか。

　なお，近年新たな資料が追加された。八ノ坪遺跡(熊本市)出土の細形銅戈鋳型の資料である(林田編2005)。八ノ坪遺跡出土の細形銅戈が彫り込まれた鋳型(付図36-321)を確認すると，鋒部に湯口が設置されており，列島における最初期段階から湯口は鋒と内の両者の鋳造方法が存在することとなった。いずれにしても，朝鮮半島から伝わった製作技術の変化していく様相を捉えることができる。

　この銅戈湯口の変化については，資料対象となる鋳型が少ないため現段階では以上のことまでしか論じることができない。今後，製品の観察・分析を行っていく過程で，より詳細な議論ができるものと考える[18]。

---

18) 岩永氏より肉眼観察でも製品の湯の流れが推定できるものがあると御教示を受けた。

5. 連鋳式鋳造法と連続鋳込みについて

ここまで北部九州出土の鋳型資料を見てきたが，その特徴として鋳型の両面に製品を彫り込んだ双面范が多く出土していることが明らかとなった。そこで，双面范がいかなる事情で製作されたのかという点を以下で明らかにしてみたい。そのためには，双面范が使用された可能性のある連鋳法という鋳造方法を復元する必要がある。連鋳法とは1回の注湯によって，複数個体の製品を鋳造する方法である。連鋳法には2種類存在するが，1つは製品同士を溝によって連結し，湯道を1本にする方法と，もう1つは鋳型を複数合わせて，鋳型の両面に製品を彫り込むことによって多量の製品を鋳造する方法である。ここでは，前者の鋳造方法を連鋳式鋳造法1とし，後者の鋳型の両面を使用する方法を連鋳式鋳造法2としてまとめてみたい。連鋳式鋳造法2は双面范の鋳型を使用するのであるが，北部九州の青銅器生産にそうした鋳造方法が具体的にどのような形で行われていたかを明らかにし，双面范の位置付けを行いたい[19]。

北部九州において連鋳式鋳造法1は銅鏃と十字形銅器の鋳造のみに認められる。井尻B遺跡第6次調査出土鋳型(59)や御陵遺跡出土鋳型(72)，須玖岡本遺跡坂本地区試掘調査出土鋳型(144)，ヒルハタ遺跡出土鋳型(262)の4点である。また，破片資料のため正確なことは言えないが，可能性のある資料として須玖永田A遺跡第4次調査出土鋳型(91)があげられる。

井尻B遺跡第6次調査出土鋳型は小形仿製鏡を彫り込んだ鋳型を半分に分割し，裏面を利用して銅鏃を2個体，縦列に彫り込んでいる。銅鏃の鋒側に幅1.8cmの湯口が存在し，2つ目の銅鏃の茎は鋳型の外へまっすぐ伸びている。鋳型は住居内の土壙から出土しており後期中頃の複合口縁壺をともなっていた。

御陵遺跡出土鋳型は　中広形か広形の銅矛が彫り込まれた鋳型の裏面に，横3列に銅鏃が彫り込まれている。真ん中に位置する銅鏃の茎には連続する銅鏃の鋒の一部が残っており，少なくとも縦2列以上の銅鏃が彫り込まれていたはずである。銅矛と銅鏃の先後関係はおそらく，銅矛が早く，その後銅鏃鋳型に転用されている。これは，鋳型の残存幅から考えることができる。すなわち，銅鏃面では鋳型の面を十分利用して横列に銅鏃を彫り込んでいるが，最終使用面が銅矛である場合，おそらく銅矛の関の部分が彫り込めない。また，鋳型の残存幅が8.3cmであるのに対して，中広形銅矛の平均関幅8.51cm，広形銅矛の平均関幅13.28cmである。したがって，この鋳型は銅矛鋳型の両側面を切断し，裏面に銅鏃を彫り込んだ転用鋳型であると言える。

須玖岡本遺跡坂本地区試掘調査出土鋳型(144)は両面に銅鏃が彫り込まれた鋳型である。彫り込まれた銅鏃の数が多い面を見ると，横7列，縦7列，計49個体の銅鏃が彫り込まれている。銅鏃の鋒方向に幅9.5cm以上の湯口が彫り込まれている。裏面には横2列，縦4列に銅鏃が彫り込まれていた。裏面の湯口は彫り込みが浅く，あまりよくわからない。鋳型の横断面形は蒲鉾形を呈している。この鋳型の残存長は33.0cm，残存幅15.1cm，残存厚6.2cmで，おそらく中広形か広形の

---

19) 近藤喬一氏は連鋳式鋳造法2について，朝鮮半島，日本列島では用いた例はないとしている(近藤1974b)。

製品が彫り込まれた鋳型を再利用したものと考えられる[20]。それは，中広形と広形段階の鋳型の残存幅と残存厚から読みとることができる(図42)。この図は完形品の鋳型のみをサンプルとして扱っているが，坂本地区試掘調査出土鋳型を合わせてみると，ちょうど中広形から広形への中間的なところに点が落ちる[21]。したがって，この鋳型は中広形か広形の武器形青銅器を彫り込んだ鋳型を再利用したものとして解釈することができる。つまり，はじめから銅鏃を多量に彫り込むために，石材を加工したものではないということが指摘できる。

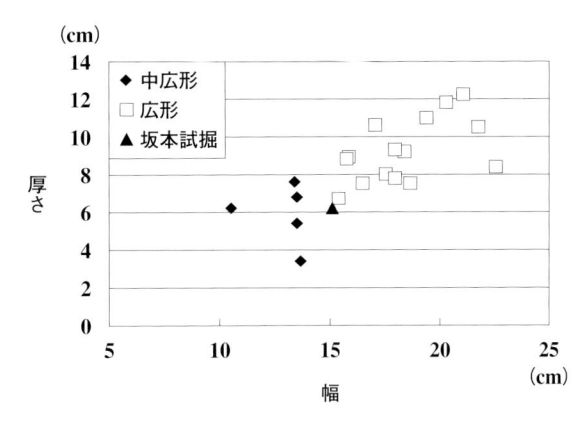

図42 型式別鋳型横断面形

ヒルハタ遺跡出土鋳型は6面中5面を利用し，小形仿製鏡，十字形銅器，銅鏃(2面)，勾玉が各面に彫り込まれている。そのうち連鋳式鋳造法1を採用した彫り込みは，十字形銅器と銅鏃である。鋳型を仮に小形仿製鏡が彫り込まれている面を上向きにして設置したとき，その裏面に十字形銅器が彫り込まれており，連鋳式の銅鏃は左側面に彫り込まれている。この鋳型の各面の先後関係は断面形の観察から小形仿製鏡を彫り込んだ後，裏面の十字形製品を彫り込んで使用している。また，その他の面の彫り込みは，観察結果からは使用されておらず，彫り込みだけ行ったようである。なお，著者が鋳型を観察した結果，十字形製品や銅鏃の連鋳式鋳造法1の彫り込みは，当初から計画された彫り込みではなく，一度彫り込みを行った後，何らかの事情で設計変更して複数の製品を彫り込んだのではないかと判断している。根拠としては，設計変更し追加して彫り込んだと考えられる製品の形状がはじめに彫り込んだ製品と異なっており，無理に彫り込んだ結果，十字形製品などでは脚部が短くなってしまっている点などがあげられる(田尻2011)。この鋳型も転用鋳型の1例としてあげることができよう。

須玖永田A遺跡第4次調査出土鋳型は破片資料のため明確に連鋳式鋳造法1を採用した鋳型であるかどうか不明である。鋳型には黒変している面に幅1mmと0.5mm程の線状の彫り込みが残っているだけである。その線状の彫り込みの間隔が1.3cm程であり，上述した須玖岡本遺跡坂本地区試掘調査出土鋳型における銅鏃の間隔と酷似していることから，連鋳式鋳造法1の鋳型の可能性があるのではないかと考えた。残存長4cm，残存幅4.5cm，残存厚4.3cmの小片であり，これ以上のことは不明である。

これまで連鋳式鋳造法1を採用した鋳型を4点，その可能性のある鋳型を1点確認した。これらの鋳型に共通しているのは，後期段階のII期の鋳型であり，いずれも別の製品を鋳造するために製作した転用品であるという点である。このことから，連鋳式鋳造法1は朝鮮半島から青銅器鋳造技

---

20) 春日市教育委員会の平田定幸氏より御教示を受けた。
21) 境氏の研究手法による(境1998)。

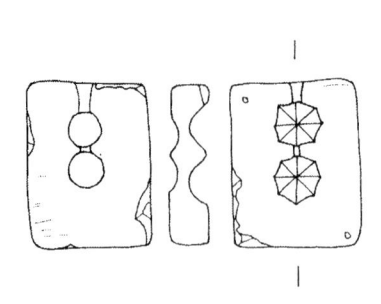

図43 咸鏡北道鍾城郡三峰里(S＝約1/4)

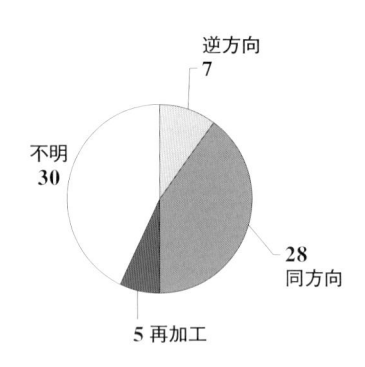

図44 双面范個体数内訳

術が伝達された I 期に認めることはできず，基本的に鋳型への彫り込みにおいては，製作者は複数の製品をはじめから意図して彫り込んでいないと解釈することができる。特にヒルハタ遺跡出土鋳型の場合は，追加して彫り込んだ製品の形状がいびつになっており，当初から予定して彫り込んだものではないことが明らかである。したがって，この方法は青銅器製作者が何らかの緊急事態が起こった際に，応急的に採用した方法と考えることもできる。基本的には鋳型石材の供給量がその理由になると考えている。

北部九州における青銅器生産の技術的な故地である朝鮮半島出土鋳型において，連鋳式鋳造法 1 を採用したものの有無を確認してみる。咸鏡北道鍾城郡三峰里出土鋳型は採集資料で銅鉇が縦列に 2 個体彫り込まれている(図43)。朝鮮半島において連鋳式鋳造法 1 を採用したものはこの 1 例のみであり，日本列島に系譜的に続くものは存在しない。また，中国東北地方とくに遼東半島地区や遼東地区，吉長地区においても，1つの湯道で複数の製品を鋳造する連鋳式鋳造法 1 は認められない。こうしたことからも，北部九州で確認された連鋳式鋳造法 1 は応急的手段として，突発的に生じた技術と考えることができる。

次に連鋳式鋳造法 2 について考察を行いたい。この方法には 2 つの方法が存在すると考えられる。そこで，ここではこの 2 つの方法の可能性について考えたい。1 つは複数の鋳型の両面に彫り込みを行い，それらの鋳型に穴を開けて湯道をつくり，湯口を 1 つにする方法である。もう 1 つは複数の鋳型の両面に彫り込みを行い，それらの鋳型を合わせることによって複数の湯口を作り出すものである[22]。前者を a，後者を b としてそれぞれ検討を行いたい。

連鋳式鋳造法 2a は中国の王莽新代には確実に認められる方法である(近藤 1974b)。大泉五十などの銭貨の鋳造において用いられていることが確認できる。しかし，1 回の注湯で多量の製品を鋳造できるこの方法は朝鮮半島や日本列島出土の鋳型において確認することはできない。

連鋳式鋳造法 2b は日本列島出土の双面范が可能性としてあげられる。北部九州出土の双面范はこれまで，70 点確認されている(図44)。それらの資料の内訳は，彫り込まれた製品の上下が同じも

---

[22] 小林行雄氏は「表裏に彫刻された戈の形がきわめて近似している点からみれば，(中略)同時に二個体以上の製品をつくる(以下略)」として連鋳式鋳造法 2b の存在を推定している(小林 1962: 233)。

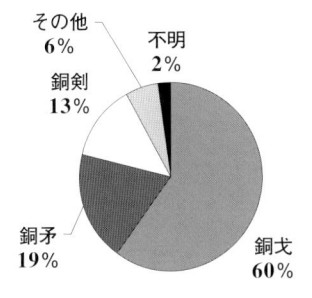

図45　双面范における形式比率 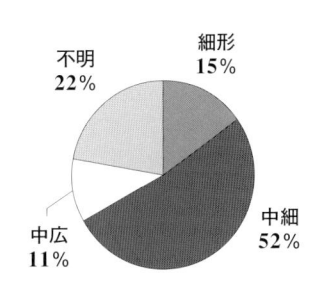　　図46　双面范における型式比率

の28点，上下逆のもの7点[23]，石材を切断して再加工を施し，結果的に両面に彫り込まれたもの5点[24]，小破片のため詳細が不明なもの30点である。彫り込まれた製品の上下が逆のものや再加工を施したものは確実に表面と裏面の鋳造に時間差があり，上記で定義した連鋳式鋳造法2bに用いられていない。したがって，この方法が存在するとすれば，使用された鋳型は上下の方向が同じ28点のみである。

　彫り込まれた製品の上下が同じ28点の鋳型は中原遺跡出土鋳型2点(1+2・3)，下月隈C遺跡出土鋳型1点(29)，那珂八幡出土鋳型1点(31)，那珂遺跡第20次調査出土鋳型1点(34)，那珂遺跡第23次調査出土鋳型2点(40・41)，那珂遺跡第114次調査出土鋳型1点(45)，比恵遺跡第30次調査出土鋳型1点(48)，須玖岡本遺跡坂本地区第4次調査出土鋳型1点(136)，須玖岡本遺跡坂本地区試掘調査出土鋳型1点(144)，須玖岡本遺跡第5次調査出土鋳型1点(168)，須玖岡本遺跡第11次調査出土鋳型1点(177)，盤石遺跡出土鋳型1点(182)，赤井手遺跡出土鋳型1点(204)，竹ヶ本遺跡C地点調査出土鋳型1点(207)，大谷遺跡出土鋳型1点(211)，九州大学筑紫地区遺跡出土鋳型1点(223)，伝八田遺跡出土鋳型1点(237)，久保長崎遺跡出土鋳型1点(243)，本行遺跡出土鋳型1点(283)，西石動遺跡出土鋳型1点(295)，惣座遺跡出土鋳型1点(307)，久蘇遺跡出土鋳型1点(310)，土生遺跡出土鋳型3点(313・315・317)，八ノ坪遺跡出土鋳型1点(321)である。これらの鋳型のもう少し細かい分析を行いたい。このうち，須玖岡本遺跡坂本地区試掘調査出土鋳型(144)は上述したように銅鏃が両面に彫り込まれた鋳型であった。しかし，鋳型の横断面形は蒲鉾状を呈しており，2面の彫り込み面が同時に使用されたとは考えにくいので，以下の分析では除外する。

　27点の鋳型の多くは銅戈が彫り込まれたものであり(図45)，54面中33個体分(60%)を示している。したがって，双面范は銅戈鋳型に特徴的な鋳型であると言える。また，型式がわかるもので分析を行うと，中細形段階の製品が多く彫り込まれている(図46)。つまり，北部九州出土の鋳型の双面范は中細形銅戈が彫り込まれたものが多いということが指摘できる。

　北部九州における青銅器生産において連鋳式鋳造法2bがもし存在するのであれば，特定時期に

---

23) 須玖岡本遺跡坂本地区第4次調査出土鋳型(136)，香椎松原遺跡出土鋳型(241)，益生田寺徳遺跡出土鋳型(266)，大深田遺跡出土鋳型(4)，本行遺跡出土鋳型(285・286・287)，吉野ヶ里遺跡出土鋳型(303)，白藤遺跡出土鋳型(320)の7点である。
24) 飯倉D遺跡出土鋳型(20)，井尻B遺跡第6次調査出土鋳型(59)，本行遺跡出土鋳型(284)，御陵遺跡出土鋳型(72)，吉村良吉氏宅出土鋳型(159)の5点である。

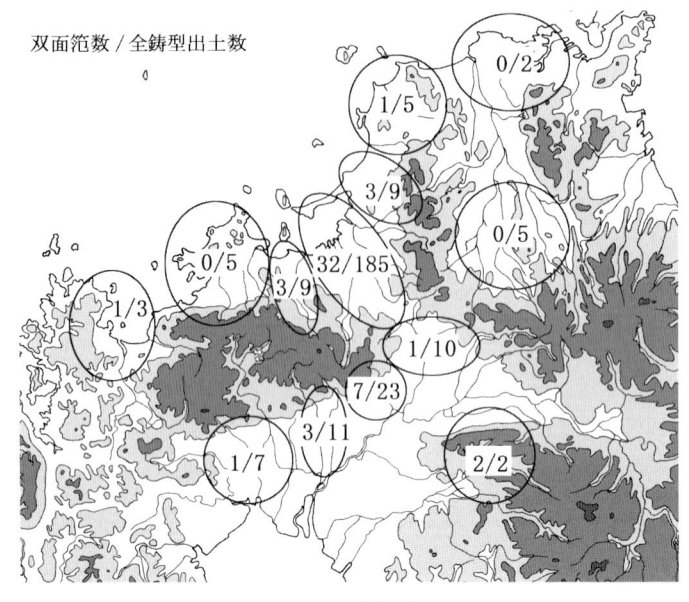

図47 双面范分布図

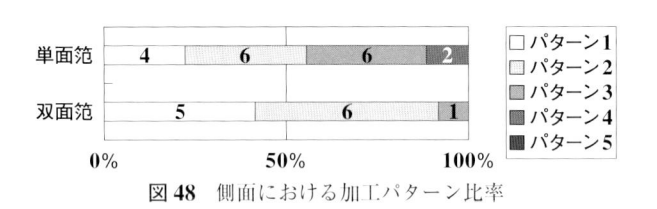

図48 側面における加工パターン比率

特定の形式において採用された鋳造方法と解釈することもできる。しかし，そうした鋳造方法が本当に存在したのであろうか。出土分布図(図47)を見てみると，福岡平野に集中しているように解釈することもできるが，際立っているというほどのものではない。出土量の多いところではこのような双面范の鋳型も多いと解釈できる。また，連鋳式鋳造法2bが採用されているのであれば，複数の鋳型を綴じ合わせるため，鋳型側面の加工はそれ以外の鋳型と異なり，丁寧な加工を施さなければならない。図48は27点の鋳型と中広形までの単面范の銅戈鋳型の側面における加工パターンを比較したものである。この図から，27点の鋳型の側面にそれほど丁寧な加工が施されていると読みとることはできない。さらに，朝鮮半島出土鋳型のもので同様な鋳型を見ることもできない[25]。

これらの理由から，北部九州における青銅器生産において連鋳式鋳造法2bは存在しなかったと考える方が妥当である。こうした検討から，北部九州における双面范のうち，彫り込まれた製品の上下が同じものも時間差をもって彫り込まれたものであると解釈したい。つまり，先行して彫り込んだ製品と同じような製品を再び鋳造したい場合，石材の大まかな加工が終了している手近な鋳型を使用したため，両面に同じ型式の双面范が出現したということである。

以上の検討から，北部九州における青銅器生産において連鋳式鋳造法1のみが応急的に採用され，それ以外の連鋳式鋳造方法は採用されていないことが判明した。また，小林行雄氏が可能性として考えていた連鋳式鋳造法2b[26]は，現在の出土状況や加工痕の分析，系譜問題，技術問題からして採用されていないことも明らかとなった。

したがって，北部九州で多く認められる双面范の鋳型は計画的に彫り込まれたのではなく，結果

---

25) 実際の鋳造を考えていくと，複数の鋳型を合わせた場合，どれか1枚の鋳型が破損するとその鋳型を挟み込んだ両側の製品が鋳造できなくなる。大量生産を目的とした割に，リスクの高い鋳造方法であろう。
26) 前掲註22参照。

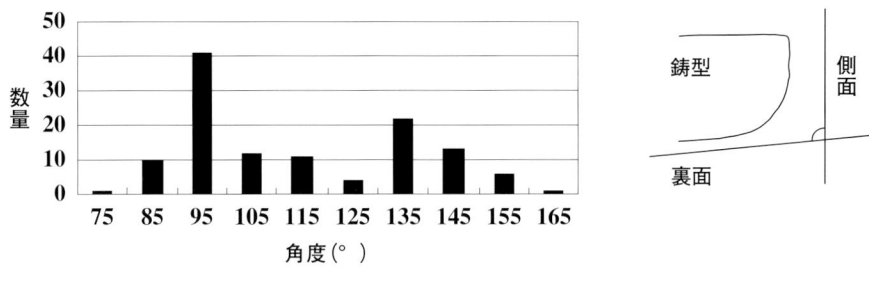

図 49　側面―裏面間角度度数分布図

として鋳型の両面を使うようになったと理解したい。

　次に，連続鋳込みという方法について考察を加えたい。この方法は鋳型の断面形と鋳型の側面や裏面の加工，双面笵の問題，鋳造工程の復元とも関連する問題だからである。連続鋳込みとは鋳型を複数連立し，1回の溶銅行為による湯を複数の鋳型に流し込む方法である。つまり，坩堝で溶かした湯を複数の鋳型に連続して流し込む。この方法は，2面1具である鋳型を近接させて連立し，湯を流し込む準備を整える必要がある。そこで想定されるのが鋳型の側面や裏面を丁寧に加工し，面を形成させ，鋳型を密着させる方法である。鋳型を複数バラバラに連立させるよりも，一括りにして密着させた方が注湯の際に湯が冷めることなく，工程上危険性が少ないと考えられるからである。では，こうした方法は存在したのであろうか。

　そこで，鋳型の横断面形における側面と裏面とがなす角度を計測したい。図49は側面と裏面との角度を示した分布図である。計測が可能であった面は121面であった。この図から86度から95度の範囲と126度から135度の範囲にまとまりが認められる。前者では，ほぼ直角をなしており，鋳型の横断面が長方形を示していることを意味する。後者は，鋳型の横断面形が通称蒲鉾形と言われている鋳型である。したがって，鋳型の約半分ほどに横断面形を長方形にする鋳型が含まれているということを確認しておきたい。

　この横断面形に長方形を意識した鋳型は，連続鋳込みの際，鋳型同士を密着させるのには都合のよい鋳型であると言える。では，これらの差異は何を示すのであろうか。図50は鋳型をⅠ期とⅡ期に区分したものである。この図から，86度から95度の範囲でまとまる鋳型の多くは，Ⅰ期に相当することが読みとれる。また，図51は鋳型の横断面形が長方形に近い32個体の鋳型についての内訳である。この図からも長方形を志向した鋳型はⅠ期に多い傾向が見てとれるようである。このような結果から，Ⅰ期において連続鋳込みによる鋳造を行っていた可能性が認められる。また，逆にⅡ期においては連続鋳込みによる鋳造を行っていた可能性は低いと言えるであろう。Ⅱ期においては1つの製品を鋳造するために溶銅行為を1回ずつ行っていた可能性が高い。すなわち1個体分のみの溶銅を用意するだけで，複数個体分の溶銅は用意しないということである。第5章の鋳型石材の問題や同笵関係の有無とも関連するが，Ⅱ期における青銅器生産は大量生産を志向するものではなく，青銅製品そのものを製作する点を重視しているようである(吉田2004)。なぜなら，石製鋳型による鋳造において一番の利点は，鋳型の再利用が土製鋳型に比べて比較的可能である点である

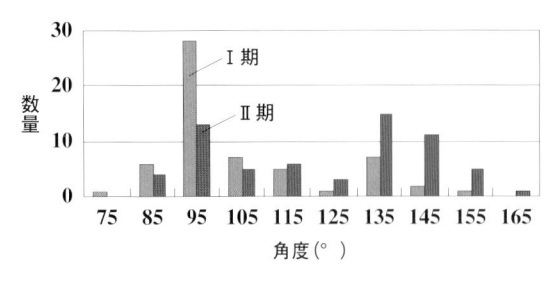

図50　側面―裏面間時期別角度度数分布図

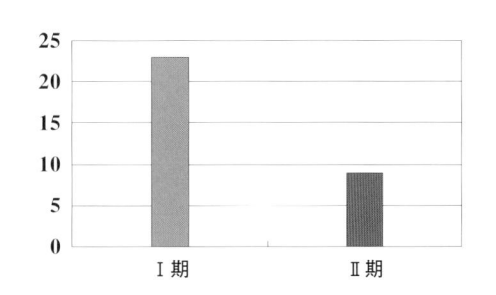

図51　長方形の時期別鋳型数

図52　長方形志向鋳型加工パターン比率

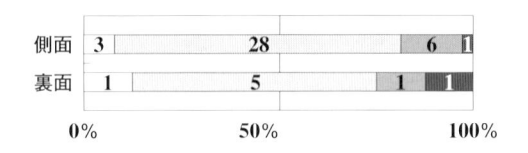

図53　長方形非志向鋳型加工パターン比率

□パターン1　□パターン2　■パターン3　■パターン4　（図52・53に共通）

が，石製鋳型に固執して青銅器生産を行いながら，北部九州における青銅製品の同笵率は極めて低く，1つの鋳型で約1回のみの鋳造しか行っていないようである。したがって，Ⅱ期において連続鋳込みを行っておらず，溶銅もⅠ個体分のみを用意するという指摘は，大量生産を志向した生産ではなく，青銅器生産の行為そのものに重点を置いた生産体制であったのであろう。

　では，Ⅰ期の鋳型の加工痕はどのようなものであろうか。そこで鋳型の側面，裏面の加工痕を分析し，丁寧な加工面を形成しているかどうかを確認したい。図52は長方形を意識した，側面と裏面との角度が86度から95度までの23個体の鋳型の加工パターン比率である。残存している面が少なく，正確なものではないが，パターン1とパターン2しか認められず，丁寧な加工を行っていることが読みとれる。また，図53はⅠ期の鋳型のうち，側面と裏面との角度が85度以下のものと，96度以上のものの加工パターン比率を示した図である。図52と比べて，パターン3やパターン5が含まれており，全体として粗い加工が含まれるという傾向を示している。こうしたことから，Ⅰ期の横断面形を長方形に意識した鋳型は，丁寧な加工が施されているということができよう。

　上記の結果から，連続鋳込みの可能性が想定される鋳型はⅠ期の横断面形が長方形を志向した鋳型で，加工パターンの分析でも丁寧な加工を施しているということが把握できた。しかし，鋳造場での遺構が確認できていない現状では可能性を提示するだけで，これ以上言及することはできない。

6. 小　　結

　本節では加工痕の時期的変遷を検討し，時期が下るにつれて鋳型の加工が粗くなることが明らかとなった。その結果，鋳型をⅠ期（細形・中細形）とⅡ期（中広形・広形）の2時期に分けることとなった。また，鋳型に彫り込まれる形式ごとに加工痕は異なるのではなく，加工パターンは全体として共通していることが明らかとなった。また，銅戈鋳型の分析から朝鮮半島から伝わった技術が

Ⅱ期になると規範が緩む点が指摘できた。最後に，湯口と注湯方法について検討し，連鋳式鋳造法1は北部九州内で鋳型石材の不足などの突然のアクシデントに際し，製作者が対応した技術であることが指摘できた。それらは共にⅡ期に起こったことであり，Ⅰ期の生産体制とは変化している様相がうかがえる。次節ではこれまで見てきた加工痕の空間的分析を行い，北部九州における青銅器生産の具体像を明らかにする。

第3節　青銅器製作技術の空間的分析

1. 鋳造地の認定

　ここでは北部九州における弥生時代の青銅器生産において，その製作を行った鋳造地[27]の認定を行いたい。

　鋳型は前節で見たように各地域で出土するが，鋳型が出土したことをもって，その地で青銅器の製作が行われていたと考えることはできない。鋳造地として認定するためには複数の状況を重ね合わせて検討することが必要である。

青銅器鋳造地の認定条件
a. 鋳型が1個体だけでなく複数個体出土していること
b. 鋳型だけでなく鋳造に関連する遺物が出土していること
c. 鋳造に関連する遺構が確認されること

　以上の3点が必要であると考える。このうちaの複数個体の鋳型が出土することが一番重要である。生産量の問題とも関連するが，弥生時代の青銅器生産において製品を1点生産してその製作場を放棄するとは考えられない。また，鋳型は2面1具が基本であるので，1個体という片面だけの検出では青銅器生産を行うことはできない。これまで対応する2面が確認されている例は1組しかないが[28]，そうした状況から考えても鋳型1個体のみを根拠にして，その地での青銅器生産を認定することはできない。しかしながら，2点以上の鋳型が確認されても，全て砥石として転用されている場合なども想定でき，上記の条件が組み合わさることが重要であろう[29]。

　bの鋳造に関連する遺物とは取瓶や坩堝，銅滓などの遺物である。ある場所で青銅器の製作が行われたのであれば，青銅器生産に関わるこれらの遺物が当然出土しなければならない。しかし，こ

---

27) 鋳造地とは青銅器の製作工程のうち鋳造段階を担当する作業場のことであり，より明確に遺構として確認できる場合は鋳造場という用語を使用する。さらに，製作地とは第1章第2節で設定したように青銅器生産の全工程を行う場所として定義したい。
28) 伝八田遺跡出土鋳型のうち2点(233・235)が北部九州出土の鋳型の中で唯一組み合わさる鋳型であることが判明している(岩永1989；乙益1989；熊野1989；近藤1989；下條1989)。
29) 武末純一氏より砥石に転用された鋳型が複数出土した場合について御質問を受けたが，他の条件との組み合わせが重要であると回答している。

れら鋳造関連遺物の多くは使用に耐えられなくなった状態で廃棄されている場合が多く，鋳造関連遺物が出土した遺構をそのまま青銅器生産が行われた遺構として認定することはできない。その周辺で青銅器生産が行われていたと考えることが必要であろう。bの条件はaの条件に付け加えることによって，より鋳造地を確実に認定することができる条件である。

　cの条件である遺構はまだ北部九州では数例しか確認されていない。しかし，bの条件と合わせて考えることによって鋳造場を確定することができる。鋳造場と考えられる遺構には当然のことながら，周囲に鋳型片や坩堝・取瓶片などの鋳造関連遺物が出土し，遺構として通常の炉とは異なる遺構が確認されるはずである。また，上記にあげた鋳造関連遺物の他に焼土塊や木炭など通常の炉跡から出土するような遺物も検出される。

　これら3つの条件を全て満たすのであれば，確実に鋳造地と認定することができる。しかしそれぞれの条件は必要条件でしかなく，それのみが確認されても鋳造地として認定することはできない。

　では，以下実際の資料に即して鋳造地を認定していきたい。

(1)　条件aの検討

　そこで，地域設定で行った地域ごとに鋳造地が含まれているか確認をしたい。まずaの条件を満たすのは，2個体以上の鋳型が出土している地域である。

　唐津平野はこれまで1点の鋳型のみであったが，前節でも紹介したように，近年3点追加され報告されている。I期に属する鋳型が3点まとまって出土したことで，I期から唐津平野において青銅器生産が行われていた可能性が高くなった。しかしながら，中原遺跡からは鋳型しか出土しておらず，その他の鋳造関連遺物は確認されていない。したがって，鋳型の出土という事実だけで，中原遺跡において青銅器を鋳造したと断定することは難しい。しかし，唐津平野全体では弥生時代の早期から遺跡が多く確認されており，周辺には青銅器を副葬した宇木汲田遺跡や久里大牟田遺跡，桜馬場遺跡などが所在する。中原遺跡の鋳型の例やこうした付近の地理的環境を検討してみると唐津平野で青銅器生産が行われていた可能性は高い。しかし，まだ資料数が少ないため以下の分析では外すこととする。

　次に鋳型が3点出土している地域である。宗像地域（釣川流域）と筑後川中・下流域が含まれる。前節でも述べたように宗像地域（釣川流域）においては，久保長崎遺跡（古賀市）と浜山遺跡（古賀市），勝浦高原遺跡（福津市）から鋳型が出土している。これらの3遺跡では鋳型以外に鋳造関連遺物は報告されておらず，地域全体としてはどこかに鋳造地が存在している可能性はあるが，現在までのところ明確な製作場は判明しない。したがって，以下の分析の対象としない。

　筑後川中・下流域でも3点の鋳型が発見されている。益生田寺徳遺跡（久留米市）出土の小形仿製鏡鋳型と上枇杷遺跡（みやま市）出土の不明鋳型，新府遺跡（久留米市）出土の小銅鐸鋳型である。益生田寺徳遺跡出土の小形仿製鏡鋳型は明確に砥石に転用された面がないため，この鋳型を砥石として他地域からもち込んだと解釈することには疑問が残る。しかし，この遺跡周辺で青銅器生産が行われたとする積極的な根拠もいまのところない。上枇杷遺跡出土の鋳型は3面使用されているが，

彫り込まれた形式は不明である。いずれの使用面にも黒変が認められ，実際に使用されたことをうかがわせる。この鋳型は土坑から出土しており，共伴遺物は弥生時代中期前半の土器が数点認められた。石材が北部九州の鋳型に多く確認されている石英斑岩ではなく，花崗岩質アプライトと報告されている。この遺跡からはその他の鋳造関連遺物は出土しておらず，また鋳型には砥石に使用された面があることから，砥石として遺跡にもち込まれた可能性が高く，青銅器の鋳造が行われていたとは考えにくい。久留米市内の筑後川の自然堤防上に展開する新府遺跡は縄文時代から弥生時代前期を中心とした集落遺跡である。鋳型は石英斑岩で砥石に転用されている。一部に被熱痕が認められており，実際に使用したと考えられる。この資料も砥石として転用されており，遺跡から他の鋳造関連遺物の報告がないため，鋳造地として認定するには難しい。したがって，筑後川中・下流域の資料も以下の分析の対象外とする。

　次に鋳型の報告数が少ないのは遠賀川下流域である。遠賀川下流域では北九州市八幡西区所在の松本遺跡より2点の鋳型が報告され，遠賀川の対岸である岡垣町吉木より同じく2点の鋳型が出土している。松本遺跡は永犬丸低地に立地する弥生時代前期末〜中期初頭に相当する集落遺跡である。鋳型についての説明は本章第2節で行ったので割愛するが，この遺跡からは炉壁と考えられる焼土塊，多量の焼土が検出されており，鋳型の出土と関係する鋳造関連遺物と考えられる。したがって，鋳造地の認定の際に定義したaとbの条件に該当し，松本遺跡付近で青銅器の生産が行われた可能性が高い。さらにこの時期の鋳型とよく共伴する朝鮮系無文土器が少数ながら松本遺跡で出土しており，遺跡内での青銅器生産が行われていた蓋然性を高める。鋳型数が2点と少数ながらも，こうした複数の条件を重ね合わせることによって，遠賀川下流域において青銅器生産が行われていたと考えてもよいだろう。吉木出土の鋳型はその発見報告が古く，共伴遺物等の詳細が不明である。中広形銅戈が彫り込まれた鋳型であり，II期の鋳型に相当する。松本遺跡がI期に該当するので，I期から継続的にこの地域内で青銅器生産が行われたと考えたい。サンプル数に問題もあるが，この地域に関しては以下の分析でも用いる。

　上記で検討した地域以外では一定量の複数の鋳型が出土するというaの条件を満たしている。

(2) 条件bの検討

　では，bの条件に該当する鋳造関連遺物はどのような分布を示すのであろうか。図54〜57は中子，鞴，取瓶・坩堝，金属滓などの鋳造関連遺物の出土分布図である。これらの図から福岡平野，鳥栖丘陵周辺，吉野ヶ里丘陵周辺，佐賀平野の4地域において鋳造関連遺物が出土し，bの条件を兼ね備えていることがわかる。なお，遠賀川下流域については上述したように松本遺跡から多量の焼土が出土しており，例外的ではあるが鋳造地として認める。したがって，この5地域は鋳型が複数出土し，また中子，鞴，取瓶・坩堝，金属滓などの鋳造関連遺物も出土していることから，確実にそれぞれの地域内で青銅器生産が行われたことを示す。

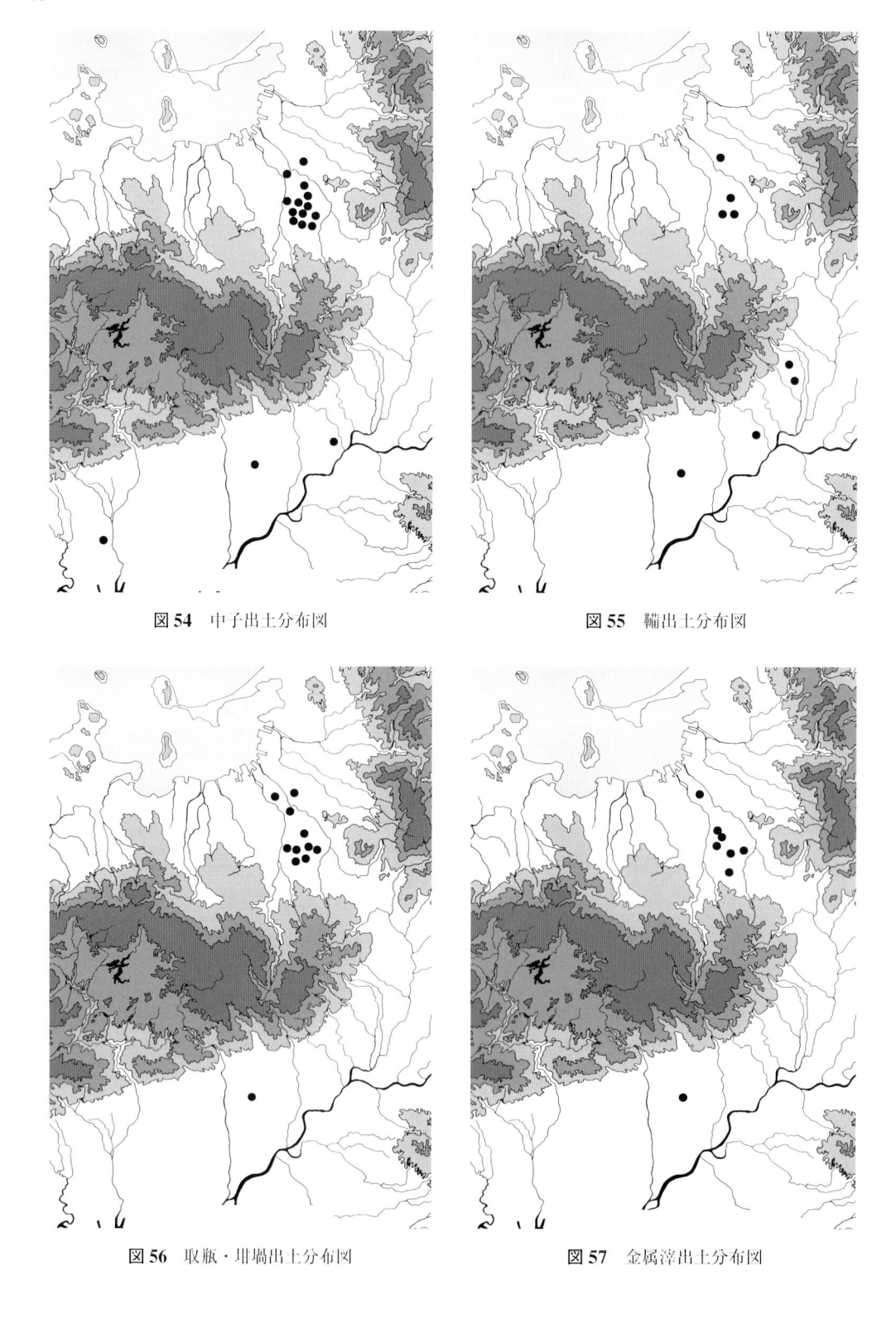

図 54　中子出土分布図

図 55　鞴出土分布図

図 56　取瓶・坩堝出土分布図

図 57　金属滓出土分布図

第 2 章　鋳型製作から捉える弥生時代青銅器の生産体制

表 5　鋳造関連遺物集成表(中子)

番号	遺跡	遺物	数量	出土遺構	時期	文献
1	那珂遺跡第 8 次調査	中細形銅矛	1	SC 07 住居跡	中期後半～末	21
2	那珂遺跡第 23 次調査	鋤先	1			
3	板付遺跡第 6 次調査					
4	雀居遺跡第 4 次調査	小銅鐸	1	I 区包含層 8 層		23
5	笠抜遺跡	矛	10	貯水遺構埋土		25
6	須玖永田 A 遺跡第 1 次調査	矛	11	P 15 など	後期中頃以降	1
		鋤先	1	溝 7 中央上層	後期中頃以降	
7	須玖永田 A 遺跡第 3 次調査	矛	1	II 区 4 層		1
8	須玖永田 A 遺跡第 4 次調査	矛	2	P 14 など		11
		鋤先	1	溝状遺構		
		小銅鐸	1	1 区包含層		
9	盤石遺跡	矛	多数	4 号住居床面など		17
10	盤石遺跡第 2 次調査	矛	5	1 号住居など	後期	13
11	須玖唐梨遺跡	矛	11	P 38 など	後期後半～終末	2
12	五反田遺跡第 1 次調査	矛	6	1 号住居など	後期前半～終末	3
13	五反田遺跡第 2 次調査	矛	1	1 号土壙	後期前半～終末	5
14	須玖岡本遺跡坂本地区第 1・2 次調査	矛	153 以上		後期中頃～後半	15
		鋤先？	5 以上			
		小銅鐸	2			
15	須玖岡本遺跡坂本地区第 3 次調査	矛	80 以上	ピット 8 ほか	中期末～後期末	16
		鋤先	1	1 号溝	後期後半～終末	
		小銅鐸	1	2 号溝	後期後半～終末	
16	須玖岡本遺跡坂本地区第 4 次調査	矛	100 以上	1 号竪穴状遺構など	中期末～後期末	16
17	須玖岡本遺跡坂本地区第 5 次調査	矛	12	包含層		6
18	須玖岡本遺跡第 5 次調査	矛	24	包含層など		4
		小銅鐸？	1			
19	黒田遺跡	矛	40 以上			17
20	御陵遺跡第 1 次調査	矛	1	2 号住居跡	古墳初頭	9
21	御陵遺跡第 2 次調査	矛	1	2 号住居跡	後期	14
22	尾花町遺跡第 1 次調査	矛	14	2 号住居跡など	中期末～後期後半	12
23	尾花町遺跡第 2 次調査	矛	6	溝 1 など		6
24	タカウタ遺跡	矛	5	2 号土壙	中期中葉	8
25	大南遺跡 B 地点	矛	6	1 号・2 号住居	後期前半	10
26	本行遺跡	小銅鐸	1	112 号土壙	中期末	20
27	吉野ヶ里遺跡	矛	1	147 トレンチ		18

文献(表 5～8 に共通, 五十音順):
1　春日市教育委員会 1987『須玖永田遺跡』春日市文化財調査報告書第 18 集
2　春日市教育委員会 1988『須玖唐梨遺跡』春日市文化財調査報告書第 19 集
3　春日市教育委員会 1994『須玖五反田遺跡』春日市文化財調査報告書第 22 集
4　春日市教育委員会 1995『須玖岡本遺跡』春日市文化財調査報告書第 23 集
5　春日市教育委員会 1995『須玖五反田 2 遺跡』春日市文化財調査報告書第 24 集
6　春日市教育委員会 1995『春日市埋蔵文化財年報』2 平成 5 年度
7　春日市教育委員会 1998『春日市埋蔵文化財年報』5 平成 8 年度
8　春日市教育委員会 2000『春日市埋蔵文化財年報』7 平成 10 年度
9　春日市教育委員会 2004『御陵遺跡』春日市文化財調査報告書第 36 集
10　春日市教育委員会 2004『大南遺跡 B 地点』春日市文化財調査報告書第 38 集
11　春日市教育委員会 2005『須玖永田 A 遺跡 2』春日市文化財調査報告書第 40 集
12　春日市教育委員会 2008『須玖尾花町遺跡』春日市文化財調査報告書第 51 集
13　春日市教育委員会 2008『須玖岡本遺跡 2』春日市文化財調査報告書第 53 集
14　春日市教育委員会 2010『御陵遺跡 2』春日市文化財調査報告書第 56 集
15　春日市教育委員会 2010『須玖岡本遺跡 3』春日市文化財調査報告書第 58 集
16　春日市教育委員会 2011『須玖岡本遺跡 4』春日市文化財調査報告書第 61 集
17　春日市史編さん委員会 1995『春日市史』上
18　佐賀県教育委員会 1992『吉野ヶ里遺跡』佐賀県文化財調査報告書第 113 集
19　鳥栖市教育委員会 1985『安永田遺跡』鳥栖市文化財調査報告書第 25 集
20　鳥栖市教育委員会 1997『本行遺跡』鳥栖市文化財調査報告書第 51 集
21　福岡市教育委員会 1987『那珂遺跡』福岡市埋蔵文化財調査報告書第 153 集
22　福岡市教育委員会 1994『比恵遺跡 13』福岡市埋蔵文化財調査報告書第 368 集
23　福岡市教育委員会 1995『雀居遺跡 2』福岡市埋蔵文化財調査報告書第 406 集
24　福岡市教育委員会 1996『比恵遺跡 22』福岡市埋蔵文化財調査報告書第 453 集
25　福岡市教育委員会 2003『笠抜遺跡』福岡市埋蔵文化財調査報告書第 752 集
26　福岡市教育委員会 2005『井尻 B 遺跡 14』福岡市埋蔵文化財調査報告書第 834 集
27　福岡市教育委員会 2007『井尻 B 遺跡 15』福岡市埋蔵文化財調査報告書第 918 集

表 6 鋳造関連遺物集成表(鞴)

番号	遺跡	遺物	数量	出土遺構	時期	文献
1	雀居遺跡第 4 次調査	鞴羽口	1	C 3 区包含層 10 層	後期後半	23
2	須玖永田 A 遺跡第 1 次調査	鞴羽口	2	P 11 など	後期中頃以降	1
3	須玖岡本遺跡坂本地区第 3 次調査	鞴羽口	1	P 8	中期末〜後期末	16
4	須玖岡本遺跡坂本地区第 4 次調査	鞴羽口	4	P 10 など	中期末〜後期末	16
5	須玖岡本遺跡坂本地区第 5 次調査	鞴羽口	1	大溝		6
6	須玖岡本遺跡坂本地区第 6 次調査	鞴羽口	2			
7	御陵遺跡第 2 次調査	送風管	1	溝状遺構		14
8	尾花町遺跡第 1 次調査	鞴羽口	3?	8 号溝など	後期	12
9	大南遺跡 B 地点	鞴羽口	1	1 号住居	後期前半	10
10	安永田遺跡	鞴羽口	1	17 号住居	中期末	19
11	柚比前田遺跡	鞴羽口	1			
12	本行遺跡	鞴羽口	1	15 号溝	中世?	20
13	吉野ヶ里遺跡	鞴羽口	2	SD 001	前期末	18

表 7 鋳造関連遺物集成表(取瓶・坩堝)

番号	遺跡	遺物	数量	出土遺構	時期	文献
1	那珂遺跡第 8 次調査	取瓶	3	SD 08 など	中期後半以降	21
2	比恵遺跡第 40 次調査	取瓶	6	SD 01	後期後半〜終末	22
3	雀居遺跡第 4 次調査	取瓶	1			
4	井尻 B 遺跡第 17 次調査	取瓶	4	SE 03・05 など	後期中頃〜後半	26
5	井尻 B 遺跡第 17 次調査	銅付着土器	1	SE 05	後期中頃	27
6	須玖永田 A 遺跡第 1 次調査	取瓶	11	P 15 など	後期中頃以降	1
7	須玖永田 A 遺跡第 4 次調査	坩堝	多数			7
8	五反田遺跡第 1 次調査	取瓶	1			
9	須玖岡本遺跡坂本地区第 1 次調査	取瓶・坩堝	23 以上		後期中頃〜後半	15
10	須玖岡本遺跡坂本地区第 3 次調査	取瓶・坩堝	8	ピット 8 など	中期末〜後期末	16
11	須玖岡本遺跡坂本地区第 4 次調査	取瓶・坩堝	13 以上	1 号竪穴状遺構など	中期末〜後期末	16
		坩台	1	1 号竪穴状遺構	中期末〜後期末	
12	須玖岡本遺跡坂本地区第 5 次調査	取瓶・坩堝	2	包含層		6
13	須玖岡本遺跡坂本地区第 6 次調査	取瓶・坩堝	6			
14	須玖岡本遺跡第 5 次調査	取瓶・坩堝	7			
15	須玖岡本遺跡第 7 次調査	取瓶・坩堝	多数			
16	御陵遺跡第 1 次調査	坩堝	4	2 号住居など	古墳初頭	9
17	尾花町遺跡第 1 次調査	取瓶・坩堝	17	堤状遺構など	中期末〜後期後半	12
18	尾花町遺跡第 2 次調査	坩堝	1	溝 1		6
19	盤石地区第 2 次調査	取瓶・坩堝	1	P 11	後期	13
20	大南遺跡 B 地点	取瓶・坩堝	3	2 号住居	後期前半	10
21	吉野ヶ里遺跡	坩堝	1	SD 001	前期末	18

表 8 鋳造関連遺物集成表(金属滓)

番号	遺跡	遺物	数量	出土遺構	時期	文献
1	比恵遺跡第 43 次調査	銅滓	1	SC 66	中期	24
2	須玖永田 A 遺跡第 1 次調査	銅滓	17	12 号掘建柱建物など	後期中頃以降	1
3	須玖永田 A 遺跡第 4 次調査	銅滓	1			7
4	須玖唐梨遺跡	銅滓				2
5	須玖岡本遺跡坂本地区第 1 次調査	銅滓	80 以上		後期中頃〜後半	15
6	須玖岡本遺跡坂本地区第 2 次調査	銅滓	22			17
7	須玖岡本遺跡坂本地区第 3 次調査	銅滓	20	1 号溝 I 区上層など	中期末〜後期末	16
8	須玖岡本遺跡坂本地区第 4 次調査	銅滓	6	ピット 29 など	中期末〜後期末	16
9	須玖岡本遺跡坂本地区第 5 次調査	銅滓	1	包含層		6
10	須玖岡本遺跡坂本地区第 6 次調査	銅滓	2			
11	須玖岡本遺跡第 5 次調査	銅滓	2			
12	黒田遺跡	銅滓	10 以上			17
13	御陵遺跡第 2 次調査	銅滓	1	1 号住居ピット状遺構	後期前半から中頃	14
14	尾花町遺跡第 1 次調査	銅滓	1	堤状遺構	中期末〜後期後半	12
15	平若 C 遺跡第 1 次調査	溶銅塊				
16	大南遺跡 B 地点	銅 or 鉄滓	1	2 号住居	後期前半	10
17	吉野ヶ里遺跡	青銅片		154 トレンチ		18
		銅滓		154 トレンチ		
		錫滓		154 トレンチ		

安永田遺跡　炉跡状遺構

平若C遺跡　2号住居

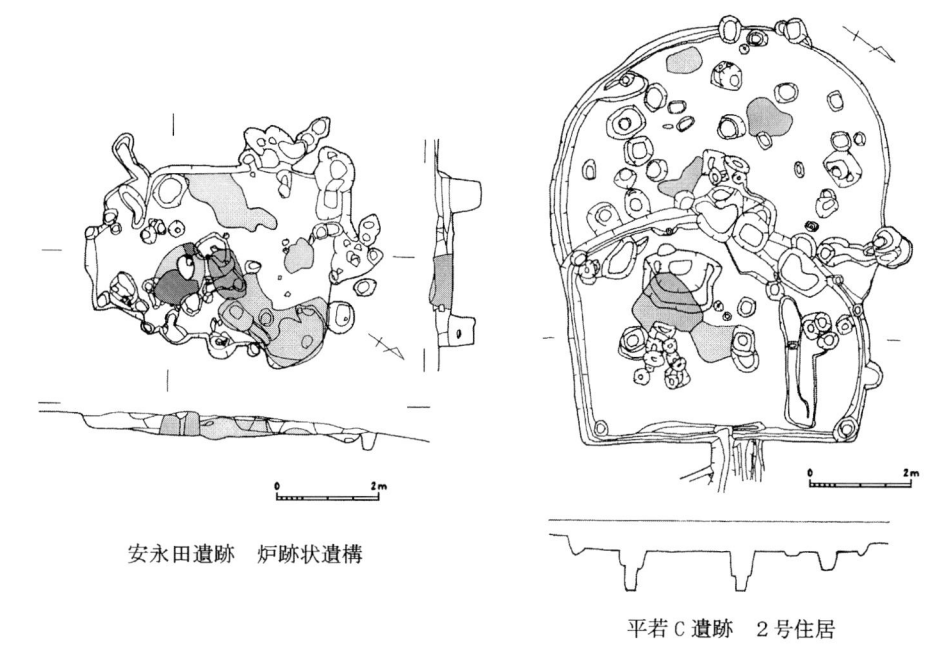

図58　鋳造関連遺構①

(3) 条件cの検討

　最後にcの条件が該当する地区について検討を加えたい。鋳造遺構は，これまでのところ安永田遺跡や平若C遺跡，須玖永田A遺跡，須玖岡本遺跡坂本地区において確認されている。

　安永田遺跡における鋳造遺構(図58)は，炉跡状遺構として報告されている遺構で，集落内でも一番低いところに立地する。遺構は方形プランを呈し，4.4m×3mの広がりをもつ。遺構の中央に焼土，炭化物，灰土が環状に検出され，それらの高さは40cm程をはかる。環状に検出された焼土などの周辺には八の字状に柱穴がめぐり，さらに方形プランの壁周辺に数本の柱穴がめぐる。環状に検出された焼土以外にも，炭化物が充満している土坑や灰土などが遺構内から検出され，通常の住居ではない特殊な遺構として位置付けられる。この遺構の周辺からは銅鐸が彫り込まれた鋳型5点や中広形銅矛が彫り込まれた鋳型2点などが出土し，さらに調査区の西側では炭化物が多量に検出された炭化物土坑などが確認され，この炉跡状遺構が鋳造遺構であった可能性は高い。

　また，平若C遺跡における鋳造遺構としては2号住居跡(図58)が可能性としてあげられる。この遺跡は春日丘陵北部に区分でき，盤石遺跡から南側約400m程の丘陵上に位置する。遺跡は弥生時代中期前半から中期末頃まで継続しており，後期にも若干残る。2号住居跡は中期後半に位置付けられ，遺物は鋳型や鉄斧，鉇などの鉄製品，多量の焼土などが出土した。また住居の平面プランは西側が円形，東側が長方形の特異な形態を呈する。特殊な遺物や特異なプランであることから，この2号住居が鋳造場であった可能性は高い。

　須玖永田A遺跡では幅1m弱の溝に取り囲まれた3間×1間の掘立柱建物(SB 15)が検出されている(図59)。これまで4次にわたる調査が実施され，小形仿製鏡の鋳型をはじめ多くの青銅器生産

須玖永田A遺跡

図59 鋳造関連遺構②

に関連する遺物が出土している。第1次調査区においては上記の遺構が検出され、その周辺から鋳造関連遺物や鋳型などが出土した。遺構は後期中頃から終末期にかけて存続する。堀大介氏は青銅器生産と井戸との関係について言及しており(堀1999)[30]、須玖永田A遺跡ではSB 15を取り囲む溝の南側約2 mの地点や、さらに10 mほど離れた地点において井戸が2基検出されている(図中のトーン)。なお、井戸の時期は後期中頃に比定されている。井戸の存在が青銅器生産と直接的に関係するとは考えられないが、間接的に関連する遺構として考えておく。溝で取り囲まれた内部空間において炉跡状の遺構は確認されていないが、鋳造関連遺物が出土することや、溝で取り囲まれていることなどの点から、この遺構が鋳造場であった可能性が高い。

さらに、須玖岡本遺跡坂本地区の各調査地点では平均100 m² 程の広がりを幅50 cm程の浅い数条の溝が取り囲む遺構が検出されている(図60)。この遺構は4基以上存在し、付近一帯に広がるようである。溝で取り囲まれた内部には脆弱な柱穴が並び、柱穴が複数存在することから、何度かの建て変えがあったものと推定される。溝中から多数の鋳造関連遺物や鋳型が出土したことから、この遺構が鋳造遺構である可能性は高い。ただし、ここでも炉跡状の遺構は確認されていない。

これまでに検出された鋳造関連遺構には、溝によって囲まれている事例が認められた。須玖永田A遺跡SB 15を取り囲む溝や坂本地区における円形の溝などである。これらは、鋳造に不利な湿気取りや排水用の溝として機能していたのではないかと推定されている。また、鋳型を含む鋳造関連遺物が出土する住居跡に溝が接続する類例がいくつか認められ、鋳造に関わった遺構の特徴ではないかとされている。井上義也氏は大南遺跡B地点1号住居跡、須玖盤石遺跡4号竪穴住居跡、須玖五反田遺跡1号住居跡、平若C遺跡6号住居跡、平若C遺跡第2次調査2号住居跡、大谷遺跡C

---

30) 堀氏が着目しているのは井戸の系譜や成立、拡大についてであり、須玖永田遺跡のような後期後半段階の井戸については言及されていない(堀1999)。

第4次

第3次　　　　　　　　　　第1・2次

須玖岡本遺跡坂本地区

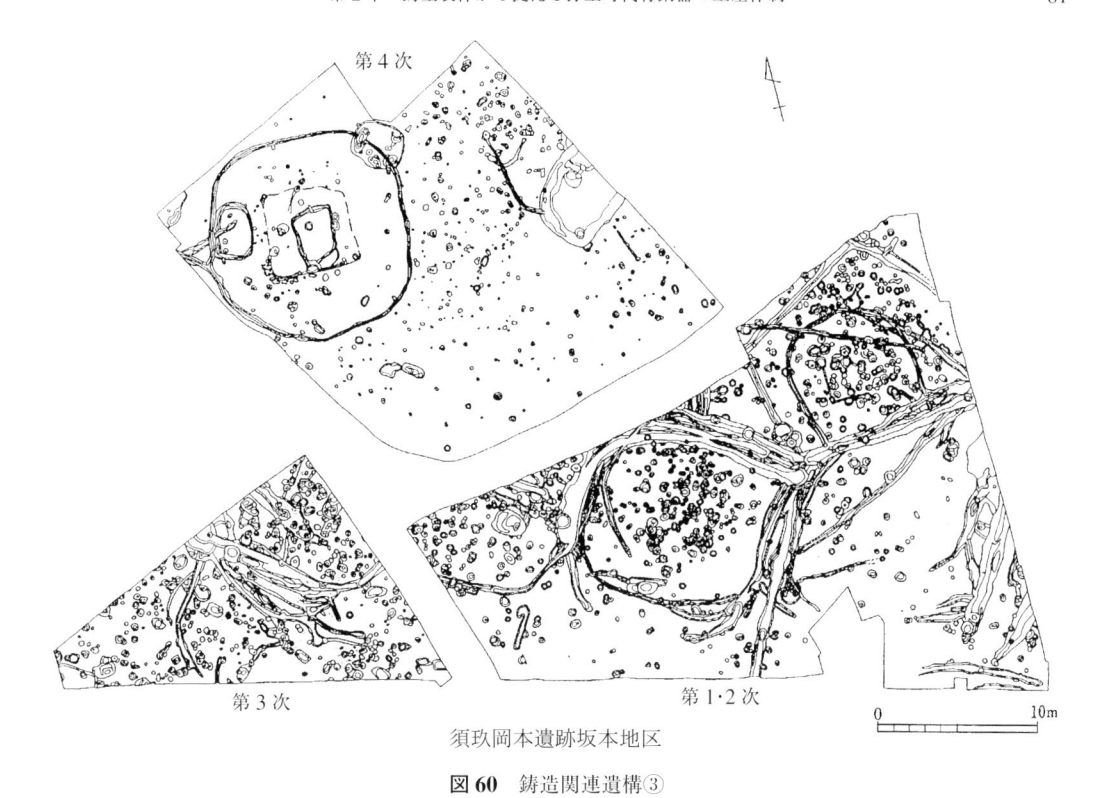

図60 鋳造関連遺構③

地点2区12号住居跡を指摘している(井上2004)。これらの住居跡はいずれも溝が住居に接続しており，鋳造関連遺物が出土している[31]。この場合の溝の機能は，先程の取り囲む溝と同じく排水施設や湿気取りを想定しており，井上氏はこれらの屋外に伸びる溝をともなう遺構から，溝で周囲を取り囲む遺構への時期変遷と機能差を想定している。春日丘陵内においてそうした時期変遷や機能差があったのかもしれないが，溝が取り付いた住居跡のみを証拠として鋳造関連施設であると断定することはできないであろう。a・b・cの各条件が組み合わさることによって，蓋然性が高まるものと考える。

上記で事例をあげた遺跡を含む地域では確実に青銅器生産が行われていたことを示す。したがって，以下の分析では，まず地域ごとの検討を行いたい。その地域という枠組みにおいては確実に青銅器生産が行われていたということを前提とする。その後，比較的資料が良好な福岡平野を事例として取り上げ，地域内における小地域(遺跡群)の検討を加えていきたい。この分析においても，上記で検討したように，確実に青銅器生産が行われたという検討を加えた上で論を進める。

2. 青銅器生産の地域性と時間的関係

前節で設定した各地域における鋳造地をもとに，この項では青銅器生産における地域性について

---

31) 大谷遺跡C地点2区12号住居跡の場合は，作業台と想定される川原石が出土しており，隣接する住居跡から鋳型が出土しているため，井上氏は類例に加えているようである(井上2004)。

考察を行いたい。まず，I期(中期末頃までの中細形段階以前)，II期(後期初頭以降の中広形段階以降)それぞれの時期における地域性を指摘し，その後，時間的関係について言及したい。

(1) I期における地域別加工パターン

I期の鋳型が複数出土し，加工パターンの分析が可能[32]となる地域は遠賀川下流域，粕屋平野，福岡平野，早良平野，宝満川中・上流域，鳥栖丘陵周辺，吉野ヶ里丘陵周辺である。これらの地域におけるI期の鋳型出土量は前節でまとめたが，加工痕の分析可能な鋳型数は遠賀川下流域2点，粕屋平野5点，福岡平野14点，早良平野3点，宝満川中・上流域2点，鳥栖丘陵周辺9点，吉野ヶ里丘陵周辺4点である。

では，それぞれの地域ごとに加工パターン比率の傾向を見ていきたい。

図61は遠賀川下流域における加工パターン比率を示した図である。遠賀川下流域より出土した鋳型は先述したように松本遺跡(北九州市)出土(247・248)の2点のみである。この2点の鋳型の加工パターンは各面全てパターン1を示し，非常に丁寧な加工を施している。遠賀川下流域ではこの2点の鋳型しか出土していないので，今後の資料の増加によって加工パターン比率が変化する可能性があるが，これらの鋳型を代表させるのであれば，この地域は極めて丁寧な加工を施す地域と言えるかもしれない。

図62は粕屋平野における加工パターン比率を示した図である。粕屋平野における5点の鋳型は伝八田遺跡出土鋳型(235・237〜239)4点と勝馬出土鋳型(240)1点である。この図からはパターン1が側面においてのみ認められ，大部分はパターン2が占めるという傾向が見てとれる。伝八田遺跡出土鋳型群は側面や裏面において，比較的丁寧なパターン2の加工が見られた。したがって，伝八田遺跡出土鋳型群をこの地域の代表的な鋳型とするならば，粕屋平野はパターン2の加工が多い地域としてまとめることができる。

図63は福岡平野における加工パターン比率を示した図である。福岡平野より出土した鋳型のうち，I期における加工パターンが観察できた例は14点である。雀居遺跡出土鋳型(30)，那珂遺跡第8次調査出土鋳型(32)，比恵遺跡第43次調査出土鋳型(50)，須玖岡本遺跡第11次調査出土鋳型(176・177)，岡本ノ上遺跡第4次調査(179)，盤石遺跡出土鋳型(182・185・187)，岡本4丁目遺跡出土鋳型(188)，トバセ遺跡第2次調査出土鋳型(208)，大谷遺跡出土鋳型(211・213)，九州大学筑紫地区遺跡群出土鋳型(223)が観察可能な鋳型である。福岡平野の加工パターン比率は各面ともパターン1，パターン2，パターン3が安定して確認できる。サンプル数も多く，福岡平野の加工パターン比率の特徴には，パターン1から3まで安定的に認められるという傾向が認められる。

図64は早良平野における加工パターン比率を示した図である。早良平野出土鋳型からは3点の鋳型において加工パターンが観察できた。有田遺跡出土鋳型(16〜18)である。これらは南東部の集落からまとまって出土しており，今後も付近から鋳型が出土する可能性は高い。これまで出土した

---

[32] 加工痕の分析が可能であるということは鋳型の各面が砥石に転用されていないことや破損していないということである。今回の加工痕の分析において破損面や砥石転用面については資料として扱っていない。

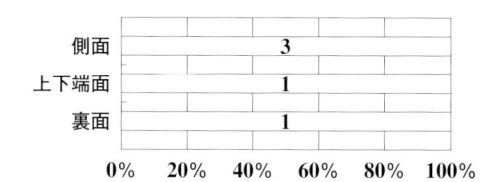

第 2 章　鋳型製作から捉える弥生時代青銅器の生産体制

図 61　I期遠賀川下流域における加工パターン

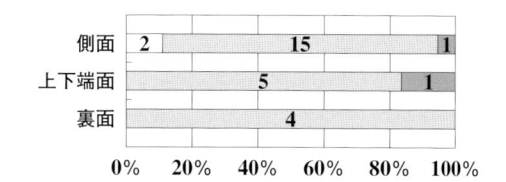

図 62　I期粕屋平野における加工パターン

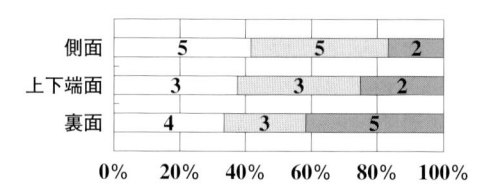

図 63　I期福岡平野における加工パターン

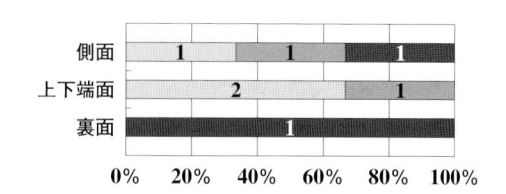

図 64　I期早良平野における加工パターン

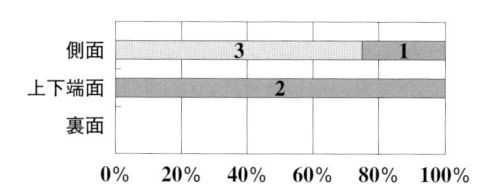

図 65　I期宝満川中・上流域における加工パターン

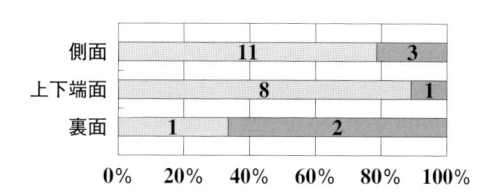

図 66　I期鳥栖丘陵周辺における加工パターン

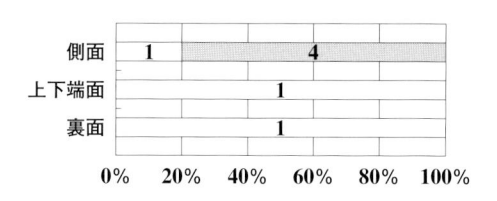

図 67　I期吉野ヶ里丘陵周辺における加工パターン

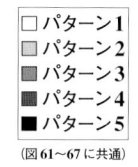

□ パターン1
■ パターン2
■ パターン3
■ パターン4
■ パターン5
（図61〜67に共通）

　鋳型のみで早良平野全体の特徴を語ることはできないが，あえて述べるとすれば粗めの加工が目立つ。この傾向は先述したように，有田遺跡第179次調査出土鋳型には中細形型式の銅矛が彫り込まれているが，中広形型式以降の鋳型の加工パターンで多い，パターン5が施されているからである。こうした傾向から，早良平野の鋳型加工パターンは粗い加工が今後増加する可能性がある。

　図65は宝満川中・上流域における加工パターン比率を示した図である。宝満川中・上流域出土の鋳型では2点の鋳型から加工パターンが観察できた。隈・西小田遺跡第6地点出土鋳型(254)と永岡遺跡出土鋳型(255)である。2点のみのサンプルであり，出土した遺跡も離れていることから，この地域の加工パターンの特徴について明確に述べることはできない。

　図66は鳥栖丘陵周辺における加工パターン比率を示した図である。鳥栖丘陵周辺出土鋳型のうち，加工痕が観察できたものは9点である。柚比前田遺跡4区出土鋳型(279)，柚比本村遺跡2区出土鋳型(281)，本行遺跡出土鋳型(283〜292)である。ここでは本行遺跡出土鋳型群を中心に加工痕の分析が可能である。本行遺跡は筑後川の支流沼川の西側に位置する低丘陵上に位置し，本来の鳥栖

丘陵（柚比遺跡群周辺）から約3km程南に位置する。I期に該当する鋳型は鳥栖丘陵の近くでも出土しているが，良好な資料である本行遺跡を中心にこの地域の加工パターンの特徴をつかみたい。この図からはパターン2の占める割合が高いことを読みとることができ，この傾向は粕屋平野で確認したパターンと類似している。しかし，裏面の加工に関しては粕屋平野より粗い加工がやや目立つ。今後も，本行遺跡周辺や柚比遺跡群周辺で鋳型が出土する可能性が高いが，現状ではこのような傾向が見てとれる。なお，粕屋平野の加工パターンとの共通性は，両地域とも確実な最初期の鋳型，細形段階の鋳型でも前期末～中期初頭に位置付けられるような鋳型が出土していないという点があげられる。こうした点から，粕屋平野や鳥栖丘陵周辺では，北部九州で青銅器生産が開始されてから一段落して，鋳型加工の規範[33]が崩れ始めている段階の加工パターンと理解することができる。

　図67は吉野ヶ里丘陵周辺における加工パターン比率を示した図である。吉野ヶ里丘陵周辺で加工痕が観察できるのは吉野ヶ里遺跡出土鋳型(299～303) 5点である。サンプル数が少ないため明確に述べることはできないが，パターン1やパターン2が多く，丁寧な加工が目立つ。今後，吉野ヶ里丘陵周辺で鋳型が出土しても，丁寧な加工を施す傾向が確認できるのではないかと考える。

　以上，I期における各地域の加工パターン比率から，地域ごとの加工パターンの特徴を把握した。資料の少ない地域もあり，また今後の調査，資料の増加によって変更することもあるだろうが，大きな傾向はそれほど変化しないと考える。つまり，遠賀川下流域や吉野ヶ里丘陵周辺で確認できた丁寧な加工，粕屋平野や鳥栖丘陵周辺でのパターン2の高い割合，早良平野の粗い加工，そして福岡平野における安定したパターン1～3までの加工である。I期の中には，最初期の鋳型から中細形段階の終わりまでの時期差を含んでおり，今後I期内の細分が必要であると考えるが，資料の増加を待ちたい。

(2) II期における地域別加工パターン

　次にII期における各地域の加工パターンの特徴をつかんでいきたい。II期の鋳型が複数出土し，加工パターンの比較が可能となる地域は糸島平野，早良平野，福岡平野，粕屋平野，遠賀川下流域，宝満川中・上流域，鳥栖丘陵周辺，吉野ヶ里丘陵周辺である。加工痕が観察可能な鋳型数は糸島平野2点，早良平野2点，福岡平野69点，粕屋平野3点，遠賀川下流域1点，宝満川中・上流域3点，鳥栖丘陵周辺6点，吉野ヶ里丘陵周辺2点である。ここではII期の地域性とともにI期との関係についても言及し，各地域内における青銅器生産のあり方についても検討を加えたい。

　図68は糸島平野における加工パターン比率を示した図である。糸島平野出土の鋳型で加工痕が観察できたのは三雲屋敷田遺跡出土鋳型(7)，石崎遺跡出土鋳型(8・9)の2点の鋳型である。この2点の鋳型で糸島平野の加工パターンの特徴を代表させるのであれば，糸島平野における加工パターンはパターン3から5までしか確認できない。したがって，とりあえず比較的粗い加工が目立つ地

---

33) 鋳型加工の規範とは「各面を丁寧に加工する」ということである。朝鮮半島出土の鋳型は彫り込み面以外も丁寧な加工を施しており，北部九州に伝わった青銅器生産においても最初期の鋳型は丁寧な加工を施している。

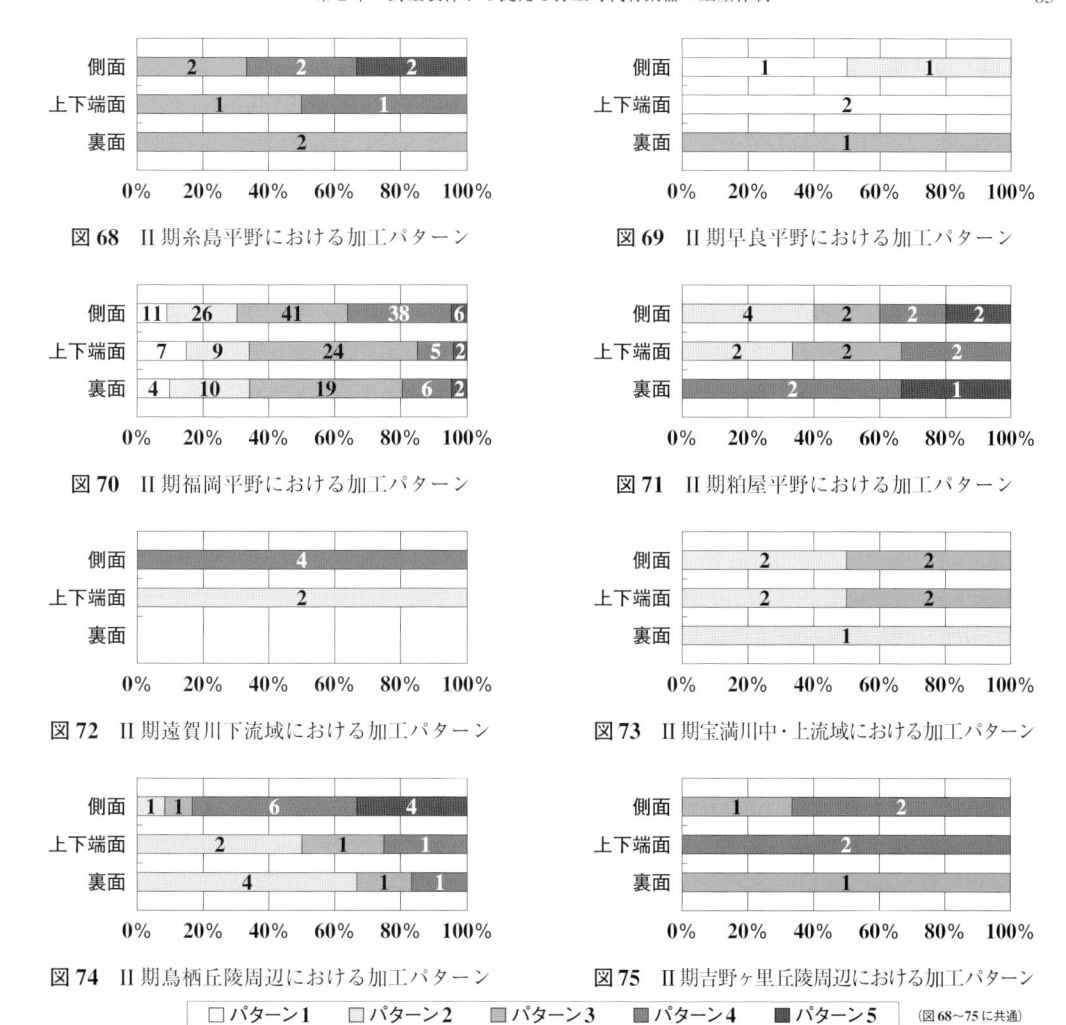

図68　II期糸島平野における加工パターン
図69　II期早良平野における加工パターン
図70　II期福岡平野における加工パターン
図71　II期粕屋平野における加工パターン
図72　II期遠賀川下流域における加工パターン
図73　II期宝満川中・上流域における加工パターン
図74　II期鳥栖丘陵周辺における加工パターン
図75　II期吉野ヶ里丘陵周辺における加工パターン

□パターン1　　□パターン2　　■パターン3　　■パターン4　　■パターン5　　（図68～75に共通）

域と位置付けることができる。

　図69は早良平野における加工パターン比率を示した図である。早良平野出土鋳型のうち，加工痕が確認できたものは飯倉D遺跡出土鋳型(20・21)の2点である。特徴としてはパターン1から3までが認められ，比較的丁寧な加工を施す。早良平野のI期では有田遺跡出土鋳型の分析によって，比較的粗めの加工が施される地域としてまとめていたが，この2点の資料からはII期の上下端面においてパターン1が認められ，時期によって異なる加工パターンが読みとれる。この理由としては，両遺跡出土の鋳型が鋳型の加工技術的に連続するものではないということを示しているのかもしれない。

　図70は福岡平野における加工パターン比率を示した図である。福岡平野出土の鋳型で加工痕が観察できたのは69点であった。那珂八幡遺跡出土鋳型(31)，那珂遺跡第20次調査出土鋳型(34)，比恵遺跡第42次調査出土鋳型(49)，比恵遺跡第50次調査出土鋳型(51)，比恵遺跡第57次調査出土鋳型(53)，井尻B遺跡第6次調査出土鋳型(59・60)，井尻B遺跡第11次調査出土鋳型(61)，井尻

B遺跡第14次調査出土鋳型(63)，井尻B遺跡第17次調査出土鋳型(64)，高宮八幡宮蔵鋳型(66～70)，須玖唐梨遺跡出土鋳型(79・80)，五反田遺跡出土鋳型(81)，黒田遺跡出土鋳型(83)，須玖永田A遺跡第1次調査出土鋳型(85・87)，須玖永田A遺跡第3次調査出土鋳型(88)，須玖永田A遺跡第4次調査出土鋳型(89～91)，尾花町遺跡出土鋳型(102～105・107)，須玖岡本遺跡坂本地区第1次調査出土鋳型(114～116)，須玖岡本遺跡坂本地区第2次調査出土鋳型(120)，須玖岡本遺跡坂本地区第3次調査出土鋳型(128・131)，須玖岡本遺跡坂本地区第4次調査出土鋳型(132～136・138)，須玖岡本遺跡坂本地区試掘調査出土鋳型(142～150)，須玖坂本B遺跡出土鋳型(151)，皇后峰鋳型(156・157)，吉村百太郎氏宅出土鋳型(160)，熊野神社後方出土鋳型(165)，須玖岡本遺跡第5次調査出土鋳型(168～170・172)，平若C遺跡第2次調査出土鋳型(195・196)，駿河A遺跡出土鋳型(219)，九州大学筑紫地区遺跡群4Ⅰ区出土鋳型(224)，赤井手遺跡出土鋳型(198・201～203・206)，大南遺跡出土鋳型(216)，瓦田遺跡出土鋳型(227)，の69点である。図70を見ると，パターン1からパターン5までの各加工パターンがどの面にも安定的に出現していることがわかる。福岡平野における加工パターンの特徴は，各パターンが安定的に認められると位置付けることができよう。こうした特徴はⅠ期においても認められ，パターン1から3までが安定的に認められた。このような点から考察を深めるのであれば，福岡平野における青銅器生産はⅠ期からⅡ期にかけて技術的に継続して行われていたことがわかる。また，Ⅱ期になってパターン4や5が認められるのは，第2章第1節で検討した時期変遷の中で理解することができる。

　図71は粕屋平野における加工パターン比率を示した図である。粕屋平野出土の鋳型で加工痕が観察されたのは伝八田遺跡出土鋳型(234)，多田羅遺跡出土鋳型(239)，香椎松原遺跡出土鋳型(241)の3点である。これら3点の鋳型は前節でも述べたように多々良川右岸から出土したようであるが，正確な位置は不明である。粕屋平野における加工パターンの特徴はパターン2から5まで認められ，福岡平野ほど安定的ではないが各パターンが認められる。Ⅰ期の粕屋平野はパターン2が多い地域であったが，Ⅱ期では様々な加工パターンが出現しており，パターンの種類が増加するという点で継続性は見られない。また，前節でも指摘したが，鋳型の出土地点はⅠ期とⅡ期でやや異なっているようであり，粕屋平野における青銅器生産の継続性という点については資料数の増加と今後の課題としたい。

　図72は遠賀川下流域における加工パターン比率を示した図である。遠賀川下流域は複数の鋳型が出土しており製作地の1つとして捉えられる。しかし，加工痕が観察できたのは岡垣町吉木出土鋳型(242)だけであることから，この地域の加工パターンの特徴について言及することはできない。

　図73は宝満川中・上流域における加工パターン比率を示した図である。宝満川中・上流域におけるⅡ期のサンプルは筑前国分尼寺遺跡第7次調査出土鋳型(231)と津古東台遺跡出土鋳型(258)，ヒルハタ遺跡出土鋳型(262)の3点である。この3点で宝満川中・上流域を代表させるのであれば，パターン2およびパターン3の多い地域と言える。Ⅰ期からの関係はサンプルが少数のため，詳しく検討することはできない。

　図74は鳥栖丘陵周辺における加工パターン比率を示した図である。鳥栖丘陵周辺におけるⅡ期

の鋳型で加工痕が観察できたのは，安永田遺跡出土鋳型(268～270・274)，荻野公民館予定地遺跡出土鋳型(275)，江島出土鋳型(282)の6点である。この地域の加工パターンの特徴はパターン2から5まで認められることである。福岡平野で確認できたような安定的な出現はしていないが，他地域に比べて出現しているパターン数が多い。I期と比較すると，同様の傾向が認められる。すなわち，I期ではパターン2, 3を各面で確認できたが，II期ではパターン2から4を各面で確認できる。鋳型の出土地はI期が鳥栖市の南西側に位置する本行遺跡を主体とする鋳型群であったのに対して，II期は鳥栖丘陵上の安永田遺跡周辺出土の鋳型を中心としている。したがって，青銅器の鋳造地はI期とII期で変化しているようであるが，その加工パターンに明確な断絶を読みとることはできない。

図75は吉野ヶ里丘陵周辺における加工パターン比率を示した図である。吉野ヶ里丘陵周辺出土の鋳型でII期の加工痕が観察できたのは吉野ヶ里遺跡出土鋳型(304～306)の2点である。304は不明製品を彫り込んだ鋳型であり，305と306は接合資料で巴形銅器の鋳型である。武器形青銅器を彫り込んだ鋳型ではないため，各面に対する製作者の意識が異なるかもしれない。パターン3, 4が確認され，なかでもパターン4が多いようである。こうした特徴は同時期の他地域では確認されておらず，武器形青銅器でない鋳型であるためなのか，また吉野ヶ里丘陵周辺の地域性であるのか今後の資料の増加を待ちたい。I期との関係を読みとるため図67と比較すると，両時期の間に明確な類似性は認められず，加工に関する技術的な面での継続性は読みとれない。

以上，I期とII期の各地域における加工パターン比率の比較から，地域性とその時期的関係(継続性・断絶)について検討を加えた。I期においては遠賀川下流域では丁寧な加工が認められ，粕屋平野と鳥栖丘陵周辺ではパターン2の加工が多い。福岡平野では各種加工パターンが確認でき，早良平野は粗い加工の鋳型が目に付く。吉野ヶ里丘陵周辺ではパターン1や2が認められ，比較的丁寧な加工パターンが確認された。II期においては糸島平野が粗い加工であり，早良平野は比較的丁寧な加工が残る地域であった。また，福岡平野では各種加工パターンが確認でき，粕屋平野と鳥栖丘陵周辺ではパターン2から5が見てとれた。吉野ヶ里丘陵周辺ではパターン4が目立ち，宝満川中・上流域はパターン2やパターン3が目立った。

このような地域性は前後の時間的関係性を見ることによって，継続性と断絶という2つのあり方を指摘することができる。継続性を示す地域としては福岡平野をあげることができる。また，加工パターン比率に関して異なる様相を示すが，粕屋平野と鳥栖丘陵周辺はI期からII期への変化に関して同じような展開を示すという点で類似性が認められた。この粕屋平野と鳥栖丘陵周辺における類似性は，次節の青銅器製作者集団を推定するうえで，非常に重要な点である。逆に早良平野と吉野ヶ里丘陵周辺では加工パターンが異なるという点で断絶がある。さらに，早良平野と吉野ヶ里丘陵周辺では断絶の質が異なり，早良平野では鋳造地が有田遺跡から飯倉D遺跡に移動しており，吉野ヶ里丘陵周辺では，基本的に同じ集落内で製作が行われている。このように，北部九州の諸地域において，鋳型の加工パターンの変化は一様ではなく，継続や断絶という技術的な変化や製作地の移動などが複雑に絡まり合い展開している。

3. 遺跡群単位に見られる地域性

　前節では福岡平野や鳥栖丘陵周辺というかなり大きな範囲での検討を行ってきた。しかし，福岡平野内でも遺跡群単位で一定のサンプル数が確保できるので，さらに細かな遺跡群単位で同様な分析を行う。特に，ここではサンプル数の多いⅡ期の福岡平野内における遺跡群単位について見ていきたい。福岡平野内における遺跡群では，aの条件は全ての小地域で満たしている。しかし，bの条件を満たす小地域は福岡平野東北部[34]，春日丘陵北側低地部，春日丘陵北部の3小地域である。福岡平野東北部においては那珂遺跡，比恵遺跡，板付遺跡，雀居遺跡において中子や銅滓，取瓶片，坩堝片，羽口片が出土している。また，春日丘陵北側低地部では須玖永田遺跡，須玖唐梨遺跡，五反田遺跡，須玖岡本遺跡坂本地区，須玖岡本遺跡第5次調査地点，黒田遺跡，尾花町遺跡において中子や取瓶片，坩堝片，銅滓などが多数出土している。さらに春日丘陵北部では盤石遺跡，平若C遺跡，大谷遺跡B地点において中子，溶銅塊などが出土しており，青銅器生産が実際に行われていたことを補強する。以下では小地域（遺跡群）ごとの特徴を把握していきたい。

　図76は那珂・比恵遺跡群において確認できた加工パターン比率を図化したものである。サンプル数は5点と一定量あるが，加工痕が把握できるサンプルが少なく明確な傾向を示すことができない。そうした状況でも上端面に丁寧な加工を施している傾向を指摘することができる。

　図77は高宮周辺において認められた加工パターン比率である。ここでは側面において粗い加工が目立つ。鋳型のサンプル数は5点である。

　図78は近年鋳型報告が増加している井尻遺跡群で確認できた加工パターン比率である。裏面に関してはサンプル数が少なく十分な言及はできないが，側面や上下端面でやや丁寧な加工が一部認められる。鋳型のサンプル数は6点である。

　図79は春日丘陵北側低地部における加工パターン比率を示したものである。この遺跡群で加工痕が確認できた鋳型は41点である。この図からは上下端面においてパターン3が多く認められる。また，裏面や側面では丁寧な加工（パターン1，2）が30～40％程を占め，比較的多い。したがって，この遺跡群における加工パターンの特徴は全体的にパターン3が多く，なかでも上下端面に多く認められる。さらに，裏面と側面では比較的丁寧な加工を施す割合が高いということができる。

　図80は春日丘陵北部における加工パターン比率を図化したものである。この遺跡群では7点の鋳型から加工痕が観察できたが，全体にサンプル数が少ない。傾向としてこの遺跡群における加工パターンはパターン2が多いということが言える。また，側面においては粗い加工の程度も高いであろう。したがって，この遺跡群の特徴をまとめるならば，丁寧な加工を施しながらも，側面においては粗い加工が施されるとすることができよう。

　図81は春日丘陵東部における加工パターン比率を示したものである。この遺跡群から出土した鋳型で加工痕が観察できたものは4点であった。この図からは全体としてパターン3の加工が多く

---

34) 以下ではサンプル数の関係もあるが，可能な限り那珂・比恵遺跡群，高宮周辺，井尻遺跡群の3つに区分する。

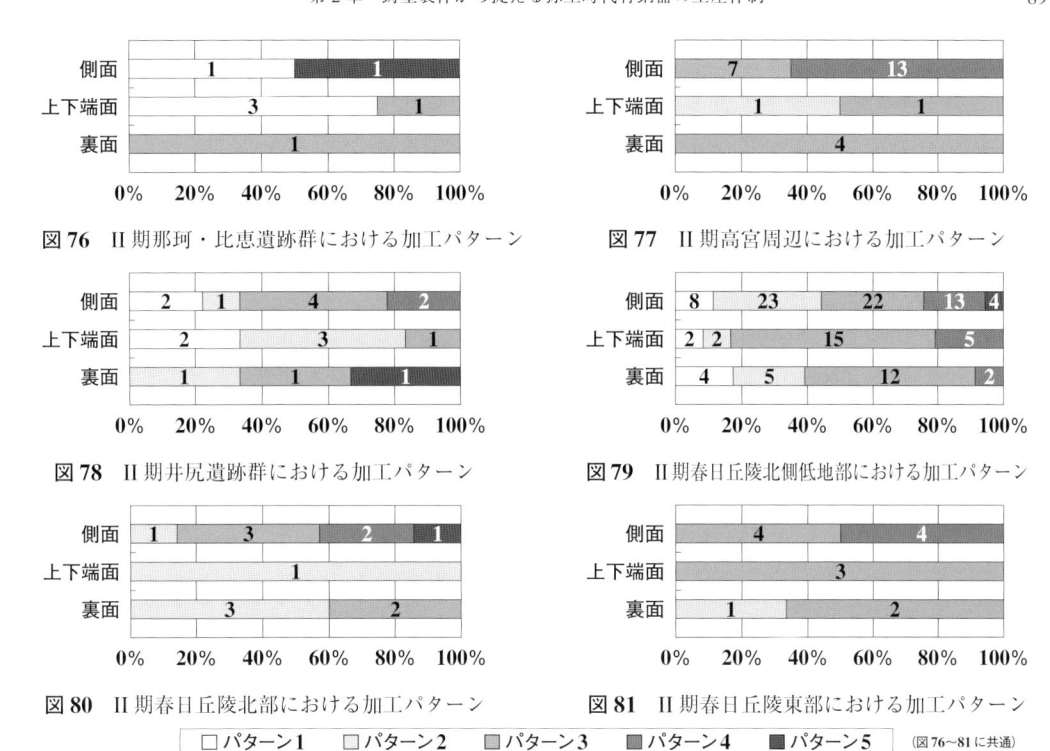

第2章 鋳型製作から捉える弥生時代青銅器の生産体制　　　89

図76　Ⅱ期那珂・比恵遺跡群における加工パターン
図77　Ⅱ期高宮周辺における加工パターン
図78　Ⅱ期井尻遺跡群における加工パターン
図79　Ⅱ期春日丘陵北側低地部における加工パターン
図80　Ⅱ期春日丘陵北部における加工パターン
図81　Ⅱ期春日丘陵東部における加工パターン

□パターン1　□パターン2　■パターン3　■パターン4　■パターン5　（図76～81に共通）

見てとれる。この傾向は春日丘陵北側低地部において認められるものに類似しているが，サンプル数が少なく，今後，傾向が変化する可能性もある。

　以上，福岡平野内における遺跡群の特徴を述べた。前節の検討では福岡平野として一括していた地域内においても各遺跡群によって加工パターンの異なりが認められた。井尻遺跡群と春日丘陵北側低地部では，類似する加工パターン比率も認められる。また，春日丘陵北部や春日丘陵東部ではサンプル数は少ないが，異なる加工パターン比率を読みとることができた。これらの相互の関係については，第4節の製作者集団の検討においてもう少し詳しく考えたい。

4. 小　結

　本節においては，鋳造地の認定について検討し，3つの条件を提示した。すなわち，a鋳型が1個体だけでなく複数個体出土していること，b鋳型だけでなく鋳造に関連する遺物が出土していること，c鋳造に関連する遺構が確認されることの3つである。これらの条件が複数組み合わさることによって，青銅器生産が行われていた場所の特定につながるとした。そこで，これらの諸条件が適合する地域や遺跡群を認定し，Ⅰ期においては遠賀川下流域，粕屋平野，福岡平野，早良平野，宝満川中・上流域，鳥栖丘陵周辺，吉野ヶ里丘陵周辺の各地域での青銅器生産が想定でき，Ⅱ期においては糸島平野，早良平野，福岡平野，粕屋平野，遠賀川下流域，宝満川中・上流域，鳥栖丘陵周辺，吉野ヶ里丘陵周辺において生産が行われているとした。その結果を受け，それぞれの地域における鋳型加工パターンの比較と，福岡平野内を細分した遺跡群単位での鋳型加工パターンの比較を

行った。

　Ⅰ期においては丁寧な加工の遠賀川下流域・吉野ヶ里丘陵周辺，比較的丁寧な加工（パターン2）が目立つ粕屋平野と鳥栖丘陵周辺，各種パターンが認められる福岡平野，粗い加工が目立つ早良平野という傾向が読みとれた。Ⅱ期においては粗い加工の糸島平野，比較的丁寧な早良平野，Ⅰ期と同じような各種パターンが認められる福岡平野，パターン2から5が認められる粕屋平野と鳥栖丘陵周辺，パターン4の目立つ吉野ヶ里丘陵周辺，パターン2や3の目立つ宝満川中・上流域として捉えることができた。このような傾向を時間的変化の中で捉えると，加工パターンが時間とともに変化している地域と変化しない地域に区分することができた。加工パターンが変化していることを技術的な断絶として捉え，変化していないことを技術的な継続として捉えるならば，断絶は早良平野と吉野ヶ里丘陵周辺において認められ，継続は福岡平野で認められた。さらに，福岡平野内の様相も単純ではなく，サンプル数の問題もあるが，同様の加工パターンが一様に広がるわけではなかった。こうした，加工パターンの継続と断絶は，各地域や遺跡群における青銅器生産の技術的な変化が複雑に展開していく様相を反映していると捉えることができる。

第4節　青銅器製作技術から見た青銅器の製作者集団の復元

　本節ではこれまでの検討を踏まえて，北部九州において青銅器の製作を担った人々を復元していきたい。加工痕の分析や製作地の考察から導かれた点を中心に，製作者集団のモデル化を図りたい。

　まず製作者集団が1つであるという仮説と検証を行いたい。この場合どのような加工パターンが鋳型に認められるのであろうか。おそらく，各地で認められる加工パターンの比率は同じような傾向が観察され，また各面における加工パターンの状況も同じような傾向を示すであろう。若干のバラツキがあるのであれば，いくつかの要因が考えられる。同じ製作者集団が工具を変えて鋳型を加工した場合や同じ製作者集団が長期間の休業の後に製作を行った場合などである。これらのようないくつかの要因を想定できるが，それほど多くのバラツキが認められる可能性は少ない。また，加工用の工具が異なるという結果も前節の検討から導き出されていない。したがって，製作者集団が1つである場合の加工パターンの表れ方は，それぞれの鋳造地で確認される鋳型の加工パターンがそれほど多くのバラツキをもたず確認できる場合と定義することができる。

　では，実際の資料に即して製作者集団の形態について考えてみる。第3節で確認したように，図61から図81を見ると各地で加工パターン比率は異なっていた。さらに加工パターン比率が異なる点を強調して，各地域，遺跡群ごとの地域性についても指摘した。したがって，バラツキが認められるという点，すなわち地域性が確認できる点を評価するのであれば，製作者集団は複数存在していたと想定することができる。

　複数存在していると考えられる製作者集団は各地域内で青銅器製作に従事しており，Ⅰ期においては遠賀川下流域，粕屋平野，福岡平野，早良平野，鳥栖丘陵周辺，吉野ヶ里丘陵周辺など鋳型が出土し，鋳造地を含む地域に存在していたと考えることができる。また，Ⅱ期では糸島平野，早良

平野，福岡平野，粕屋平野，鳥栖丘陵周辺，遠賀川下流域，宝満川中・上流域，吉野ヶ里丘陵周辺などの各地域に製作者集団が存在していたと考えることができる。さらにⅡ期では前節の分析結果から地域内における遺跡群単位で製作者集団が存在していたと考えられる。特に福岡平野内においては，那珂・比恵遺跡や井尻B遺跡を中心とした福岡平野東北部，須玖岡本遺跡坂本地区，須玖永田遺跡などの遺跡を含み込む春日丘陵北側低地部，盤石遺跡，赤井手遺跡を中心とした春日丘陵北部，大南遺跡などの春日丘陵南部，駿河遺跡や九州大学筑紫地区遺跡を含む春日丘陵東部などのまとまりをもって，製作者集団が複数存在していたと考えることができる。

こうした結果から，弥生時代青銅器製作者集団は決して単一の集団が担っていたのではなく，複数の製作者集団が各地域に存在していたとまとめることができる。このような見解は，これまでの研究史における巡回工人説，定着工人説という製作者集団のあり方についての議論に対し，少なくとも，北部九州の青銅器生産において，Ⅰ期では地域を越えた巡回生産というものを否定することができると考える。また，Ⅱ期においては福岡平野内などでは遺跡群ごとに製作者集団が存在しており，遺跡群の範囲を越えた巡回生産についても否定することができる[35]。

このように弥生時代の青銅器生産において製作者集団が複数存在しているという状況を，どのように考えればよいのであろうか。以下では，製作者集団間の関係やその特質について，加工痕の分析を中心に据え，導き出されるモデルを提示していきたい。

1. 特定形式製作者集団の有無について

ここでは，弥生時代の青銅器製作者集団の中で，ある特定の形式に限定して生産を担っている集団の存在について論じたい。北部九州において製作された青銅器は，銅剣，銅戈，銅矛，銅鏃，銅釧，小形仿製鏡，銅鐸，銅鉇，棒状製品，小銅鐸，魚形製品，巴形銅器，筒形製品，十字形製品などがあげられる。これらの形式において，いずれかの形式に限定して生産が行われていたのであれば，そうした特定形式製作者集団と，製作された製品の社会的位置付けが問題になる。そこで，このような集団が存在したのかどうかについて吟味したい。

特定の形式に限定して青銅器を製作する集団が存在するのであれば，その集団が鋳型を製作する段階に残す加工パターンは，他の形式が彫り込まれた鋳型の加工パターンと異なる可能性がある。そこで，分析方法として形式ごとに加工パターンを比較し，特定形式製作者集団の有無を確かめたい。

---

35) 第1章の研究史において紹介したが片岡宏二氏は本書におけるⅠ期の青銅器生産に対し，朝鮮系無文土器や擬朝鮮系無文土器の分析を通じて，中期中葉に画期をもうけ青銅器生産のあり方を区分している（片岡1993a）。すなわち，中期前葉以前の青銅器生産は吉野ヶ里遺跡のような拠点集落に渡来製作者を受け入れ活動拠点とし，周辺の政治的な連携をもった集落に出向き生産を行っているとまとめた。また，中期中葉以後，生産拠点の集約が始まり，安永田遺跡（鳥栖市）や本行遺跡（同市）などで生産が行われるという結果を導き出している。こうした見解と今回の加工痕の分析ではやや異なる様相を提示しているようである。要因としては本書の分析がⅠ期という時期幅の広い設定を行っているためであろうと考えることもできる。しかし，本書ではⅠ期の場合は地域として設定した枠組みを越えた巡回工人説を否定しているのであって，片岡氏の分析は地域内における巡回工人説の提唱であると捉えている。したがって，設定した枠組み内における製作者集団の動向については片岡氏の考えを尊重したい。

本章第2節第3項において形式ごとに加工パターンをサンプル数の多い銅剣，銅戈，銅矛，その他の彫り込みがある鋳型について，時期別に特徴を述べた。その結果，形式ごとに大きな差は認められず，特にⅠ期においては各形式とも同じような加工パターンを読みとることができた。また，Ⅱ期においても基本的に同じ加工パターンが抽出されⅠ期からの継続を考慮し，Ⅱ期においても形式ごとに加工パターンの差は認められないことが確認できた。

　したがって，観察した鋳型の加工パターンは時期や形式ごとに異なるのではなく，基本的に一致していることが確認できた。特定の形式に偏って鋳型の製作をしていたのであれば，鋳型の加工パターンにも偏りが認められるはずであるが，そうした傾向が確認できないことから，特定形式製作者集団が存在していたと考えることはできない。

　次に別の視点で特定形式製作者集団の有無について考えてみたい。鋳型には複数形式の製品が彫り込まれたものが26点存在し，形式の組み合わせもバラバラである（表9）。

　実例をあげると飯倉D遺跡出土鋳型（付図3-20）は広形銅矛を彫り込んだ後，小形仿製鏡を彫り込んでいる。雀居遺跡第9次調査出土鋳型（付図4-30）は細形銅剣を彫り込んだ後に，不明製品を彫り込んでいる。井尻B遺跡第6次調査出土鋳型（付図9-59）は小形仿製鏡を彫り込んだ鋳型に銅鏃を彫り込んでいる。井尻B遺跡第14次調査出土鋳型（付図9-63）は広形段階の武器形を彫り込んだ後，銅鏃を彫り込んでいる。須玖永田A遺跡第4次調査出土鋳型（付図13-89）も先後関係は不明であるが，小銅鐸と小形仿製鏡が彫り込んである。須玖岡本遺跡坂本地区第3次調査出土鋳型（付図15-123・128）では，128は小片のため詳細は不明であるが，銅剣と不明製品が彫り込まれている。また，123の鋳型では銅剣と銅矛が彫り込まれている。御陵遺跡出土鋳型（付図12-72）は銅矛が彫り込まれた後，銅鏃が彫り込まれている。須玖岡本遺跡坂本地区試掘調査出土鋳型（143）は先後関係は不明であるが，銅鏃と筒形銅器を彫り込んでいる。吉村良吉氏宅出土鋳型（159）は銅戈が彫り込まれた後，銅釧が彫り込まれている。須玖岡本遺跡第5次調査出土鋳型（付図18-168）は銅戈と銅矛が彫り込まれている。盤石遺跡出土鋳型（付図19-182）は，銅矛が先に彫り込まれ，その後，銅戈（不明）が彫り込まれている。また，大谷遺跡出土鋳型（付図21-210）には，銅剣と銅矛が彫り込まれている。伝八田遺跡出土鋳型では，237の鋳型で銅矛を彫り込んだ後，銅戈を彫り込んでいる（付図23-237）。また，238は実物の所在がわからないため詳細は不明であるが，中細形銅戈と中細形銅剣が彫り込まれているようである[36]。ヒルハタ遺跡出土鋳型（付図27-262）は小形仿製鏡の後に十字形製品，銅鏃，勾玉などが彫り込まれている。上枇杷遺跡出土鋳型（付図28-265）は不明製品を彫り込み，また別の不明製品を彫り込んでいる。本行遺跡出土の鋳型は銅剣を彫り込んだ後，銅矛と棒状製品を彫り込んでいる（付図31-284）。また，同一個体と考えられる鋳型は銅剣と鉇を彫り込んでいる（付図31-285～287）。もう1つの同一個体と考えられる288+289の鋳型は銅剣を彫り込んだ後，銅矛を彫り込んでいる（付図31-288・289）。吉野ヶ里遺跡出土鋳型のうち，301は細形銅剣を彫り込んだ後，棒状製品を彫り込んでいる（付図33-301）。また，302は細形銅剣を2回彫り込んだ後，細形銅矛を彫り込

---

[36] 熊野正也1989「本館所蔵の銅戈鋳型について」において，明治大学考古学博物館が資料を購入するいきさつが記述されており，当時は横浜在住の某氏が保管していたらしい。

表9 複数形式彫り込み鋳型集成表

番号	遺跡名	単面笵 or 双面笵 or 多面笵	型式
20	飯倉D遺跡	双(矛・鏡)	広形・小形仿製鏡
30	雀居遺跡(第9次調査)	双(剣・不明)	細形
59	井尻B遺跡(第6次調査)	双(鏡・鏃)	小形仿製鏡・鏃
63	井尻B遺跡(第14次調査)	多(武器形・鏃)	広形・鏃
72	御陵遺跡	双(矛・鏃)	不明・鏃
89	須玖永田A遺跡(第4次調査)	双(小銅鐸+不明・鏡)	不明・小形仿製鏡
105	尾花町遺跡	双(矛・不明)	不明
123	須玖岡本遺跡坂本地区(第3次調査)	双(剣・矛)	不明・不明
128	須玖岡本遺跡坂本地区(第3次調査)	双(剣・不明)	不明・不明
143	須玖岡本遺跡坂本地区(試掘)	側(鏃・筒形銅器)	鏃・筒形銅製品
159	吉村良吉氏宅	双(戈・釧)	不明・釧
168	須玖岡本遺跡(第5次調査)	双(戈・矛)	不明・不明
182	盤石遺跡	双(矛・不明)	中細・不明
210	大谷遺跡	双(剣・矛)	中細・中細
237	伝八田遺跡	双(戈・矛)	中細
238	伝八田遺跡	双(戈・剣)	中細
262	ヒルハタ遺跡	多(鏡・鏃・十字形銅器・勾玉)	小形仿製鏡・鏃・十字形銅器・勾玉
265	上枇杷遺跡	双(不明・不明)	不明・不明
284	本行遺跡	双(剣・矛・棒)	中細・細形
285〜287	本行遺跡	双(剣・鉇)逆	中細
288・289	本行遺跡	双(剣・矛)	不明
301	吉野ヶ里遺跡	多(剣・棒)	不明・棒
302	吉野ヶ里遺跡	多(剣・剣・矛・剣)	細形〜中細
307	惣座遺跡	双(矛・剣)	細形・細形
311	仁俣遺跡(第2次調査)	多(不明・矛・不明)	細形
312	土生遺跡(第5次調査)	側(鉇・魚形製品)	鉇・魚形製品

み，さらに中細形銅剣を彫り込んでいる(付図33-302)。惣座遺跡出土鋳型(付図35-307)は銅矛を彫り込んだ後，銅剣を2回にわたって彫り込んでいるようである。仁俣遺跡第2次調査出土鋳型(付図35-311)は武器形製品を彫り込んだ後，細形銅矛を彫り込み，さらに別の武器形製品を彫り込んでいる。土生遺跡第5次調査出土鋳型(付図35-312)は鉇と魚形製品が彫り込まれている。以上が26点の内訳であるが，どの鋳型も複数形式の組み合わせに特定のまとまりがあるわけでなく，バラバラに彫り込まれていることがわかる。

これらの鋳型について出土分布図を図82に示した。この図を見ても，地域的に偏りがあるのではなく，鋳型が多く出土する地域においては複数形式を彫り込む鋳型も出土するという傾向が読み

とれる。したがって，この分析からも特定形式製作者集団の存在は否定できるであろう。

以上，形式ごとの加工パターン比率の分析と複数形式が彫り込まれている鋳型の存在，彫り込まれる複数形式の組み合わせのバラツキ，出土分布状況から，特定形式製作者集団の存在は否定できる。したがって，弥生時代における青銅器製作者集団は形式を限定することなく，各種様々な製品を製作していたとまとめることができる。

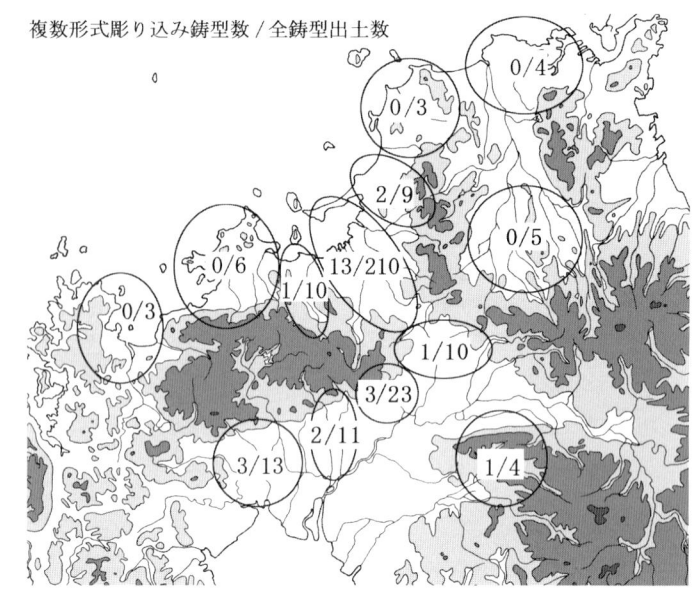

図82　複数形式彫り込み鋳型出土分布図

2. 青銅器製作者集団の地域間関係

ここでは本章第3節第2項で論じた加工パターンの地域性についての議論を踏まえ，青銅器生産を担った製作者集団の地域間関係について論じていきたい。そこでまず時期別に関係を見ていく。

(1)　I期における青銅器製作者集団の地域間関係

図83はI期における側面の加工パターン比率について各地域ごとにまとめたものである。この図から遠賀川下流域においては，丁寧な加工であるパターン1のみであることが認められる。また，パターン1は粕屋平野，福岡平野，吉野ヶ里丘陵周辺などの地域においても他のパターンとともに認められる。これらの3地域においてはパターン2も同様に認められ，その他の地域と比較して相対的に丁寧な加工パターンが認められる地域としてまとめることができるようである。この図は上から隣接地域ごとに並べているが，遠賀川下流域，福岡平野，吉野ヶ里丘陵周辺において丁寧な加工(パターン1とパターン2の合計)が目立つという傾向が読みとれる。したがって，図からは丁寧な加工を施す地域が3ヶ所認められ，その隣接地域に行くにしたがって，徐々に丁寧な加工を施さない地域がとりまくという読みとりができるであろう。

図84はI期の裏面について，加工パターン比率を示したものである。この裏面における加工パターン比率も，遠賀川下流域と福岡平野，吉野ヶ里丘陵周辺にパターン1が認められ，サンプル数は少ないが，先述した側面の加工パターンと非常に類似した結果を見せている。さらに，隣接地域に行くにしたがって，丁寧な加工が施されないという傾向も読みとれる。先程の側面ではパターン1が2点ではあるが認められた粕屋平野において，この裏面の分析ではパターン1が認められず，やや異なる傾向を示す。しかし，今後発見される鋳型にパターン1やパターン2のような丁寧な加

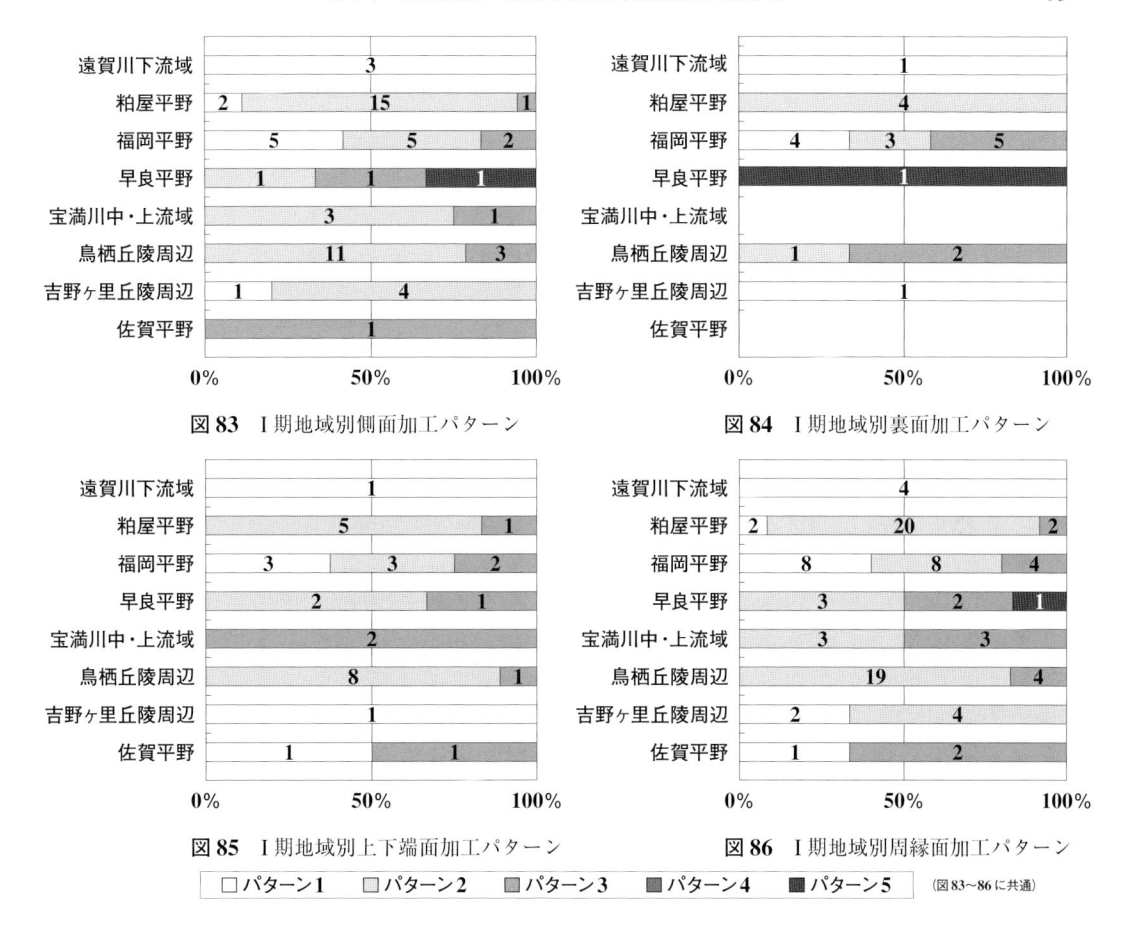

第2章 鋳型製作から捉える弥生時代青銅器の生産体制　　　　　　　　　　　　　　　95

図83 Ⅰ期地域別側面加工パターン

図84 Ⅰ期地域別裏面加工パターン

図85 Ⅰ期地域別上下端面加工パターン

図86 Ⅰ期地域別周縁面加工パターン

□パターン1　　□パターン2　　■パターン3　　■パターン4　　■パターン5　（図83〜86に共通）

工がおそらく施されているということが想定できよう。

　図85は同じくⅠ期の上下端面における加工パターンを地域ごとに並べた図である。この図からも側面や裏面の分析から読みとれた3地域（遠賀川下流域，福岡平野，吉野ヶ里丘陵周辺）においてパターン1が認められるという同様の状況を示しており，周辺に行くにしたがって，徐々に粗めの加工が増加する。この図では他の面とは異なり，佐賀平野においてパターン1が1点出現している。しかし，この点も周辺に行くにしたがって丁寧な加工が施されなくなるという現象の中で理解できるであろう。

　図86は図83と図85を合わせた，上下端面と側面における加工パターン比率を示したものである。鋳型の周縁面という意味で上下端面と側面の合計を図化した。この図からもこれまでの分析で得られた結果と同様，遠賀川下流域と福岡平野，吉野ヶ里丘陵周辺に丁寧な加工が高い割合で出現している点が読みとれる。また，その3地域から周辺に行くにしたがって，丁寧な加工が施される割合は低くなっている。こうした状況はこれまでの分析と同じ結果である。

　ではこのような遠賀川下流域，福岡平野，吉野ヶ里丘陵周辺という3つの地域において，丁寧な加工パターンが高い割合で認められるという現象に，どのような意味付けができるのであろうか。この3つの地域は，いずれも最初期の鋳型を出土しているという点で共通している。これまでの分

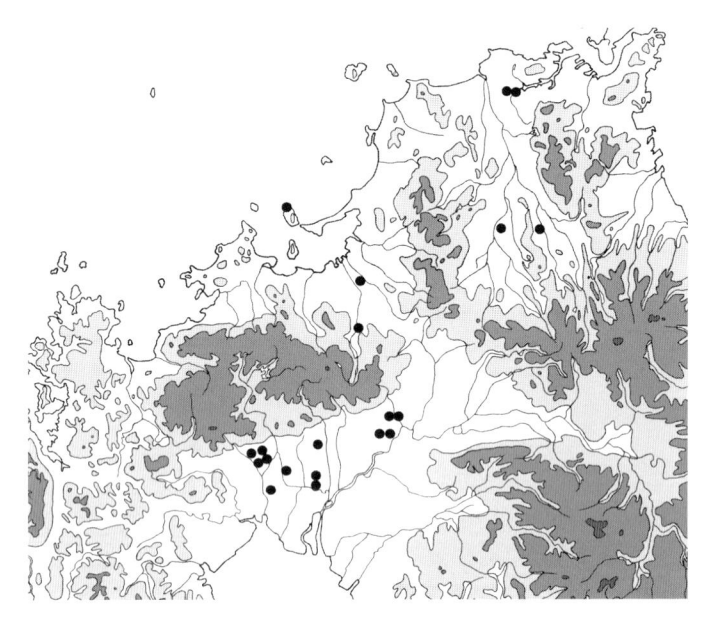

図87　細形段階鋳型出土分布図

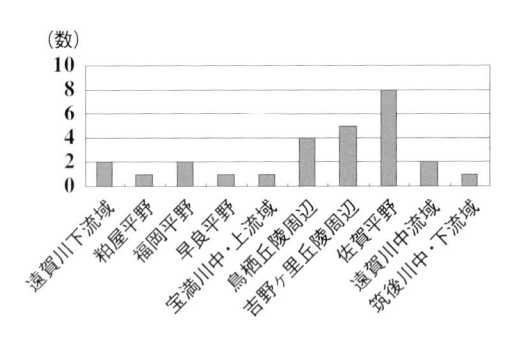

図88　地域別細形段階鋳型出土数

析を通じて，時期の古い鋳型には丁寧な加工を施すという点は確認できている。そうした分析結果から，丁寧な加工パターンが高い割合を示す地域の場合，I期の中でも古い鋳型が出土していると想定することは容易なことである。実際この3地域において最初期の細形段階鋳型が出土しているかどうかを示したものが図87・88の地域別細形段階鋳型の出土分布図および出土数である。この図から背振山地南麓の佐賀平野，吉野ヶ里丘陵周辺，鳥栖丘陵周辺などに多くの細形段階の鋳型が出土する傾向が認められる。遠賀川下流域では松本遺跡より2点の鋳型が認められ，細形段階の鋳型が出土していることがわかる。福岡平野では雀居遺跡より細形銅剣の鋳型が出土しており，上述した3地域ではいずれも，最初期の鋳型が出土していることがわかる。

したがって，I期における各地の加工パターンは，細形段階の鋳型を出土する地域において丁寧な加工が認められ，それをとりまく周辺地域ではやや粗めの加工パターンが認められるとまとめることができる。

そこで，こうした地域間の関係を製作者集団という概念に置き換えて，I期の製作者集団像を復

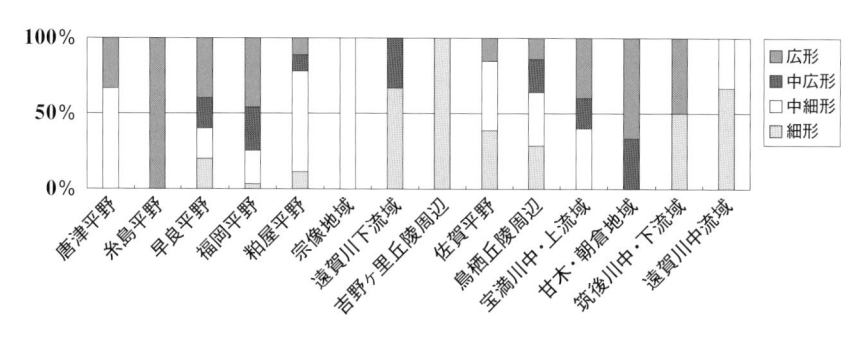

第 2 章　鋳型製作から捉える弥生時代青銅器の生産体制

図89　地域別生産型式

元してみたい。図89は製作者集団の動向を把握するため，型式が判断できる鋳型を使って，地域ごとの鋳型の出土数をまとめた。本節のはじめにおいて製作者集団は各地域に存在し，設定した地域を越えた巡回生産は存在しないことを確認している。したがって，各地に製作者集団が存在するのであれば，I期の中でも細形段階の鋳型が出土する地域は，日本列島において最初に青銅器生産を開始した地域であり，製作者集団が存在していたと考えることができる。その後，継続的に青銅器を製作する集団と，すぐに青銅器生産を中断する集団が存在する。なかでも青銅器生産を中止する地域として，佐賀平野をあげることができる。また，I期の後半，中細形段階になり青銅器生産を始める地域が存在する。中細形段階以降の鋳型が出土するのは唐津平野や宝満川中・上流域などである。このように，I期内においては青銅器生産の消長が認められ，地域ごとに生産が行われていることがわかる。

　しかし，地域ごとに生産は行っていたとしても，全く別の生産体制が存在したのではない。そこにはおそらく地域間の相互作用が働いていたと考えるべきであろう。

　I期の後半段階，中細形段階から生産が始まる地域において，パターン1ではなく，パターン2以降のやや粗めの加工パターンが見てとれる。宝満川中・上流域では隈・西小田遺跡第6地点出土鋳型（付図25–254）や永岡遺跡出土鋳型（付図25–255）などの鋳型を実例としてあげることができる。これらの地域における生産が，再び新しく朝鮮半島から招来されて製作されたとは考えられない。鋳型の加工パターンの変化は北部九州内において時期変遷として確認できるものであり，新たに生産が開始される地域は，隣接地域からの影響を受け，青銅器を製作したと考える方が蓋然性が高い。

　では，逆にI期の中でも継続的に青銅器生産を行わない地域の製作技術はどのような変遷を辿るのであろうか。佐賀平野における青銅器生産は，そのまま製作技術が継承されないか，もしくは隣接地域での青銅器生産に収斂されたかのいずれかである。今回の加工痕の分析でそうした技術の移転などに言及することはできないが，今後鋳型が増加する可能性もあり，現状ではどちらの可能性もあるとしておきたい。

　上記のような考察から，I期における青銅器生産の製作者集団関係は，地域ごとに生産は行っていても，加工パターンを見る限り各地域とも同様な時期変遷を辿っており，地域ごとに互いに影響を与えながら生産を行っていたと考えられる。また，鋳型の製作技術には継続する技術と継承され

ない技術がおそらく存在するのであろうが，特に継承されない技術について言及することは本書の分析方法ではできないため，どちらの可能性も指摘しておく。

(2) II期における青銅器製作者集団の地域間関係

本項では，II期における青銅器製作者集団の関係について探ってみたい。II期の青銅器生産においてまず確認したいのは，福岡平野における鋳型の出土量が突出することである。本章第1節第2項において全時期を通じた鋳型の出土量については確認したが，ここでII期に時期を限定して数量を確認しておきたい。表10にII期における地域ごとの鋳型出土数を示した。福岡平野出土鋳型数が，他の地域に比べ圧倒的に凌駕していることがわかる。つまり，II期における生産は福岡平野を中心に行われていることは間違いない。また，須玖岡本遺跡坂本地区や須玖永田遺跡などの福岡平野内でも，春日丘陵北側低地部と区分した地域に中心を置いていることは確かであろう。それはいわゆる奴国を中心にした青銅器生産と言い換えることもできる。では，福岡平野を中心とした生産とその他の地域における青銅器生産はどのような関係にあるのだろうか。II期の地域間関係を考えるうえで，そうした問題について以下で言及していきたい。

図90はII期における側面の加工パターン比率を地域ごとにまとめた図である。この図では，福岡平野を中心に周辺地域に行くにしたがってパターン4やパターン5が増加している現象を読みとることができる。とくに粕屋平野や鳥栖丘陵周辺ではその傾向が明瞭に認められる。言い換えるならば，福岡平野から距離が離れるにしたがって，側面における加工が粗くなる傾向である。粗い加工が増加する地理勾配をこの図から読みとることができよう。その他の吉野ヶ里丘陵周辺や宝満川中・上流域，遠賀川下流域，早良平野，糸島平野では，粕屋平野，鳥栖丘陵周辺と異なり，パターン4やパターン5の増加現象が認められない。

したがって，この図から福岡平野からの鋳型加工に関する情報の影響力が及ぶ地域と及ばない地域とに各地域を分けることができる。福岡平野からの影響力が及ぶ地域として粕屋平野と鳥栖丘陵周辺をあげることができ，また十分に及ばない地域として糸島平野，早良平野，宗像地域，宝満川中・上流域，吉野ヶ里丘陵周辺をあげることができる。おそらくこの背景には鋳型の側面や裏面の加工に関する省力化とも言うべき方向性が見てとれる。

図91は裏面における加工パターン比率を示したものである。先ほどの図90と比較して福岡平野からの地理勾配を読みとることはできない。サンプル数が少ないこともあるかもしれないが，側面

表10 II期地域別鋳型出土数

地域	唐津平野	糸島平野	早良平野	福岡平野	粕屋平野	宗像地域	遠賀川下流域
鋳型出土数	1	5	4	144	3	2	1
地域	佐賀平野	吉野ヶ里丘陵周辺	鳥栖丘陵周辺	宝満川中・上流域	筑後川中・下流域	遠賀川中流域	計
鋳型出土数	0	2	9	5	1	0	177

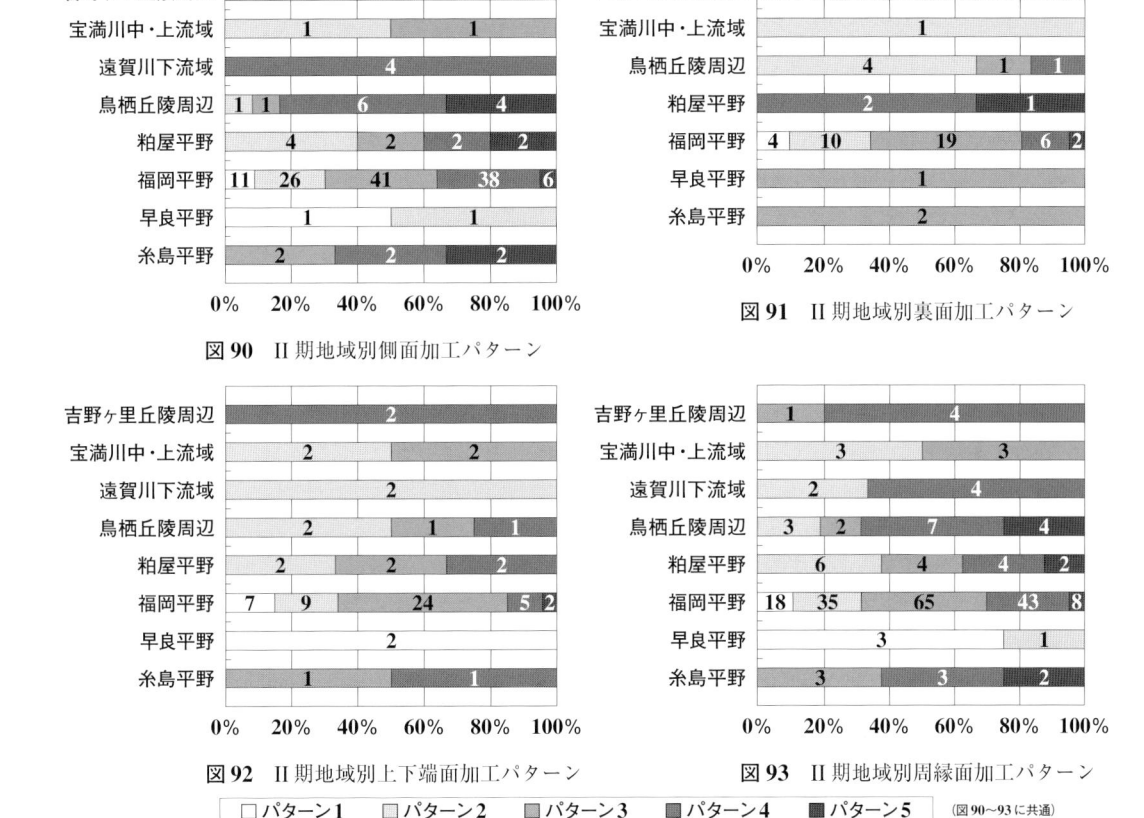

第 2 章　鋳型製作から捉える弥生時代青銅器の生産体制

図 90　II 期地域別側面加工パターン

図 91　II 期地域別裏面加工パターン

図 92　II 期地域別上下端面加工パターン

図 93　II 期地域別周縁面加工パターン

□パターン1　□パターン2　■パターン3　■パターン4　■パターン5　(図90〜93に共通)

の加工パターンとは対照的であると言えよう。福岡平野ではパターン 3 がやや多いものの，各パターンが出現しているが，その他の地域では加工パターンに偏りが認められる。

図 92 は上下端面における加工パターン比率をまとめたものである。この図では，福岡平野から周辺に行くにしたがってパターン 2 などの丁寧な加工が増加するという傾向が読みとれるであろう。この一連の流れは福岡平野から粕屋平野，鳥栖丘陵周辺，遠賀川下流域や宝満川中・上流域などで読みとれる。遠賀川下流域や宝満川中・上流域ではサンプル数が少ないため，この流れに入る地域であるかどうか判断することはできない。しかし，鳥栖丘陵周辺までの傾向は側面における加工パターンを示した図と同じような状況を呈していると言える。またこの図から，福岡平野からの影響を受けない地域を導くことができる。糸島平野や早良平野，吉野ヶ里丘陵周辺などの地域である。この傾向も図 90 で読みとった福岡平野からの影響を受けない地域としてあげた地域と重なる。したがって，上下端面の加工パターン比率からも福岡平野からの影響を受ける粕屋平野と鳥栖丘陵周辺と，影響を受けない糸島平野，早良平野，吉野ヶ里丘陵周辺とに各地域を区分することができる。また，遠賀川下流域と宝満川中・上流域の 2 地域は側面の分析では福岡平野からの影響を受けない地域としていたため，この上下端面の分析においても，一連の影響を受けない地域として扱っておきたい。

図93は鋳型の周縁面として，側面と上下端面の加工パターン比率を合計して示した図である。この図からも，これまでと同じ傾向を読みとることができる。すなわち，福岡平野からの一連の影響を受ける地域と受けない地域を区分することができる。先ほどの上下端面の分析では遠賀川下流域については影響を受けない地域として区分したが，この図を見る限り粕屋平野，鳥栖丘陵周辺と並んで，一連の影響を受ける地域として区分することができそうである。したがって，鋳型の周縁面の加工パターン比率の分析より，福岡平野からの地理勾配で説明できる地域として，粕屋平野，鳥栖丘陵周辺，遠賀川下流域をあげ，影響を受けない地域として，糸島平野，早良平野，宝満川中・上流域，吉野ヶ里丘陵周辺をあげることができる。

II期の加工パターンの分析により，各地域の青銅器生産では福岡平野からの影響を受ける地域とその影響を受けない地域とに区分することができた。では，こうした地域間関係をどのように理解すればよいのであろうか。II期の分析を始める前に，福岡平野における鋳型出土数が突出することを確認した。鋳型の出土数が直接製品の生産量に結び付くとは考えられないが，福岡平野における生産量が他地域に比べ大規模であり，生産量が多かったことは確かであろう。ここまでの分析で，生産量が多い福岡平野から，鋳型の加工について影響を受ける地域と，受けない地域が存在していることを導き出した。これらの各地域は，本章のはじめで確認したように，地域の枠組みを越えた巡回生産ではないのであるから，影響を受ける地域には福岡平野との間で何か別の関係が想定できるのかもしれない。この問題については次項においてもう少し深く考察を加えたい。

鋳型の加工パターンの分析により，I期では遠賀川下流域，福岡平野，吉野ヶ里丘陵周辺などの3地域において丁寧な加工が認められ，その要因として最初期の鋳型が出土しているという共通点をあげた。また，それら3地域の周辺地域ではやや粗い加工パターンが確認されるが，この中にはI期の後半段階から生産が始まる地域を含んでおり，パターンIの加工パターンが認められなかった。したがって，地域を越えて同じような加工パターンの変遷が認められるという点から，I期の製作者集団間について各地域での生産が全く別の生産体制ではなく，地域間の相互作用が働いた関係であるとした。

また，II期の地域間関係は圧倒的な生産量を誇る福岡平野からの影響を受け鋳型の加工を行う地域と，その影響を受けない地域とに区分することができた。影響を受ける地域としては粕屋平野や鳥栖丘陵周辺，遠賀川下流域などがあげられ，また逆に影響が認められない地域としては糸島平野や早良平野，宝満川中・上流域，吉野ヶ里丘陵周辺などの各地域があげられる。北部九州における各地域が福岡平野からの影響という点で二分できたことに関しては，その歴史的背景を次項でまとめたい。

3. 青銅器製作者集団の遺跡間関係

前項までの検討で，II期における北部九州の各地域を福岡平野からの影響を受ける地域と，受けない地域に二分することができた。ここでは，その意味を理解するため，II期の青銅器生産についてもう少し深く考察を進めていきたい。これまで地域という大きな枠組みで議論を進めてきたので，

第 2 章　鋳型製作から捉える弥生時代青銅器の生産体制

表 11　II 期福岡平野内遺跡群別鋳型出土数

地域	福岡平野東北部				春日丘陵北側低地部	春日丘陵北部	春日丘陵南部	春日丘陵東部	その他	計
	那珂・比恵	高宮周辺	井尻周辺	その他						
鋳型出土数	5	5	9	4	99	11	2	7	2	144
	計 23									

　以下では第 3 節と同様に福岡平野内を遺跡群ごとに小区分し，分析を行っていきたい。また，福岡平野以外の周辺地域では，早良平野では飯倉 D 遺跡を，糸島平野では三雲遺跡を代表とし，粕屋平野では八田遺跡，鳥栖丘陵周辺では安永田遺跡をそれぞれ代表とする。宝満川中・上流域は核となる遺跡が不明なため呼称を地域全体とする。

　福岡平野内の小区分は第 3 節と同じであるが，福岡平野内における鋳型の出土量を再度確認しておく（表 11）。前節でも見たように，この表から春日丘陵北側低地部における鋳型出土量が他遺跡群に比べ，圧倒的に多いことがわかる。したがって，第 2 項における検討でも想定したように，福岡平野内の春日丘陵北側低地部における生産が青銅器生産の量的中心であり，周辺の遺跡群における生産に対してなんらかの関係をもっていたと考えられる。そうした状況を踏まえたうえで，加工パターン比率の分析を遺跡群ごとに行っていきたい。

　以下には II 期の加工パターンを遺跡群ごとに示している（図 94~98）。遺跡群ごとの並びは，春日丘陵北側低地部からの地理的勾配を想定し並べている。したがって，春日丘陵北側低地部と距離的に近い春日丘陵南部と安永田周辺が逆転しており，また，飯倉 D 遺跡と高宮周辺も逆転している。しかし，その他の並びについては距離と加工パターンが基本的に相関しているようである。したがって，春日丘陵北側低地部から何らかの鋳型加工に関する情報が伝達されているようである。

　図 94 では，春日丘陵北側低地部を中心としてその周辺に行くにしたがって，パターン 4 やパターン 5 の粗めの加工が増加している現象を読みとることができる。春日丘陵北側低地部から北側の井尻周辺，飯倉 D 遺跡までは類似しており，南側では安永田周辺にかけて加工パターン比率の地理勾配が比較的明瞭に認められるが，遺跡群単位の検討を行っているためサンプル数が全体に少なくなっており，周辺における偏った加工パターンの析出はそうした点に起因する可能性がある。

　図 95 は II 期における裏面の加工パターン比率をまとめた図である。この図からは春日丘陵北側低地部のみにパターン 1 が認められ，その他の遺跡群では認められない。したがって，地理勾配を読みとるのであれば，春日丘陵北側低地部から距離が離れるにしたがってパターン 1 が認められなくなるという解釈も成り立つ。また，井尻周辺より南に比較的丁寧な加工が認められると言えるかもしれない。全体として裏面のサンプル数が少なく十分な検討ができない。

　図 96 は上下端面における加工パターン比率をまとめたものである。この図からはこれまで読みとれた地理勾配を認めることはできない。各遺跡群で上下端面の加工にはバラツキが認められる。

　図 97 は鋳型の周縁面（側面＋上下端面）における加工パターン比率をまとめた図である。この図は図 94 と図 96 のサンプル数を合計しており，全体的に安定した分析が可能であろう。したがって，先程の側面だけの分析や上下端面だけの分析以上に，春日丘陵北側低地部からの地理勾配を明瞭に

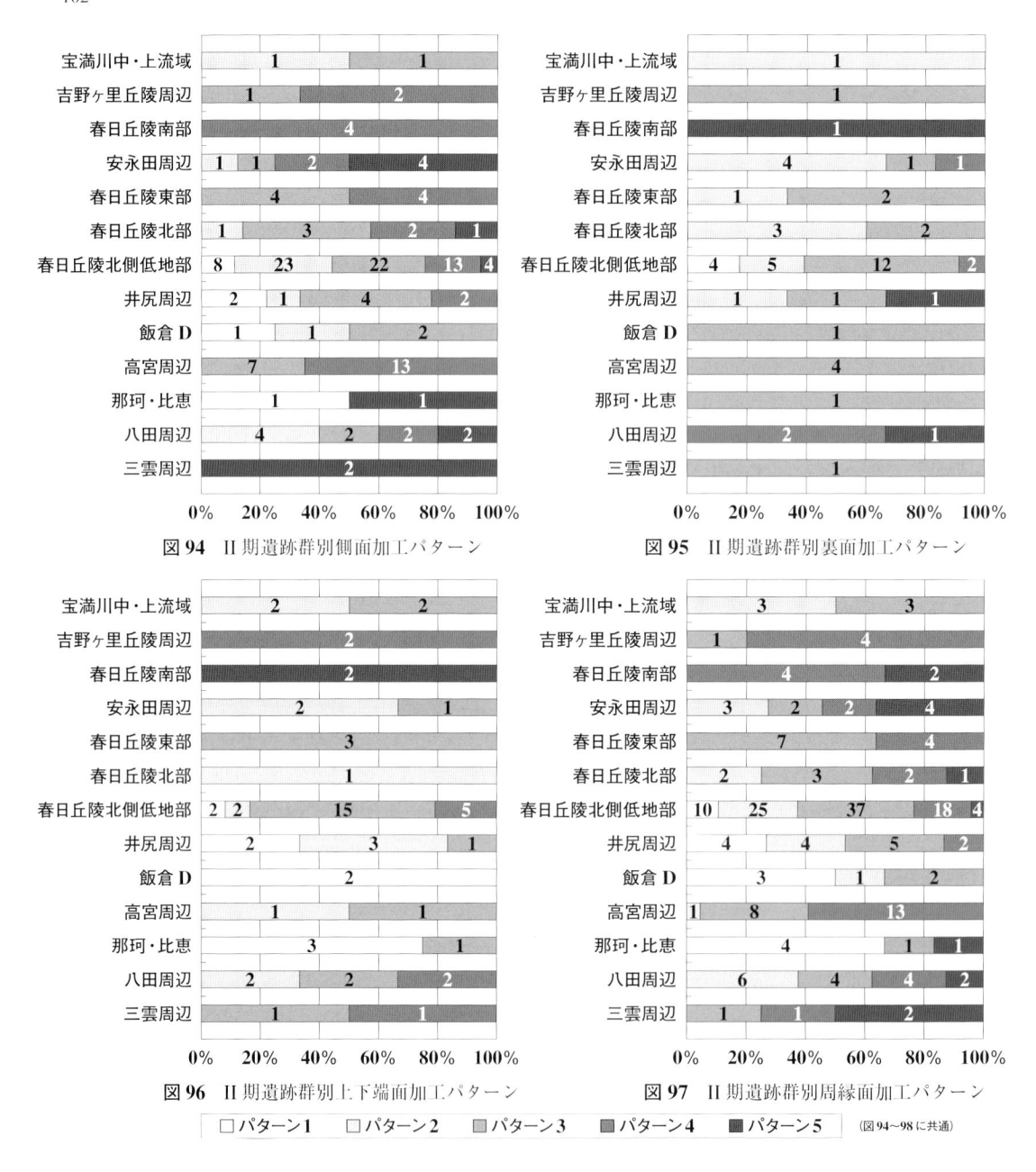

図94 II期遺跡群別側面加工パターン
図95 II期遺跡群別裏面加工パターン
図96 II期遺跡群別上下端面加工パターン
図97 II期遺跡群別周縁面加工パターン

□ パターン1　▨ パターン2　▩ パターン3　▦ パターン4　■ パターン5　（図94～98に共通）

認めることができる．春日丘陵北側低地部から北側の井尻周辺・飯倉D遺跡・那珂・比恵遺跡ではパターン1が増加する傾向が読みとれ，さらにその北東側の八田周辺にかけてはパターン1が認められなくなり，パターン5が増加する．また逆に春日丘陵北側低地部から南側の春日丘陵北部，春日丘陵東部，安永田周辺にかけてパターン1とパターン2が減少し，パターン4やパターン5が増加する傾向を読みとれる．春日丘陵北側低地部を中心とした同心円状の地理勾配が認められると解釈することもできる．

そうした特徴が一層明確になるのが，図98の鋳型外面の加工パターンを示した図である．これ

までの鋳型の上下端面・側面・裏面のサンプル数を合計したため，各遺跡群とも検討可能なサンプル数を確保できた。この図からは，春日丘陵北側低地部と井尻周辺や飯倉D遺跡の加工パターンが類似し，また周辺へ行くにしたがって粗い加工が目立つようになっている。また，これまでの分析結果からも高宮周辺の様相が一連の地理勾配に含まれていなかったが，高宮周辺に含まれる鋳型資料は広形段階の大型の鋳型ばかりでありやや特徴が異なるようである。いずれにしても，春日丘陵北側低地部と類似する加工パターンが認められ，春日丘陵北側低地部からの影響が認められる遺跡群（井尻周辺・飯倉D遺跡）と，加工パターンに地理勾配が認められ，鋳型加工情報が距離とともに減少している遺跡群が認められる。

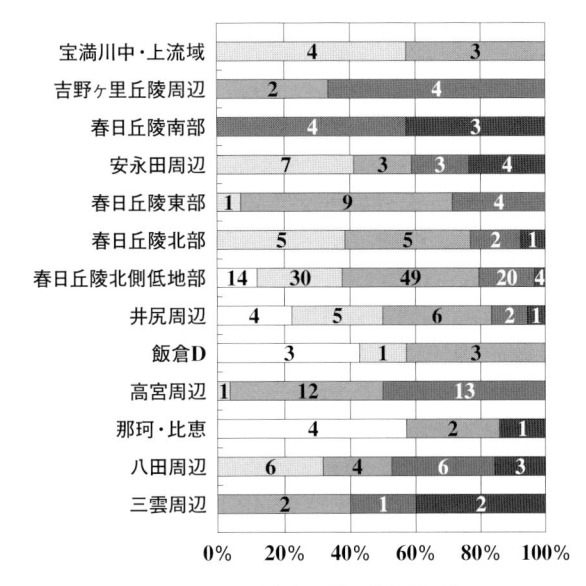

図98　Ⅱ期遺跡群別鋳型外面加工パターン

　これまでⅡ期における福岡平野内を中心に遺跡群単位の加工パターン比率を見てきた。その結果，春日丘陵北側低地部を中心に一部の検討から同心円状の地理勾配が確認でき，鋳型の加工について一定の影響が認められる遺跡群を抽出できた。また，一連の鋳型加工に関する影響があまり認められない地域として，サンプル数の問題もあるが糸島平野の三雲遺跡周辺や，福岡平野の高宮周辺，春日丘陵南部，宝満川中・上流域，吉野ヶ里丘陵周辺などをあげることができた。そうした状況を模式的に示したのが図99である。現状のサンプル数の少なさによって影響が認められない遺跡群に関しては，今後の資料の増加によっては春日丘陵北側低地部からの影響を受けた範囲に含まれる可能性もあるため枠を点線で囲んでいる。では，これらの区分をどのように理解すればよいのであろうか。

　鋳型の側面や裏面の加工とは青銅製品の鋳造には直接関わり合いのない技術であり，青銅器製作者達が一番意識をし，注意を払う点はできあがった製品の外見である[37]。しかし，広形段階などにおいては青銅器の外見ではなく，本数や量といったものに重点が置かれているようである。つまり，青銅器を要求する側や製作する側は製作された完成品の製品に関心があるのである。したがって，青銅器が祭祀行為など社会にとって重要な意味をもっていた弥生社会にあっては，青銅器の外見や量に意味があり，製作技術の中でも製品とは直接関わり合いのない鋳型の側面，裏面の加工に社会的意味をもたせることはないであろう。言い換えるならば青銅器の製作において，鋳型の側面や裏

37）岩永省三氏よりジョヴァンニ・モレッリの分析手法について御教示を受け，加工痕の分析がそうした研究方法の範疇に含まれると指摘を受けた。モレッリの分析手法とは美術史などの研究分野で行われる鑑定法で「描かれる人物の表情や個性表現に比較的無関係で，作家の造形意志があまりはたらかず写実の及ばない耳や爪の形式に逆に作家の個性的処理が露呈する」という手法である（岩永1994a）。岩永氏はこうした手法が考古学にも援用できるのではないかとしている。

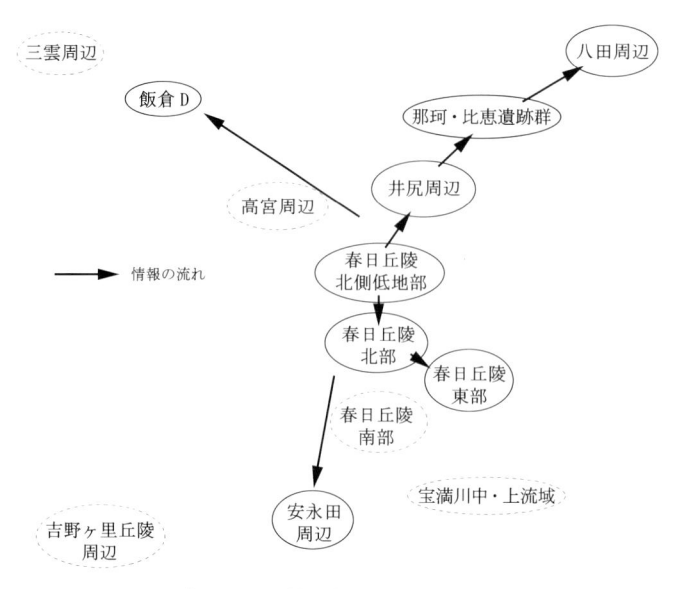

図99　II期における鋳型加工技術情報の伝達模式図

面の加工というものは重要度の低い，関心度の低い点である．しかし，今回の分析で青銅器生産の中心地であると考えられる春日丘陵北側低地部における加工パターンが，周辺地域に一定の影響力をもって広がっていることが判明した．製作技術の中でも重要度の低い部分に逆に当時の製作者集団の関係があらわれていると理解できる．

　前節までで各地に製作者集団が存在していることが明らかになっている．そうした点を踏まえて議論を進めるのであれば，加工技術に一定の影響力をもつということは製品の製作自体にも影響力をもっていると想定することができよう．さらには，周辺地での製作に関して外見や生産量にも中心地からの影響を認めることができるかもしれない．すなわち，青銅器の製作に関して春日丘陵北側低地部から製品の外見や生産量，さらには鋳型の加工技術まで一貫して周辺地へ伝達されている可能性がある．周辺地とは，先程からあげているように春日丘陵北側低地部より北側では井尻周辺や粕屋平野の八田周辺であり，南側は春日丘陵東部や鳥栖丘陵周辺の安永田周辺に至る範囲である．

　青銅器の製作技術の中でも重要度の低い，関心の低い点を分析することによって，当時の地域的まとまりを示すことができた．これまでの研究では，青銅器の生産に政治的な強い背景を読みとる傾向があった．第1章でも述べたが，下條信行氏は安永田遺跡における青銅器生産について「出先工房」「福岡平野が中広形銅矛段階に急増する南方向け配布のために準備した出店」として位置付けており，また粕屋平野における青銅器生産も「出先青銅器生産工房」としている（下條1985・1991）．しかし，これらの研究は鋳型の出土分布に基づいて研究を進めており，製品や鋳型自身の分析には至っていない．今回の鋳型の加工痕の分析によって，福岡平野と周辺地域との青銅器生産の関係が具体的に明らかになったと言えるだろう．すなわち，加工パターンが類似している地域において，鋳型の製作技術，加工方法が伝達されていることが明らかとなった．

　しかし，地理勾配が認められるということは，影響が直接伝わっていることを示すものではない．情

報の欠落が生じているのであるから，周辺域での受け取り手側に一定の主体性が存在するはずである。

4. 小　結

　本項では，これまでの分析をまとめ，北部九州弥生社会における青銅器製作の社会的位置付けを行い，小結としたい。

　鋳型に残る加工痕の分析によって，時期的変遷を追うことができた。粗めの加工が広形段階になるにしたがって，徐々に粗い加工の割合が増加し，なかでも中細形段階と中広形段階の間に「第1の画期」を，中広形段階と広形段階の間に「第2の画期」をもうけることができた。これらの画期は青銅器の鋳造地の問題を検討した第3節第2項において指摘した継続性と断絶という問題と結び付く可能性もあるが，おそらく製品の取り扱われ方とも関係していると思われる。また，そうした省力化という方向性は中細形以降顕著に見られる製品の大型化とも関連してくるであろう。本章では，鋳型を中心に論を進めているため製品にまで論究していないが，第3章で扱う製品との関係が重要である。さらに，古墳時代における青銅器生産との関わりも視野に入れなければならない。「第2の画期」以降，青銅器生産がどのような展開を辿るのか，小形仿製鏡鋳型などの研究が重要であると考える。

　また，製作者集団を復元するにあたって，加工痕は彫り込まれた製品の形式によって差が認められないことから，特定形式を専門に製作する青銅器製作者集団は存在しないと結論付けた。さらに鋳型やその他の鋳造関連遺物の出土を踏まえ，各地に製作地が存在することを確認し，加工痕の地域性の分析を行った。地域性の検討からⅠ期の青銅器生産は地域ごとにおのおの生産は行っていても，加工パターンを見る限り各地域とも同様な時期変遷を辿っており，地域ごとに互いに影響を与えながら生産を行っていたと結論付けた。しかし，Ⅰ期内において継続的に生産を行わない生産地も存在し，それらの地域と継続的に生産を継続する地域との青銅器製作技術に関する交流については本章の分析だけでは言及できない。また，Ⅱ期に相当する鋳造地では春日丘陵北側低地部から鋳型の加工に関する情報を受け取る鋳造地と情報を積極的には受け取ったとは考えられない鋳造地に区分した。春日丘陵北側低地部からの情報を受け取る地域は井尻周辺や春日丘陵北部，春日丘陵東部，鳥栖丘陵周辺であり，また，情報を受け取らない地域として糸島平野や吉野ヶ里丘陵周辺などがあげられる。こうした区分は当時の地域的なまとまりとも対応し，鋳型の加工痕によって弥生社会の社会状況の一端を復元することができた。

　加工痕の情報は青銅器製作に直接関わり合いのない情報であったため，地域性や時期的な変化を確認することができた。製品の外見など，製品に直接関わり合いのある情報の分析は，これまで先学によって数多くなされている。こうした研究とは異なり，今後は直接製品とは関わり合いのないその他の情報を分析することが，より青銅器生産の具体的な様相を把握するのに有効であるのではないかと考える。本章では鋳型研究の立場から青銅器生産に関するモデル化を行うことができた。次章では，実際に製作された製品である小形仿製鏡の検討から，青銅器生産の具体像を明らかにしたい。

106

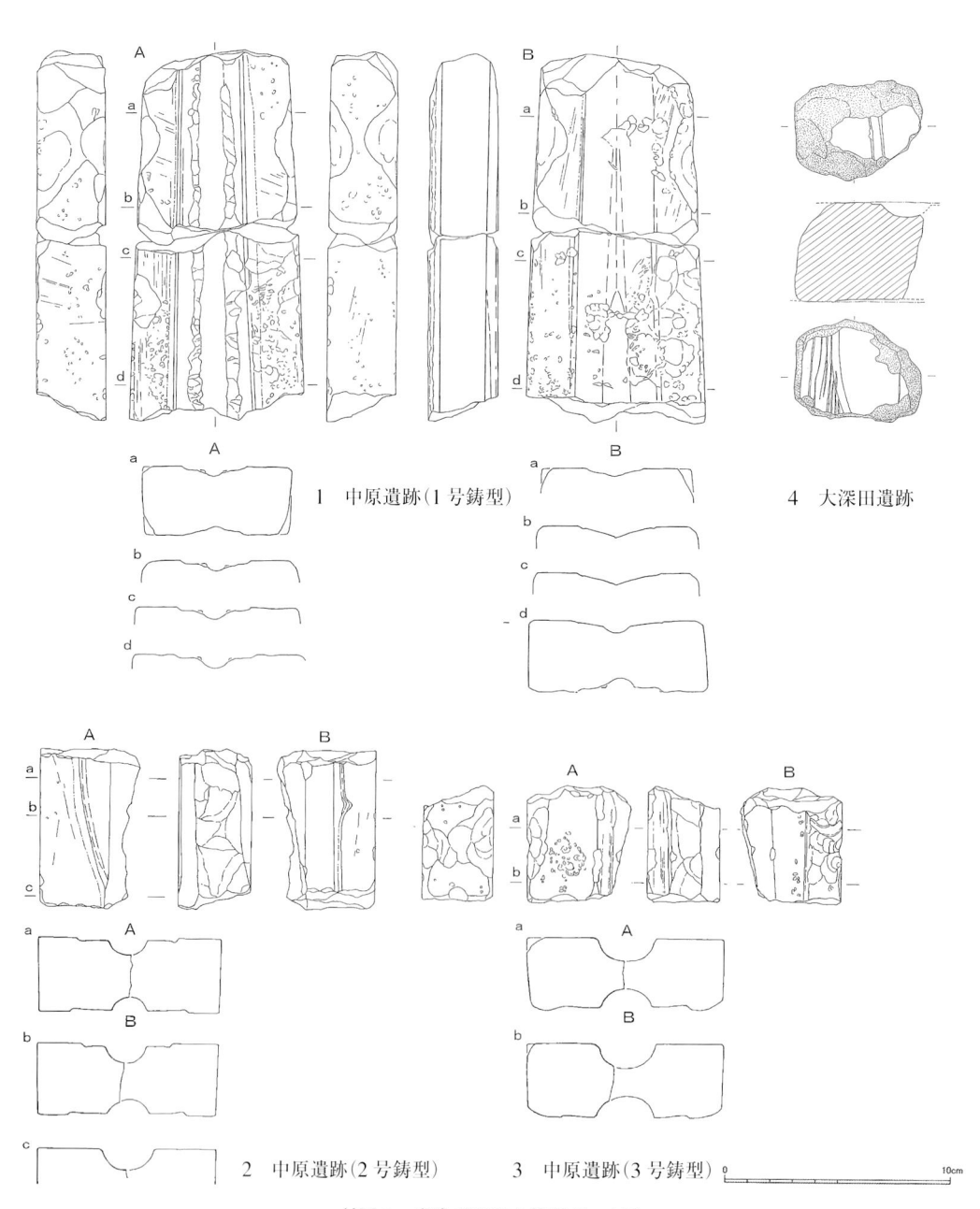

1 中原遺跡（1号鋳型）　　　　4 大深田遺跡

2 中原遺跡（2号鋳型）　　3 中原遺跡（3号鋳型）　　　　　　10cm

付図1　唐津平野出土鋳型（S=1/3）

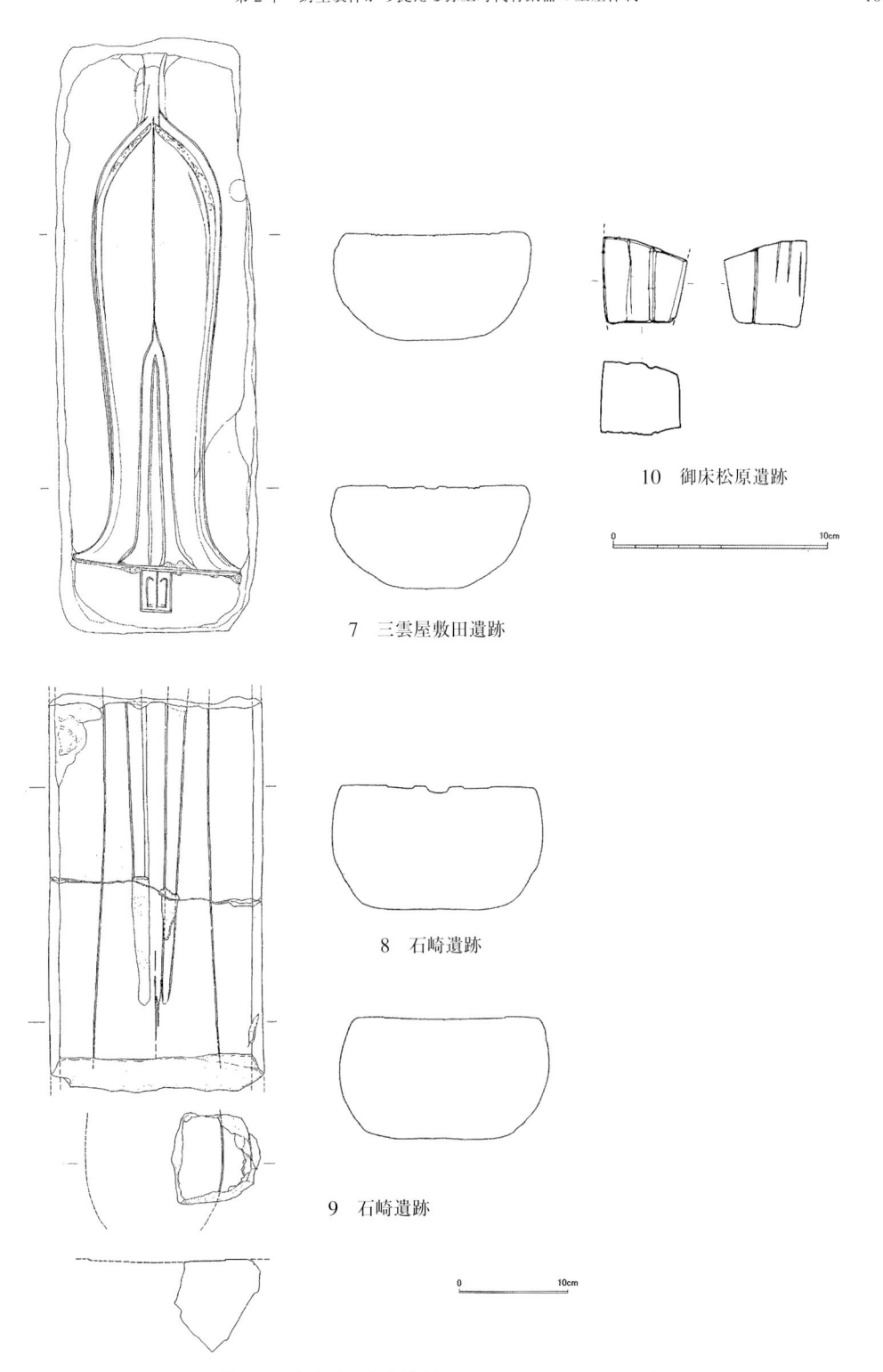

第 2 章　鋳型製作から捉える弥生時代青銅器の生産体制　　107

7　三雲屋敷田遺跡

10　御床松原遺跡

8　石崎遺跡

9　石崎遺跡

付図 2　糸島平野出土鋳型（7〜9: S = 1/6, 10: S = 1/3）

108

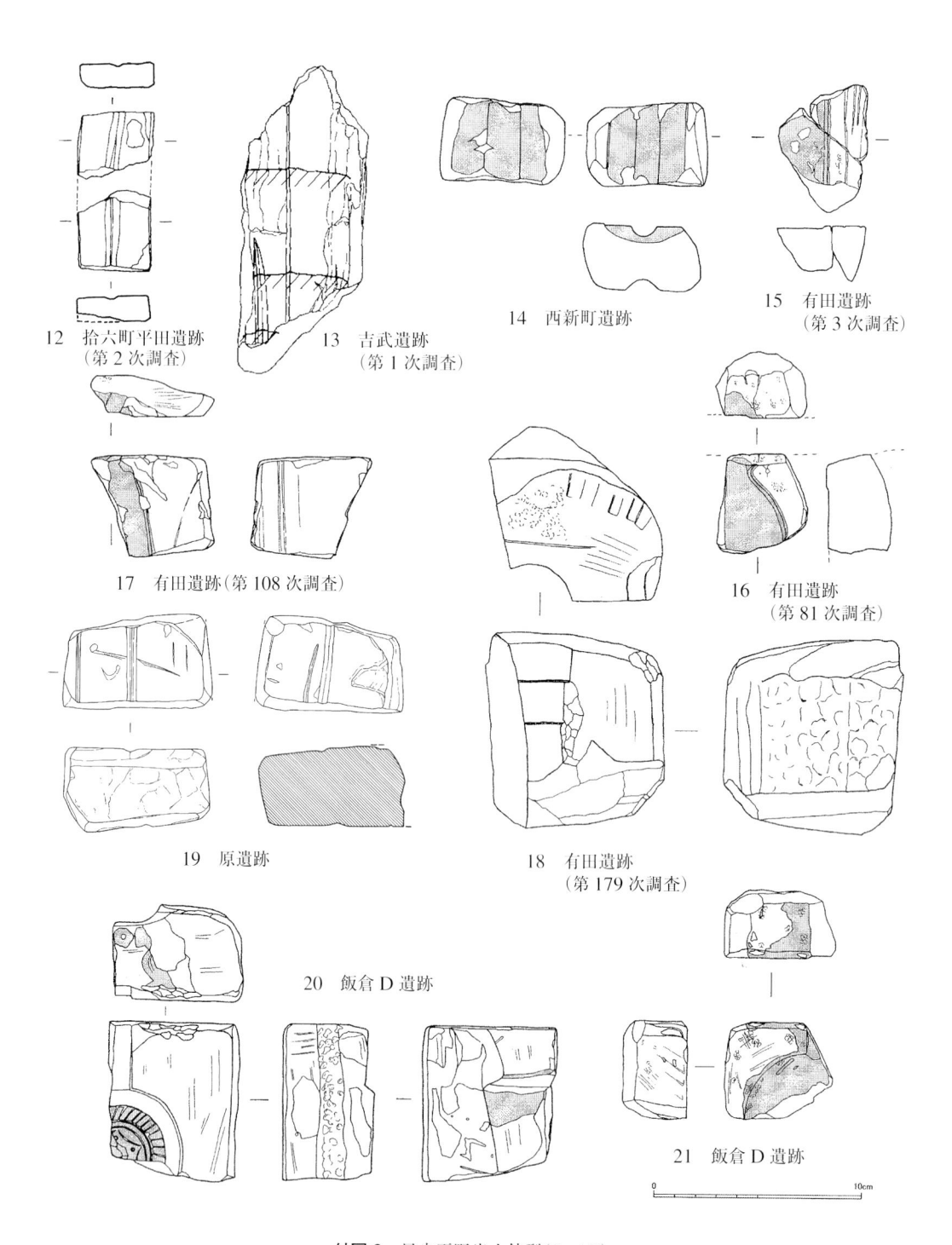

12 拾六町平田遺跡
（第2次調査）

13 吉武遺跡
（第1次調査）

14 西新町遺跡

15 有田遺跡
（第3次調査）

17 有田遺跡（第108次調査）

16 有田遺跡
（第81次調査）

19 原遺跡

18 有田遺跡
（第179次調査）

20 飯倉D遺跡

21 飯倉D遺跡

付図3　早良平野出土鋳型（S=1/3）

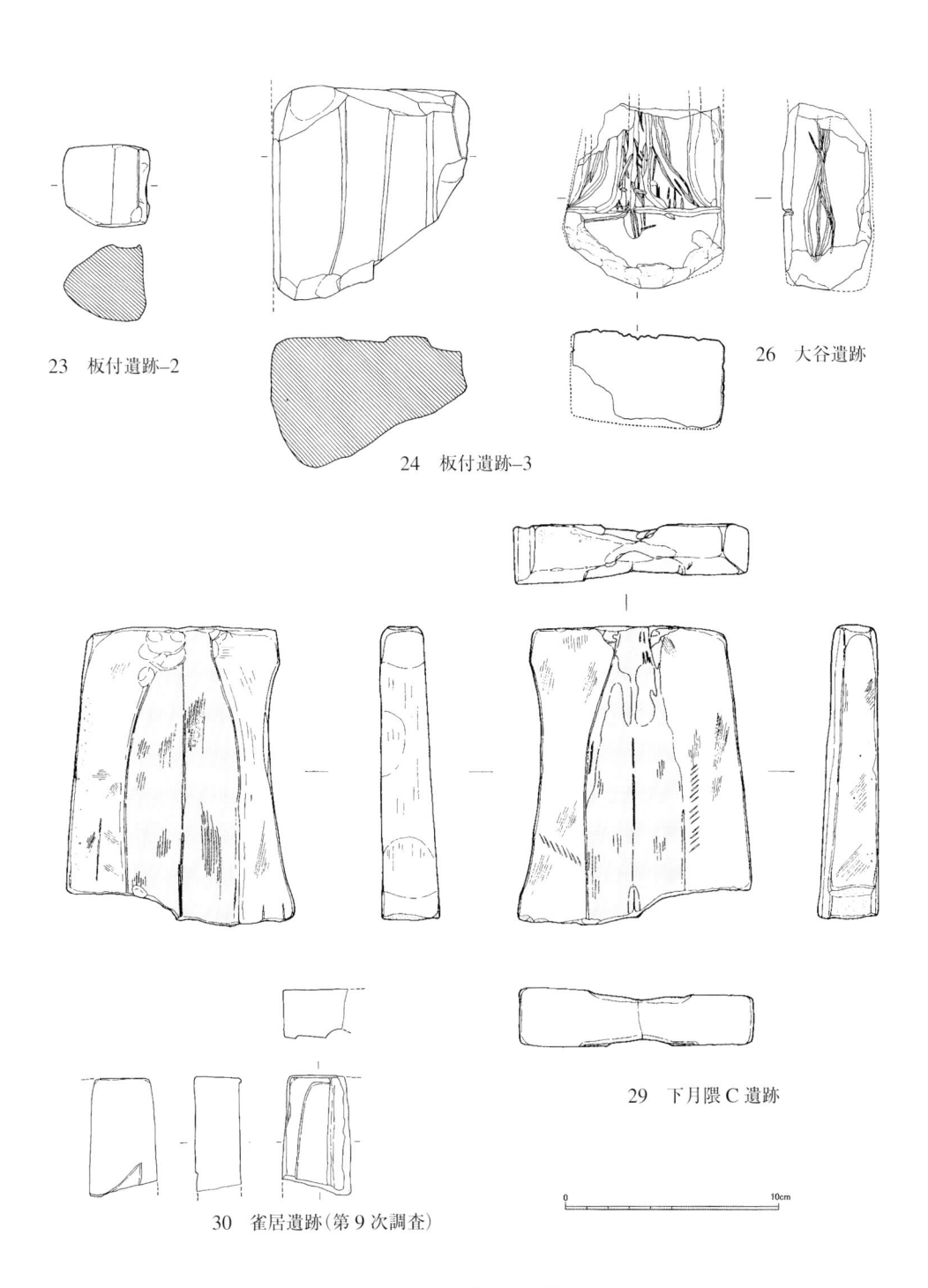

第 2 章　鋳型製作から捉える弥生時代青銅器の生産体制　　109

23　板付遺跡-2

24　板付遺跡-3

26　大谷遺跡

29　下月隈C遺跡

30　雀居遺跡（第9次調査）

付図 4　福岡平野東北部出土鋳型 1 （S = 1/3）

110

31 那珂八幡遺跡

32 那珂遺跡(第8次調査)　　33 那珂遺跡(第8次調査)　　35 那珂遺跡
(第23次調査)

34 那珂遺跡(第20次調査)

36 那珂遺跡
(第23次調査)

37 那珂遺跡
(第23次調査)　　39 那珂遺跡
(第23次調査)　　40 那珂遺跡
(第23次調査)

38 那珂遺跡
(第23次調査)

付図5　福岡平野東北部出土鋳型2 (S = 1/3)

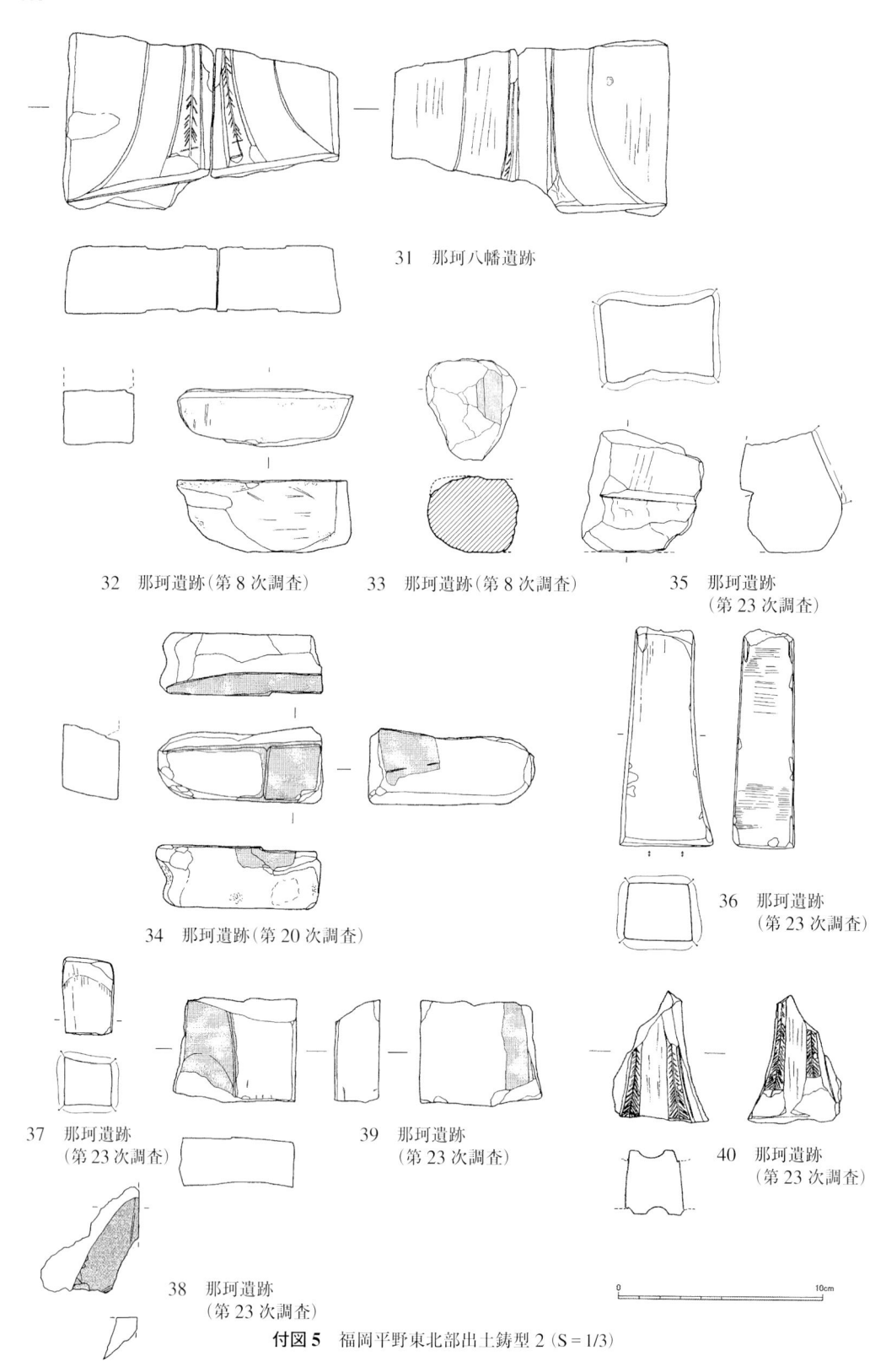

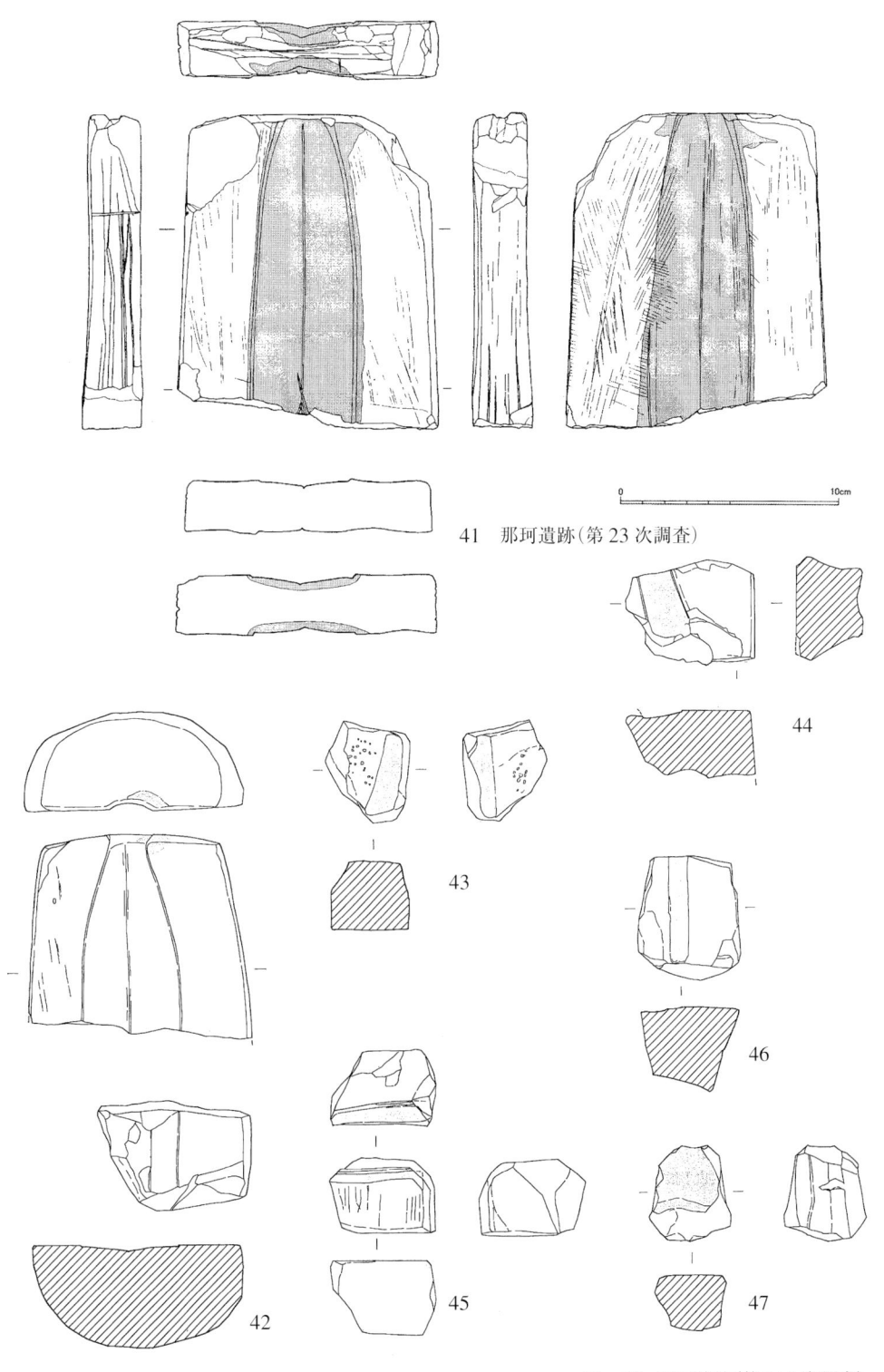

第 2 章　鋳型製作から捉える弥生時代青銅器の生産体制　　111

41　那珂遺跡（第 23 次調査）

42〜47　那珂遺跡（第 114 次調査）

付図 6　福岡平野東北部出土鋳型 3（S = 1/3）

48 比恵遺跡(第30次調査)   50 比恵遺跡(第43次調査)

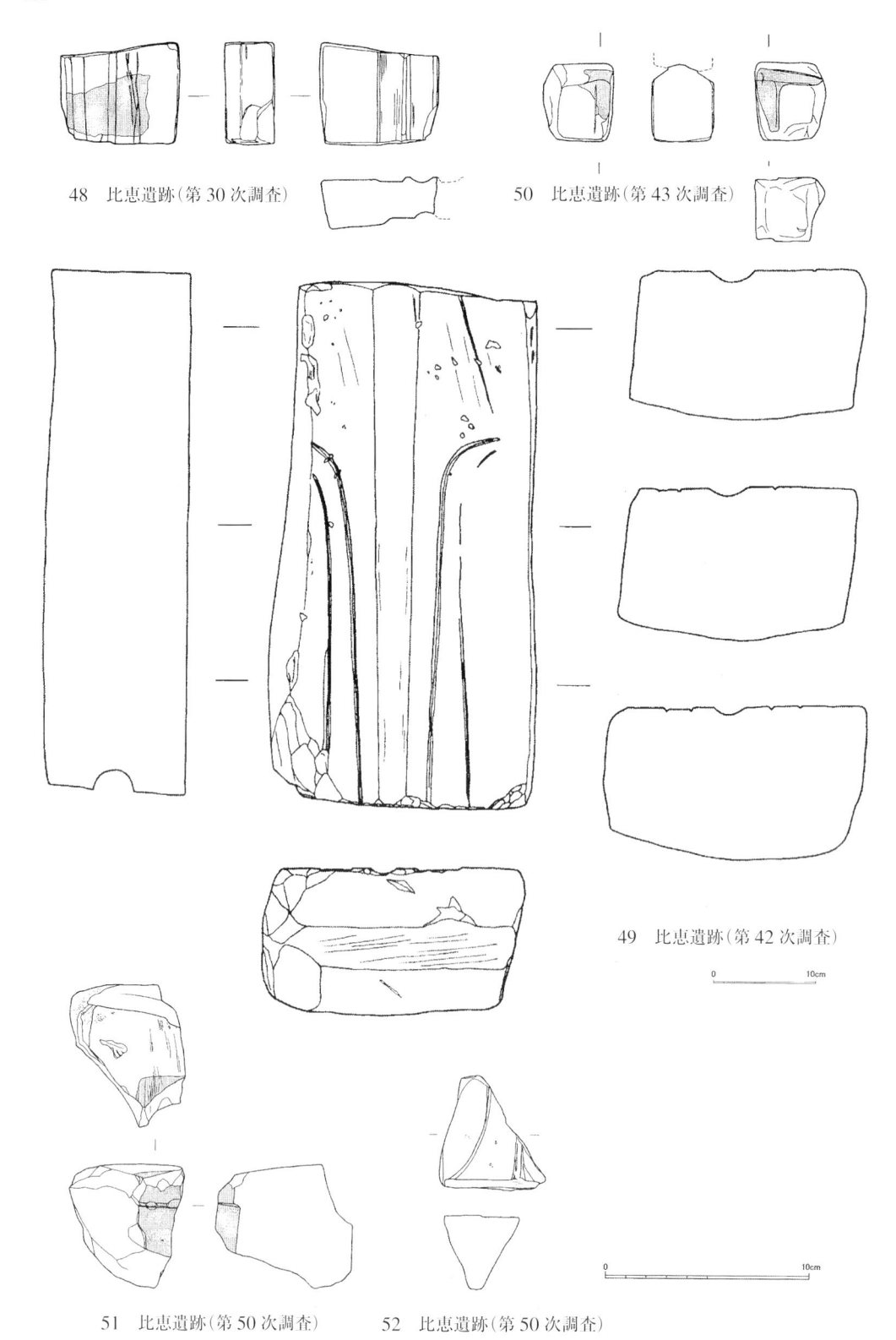

49 比恵遺跡(第42次調査)

51 比恵遺跡(第50次調査)   52 比恵遺跡(第50次調査)

付図7 福岡平野東北部出土鋳型4 (49: S = 1/6, その他: S = 1/3)

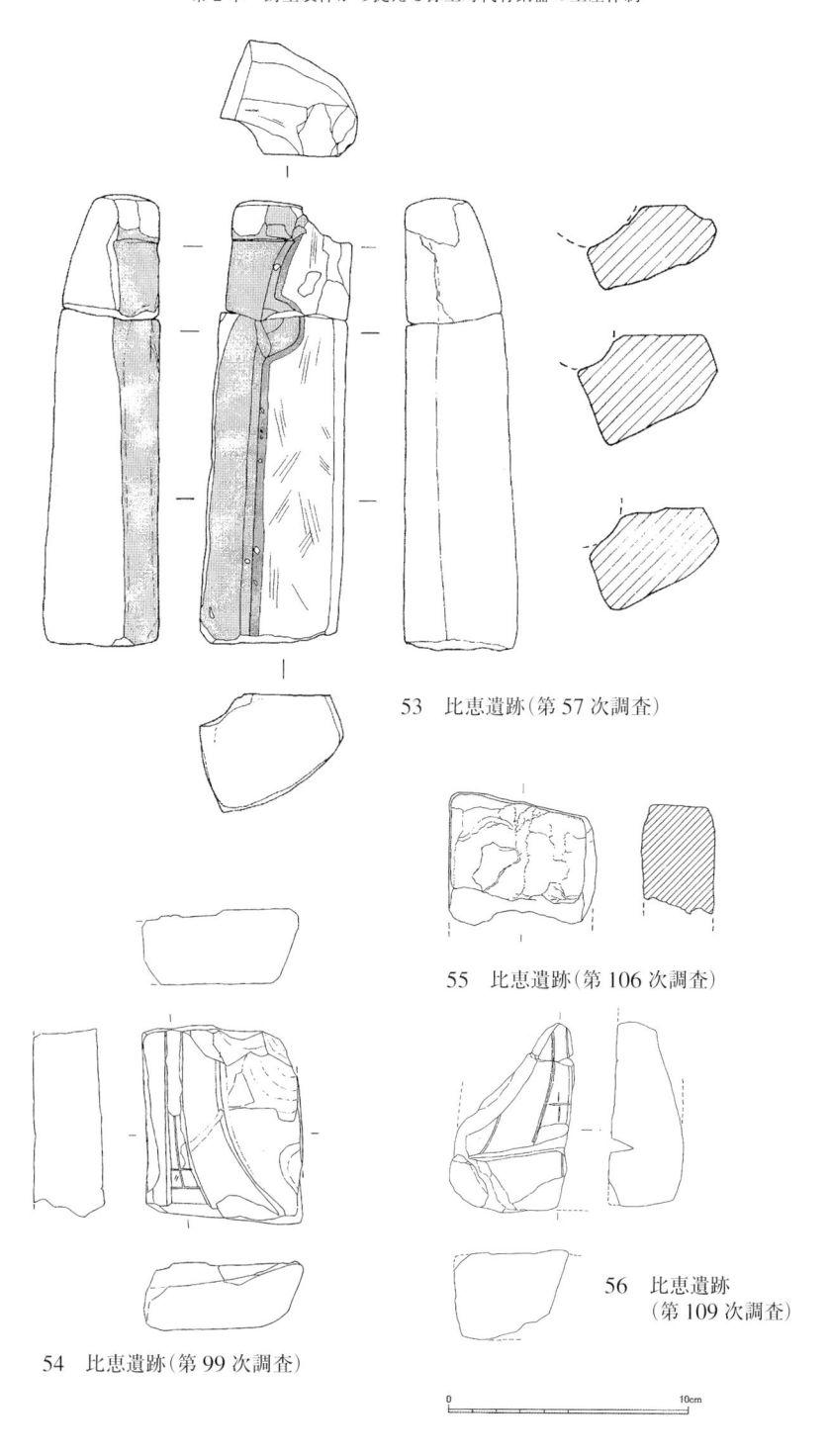

第 2 章　鋳型製作から捉える弥生時代青銅器の生産体制

53　比恵遺跡(第 57 次調査)

55　比恵遺跡(第 106 次調査)

54　比恵遺跡(第 99 次調査)

56　比恵遺跡
　　(第 109 次調査)

付図 8　福岡平野東北部出土鋳型 5 (S = 1/3)

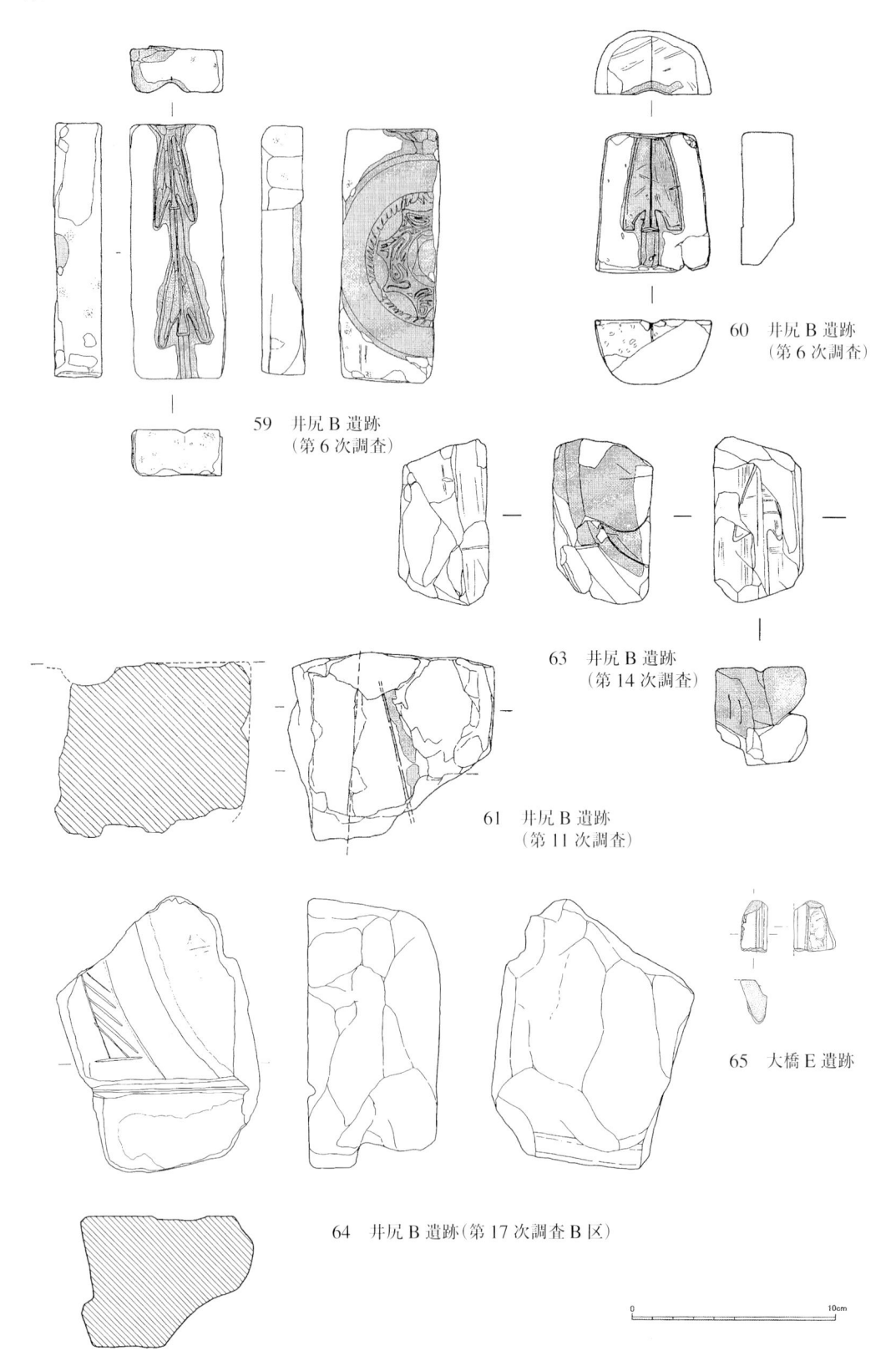

114

59　井尻B遺跡
　　（第6次調査）

60　井尻B遺跡
　　（第6次調査）

63　井尻B遺跡
　　（第14次調査）

61　井尻B遺跡
　　（第11次調査）

65　大橋E遺跡

64　井尻B遺跡（第17次調査B区）

付図 9　福岡平野東北部出土鋳型 6（S＝1/3）

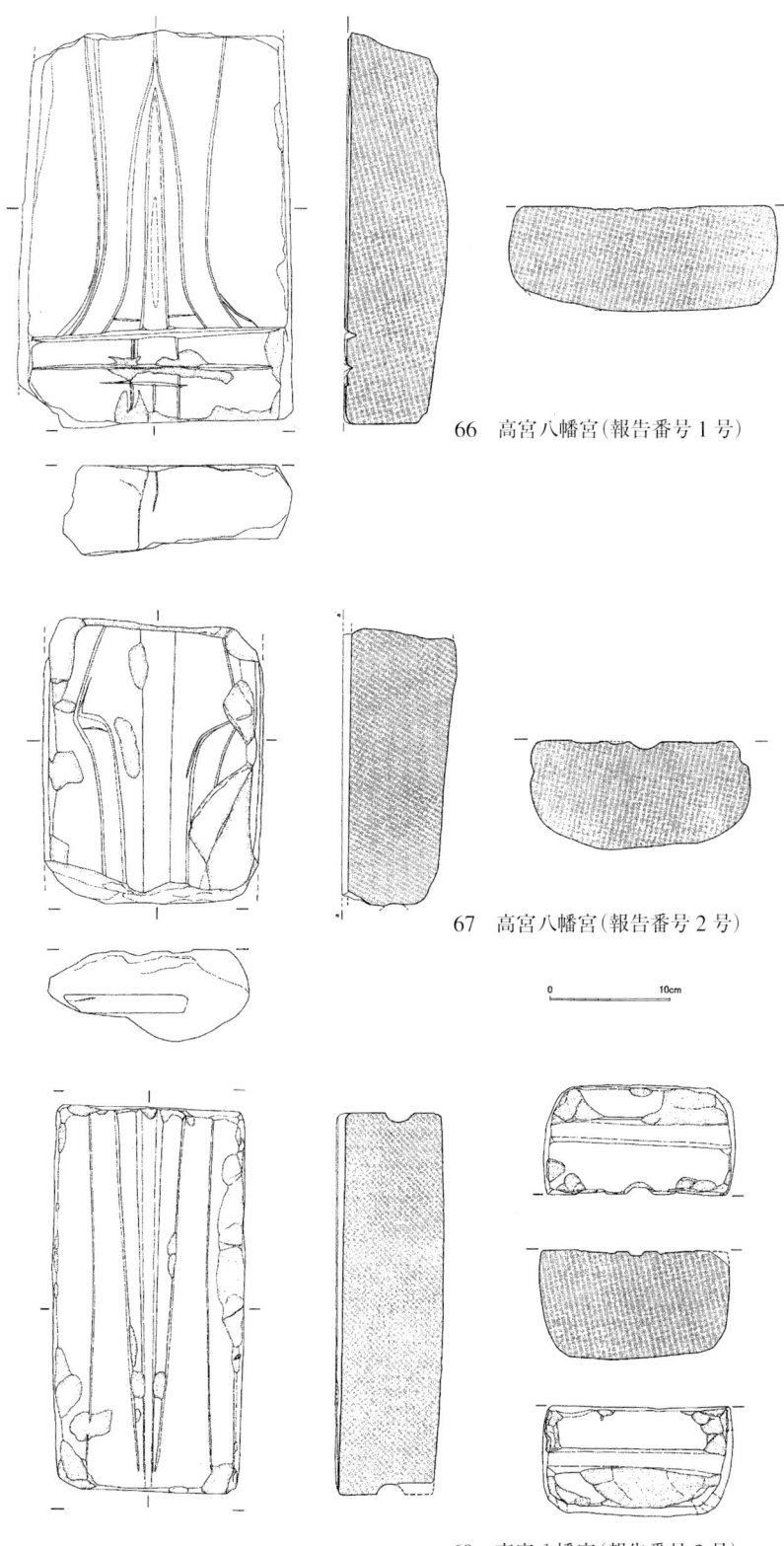

第 2 章　鋳型製作から捉える弥生時代青銅器の生産体制

66　高宮八幡宮（報告番号 1 号）

67　高宮八幡宮（報告番号 2 号）

68　高宮八幡宮（報告番号 3 号）

付図 10　福岡平野東北部出土鋳型 7（S = 1/6）

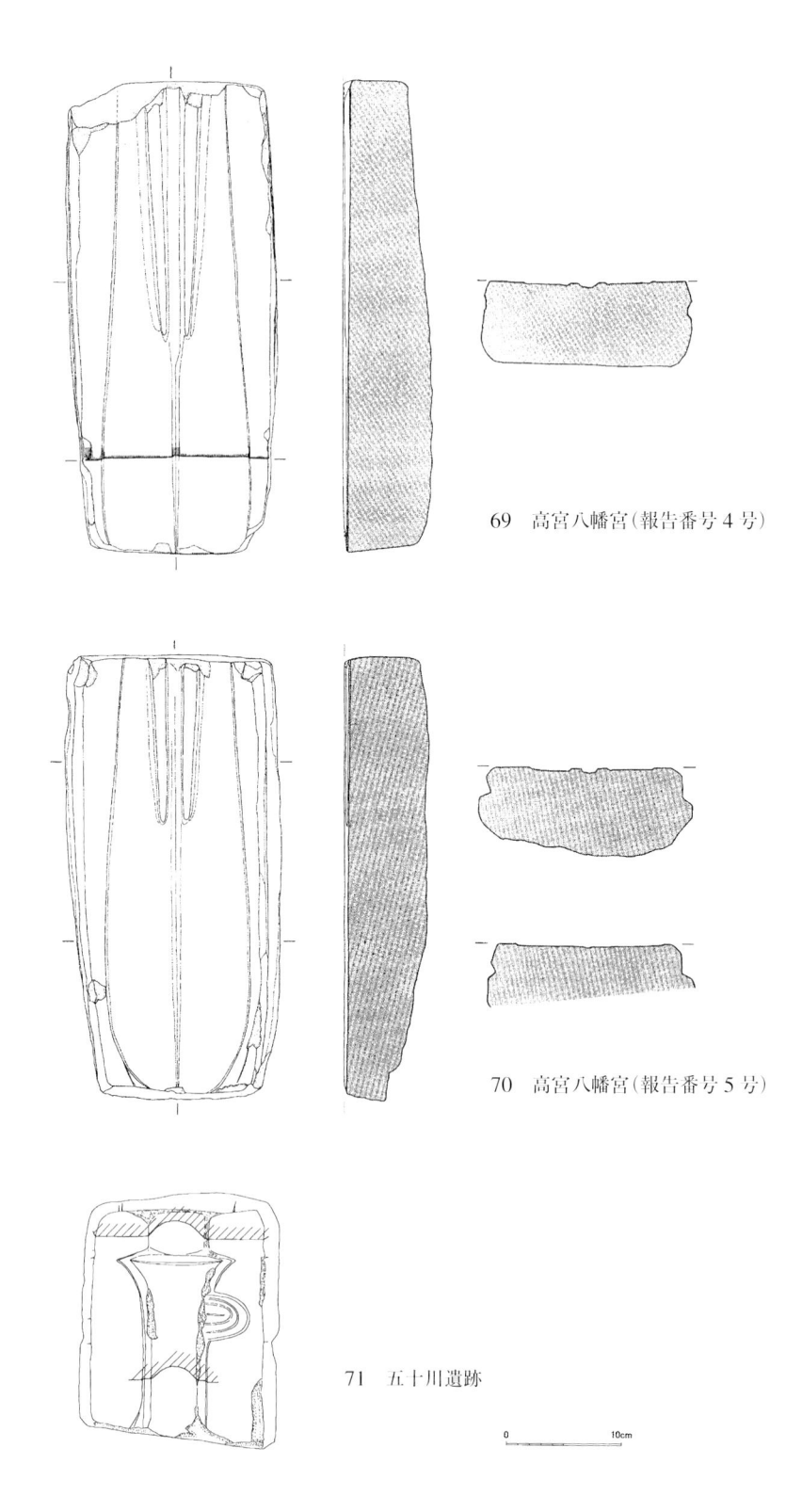

69 髙宮八幡宮（報告番号4号）

70 髙宮八幡宮（報告番号5号）

71 五十川遺跡

付図11 福岡平野東北部出土鋳型8（S=1/6）

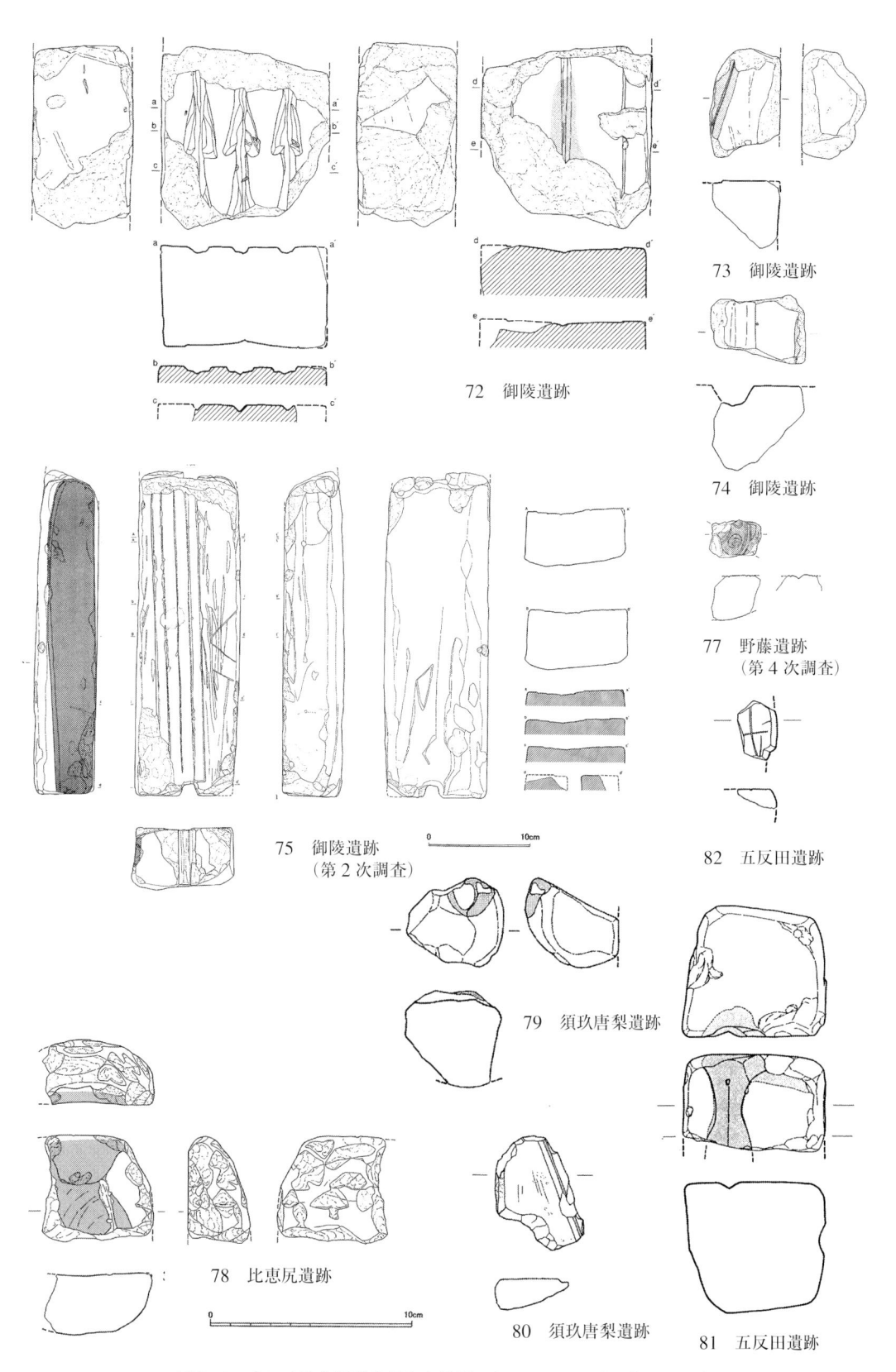

付図 12　春日丘陵北側低地部出土鋳型 1（75：S = 1/6，その他：S = 1/3）

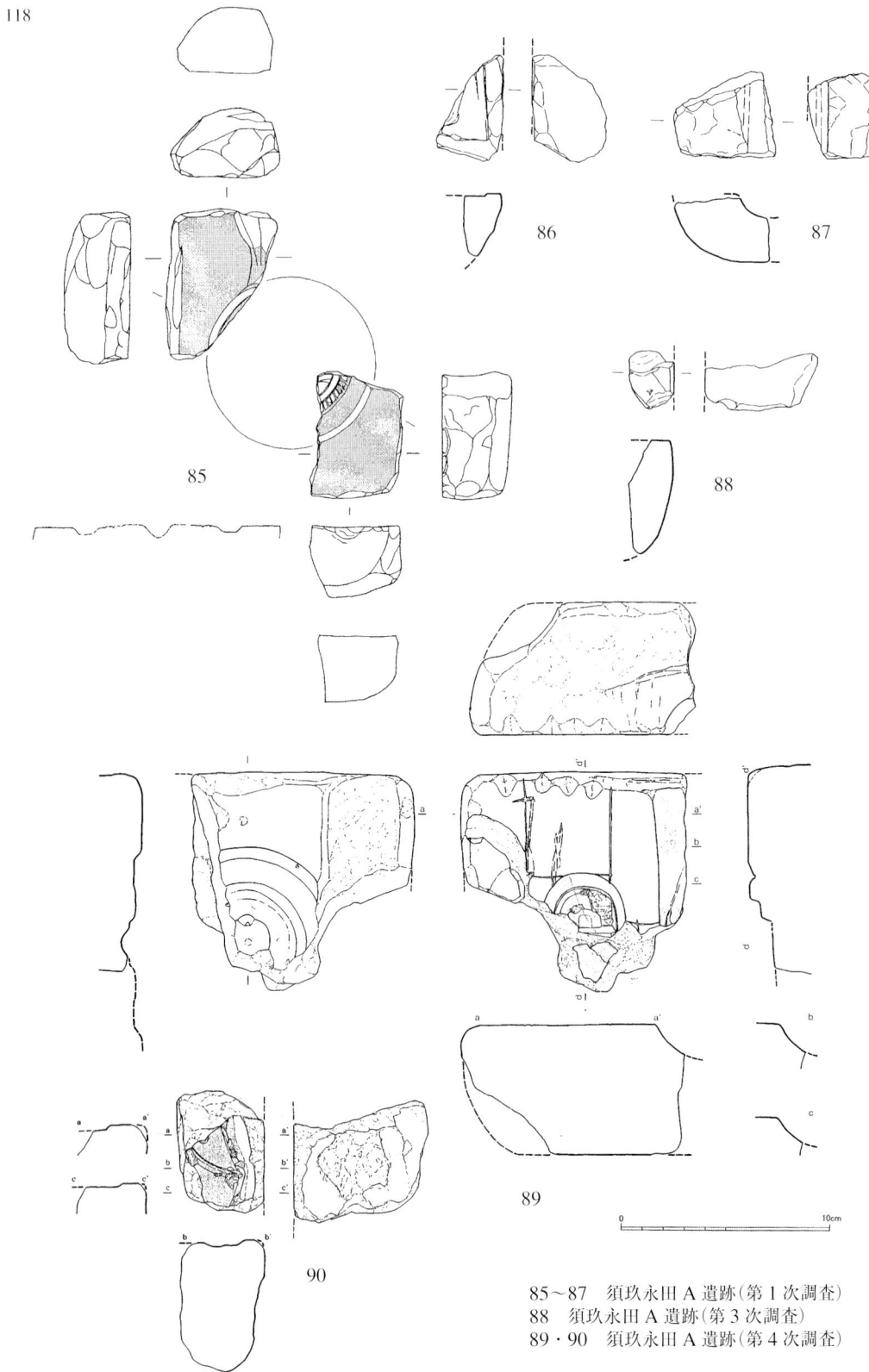

118

85〜87　須玖永田A遺跡(第1次調査)
88　須玖永田A遺跡(第3次調査)
89・90　須玖永田A遺跡(第4次調査)

付図 13　春日丘陵北側低地部出土鋳型 2（S = 1/3）

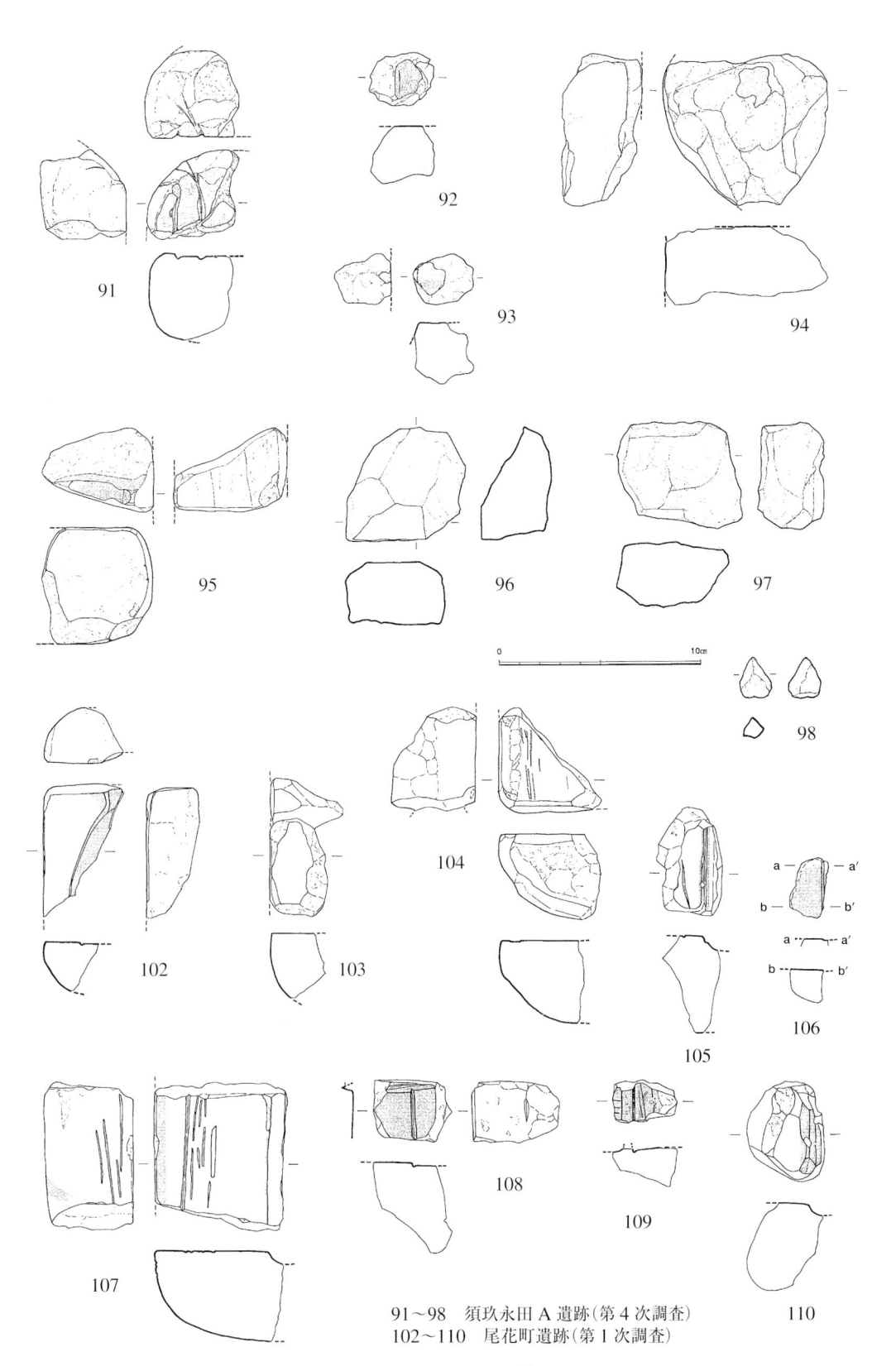

91〜98　須玖永田A遺跡(第4次調査)
102〜110　尾花町遺跡(第1次調査)

付図 14　春日丘陵北側低地部出土鋳型 3（S＝1/3）

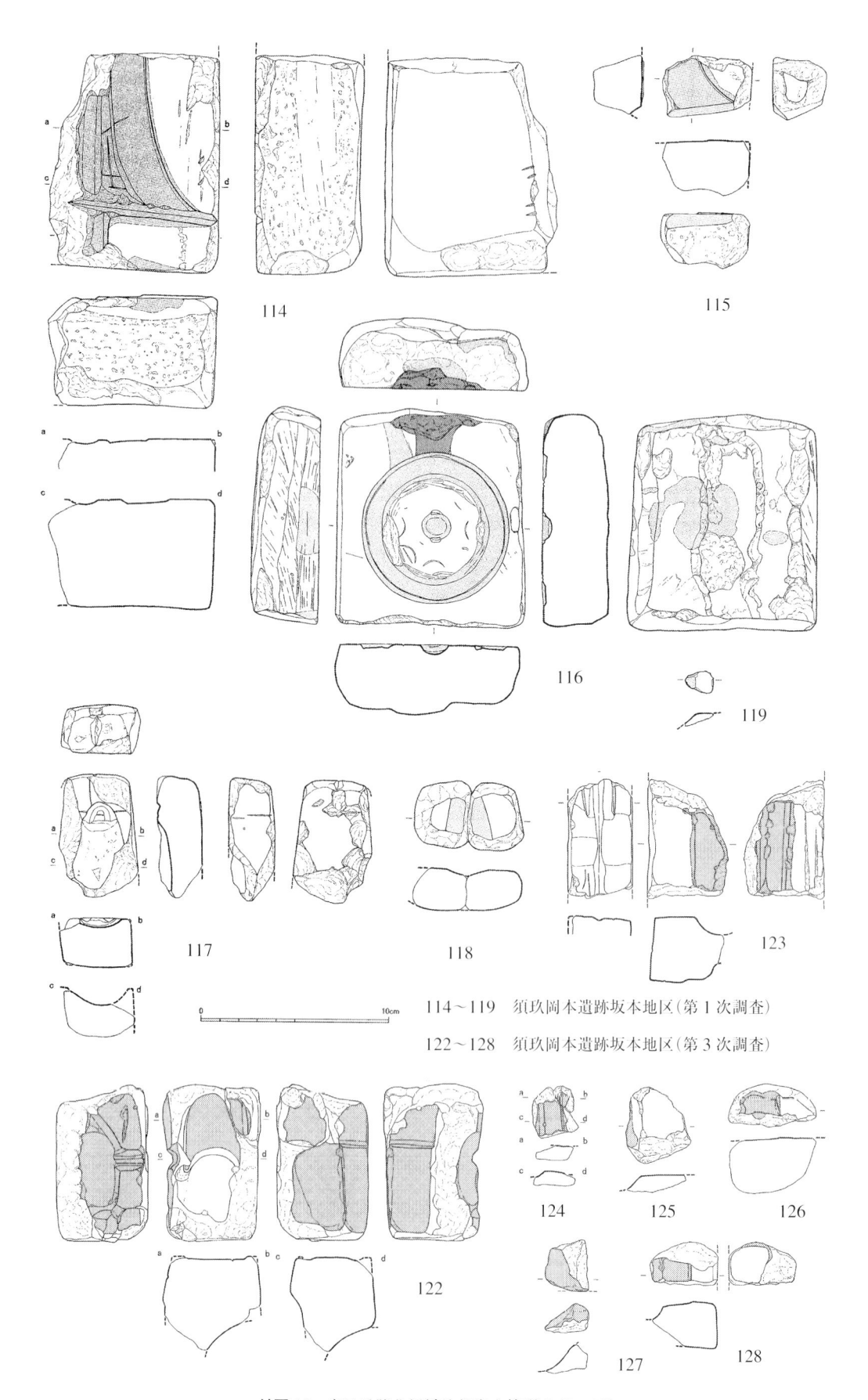

114 115

116 119

117 118 123

114～119　須玖岡本遺跡坂本地区（第1次調査）

122～128　須玖岡本遺跡坂本地区（第3次調査）

124 125 126

122 127 128

付図 15　春日丘陵北側低地部出土鋳型 4（S = 1/3）

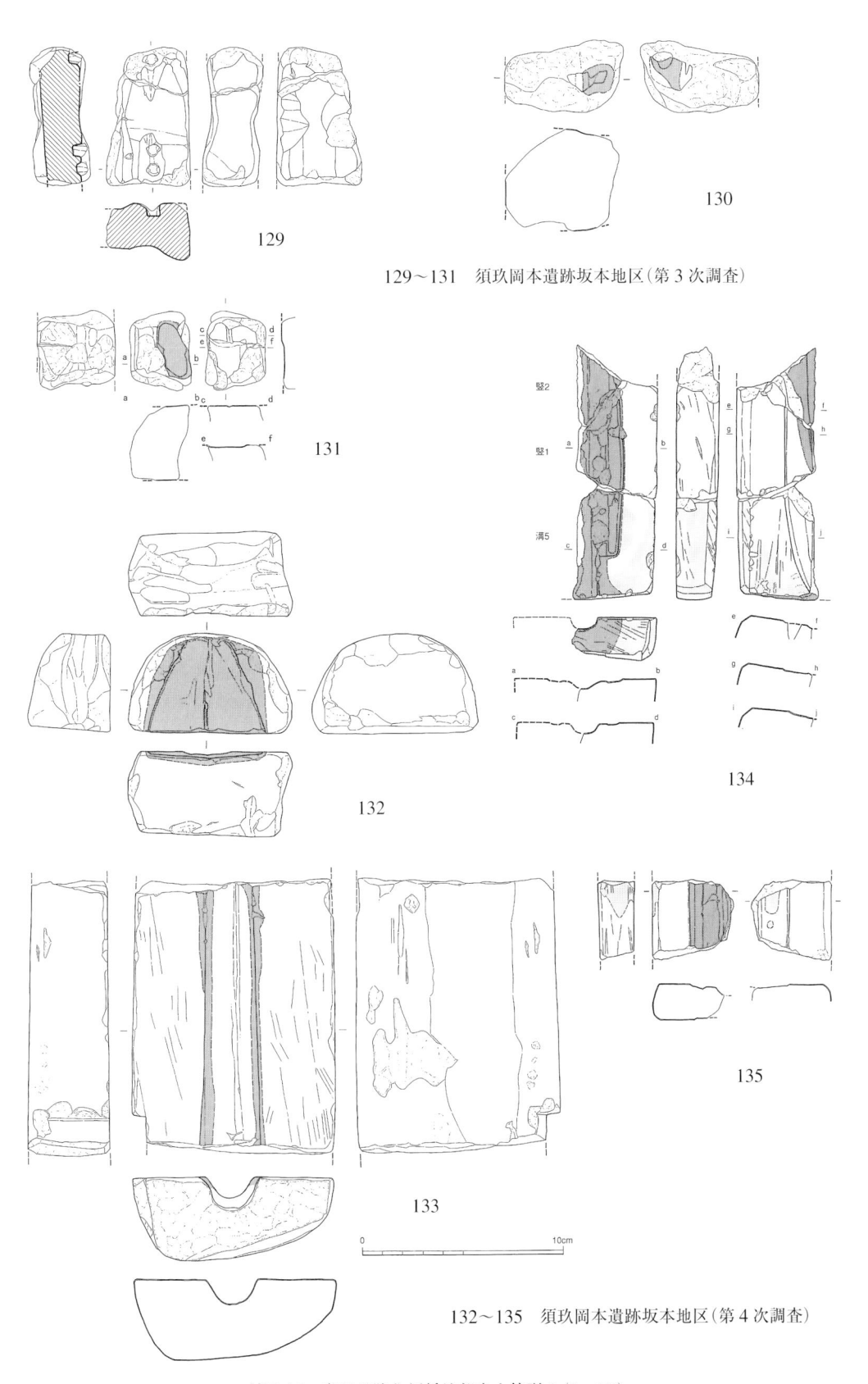

129~131　須玖岡本遺跡坂本地区(第3次調査)

132~135　須玖岡本遺跡坂本地区(第4次調査)

付図16　春日丘陵北側低地部出土鋳型5（S=1/3）

122

137

138

136

140

141

136〜141　須玖岡本遺跡坂本地区(第4次調査)

139

147　須玖岡本遺跡坂本地区(試掘調査)

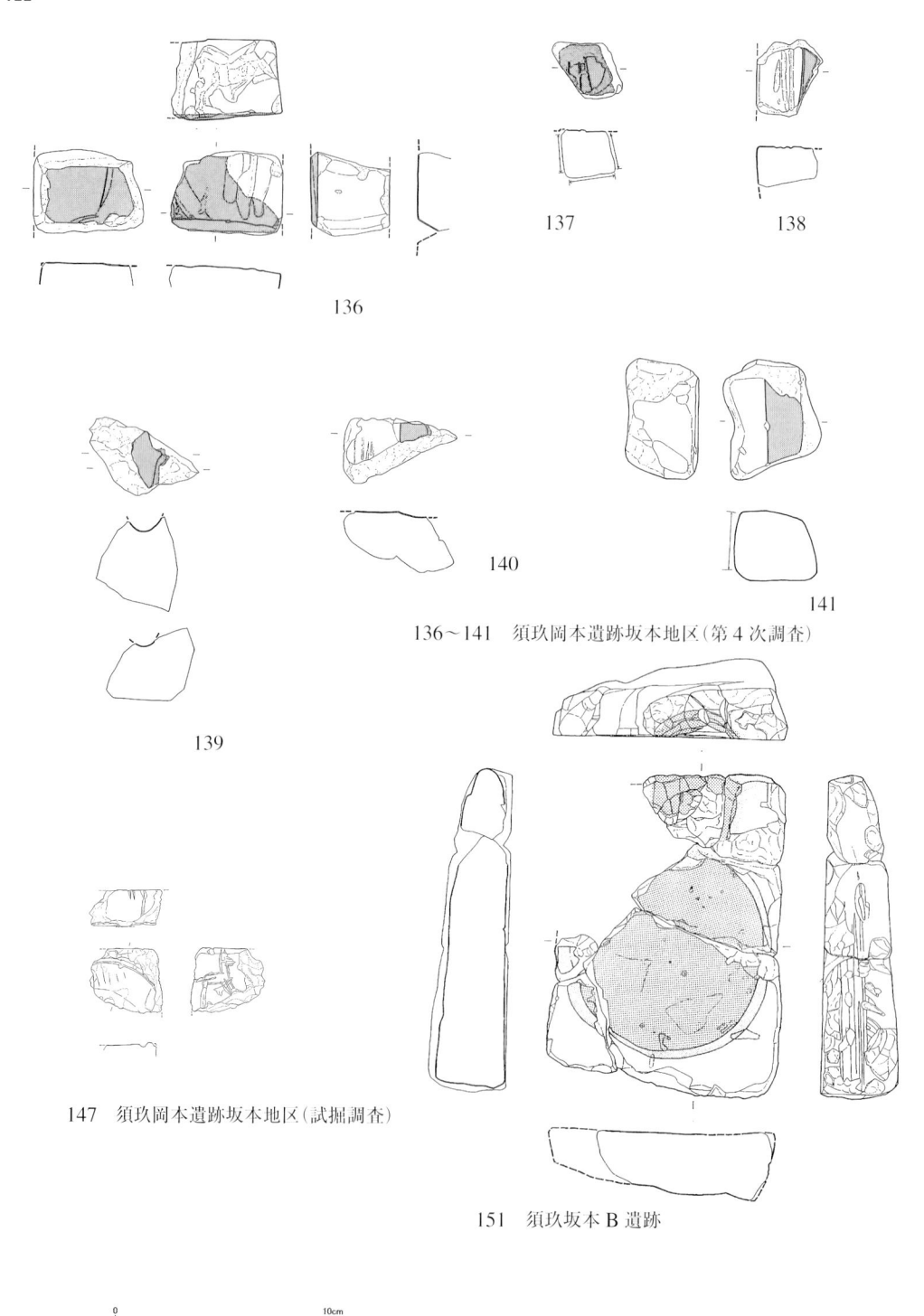

151　須玖坂本B遺跡

0　　　　　10cm

付図17　春日丘陵北側低地部出土鋳型6 (S = 1/3)

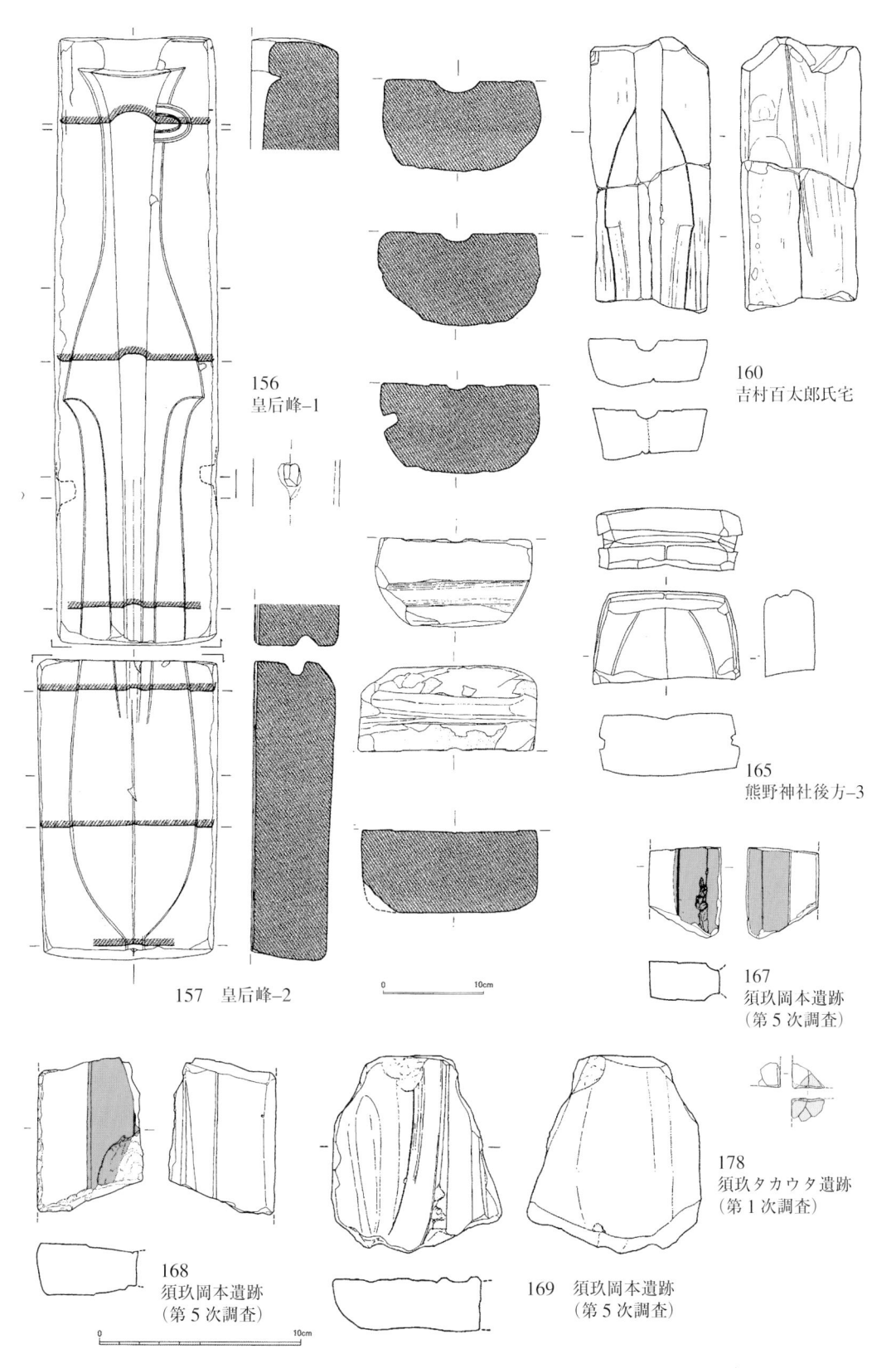

156 皇后峰-1

160 吉村百太郎氏宅

157 皇后峰-2

165 熊野神社後方-3

167 須玖岡本遺跡
（第5次調査）

168 須玖岡本遺跡
（第5次調査）

169 須玖岡本遺跡
（第5次調査）

178 須玖タカウタ遺跡
（第1次調査）

付図18 春日丘陵北側低地部出土鋳型7（156～160：S＝1/6，その他：S＝1/3）

124

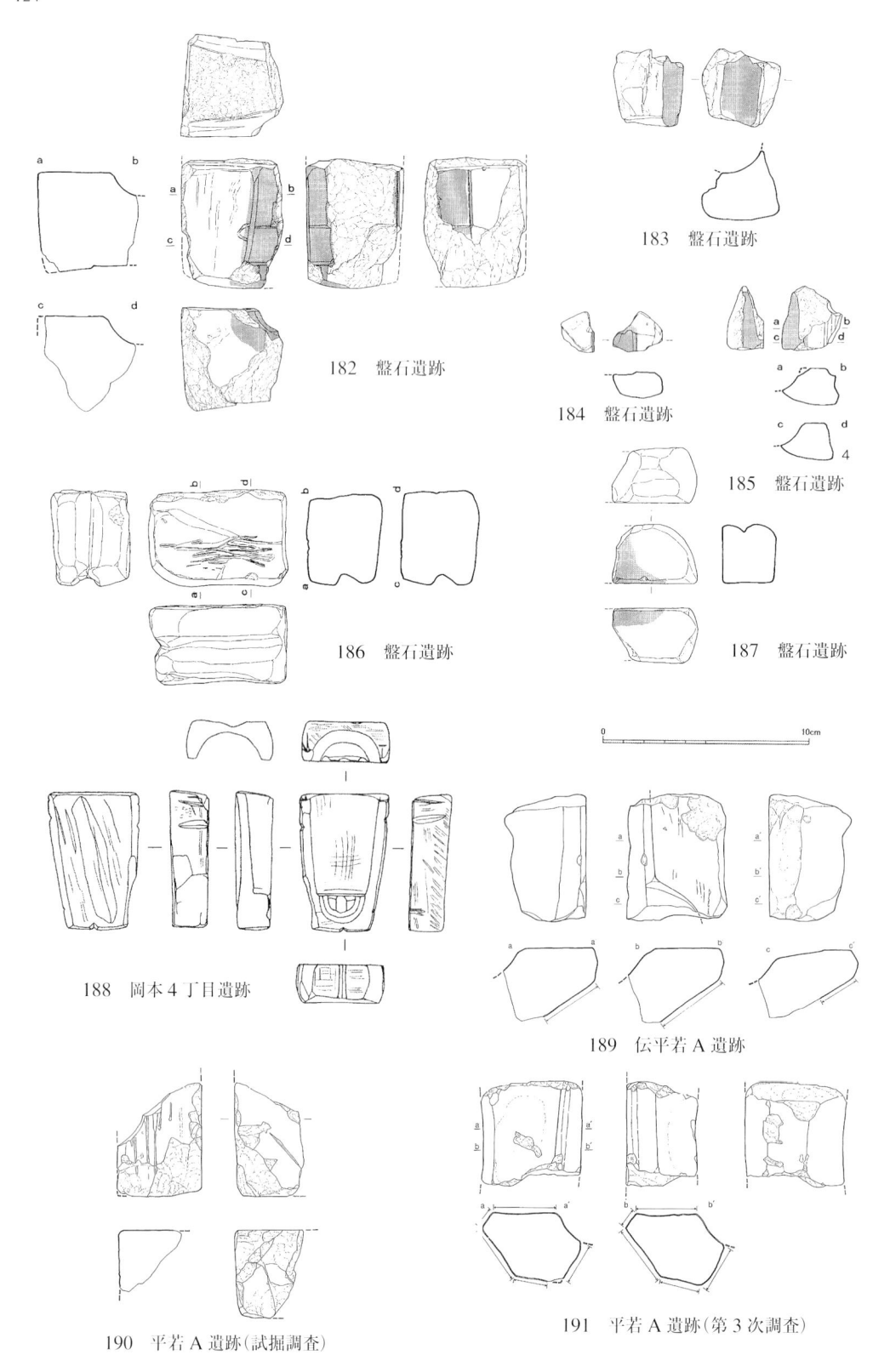

182 盤石遺跡

183 盤石遺跡

184 盤石遺跡

185 盤石遺跡

186 盤石遺跡

187 盤石遺跡

188 岡本4丁目遺跡

189 伝平若A遺跡

190 平若A遺跡(試掘調査)

191 平若A遺跡(第3次調査)

付図 19 春日丘陵北部出土鋳型 1 (S=1/3)

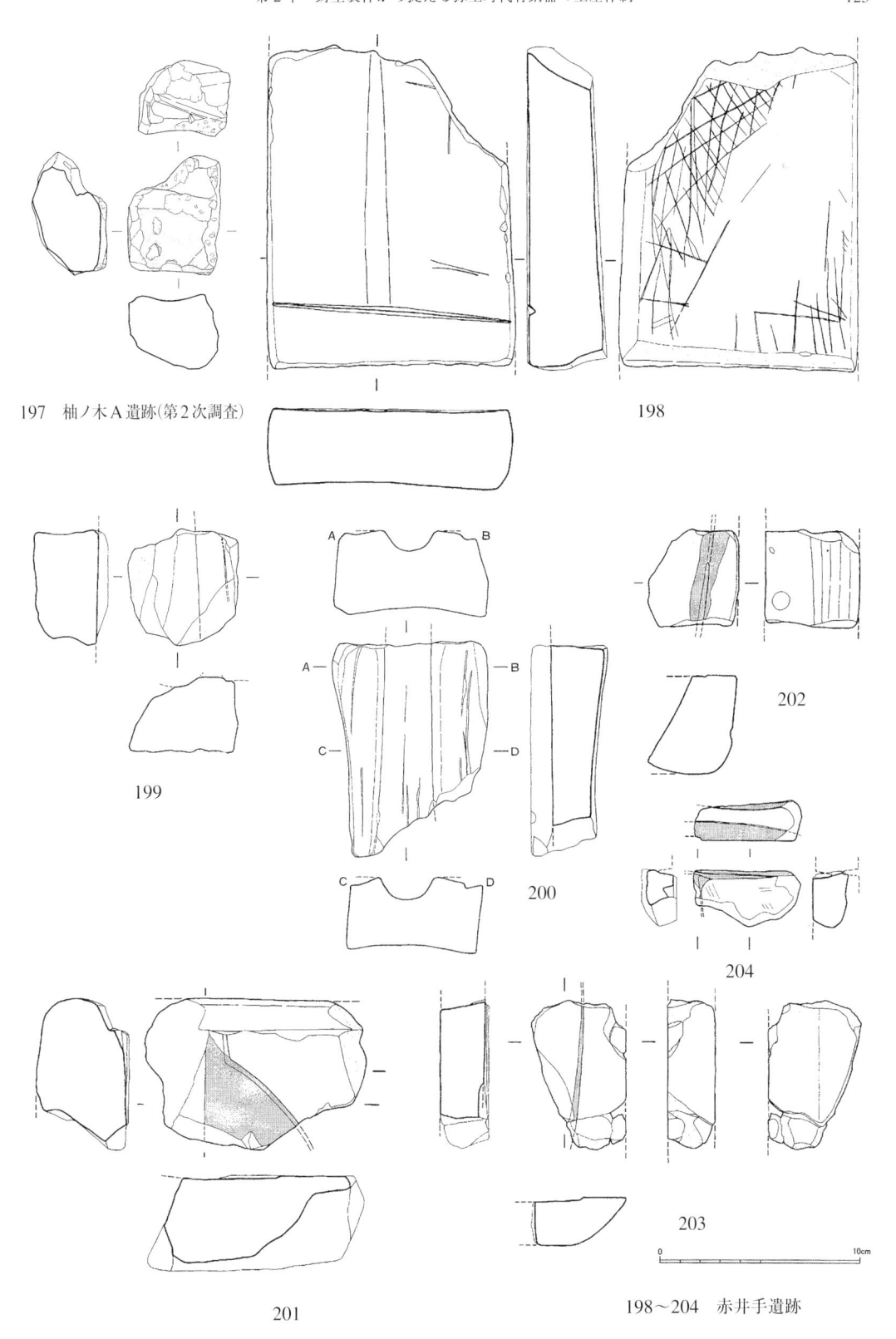

第 2 章　鋳型製作から捉える弥生時代青銅器の生産体制

197　柚ノ木A遺跡(第2次調査)

198

199

200

201

202

203

204

198〜204　赤井手遺跡

付図 20　春日丘陵北部出土鋳型 2（S = 1/3）

208 トバセ遺跡
（第2次調査）

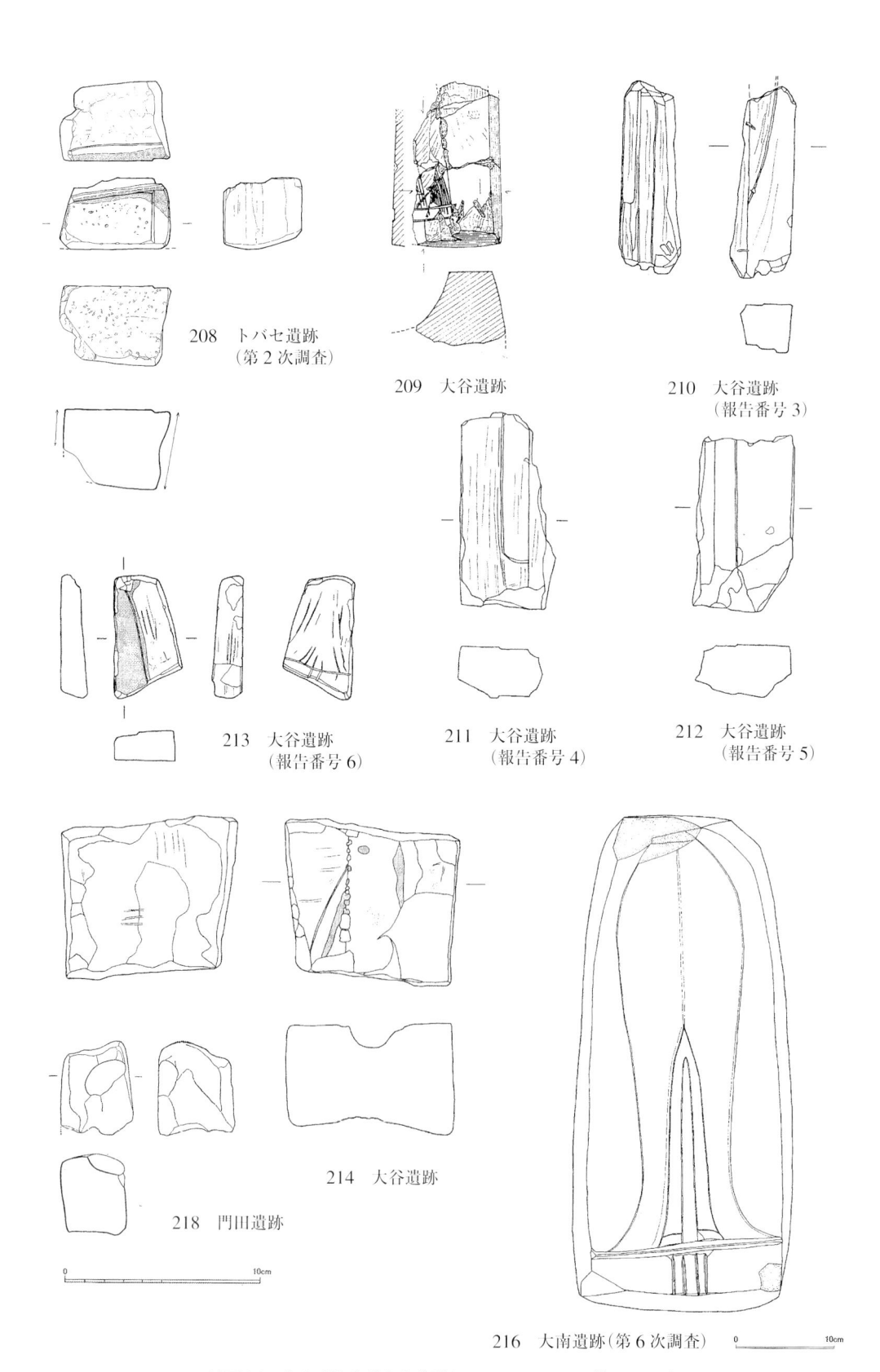

209 大谷遺跡

210 大谷遺跡
（報告番号3）

213 大谷遺跡
（報告番号6）

211 大谷遺跡
（報告番号4）

212 大谷遺跡
（報告番号5）

218 門田遺跡

214 大谷遺跡

216 大南遺跡（第6次調査）

付図21 春日丘陵南部出土鋳型(216: S=1/6, その他: S=1/3)

223 九州大学筑紫地区遺跡

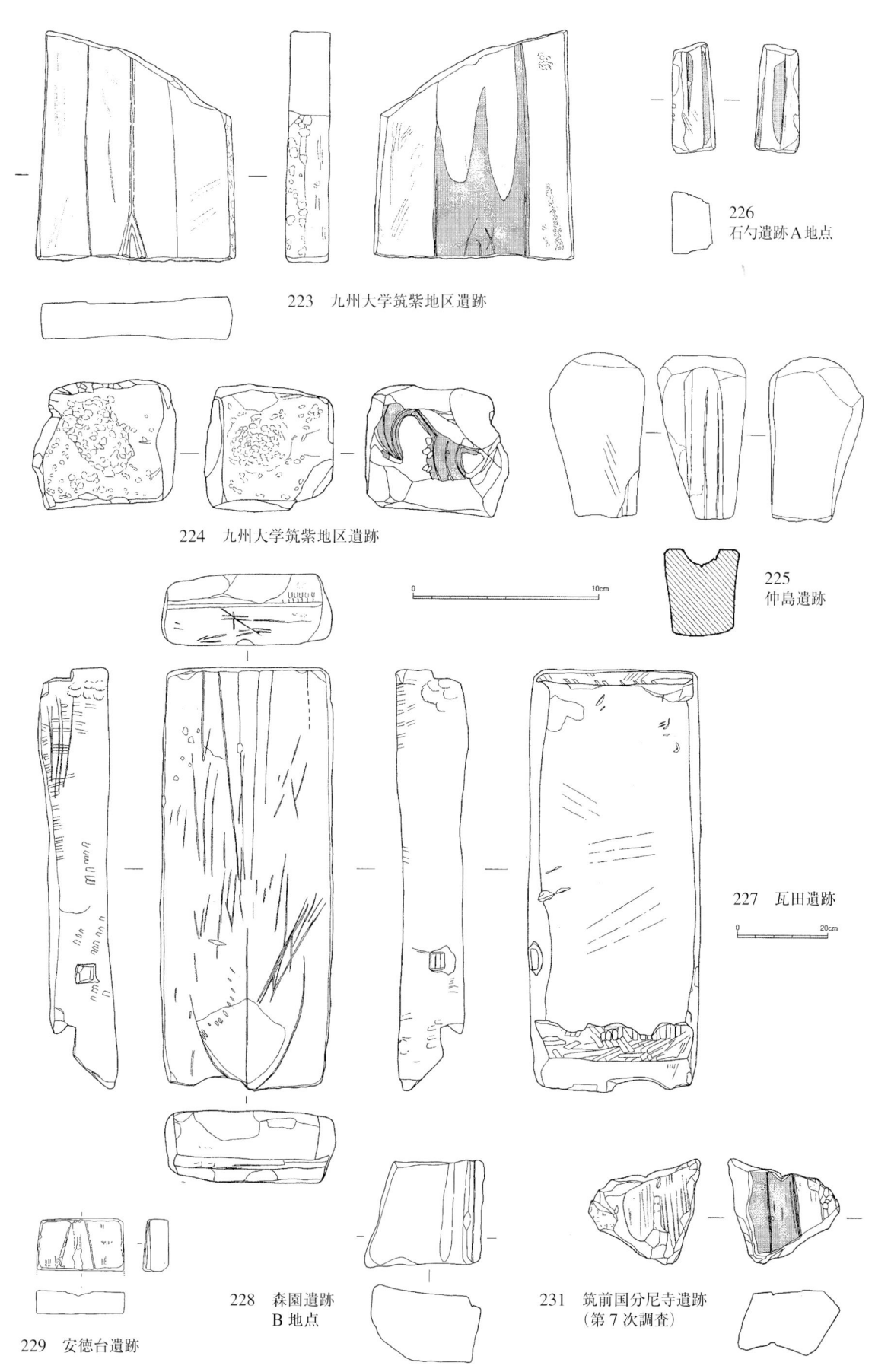

226 石勺遺跡A地点

224 九州大学筑紫地区遺跡

225 仲島遺跡

227 瓦田遺跡

228 森園遺跡 B地点

231 筑前国分尼寺遺跡（第7次調査）

229 安徳台遺跡

付図22　春日丘陵東部出土鋳型・福岡平野その他出土鋳型（227：S＝1/12, その他：S＝1/3）

128

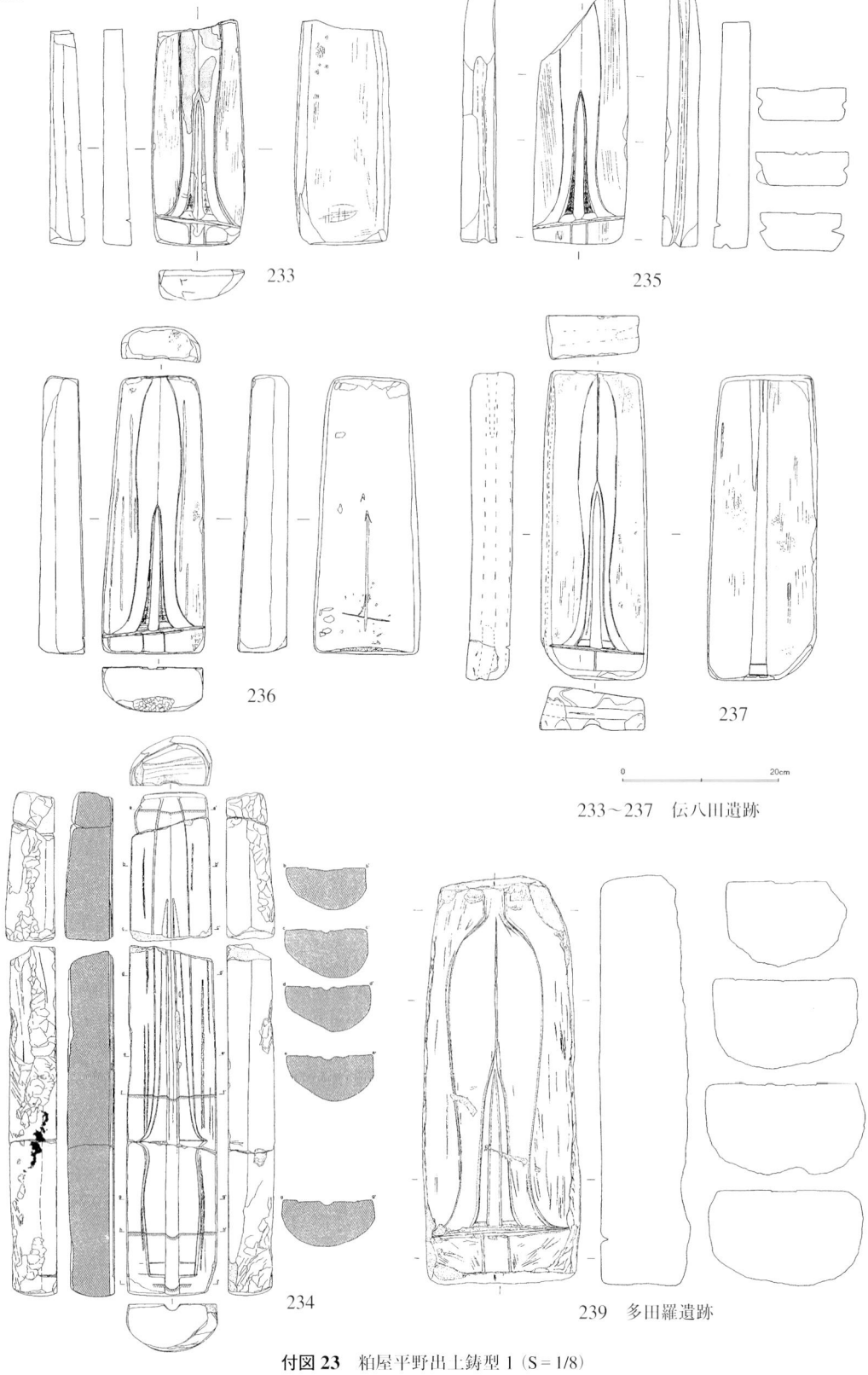

233

235

236

237

0　　　　　20cm

233〜237 伝八田遺跡

234

239 多田羅遺跡

付図 23　粕屋平野出土鋳型 1（S = 1/8）

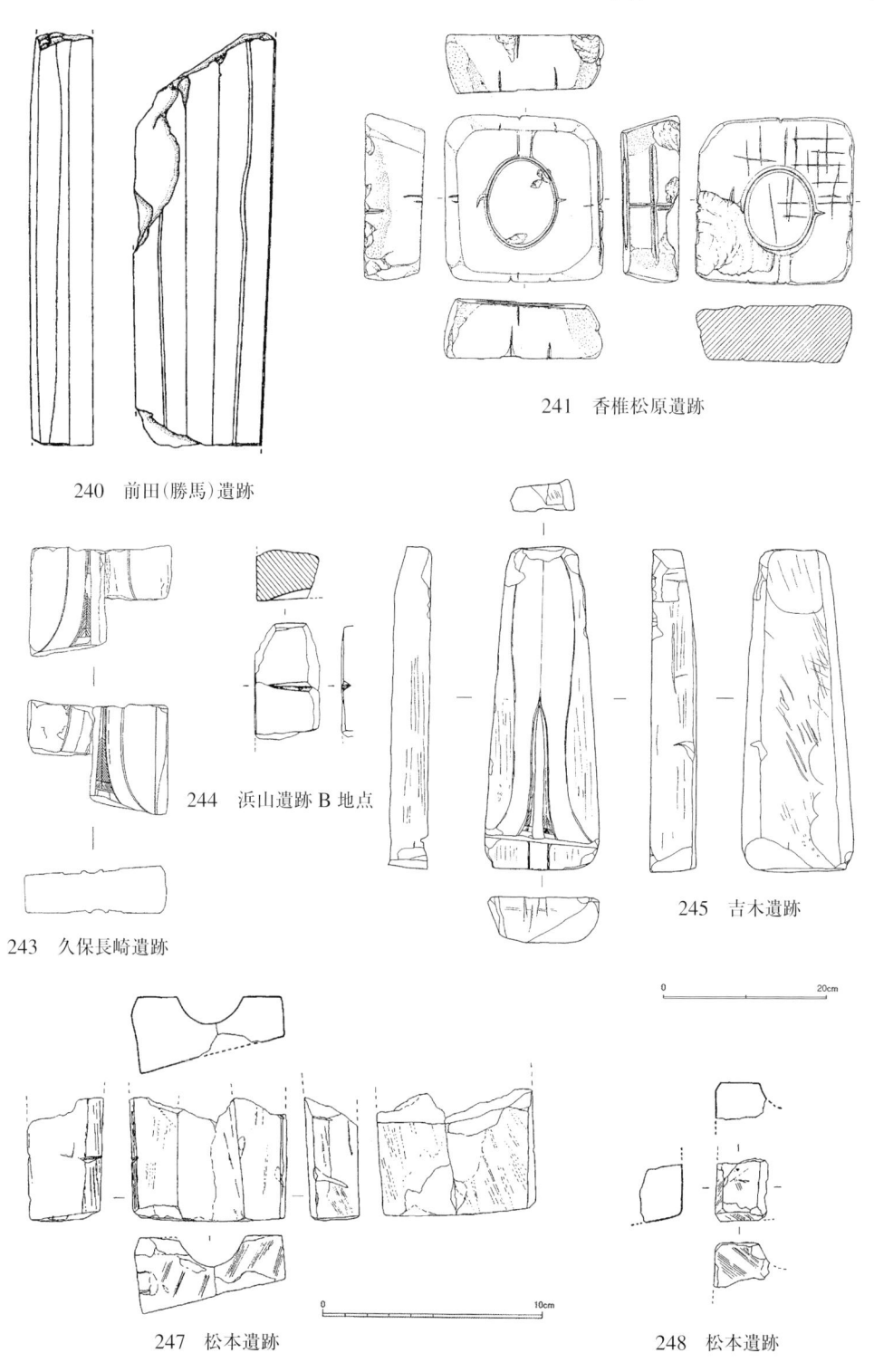

第 2 章　鋳型製作から捉える弥生時代青銅器の生産体制　　　　　　　　　　　　　　　　129

240　前田(勝馬)遺跡

241　香椎松原遺跡

243　久保長崎遺跡

244　浜山遺跡 B 地点

245　吉木遺跡

247　松本遺跡

248　松本遺跡

付図 24　粕屋平野出土鋳型 2・宗像地域出土鋳型・遠賀川下流域出土鋳型(245：S = 1/8，その他：S = 1/3)

130

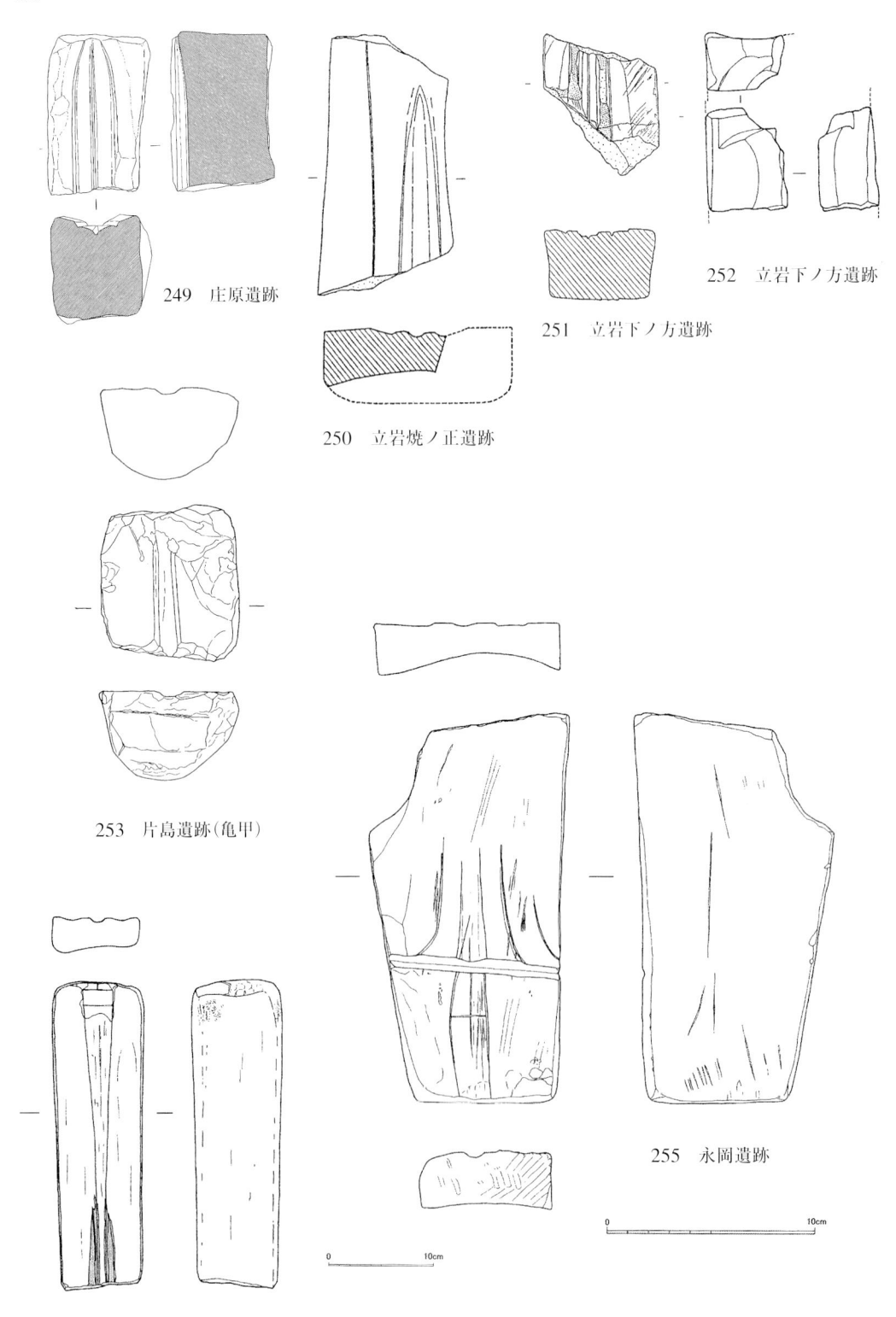

249 庄原遺跡

250 立岩焼ノ正遺跡

251 立岩下ノ方遺跡

252 立岩下ノ方遺跡

253 片島遺跡(亀甲)

254 隈・西小田遺跡(第6地点)

255 永岡遺跡

付図 25 遠賀川中流域出土鋳型・宝満川中・上流域出土鋳型 1(254: S = 1/6, その他: S = 1/3)

第 2 章 鋳型製作から捉える弥生時代青銅器の生産体制　　　　131

256　仮塚南遺跡

257　乙隈天道町遺跡

259　大板井遺跡(IX区)

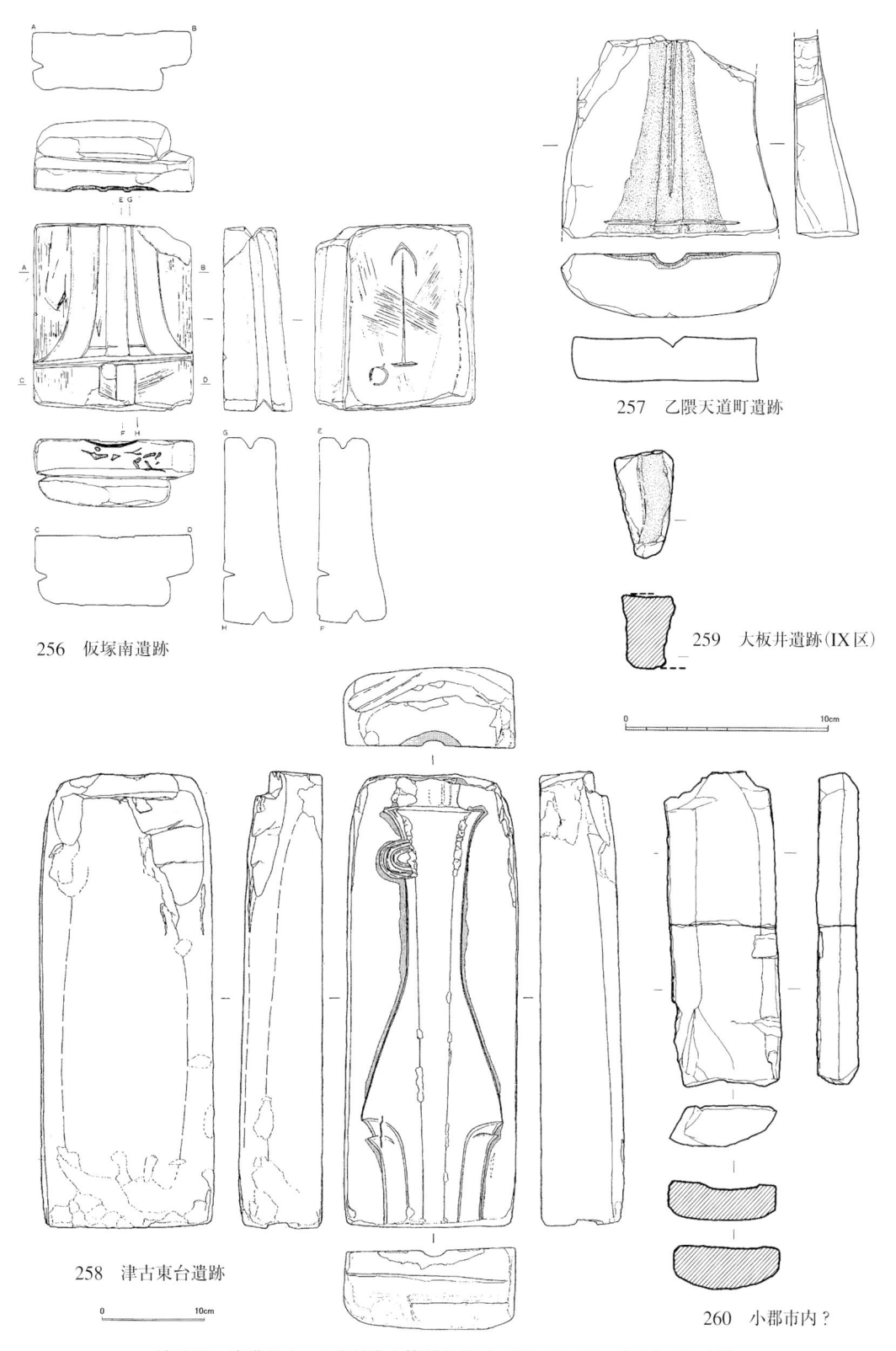

258　津古東台遺跡

260　小郡市内 ?

付図 26　宝満川中・上流域出土鋳型 2（256・258：S = 1/6，その他：S = 1/3）

132

261 宮ノ上遺跡

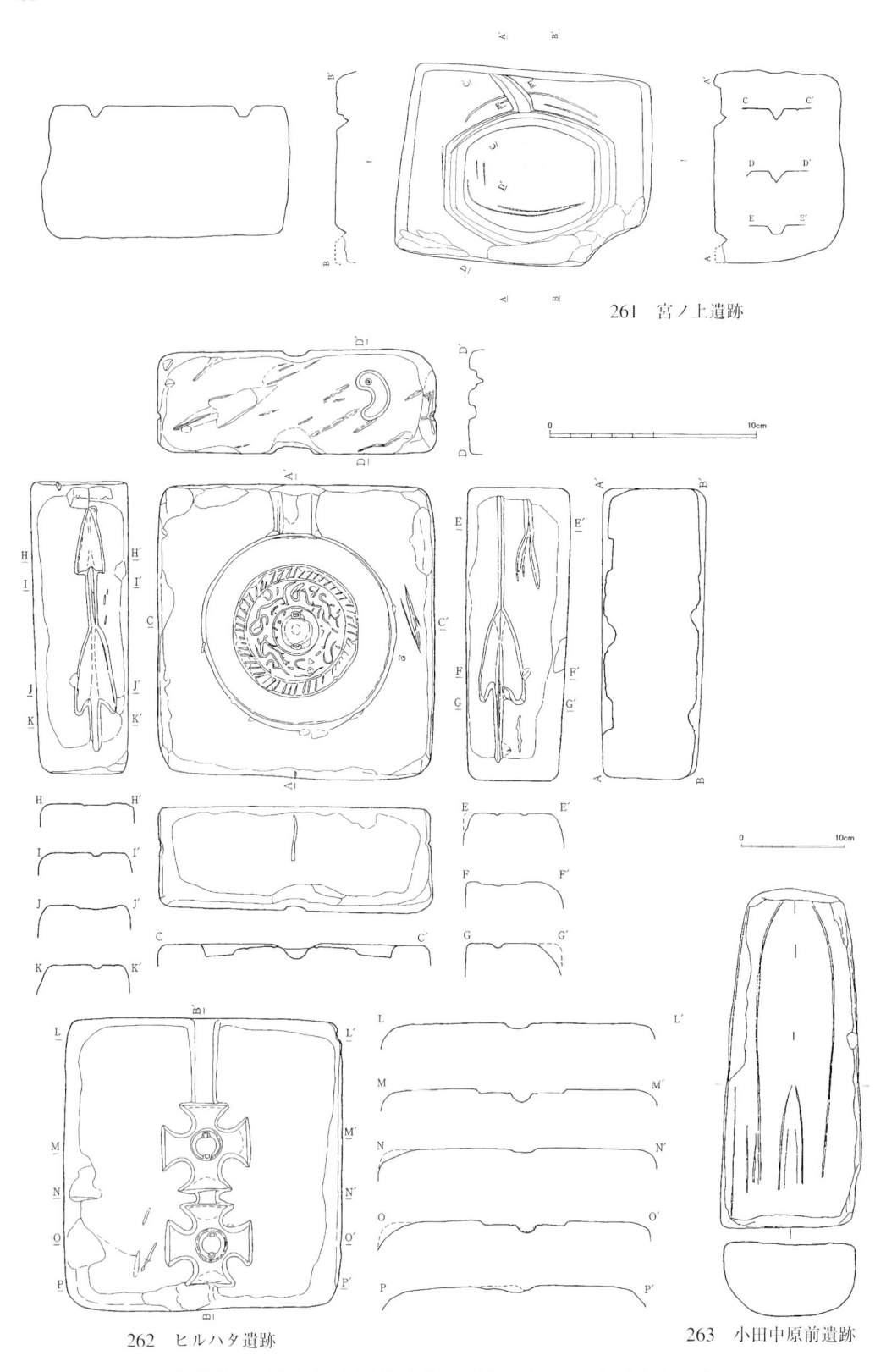

262 ヒルハタ遺跡

263 小田中原前遺跡

付図 27 宝満川中・上流域出土鋳型 3（263：S = 1/6，その他：S = 1/3）

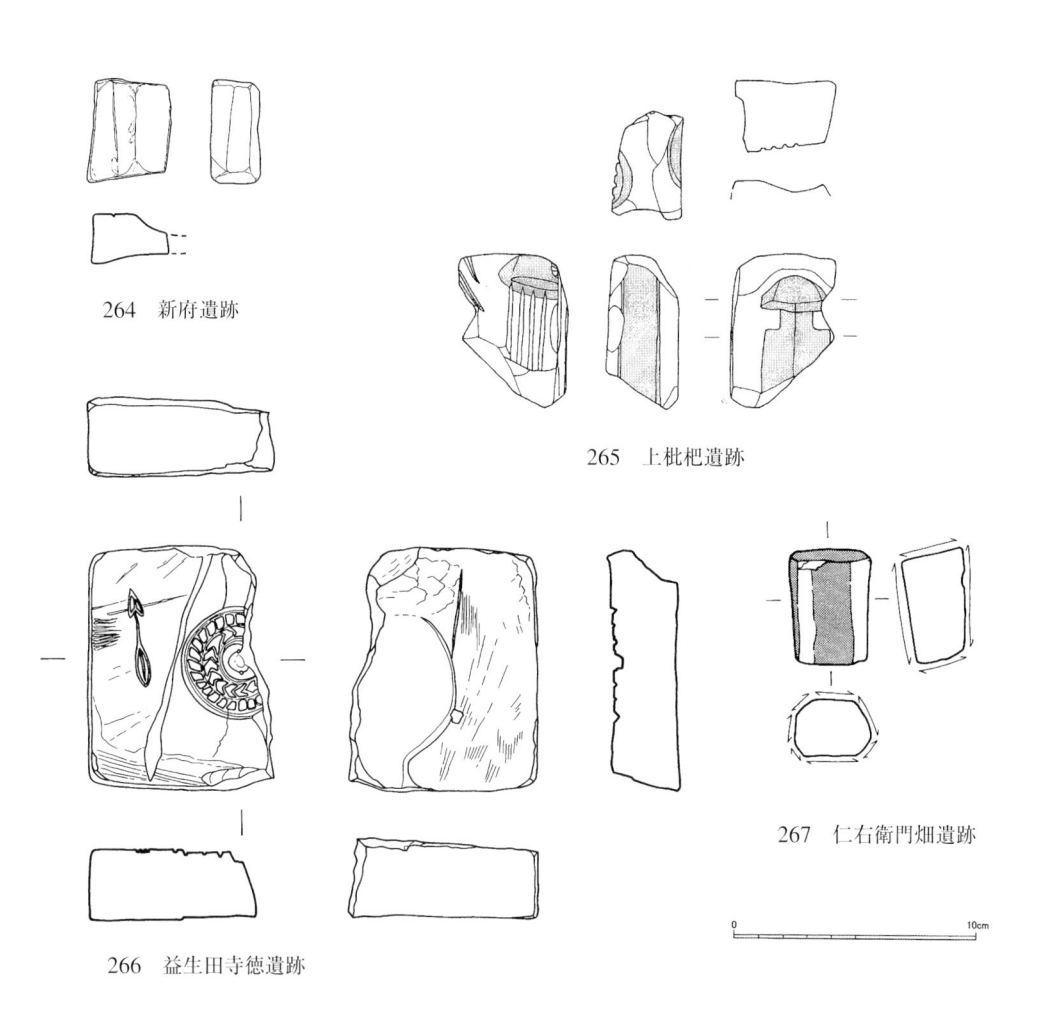

第 2 章　鋳型製作から捉える弥生時代青銅器の生産体制

264　新府遺跡

265　上枇杷遺跡

266　益生田寺徳遺跡

267　仁右衛門畑遺跡

付図 28　筑後川中・下流域出土鋳型（S = 1/3）

134

268〜274 安永田遺跡

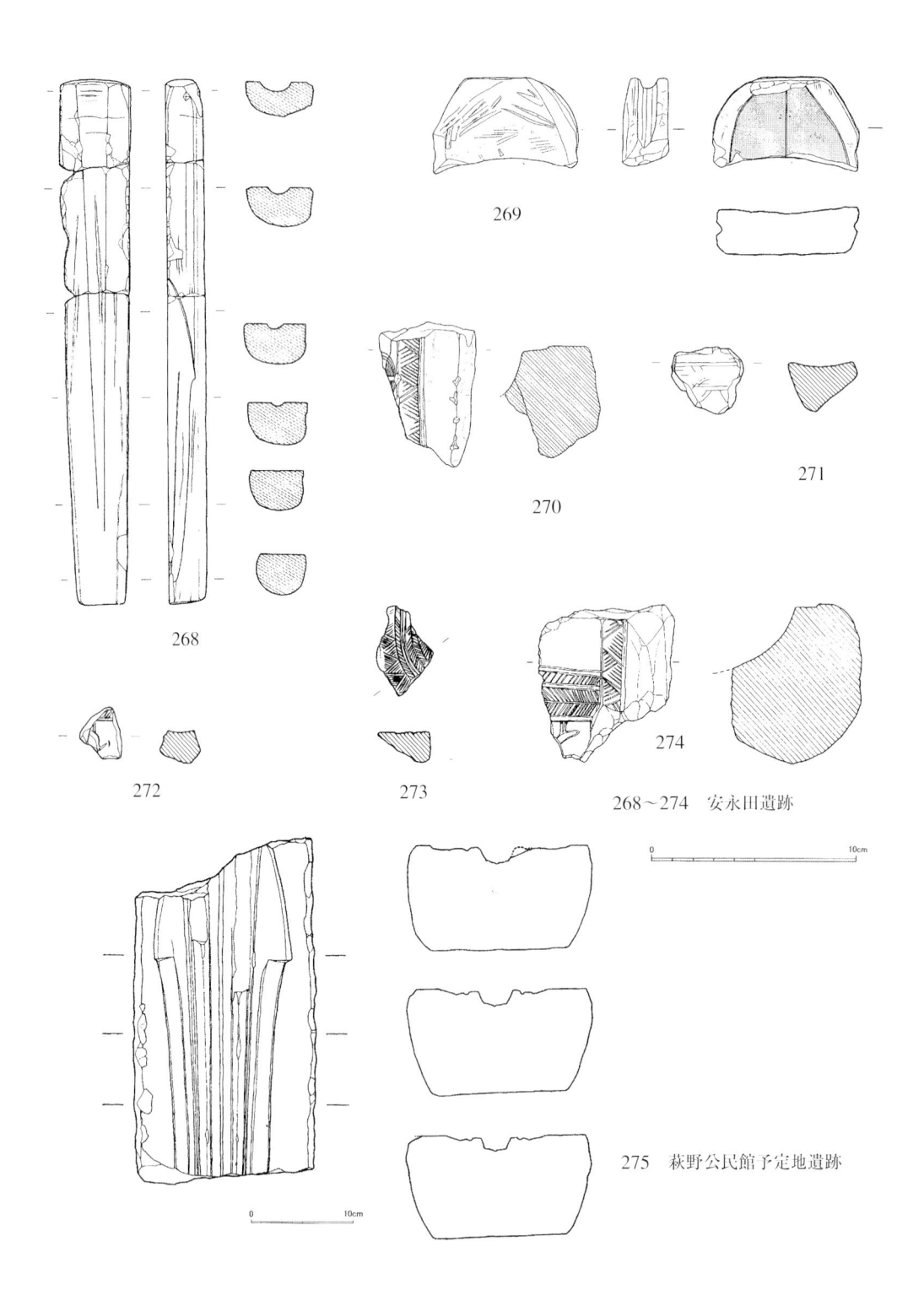

275 萩野公民館予定地遺跡

付図 29　鳥栖丘陵周辺出土鋳型 1（268・275：S = 1/6，その他：S = 1/3）

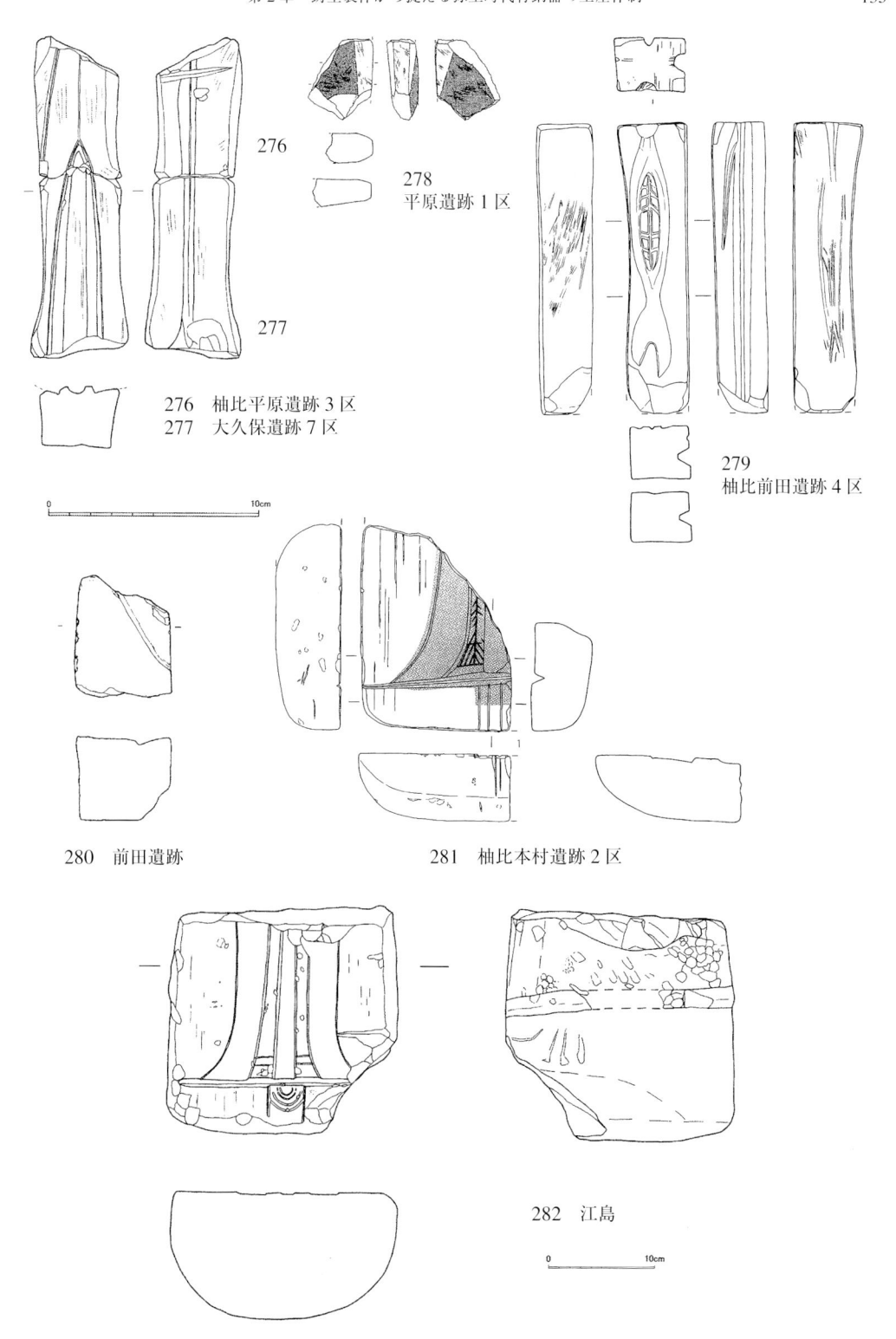

第 2 章　鋳型製作から捉える弥生時代青銅器の生産体制　　135

276
277
278　平原遺跡 1 区

276　柚比平原遺跡 3 区
277　大久保遺跡 7 区

279　柚比前田遺跡 4 区

280　前田遺跡　　　　281　柚比本村遺跡 2 区

282　江島

付図 30　鳥栖丘陵周辺出土鋳型 2（282：S＝1/6，その他：S＝1/3）

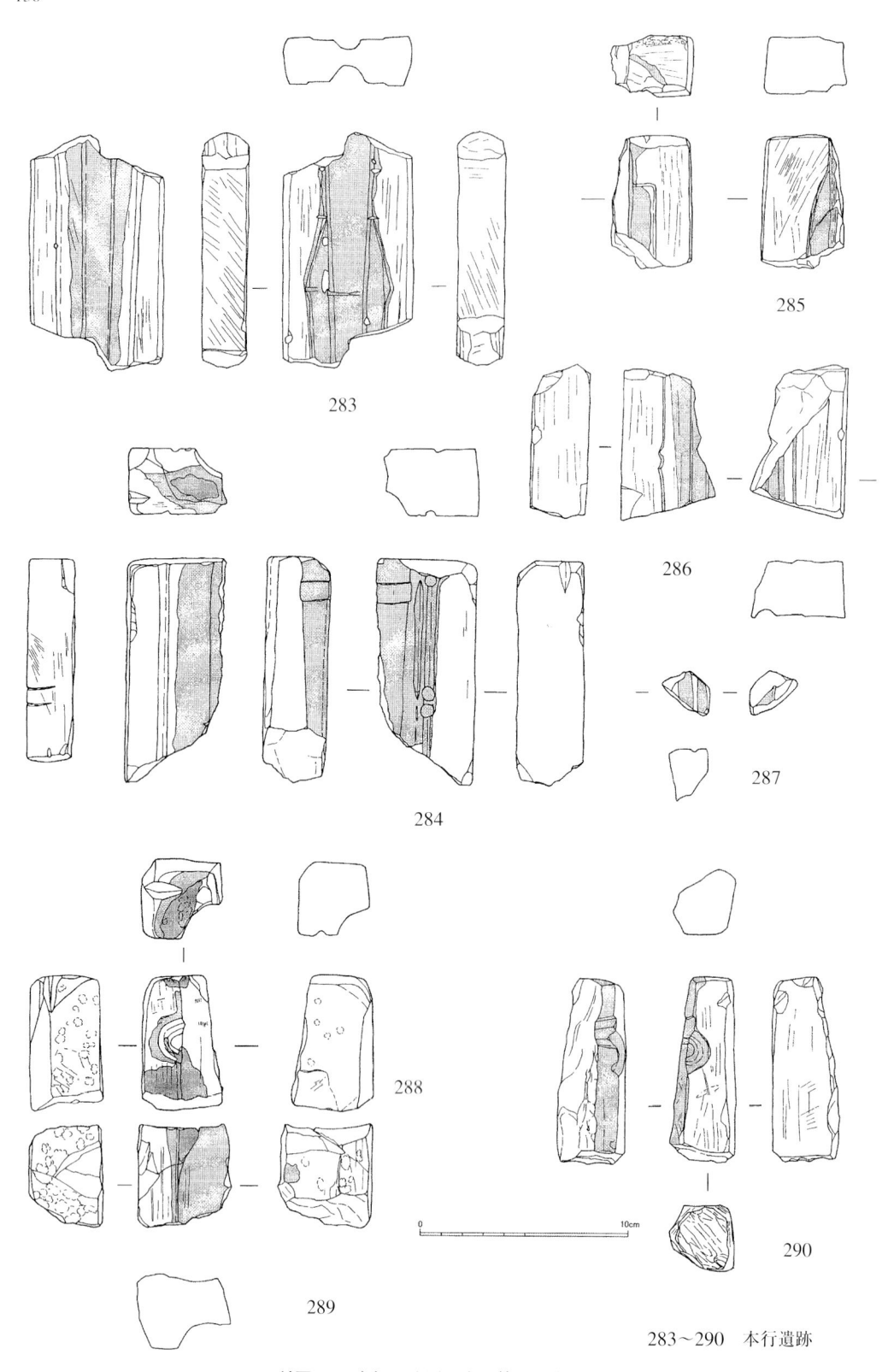

136

283

285

286

287

284

288

290

289

283〜290　本行遺跡

付図 31　鳥栖丘陵周辺出土鋳型 3（S＝1/3）

291〜294 本行遺跡

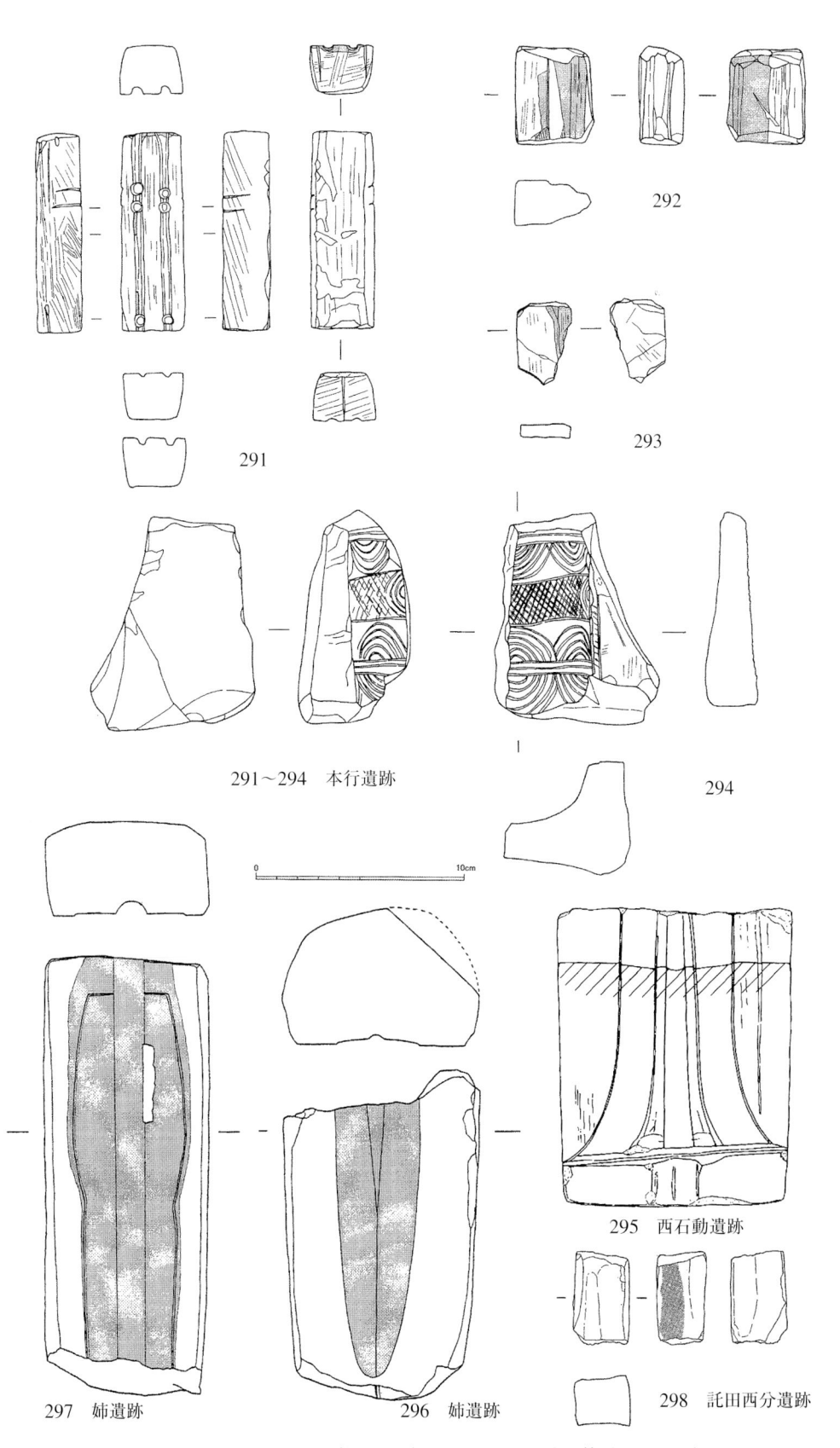

295 西石動遺跡

297 姉遺跡　　296 姉遺跡　　298 託田西分遺跡

付図 32　鳥栖丘陵周辺出土鋳型 4・吉野ヶ里丘陵周辺出土鋳型 1（S = 1/3）

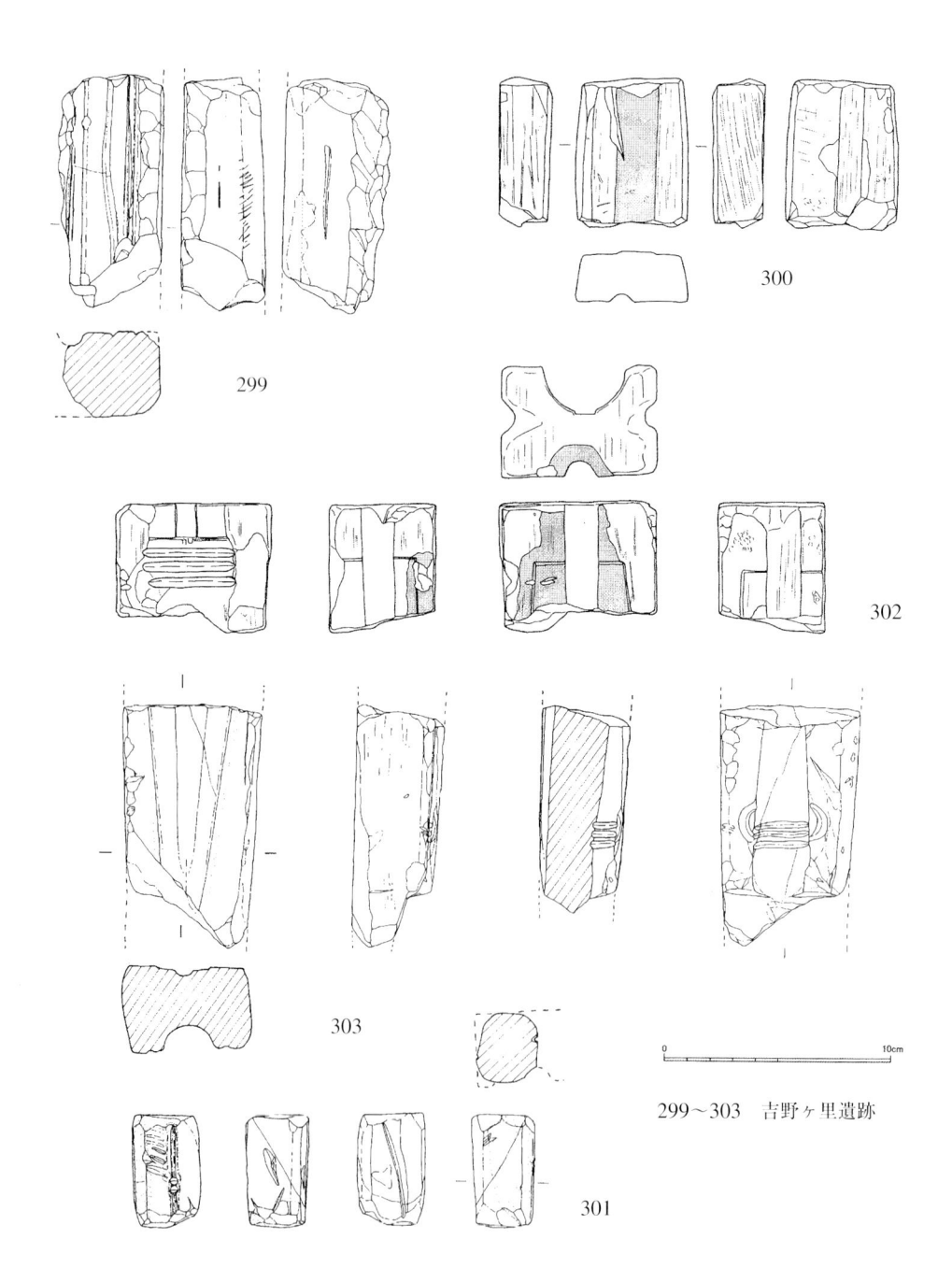

138

付図 33　吉野ヶ里丘陵周辺出土鋳型 2（S = 1/3）

299〜303　吉野ヶ里遺跡

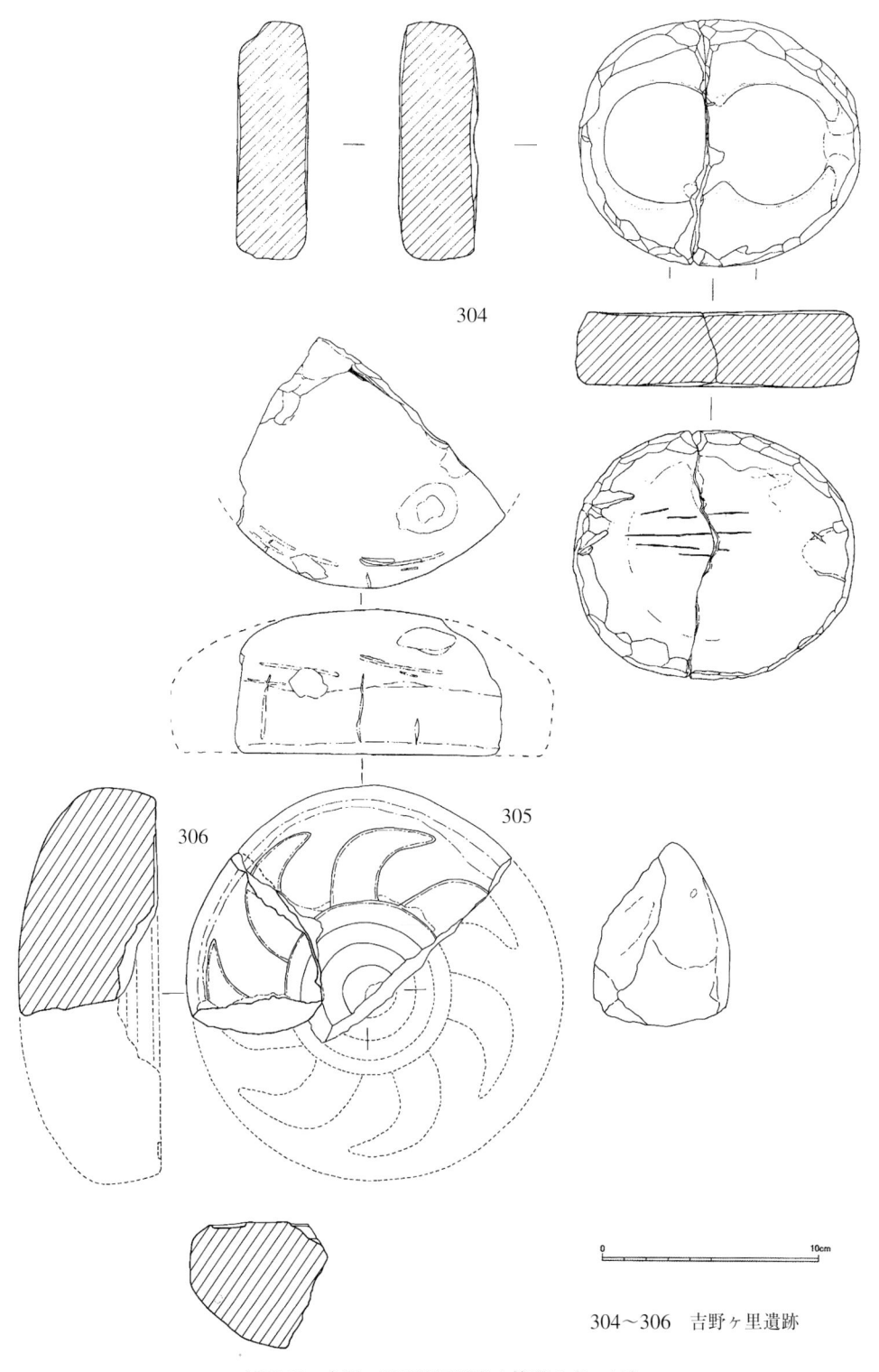

第 2 章　鋳型製作から捉える弥生時代青銅器の生産体制　　139

304～306　吉野ヶ里遺跡

付図 34　吉野ヶ里丘陵周辺出土鋳型 3（S＝1/3）

140

307 惣座遺跡

308 櫟ノ木遺跡

309 鍋島本村南遺跡

310 久蘇遺跡(10区)

311 仁俣遺跡
（第2次調査）

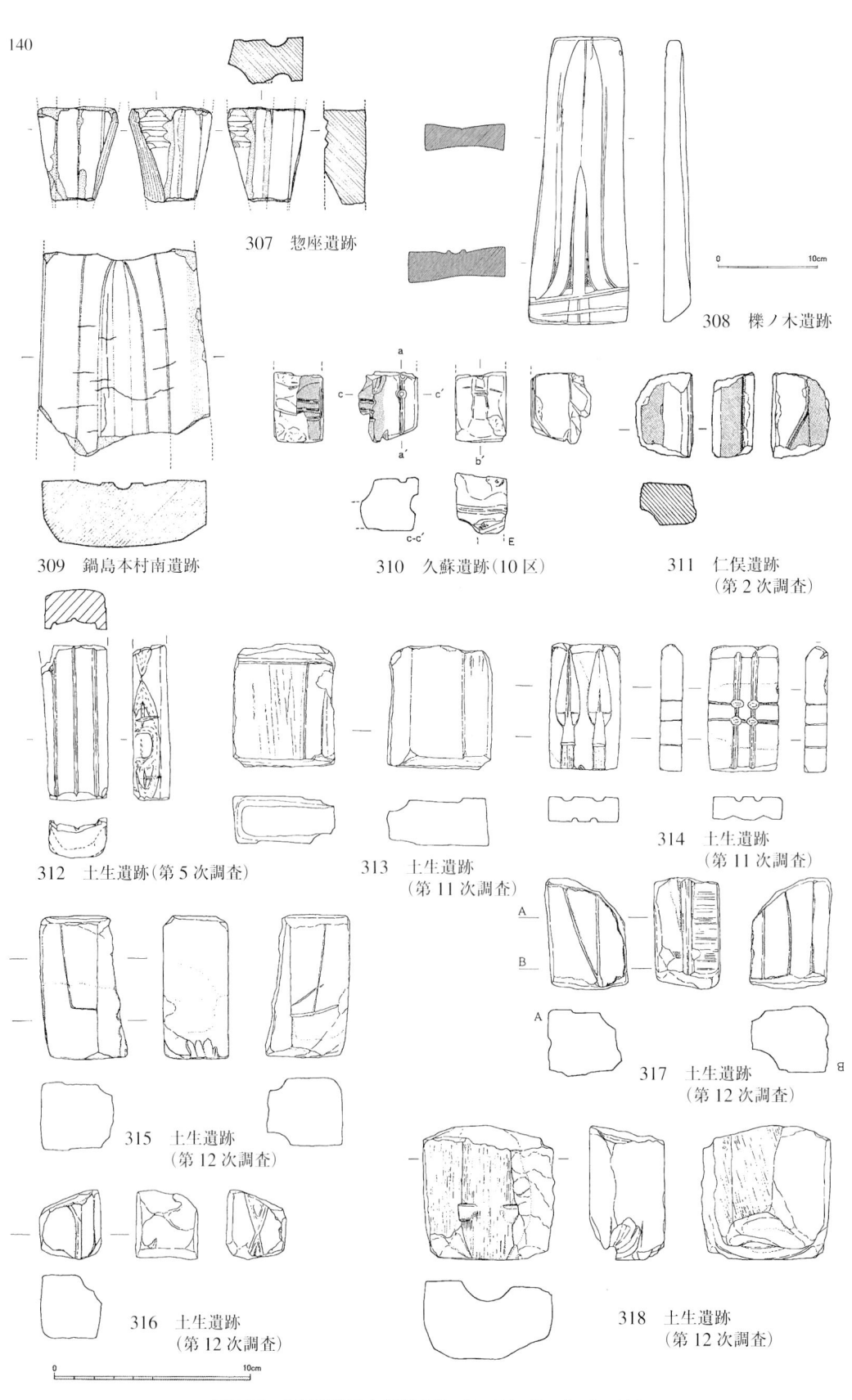

312 土生遺跡(第5次調査)

313 土生遺跡
（第11次調査）

314 土生遺跡
（第11次調査）

315 土生遺跡
（第12次調査）

317 土生遺跡
（第12次調査）

316 土生遺跡
（第12次調査）

318 土生遺跡
（第12次調査）

付図35　佐賀平野出土鋳型(308：S＝1/6，その他：S＝1/3)

141

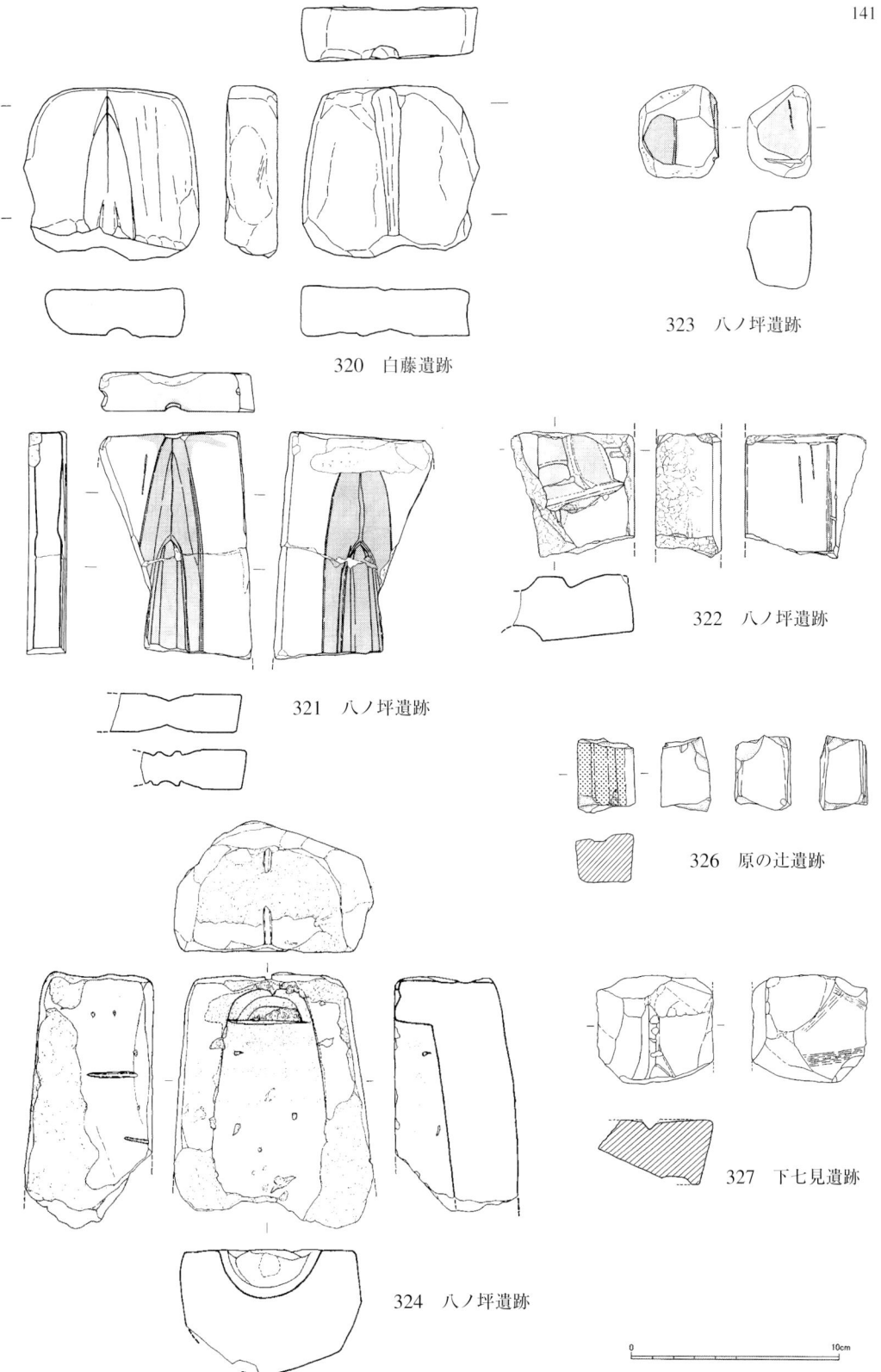

320 白藤遺跡

321 八ノ坪遺跡

323 八ノ坪遺跡

322 八ノ坪遺跡

326 原の辻遺跡

327 下七見遺跡

324 八ノ坪遺跡

0　　　　　10cm

付図 36　熊本平野・その他出土鋳型（S = 1/3）

付表1 鋳型集成表

唐津平野(佐賀県)

付図	番号	遺跡名	郡・市	所在地	時期	彫り込み面	裏面	上端面	下端面	側面	側面2	側面3
1	1	中原遺跡(1号鋳型)	唐津市	大字原	I期	ウエオ	×	欠	欠	エオ		
1	2	中原遺跡(2号鋳型)	唐津市	大字原	I期	オ	×	欠	欠	オ		
1	3	中原遺跡(3号鋳型)	唐津市	大字原	I期	オ	×	欠	欠	オ		
1	4	大深田遺跡	唐津市	柏崎字大深田	II期	ウエオ・ウエオ	×	欠	欠			

糸島平野(福岡県)

付図	番号	遺跡名	郡・市	所在地	時期	彫り込み面	裏面	上端面	下端面	側面	側面2	側面3
	5	三雲川端遺跡	糸島市		II期	風化	風化	風化	風化	風化		
	6	三雲遺跡	糸島市		II期	ウエオ						
2	7	三雲敷田遺跡	糸島市		II期	ウエオ	アイウ	アウ	アイ	ア・ア		
2	8	石崎遺跡	糸島市	二丈町大字石崎	I期	ウエオ	アイウ	欠	欠	アイウ・アイウ	アイ・アイ	
2	9	石崎遺跡	糸島市	二丈町大字石崎	II期	ウエオ	欠	欠	欠			
2	10	御床松原遺跡	糸島市	志摩町御床		砥石		欠	欠			
	11	元岡遺跡	福岡市	西区元岡	II期							

早良平野(福岡県)

付図	番号	遺跡名	郡・市	所在地	時期	彫り込み面	裏面	上端面	下端面	側面	側面2	側面3
3	12	拾六町平田遺跡(第2次調査)	福岡市	西区石丸								
3	13	吉武遺跡(第1次調査)	福岡市	西区飯盛字本名地区	II期	砥石	砥石	欠	欠	欠・砥石		
3	14	西新町遺跡	福岡市	早良区修猷館高校前	I期	オ・砥石	×	欠	欠	欠		
3	15	有田遺跡(第3次調査)	福岡市	早良区有田	I期	ウエオ・ウエオ	欠	欠	欠	欠		
3	16	有田遺跡(第81次調査)	福岡市	早良区有田	I期	ウエオ	欠	ウ	欠	欠		
3	17	有田遺跡(第108次調査)	福岡市	早良区有田	I期	オ・砥石	×	ウエ	欠	欠		
3	18	有田遺跡(第179次調査)	福岡市	早良区小田部	I期	砥石	ア	イウエ	欠	ウエ	ウ	ア
3	19	原遺跡	福岡市	早良区原	II期	風化	風化	欠	欠	風化		
3	20	飯倉D遺跡	福岡市	城南区七隈	II期	ウエオ・ウエオ	×	ウエオ	欠	イウエ	ウ	
3	21	飯倉D遺跡	福岡市	城南区七隈	II期	ウエオ	アウ	ウエオ	欠	イウエオ	ウ	

福岡平野東北部(福岡県)

付図	番号	遺跡名	郡・市	所在地	時期	彫り込み面	裏面	上端面	下端面	側面	側面2	側面3
	22	板付遺跡-1	福岡市	博多区板付	II期	砥石		欠	欠	砥石		
4	23	板付遺跡-2	福岡市	博多区板付	II期	欠	欠	欠	欠	欠		

第 2 章　製作技術から捉える弥生時代青銅器の生産体制

or 双 or 多(製品)	型式	共伴遺物等の時期	出土遺構	備考	所有者・所蔵者	文献
双(矛・矛)	中細	中期後半～後期前半	13区14区	2片接合, 2号と同一個体	佐賀県教育委員会	82・142
双(矛・矛)	中細	中期後半～後期前半	13区	1号と同一個体	佐賀県教育委員会	82・142
双(矛・矛)	中細	中期後半～後期前半	14区		佐賀県教育委員会	82・142
双(矛・矛)	広形	不明	B11区遺構面直上の堆積層		佐賀県教育委員会	113・114

or 双 or 多(製品)	型式	共伴遺物等の時期	出土遺構	備考	所有者・所蔵者	文献
単(矛)	広形(袋部)	不明	不明	下端面に段, 側面(左右)に1ヶ所ずつ穴あり,「明治32, 3年頃(1889, 90)三雲字川端観音堂後の溝浚の時発見せりといふ。」	伊都国歴史博物館	70
単(矛)	広形	不明	不明	上端に段あり,「今同村大字高祖金龍寺に保管せるものあり。」	糸島高校→伊都国歴史博物館	70
単(戈)	広形	不明	不明	イノカワ, ヤリミゾ, 茎に文様あり	九州大学考古学研究室	70
単(矛)	広形	弥生～平安の土器	攪乱層	側面は敲打の跡(3点出土, 内2点は接合)	糸島市教育委員会	95
単(矛)	広形	弥生～平安の土器	攪乱層	4と同一個体では	糸島市教育委員会	95
不明	不明	不明	D6-3包含層出土	砥石に転用	糸島市教育委員会	9
単(矛)	広形	不明	不明	矛先～身下部(連接部に溝あり)	個人	74

or 双 or 多(製品)	型式	共伴遺物等の時期	出土遺構	備考	所有者・所蔵者	文献
不明	不明	不明	SD15旧河川	二次的に火を受ける	福岡市教育委員会	146
単(矛)	中広以降	後期	Ⅱ区SC36・37付近	表面が風化で剥離しているため調整不明	福岡市教育委員会	94
双(剣・剣)	細形?・細形?	弥生終末	D地区第8号竪穴住居床面より若干浮く	一面のみに火を受ける	福岡市教育委員会	3・141
(武器形)	不明	井戸の年代	1号井戸	小片のため不明	福岡市教育委員会	4
欠(武器形)	不明		SD07	鋒と湯流しの破片資料	福岡市教育委員会	96
双(武器形・武器形)	不明	戦国期の土壙	2号土壙	小片のため不明	福岡市教育委員会	5
単(矛)	中細	中期後半	包含層	鋳型彫り込み面は砥石に転用	福岡市教育委員会	14
双(矛・矛)	中広		柱穴14	風化が激しい	福岡市教育委員会	32
双(矛・鏡)	広形・小形仿製鏡	後期後半	SC246住居跡	矛→鏡	福岡市教育委員会	87
単(鏡)	小形仿製鏡	後期後半	SD023出土	裏面に鏃のような線刻あり	福岡市教育委員会	87

or 双 or 多(製品)	型式	共伴遺物等の時期	出土遺構	備考	所有者・所蔵者	文献
単(戈)	中広		G-7a包含層	全面砥石	福岡市教育委員会	38
不明(戈)	中広		G-26トレンチ客土	全面砥石(Ss9)	福岡市教育委員会	37

福岡平野東北部(福岡県)つづき

付図	番号	遺跡名	郡・市	所在地	時期	彫り込み面	裏面	上端面	下端面	側面	側面2	側面3
4	24	板付遺跡-3	福岡市	博多区板付	II期	ウエオ	欠		欠			
	25	板付遺跡	福岡市									
4	26	大谷遺跡	福岡市	博多区大字東平尾	II期							
	27	赤穂ノ浦遺跡	福岡市	博多区	I期	ウエオ		欠	欠			
	28	月隈遺跡	福岡市	筑前国筑紫郡席田村大字月隈		欠	欠	欠	欠	欠		
4	29	下月隈C遺跡	福岡市	博多区	I期	ウエオ	砥石	ウエオ	欠	砥石・ウエオ		
4	30	雀居遺跡(第9次調査)	福岡市	博多区	I期	オ・ウオ	×	エ	欠	オ	オ	
5	31	那珂八幡遺跡	福岡市	博多区那珂	II期	ウエオ・ウエオ	×	欠	欠	ウエオ		
5	32	那珂遺跡(第8次調査)	福岡市	博多区那珂	I期	ウエオ	ウエオ	欠	ウエオ	欠		
5	33	那珂遺跡(第8次調査)	福岡市	博多区那珂	I期	欠						
5	34	那珂遺跡(第20次調査)	福岡市	博多区那珂	II期	ウエオ・オ	×	欠	ウエオ	欠		
5	35	那珂遺跡(第23次調査)	福岡市	博多区竹下	I期	砥石	砥石	砥石	砥石	砥石		
5	36	那珂遺跡(第23次調査)	福岡市	博多区竹下	I期	砥石	砥石	砥石	砥石	砥石		
5	37	那珂遺跡(第23次調査)	福岡市	博多区竹下	I期	砥石	砥石	砥石	砥石	砥石		
5	38	那珂遺跡(第23次調査)	福岡市	博多区竹下	I期	砥石	砥石	砥石	砥石	砥石		
5	39	那珂遺跡(第23次調査)	福岡市	博多区竹下	I期	オ・オ	×	欠	欠	砥石		
5	40	那珂遺跡(第23次調査)	福岡市	博多区竹下	I期	欠・欠	欠	欠	欠	欠		
6	41	那珂遺跡(第23次調査)	福岡市	博多区竹下	I期	砥石・砥石	欠	欠	欠	欠		
6	42	那珂遺跡(第114次調査)(1)	福岡市	博多区	I期	ウエオ	ウエ	ウ	欠	ウエ		
6	43	那珂遺跡(第114次調査)(2)	福岡市	博多区	I期	風化	風化	欠	欠	欠		
6	44	那珂遺跡(第114次調査)(3)	福岡市	博多区	I期	ウエオ	欠	欠	欠	ウ		
6	45	那珂遺跡(第114次調査)(4)	福岡市	博多区	I期	ウエオ・エオ	×	欠	ウ	欠		
6	46	那珂遺跡(第114次調査)(5)	福岡市	博多区	I期	砥石	砥石	欠	欠	砥石		
6	47	那珂遺跡(第114次調査)(6)	福岡市	博多区	I期	風化	風化	欠	欠	欠		
7	48	比恵遺跡(第30次調査)	福岡市	博多区博多駅南	I期	砥石・砥石	欠	欠	欠	欠		
7	49	比恵遺跡(第42次調査)	福岡市	博多区博多駅南	II期	ウエオ	砥石	欠	連イウ	アイ		
7	50	比恵遺跡(第43次調査)	福岡市	博多区博多駅南	I期	オ・オ	×	欠	ウオ	欠		
7	51	比恵遺跡(第50次調査)	福岡市	博多区博多駅南	II期	欠	ウ	ウエオ	欠	欠		

第 2 章　製作技術から捉える弥生時代青銅器の生産体制

単 or 双 or 多(製品)	型式	共伴遺物等の時期	出土遺構	備考	所有者・所蔵者	文献
単(矛)	広形		G-26トレンチ客土	表面側面にラインあり，重さ550g(Ss8)	福岡市教育委員会	37
						144
(戈)	不明	後期中頃～後半	2区包含層土器溜	凝灰質砂岩製の鋳型模造品	福岡市教育委員会	26
単(銅鐸)	横帯文	中期後半～後期	3号トレンチ	重機の掘削中に出土	福岡市教育委員会	131
不明	不明	不明	不明	「鏡及び銅鉾鎔范と共に発掘せられしといふ。」(和田千吉聞書)	不明	70
双(戈・戈)	中細	中期～後期末	SD921	砥石に転用	福岡市教育委員会	145
双(剣・不明)	細形		II区土壙SK59		福岡市教育委員会	118・141
双(戈・戈)	中広	なし	那珂八幡墳丘内	1948年広田常光氏墳丘より発見	筑紫丘高校(福岡市博物館)	85・124
単(戈)	不明	中期後半の住居	SC18住居覆土	戈の胡の部分の彫り込みあり	福岡市教育委員会	62
不明	不明	中期後半の土器	SD08覆土	報告書では鋳型としているが，実見した限り鋳型ではない	福岡市教育委員会	62
双(戈・戈)	中広・中広?	中期末～後期前半の土器	SD01上層	裏面の黒変が戈の彫り込みなのか?(報告番号172)	福岡市教育委員会	63
不明	不明	中期末の祭祀土器	SD44(I区)	報告書では鋳型の転用砥石と報告(報告番号234)	福岡市教育委員会	61
不明	不明	中期末の祭祀土器	SD44(203区)	報告書では鋳型の転用砥石と報告(報告番号237)	福岡市教育委員会	61
不明	不明	中期末の祭祀土器	SD44(I区拡張区)	報告書では鋳型の転用砥石と報告(報告番号238)	福岡市教育委員会	61
不明	不明	中期末の祭祀土器	SD44(IV区中層)	黒変部分あり(報告番号239)	福岡市教育委員会	61
双(戈・戈)	中細(身)	中期末の祭祀土器	SD44(I区拡張区中層下)	(報告番号240)	福岡市教育委員会	61
双(戈・戈)	中細(樋)	中期末の祭祀土器	SD44(I区拡張区中層下)	綾杉文が明瞭に残る(報告番号241)	福岡市教育委員会	61
双(戈・戈)	中細	中期末の祭祀土器	SD44(203区)	(報告番号242)	福岡市教育委員会	61
単(戈)	中細B		SC1101・SD1100中層	2片は接合しないが同一個体では，鋒部に湯口	福岡市教育委員会	153
双(戈・戈)	不明・不明		SD1100中層	互い違いに彫り込まれた?	福岡市教育委員会	153
単(戈)	中細C		SE1074・1075上層	裏面欠損	福岡市教育委員会	153
双(戈・戈)	中細B		SD1100d上層	内の部分	福岡市教育委員会	153
単(矛)	不明		SD3051	砥石に転用	福岡市教育委員会	153
双(不明・不明)	不明・不明		SE4020中層	表裏面とも黒変	福岡市教育委員会	153
双(矛・戈)	中細	中期後葉～末の土器	SE009井戸中層(暗黒褐色粘土混じりローム)	側面の溝は報告書では転用の際に付いたものではないとしている	福岡市教育委員会	67
単(矛)	広形	古墳時代後期の土器	SX377(SC324内の土壙)	古墳時代の住居床面より出土しており，砥石として住居内で使用されたものを遺棄した	福岡市教育委員会	74
双(戈・戈)	中細・中細	中期の土器	SC66埋土上層	風化が激しい	福岡市教育委員会	147
単(矛)	広形	中近世	SD001C区	下端，裏面は生きている(報告番号69)	福岡市教育委員会	64

福岡平野東北部(福岡県)つづき

付図	番号	遺跡名	郡・市	所在地	時期	彫り込み面	裏面	上端面	下端面	側面	側面2	側面3
7	52	比恵遺跡(第50次調査)	福岡市	博多区博多駅南	I期	ウオ	欠	欠	欠	欠		
8	53	比恵遺跡(第57次調査)	福岡市	博多区博多駅南	II期	オ	砥石	ウエオ	欠	砥石		
8	54	比恵遺跡(第99次調査)	福岡市	博多区	I期	エオ	エオ	欠	欠	エオ	エオ	
8	55	比恵遺跡(第106次調査)	福岡市	博多区		剥離	風化	風化	欠			
8	56	比恵遺跡(第109次調査)	福岡市	博多区	I期	風化	砥石	欠	ウエオ	ウエオ		
	57	井尻熊野権現1			II期							
	58	井尻熊野権現2			II期							
9	59	井尻B遺跡(第6次調査)	福岡市	南区井尻	II期	ウエオ・ウエオ	×	ウオ	ウオ	イウオ・イウオ		
9	60	井尻B遺跡(第6次調査)	福岡市	南区井尻	II期	オ	ウ	ウエ	ウ	ウ・ウ		
9	61	井尻B遺跡(第11次調査)	福岡市	南区井尻	II期	ウオ	欠	欠	欠	イウ	アイ	
	62	井尻B遺跡(第11次調査)	福岡市	南区井尻	II期	ウ・ウ	×	欠	欠	ウ		
9	63	井尻B遺跡(第14次調査)	福岡市	南区井尻	II期	ウエオ	エ	欠	エ	エ		
9	64	井尻B遺跡(第17次調査B区)	福岡市	南区井尻	II期	ウエオ	ア	欠	ウエ	アイ		
9	65	大橋E遺跡	福岡市	南区大橋		欠	×	欠	欠	欠		
10	66	高宮八幡宮(報告番号1号)	福岡市	南区高宮	II期	ウエオ	アイ	欠	ウエ	イ・イ	イ・イ	
10	67	高宮八幡宮(報告番号2号)	福岡市	南区高宮	II期	ウエオ	イウ	欠	連アイウ	イウ・イ	イ・イ	
10	68	高宮八幡宮(報告番号3号)	福岡市	南区高宮	II期	ウエオ	アイ	連アイウエ	連アイウエ	イウ・イウ	イ・イ	
11	69	高宮八幡宮(報告番号4号)	福岡市	南区高宮	II期	ウエオ	アイ	連アイウ	連アイウ	イウ・イウ	イ・イ	
11	70	高宮八幡宮(報告番号5号)	福岡市	南区高宮	II期	ウエオ	アイ	欠	アイウ	イウ・イウ	イ・イ	
11	71	五十川遺跡	福岡市	南区五十川	II期	ウエオ			欠			

福岡平野春日丘陵北側低地部(福岡県)

付図	番号	遺跡名	郡・市	所在地	時期	彫り込み面	裏面	上端面	下端面	側面	側面2	側面3
12	72	御陵遺跡	春日市	須玖北	II期	ウエオ・エオ	×	欠	欠	砥石		
12	73	御陵遺跡	春日市	須玖北	II期	ウエオ	欠	欠	欠	ウ		
12	74	御陵遺跡	春日市	須玖北	II期	欠	欠	欠	欠	欠		
12	75	御陵遺跡(第2次調査)	春日市	須玖北	II期	ウエオ	ウエオ	欠	欠	ウエオ		
	76	野藤遺跡	春日市	須玖北		欠	欠	欠	欠	欠		
12	77	野藤遺跡(第4次調査)	春日市	須玖北	II期			欠	欠			

第 2 章　製作技術から捉える弥生時代青銅器の生産体制

単or双or多(製品)	型式	共伴遺物等の時期	出土遺構	備考	所有者・所蔵者	文献
単(戈)	中細	6c後半〜7c初の土器	SD055IV区中層	裏面は注記のため不明(報告番号70)	福岡市教育委員会	64
単(矛)	中広	中期後半の土器	SC004(住居内土壙 SK053)	2片接合，鋳型下端面に弧状の浅い彫り込み	福岡市教育委員会	88
単(戈)	中細C〜中広	古墳時代中期の溝	SD242	胡で欠損	福岡市教育委員会	112
不明	不明		SP005	焼成のため表面剥落	福岡市教育委員会	151
単(戈)	中細C〜中広		67号ピット	風化が激しい	福岡市教育委員会	43
単(矛)	広形	不明	不明	高良神社(高良大社)蔵銅矛の蓋裏箱書きに略図あり「寛政9年(1797)惣吉掘る」(『筑前國續風土記拾遺』より)	不明	1・2 70・89
単(矛)	広形	不明	不明	同上	不明	1・2 70・89
双(鏡・鏃)	小形仿製鏡・鏃	後期中頃の複合口縁壺	土壙10(住居9内土壙)	割付線あり(報告番号20001)	福岡市教育委員会	126
単(鏃)	鏃	土壙10より新しい	土壙16(住居6内土壙)	合印あり(報告番号20002)	福岡市教育委員会	126
単(矛)	中広		B13グリッド上層		福岡市教育委員会	71
単(不明)			C17グリッド下層	鋳型片・彫り込みなし・未報告	福岡市教育委員会	71
多(鏃・不明)	鏃・不明	後期の包含層	包含層	鏃面の右側面に製品の彫り込みあり	福岡市教育委員会	149
単(戈)	広形	後期後半の土器が多い	SC4063床上3cm	綾杉文の一部確認・下端面に段あり，黒変あり	福岡市教育委員会	150
双(剣・剣)	不明・不明		包含層	砥石に転用	福岡市教育委員会	152
単(戈)	広形	不明	不明	青柳種信『筑前國續風土記拾遺』「八幡宮田ノ次と云地に在，産神也，八幡之神を祭る神躰ハ劔石也，其数あまた有，…」	高宮八幡宮	1・160
単(矛)	広形	不明	不明	同上	高宮八幡宮	1・160
単(矛)	広形	不明	不明	同上	高宮八幡宮	1・160
単(矛)	広形	不明	不明	同上	高宮八幡宮	1・160
単(矛)	広形	不明	不明	同上	高宮八幡宮	1・160
単(矛)	広形	石剣	不明	1929年妙楽寺本堂の南側高まりより石剣とともに出土	妙楽寺	107

単or双or多(製品)	型式	共伴遺物等の時期	出土遺構	備考	所有者・所蔵者	文献
双(矛・鏃)	不明・鏃		2号住居	両側面砥石，鏃は4つの彫り込み確認(図24-1)	春日市教育委員会	46
単?(矛?)	不明		溝3ベルト	彫り込みが少ししかないので不明(図24-2)	春日市教育委員会	46
単?(矛)	不明		溝3ベルト	背に鎬あり(図24-3)	春日市教育委員会	46
側(矛・剣)	広形矛・多樋式?	後期前半〜中頃	1号住居	広形矛では連結式	春日市教育委員会	11
単?(武器形?)	不明		整理作業中?	小片のため不明，2片接合	春日市教育委員会	
単?(鏡)		後期	溝状遺構		春日市教育委員会	10

福岡平野春日丘陵北側低地部(福岡県)つづき

付図	番号	遺跡名	郡・市	所在地	時期	彫り込み面	裏面	上端面	下端面	側面	側面2	側面3
12	78	比恵尻遺跡	春日市	桜ヶ丘					欠			
12	79	須玖唐梨遺跡	春日市	須玖	II期	欠	ウ	欠	欠	欠		
12	80	須玖唐梨遺跡	春日市	須玖	II期	ウエオ	欠	欠	欠	ウ		
12	81	須玖五反田遺跡	春日市	須玖北	II期	ウオ	ウ	ウ	欠	ウ・ウ		
12	82	須玖五反田遺跡	春日市	須玖北								
	83	黒田遺跡	春日市	日の出町	II期	欠	ウ	欠	欠	欠		
	84	須玖永田遺跡	春日市									
13	85	須玖永田A遺跡(第1次調査)	春日市	日の出町	II期	エオ	ウ	ウ	欠	ウ		
13	86	須玖永田A遺跡(第1次調査)	春日市	日の出町	II期	ウオ	欠	欠	欠	欠		
13	87	須玖永田A遺跡(第1次調査)	春日市	日の出町	II期	欠	ウエ	欠	欠	エ		
13	88	須玖永田A遺跡(第3次調査)	春日市		II期	ウエオ	欠	欠	欠	ウ	イ	ウ
13	89	須玖永田A遺跡(第4次調査)	春日市	日の出町	II期	イウエオ・ウオ	×	アイウ	欠	ウオ		
13	90	須玖永田A遺跡(第4次調査)	春日市	日の出町	II期	ウエオ	欠	欠	欠	ウ	イウ	
14	91	須玖永田A遺跡(第4次調査)	春日市	日の出町	II期	ウ	欠	イ	欠	イ	ウエ	ウ
14	92	須玖永田A遺跡(第4次調査)	春日市	日の出町	II期	欠	欠	欠	欠	欠		
14	93	須玖永田A遺跡(第4次調査)	春日市	日の出町	II期	欠	欠	欠	欠	欠		
14	94	須玖永田A遺跡(第4次調査)	春日市	日の出町	II期		欠	欠	欠	欠		
14	95	須玖永田A遺跡(第4次調査)	春日市	日の出町	II期	欠	欠	欠	欠	イ		
14	96	須玖永田A遺跡(第4次調査)	春日市	日の出町	II期		欠	欠	欠	欠		
14	97	須玖永田A遺跡(第4次調査)	春日市	日の出町	II期		欠	欠	欠	欠		
14	98	須玖永田A遺跡(第4次調査)	春日市	日の出町	II期		欠	欠	欠	欠		
	99	須玖永田B遺跡(第3次調査)	春日市		II期	砥石	砥石	欠	欠	砥石		
	100	楠町遺跡	春日市	日の出町	II期	欠	欠	欠	欠	欠		
	101	楠町遺跡	春日市	日の出町	II期	ウエオ	欠	欠	欠	欠		
14	102	尾花町遺跡(第1次調査)	春日市	大和町	II期	オ	ウ	ウ	欠	ウ		
14	103	尾花町遺跡(第1次調査)	春日市	大和町	II期	エオ	欠	欠	欠	エ	エ	
14	104	尾花町遺跡(第1次調査)	春日市	大和町	II期	エオ	ウ	欠	擦り切り	ウオ	ア	
14	105	尾花町遺跡(第1次調査)	春日市	大和町	II期	ウエオ	ウ	欠	欠	欠		
14	106	尾花町遺跡(第1次調査)	春日市	大和町	II期	欠	欠	欠	欠	欠		
14	107	尾花町遺跡(第1次調査)	春日市	大和町	II期	ウエオ	ウオ	欠	欠	エ	ウオ	
14	108	尾花町遺跡(第1次調査)	春日市	大和町	II期	オ	欠	擦り切り	欠	欠		
14	109	尾花町遺跡(第1次調査)	春日市	大和町	II期	欠	欠	欠	欠	欠		

第 2 章　製作技術から捉える弥生時代青銅器の生産体制

単or双or多(製品)	型式	共伴遺物等の時期	出土遺構	備考	所有者・所蔵者	文献
単(武器形?)	不明		2号土壙	黒変あり，鋒から湯口部分	春日市教育委員会	12
単(不明)	不明	後期後半の土器	東部包含層	小片のため不明，黒変あり	春日市教育委員会	100
単?(矛)	広形	後期後半の土器	1号井戸	裏面欠	春日市教育委員会	100
単(武器形)	不明	後期の土器	1号住居	湯口あり，中心線あり(35)	春日市教育委員会	141・157
			調査区西端ピット	小片のため詳細不明，3条の線刻(34)	春日市教育委員会	157
単?(矛?)	不明	後期	東半包含層	中心線あり	春日市教育委員会	23
単?(武器形)	不明	不明	不明	1882(明治15)年発見「2枚接合して1笵となり，砥石として使用のため今伝わらず，長さ2尺許」	行方不明	70
単(鏡)	小形仿製鏡	後期後葉～末の土器	溝7中央包含層と東側土器包含層	2片は同一個体	春日市教育委員会	121
単?(武器形?)	不明	後期後葉～末の土器	溝7西側上層	裏面欠(3)	春日市教育委員会	121
単(不明)	不明	後期後葉～末の土器	溝8	側面加工がおもしろい，黒変あり(4)	春日市教育委員会	121
単(不明)	不明		II区4層(包含層)	側面加工がおもしろい(5)	春日市教育委員会	121
双(小銅鐸+不明・小形仿製鏡)		後期後半頃	I区包含層	不明は大型の武器形では？ その鋳型の転用(図14-1)	春日市教育委員会	104
単(矛)	広形	後期後半頃	I区包含層	側面加工がおもしろい(図14-2)	春日市教育委員会	104
単(鏃?)	不明	後期後半頃	I区包含層	湯口と溝状の彫り込みあり(図14-3)	春日市教育委員会	104
単?(不明)	不明	後期後半頃	I区包含層上層	小片のため不明(図14-4)	春日市教育委員会	104
単?(不明)	不明	後期後半頃	II区包含層上層	小片のため不明(図14-5)	春日市教育委員会	104
単(不明)	不明	後期後半頃	I区包含層	詳細不明(図15-6)	春日市教育委員会	104
単(不明)	不明	後期後半頃	1号掘立柱建物P1	小片のため不明(図15-7)	春日市教育委員会	104
単(不明)	不明	後期後半頃	I区包含層	詳細不明黒変部なし(図15-8)	春日市教育委員会	104
単(不明)	不明	後期後半頃	1号掘立柱建物P1	詳細不明黒変部なし(図15-9)	春日市教育委員会	104
単(不明)	不明	後期後半頃	ピット10	詳細不明黒変部なし(図15-10)	春日市教育委員会	104
双(武器形・戈?)	不明・不明		1号土壙	各面とも砥石	春日市教育委員会	
単?(武器形?)	不明	後期～古墳初頭の土器	西部包含層	小片のため不明	春日市教育委員会	22
単?(矛)	不明	後期～古墳初頭の土器	南部包含層	裏面は欠損	春日市教育委員会	22
単?(戈)	中細C～中広	中期末～後期初	1号住居	湯口あり(報告番号306)	春日市教育委員会	158
単?(不明)	不明	中期末～後期初	1号住居屋内貯蔵穴+8号溝	2片接合(報告番号307)	春日市教育委員会	158
単?(不明)	不明	中期末～後期初	1号住居屋内貯蔵穴	意図的に下端面を割っている(報告番号308)	春日市教育委員会	158
双?(矛・不明)	中広?	中期末～後期初	1号住居北壁際床面少し浮く	裏面に黒変あり(報告番号309)	春日市教育委員会	158
単?(不明)	不明	中期末～後期初	1号住居屋内貯蔵穴	小片のため不明，黒変(報告番号310)	春日市教育委員会	158
単(矛)	中広?	後期後半埋没の溝より出土	8号溝	彫り込み面再利用(報告番号311)	春日市教育委員会	158
単?(戈)	不明	後期後半埋没の溝より出土	8号溝2区	内の部分(報告番号312)	春日市教育委員会	158
単?(不明)	不明	後期後半埋没の溝より出土	8号溝	小片のため不明(報告番号313)	春日市教育委員会	158

福岡平野春日丘陵北側低地部(福岡県)つづき

付図	番号	遺跡名	郡・市	所在地	時期	彫り込み面	裏面	上端面	下端面	側面	側面2	側面3
14	110	尾花町遺跡(第1次調査)	春日市	大和町	II期	ウエオ	欠	欠	欠	欠		
	111	尾花町遺跡	春日市	大和町	II期	欠	欠	欠	欠	欠		
	112	尾花町遺跡	春日市	大和町	II期	小片	小片	小片	小片	小片		
	113	尾花町遺跡	春日市	大和町	II期	欠	欠	欠	欠	欠		
15	114	須玖岡本遺跡坂本地区(第1次調査)	春日市	岡本	II期	ウエオ	砥石	ウ	欠	イウ		
15	115	須玖岡本遺跡坂本地区(第1次調査)	春日市	岡本	II期	ウエオ	欠	欠	欠	ウエ		
15	116	須玖岡本遺跡坂本地区(第1次調査)	春日市	岡本	II期	砥石				イ		
15	117	須玖岡本遺跡坂本地区(第1次調査)	春日市	岡本	II期	ウオ			欠			
15	118	須玖岡本遺跡坂本地区(第1次調査)	春日市	岡本	II期							
15	119	須玖岡本遺跡坂本地区(第1次調査)	春日市	岡本	II期							
	120	須玖岡本遺跡坂本地区(第2次調査)	春日市	岡本	II期	ウエオ	ウ	欠	欠	エ	ウ	
	121	須玖岡本遺跡坂本地区(第2次調査)	春日市	岡本	II期	欠	欠	欠	エ	欠		
15	122	須玖岡本遺跡坂本地区(第3次調査)	春日市	岡本	II期	ウエオ						
15	123	須玖岡本遺跡坂本地区(第3次調査)	春日市	岡本	II期	ウエオ・ウオ	×	欠	欠	砥石		
15	124	須玖岡本遺跡坂本地区(第3次調査)	春日市	岡本	II期	小片	小片	小片	小片	小片		
15	125	須玖岡本遺跡坂本地区(第3次調査)	春日市	岡本	II期							
15	126	須玖岡本遺跡坂本地区(第3次調査)	春日市	岡本	II期	エオ	欠	欠	欠	欠		
15	127	須玖岡本遺跡坂本地区(第3次調査)	春日市	岡本	II期							
15	128	須玖岡本遺跡坂本地区(第3次調査)	春日市	岡本	II期	エオ・エオ	×	欠	欠	エオ		
16	129	須玖岡本遺跡坂本地区(第3次調査)	春日市	岡本	II期	小片	小片	小片	小片	小片		
16	130	須玖岡本遺跡坂本地区(第3次調査)	春日市	岡本	II期							
16	131	須玖岡本遺跡坂本地区(第3次調査)	春日市	岡本	II期	ウオ	オ	欠	欠	イウ		
16	132	須玖岡本遺跡坂本地区(第4次調査)	春日市	岡本	II期	ウオ	ウエ	イ	イ	イ・イ		
16	133	須玖岡本遺跡坂本地区(第4次調査)	春日市	岡本	II期	欠	エ	欠	欠	ウエ・ア	ア	

第 2 章　製作技術から捉える弥生時代青銅器の生産体制　　　　　　　　　　　　　　　　151

単or双or多(製品)	型式	共伴遺物等の時期	出土遺構	備考	所有者・所蔵者	文献
単？(矛？)	不明	不明	攪乱	全体に風化が激しい(報告番号314)	春日市教育委員会	158
単？(不明)	不明	中期末～後期初	1号住居屋内貯蔵穴	小片のため不明	春日市教育委員会	20
単？(不明)	不明	後期後半埋没の溝より出土	8号溝	小片のため不明	春日市教育委員会	20
単？(不明)	不明	後期後半埋没の溝より出土	8号溝	2片接合	春日市教育委員会	20
単(戈)	中広		3号溝	樋に細線あり(報告番号1)	春日市教育委員会	19・105
単？(戈)	不明	庄内	12号溝Ⅳ区	胡で割れる，裏面は欠(報告番号2)	春日市教育委員会	105
単(鏡)	小形仿製鏡		21号溝Ⅰ区	鏡使用後再利用を途中で止める(報告番号3)	春日市教育委員会	19・105
単(小銅鐸)	小銅鐸		8号溝	未製品？(報告番号4)	春日市教育委員会	19・105
不明	不明		30号溝	黒変あり(報告番号5)	春日市教育委員会	105
不明	不明		29号溝	黒変あり(報告番号6)	春日市教育委員会	105
単(武器形)	不明		1号土壙	彫り込みが少ししかないので不明 K001-N006	春日市教育委員会	
単(不明)	不明		1号土壙	連結式か？ K001-N007	春日市教育委員会	
多			2号溝	凹基式の鏃(報告番号1)	春日市教育委員会	19・106
双(剣・矛)	不明・不明		3号溝Ⅰ区	側面に溝(報告番号2)	春日市教育委員会	106
	不明		1号溝Ⅰ区上層	樋部分(報告番号3)	春日市教育委員会	106
	不明		1号溝Ⅱ区上層	(報告番号4)	春日市教育委員会	106
単？(武器形)			調査区東北部遺構検出時	小片のため不明(報告番号5)	春日市教育委員会	106
	不明		2号溝Ⅰ区上層	湯口？(報告番号6)	春日市教育委員会	106
双(剣・不明)	不明・不明		遺構検出時	小片のため不明(報告番号7)	春日市教育委員会	106
単(不明)	不明		ピット23	形が不成形，黒変あり(報告番号8)	春日市教育委員会	106
双	不明		遺構検出時	(報告番号9)	春日市教育委員会	106
単(武器形)	不明		1号溝上層	上下端面，左側面は欠(報告番号10)	春日市教育委員会	106
単(武器形)	不明	不明	2号竪穴状遺構検出時	連結式？(報告番号1)	春日市教育委員会	106
単(矛)	中広	中期末～後期初	1号竪穴状遺構中層	耳の彫り込みがない，意図的に下端面を割っている，裏面砥石(報告番号2)	春日市教育委員会	106

福岡平野春日丘陵北側低地部(福岡県)つづき

付図	番号	遺跡名	郡・市	所在地	時期	彫り込み面	裏面	上端面	下端面	側面	側面2	側面3
16	134	須玖岡本遺跡坂本地区(第4次調査)	春日市	岡本	II期	×	欠	ウエオ	ウエオ			
16	135	須玖岡本遺跡坂本地区(第4次調査)	春日市	岡本	II期	ウエオ・エオ	×	欠	欠	エ		
17	136	須玖岡本遺跡坂本地区(第4次調査)	春日市	岡本	II期	エオ・ウエオ	×	欠	欠	エ		
17	137	須玖岡本遺跡坂本地区(第4次調査)	春日市	岡本	II期	欠	欠	欠	欠	砥石		
17	138	須玖岡本遺跡坂本地区(第4次調査)	春日市	岡本	II期	エオ	欠	欠	欠	オ		
17	139	須玖岡本遺跡坂本地区(第4次調査)	春日市	岡本	II期	小片	欠	小片	小片	小片		
17	140	須玖岡本遺跡坂本地区(第4次調査)	春日市	岡本	II期	エオ	欠	欠	欠	欠		
17	141	須玖岡本遺跡坂本地区(第4次調査)	春日市	岡本	II期							
	142	須玖岡本遺跡坂本地区(試掘)	春日市	岡本	II期	ウエオ	ウ	欠	欠	ウエ		
	143	須玖岡本遺跡坂本地区(試掘)	春日市	岡本	II期	ウエオ・ウエオ	ウ	ウ	アイウ	ウエオ		
	144	須玖岡本遺跡坂本地区(試掘)	春日市	岡本	II期	ウエオ・ウエオ	×	ウ	ウ	イウ・アウ	アイ・アイ	
	145	須玖岡本遺跡坂本地区(試掘)	春日市	岡本	II期	ウエオ	ウエ	欠	欠	イエ・ウエ	エ・エ	
	146	須玖岡本遺跡坂本地区(試掘)	春日市	岡本	II期							
17	147	須玖岡本遺跡坂本地区(試掘)	春日市	岡本	II期	ウエオ	アウ	ウ	アイウ	イウ・ウ		
	148	須玖岡本遺跡坂本地区(試掘)	春日市	岡本	II期	オ	ウ	ウ	欠	イウ	ウ	
	149	須玖岡本遺跡坂本地区(試掘)	春日市	岡本	II期	ウオ	欠	欠	欠	ウ		
	150	須玖岡本遺跡坂本地区(試掘)	春日市	岡本	II期	小片	小片	小片	小片	小片		
17	151	須玖坂本B遺跡	春日市	坂本	II期	×	ウエオ	ウエオ	×	×		
	152	須玖岡本遺跡(吉村源治郎氏宅)	春日市		II期							
	153	須玖岡本遺跡(吉村源治郎氏宅)	春日市		II期							
	154	須玖岡本遺跡(吉村源治郎氏宅)	春日市		II期							
	155	須玖岡本遺跡(吉村源治郎氏宅)	春日市		II期							
18	156	皇后峰-1	春日市		II期	エオ	アイ	アイ	連ウ	ウエ・ウエ	アイ・アイ	
18	157	皇后峰-2	春日市		II期	エオ	アイ	連ウ	アイ	アイ・ア	アイ・アイ	
	158	吉村良吉氏宅-1	春日市		II期							
	159	吉村良吉氏宅-2	春日市		II期	ウ・ウ	×	欠	欠			
18	160	吉村百太郎氏宅	春日市		II期	エオ	砥石	欠	欠	エ・エ	ウエ・エ	

第 2 章　製作技術から捉える弥生時代青銅器の生産体制　　　　　　　　　　　　　　　　　　　　　　　153

単 or 双 or 多(製品)	型式	共伴遺物等の時期	出土遺構	備考	所有者・所蔵者	文献
双(剣・剣)	深樋式・深樋式	中期末～後期初	1号竪穴状遺構・5号溝・2号竪穴状遺構検出時	3片接合，135と同一個体か(報告番号3)	春日市教育委員会	106・141
双(剣・剣)	深樋式・深樋式		ピット23	134と同一個体か(報告番号4)	春日市教育委員会	106・141
双(戈・戈)	不明・不明	中期末～後期初	1号竪穴状遺構下層	胡で割れる(報告番号5)	春日市教育委員会	106
単?(武器形)	不明		2号竪穴状遺構検出時	両側面砥石，裏面欠(報告番号6)	春日市教育委員会	106
単?(武器形)	不明	中期末～後期初	1号竪穴状遺構	左側面，裏面欠(報告番号7)	春日市教育委員会	106
単?(武器形)	不明	中期末～後期初	1号竪穴状遺構床面	裏面欠，一部黒変(報告番号8)	春日市教育委員会	106
単?(武器形)	不明	中期末～後期初	1号竪穴状遺構	小片のため不明，裏面欠(報告番号9)	春日市教育委員会	106
			表土	砥石に転用(報告番号10)	春日市教育委員会	106
単?(武器形?)	不明		Aトレンチ東部包含層	小片のため不明，厚さが薄い	春日市教育委員会	
側(鏃・筒形銅器)	鏃・筒形製品		Cトレンチ	鋳型の転用品，調整はおもしろい	春日市教育委員会	
双(鏃・鏃)	鏃・鏃		Cトレンチ	49本の鏃と8本の鏃，鋳型の転用品か?	春日市教育委員会	
単(矛)	中広		Cトレンチ	接合する	春日市教育委員会	
単(矛)	中広		Cトレンチ	接合する	春日市教育委員会	
単(鏡面)	小形仿製鏡		Cトレンチ	数多くの小片が接合	春日市教育委員会	10
単(武器形)	武器形		Cトレンチ	鉇の可能性もあり	春日市教育委員会	
単?(武器形?)	不明		Cトレンチ拡張区⑥層上部	小片のため不明，裏面欠	春日市教育委員会	
単?(武器形?)	不明		Cトレンチ拡張区⑥層上部	小片調整不明	春日市教育委員会	
単(鏡)	I型	中期後半～古墳初頭	P15	裏面に鹿の線刻あり	春日市教育委員会	10
不明(装飾品)	装飾品	不明	浜田・梅原発見	1917年浜田・梅原発見(京大登録027b)	京都大学文学部	30
単?(武器形?)	不明	不明	久我氏採集品	(京大登録028b)	京都大学文学部	30
単?(武器形?)	不明	不明	久我氏採集品	(京大登録028c)	京都大学文学部	30
不明	不明	不明	不明	「既に破壊せられ，今原形をとどめず。僅に遺存せる残片によりてその砂岩なるを知り得るのみ。」	行方不明	70
単(矛)	広形			連結式	熊野神社	1
単(矛)	広形			連結式	熊野神社	1
単(矛)	不明	不明		(京大登録027c)	京都大学文学部	30
双(戈・釧)	不明・釧	不明		1917年吉村良吉→浜田・梅原(京大登録027a)	京都大学文学部	30
単(矛)	中広			裏面砥石	東京大学文学部考古学研究室	138

福岡平野春日丘陵北側低地部(福岡県)つづき

付図	番号	遺跡名	郡・市	所在地	時期	彫り込み面	裏面	上端面	下端面	側面	側面2	側面3
	161	熊野神社下-1	春日市		II期	ウエオ						
	162	熊野神社下-2	春日市		II期	ウエオ						
	163	熊野神社後方-1	春日市		II期							
	164	熊野神社後方-2	春日市		II期							
18	165	熊野神社後方-3	春日市		II期	ウエオ	イウエ	ウエ	欠			
	166	須玖岡本遺跡	春日市	某地点	II期							
18	167	須玖岡本遺跡(第5次調査)	春日市	岡本	II期	ウオ・ウエオ	×	砥石	欠	砥石		
18	168	須玖岡本遺跡(第5次調査)	春日市	岡本	II期	ウエオ・ウエオ	×	欠	欠	ウエ		
18	169	須玖岡本遺跡(第5次調査)	春日市	岡本	II期	ウエオ→砥石	砥石	欠	欠	ウ		
	170	須玖岡本遺跡(第5次調査)	春日市	岡本	II期	ウ・ウ	×	ウ	欠	欠		
	171	須玖岡本遺跡(第5次調査)	春日市	岡本	II期	ウ	欠	欠	欠	欠		
	172	須玖岡本遺跡(第5次調査)	春日市	岡本	II期	砥石	砥石	欠	欠	ウエ		
	173	須玖岡本遺跡(第5次調査)	春日市	岡本	II期	欠	欠	欠	欠	欠		
	174	須玖岡本遺跡(第5次調査)	春日市	岡本	II期	小片	小片	小片	小片	小片		
	175	須玖岡本遺跡(第5次調査)	春日市	岡本	II期	小片	小片	小片	小片	小片		
	176	須玖岡本遺跡(第11次調査)	春日市	岡本	I期	ウエオ	欠	欠	欠	欠		
	177	須玖岡本遺跡(第11次調査)	春日市	岡本	I期	ウオ・砥石	×	欠	ウ	ウエ		
18	178	須玖タカウタ遺跡(第1次調査)	春日市	須玖南	I期	×	×	×	欠	欠		

福岡平野春日丘陵北部(福岡県)

付図	番号	遺跡名	郡・市	所在地	時期	彫り込み面	裏面	上端面	下端面	側面	側面2	側面3
	179	岡本ノ上遺跡(第4次調査)	春日市	岡本	II期	ウエオ	ウエ	欠	欠	ウエ		
	180	バンジャク池南側	春日市									
	181	バンジャク池西側	春日市									
19	182	盤石遺跡	春日市	岡本	I期	エオ・エオ	×	エ	欠	ウオ		
19	183	盤石遺跡	春日市	岡本	I期	欠	欠	欠	欠	欠		
19	184	盤石遺跡	春日市	岡本	I期	エオ	欠	欠	欠	ウ		
19	185	盤石遺跡	春日市	岡本	I期	エオ・エオ	欠	欠	欠	欠		
19	186	盤石遺跡	春日市	岡本	I期	砥石	砥石	砥石	欠	砥石		
19	187	盤石遺跡	春日市	岡本	I期	ウエオ	ウ	欠	欠	欠		
19	188	岡本4丁目遺跡	春日市	岡本	I期	大	砥石	大	大	ウエ・大		
19	189	伝平若A遺跡	春日市		I期							
19	190	平若A遺跡(試掘調査)	春日市	弥生								

第 2 章　製作技術から捉える弥生時代青銅器の生産体制

単or双or多(製品)	型式	共伴遺物等の時期	出土遺構	備考	所有者・所蔵者	文献
単(矛)	広形	奈良時代の軒丸瓦	包含層		不明(博多の人)	90
単(矛)	広形	奈良時代の軒丸瓦	包含層		不明(博多の人)	90
単(矛)	広形	不明	果樹園開墾時発見包含層	袋部, 溝あり(長さ2寸, 幅3寸3分, 厚さ1寸9分)	行方不明	91
単(矛)	広形	不明	果樹園開墾時発見包含層	袋部, 溝あり(長さ1寸9分, 幅3寸3分, 厚3寸)	吉村金三郎→森本六爾氏旧蔵→行方不明	136
単(矛)	中広	不明	久我氏採集品	鋒部, 溝あり(京大登録028a)	久我氏→京都大学文学部	58
単(矛)	広形	不明	不明	1927年発見	本山彦一旧蔵→行方不明	58
双(剣・剣)	不明・不明	不明	C区包含層	上端面砥石(1)	春日市教育委員会	101・141
双(戈・矛)	不明・不明	不明	B区包含層	矛面のみ黒変(2)	春日市教育委員会	101
単(戈)	不明	不明	C区包含層	彫り込み面・裏面砥石(3)	春日市教育委員会	101
双(不明・不明)	中細・中細	不明	B区包含層	彫り込みが浅く不明(4)	春日市教育委員会	101
単(不明)	不明	不明	C区包含層	溝状の彫り込み, 黒変している(5)	春日市教育委員会	101
単(武器形?)	不明	不明	A区発掘区壁(包含層)	彫り込み面が鋳造段階で欠けていた?(6)	春日市教育委員会	101
単?(不明)	不明	不明	ピット150	裏面欠(7)	春日市教育委員会	101
不明	不明	不明	B区包含層	小片のため不明(8)	春日市教育委員会	101
不明	不明	不明	D区包含層	小片のため不明(9)	春日市教育委員会	101
単?(矛?)	不明	中期の土器	溝8	彫り込み面以外は欠ではないか	春日市教育委員会	101
双(戈・戈)	不明	中期の土器	溝8	胡で割れる	春日市教育委員会	101
不明	不明	中期中葉	2号土壙	小片・3片接合・2面黒変	春日市教育委員会	103

単or双or多(製品)	型式	共伴遺物等の時期	出土遺構	備考	所有者・所蔵者	文献
単(剣)	不明	中期～中世	包含層	黒変部分あり	春日市教育委員会	22
(戈)				1952～53年発見	行方不明	40
(戈)				1959年発見	行方不明	40
双(矛・不明)	矛(中細)・不明	中期後葉～後期初頭	4号竪穴状遺構 P25	上端面を意図的に割っている, 湯口あり(報告番号1)	春日市教育委員会	102
単?(矛)	不明	中期後葉～後期初頭	3号竪穴状遺構	小片のため不明(報告番号2)	春日市教育委員会	102
単?(不明)	不明	中期後葉～後期初頭	1号竪穴状遺構 P6	小片のため不明(報告番号3)	春日市教育委員会	102
単?(矛?)	不明	中期後葉～後期初頭	1号竪穴状遺構 P16	小片のため不明(報告番号4)	春日市教育委員会	102
単?(不明)	不明	中期後葉～後期初頭	4号住居床面	全面砥石(報告番号5)	春日市教育委員会	102
単?(不明)	不明	中期後葉～後期初頭	4号住居	一部黒変(報告番号6)	春日市教育委員会	102
単(小銅鐸)	小銅鐸	中期後半以前	遺構検出時	合印あり	春日市教育委員会	122
(矛)		採集	採集品	砥石転用	春日市教育委員会	155
不明			試掘トレンチ	黒変あり	春日市教育委員会	155

福岡平野春日丘陵北部(福岡県)つづき

付図	番号	遺跡名	郡・市	所在地	時期	彫り込み面	裏面	上端面	下端面	側面	側面2	側面3
19	191	平若A遺跡(第3次調査)	春日市	弥生	I期	ウエオ	砥石	欠	欠	欠		
	192	平若C遺跡(第1次調査)	春日市		I期	欠	欠	欠	欠	欠		
	193	平若C遺跡(第1次調査)	春日市		I期	欠	欠	欠	欠	欠		
	194	平若C遺跡(第2次調査)	春日市		I期	砥石	砥石	欠	欠	砥石		
	195	平若C遺跡(第2次調査)	春日市		I期	ウエオ	欠	欠	欠	ウエ		
	196	平若C遺跡(第2次調査)	春日市		I期	ウオ	ウエ	欠	欠	欠		
20	197	柚ノ木A遺跡(第2次調査)	春日市									
20	198	赤井手遺跡	春日市	小倉	II期	砥石	砥石	欠	擦り切り	ウ・ウエ		
20	199	赤井手遺跡	春日市	小倉	II期	欠	欠	欠	欠	欠		
20	200	赤井手遺跡	春日市	小倉	II期	砥石	砥石	欠	欠	砥石		
20	201	赤井手遺跡	春日市	小倉	II期	ウエオ	ウエ	ウエ	欠	欠	ア	
20	202	赤井手遺跡	春日市	小倉	II期	ウエオ	ウ	欠	欠	ウ	イ	イ
20	203	赤井手遺跡	春日市	小倉	II期	ウエオ	ウ	欠	欠	イウ		
20	204	赤井手遺跡	春日市	小倉	II期	ウエオ	欠	欠	欠	欠		
	205	赤井手遺跡(第1次調査)	春日市	小倉	II期	欠	砥石	欠	欠	砥石		
	206	赤井手遺跡(第1次調査)	春日市	小倉	II期	欠	ウエ	欠	欠	欠		
	207	竹ヶ本遺跡C地点	春日市		II期	砥石・砥石	×	欠	欠	砥石		

福岡平野春日丘陵南部(福岡県)

付図	番号	遺跡名	郡・市	所在地	時期	彫り込み面	裏面	上端面	下端面	側面	側面2	側面3
21	208	トバセ遺跡(第2次調査)	春日市	大谷	I期	ウエオ	ウ	欠	イウエ	砥石		
21	209	大谷遺跡	春日市	小倉	I期	ウエオ	欠		欠	エ		
21	210	大谷遺跡(報告番号3)	春日市	小倉	I期	大・大	×	欠	欠	大		
21	211	大谷遺跡(報告番号4)	春日市	小倉	I期	エオ	エ	欠	大	大		
21	212	大谷遺跡(報告番号5)	春日市	小倉	I期	オ	欠	欠	欠	大		
21	213	大谷遺跡(報告番号6)	春日市	小倉	I期	ウエオ	欠	ウ	欠	欠・欠		
21	214	大谷遺跡	春日市	小倉	I期	ウエオ	砥石	欠	欠	砥石		
	215	大南遺跡(第4次調査)	春日市	小倉	II期							
21	216	大南遺跡(第6次調査)	春日市	小倉	II期	ウエオ	ア	ア	ア	アイ・アイ	アイ・アイ	
	217	上白水遺跡	春日市		I期	砥石	砥石	欠	欠	砥石		
21	218	門田遺跡	春日市	上白水					欠	欠		

福岡平野春日丘陵東部(福岡県)

付図	番号	遺跡名	郡・市	所在地	時期	彫り込み面	裏面	上端面	下端面	側面	側面2	側面3
	219	駿河A遺跡	春日市		II期	ウエオ	エ	連ウ	欠	ウ		
	220	駿河A遺跡	春日市		II期	砥石	砥石	欠	欠	砥石		

第 2 章 製作技術から捉える弥生時代青銅器の生産体制

or 双 or 多(製品)	型式	共伴遺物等の時期	出土遺構	備考	所有者・所蔵者	文献
単?(矛?)	矛	不明	II 区表土	砥石転用	春日市教育委員会	155
単?(不明)	不明		7 号住居下層	黒変あり，全体に風化が激しい	春日市教育委員会	23
単?(不明)	不明		11 号住居	表面が風化で剥離しているため調整不明	春日市教育委員会	23
単?(不明)	不明		西区大溝	上下端以外砥石	春日市教育委員会	
単?(戈)	不明		4 号住居	2 片接合，胡で割れる	春日市教育委員会	
単(戈)	不明		2 号住居	綾杉が明瞭に残る	春日市教育委員会	
(矛)	中広・広形		包含層	黒変あり	春日市教育委員会	44
単(戈)	中広	後期	A-3P2	胡しか分からない，砥石(報告番号 462)	春日市教育委員会	120
単?(矛?)	不明	後期	A-13 遺構検出時	裏面欠(報告番号 463)	春日市教育委員会	120
単(矛)	中広	後期	A-6 土壙 4	裏面砥石(報告番号 464)	春日市教育委員会	120
単(戈?)	広形	後期	A-5 遺構検出時	湯口あり，上端面に段あり(報告番号 465)	春日市教育委員会	120
単?(不明)	不明	後期	A-13 南側客土	側面の加工はおもしろい(報告番号 466)	春日市教育委員会	120
単(矛 or 戈)	中広 or 広形	後期	A-14 遺構検出時	扁平な厚さ(報告番号 467)	春日市教育委員会	120
双(戈・戈)	中広	後期	A-5 包含層	胡で割れている(報告番号 468)	春日市教育委員会	120
単?(不明)	不明	後期	A-1 区包含層	小片のため不明，彫り込み面以外砥石(報告番号 469)	春日市教育委員会	120
単(不明)	不明	後期	A-1 区包含層	小片のため不明，黒変あり	春日市教育委員会	120
双(戈・戈)	中細・中細		B 区 1 号住居床下	両側面・裏面砥石	春日市教育委員会	23

or 双 or 多(製品)	型式	共伴遺物等の時期	出土遺構	備考	所有者・所蔵者	文献
単(戈)	不明	中期中頃〜末の土器	包含層	両側面砥石	春日市教育委員会	156
単(銅鐸)	朝鮮系小銅鐸		B 地点 8 号住居埋土・10 号住居柱穴	3 辺接合，片麻岩製	春日市教育委員会	53
双(剣?・矛)	中細・中細	中期後半の土器	B 区 10 号住居内	片麻岩製	春日市教育委員会	53
双(剣・剣)	中細・中細	中期後半の土器	D 区 7 号住居	片麻岩製	春日市教育委員会	53・141
双(剣・剣)	中細・中細	中期後半の土器	B 区表土下	片麻岩製	春日市教育委員会	53・141
単(戈)	中細	中期後半の土器	D 区 P130	裏面に戈の線刻あり	春日市教育委員会	53
単(矛)	不明	中期後半の土器	B 区表土下	上下端面以外砥石	春日市教育委員会	115
	中広	後期の土器	住居	1974 年発見	福岡県教育委員会	48
単(戈)	広形			1976 年発見	春日市教育委員会	
単(戈)	不明	中世の土器	中世井戸	全面砥石	春日市教育委員会	
不明	不明		谷地区包含層	熱を受ける	福岡県教育委員会	8

or 双 or 多(製品)	型式	共伴遺物等の時期	出土遺構	備考	所有者・所蔵者	文献
単(矛)	広形		II 区 P803	2 片接合，連結式	春日市教育委員会	
不明	不明		I 区包含層	小片のため不明	春日市教育委員会	

福岡平野春日丘陵東部(福岡県)つづき

付図	番号	遺跡名	郡・市	所在地	時期	彫り込み面	裏面	上端面	下端面	側面	側面2	側面3
	221	駿河遺跡	春日市		II期	エオ	砥石	欠	欠	砥石		
	222	駿河遺跡	春日市		II期	ウエオ	イウ	欠	欠	イウ		
22	223	九州大学筑紫地区遺跡	春日市	春日公園	I期	ウオ・砥石	×	欠	欠	ウ・砥石		
22	224	九州大学筑紫地区遺跡	春日市	春日公園	II期	ウオ	イウ	欠	欠	イウ		
22	225	仲島遺跡	大野城市	仲畑		砥石	砥石	欠	欠	砥石		
22	226	石勺遺跡A地点	大野城市	瓦田	I期	砥石・エオ	×	欠	欠	砥石		
22	227	瓦田遺跡	大野城市	瓦田	II期	ウエオ	砥石	連イウ	ウ	アイ・アイ	アイ・イ	

福岡平野その他(福岡県)

付図	番号	遺跡名	郡・市	所在地	時期	彫り込み面	裏面	上端面	下端面	側面	側面2	側面3
22	228	森園遺跡B地点	大野城市	川久保	II期	砥石	欠	欠	欠	砥石		
22	229	安徳台遺跡	那珂川町	安徳	I期	オ			欠			
	230	太宰府遺跡										
22	231	筑前国分尼寺遺跡(第7次調査)	太宰府市	大字国分	II期	ウエオ	欠	欠	欠	ウ		
	232	太宰府町内	太宰府市									

粕屋平野(福岡県)

付図	番号	遺跡名	郡・市	所在地	時期	彫り込み面	裏面	上端面	下端面	側面	側面2	側面3
23	233	伝八田遺跡	福岡市	東区八田	I期	ウエオ	ウエ	欠	ウエ	ウエオ・ウエオ	ウエ・ウエ	
23	234	伝八田遺跡	福岡市	東区八田	II期	ウエオ・ウエオ	アイ・アイ	ウ	ウ	ウエ・ウエ	イウ・イウ	
23	235	伝八田遺跡	福岡市	東区八田	I期	ウエオ	ウエ	欠	ウエ	ウエ・ウエ	ウエ・ウエ	
23	236	伝八田遺跡	福岡市	東区八田	I期	ウエオ	ウエ	イウエ	イウエ	ウエ・ウエ	ウ・ウエ	
23	237	伝八田遺跡	福岡市	東区八田	I期	ウエオ・砥石	×	ウ	ウエ	ウエ・ウエ	ウエ・ウエ	
	238	伝八田遺跡	福岡市	東区八田	I期							
23	239	多田羅遺跡	福岡市	東区多田羅大牟田	II期	ウエオ	ア	アイ	アイ	イ・イ	ア・ア	
24	240	勝馬遺跡	福岡市	東区志賀島勝馬裏	I期	エオ	イエ	欠	欠	イエ・イエ		
24	241	香椎松原遺跡	福岡市	東区香椎松原	II期	ウエオ・ウエオ	×	イウエ	イウエ	イウエ・イウエ		

宗像地域(福岡県)

付図	番号	遺跡名	郡・市	所在地	時期	彫り込み面	裏面	上端面	下端面	側面	側面2	側面
	242	勝浦高原遺跡	福津市		I期							

第 2 章　製作技術から捉える弥生時代青銅器の生産体制

単 or 双 or 多(製品)	型式	共伴遺物等の時期	出土遺構	備考	所有者・所蔵者	文献
単(矛)	広形		II区16号住居	裏面砥石	春日市教育委員会	
単(不明)	不明		I区北部包含層	くぼみあり	春日市教育委員会	
双(戈・戈)	中細・中細	中期後半の土器	S×303旧河川		九州大学埋蔵文化財調査室	93
単(巴形銅器)	巴形銅器		4I区8世紀の包含層	香川県森広天神遺跡出土品と一致	九州大学埋蔵文化財調査室	73
単(矛)	中細？中広？	不明	包含層	小片のため不明	大野城市教育委員会	110
双(剣・剣)	不明・不明	中期後半	包含層	両面とも黒変	大野城市教育委員会	128
単(矛)	広形	不明	御笠川改修工事中	連結式鋳型，鋳型面は黒変，裏面は砥石に転用	大野城市教育委員会	81

単 or 双 or 多(製品)	型式	共伴遺物等の時期	出土遺構	備考	所有者・所蔵者	文献
単？(矛)	中広？	なし	B区SB16	砥石転用のため不明	大野城市教育委員会	129
単(武器形)	細形	中期中葉	2号住居跡	下端面切断　滑石	那珂川町教育委員会	54
不明(矛)	不明	不明	不明	文書のみ，矢野一貞『筑後将士軍談』巻の第52より「太宰府ヨリ石ニ比々良木ノ葉ノ形ヲ彫タル石ノ範ヲ堀出セリ，是古事記ニ所謂比々良木ノ八尋鉾トイフ者ノ範ナルカ」	不明	143
単(矛)	中広	中期中頃～後半の土器	SD10	黒変部分あり	太宰府市教育委員会	47
単	不明			未製品？　写真のみ	不明	137

単 or 双 or 多(製品)	型式	共伴遺物等の時期	出土遺構	備考	所有者・所蔵者	文献
単(戈)	中細	不明	不明	明大蔵の鋳型とセット(常松報告1号)	福岡市立博物館	59
単(剣)	中広	不明	不明	側面に2ヶ所合印あり，おそらく2ヶ所剥落(常松報告2号)	福岡市立博物館	39・141
単(戈)	中細	不明	不明	福岡市立博物館蔵の鋳型とセット(常松報告3号)	明治大学考古学博物館	60
単(戈)	中細	不明	不明	裏面の戈は線刻(常松報告4号)	福岡市立博物館	77
双(戈・矛)	中細	不明	不明	(常松報告5号)	福岡市立博物館	77
双(戈・剣)	中細	不明	不明		不明	
単(戈)	広形	不明	不明	合印あり(3回やり直している)	福岡高校→九州歴史資料館	38
単(剣)	細形？中細？	中期	前田富蔵氏宅井戸内	黒変している	志賀海神社	134・135・141
双(釧・釧)	釧・釧	なし	不明	戦後の開墾中に発見	九州歴史資料館	133

単 or 双 or 多(製品)	型式	共伴遺物等の時期	出土遺構	備考	所有者・所蔵者	文献
単(銅鐸)			貯蔵穴の底	未報告(後藤報文)，鈕なし，身のみ，文様なし，完形	津屋崎町教育委員会	

宗像地域(福岡県)つづき

付図	番号	遺跡名	郡・市	所在地	時期	彫り込み面	裏面	上端面	下端面	側面	側面2	側面3
24	243	久保長崎遺跡	古賀市	久保長崎	I期	ウエオ・ウエオ	×	欠	欠			
24	244	浜山遺跡B地点	古賀市	浜山	I期	ウエオ	欠		欠			

遠賀川下流域(福岡県)

付図	番号	遺跡名	郡・市	所在地	時期	彫り込み面	裏面	上端面	下端面	側面	側面2	側面3
24	245	吉木	岡垣市	吉木	II期	ウエオ	砥石	ウエ	ウエオ	イ・イ	イ・イ	
	246	吉木	岡垣市	吉木								
24	247	松本遺跡	北九州市	八幡西区永犬丸	I期	ウエオ	ウエオ	欠	欠	ウエオ・ウエオ		
24	248	松本遺跡	北九州市	八幡西区永犬丸	I期	ウエオ	欠	欠	ウエオ	ウエオ		

遠賀川中流域(福岡県)

付図	番号	遺跡名	郡・市	所在地	時期	彫り込み面	裏面	上端面	下端面	側面	側面2	側面3
25	249	庄原遺跡	田川郡	添田町大字庄字ドノ原	I期	ウエオ			欠			
25	250	立岩焼ノ正遺跡	飯塚市	立岩・焼ノ正	I期	ウエオ	欠	欠	欠	砥石		
25	251	立岩ドノ方遺跡	飯塚市	立岩・下ノ方	I期	ウエオ		欠	欠	欠		
25	252	立岩ドノ方遺跡	飯塚市	立岩	I期	ウエオ	砥石	欠	欠	欠		
25	253	片島遺跡(亀甲)	飯塚市	片島亀甲		ウエオ						

宝満川中・上流域(福岡県)

付図	番号	遺跡名	郡・市	所在地	時期	彫り込み面	裏面	上端面	下端面	側面	側面2	側面3
25	254	隈・西小田遺跡(第6地点)	筑紫野市	大字隈・西小田	I期	砥石	砥石	ウエ	欠	ウ・エ	ウエ・エ	
25	255	永岡遺跡	筑紫野市	永岡	I期	砥石	砥石	欠	イウ	砥石		
26	256	仮塚南遺跡	筑紫野市	大字諸田字仮塚	II期	ウエオ	砥石	連				
26	257	乙隈天道町遺跡	小郡市	乙隈他		砥石		欠	擦り切り			
26	258	津古東台遺跡	小郡市	大字津古字永前	II期	ウエオ	ウエ	ウエ	連ウエ	ウエ		
26	259	大板井遺跡(IX区)	小郡市		I期	砥石						
26	260	小郡市内?	小郡市		I期	砥石						
27	261	宮ノ上遺跡	筑前町	夜須町大字朝日字宮ノ上	II期	ウエオ						
27	262	ヒルハタ遺跡	筑前町	夜須町大字三牟田字ヒルハタ	II期	ウエオ・ウエオ	×	イウ	イウ	ウ		
27	263	小田中原前遺跡	筑前町	夜須町東小田字中原前	I期	ウエオ			欠			

第 2 章　製作技術から捉える弥生時代青銅器の生産体制

単 or 双 or 多(製品)	型式	共伴遺物等の時期	出土遺構	備考	所有者・所蔵者	文献
双(戈・戈)	中細	後期初頭～前半	2号住居覆土+7号住居覆土	2片接合，境氏は反対	福岡県教育委員会	16・116
単(釧)	釧	中期中葉～後葉の土器	9号住居			86

単 or 双 or 多(製品)	型式	共伴遺物等の時期	出土遺構	備考	所有者・所蔵者	文献
単(戈)	中広	不明	不明	(246)吉木遺跡との関係は不明	奴山法蓮寺住職青木義龍→東京大学理学部人類学教室	29・70・78
不明	不明	不明	不明	(245)吉木遺跡との関係は不明，「村民切りて砥石となしたれば原形を失い今は無し」	不明	70
単(鐸?)	朝鮮式小銅鐸?	前期末～中期初頭の土器	I区20号土坑の覆土	合印あり，鋳型面黒変，関門層脇野層砂質凝灰岩	(財)北九州市教委文化事業団埋蔵文化財調査室	49
単(鐸?)	朝鮮式小銅鐸?	前期末～中期初頭の土器	I区20号土坑の排土	鋳型面黒変，関門層脇野層砂質凝灰岩	(財)北九州市教委文化事業団埋蔵文化財調査室	49

単 or 双 or 多(製品)	型式	共伴遺物等の時期	出土遺構	備考	所有者・所蔵者	文献
単(鉇)	鉇	中期前半の遺構に切られている	7号貯蔵穴	黒変している		68
単(戈)	中細	不明	不明	裏面は砥石に転用	飯塚市歴史資料館	16・17
双(戈・不明)	細形?			1941年清賀義人発見→森貞次郎	飯塚市歴史資料館	17・132
単(不明)	不明	不明	不明	不明製品，黒変あり，整理作業中確認	飯塚市教育委員会	57
(武器形)	武器形		住居床面	断面形が蒲鉾状	個人	34・35

単 or 双 or 多(製品)	型式	共伴遺物等の時期	出土遺構	備考	所有者・所蔵者	文献
単(矛)	中細	中期末～後期初頭の土器	第6地点12号住居床面		筑紫野市歴史博物館	31・41
単?(戈)	中細?	不明	柴田氏採集品	裏面に湯口らしきものあり，全面砥石	筑紫野市歴史博物館	148
双(戈・戈?)	広形	後期後半の土器	10号土壙	連結式鋳型，裏面に戈の割り付け？ 線刻？	九州歴史資料館	123
単(戈)	?			側面，裏面は砥石に転用(反る)	九州歴史資料館	36
単(矛)	広形	後期後半～終末	土器溜上層	彫り直しあり	小郡市教育委員会	24
単	不明	中期後半	P141	砥石に転用，黒変あり	小郡市教育委員会	127
単	不明			流紋岩質火山岩，砥石に転用	大原中学校旧蔵	18
単(釧)	釧	後期中葉の土器	SI11覆土	他の鋳型の転用かもしれない	筑前町教育委員会	51・75
多(鏡・鏃・十字形銅器・勾玉)	小形仿製鏡・鏃・十字形銅器・勾玉	後期の土器	227号住居内土壙		文化庁・筑前町教育委員会	50・52・139
単(戈)	中広	不明	井戸掘り中発見	報告者は湯口が上端としている	夜須中学校	42・119

筑後川中・下流域(福岡県)

付図	番号	遺跡名	郡・市	所在地	時期	彫り込み面	裏面	上端面	下端面	側面	側面2	側面3
28	264	新府遺跡	久留米市	東合川	I期							
28	265	上枇杷遺跡	みやま市	瀬高町大字小川字上枇杷	I期	ウエオ・砥石	×					
28	266	益生田寺徳遺跡	久留米市	田主丸町大字益生田寺徳	II期	ウエオ・ウエオ	×					
28	267	仁右衛門畑遺跡	うきは市	吉井町大字新治	I期	砥石						

鳥栖丘陵周辺(佐賀県)

付図	番号	遺跡名	郡・市	所在地	時期	彫り込み面	裏面	上端面	下端面	側面	側面2	側面3
29	268	安永田遺跡	鳥栖市	柚比町安永田	II期	ウエオ・ウエオ	ウ・イエ・エ	ウエ	ウエ	イ	ウエ	
29	269	安永田遺跡	鳥栖市	柚比町安永田	II期	ウエオ	イウエ	ウ・擦り切り	砥石	イウ・イ		
29	270	安永田遺跡	鳥栖市	柚比町安永田	II期	ウエオ	欠	欠	欠	イ	イ	イ
29	271	安永田遺跡	鳥栖市	柚比町安永田	II期	欠	欠	欠	欠	欠		
29	272	安永田遺跡	鳥栖市	柚比町安永田	II期	オ	欠	欠	欠	欠		
29	273	安永田遺跡	鳥栖市	柚比町安永田	II期	欠	欠	欠	欠	欠		
29	274	安永田遺跡	鳥栖市	柚比町安永田	II期	ウオ	欠	欠	欠	ア		
29	275	荻野公民館予定地遺跡	鳥栖市	柚比町	II期	ウエオ	アエ	欠	欠	ア・ア	ア・ア	
30	276	柚比平原遺跡3区	鳥栖市	柚比町	I期	砥石	砥石	欠	欠	砥石		
30	277	大久保遺跡7区	鳥栖市	柚比町	I期							
30	278	平原遺跡1区	鳥栖市	柚比町字平原	I期	砥石・砥石	×	欠	欠	砥石		
30	279	柚比前田遺跡4区	鳥栖市	柚比町	I期	オ	砥石	エ	エ	砥石		
30	280	前田遺跡	鳥栖市	柚比町字前田	I期	砥石	砥石	欠	砥石	砥石		
30	281	柚比本村遺跡2区	鳥栖市	柚比町	I期	ウエオ	イウ	欠	イウエ	イウ		
30	282	江島	鳥栖市	江島町	II期	ウエオ	アイ	欠	アイ	アイ・アイ	アイ・アイ	
31	283	本行遺跡	鳥栖市	宿町	I期	エオ・エオ	×	欠	欠	ウエ・ウエ	ウエ・ウエ	
31	284	本行遺跡	鳥栖市	宿町	I期	エオ・砥石	×	エ	欠	ウエ		
31	285	本行遺跡	鳥栖市	宿町	I期	エオ・エオ	×	ウエ	欠	ウエ・エ		
31	286	本行遺跡	鳥栖市	宿町	I期							
31	287	本行遺跡	鳥栖市	宿町	I期	エオ	ウ	ウ	欠	ウ		
31	288	本行遺跡	鳥栖市	宿町	I期							
31	289	本行遺跡	鳥栖市	宿町	I期							

第 2 章　製作技術から捉える弥生時代青銅器の生産体制　　　　　　　　　　　　　　　163

単 or 双 or 多(製品)	型式	共伴遺物等の時期	出土遺構	備考	所有者・所蔵者	文献
単(小銅鐸)					久留米市教育委員会	33
双(不明・不明)	不明・不明	中期前半の土器	2号土壙		福岡県教育委員会	27
双(鏡・鏡)	小形仿製鏡・小形仿製鏡	不明	不明	両面とも黒変，線刻あり(矢?)	久留米市教育委員会	13
不明	不明	中期初頭の土器	72号土壙	黒変あり　砥石転用	福岡県教育委員会	154

単 or 双 or 多(製品)	型式	共伴遺物等の時期	出土遺構	備考	所有者・所蔵者	文献
側(矛・矛)	中広	中期末の土器	2号土壙+包含層	3片接合	鳥栖市教育委員会(佐賀県教育委員会)	109
単(矛)	中広～広形(鋒部)	中期後半の土器	包含層	鋒部，溝あり	鳥栖市教育委員会(佐賀県教育委員会)	109
単(銅鐸)	横帯文	中期末の土器	42号住居	側面3段	鳥栖市教育委員会(佐賀県教育委員会)	109
単(銅鐸)	横帯文	中期末の土器	42号住居	下端面がおもしろい	鳥栖市教育委員会(佐賀県教育委員会)	109
単(銅鐸)	横帯文	中期後半の土器	13号土壙	鳥が魚をくわえてる	鳥栖市教育委員会(佐賀県教育委員会)	109
単(銅鐸)	横帯文	中期末の土器	47号住居	鈕の一部	鳥栖市教育委員会(佐賀県教育委員会)	109
単(銅鐸)	横帯文	中期末の土器	16号住居	鳥の尾	鳥栖市教育委員会(佐賀県教育委員会)	109
単(矛)	中広	中期後半の土器	1号土壙埋土上層	側面加工がおもしろい	鳥栖市教育委員会(佐賀県教育委員会)	109
双(戈・不明)	細形	後期の土器	SH3006竪穴住居	(277)大久保遺跡出土鋳型と接合	佐賀県教育委員会	65
双(戈・不明)	細形	6c後半の土器	SH12	(276)柚比平原遺跡出土鋳型と接合	佐賀県教育委員会	159
双(不明・不明)	不明	弥生土器片3片	SH171P-98	側面砥石	佐賀県教育委員会	80
単(魚形製品)	魚形製品	中期の土器	SK4147	裏面，左右両側面砥石	佐賀県教育委員会	66
単(不明)	不明		1354区6号トレンチ	4面砥石，一部表面黒変	鳥栖市教育委員会	6
単(戈)	細形・中細	須玖Ⅱ古	SX2004	綾杉の傾きがきつい	佐賀県教育委員会	56
単(戈)	広形			内に同心円文	鳥栖市教育委員会	109
双(矛・矛)	中細・細形	中期後半	包含層	中細剣→細形矛，割付印あり(報告番号1)	鳥栖市教育委員会	130・140
双(剣・矛・棒)	中細・細形	なし	近代溝状遺構	中細剣→細形矛・棒状製品(同時)，真土の付着痕あり，側面に切り込みあり(報告番号2)	鳥栖市教育委員会	130
双(剣・鉇)	細形	なし	近代溝状遺構	割り方下位の突起が2つ(報告番号3)	鳥栖市教育委員会	130・140
双(剣・鉇)	細形	時期不明	ピット	両面とも黒変(報告番号4)	鳥栖市教育委員会	130・140
双(剣・鉇)	細形	後期の土器	土壙	(報告番号5)	鳥栖市教育委員会	130
双(剣・矛)	不明	時期不明	包含層	滑石(報告番号6)	鳥栖市教育委員会	130
双(剣・矛)	不明	時期不明	溝状遺構	(報告番号7)	鳥栖市教育委員会	130

鳥栖丘陵周辺(佐賀県)つづき

付図	番号	遺跡名	郡・市	所在地	時期	彫り込み面	裏面	上端面	下端面	側面	側面2	側面3
31	290	本行遺跡	鳥栖市	宿町	I期	ウエオ・大	欠	ウエ	擦り切り	欠		
32	291	本行遺跡	鳥栖市	宿町	I期	エオ	エ	エ	エ	エ・エ	エ・ウ	
32	292	本行遺跡	鳥栖市	宿町	I期	砥石	砥石	砥石	欠	エ		
32	293	本行遺跡	鳥栖市	宿町	I期	エオ	欠	欠	欠	欠		
32	294	本行遺跡	鳥栖市	宿町	I期	ウエオ	砥石	欠	欠	欠		

吉野ヶ里丘陵周辺(佐賀県)

付図	番号	遺跡名	郡・市	所在地	時期	彫り込み面	裏面	上端面	下端面	側面	側面2	側面3
32	295	西石動遺跡	吉野ヶ里町	西石動	I期	ウエオ・ウエオ	×	欠				
32	296	姉遺跡	神埼市	千代田町大字姉	I期	ウエオ		欠				
32	297	姉遺跡	神埼市	千代田町大字姉	I期	ウオ			欠			
32	298	詫田西分遺跡	神埼市	千代田町大字詫田	I期	ウエオ		欠	欠			
33	299	吉野ヶ里遺跡	吉野ヶ里町	吉野ヶ里丘陵地区III区	I期	ウエオ	オ	砥石	欠	オ		
33	300	吉野ヶ里遺跡	吉野ヶ里町	田手一本黒木地区	I期	砥石・砥石	砥石	欠	欠	エ・ウエ		
33	301	吉野ヶ里遺跡	吉野ヶ里町	吉野ヶ里丘陵地区IV区	I期	砥石	×	欠	欠	砥石		
33	302	吉野ヶ里遺跡	吉野ヶ里町	田手一本黒木地区	I期	ウエオ・ウエオ・ウエオ・ウエオ	×	ウエオ	欠	×		
33	303	吉野ヶ里遺跡	吉野ヶ里町	田手一本黒木地区	I期	ウエオ・エオ	×	欠	欠	ウエ・エ		
34	304	吉野ヶ里遺跡	吉野ヶ里町	吉野ヶ里地区V区	II期	エオ	砥石	イ	イ	イ		
34	305	吉野ヶ里遺跡	吉野ヶ里町	吉野ヶ里地区V区	II期	ウオ	イウ	欠	欠	イウ	イ	
34	306	吉野ヶ里遺跡	吉野ヶ里町	吉野ヶ里地区V区	II期							

佐賀平野(佐賀県)

付図	番号	遺跡名	郡・市	所在地	時期	彫り込み面	裏面	上端面	下端面	側面	側面2	側面3
35	307	惣座遺跡	佐賀市	大和町	I期	ウエオ・ウエオ	×	欠	欠	砥石		
35	308	欅ノ木遺跡	佐賀市	上和泉町欅ノ木	I期	エオ	砥石	ウ	オ	砥石		
35	309	鍋島本村南遺跡	佐賀市	鍋島町大字鍋島二本杉	I期	ウエオ		欠	欠	ウ		
35	310	久蘇遺跡(10区)	小城市		I期							

第 2 章　製作技術から捉える弥生時代青銅器の生産体制

単or双or多(製品)	型式	共伴遺物等の時期	出土遺構	備考	所有者・所蔵者	文献
単(矛)	中細(袋部と耳)	後期後半の土器	大溝	滑石(アクチノ閃岩)，上端面に切り離した痕跡あり(報告番号8)	鳥栖市教育委員会	130
単(棒)	棒	なし	表土剥土中	棒2本の彫り込みあり(報告番号9)	鳥栖市教育委員会	130
双(剣・剣)	不明・不明	後期の土器	土壙	滑石製，各面砥石に使用(報告番号10)	鳥栖市教育委員会	130
単?(不明)	不明	時期不明	ピット	小片のため不明(報告番号11)	鳥栖市教育委員会	130
単(銅鐸)	横帯文	後期後半の土器	大溝	砥石に転用(報告番号12)	鳥栖市教育委員会	130

単or双or多(製品)	型式	共伴遺物等の時期	出土遺構	備考	所有者・所蔵者	文献
双(戈，戈)	中細	なし	包含層	茎に直線	京都大学文学部考古学研究室	125
単(矛)	細形～中細(上半部)	壺甕器台	IV区SK4004不定形土壙	合印あり	千代田町教育委員会	76・141
単(剣)	中細(下半部)	壺	VII区SK7101貯蔵穴		千代田町教育委員会	76・141
単(剣?)	細形～中細	中期	SD001	高志神社遺跡甕棺出土細形銅剣の関から抉入りとほぼ一致	千代田町教育委員会	79
単(剣)	細形	後期の環濠に切られた甕棺埋土より出土	SJ0937甕棺埋土	彫り込み面，側面，裏面に溝(再度鋳型を彫り込もうとしたもの)(報告番号490)	文化庁(佐賀県立博物館)	55・141
双(剣・不明)	不明・不明	不明	遺物包含層	銅剣の脊の彫り込み(表面)，裏面以外3面を砥石に転用，裏面の製品は不明(報告番号491)	文化庁(佐賀県立博物館)	55・141
多(剣・棒)	不明・棒	中期の土器	SK0541土壙	銅剣の脊の彫り込み，側面に棒状製品の彫り込み(報告番号492)	文化庁(佐賀県立博物館)	55
多(剣・剣・矛・剣)	細形～中細	中期前半の土器	154トレンチSK04土壙	両側面の細形剣→細形矛→中細剣(報告番号493)	佐賀県教育委員会	55・141
双(矛・矛)	細形(袋部と切先部)	中期前半の土器	7トレンチSK04の延長部	1面の矛は双耳，3本節帯(報告番号494)	文化庁(佐賀県立博物館)	55
単(不明製品)	不明	後期初頭～前半	SD0925	裏面砥石(報告番号495)	佐賀県教育委員会	55
単(巴形銅器)	巴形銅器	後期初頭～前半	SD0925	2点接合，巴形銅器截頭座7脚，2点の距離7m離れる	佐賀県教育委員会	55
単(巴形銅器)	巴形銅器	終末期の土器	SD0925 7畔2層		佐賀県教育委員会	92

単or双or多(製品)	型式	共伴遺物等の時期	出土遺構	備考	所有者・所蔵者	文献
双(矛・剣)	細形・細形	大甕片	P-4(柱穴?)	各面砥石に転用	大和町教育委員会	115・141
単(戈)	中細	なし	不明	1955年発見	東京国立博物館	111
単(戈)	細形?	中期前半の土器	SK345	流れ込みの自然堆積による	佐賀市教育委員会	29
双(矛・棒状・不明)	細形		Hグリッド北側	3条節帯	小城市教育委員会	15

佐賀平野(佐賀県)つづき

付図	番号	遺跡名	郡・市	所在地	時期	彫り込み面	裏面	上端面	下端面	側面	側面2	側面3
35	311	仁俣遺跡(第2次調査)	小城市	三日月町大字長神田字六十三坪	Ⅰ期							
35	312	土生遺跡(第5次調査)	小城市	三日月町大字久米	Ⅰ期	ウエオ(大)・ウエオ(大)						
35	313	土生遺跡(第11次調査)	小城市	三日月町	Ⅰ期	ウエオ・エオ		欠	欠			
35	314	土生遺跡(第11次調査)	小城市	三日月町	Ⅰ期	エオ						
35	315	土生遺跡(第12次調査)	小城市	三日月町	Ⅰ期	エオ・エオ		欠				
35	316	土生遺跡(第12次調査)	小城市	三日月町	Ⅰ期	エオ・エオ		欠	欠	欠		
35	317	土生遺跡(第12次調査)	小城市	三日月町	Ⅰ期			欠	欠			
35	318	土生遺跡(第12次調査)	小城市	三日月町	Ⅰ期	エオ	イウ			欠		
	319	牟田辺遺跡	多久市		Ⅰ期							

熊本平野(熊本県)

付図	番号	遺跡名	郡・市	所在地	時期	彫り込み面	裏面	上端面	下端面	側面	側面2	側面3
36	320	白藤遺跡	熊本市	島町	Ⅰ期	ウエオ・ウエオ	×					
36	321	八ノ坪遺跡	熊本市	護藤町・美登里町	Ⅰ期	ウエオ・ウエオ	×	ウエオ	欠	ウエオ		
36	322	八ノ坪遺跡	熊本市	護藤町・美登里町	Ⅰ期	エオ・エオ	×	欠	欠	ウエ		
36	323	八ノ坪遺跡	熊本市	護藤町・美登里町	Ⅰ期							
36	324	八ノ坪遺跡	熊本市	護藤町・美登里町	Ⅰ期	エオ		ウオ	欠	ウオ		

その他(大分県・長崎県・山口県)

付図	番号	遺跡名	郡・市	所在地	時期	彫り込み面	裏面	上端面	下端面	側面	側面2	側面3
	325	秋葉	豊後大野市	三重町秋葉								
36	326	原の辻遺跡	壱岐市									
36	327	下七見遺跡	豊浦郡	菊川町下七見	Ⅰ期	ウエオ	砥石	欠	欠			

註: 本集成は未発表資料を含む。「単 or 双 or 多(製品)」の項目は「単面笵 or 双面笵 or 多面笵(製品)」のことである。欠は欠損, ×は双面笵や多面笵などなし, を示す。

文献(五十音順):
1 青柳種信『筑前國續風土記拾遺』
2 青柳種信『柳園随筆』
3 池崎譲二・田崎博之・常松幹雄・田中克子・折尾学編1982『福岡市高速鉄道関係埋蔵文化財調査報告Ⅱ　西新町遺跡』福岡市埋蔵文化財調査報告書第79集　福岡市教育委員会
4 井沢洋一編1987『有田・小田部第8集』福岡市埋蔵文化財調査報告書第155集　福岡市教育委員会
5 井沢洋一編1988『有田・小田部第9集』福岡市埋蔵文化財調査報告書第173集　福岡市教育委員会
6 石橋新次編1984『前田遺跡—柚比遺跡群範囲確認調査第4次調査報告書—』鳥栖市文化財調査報告書第23集　鳥栖市教育委員会
7 伊東東1932「豊後に於ける青銅器関係の新資料」『考古学』2-1

単or双or多(製品)	型式	共伴遺物等の時期	出土遺構	備考	所有者・所蔵者	文献
多(不明・矛・不明)	細形	中期前半の土器	SK028		三日月町教育委員会	83
側(鉇・魚形製品)	鉇・魚形製品	中期前半の土器	ピット	側面の彫り込みは柚比前田の魚形製品に似ている	三日月町教育委員会	25・45・84
双(剣・剣)	中細・中細	中期前半	SD01	黒変(報告番号82)	三日月町教育委員会	84・141
双(ミニチュア銅矛・棒状製品)		中期前半	SD01	並行してミニチュア銅矛・裏面にも棒状製品(報告番号83)	三日月町教育委員会	84
双(剣・剣)	細形・細形	中期前半	SD14 河川跡	(報告番号128)	三日月町教育委員会	84・141
単(矛)	細形	中期前半	SD14 河川跡	裏面には×の彫り込み魚形か？(報告番号129)	三日月町教育委員会	84
双(矛・矛)		中期前半	SD14 河川跡	側面にも彫り込みか？(報告番号130)	三日月町教育委員会	84
単(矛)		中期前半	SK06	黒変(報告番号210)	三日月町教育委員会	84
単(剣?)	細形	中期前半		整理中に発見	多久市教育委員会	69

単or双or多(製品)	型式	共伴遺物等の時期	出土遺構	備考	所有者・所蔵者	文献
双(武器形・不明)	細形～中細	中期の土器	土壙	裏面に彫り込みあり	熊本市教育委員会	97・141
双(戈・戈)	細形・細形	中期前半	H5A 小区	黒変(報告番号90)	熊本市教育委員会	98・99
双(矛・矛)	細形・細形	中期前半	H5A 小区	黒変(報告番号91)	熊本市教育委員会	98・99
多(不明・不明)	不明・不明	中期前半	KD1 小区北微高地	小片のため不明，黒変(報告番号318)	熊本市教育委員会	98・99
単(小銅鐸)	小銅鐸	中期前半	KD1 小区北微高地 SK171	(報告番号581)	熊本市教育委員会	98・99

単or双or多(製品)	型式	共伴遺物等の時期	出土遺構	備考	所有者・所蔵者	文献
(剣)				大正3・4(1914・15)年の頃，共同墓地の北30mの畑で出土	行方不明	7
単(不明)	不明				長崎県教育委員会	117
単(釧)	釧	中期初頭の土器	SB-6	裏面砥石，側面は赤変	菊川町教育委員会	72

8　井上裕弘編 1979『山陽新幹線関係埋蔵文化財調査報告』第11集　福岡県教育委員会
9　井上裕弘編 1983『御床松原遺跡』志摩町文化財調査報告書第3集　志摩町教育委員会
10　井上義也 2004「須玖遺跡群出土鏡范型の概要」『鏡范研究』Ⅰ　奈良県立橿原考古学研究所・二上古代鋳金研究会
11　井上義也 2010『御陵遺跡2』春日市文化財調査報告書第56集　春日市教育委員会
12　井上義也 2011『比恵尻遺跡』春日市文化財調査報告書第60集　春日市教育委員会
13　江島伸彦 1999「福岡県田主丸町益生田寺徳遺跡出土の鋳型について」『九州考古学』第74号
14　榎本義嗣編 1997『有田・小田部28』福岡市埋蔵文化財調査報告書第513集　福岡市教育委員会
15　太田正和編 2007『久蘇遺跡(6～19区)』小城市文化財調査報告書第3集　小城市教育委員会
16　岡崎敬 1939「遠賀川上流の有紋弥生式遺跡地」『考古學雜誌』第29巻第2号
17　岡崎敬 1977「青銅器とその鋳型」『立岩遺蹟』河出書房新社
18　小郡市史編集委員会 1996『小郡市史』第一巻　通史編　地理・原始・古代

19　春日市教育委員会 1992『よみがえる須玖・岡本遺跡群―弥生時代の先進技術―』
20　春日市教育委員会 1993『春日市埋蔵文化財年報1　平成4年度』
21　春日市教育委員会 1995『春日市埋蔵文化財年報3　平成6年度』
22　春日市教育委員会 2000『春日市埋蔵文化財年報7　平成10年度』
23　春日市史編さん委員会 1995『春日市史』上
24　片岡宏二編 1993『津二遺跡群I』小郡市文化財調査報告書第84集　小郡市教育委員会
25　片岡宏二 1996「青銅製ヤリガンナ考―日本出土例を中心として―」『考古學雜誌』第81巻第2号　日本考古学会
26　加藤良彦編 1994『席田遺跡群7―大谷遺跡第4次調査―』福岡市埋蔵文化財調査報告書第357集　福岡市教育委員会
27　川述昭人編 1988『上桃杷・金栗遺跡』福岡県文化財調査報告書第82集　福岡県教育委員会
28　神田孝平(淡崖迂夫)1887「銅剣ノ鋳型」『東京人類學會雜誌』第19号　東京人類學會
29　木島慎治編 1991『鍋島本村南遺跡』佐賀市文化財調査報告書第35集　佐賀市教育委員会
30　京都大学文学部 1960『京都大学文学部陳列館考古学資料目録』第1部
31　草場啓一編 1993『隈・西小田地区遺跡群』筑紫野市埋蔵文化財発掘調査報告書第38集　筑紫野市教育委員会
32　蔵富士寛編 2001『原遺跡10』福岡市埋蔵文化財調査報告書第688集　福岡市教育委員会
33　久留米市史編纂委員会 1994『久留米市史』第12巻　資料編　考古
34　児島隆人 1934「遠賀川上流における弥生式遺跡」『上代文化』11・12合併号
35　児島隆人 1973「VI 嘉穂地方の弥生遺跡・遺物　15 鋳笵　片島・亀甲」『嘉穂地方史』
36　児玉真一編 1989『乙隈天道町遺跡』福岡県文化財調査報告書第86集　福岡県教育委員会
37　後藤直・沢皇臣編 1975『板付』福岡市埋蔵文化財調査報告書第35集　福岡市教育委員会
38　後藤直 1978『銅矛と銅鐸―弥生時代の祭器とその鋳型―』福岡市立歴史資料館図録第3集
39　後藤直 1982「福岡市八田出土の銅剣鋳型―資料の観察―」『福岡市立歴史資料館研究報告』第6集
40　後藤直 1983「青柳種信の考古資料(二)」『福岡市立歴史博物館研究報告』7
41　後藤直 1999「青銅器」『筑紫野市史』上巻自然環境原始・古代中世　筑紫野市史編さん委員会
42　後藤直 2001「青銅器と鋳型」『筑紫野市史資料編(上)考古資料』筑紫野市史編さん委員会
43　小林義彦編 2008『比恵遺跡52』福岡市埋蔵文化財調査報告書第1002集　福岡市教育委員会
44　境靖紀編 2007『柚ノ木A遺跡』春日市文化財調査報告書第50集　春日市教育委員会
45　佐賀県立博物館 1993『弥生のロマン』
46　坂田邦彦 2004『御陵遺跡』春日市文化財調査報告書第36集　春日市教育委員会
47　狭川真一編 1991『筑前国分尼寺跡II』太宰府市の文化財第16集　太宰府市教育委員会
48　佐々木隆彦編 1976『大南遺跡調査概報』春日市文化財調査報告書第4集　春日市教育委員会
49　佐藤浩司 1998『永犬丸遺跡群2』北九州市埋蔵文化財調査報告書第216集　(財)北九州市教育文化事業団埋蔵文化財調査室
50　佐藤正義 2004「ヒルハタ遺跡出土鋳型の概要」『鏡笵研究』I　奈良県立橿原考古学研究所・二上古代鋳金研究会
51　佐藤正義編 1999『宮ノ上遺跡』夜須町文化財調査報告書第44集　夜須町教育委員会
52　佐藤正義編 2011『ヒルハタ遺跡』筑前町文化財調査報告書第14集　筑前町教育委員会
53　佐土原逸男編 1979『大谷遺跡』春日市文化財調査報告書第5集　春日市教育委員会
54　茂和敏編 2006『安徳台遺跡群』那珂川町文化財調査報告書第67集　那珂川町教育委員会
55　七田忠昭・森田孝志・田島春己・草野誠司・桑原幸則・吉本健一編 1992『吉野ヶ里』佐賀県文化財調査報告書第113集　佐賀県教育委員会
56　渋谷格編 2003『柚比遺跡群3』第3分冊　佐賀県文化財調査報告書155集　佐賀県教育委員会
57　嶋田光一編 1982『ドノ方遺跡』飯塚市文化財調査報告書第6集　飯塚市教育委員会
58　島田貞彦編 1930『筑前須玖史前遺跡の研究』京都帝国大学文学部考古学研究報告第11冊
59　下條信行 1977「考古学・粕屋平野」『福岡市立歴史資料館研究報告』第1集
60　下條信行 1989「銅戈鋳型の変遷―伝福岡市八田出土明治大学蔵戈鋳型について―」『明治大学考古学博物館館報』No.5
61　下村智・荒牧宏行編 1992『那珂遺跡4』福岡市埋蔵文化財調査報告書第290集　福岡市教育委員会
62　下村智 1987『那珂遺跡―那珂遺跡群第8次調査の報告―』福岡市埋蔵文化財調査報告書第153集　福岡市教育委員会
63　下村智 1993『那珂遺跡8』福岡市埋蔵文化財調査報告書第324集　福岡市教育委員会
64　下村智編 1996『比恵遺跡群(20)』福岡市埋蔵文化財調査報告書第451集　福岡市教育委員会
65　白木原宜 2001「第10章平原遺跡」『柚比遺跡群1』第2分冊佐賀県文化財調査報告書第148集　佐賀県教育委員会
66　白木原宜 2002「第3章前田遺跡」『柚比遺跡群2』第1分冊佐賀県文化財調査報告書150集　佐賀県教育委員会
67　菅波正人編 1992『比恵遺跡群(11)』福岡市埋蔵文化財調査報告書第289集　福岡市教育委員会
68　添田町教育委員会 1994『庄原遺跡発掘調査概報』
69　高塚啓介編 2008『牟田辺遺跡　第V次』多久市文化財調査報告書第43集　多久市教育委員会
70　高橋健自 1925『銅鉾銅剣の研究』聚精堂　坂詰秀一編 1971『日本考古学選集9高橋健自集』上巻　築地書館に収録
71　田上勇一郎編 2000『井尻B遺跡7』福岡市埋蔵文化財調査報告書第644集　福岡市教育委員会
72　宝川昭男 1992『下七見遺跡II』菊川町教育委員会
73　田尻義了 2009「弥生時代巴形銅器の生産と流通―九州大学筑紫地区出土巴形銅器鋳型と香川県森広天神遺跡出土巴形銅器の一致―」『考古學雜誌』第93巻第4号
74　田中壽夫編 1994『比恵遺跡13』福岡市埋蔵文化財調査報告書第368集　福岡市教育委員会
75　谷澤仁 1989「福岡県宮ノ上遺跡」『日本考古学年報』40

第2章　製作技術から捉える弥生時代青銅器の生産体制

76　堤安信編 1985『姉遺跡Ⅰ』千代田町文化財調査報告書第3集　千代田町教育委員会
77　常松幹雄 1998「伝福岡市八田出土の鋳型について―福岡市博物館平成六年度収集資料―」『福岡市博物館研究紀要』第8号　福岡市博物館
78　常松幹雄 2000「福岡市下山門敷町遺跡出土の銅戈について　付篇　北部九州の青銅器と鋳型に関する覚書』『福岡市博物館研究紀要』第10号　福岡市博物館
79　徳富則久編 1999『詫田西分遺跡Ⅵ区の調査』千代田町文化財調査報告書第25集　千代田町教育委員会
80　徳永貞紹編 1993『平原遺跡―本川川防災調節池事業関係文化財調査報告書1―』佐賀県文化財調査報告書第119集　佐賀県教育委員会
81　徳本洋一 1999「福岡県大野城市瓦田出土の広形銅矛鋳型」『九州考古学』第74号
82　戸塚洋輔 2010「唐津平野における青銅器生産―中原遺跡出土銅剣・銅矛鋳型の検討―」『FUSUS』2号
83　永田稲男編 1999『仁俣遺跡』三日月町文化財調査報告書第12集　三日月町教育委員会
84　永田稲男編 2005『戌　赤司　赤司東　深川南　土生』三日月町文化財調査報告書第16集　三日月町教育委員会
85　那珂八幡古墳調査団 1978「福岡県那珂八幡古墳」『九州考古学』第53号
86　中間研志編 1982『浜山遺跡B地点』福岡県埋蔵文化財調査報告書第62集　福岡県教育委員会
87　中村浩・池田榮史編 1995『飯倉D遺跡』福岡市埋蔵文化財調査報告書第440集　福岡市教育委員会
88　長屋伸編 1997『比恵遺跡群(24)』福岡市埋蔵文化財調査報告書第530集　福岡市教育委員会
89　中山平次郎 1917「九州に於ける先史原両時代中間期の遺物に就いて(1)～(4)」『考古學雜誌』第7巻第10号～第8巻第3号
90　中山平次郎 1927「須玖岡本の遺物」『考古學雜誌』第17巻第8号
91　中山平次郎 1929「須玖岡本の鏡片研究(3)」『考古學雜誌』第19巻第2号
92　七田忠昭編 2007『吉野ヶ里遺跡』佐賀県文化財調査報告書第173集　佐賀県教育委員会
93　西健一郎編 1994『九州大学埋蔵文化財調査報告―九州大学筑紫地区遺跡群―』(第三冊)　九州大学埋蔵文化財調査室
94　二宮忠司・大庭友子編 1997『吉武遺跡群』Ⅸ飯盛・吉武圃場整備事業関係調査報告3 福岡市埋蔵文化財調査報告書第514集　福岡市教育委員会
95　橋口達也編 1994『曲り田周辺遺跡Ⅳ―福岡県糸島郡二丈町大字石崎所在遺跡群の調査報告―』二丈町文化財調査報告書第7集　二丈町教育委員会
96　浜石哲也編 1986『有田遺跡群―第81次調査―』福岡市埋蔵文化財調査報告書第129集　福岡市教育委員会
97　林田和人・原田範昭 1998「白藤遺跡群出土の矛形銅製品・鋳型について」『肥後考古』第11号
98　林田和人編 2005『八ノ坪遺跡Ⅰ本文編』　熊本市教育委員会
99　林田和人編 2006『八ノ坪遺跡Ⅰ分析・考察・図版編』　熊本市教育委員会
100　平田定幸・中村昇平編 1988『須玖唐梨遺跡』春日市文化財調査報告書第19集　春日市教育委員会
101　平田定幸編 1995『須玖岡本遺跡』春日市文化財調査報告書第23集　春日市教育委員会
102　平田定幸編 2001『須玖盤石遺跡』春日市文化財調査報告書第29集　春日市教育委員会
103　平田定幸編 2002『須玖タカウタ遺跡』春日市文化財調査報告書第32集　春日市教育委員会
104　平田定幸編 2005『須玖永田A遺跡2-4次調査―』春日市文化財調査報告書第40集　春日市教育委員会
105　平田定幸編 2010『須玖岡本遺跡3』春日市文化財調査報告書第58集　春日市教育委員会
106　平田定幸編 2011『須玖岡本遺跡4』春日市文化財調査報告書第61集　春日市教育委員会
107　福岡県教育委員会 1984『福岡県の考古資料』
108　藤瀬禎博 1997「付編　伝江島出土銅戈鋳型」『本行遺跡』鳥栖市文化財調査報告書第51集　鳥栖市教育委員会
109　藤瀬禎博編 1985『安永田遺跡』鳥栖市文化財調査報告書第25集　鳥栖市教育委員会
110　舟山良一編 1983『仲島遺跡Ⅲ』大野城市文化財調査報告書第10集　大野城市教育委員会
111　文化財保護委員会 1959『埋蔵文化財要覧』2
112　星野惠美編 2007『比恵遺跡46』福岡市埋蔵文化財調査報告書第955集　福岡市教育委員会
113　堀川義英編 1980『柏崎遺跡群』佐賀県文化財調査報告書第53集　佐賀県教育委員会
114　堀川義英 1982『大深田遺跡』『末蘆国』唐津湾周辺遺跡調査委員会
115　埋蔵文化財研究会 1986『弥生時代の青銅器とその共伴関係』第Ⅰ分冊九州篇
116　松岡史編 1973『福間バイパス関係埋蔵文化財調査報告』福岡県教育委員会
117　松見裕二編 2004『原の辻遺跡』芦辺町文化財調査報告書第17集　芦辺町教育委員会
118　松村道博編 2000『雀居遺跡5』福岡市埋蔵文化財調査報告書第635集　福岡市教育委員会
119　松本憲明 1966「福岡県夜須町出土の銅戈鎔范」『考古學雜誌』第52巻第2号
120　丸山康晴編 1980『赤井手遺跡』春日市文化財調査報告書第6集　春日市教育委員会
121　丸山康晴・平田定幸編 1987『須玖永田遺跡』春日市文化財調査報告書第18集　春日市教育委員会
122　丸山康晴編 1980『須玖・岡本遺跡』春日市文化財調査報告書第7集　春日市教育委員会
123　水ノ江和同編 1995『仮塚南遺跡』筑紫野バイパス関係埋蔵文化財調査報告書第3集　福岡県教育委員会
124　水野清一・樋口隆康・岡崎敬 1953『対馬』東亜考古学会　東方考古学叢刊乙種第6冊
125　三友國五郎 1934「佐賀縣に於ける合甕遺跡地」『考古學雜誌』第24巻第5号
126　宮井善朋編 1997『井尻B遺跡5―第6次調査報告―』福岡市埋蔵文化財調査報告書第529集　福岡市教育委員会
127　宮田浩之編 1990『大板井遺跡Ⅸ』小郡市文化財調査報告書第65集　小郡市教育委員会
128　向直也・丸尾博恵編 1998『石勺遺跡Ⅲ―A・B・C・E・I地点の調査―』大野城市文化財調査報告書第52集　大野城市教育委員会
129　向直也編 1988『森園遺跡Ⅰ』大野城市文化財調査報告書第26集　大野城市教育委員会

130　向田雅彦 1993「鳥栖市出土の青銅器鋳型類」『考古学ジャーナル』No. 359
131　席田遺跡群発掘調査班 1982「席田遺跡群赤穂ノ浦遺跡出土の銅鐸鋳型について」『考古学ジャーナル』No. 210
132　森貞次郎 1942「古期彌生式文化に於ける立岩文化期の意義」『古代文化』第 13 巻第 7 号
133　森貞次郎 1963「福岡県香椎出土の銅釧鋳范を中心として─銅釧鋳范と銅釧の系譜─」『考古学集刊』第 2 集第 1 号
134　森貞次郎・乙益重隆・渡辺正気 1960「福岡県志賀島の弥生遺跡」『考古學雜誌』第 46 巻第 2 号
135　森貞次郎・渡辺正気 1958「福岡県志賀島出土の弥生細形銅剣鋳范」『九州考古学』第 3・4 号
136　森本六爾 1932「広鋒銅鉾鎔范」『考古学』第 2 巻第 1 号
137　森本六爾 1933「青銅器の鋳造」『考古学』第 4 巻第 4 号
138　八木奘三郎 1908「両筑の古物遺蹟(三)」『國學院雑誌』第 14 巻第 7 号
139　夜須町教育委員会 1991『ヒルハタ遺跡現地説明会資料』
140　柳田康雄 2005「佐賀県本行遺跡鋳型再考」『古代学研究』168 号
141　柳田康雄 2007「銅剣鋳型と製品」『考古學雜誌』第 91 巻第 1 号
142　柳田康雄 2011「佐賀県中原一席青銅器鋳型の実態」『古文化談叢』65
143　矢野一貞『筑後将士軍談』
144　山口譲治編 1981『板付〜板付会館建設に伴う発掘調査報告書〜』福岡市埋蔵文化財調査報告書第 73 集　福岡市教育委員会
145　山崎龍雄・荒牧宏行編 2006『下月隈 C 遺跡Ⅳ』福岡市埋蔵文化財調査報告書第 881 集　福岡市教育委員会
146　山崎龍雄編 1993『拾六町平田遺跡 2』福岡市埋蔵文化財調査報告書第 349 集　福岡市教育委員会
147　山崎龍雄編 1996『比恵遺跡群(22)』福岡市埋蔵文化財調査報告書第 453 集　福岡市教育委員会
148　山野洋一 1979「筑紫野市永岡遺跡出土銅戈鋳型」『地域相研究』7　地域相研究会
149　屋山洋編 2003『井尻 B 遺跡 11』福岡市埋蔵文化財調査報告書第 736 集　福岡市教育委員会
150　屋山洋編 2005『井尻 B 遺跡 14』福岡市埋蔵文化財調査報告書第 834 集　福岡市教育委員会
151　屋山洋編 2008『比恵遺跡 50』福岡市埋蔵文化財調査報告書第 1000 集　福岡市教育委員会
152　横山邦継編 1990『公園関係埋蔵文化財調査報告書Ⅰ』福岡市埋蔵文化財調査報告書第 220 集　福岡市教育委員会
153　吉武学編 2010『那珂 56』福岡市埋蔵文化財調査報告書第 1082 集　福岡市教育委員会
154　吉田東明編 2001『仁右衛門畑遺跡Ⅱ』浮羽バイパス関係埋蔵文化財調査報告第 14 集　福岡県教育委員会
155　吉田浩之編 2011『平若 A 遺跡』春日市文化財調査報告書第 62 集　春日市教育委員会
156　吉田佳広・森井千賀子編 2006『トバセ遺跡』春日市文化財調査報告書第 45 集　春日市教育委員会
157　吉田佳広 1994『須玖五反田遺跡』春日市文化財調査報告書第 22 集　春日市教育委員会
158　吉田佳広編 2008『須玖尾花町遺跡』春日市文化財調査報告書第 51 集　春日市教育委員会
159　吉本健一・徳永貞紹・鹿田昌宏・田中大介編 2001「第 11 章大久保遺跡」『柚比遺跡群 1』第 3 分冊佐賀県文化財調査報告書第 148 集　佐賀県教育委員会
160　力武卓治・後藤直 1990「福岡市南区高宮八幡宮所蔵鋳型の調査報告」『席田遺跡群(Ⅵ)』福岡市埋蔵文化財調査報告書第 218 集　福岡市教育委員会

第3章

小形仿製鏡から捉える弥生時代青銅器の生産体制

　弥生時代後期には，いわゆる小形仿製鏡が北部九州を中心に出土する。これらの鏡については，これまで，おもに髙倉洋彰氏によって論考が発表されてきた（髙倉 1972・1981a・b・1985・1989・1990・1993a・1995a・b・2002）。なかでも髙倉氏は小形仿製鏡の集成と編年を行い，鏡の出土状況や分布から弥生社会における小形仿製鏡の位置付けを検討している。しかし，近年の資料の増加にともない，様々な点で見直す必要が認められる。また，小形仿製鏡の生産体制については，ほとんど議論されてきていない。そこで，本章では，以下で行う分析対象を明らかにするために，まず朝鮮半島から出土する小形仿製鏡に対し，製作地問題について考えていきたい。次に日本列島から出土する小形仿製鏡のうち，北部九州産以外の小形仿製鏡について検討を加え，最後にそれらの結果を踏まえ，小形仿製鏡から導かれる青銅器生産体制について言及する。なお，本章は本書で解決すべき「問題点3　下條モデルの検討と弥生社会のイメージ」，「問題点4　青銅器の製作者と使用者に関する検討」，「問題点5　小形仿製鏡の製作地と生産体制」の3点について解決を行う。

　本章で小形仿製鏡を分析対象として取り上げるのは，北部九州において製作された青銅器の中で，文様を有する数少ない製品であるからである。第1章でも述べたが，文様を有することから多くの属性を取り上げることができ，分類や比較などの検討が行いやすいからである。

第1節　小形仿製鏡の分類

1.　小形仿製鏡研究の現状と問題点

　髙倉氏は，小形仿製鏡を内行花文帯を有する鏡と，有さない鏡に大きく二分し，前者を中心に，内行花文日光鏡系小形仿製鏡として分類・編年を行っている[1]。この鏡群は，これまで出土した小形仿製鏡の約7割を占め，いわゆる小形仿製鏡の代表的な鏡群として扱うことができる。そして，出土面数の少ないその他の鏡は，重圏文日光鏡系小形仿製鏡を中心に，同じような分類・編年を提示し，内行花文日光鏡系小形仿製鏡に対応して位置付けられている。

　ここで，まず問題点としてあげられるのは，最初期の小形仿製鏡の製作地に関する点である。これまでの研究では，小形仿製鏡の製作開始については，朝鮮半島南部（慶尚道付近）において，漢鏡の不足を補うため，内行花文帯を有さない重圏文日光鏡系小形仿製鏡の製作を開始したと想定され

---

[1]　近年，高木恭二氏も髙倉氏の分類案を踏襲した整理を行っている（高木 2002）。

ている。重圏文日光鏡系小形仿製鏡第Ⅰ型(髙倉分類)の鏡が，朝鮮半島東南部(慶尚道)に所在する漁隠洞遺跡(慶尚北道琴湖邑)や坪里洞遺跡(慶尚北道大邱市)，近年では，舎羅里遺跡(慶尚北道慶州市)などから出土しており，鏡の出土分布のみから見れば，この想定は首肯できるものであった。しかし，近年の論考では，韓鏡(朝鮮半島で仿製された鏡：第Ⅰ型)について，髙倉氏自身も「銅鏡使用の希薄な慶尚北道を製作地としうるかについては，いまだに疑問をもっている」として，疑問を呈している(髙倉2002)。髙倉氏の論考の中では朝鮮半島で鏡の仿製に至った要因や，その後，製作地が日本列島に移る理由，また，鏡の扱われ方について日本の出土状況などと比較・検討するといった分析が十分に行われていない。そこで，初期に製作された小形仿製鏡の問題を解決するために，今一度，鏡自体の分析を行い，型式分類・編年を再検討したうえで，小形仿製鏡の製作地について言及していきたい。

　また，朝鮮半島から出土する小形仿製鏡については，小田富士雄氏によっても検討がなされており(小田1982a)，とくに，モデルとなった原鏡との関係から，重圏文日光鏡系小形仿製鏡の成立について，内行花文日光鏡から内行花文帯が欠落した可能性を指摘している。この指摘は，朝陽洞遺跡(慶尚北道慶州市)などで小形仿製鏡の原鏡と考えられる重圏文日光鏡が発見される以前になされたものであるが，小田氏の脱稿後の補記にもあるとおり，その可能性は捨てきれないだろう。小田氏の指摘は，型式変化の方向性が一方向ではなく，複数方向にあることを提示しており，この点に関しては以下の分析において検討を加えたい。さらに，近年髙倉氏と同じ方向性を示したのは藤丸詔八郎氏である(藤丸2003)。藤丸氏は内行花文日光鏡系小形仿製鏡第Ⅰ型b類と重圏文日光鏡系小形仿製鏡第Ⅰ型b類との関係について，朝鮮半島において初期の小形仿製鏡製作の立場から，漁隠洞遺跡・坪里洞遺跡と良洞里遺跡における流布時期の差を想定し，重圏文日光鏡系小形仿製鏡第Ⅰ型b類から内行花文日光鏡系小形仿製鏡第Ⅰ型b類への展開を示した。いずれにしても各氏の分析は，朝鮮半島において小形仿製鏡が成立したことを前提としており，製作地が日本列島である可能性についてはほとんど触れていない。そこで，次項では，型式学的編年を行ったうえで，製作地に関する議論を進めたい。

　次に問題点としてあげられるのは，北部九州以外で出土し，おそらくはその地で製作された小形仿製鏡についてである。とくに近畿において，それらの鏡は認められる。近畿における弥生時代小形仿製鏡の生産については，髙倉氏が出土分布の検討から，近畿における小形仿製鏡の生産を唱えている(髙倉1972)。また，森岡秀人氏は近畿に特徴的に出土する「十」状の文様を有する鏡について，同じく出土分布から近畿産であるとしている(森岡1987)。寺沢薫氏は「十」状の文様を有する鏡を，後期後半以降に中東部瀬戸内から伊勢湾岸地域にかけて製作された銅鐸文化圏における鏡としている(寺沢1992・2010)。さらに，当該期の小形仿製鏡に関しては，後続する古墳時代の小型鏡とも関連して，製作地や製作技術の連続性に関する議論(森1970；森岡1989など)や，流通・配布・階層性に言及する議論(今井1991・1992など)，また，いわゆる「儀鏡」化に関する議論(髙倉1995b・1999など)など様々に行われている。本書において，このような古墳時代の鏡生産との関連について深く論述することはできないが，弥生時代小形仿製鏡の終焉に関して，後述することとする。

第3章 小形仿製鏡から捉える弥生時代青銅器の生産体制

　さて，これまでの研究史を振り返ると，近畿を中心に出土する文様の特徴的な鏡群を導き出し，出土分布から近畿を中心に生産が行われていた可能性を説いている。また，製作時期に関しては，それぞれの研究者の年代観にもよるが，弥生時代後期後半から終末期前後を想定しているようである。しかしながら，資料の増加にともない，また北部九州における小形仿製鏡の研究の進展とも関連して，北部九州産の小形仿製鏡との識別基準が曖昧になりつつあるようである。そこで，近畿における小形仿製鏡の生産を，北部九州の小形仿製鏡の生産との関係から新たに捉え直し，識別基準を明確にして製作技術や製作時期について考察を進めたい。

　最後に，これまでの問題点を踏まえながら，小形仿製鏡の分析から導き出される青銅器生産体制について言及する。弥生時代における青銅器の生産に関する研究は，これまで鋳型の出土から製作地を導き出し，いわゆる拠点集落内で青銅器生産が行われてきたとまとめることができよう。本章で取り扱う小形仿製鏡に関しても同様に，鋳型が出土する須玖遺跡群[2]の一角に，生産と流通に関する中心的なセンターが存在し，鏡の生産と周辺部へ意図的な配布が行われていたとされる（下條1982・1991a；髙倉1972・1985・1990）。

　しかしながら，こうした小形仿製鏡の生産体制のあり方については，近年の資料増加にともなって，須玖遺跡群以外においても小形仿製鏡の鋳型が出土しており，修正が加えられている。髙倉氏はヒルハタ遺跡（福岡県筑前町）出土鋳型について，「夜須町（現筑前町）一帯に，小規模ながらも独自性をもった鏡作りの製作拠点を想定する」としている（髙倉1993a）。また，飯倉D遺跡（福岡市城南区）出土鋳型に関しては，「須玖の影響下での製作を考えておきたいが，鏡背文様の相違の大きさが気になる」とし，飯倉D遺跡と須玖遺跡群との具体的な関係について言及を避けている（髙倉1995a）。こうした青銅器の生産体制の評価に対する揺らぎの中で，次のような問題点が存在する。

　すなわち，それぞれの青銅器製作地と須玖遺跡群の関係やそれぞれの製作地間の関係について，従来から言われているような一元的なセンターとそれ以外という関係で捉えきれるのかという点である。この場合，議論の前提として，須玖遺跡群以外の複数の鋳型出土地を青銅器の製作地とするか否かという問題も含まれる。さらに，小形仿製鏡が複数の製作地で製作された場合，鏡の流通[3]がどのようなあり方であったのかという問題まで含むこととなる。この場合の流通形態とは，①それぞれの製作地から個別に製品が流通したというあり方と，②複数の製作地で製作された製品を一度1ヶ所にまとめ，その後，流通したというあり方である。青銅器に関する議論は北部九州の弥生時代後期社会の評価と密接なつながりをもつ。したがって，青銅器の生産体制を明らかにすることが，後期社会の評価について新たな方向性を示すものと考える。

　そこで，第2章の鋳型研究で明らかとなったモデルを検証するために，本章では小形仿製鏡の文

---

　[2]　本章で扱う須玖遺跡群は春日丘陵北側低地部を中心にした遺跡群で，具体的には須玖永田遺跡から須玖岡本遺跡坂本地区周辺の遺跡を指す。
　[3]　「流通」という用語は，誤解を避けるため宇野隆夫氏の言う「情報・社会的関係などが伝わる現象の総称」（宇野1998）として本書でも扱う。

様構成[4]と鋳型の出土状況に注目し，上記の各問題について明らかにしていきたい。

2. 方法論と概念整理

小形仿製鏡の分析には，属性として，面径・縁幅・内区の単位文様・文様構成を取り上げる。小形仿製鏡の変化の方向性としては，当然，漢鏡から影響を受け，模倣を行うのであるから，退化という方向性（文様の簡素化・粗雑化）が考えられる。また，同時に文様の複雑化・再構成といった方向性も想定できる。後者の方向性は，再び漢鏡の構成要素を取り込むものとして理解できる[5]。両方向の変化が想定できるが，基本的には前者の退化方向を中心に捉え，変化の連続性が認められない鏡については，後者の変化方向を採用する。

また，ここで概念整理を行う。本書で扱う小形仿製鏡は，面径10 cm以下の鏡であり，弥生時代後期を中心に製作され，漢鏡をモデルに模倣を行った鏡とする。「仿製」という語を使用しているが，「仿製」とは「舶載」に対応する語として学史的に使用されている（富岡1920）。すなわち，大陸や朝鮮半島からもたらされた鏡を舶載鏡とし，それ以外の鏡を仿製鏡と呼称してきた。しかし，「仿」[6]の字には，本来，「相似るさま」という意味が含まれているにすぎず，仿製鏡とは「似たように製作された鏡」という意味でしかない。弥生時代小形仿製鏡の研究では，そうした「似たように製作された鏡」という意味で用語が使用されており，本来は製作地や，製作後の鏡の由来といった概念が含まれていないと考える。

鏡に限らず考古学が対象とする物質には製作工程が存在する。研究の対象物から得られる様々な属性について，製作という一連の行為から生じる属性間の階層関係に注目する（後藤1997）。この場合，決裁の階層性と呼ばれる属性間の関係が，製作工程と密接に結び付く場合もあるし，全く別の場合もある。古墳時代の土製鋳型によって製作された鏡の製作工程では，挽型ぶんまわしという方法を使った場合，①面径の決定（どのくらいの大きさにするのか？）や②文様構成の決定（どこに櫛歯文帯は入れるのか？など），③各文様の決定（施文を行うのかどうか？ どんな文様にするのか？ 櫛歯文の向きは？など）という3段階の意志決定が想定される（辻田1999）。こうした鏡の製作工程から

---

[4] 本章で言う文様構成とは，鏡背面の文様帯間の関係である。すなわち，鈕を中心にしてどのような文様帯で空間が充塡されているのかという意味で使用している。具体的には鈕の周りに円圏をともなうかどうかや，櫛歯文帯が内行花文帯の外側に存在するかどうかということである。

[5] 後者の方向性の中には，漢鏡の影響を受けずに独自の文様を生み出すという方向性も可能性としてあげられる。しかしながら，これまで認められている小形仿製鏡の文様を分析すると，独特な文様をもつ鏡は認められず，その型式の前後に類似した鏡を想定することができる。そうしたことから，弥生時代小形仿製鏡では，全く自ら新たな文様を生み出すことはなかったと考える。

[6] 近年は「倣製鏡」の字を使用する場合もあるが，「仿」と「倣」の字は若干意味が異なる。『大漢和辞典』（諸橋1955）によると「仿」の意味は「相似るさま。ほのかに似たさま。さも似たり」とされ，類似しているという形態的な特徴を示している。それに対し「倣」の字は「ならふ。まねする」など似せる動詞的な意味をもつ。弥生時代小形仿製鏡は初期の製作において漢鏡を真似た点は支持できるが，その後の型式学的変化は漢鏡を真似ることだけではなく，文様の手抜きや簡略化，新たな文様の導入や創出など様々である。また，その際モデルとなったのは常に漢鏡ではなく，仿製鏡自身がモデルになった可能性がある。したがって「倣」の字の意味だけでは十分に捉えることができない。形態的な特徴を示している「仿」の字の方が，適していると考えられ，仿製鏡とは「漢鏡に似たように作った鏡」という意味で使用したい。

第3章 小形仿製鏡から捉える弥生時代青銅器の生産体制　　　　175

```
①面径の決定（どのくらいの大きさにするのか？）
②文様構成の決定（どこに櫛歯文帯や内行花文帯を入れるのか？など）｝＝決定順序・製作工程
③各文様の決定（どんな文様にするのか？　櫛歯文の向きは？など）
```

図100　小形仿製鏡における製作工程

属性の階層性が規定される。図100は想定される小形仿製鏡の製作工程を示したモデル図である。

さて小形仿製鏡の製作工程は，古墳時代の土製鋳型による製作工程と基本的に同じ工程であると考える[7]。しかし，北部九州における小形仿製鏡の場合，石製鋳型によって製作されるため，一度面径を決定したり，文様構成を決定したりして実際石材に彫り込むと，その後の修正・変更は困難である。石製鋳型による製作は途中で失敗した場合，前の手順に戻ることはできない[8]。そこで，石製鋳型を用いるという小形仿製鏡製作の特徴をふまえ製作工程に準じた分類を行う。なお，多くの小形仿製鏡の面径は10cm以下であり，①面径の決定は明確な分類の基準とはならない。そこで，②文様構成の決定に重点を置いて分類を行い，③具体的な各文様については下位の決定要因として捉え，変異を認める。この製作工程をふまえた分類のモデルは，須玖永田A遺跡第4次調査出土鋳型（平田編2005）の存在によって証明される。この鋳型は，小銅鐸と小形仿製鏡，そして広形銅矛と想定される武器形青銅器が彫り込まれた鋳型である。彫り込み順序は不明であるが，黒変部が認められないことから，鋳型製作途中で廃棄されたものであろう。問題となるのは小形仿製鏡であるが，外形と縁，円圏と鈕部分のみが彫り込まれており，内区や櫛歯文帯には文様が彫り込まれていない。すなわち，①・②の文様構成の決定段階までを行い，途中で廃棄したのであろう。したがって，小形仿製鏡の製作工程として，上記のモデルは有効であると考える。

3.　小形仿製鏡の分類と編年

いわゆる重圏文日光鏡系小形仿製鏡の成立については，先程まとめたように，髙倉氏・藤丸氏と小田氏によって異なる見解が示されているが，著者は基本的に小田氏の考え方を支持したい。なぜなら，原鏡と想定される小形の重圏文日光鏡を含む異体字銘帯鏡は朝鮮半島・日本列島合わせて7面と極めて少なく，原鏡として捉えるには，出土面数が少なすぎるからである（表12）[9]。また，出土している小形の重圏文日光鏡と，いわゆる重圏文日光鏡系小形仿製鏡の間には，縁形，文様構成，面径などにおいて，極めて大きな属性レベルでの差異が認められる（図101）[10]。したがって，内行花

7）しかしながら，古墳時代における挽型ぶんまわし法では，①と②は同時に決定されるので，全く同じ方法というわけではない。

8）鋳型の彫り込み面全体を磨いてしまって，再度彫り直すことができるかもしれない。しかしながら，これまでの鋳型資料を観察したところ，そうした痕跡は認められない。

9）鏡の仿製の契機を，少数しかない鏡であったために，模した鏡を製作しようとしたと捉えることもできるが，それにしても原鏡とするには少なすぎるのではないだろうか。

10）銘帯が変化して蕨手状の文様になったとも解釈できるが，ヒアタスが大きすぎる。真亀C地点遺跡（広島県）出土鏡は銘帯を意識しているようであるが，1面のみしか認められず，現在のところ重圏文日光鏡を原鏡にするには資料不足であろう。

表12 日本列島・朝鮮半島出土の重圏文日光鏡集成

	遺跡名	面径(cm)
日本列島	須玖岡本遺跡 B 地点	7.9
	須玖岡本遺跡 D 地点	9.6 前後
	立岩遺跡 39 号甕棺	7.2
	有田遺跡第 177 次調査地区 ST 001 甕棺墓	7.55
朝鮮半島	朝陽洞遺跡 II 地区 38 号墓	6.4
	伝池山洞遺跡	7.7
	菊隠李養璔資料(出土地不明)	7.3

文日光鏡から,まず内行花文日光鏡系小形仿製鏡が成立し,その影響を受け,内行花文帯が欠如して,重圏文日光鏡系小形仿製鏡が成立するという方向性で捉えたい[11]。また,内行花文日光鏡系小形仿製鏡と重圏文日光鏡系小形仿製鏡という名称についても,以下ではそれぞれ,内行花文系小形仿製鏡[12]と重圏文系小形仿製鏡という名称を用いる[13]。重圏文系小形仿製鏡の型式変化については,その成立が内行花文帯の欠落という方向であったことから内区文様の省略化という変化方向を想定する[14]。また,重圏文系小形仿製鏡第 2 型以降については,それぞれ内行花文系小形仿製鏡との関係を想定しているので,後述する。

　内行花文系小形仿製鏡は,髙倉氏の分類では第 I 型 b 類と第 II 型 a 類との明確な分類が行われていない。すなわち,文様構成に関しては,外側から縁—櫛歯文帯—内行花文帯—図文帯—円圏—鈕という同じ構成をとるにもかかわらず,狭縁と平縁という縁幅による分類を行っているだけで,その基準が曖昧であった。髙倉氏は当初,製作地と製作年代が第 I 型と第 II 型では異なるという点を示していたが,その後,自身により考え方の変更を示している(髙倉 1993)。近年,中間的な縁幅の資料が出土しており,ますますその基準は不明瞭になりつつある。そこで,まず縁幅に関して新資料も加えて再考したい。

　鏡の面径と縁幅の相関を見るため,散布図を作成した(図102)。サンプル数は,面径と縁幅がわかる髙倉分類第 I 型 b 類と第 II 型 a 類の計 67 面である。また,縁幅は,1 面のなかでも計測位置によって一定しておらず,バラツキが認められるため,複数ヶ所を計測し平均値を示した。この面径と縁幅の散布図を見ると,第 I 型 b 類と第 II 型 a 類は散布が重なり合っており,境界が明確でなく,全体としては,面径が小さい鏡は縁幅が狭く,面径が大きい鏡は縁幅も広いという傾向を示す。し

---

11) 10 cm 以下の小形の内行花文日光鏡および内行花文昭明鏡は,朝鮮半島から 10 面,日本列島から 29 面出土しており,原鏡として十分な数量の出土であろう。また,出土分布の上からも日本側に多く鏡が出土しており,補完的な根拠ではあるが,日本における鏡生産を裏付けする資料となりうるであろう。

12) 以前の論文(田尻 2003・2004・2005)では内行花文日光鏡系小形仿製鏡と呼称していたが,岩永省三氏より日光鏡とはモデルの異なる内行花文帯を有する小形仿製鏡も含んでいることから,日光鏡という名称を外した方が適切ではないかとの御指摘を受けた。したがって,以下では内行花文帯を有する小形仿製鏡を内行花文系小形仿製鏡と呼称する。

13) 本書では重圏文系小形仿製鏡という名称を使用するが,古墳時代の初頭に多く認められる重圏文鏡とは異なるものであり,注意されたい。

14) 異体字銘帯鏡では,重圏文は連弧文(内行花文)より時期的に先行することが西川寿勝氏によって説かれているが(西川 2000),小形仿製鏡では逆方向の連弧文(内行花文)から重圏文への変化を想定する。漢鏡の変化とは時期が異なっており,必ずしも漢鏡の変化方向と対応する必要はない。

第3章 小形仿製鏡から捉える弥生時代青銅器の生産体制

文様構成・鏡縁の比較

	縁形	文様構成 a	b	c	d
重圏文日光鏡	平縁	◎			
重圏文系小形仿製鏡	狭縁		◎	◎	◎

平縁

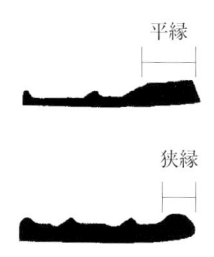

狭縁

a…平縁―櫛歯文―円圏―銘帯―円圏―櫛歯文―平頂素文帯―放射状線文―円圏―鈕
b…狭縁―櫛歯文―円圏―文様帯―円圏―櫛歯文―円圏―鈕
c…狭縁―櫛歯文―円圏―文様帯―円圏―櫛歯文―鈕
d…狭縁―櫛歯文―円圏―文様帯―円圏―鈕

面径の比較

(cm)

	重圏文日光鏡	重圏文系小形仿製鏡	内行花文日光鏡	内行花文系小形仿製鏡Ⅰa
サンプル数	7	30	38	5
平均	7.666	5.309	6.822	6.666
標準偏差	0.98	0.528	0.932	1.238
最大	9.6	6.2	8.5	8.4
最小	6.4	4.4	4.9	5.2

重圏文日光鏡（n=7）

重圏文系
小形仿製鏡
（n=30）

内行花文日光鏡（n=38）

内行花文系
小形仿製鏡Ⅰa（n=5）

重圏文系
小形仿製鏡
（n=30）

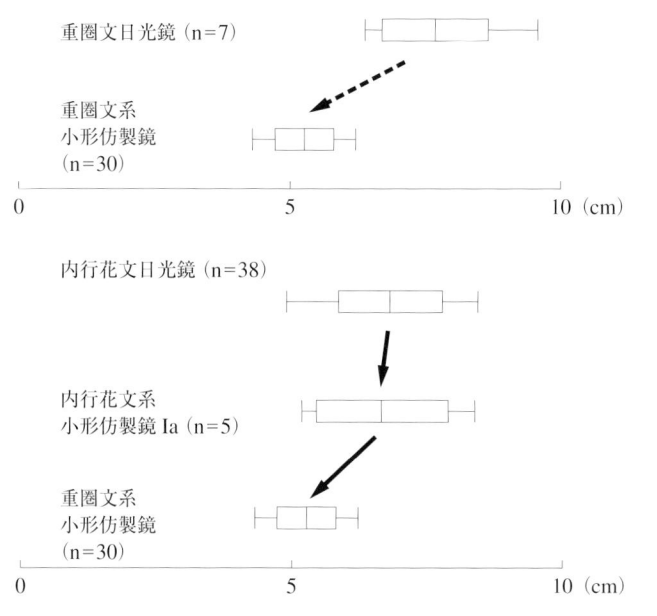

図 101　重圏文系小形仿製鏡のモデル推定

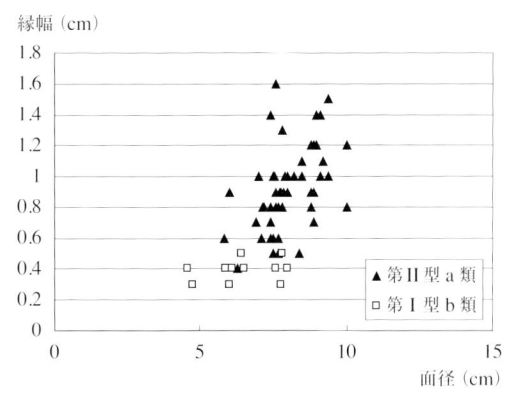

図102 面径と縁幅の散布図

たがって，第Ⅰ型b類と第Ⅱ型a類を数値を用いて明確に区分することはできない[15]。

髙倉氏は，第Ⅰ型b類と第Ⅱ型a類の区分に関して，①製作地の違い，②製作時期の違い，③縁幅の違いの3点を強調している。そこで，その3点に関して再考し，型式間の関係について言及したい。①製作地の違いについては，上述したとおり，髙倉氏自らが考え方を変更しているように，第Ⅰ型b類は北部九州において製作された可能性があり，第Ⅱ型a類と分けることはできない。製作地を変更した直接の根拠は示されていないが，文様構成の酷似から第Ⅱ型の祖型を第Ⅰ型b類としており，北部九州における製作を予測しているようである。②製作時期の違いについては，これまでのところ第Ⅰ型b類の鋳型資料は出土しておらず，鏡の副葬・廃棄年代，その他の共伴資料の時期を示すのみで，明確な製作時期を提示することができない。③縁幅の違いに関しては，図102で示したように，区分することはできない。

このように見ると，髙倉氏が示している3つの根拠は，新資料の追加によって，明確な基準とはなりえず，2つの型式は緩やかに変化していると考えられる。縁幅の狭い鏡が古い鏡であるということは前後の型式から判断がつく。しかしながら，両者は内区文様に共通の構成が認められることから，1つの型式としてまとめるべきではないだろうか。

そこで，髙倉氏が第Ⅰ型b類と第Ⅱ型a類として分けていた型式を，本書では，文様構成が同一であるということから1つにまとめ（著者第2型），前後の型式の関係から縁幅の狭い鏡群から幅広の鏡群へと漸次変化していくものとして考えたい。つまり，第2型には，より下位の分類として古手の狭縁の鏡群（第2型a類）と，比較的新しい平縁の鏡群（第2型b類）の両者を含むこととする。

次に，髙倉分類の第Ⅱ型b類と第Ⅲ型a類との関係についてである。髙倉氏は出土分布地の違いによって第Ⅱ型b類と第Ⅲ型a類を区分している。しかしながら，北部九州でも複数弧線で表現される内行花文帯をもつ鏡が出土していることから，著者は分布による型式設定を避け，同一型式にまとめたい。

そこで，分類案を提示しておく（図103・104，表13・14）。第1型は髙倉氏の第Ⅰ型a類に相当し，文様構成が外側から狭縁―櫛歯文帯―銘帯―内行花文帯―円圏―鈕となり，原鏡と想定される内行花文日光鏡に最も類似している。第2型は，前述したように，髙倉氏の第Ⅰ型b類と第Ⅱ型a類を含み，第1型とは銘帯と内行花文帯が逆転するという文様構成の違いをもつ。縁幅は，狭い鏡群と広い鏡群の2者が存在するが，明確に区分できない。第3型は弧線表現による内行花文帯を有する鏡群として捉え，第2型の浮き彫り表現と区別する。

---

15) しかし，面径／縁幅のt検定の結果，両者の区分に有意差が認められ，下位の分類として分けられる。

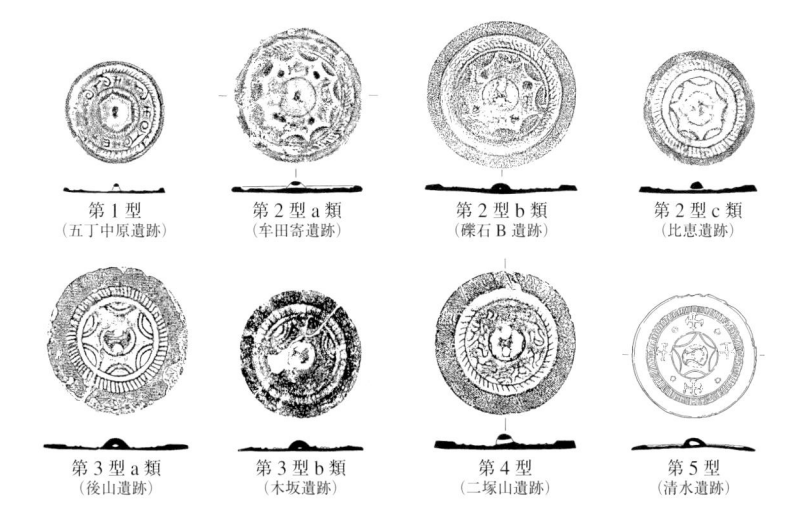

図 103　内行花文系小形仿製鏡の分類

表 13　内行花文系小形仿製鏡の分類

髙倉分類		田尻分類		鏡背面の文様構成
第Ⅰ型	a類	第1型		狭縁―櫛歯文帯―文様帯―内行花文帯―円圏―鈕
	b類	第2型	a類	狭縁―櫛歯文帯―内行花文帯―文様帯―円圏―鈕
第Ⅱ型	a類		b類	平縁―櫛歯文帯―内行花文帯―文様帯―円圏―鈕
			c類	平縁―櫛歯文帯―一重弧線内行花文帯―文様帯―円圏―鈕
	b類	第3型	a類	平縁―櫛歯文帯―二重弧線内行花文帯―文様帯―円圏―鈕
第Ⅲ型	a類		b類	平縁―櫛歯文帯―複数弧線内行花文帯―文様帯―円圏―鈕
第Ⅱ′型		第4型		平縁―櫛歯文帯―文様帯―内行花文帯―鈕
第Ⅲ型	b類	第5型		平縁―細櫛歯文帯―文様帯―内行花文帯―鈕

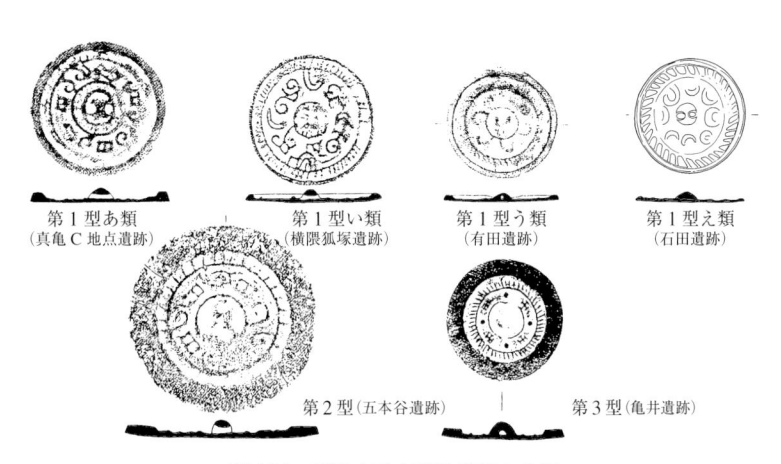

図 104　重圏文系小形仿製鏡の分類

表 14　重圏文系小形仿製鏡の分類

髙倉分類		田尻分類		鏡背面の文様構成
第Ⅰ型	a類	第1型	あ類	狭縁―櫛歯文帯―円圏①―文様帯―円圏②―櫛歯文帯―円圏③―鈕
			い類	狭縁―櫛歯文帯―円圏①―文様帯―円圏②―櫛歯文帯―鈕
	b類		う類	狭縁―櫛歯文帯―円圏①―文様帯―円圏②―鈕
			え類	狭縁―櫛歯文帯―円圏①―文様帯―鈕
第Ⅱ型		第2型		平縁―櫛歯文帯―円圏①―文様帯―円圏②―鈕
第Ⅲ型	a類	第3型		平縁―細櫛歯文帯―円圏①―文様帯―円圏②―鈕
	b類			

1 比恵遺跡出土鏡　　2 カラカミ遺跡出土鏡　　3 納手遺跡出土鏡

4 法華原遺跡出土鏡　　5 吉野ヶ里遺跡出土鏡　　6 小野崎遺跡出土鏡

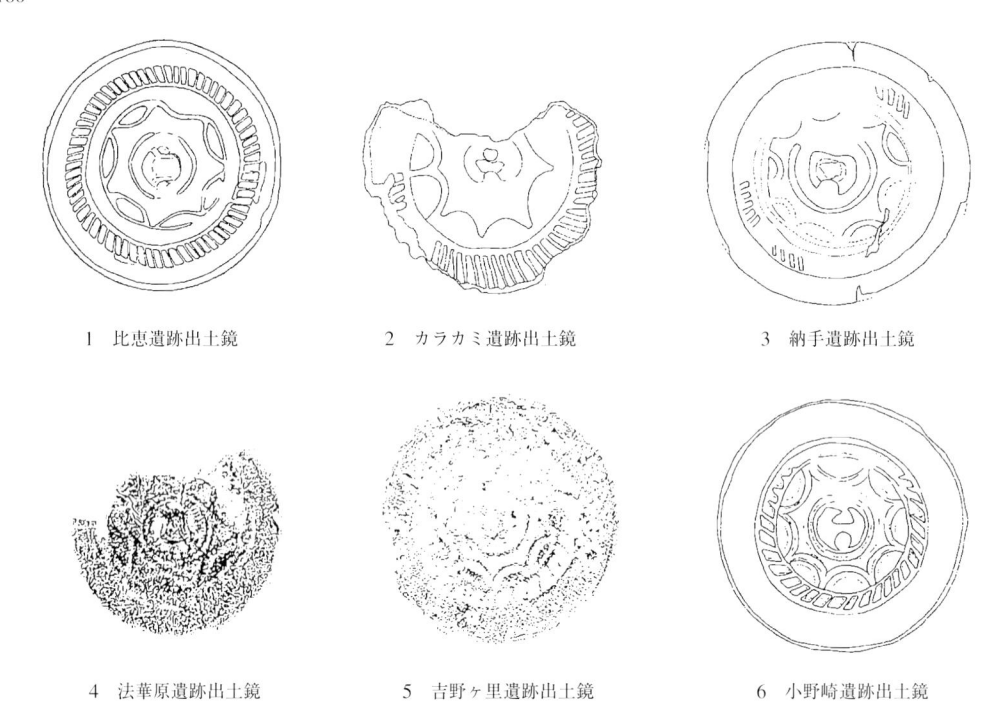

図105　内行花文系小形仿製鏡第2型C類(S = 1/2)

　さて第2型から第3型への変化は，内区文様における内行花文帯が第2型では浮き彫りであった表現が，第3型では二重弧線で表現されるという変化である。これまで著者は鏡の分類作業を行いながら，両者の表現の違いやギャップに多少戸惑いをもちながらも，変化の方向性は確実であることからそのまま納得していた。そうした状況の中で資料調査を進め，いくつかの鏡を観察していると，両者の間を埋める中間的な鏡が存在することに気がつき始めた。さらに2006年に比恵遺跡(福岡市)出土鏡が報告され，これまで中間的資料として考えていた資料が一定量認められる可能性を想定し，過渡的資料としてまとめておくのが有効であるのではないかと考えた。

　比恵遺跡出土鏡(図105-1)は面径約6.9 cmの鏡で現代の攪乱土壙から出土したため，共伴遺物はない。鋳上がりは良好で文様構成は外側から，広縁の鏡縁部—反時計回りの櫛歯文帯—円圏—弧線表現の内行花文帯—円圏—鈕へと至る。問題の内行花文帯の表現は，一重の弧線で鋳出されている。この表現は，まさに第2型と第3型の中間的な資料である。このような資料の類例はカラカミ遺跡(長崎県壱岐市)出土鏡(図105-2)や納手遺跡(佐賀県武雄市)出土鏡(図105-3)などでも認められ，本来は浮き彫りの内行花文表現が，弧線で表現されていることが確認できた。カラカミ遺跡出土鏡は鋳上がりの悪さもあるが，残存する6つの内行花文のうち，図面左側の2花文は弧線で表現され，他の4花文は浮き彫りで表現されている。また，納手遺跡出土鏡は9花文確認でき，湯口方法と想定される図の上側の3花文は浮き彫りで表現されるが，他の5花文は弧線で表現される。残りの1花文は錆で覆われており，表現方法は不明である。そこで，これらの資料群を内行花文系小形仿製鏡第2型c類としてまとめる。

また，このような表現とは異なるが浮き彫り表現の内行花文帯の内側に弧線表現の内行花文帯が認められる事例が存在する。法華原遺跡（福岡県うきは市）出土鏡（図105-4）[16]や吉野ヶ里遺跡吉野ヶ里丘陵地区VII区（佐賀県吉野ヶ里町）出土鏡（図105-5），小野崎遺跡（熊本県菊池市）出土鏡（図105-6）などが認められ，計3面確認できる。これらの資料群も，弧線表現への過渡的な段階の資料と想定し，第2型c類の中に含めたい。
　さて，浮き彫り表現から二重弧線表現への変化は図106のようにまとめることができよう。当初は浮き彫り表現が明確に鋳出されるように，鋳型に内行花文帯をしっかりと彫り込む（第1段階）。しかしやがて，内行花文全体を彫り込むのではなく，花弁端部を深く彫り込み内行花文帯を表現しようとする（第2-1段階）。その結果，カラカミ遺跡出土鏡や納手遺跡出土鏡のように1つの製品内の内行花文表現について，浮き彫り表現と弧線表現が併存することとなる。さらに端部を表現するため，一重弧線のみで内行花文帯が表現される比恵遺跡出土鏡などが製作されるのであろう（第2-2段階）。これらの一連の変化は内行花文帯を鋳出しながらも，鋳型の文様製作における彫り込み作業の省力化という方法性で変化していると言えよう。さて，こうした変化の中で，内行花文帯の強調化が求められる。浮き彫り表現の内側に弧線表現の内行花文帯が鋳出される法華原遺跡出土鏡や吉野ヶ里遺跡吉野ヶ里丘陵地区VII区出土鏡や小野崎遺跡出土鏡などである（第2-3段階）。これらの資料は第2-1段階や第2-2段階で製作された鏡を組み合わせた表現である。しかしそこでも，彫り込み作業の省力化が進み，内行花文系小形仿製鏡第3型のような二重弧線で内行花文帯を表現する鏡が製作されるようになる（第3段階）。
　こうした変化には一貫して，内行花文帯表現の強調化と鋳型の文様彫り込みに関わる作業の省力化という方向性が確認できる。なお内行花文表現の強調化とは，クライアント側が内行花文帯を嗜好した結果であろう。また逆に，彫り込み作業の省力化は製作者側に要因がある。実際，石製鋳型に浮き彫りの内行花文表現を彫り込むより，エッジの効いた工具で弧線表現を彫り込む方が仕事量としては少なくてすむ。簡単な実験でも，石英斑岩に浮き彫り状になるように一定面積の内行花文表現を彫り込むより，弧線で内行花文を彫り込んだ方が遙かに楽であった[17]。したがって，製作者側に立つならば，弧線表現への変化は，石製鋳型への彫り込み作業の省力化として捉えることができるのである。そこで，クライアントと製作者との立場は異なるのであるが，内行花文帯を鋳出し，明確に表現するという点で両者の意図は一致しており，このような文様表現の変化が生じたのではないかと考える。
　これまでの型式分類では文様表現の違いを根拠にしており，その表現方法の違いに断絶が存在していたのであるが，新たな第2型c類の設定により，文様表現の変化をスムーズに追うことができ，また，その変化に対する説明も明確にすることができたのではないかと考える。なお，この第2型

---

16) 法華原遺跡出土鏡は著者が実見していないため，片岡宏二氏の拓本から判断した（片岡1996c）。しかし，高倉氏はこの資料を三重弧線で表現された資料として取り上げており（高倉1990: 264），機会を見つけて調査を行いたい。
17) 天草産の石英斑岩に彫刻刀で彫り込んで実験を行った。

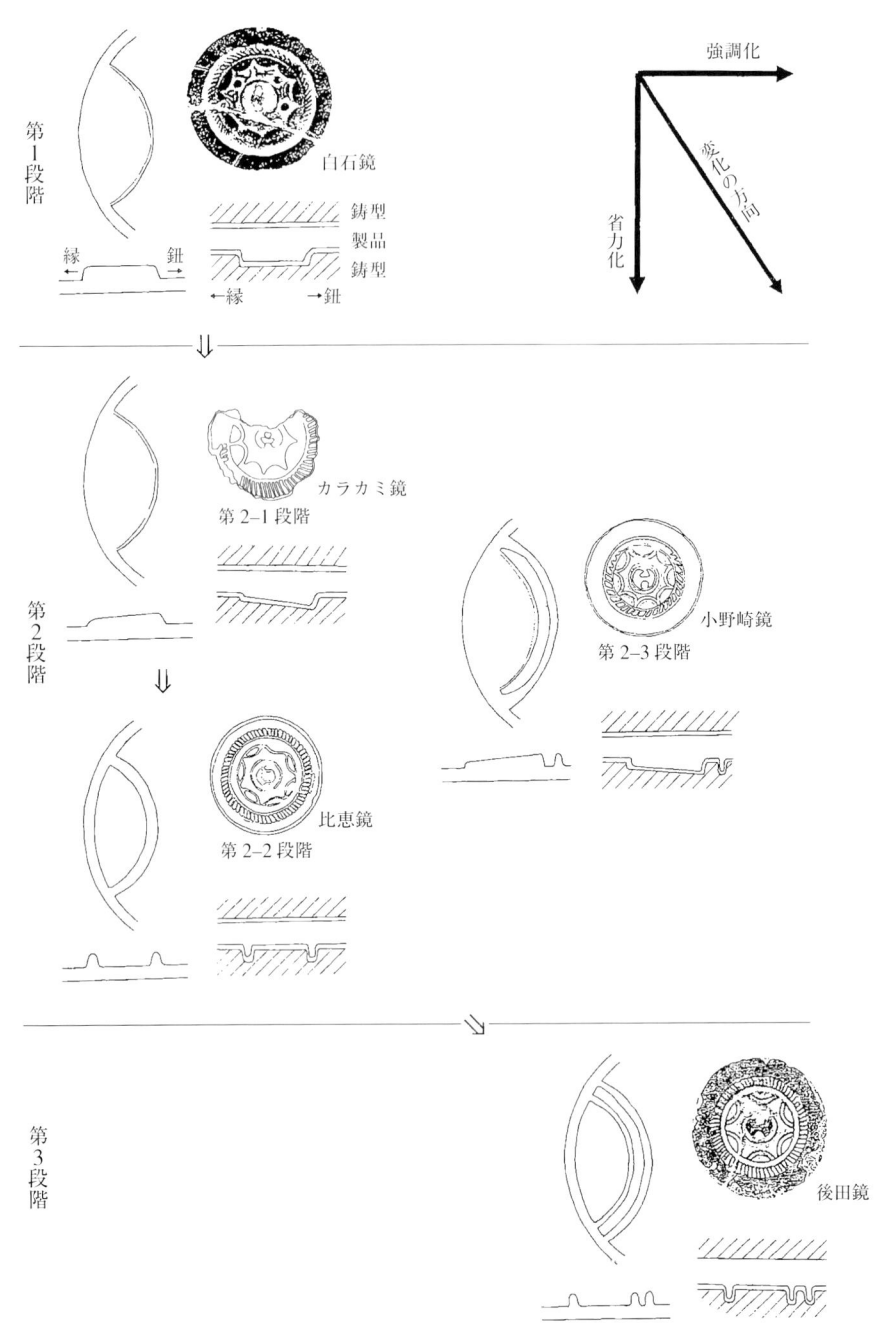

図106　内行花文系仿製鏡の文様変化

　c類の資料は過渡的であり中間的な資料群であることから，今後数量がそれほど増加するとは考えていない．また第3型の特徴を二重弧線表現による内行花文帯を有する製品としているので，ここで取り上げた資料群は第2型の範疇に含めておく．
　第3型a類は髙倉氏の分類と基本的に同じであるが，内行花文の表現が二重弧線による鏡群に限

定する．つまり，北部九州で出土する複数弧線による内行花文帯を有する鏡として，髙倉氏が取り上げた木坂遺跡(長崎県峰町)出土 III 鏡，西屋敷遺跡(福岡県久留米市)出土鏡，法華原遺跡(福岡県うきは市)出土鏡の 3 面と古畑遺跡(福岡県うきは市)出土鏡に関しては著者分類の第 3 型 b 類に分類される．また，髙倉氏が第 III 型 a 類としてあげていた次場遺跡(石川県羽咋市)出土鏡と服部遺跡(滋賀県守山市)出土鏡に関しては，複数弧線で内行花文帯が表現されることから第 3 型 b 類に含める．これら 6 面の鏡を，著者は北部九州および西日本において製作された鏡として捉え，第 3 型の中で，内行花文帯の強調により線表現が強化された鏡として位置付けたい．

　第 4 型は，文様構成がそれまでの第 3 型の文様構成とは異なり，内行花文帯と文様帯が逆転する．髙倉氏や森岡氏，寺沢氏は，この逆転現象を別の漢鏡の影響を受けたと理解している(髙倉 1985；森岡 1987；寺沢 1992)．また，内区文様に蕨手文を有する二塚山遺跡出土鏡や松ノ内 A 遺跡出土鏡はこれまで，位置付けのよくわからない第 II′ 型として扱われてきた(髙倉 1990)．しかし，櫛歯文帯の表現方法と出土分布の違いにより，内行花文系小形仿製鏡第 4 型と第 5 型に区分する．この内行花文系小形仿製鏡第 5 型は近畿地方を中心に分布する鏡であり，櫛歯文帯の表現方法は，櫛歯文が細かい細櫛歯文帯とする．これは，単に文様帯の表現方法の違いによるのではなく，鋳造技術の違いを示したものでもある．すなわち，この内行花文系小形仿製鏡第 5 型は土製鋳型での製作が想定でき，北部九州において製作された鏡とは異なる別系統の鏡であろう．それに対して，内行花文系小形仿製鏡第 4 型は北部九州における青銅器生産における伝統的な石製鋳型による製作である．

　重圏文系小形仿製鏡第 2 型については(図 104，表 14)，内行花文系小形仿製鏡第 4 型から内行花文帯が欠落した系統を考えている[18]．また同じように，重圏文系小形仿製鏡第 3 型についても，先述した内行花文系小形仿製鏡第 5 型から内行花文帯が欠落した鏡群として捉えることとする[19]．つまり，重圏文系小形仿製鏡はそれぞれ内行花文系小形仿製鏡から，内行花文帯が欠落した鏡群としてまとめることができよう[20]．これは，前述の製作工程を反映した分類方法であり，内行花文帯の有無は最終工程の③各文様の決定における施文を行うかどうかに相当するからである．

　以上が，製作工程をもとにした分類案である．この分類案は②文様構成に主眼を置いているので，先程述べたように③具体的な各文様によって，さらに細かく分けることもできるだろう．

　製作時期を推定する有効な資料は鋳型である．しかし，鋳型の出土状況からは，その廃棄時期を示すのみで，製作時期に関しては下限時期を示すことしかできない．この点を十分に考慮しなければならない．また，近年，小形仿製鏡が甕棺から出土する事例も認められる．これまで製品の出土

---

[18] これまで髙倉氏は重圏文系小形仿製鏡第 II 型が，重圏文系小形仿製鏡第 I 型からの変化として捉えられることは難しいとされ，新たに重圏文日光鏡からの影響を求めるべきではとされてきた(髙倉 1990)．本書においても，第 I 型の影響は認めにくいことに同意するが，著者は内行花文系小形仿製鏡第 4 型から内行花文帯が欠落する方向での変化を想定する．なお，この変化方向の考え方は岩永氏より御指摘いただいた．
[19] 本節では北部九州を中心とした小形仿製鏡を扱うので，内行花文系小形仿製鏡第 5 型や重圏文系小形仿製鏡第 3 型などの近畿地方産の小形仿製鏡に関しては次節で検討する．
[20] 重圏文系小形仿製鏡第 1 型に関しては，拙稿(田尻 2003)において，面径，縁の形態，文様構成から内行花文系小形仿製鏡第 1 型から派生したとして位置付けている．

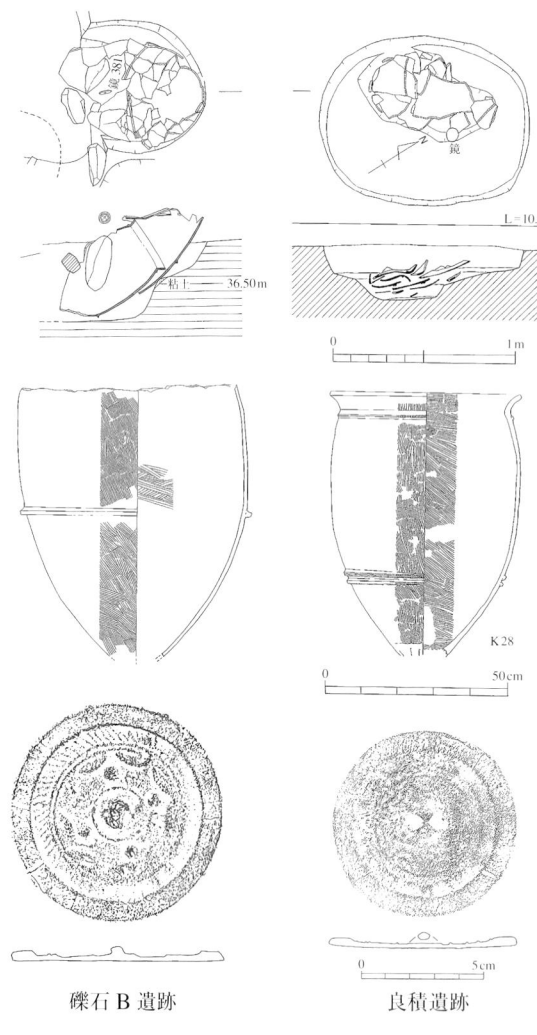

図107 甕棺出土の小形仿製鏡

礫石B遺跡　　　　　良椎遺跡

　状況が不明瞭であったが，こうした資料を積み重ねていくことで，製作時期に関して，もう少し細かな議論ができるようになるだろう。

　井尻B遺跡（福岡市）出土の内行花文系小形仿製鏡第2型b類が彫り込まれた鋳型は土壙10より出土し，共伴遺物としてやや丸底を呈する壺形土器をともなっている。後期中頃から後半に位置付けられ，鋳型は土壙に廃棄されていた。鋳型には小形仿製鏡の裏側に銅鏃が彫り込まれており，彫り込み順は小形仿製鏡が先で，銅鏃が後である。銅鏃は箆被をもち，後期中頃から後半に製作時期を比定することができる[21]。したがって，井尻B遺跡出土の鋳型に彫り込まれた第2型b類の下限年代は，ほぼ後期中頃として捉えることができよう。

　飯倉D遺跡（福岡市）では，SC246住居跡から内行花文系小形仿製鏡第2型b類が彫り込まれた鋳型が出土している。住居の時期は，後期後半から終末期の土器が出土しており，鋳型の廃棄時期もその頃と考えられる。内行花文系小形仿製鏡第2型b類は後期前半から中頃にかけて製作されたとしているので，時期的に矛盾はないが，この遺跡で継続的に小形仿製鏡の製作が行われていたかどうかについては不明である。したがって，後期中頃前後の一時期にこの地で内行花文系小形仿製鏡第2型b類が製作されていたことは確認できる。製作された小形仿製鏡は，復元径7.2cmで，内行花文の間に乳状突起をもつ文様である。

　ヒルハタ遺跡（福岡県筑前町）では，227号住居内の土壙より小形仿製鏡の鋳型が出土している。遺跡は弥生時代後期末から古墳時代初頭にかけて営まれており，製作時期は後期末頃であろう。鋳型に彫り込まれた小形仿製鏡は，内行花文系小形仿製鏡第4型である。

　須玖遺跡群ではこれまで3面分の小形仿製鏡の鋳型が出土している。須玖岡本遺跡坂本地区からは復元径7.5cmの内行花文系小形仿製鏡第2型b類を彫り込んだ鋳型が溝から出土している。須

21）箆被をもつ銅鏃は雀居遺跡（福岡市）第5次調査の後期中頃から後半にかけての包含層から出土している。

玖永田A遺跡第1次調査では，同一個体と考えられる2片の鋳型が出土しており，復元径8cm前後の内行花文系小形仿製鏡第3型a類が彫り込まれている。共伴した土器から後期後半から末頃に廃棄されたと考えられる。また，先程もあげた第4次調査からも，小形仿製鏡が彫り込まれた鋳型が出土している。内区まで彫り込んでいないことから，詳細な鏡式は不明であるが，幅広の縁が認められることから，内行花文系小形仿製鏡第2型b類以降の鏡を鋳造しようとしたのであろう。時期は後期後半頃の土器が共伴している。

礫石B遺跡（佐賀市大和町）からは内行花文系小形仿製鏡第2型a類に分類される鏡が14号甕棺付近より出土している（図107）。甕棺内部からの出土ではないが，出土位置からおそらく14号甕棺にともなうものと考えられる。甕棺の詳細は不明であるが，報告書によると三津式に相当し，橋口編年のKIVc式となり，後期前半に位置付けられる（田平編1989）。

良積遺跡（福岡県久留米市北野町）からは，内行花文系小形仿製鏡第2型b類の鏡が第28号甕棺より出土している（図107）。甕棺墓自体が攪乱を受けており，第

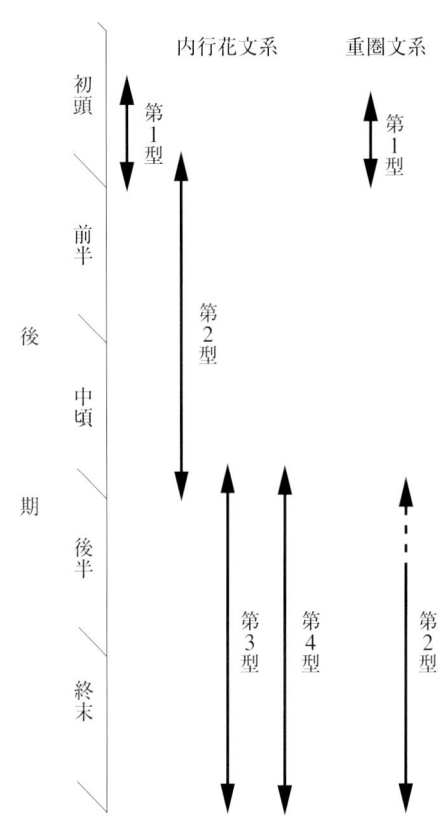

図108 小形仿製鏡編年図

28号甕棺に確実にともなうものかどうか報告者は慎重な判断をしている。出土状況を見る限り，おそらくこの甕棺にともなった副葬品として捉えることができよう。第28号甕棺は口縁部が大きく外反し，頸部に刻み目の突帯1条，胴部下位に刻み目突帯2条をめぐらす。内面はハケ，外面はタタキ後ハケで調整している。報告者は，橋口編年のKVdに相当し，後期後半に属するとしている（本田編1998）。

時期の判明する資料は現在のところ以上のものしかなく，詳細な議論を行うにはまだ少ない。しかしながら，全体の傾向の中で，内行花文系小形仿製鏡第1型を後期初頭，第2型を後期前半から中頃，第3型を後期後半〜終末，第4型を後期後半の製作とする[22]（図108）。第5型については近畿産の小形仿製鏡を検討する第3節で扱う。

また，重圏文系小形仿製鏡の編年については，第1型を後期初頭から前半であるとしている。重圏文系小形仿製鏡第2型については，これまで4面が確認されている（五本谷遺跡出土鏡・本郷野

---

[22] 内行花文系小形仿製鏡第1型のモデルとなった内行花文日光鏡の帰属時期（中期後半〜末）と，最初期の小形仿製鏡の製作時期（後期初頭）が異なるが，生産の開始に関しては後期を若干遡る可能性が野藤遺跡出土鋳型により想定できる。野藤遺跡では中期末に遡る可能性のある小形仿製鏡の鋳型が出土している。しかしながら，現状では最初期の仿製鏡の製作年代は十分におさえることはできない。

開遺跡出土鏡・岩屋遺跡出土鏡・方保田東原遺跡出土鏡)。後期中頃以降に認められることから,内行花文系小形仿製鏡第4型からの影響を想定しても時間的に問題はないだろう。将来的に詳細なデータが揃えば,内行花文帯の有無(内行花文系小形仿製鏡第4型→重圏文系小形仿製鏡第2型)で時期差を表すかもしれない。また,重圏文系小形仿製鏡第3型についても,近畿産と考えられることから第3節で詳しく取り扱う。

4. 小　結

本節においては,これまでの小形仿製鏡研究をまとめ,新たな小形仿製鏡の分類・編年を行った。小形仿製鏡の編年は甕棺出土例が少なく,時期決定に関しては今後の事例の増加に期待している。資料増加によってより詳細な編年が組めるものと期待している。次節では小形仿製鏡の成立問題とも関わる朝鮮半島出土の小形仿製鏡について,その製作地問題を明らかにする。

第2節　朝鮮半島出土小形仿製鏡の製作技術と取り扱われ方の比較

朝鮮半島出土の小形仿製鏡は,これまで,朝鮮半島で製作され,使用されたと考えられてきた[23]。しかしながら,鋳型の出土が確認されているわけではなく,朝鮮半島で製作されたという根拠は,遺物(製品)の分布と製作技術の系譜から論じられている。そこで,弥生時代小形仿製鏡の生産体制を論じるためにも朝鮮半島出土の小形仿製鏡が日本列島産であるのか,半島産であるのかを明確にする必要がある。結論を先に述べると,著者は朝鮮半島出土の小形仿製鏡を日本列島製と考えている。以下では,朝鮮半島から出土する小形仿製鏡について,系統・製作技術から検討を加えていきたい。

1. 朝鮮半島出土の小形仿製鏡の製作地

初期の弥生時代小形仿製鏡を朝鮮半島製とし,その後,国産化が始まるという製作地の変化を想定したのは梅原末治氏である(梅原1925・1959)。そこではトルファンの事例を引用しながら,中国の周辺部に見られる共通現象として,鏡の仿製を捉え,日本の古墳時代以降に大量に認められる仿製鏡の鋳造技術の萌芽として,朝鮮半島南部製を提唱した。

朝鮮半島から出土する小形仿製鏡には次の鏡種が認められる。内行花文系小形仿製鏡では,第1型と第2型,第3型a類,重圏文系小形仿製鏡では第1型あ類・い類・う類・え類である(表15)。また,綾杉文鏡もある。朝鮮半島において,最古型式と考えられる内行花文系小形仿製鏡第1型の鏡は,これまで漁隠洞遺跡において1面のみしか出土していない。朝鮮半島にて鏡の仿製が開始されたのであれば,最古型式の鏡が,多数朝鮮半島で出土するはずであるが,近年の発掘調査の増加にもかかわらず報告されていない。また,重圏文系小形仿製鏡は前節で検討したように,内行花文系小形仿製鏡から派生したと考えられるので,第1型が出土しているが,最古型式の鏡とは言えな

---

23) これまでの研究では,髙倉分類第I型の鏡が出土すると朝鮮半島産の鏡として扱い,朝鮮半島との交流を示す遺物として取り上げられてきた。

第3章 小形仿製鏡から捉える弥生時代青銅器の生産体制

表15 朝鮮半島出土の小形仿製鏡

内行花文第1型

番号	遺跡名	面径(cm)	遺構
1	漁隠洞遺跡 E	5.2	墓

内行花文第2型

番号	遺跡名	面径	遺構
1	沙内里遺跡	8.2	不明
2	伝良洞里遺跡	7.7	不明
3	良洞里遺跡162号墓-2	7.7	墓
4	良洞里遺跡162号墓-3	7.7	墓
5	良洞里遺跡162号墓-4	8.4	墓
6	良洞里遺跡162号墓-5	7.8	墓
7	良洞里遺跡162号墓-6	7.4	墓
8	良洞里遺跡162号墓-8	7.7	墓
9	良洞里遺跡55号墓	8.9	墓
10	良洞里遺跡427号墓-1	6.5	墓
11	良洞里遺跡427号墓-2	7.75	墓
12	李養璿蒐集資料-1	8.9	不明
13	李養璿蒐集資料-2	7.8	不明
14	李養璿蒐集資料-3	10	不明
15	李養璿蒐集資料-4	6	不明
16	健入洞遺跡	7.6	土壙
17	国立中央博物館新収品(新9797)		
18	スドン遺跡-1	8.5	墓

内行花文第3型a類

番号	遺跡名	面径	遺構
1	良洞里遺跡162号墓-1	7.6	墓
2	良洞里遺跡162号墓-7	9.1	墓

綾杉文系

番号	遺跡名	面径	遺構
1	舍羅里遺跡-1	4.7	墓
2	スドン遺跡-2	5.7	墓

重圏文系第1型あ類

番号	遺跡名	面径	遺構
1	舍羅里遺跡-2	5	墓
2	舍羅里遺跡-3	5	墓

重圏文系第1型い類

番号	遺跡名	面径	遺構
1	坪里洞遺跡-2	5.6	土壙
2	漁隠洞遺跡 B-1	5.5	墓
3	漁隠洞遺跡 B-2	5.45	墓
4	漁隠洞遺跡 B-3	5.5	墓

重圏文系第1型う類

番号	遺跡名	面径	遺構
1	坪里洞遺跡-1	5.7	土壙
2	坪里洞遺跡-3	4.5	土壙
3	漁隠洞遺跡 A-1	5.7	墓
4	漁隠洞遺跡 A-2	5.7	墓
5	漁隠洞遺跡 A-3	5.7	墓
6	漁隠洞遺跡 A-4	5.7	墓
7	漁隠洞遺跡 C	5.2	墓
8	漁隠洞遺跡 D	5.9	墓
9	漁隠洞遺跡 F	5	墓

重圏文系第1型え類

番号	遺跡名	面径	遺構
1	坪里洞遺跡-4	4.6	土壙
2	福泉洞古墳群152号墓	4.2	墓

重圏文系第1型

番号	遺跡名	面径	遺構
1	舍羅里遺跡-4	4.4	墓

いだろう。従来，漁隠洞遺跡や坪里洞遺跡から計14面もの多量の重圏文系小形仿製鏡が出土していたことをもって，朝鮮半島での鏡の仿製の根拠としてきた[24]。しかしながら，近年では，日本においても13面の重圏文系小形仿製鏡が出土している。こうした状況にあっては，出土量の多寡によって製作地を論ずることはできないと考える。

(1) 小形仿製鏡の表面観察

朝鮮半島から出土する小形仿製鏡は，その鋳肌を観察すると，極めて雑な作りであることがわか

---

[24] 最近ではさらに舍羅里遺跡より2面の重圏文系小形仿製鏡が出土している。

る。表面にスが多く認められ,また,各文様の鋳出しも極めて悪い。こうした特徴は,確実に日本製と言われる内行花文系小形仿製鏡第2型に認められる特徴でもある。朝鮮半島から出土する鏡の鋳型がこれまで発見されていないため,確定的なことは言えないが,鏡の表面の観察から,石製鋳型によって製作されたと考えられる。朝鮮半島の青銅器鋳造において,当初の石製鋳型による製作技術に,砂型(土型)による鋳造方法が導入されるのは,第III期末頃とされる(後藤1985a・b;岡内1983)。その後,両者の鋳造方法は併存し続けるが,なかでも小形仿製鏡の鋳造は,技術的に粗雑な,レベルの低い鋳造法と考えられる。それは小形仿製鏡以前に朝鮮半島において確実に製作された多鈕細文鏡の製作技術と比較すれば明らかである。多鈕細文鏡は,文様の細密さから土製鋳型を使用しなければ製作ができない。朝鮮半島における青銅器製作技術の地域差も考慮に入れなければならないが,小形仿製鏡が朝鮮半島製であるならば,もう少し技術的に高度で,精巧な鏡の鋳造が可能であったと考える[25]。

(2) 小形仿製鏡の湯口

次に,小形仿製鏡製作時の湯口の問題を取り上げたい。これまで著者が実見した小形仿製鏡は,朝鮮半島出土の小形仿製鏡も含め,全て,鈕孔の延長線上のどちらか片方に,湯口が取り付けられたと考えられる痕跡が認められる。痕跡は2種あり,1つは鈕孔の延長線上にある鏡縁のどちらか一方が厚くなり,その鏡縁端部が,研磨のために平らになる。もう1つは鈕孔の延長線上の文様のどちらか一方が不明瞭な文様の鋳出しになる。前者の,鏡縁の形態が他の部位と異なるという特徴は,湯口がその部位に付設されていたことに他ならない[26]。また,鏡縁端部が研磨のため平らになるのは,湯道を削り取ったための処理によるものと考えられる。後者の特徴は,鋳造する際の湯の流れに起因すると考えられる。鏡縁幅の広くなっている部分と文様が不明瞭に鋳出される部分は,これまでのところ例外なく一致しており,湯口に近い部分の文様の鋳出しが悪くなるものと考えられる。

鋳型では,井尻B遺跡出土鋳型,須玖岡本遺跡坂本地区(福岡県春日市)出土鋳型,ヒルハタ遺跡(福岡県筑前町)出土鋳型,益生田寺徳遺跡(福岡県久留米市田主丸町)出土鋳型などで,鈕孔と湯口の方向がわかる鋳型資料が確認され,いずれも鈕孔の延長線上に湯口が付設されている。したがって,小形仿製鏡の鋳造に関しては,一貫した製作技術が認められる。

朝鮮半島出土の小形仿製鏡においても,上記のような特徴は一致しており,湯口の付設に関わる製作技術からは,朝鮮半島と日本列島(北部九州)に違いは認められない。製作技術に差がないということと,製作地がどちらか一方であるということが,論理的に直接関係のあることではないが,製作地が半島か列島のいずれかにおいてであるならば,同じ技術体系による製作を想定することは

---

25) なお,岩永省三氏より坪里洞遺跡や漁隠洞遺跡出土のいわゆる放射線状文をもつ鏡に関しては,土製鋳型での製作が想定され,朝鮮半島における仿製鏡生産の一端を示している可能性があるとの御指摘を受けた。これらの鏡と徳島県カネガ谷出土鏡については十分な検討が行われておらず,著者もその可能性について考慮したい。

26) 榎本義嗣氏も報告書中で同様の見解を指摘している(榎本編1997)。

容易であろう[27]。積極的な根拠に成り得ないが，鋳造技術に変化が認められず，一貫性をもつという点も，小形仿製鏡の製作地を朝鮮半島からの時期的変遷ではなく，当初から日本列島側（北部九州）に存在したという補足的な根拠としてあげたい。

以上のような，出土量の多寡といった製作地に関する議論に対する批判と，製作技術の一貫性という根拠から，朝鮮半島出土の小形仿製鏡については，日本列島産として捉えた方がよいのではないかと考える。

また，近年の調査によって，初期の小形仿製鏡の鋳型が日本列島で出土している。寺徳遺跡や坂本B遺跡から出土した小形仿製鏡が彫り込まれた鋳型の存在は，初期段階から日本列島で小形仿製鏡が製作されていたという有力な証拠となろう。

2. 朝鮮半島・日本列島両地域における小形仿製鏡の扱い方の違い

本項では，朝鮮半島と日本列島における小形仿製鏡の出土状況を比較検討する。出土状況の比較から，朝鮮半島の小形仿製鏡の出土パターンに2つの特徴的な点が認められる。

1つ目の特徴は，朝鮮半島から出土する小形仿製鏡は，日本列島と比べて，同一墓内から出土する割合が高いということである（図109）。出土量の多い内行花文系小形仿製鏡について比較すると，日本では143面確認されており，そのうち墓から出土している面数は57面である。同一の墓から複数面出土しているのは，対馬の木坂遺跡（長崎県峰町）5号石棺墓から出土した4面と，同じく対馬のタカマツノダン遺跡（長崎県峰町）において，同一墓から出土したと伝えられている2面のみである。したがって，日本出土の小形仿製鏡のうち，墓から出土するものは基本的に1面のみの出土で，複数面数の出土は，対馬のような，青銅器の取り扱いにおいて特殊な地域に限って認められる。しかし，朝鮮半島において，内行花文系小形仿製鏡は21面出土しているが，そのうち墓から出土している面数は13面である。良洞里遺跡162号墓では8面，同遺跡427号墓では2面が同一墓から出土している。また，内行花文系小形仿製鏡ではないが，舎羅里遺跡130号墓から4面の小形仿製鏡が出土している。このような比較から，朝鮮半島で出土する小形仿製鏡の多くは同一墓内からの出土であり，そうした出土状況は，北部九州とは異なる青銅器のあり方をする対馬における状況と共通している。

2つ目の特徴は，朝鮮半島において出土する小形仿製鏡には，同笵鏡が多く確認されるということである。漁隠洞遺跡では，数多く

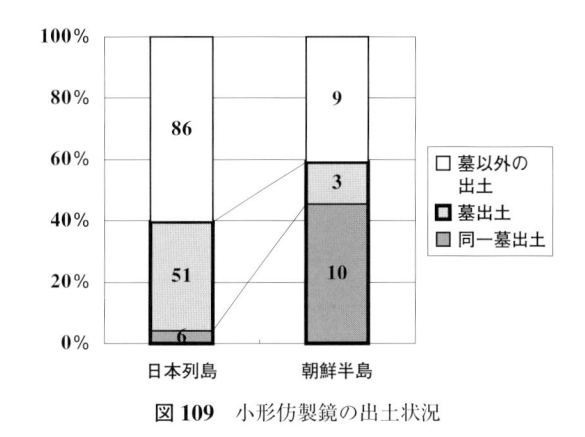

図109 小形仿製鏡の出土状況

---

27) この場合の一方とは，日本列島側に製作地があるという意味で使用しており，日本列島の内部での製作地が1ヶ所と言っているのではない。九州における青銅器の生産体制について，著者は複数ヶ所の製作地を想定しており，それら各製作地間の関係についても第2章で行っている。

の青銅器が発見されているが，11面の小形仿製鏡のうち4面と3面はそれぞれ同笵鏡であることが指摘されている(杉原1978；小田1982a)。また，坪里洞遺跡出土の4面の小形仿製鏡のうち1面も，先程の漁隠洞遺跡出土の4面の同笵鏡組と同じ同笵鏡である。先述の舍羅里遺跡からも4面の小形仿製鏡が出土しているが，そのうち2面が同笵鏡である。このように，朝鮮半島出土の小形仿製鏡には数多くの同笵鏡が認められる。こうした特徴は，日本列島(北部九州)の小形仿製鏡のあり方とは大きく異なる。これまで日本列島(北部九州)で確認されている同笵鏡は，タカマツノダン鏡─弥永原鏡(福岡市)，牟田寄鏡(佐賀市)─大庭久保鏡(福岡県朝倉市)，白壁白石鏡(佐賀県みやき町)─平塚川添鏡(福岡県甘木市)，後山鏡(福岡県朝倉市)─西弥護免鏡(熊本県大津町)，うてな鏡(熊本県菊池市七城町)─方保田東原鏡(熊本県山鹿市)，五丁中原鏡(熊本県熊本市)─続命院鏡(福岡県みやこ町犀川)，石井入口鏡(大分県竹田市)─二塚山鏡(佐賀県吉野ヶ里町)，池奥殿4号墳東棺鏡(奈良県宇陀市)─宮原遺跡鏡(福岡県香春町)など8組が認められるが，それぞれの遺跡は，距離的に全く離れた遠隔地の遺跡である。このように日本列島(北部九州)における小形仿製鏡の同笵鏡の分布のあり方は，同一遺跡ではなく離れた遺跡から出土した鏡同士に同笵関係が認められるのである。

　さて，このような1つの遺構から多量に同笵鏡の小形仿製鏡が出土する傾向こそ，朝鮮半島における小形仿製鏡の取り扱い方の特徴を示していると考える。製品としては稚拙であるが，日本列島から運ばれた外来品として，遠隔地からもたらされたことに価値を見出し，朝鮮半島で取り扱われていたのではないかと考える。髙倉洋彰氏や後藤直氏は，出土量や出土状況の検討から，朝鮮半島南部は「鏡の社会的意義はかなり低い」として，鏡を偏重する社会ではなかったとしている(髙倉2002；後藤2009)。そこで，1つの遺構で多量に認められる小形仿製鏡は朝鮮半島各地へ再配分されることを期待して九州からもたらされたのであるが，受け取り手側の理由で手元に置かれ，結果として大量に蓄積されたと理解する。さらに，漢鏡の不足に帰因して，朝鮮半島南部において，小形仿製鏡の製作を行ったとするこれまでの研究に，批判的な見解を唱える。髙倉氏は朝鮮半島の小形仿製鏡は，墓内の出土位置の検討によって，被葬者の腰辺りに集中して検出されることから，装飾的な意味で取り扱われており，鏡の面径やその量的多寡によって，社会的身分を表示するような社会であったとは考えられないとしている。したがって，そもそもそうした地域において，漢鏡の不足という理由から，鏡の製作が行われたとは考えられないという髙倉氏の説を支持したい。

　朝鮮半島から出土した小形仿製鏡の鏡種を見ると，日本から複数回，これらの鏡がもたらされたと考えられる。これまでの研究において，第2型以降の小形仿製鏡が朝鮮半島で出土した場合，各研究者とも比較的安易に，日本からもたらされた青銅器であることを認めてきた(小田・武末1991；髙倉1989)。しかしながら，第1型に関しては，朝鮮半島産であることに対し，これまで誰も疑問を呈してこなかった。朝鮮半島東南部には小形仿製鏡以外にも倭系と言われる青銅器が認められ，中広形銅戈や広形銅矛などの各種遺物が発見されている(図110)。これらの武器形青銅器の出土分布は，洛東江沿いに金海から大邱周辺に確認されており，小形仿製鏡の出土分布と重なっている。この点からも，小形仿製鏡を北部九州からもたらされた鏡として位置付けることが可能であろう。大きな流れとして，武器形青銅器は朝鮮半島から細形段階に日本へ伝来し，程なく日本列島において

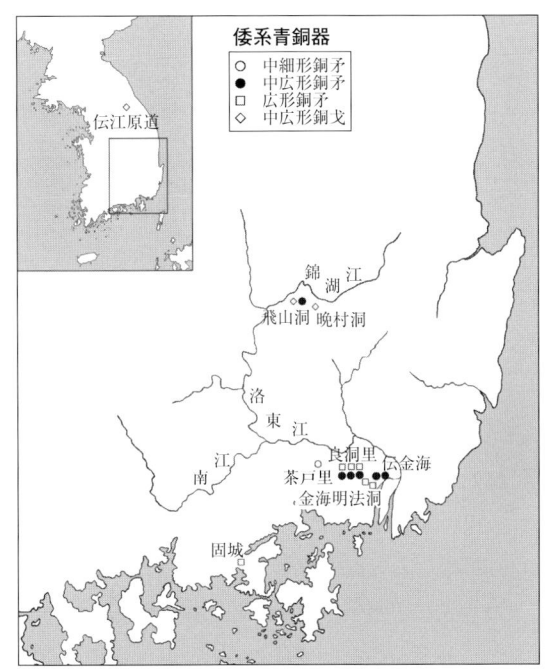

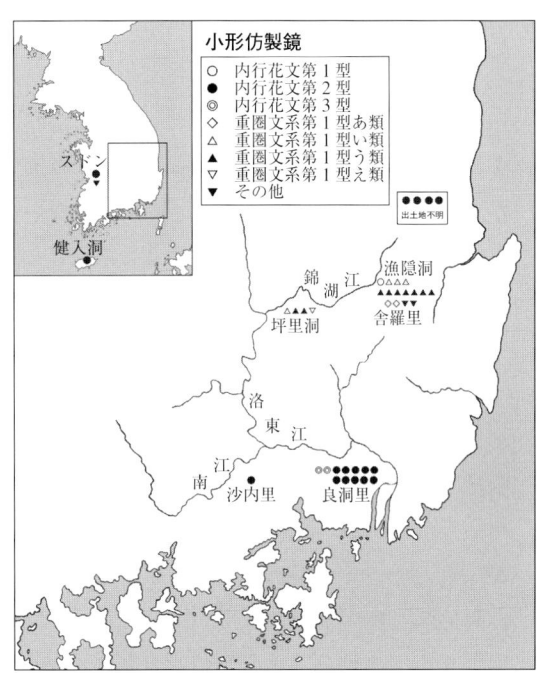

第3章　小形仿製鏡から捉える弥生時代青銅器の生産体制　　　　　　　　　　　　　　　　　191

図110　朝鮮半島における倭系青銅器と小形仿製鏡の出土分布図

も国産化が始まり，中広形段階以降，朝鮮半島へ一部の製品がもたらされるという展開を辿る。これまでの小形仿製鏡の研究も，初期において朝鮮半島から日本列島へ伝来し，その後，日本列島内においても製作されるようになり，一部製品が朝鮮半島へもたらされるという展開を辿ると考えられてきた。しかしながら，これまでの検討結果から，小形仿製鏡の初期製作地は日本列島であり，その後，朝鮮半島へ一部の製品がもたらされたと考える。

3.　初期小形仿製鏡の製作地に関する近年の議論について

　ここで初期小形仿製鏡の製作地に関する近年の議論について著者の見解を述べる。小形仿製鏡の製作地に関連して，著者の重圏文系小形仿製鏡の分類と変遷（表15）によると，舍羅里遺跡出土–2・3号鏡が重圏文系小形仿製鏡第1型あ類で古く，坪里洞遺跡出土の重圏文系小形仿製鏡第1型い・う類の鏡が新しくなっており，それぞれに共伴する馬具や土器の年代観と逆転している点について述べる。

　朝鮮半島においては，同一墓に複数の小形仿製鏡が副葬されていた点は先程まとめている。この場合，複数型式間の鏡が漁隠洞遺跡や坪里洞遺跡でも副葬されており，製作順序と副葬順序が逆転する。また，はじめに製作された鏡が日本列島もしくは朝鮮半島の地で留め置かれ，時間差をもった製品が副葬された可能性があろう。さらに，重圏文系小形仿製鏡の変遷は内区文様の消滅という変化であるので，変化の速度が早く製作時間にそれほどタイムラグを求めなくてもよいとの解釈も可能である。馬具などの他の共伴遺物の変遷観を逆転させるつもりはなく，小形仿製鏡のみによっ

て時期決定するつもりもない。

　次に，伝南陽里出土の鋳型資料に彫り込まれた多鈕粗文鏡は石製鋳型であり，朝鮮半島でも鏡製作に石製鋳型を利用していた点と，慶州朝陽洞遺跡出土の多鈕無文鏡の存在[28]に関する見解を述べる。多鈕鏡の一部の製作に石製鋳型を用いて製作していることは明らかであるが，両者の製作時期に差があり小形仿製鏡製作とは直接関係はないと考えている。また，朝陽洞のような鏡を朝鮮半島南部で製作しており，朝鮮半島南部の地域社会が鏡に対して全く興味がなかった社会であるとは言えない。しかし，内行花文日光鏡などをモデルにした小形仿製鏡の生産は，モデルとした鏡の出土量の違いからも，ここまで検討したように日本列島で行われたと考えた方がよいのではないだろうか。今後の朝鮮半島南部の資料増加を期待したい。

　また近年，南健太郎氏により鈕孔の製作技術に基づいた製作地に関する研究が発表された(南2005・2007)。南氏は，鋳型や小形仿製鏡の観察，その他の鈕孔をもつ青銅製品(多鈕粗文鏡・多鈕細文鏡・銅釧・巴形銅器)の観察から，鈕孔の製作技術がA類・B類の2つに区分できることを明らかにした。そこで，重圏文系小形仿製鏡第1型う・え類は鈕孔製作技法A類で製作され，多鈕鏡や銅釧の一部と製作技術が共通していることから朝鮮半島における製作が想定され，その他の小形仿製鏡や銅釧・巴形銅器には鈕孔製作技法B類が用いられており，それらの製品は日本列島における生産であると結論付けている。

　しかしながら，南氏の研究には決定的な問題点が3つある。1つ目は，小形仿製鏡の製作技術を全く時期の異なる多鈕鏡と関連付け，系譜関係を求めている点である。多鈕鏡の製作使用時期と，本書で用いている小形仿製鏡の製作時期は明らかに異なっている。時期的に連続性のない製品間の製作技術の系譜関係を求めるのは問題があろう。2つ目は，多鈕鏡のなかでも時期の下る多鈕細文鏡と小形仿製鏡には，鋳型材質に決定的な違いがある点である。多鈕細文鏡の段階については，朝鮮半島では土製鋳型による製作がこれまでの研究でも想定されており，土製鋳型を用いた鈕孔の製作技術と石製鋳型を用いた小形仿製鏡の製作技術との比較は，あまりにもかけ離れている。南氏が指摘する重圏文系小形仿製鏡第1型う・え類が土製鋳型を用いた製品とは考えられず，鈕孔の製作技法のみで結び付けるのは無理がある。3つ目は銅釧や巴形銅器との比較についてである。製品を見れば明らかなように，銅釧や巴形銅器に認められる鈕孔は，半円形に窪んだ座の内側に鈕が設置されている。これまでのところ，巴形銅器の鋳型のみが確認されているが，外型は石製鋳型で製作されている。しかし，半円形の窪みの内部に鈕孔を設置するためには，内型は土製鋳型による製作が想定される。したがって，この銅釧と巴形銅器に認められる鈕孔の製作技術と，石製鋳型に直接鈕を彫り込んで製作する小形仿製鏡の製作技術とを直接比較することは問題である。

　南氏による複数の形式間に共通する製作技術を比較検討する研究方法は有意義であると考えるが，小形仿製鏡に関しては，あまりにも異なる製作技術間の類似性や差異を混同しており問題がある。製品の特性と製作技術の的確な分類が必要であると考える。したがって，南氏の唱える鈕孔の製作

---

28) 武末純一氏より朝陽洞出土の多鈕無文鏡に関する位置付けについて御指摘を受けた。

技術による重圏文系小形仿製鏡第1型う・え類の朝鮮半島産説は成り立たない。

4. 小　結

　本節ではいわゆる弥生時代小形仿製鏡が日本列島産であることを，原鏡との関係，製作技術の問題，鏡の扱われ方に関する問題など各方面から検討した。前節において小形仿製鏡の分類を行い，初期の小形仿製鏡の原鏡となるべき漢鏡を内行花文日光鏡として捉えていたが，朝鮮半島と日本列島で原鏡となるべき内行花文日光鏡の出土量を比較すると圧倒的に日本列島から出土していることを示した。この点から，初期の小形仿製鏡製作地には原鏡となるべき鏡が多く出土している日本列島である可能性が高いとした。また，鏡の製作技術に関する検討では，朝鮮半島出土の小形仿製鏡と日本列島出土の小形仿製鏡の観察結果から同一の製作技術で製作していることが明らかとなり，製作地はどちらか一方である可能性が高いとした。また，その製作技術が比較的低い技術レベルであることから，当時より高度な技術を有していた朝鮮半島ではなく，日本列島における製作地を想定した。最後に鏡の取り扱われ方に関する検討では，朝鮮半島において同一墓から複数の鏡が出土している特徴を導き出し，他の青銅器とともに日本列島からもち込まれた交易品として捉え，出土位置の検討から鏡を装飾品であるとする髙倉氏の説（髙倉2002）を支持する。また，逆に日本列島においては墓出土の鏡以外に集落から出土する鏡が一定程度認められる点や，1つの墓から出土する鏡の枚数は1枚が原則であるという特徴を明らかにした。その結果，日本列島と朝鮮半島において鏡に対する扱われ方が異なっており，これまでの検討結果を統合すると，小形仿製鏡の製作地が日本列島にある可能性が高くなった。最後に近年発表された鈕孔の製作技術に関する研究についても検討したが，十分な根拠とならず，したがって，以降の分析では朝鮮半島から出土する小形仿製鏡も北部九州において製作された製品として取り扱うこととする。そこで次節では，日本列島における小形仿製鏡のなかでも北部九州産の小形仿製鏡を抽出することを目的とし，北部九州以外の地で製作された小形仿製鏡についての区分検討を行う。

第3節　近畿産小形仿製鏡の検討

　本節では日本列島出土の小形仿製鏡のうち，北部九州産の鏡を明確に区分するために，北部九州以東の小形仿製鏡のうち近畿地方や北陸地方で出土する小形仿製鏡の位置付けを明らかにする。小形仿製鏡の出土分布を見ると，北部九州を中心としたまとまりと近畿地方から北陸地方を中心とした2つのまとまりが確認できる。両地域の中間にあたる中国・四国地方や，東日本の様相に関しては資料の増加とともに今後検討しなければならないが，分布中心の1つである近畿・北陸の資料を扱って当該地域内での青銅器生産体制の一端を明らかにする。

　そこで，近畿や北陸において出土する小形仿製鏡の中から，出土分布と鋳型の出土から北部九州産と想定される鏡を導き出す。その結果得られた資料とそれ以外の資料について，製作技術に関する検討・形態的特徴による検討を行い，北部九州産と非北部九州産の小形仿製鏡の識別基準を明ら

かにする．最後にこれまでの分析から導き出された非北部九州産の資料を分類・検討，主に近畿おける小形仿製鏡の生産体制を明らかにしていく．

1. 近畿・北陸地方における北部九州産の小形仿製鏡の抽出

現在までのところ，近畿・北陸では58面の小形仿製鏡が確認されている．そのうち庄内式期に主に盛行する重圏文鏡を除くと，弥生時代小形仿製鏡は44面である．詳細が不明であったり，小片の資料もあるため，今回分析で扱える資料はそのうちの28面である（表16）．

これらの資料から北部九州産の小形仿製鏡を導き出すための根拠は2つある．1つは分布状況である．これまでの研究手法と同じ方法をとるが，北部九州に多く出土している鏡群が，近畿やその他の地域で少量出土する場合，分布が多い北部九州からもち込まれたと考える．もう1つは，製作技術の比較である．北部九州と近畿とでは，後述するが小形仿製鏡の製作技術に違いがあるからである．北部九州における製作技術と類似した技術で製作された資料に関しては，北部九州からもち込まれた資料として考える．結果として28面のうち，11面を北部九州よりもち込まれた鏡として

表16 近畿出土の小形仿製鏡

番号	遺跡名	出土地	分類	面径(cm)
1	半田山古墳群	兵庫県揖保郡揖保川町半田	重1う	5.3
2	奥山遺跡	兵庫県赤穂市有年原字奥山	内2b	8.5
3	白鷺山	兵庫県龍野市日山白鷺山	内2b	7.7
4	鈩田遺跡	兵庫県三原郡西淡町志知鈩	仿内	8.4
5	宇山牧場古墳	兵庫県洲本市宇山2	無文鏡	3.8
6	青谷遺跡	兵庫県神戸市西区伊川谷町	重3	7.4
7	表山遺跡	兵庫県神戸市西区伊川谷町上脇	内2a	4.75
8	玉津田中遺跡	兵庫県神戸市西区玉津町大字田中	内2b	7.4
9	新方遺跡	兵庫県神戸市西区玉津町正方	内2a	5.6
10	篠原遺跡	兵庫県神戸市灘区篠原中町2	内5	9
11	山ノ上遺跡	大阪府豊中市宝山町	重3	6.1
12	加美遺跡	大阪府大阪市平野区加美東	内2a	5
13	亀井遺跡	大阪府八尾市南亀井町	重3	5.4
14	八尾南遺跡	大阪府八尾市若林	内5	8.4
15	久宝寺遺跡	大阪府八尾市	無文鏡	
16	田井中遺跡	大阪府八尾市空港1丁目	重3	7.8
17	泉ヶ丘	大阪府堺市泉ヶ丘町	内日2a？b？	6.3
18	東奈良遺跡	大阪府茨木市東奈良	内5	8.8
19	溝咋遺跡	大阪府茨木市学園町	無文鏡	2.9
20	四分遺跡	奈良県橿原市	重1う	
21	池奥殿4号墳東槨	奈良県宇陀郡榛原町沢池奥殿4号墳	内2b	9.5
22	旧吉備中学校校庭遺跡	和歌山県有田川町下津野	内2a	6
23	石原遺跡	京都府福知山市石原	内5	6.8
24	木津城山遺跡	京都府木津町	無文鏡	4.4
25	次場遺跡	石川県羽咋市吉野井之部次場	内5	6
26	四柳白山下遺跡	石川県羽咋市四柳町	重3	5.6
27	中小泉遺跡	富山県中新川郡上市町中小泉	重3	7.1
28	上野遺跡	富山県射水郡小杉町上野	仿内	7.2

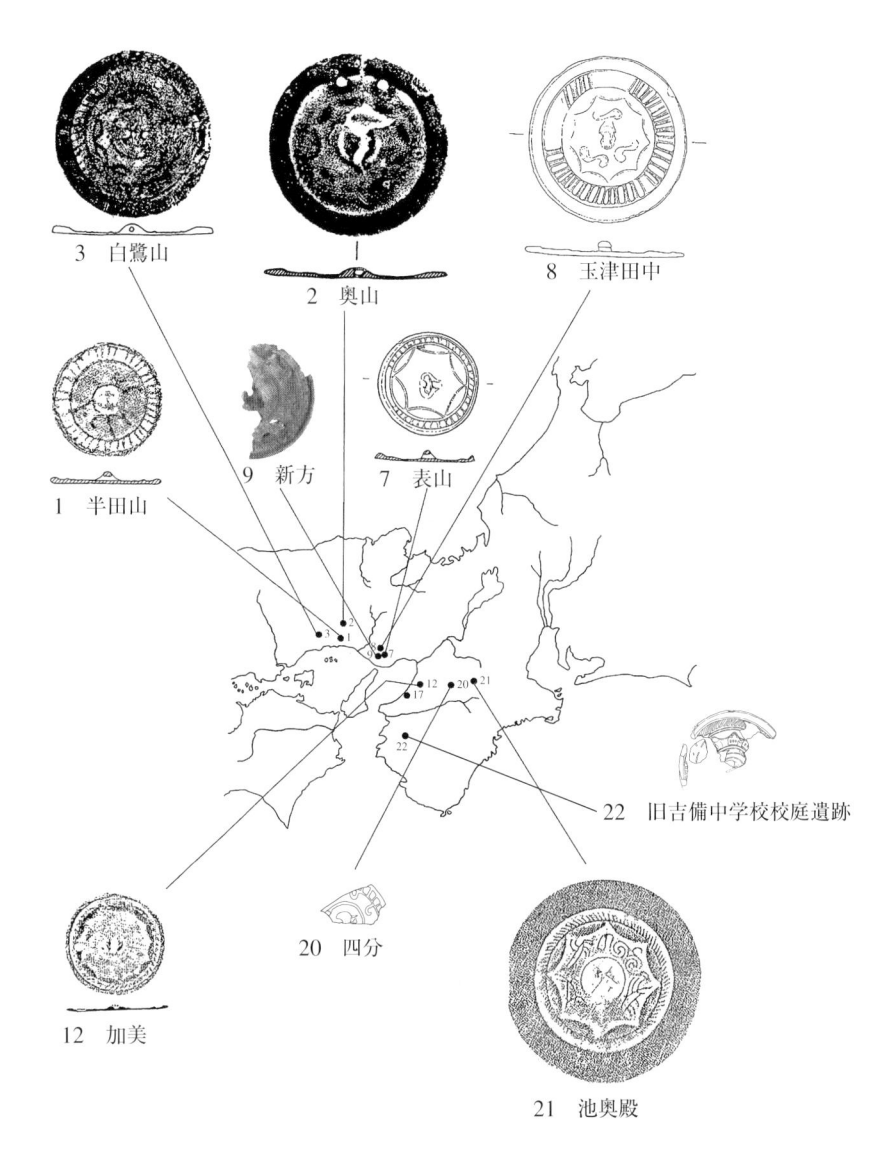

第 3 章　小形仿製鏡から捉える弥生時代青銅器の生産体制　　　　　　　　　　　　　　　　　　　195

図 111　近畿出土の北部九州産小形仿製鏡（表 16 と対応）

捉える（図 111）。その内訳は，重圏文系小形仿製鏡第 1 型う類の 2 面と内行花文系小形仿製鏡第 2 型 a 類の 4 面・第 2 型 b 類の 5 面の計 11 面である。

　そこで，これらの鏡の分布状況を確認する。重圏文系小形仿製鏡第 1 型う類は，近畿では半田山古墳群と四分遺跡から出土しているが，これまでのところ北部九州や朝鮮半島南部慶尚道において多く認められる（図 112）。この鏡については，前節の初期小形仿製鏡の製作地に関する考察において，北部九州産であると結論付けており，近畿地方へもち込まれた鏡と考える。なお，重圏文系小形仿製鏡第 1 型う類の後続型式である重圏文系小形仿製鏡第 1 型え類の鋳型が益生田寺徳遺跡（福岡

図112　重圏文系小形仿製鏡第1型う類出土分布図

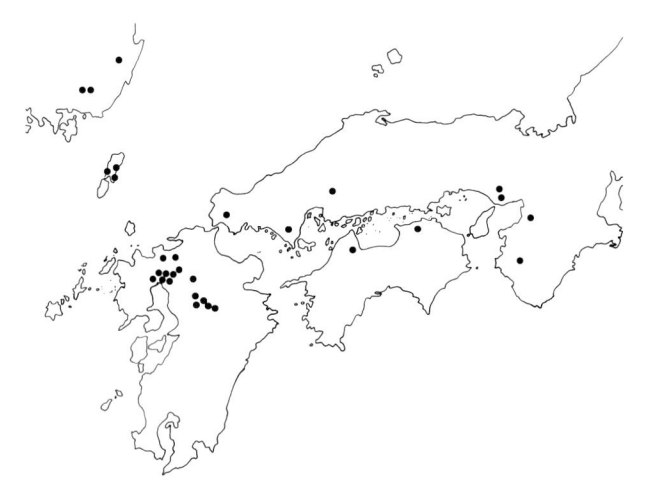

図113　内行花文系小形仿製鏡第2型a類出土分布図

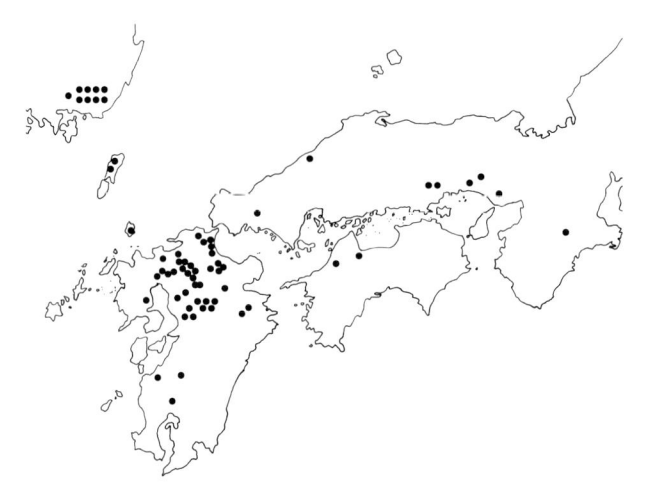

図114　内行花文系小形仿製鏡第2型b類出土分布図

県久留米市田主丸町)より出土しており[29]，間接的にこれらの鏡が北部九州産であることを支持する。

内行花文系小形仿製鏡第2型a類に分類できる鏡は，近畿地方では表山遺跡・新方遺跡・加美遺跡・旧吉備中学校校庭遺跡で出土している。内行花文系小形仿製鏡第2型a類の出土分布図を示した図113を見ると，分布の中心は明確に北部九州である。これまでに，内行花文系小形仿製鏡第2型a類は30面出土しており，北部九州内に製作地を想定することができ[30]，近畿地方より出土した4面はもち込まれたものと考えられる。

内行花文系小形仿製鏡第2型b類に分類できる鏡は，近畿地方では奥山遺跡・白鷺山・玉津田中遺跡・泉ヶ丘遺跡・池奥殿4号墳から出土している。この鏡は全国的に72面出土しており，その分布の中心は北部九州である(図114)。先程の内行花文系小形仿製鏡第2型a類と比較しても，製作地が北部九州内にあることが明らかである。また，これまでに北部九州において内行花文系小形仿製鏡第2型b類の鋳型が3面分以上出土しており[31]，北部九州産の鏡であることを支持する。したがって，近畿地方から出土した5面の鏡も北部九州からもち込まれた鏡である。

以上の鏡の分布状況の検討から，これら3鏡群11面の鏡は北部九州産の鏡であり，近畿地方へもち込まれた鏡と捉えることができる。他地域において北部九州と同じ鏡を製作しているという可能性を完全に排除することはできない[32]ものの，その多くが北部九州産として捉えることができる。

2. 非北部九州産の小形仿製鏡の確認

次に上記の11面以外の17面が北部九州産ではないという点を明らかにしなければならない。そこで，17面の鏡について詳しく見てみる。まず，内行花文系小形仿製鏡第5型に分類できるのは篠原遺跡出土鏡・八尾南遺跡出土鏡・東奈良遺跡出土鏡・石原遺跡出土鏡・次場遺跡出土鏡の5面である。また，重圏文系小形仿製鏡第3型には青谷遺跡出土鏡・山ノ上遺跡出土鏡・田井中遺跡出土鏡・亀井遺跡出土鏡・四柳白山下遺跡出土鏡・中小泉遺跡出土鏡の6面を分類することができる。これらの分類については，本章第1節でも述べたが，内行花文系小形仿製鏡第5型から，内行花文帯が欠落した鏡群を重圏文系小形仿製鏡第3型としている。したがって，内行花文系小形仿製鏡第5型と重圏文系小形仿製鏡第3型は，結果的に内区文様が類似することになり，内行花文帯の有無を別にすれば内区文様によってまとめることもできる。この内区文様によって分類が可能であるという点は生産体制とも関わってくるので後述する。

その他に無文鏡が溝咋遺跡出土鏡・木津城山遺跡出土鏡・久宝寺遺跡出土鏡・宇山牧場古墳出土

---

29) 著者は益生田寺徳遺跡において，青銅器生産が行われていたとは考えていない。詳細は第2章において述べている。しかし，北部九州においてこの鋳型が使用されたことは間違いないであろう。
30) 内行花文系小形仿製鏡第2型a類が彫り込まれた鋳型は，これまでのところ確認されていない。
31) 飯倉D遺跡(福岡市)，井尻B遺跡(福岡市)，須玖岡本遺跡坂本地区(春日市)第1次調査から鋳型が出土している。
32) 野々瀬IV遺跡(愛媛県)出土鏡が問題である。湯口の形状が北部九州でこれまで確認されている資料とは異なっており，北部九州以外の地域でも，同様な文様構成の鏡を製作していた可能性はある。しかし，その生産量を多く考えることはできず，散発的に少量生産された可能性がある。

鏡の4面あり，仿製内行花文鏡が鉈田遺跡出土鏡・上野遺跡出土鏡の2面確認される。そのうち4面の無文鏡については，無文であることから今回の検討に適さないため，以下の分析では扱わない。

(1) 製作技術の検討

　内行花文系小形仿製鏡第5型と重圏文系小形仿製鏡第3型は先程まで検討した北部九州産の鏡と大きく2つの点で異なっている。そのうちの1つが製作技術の違いである。ここで扱う製作技術の違いとは，青銅器の鋳造において，石製鋳型を用いるのか，あるいは土製鋳型を用いるのかという鋳型材質の違いを指す。さらに，鋳型材質の違いにともなう製作技法や製作工程の違いも含む。近畿地方を中心に認められる銅鐸は，扁平鈕式の段階から一部の製品において土製鋳型で製作されていることが明らかになっており（難波1986b），当然，当該期の近畿地方における銅鐸以外のその他の青銅器生産にも，土製鋳型が用いられたと考えられる。また，北部九州における青銅器生産に関しては，主に石製鋳型を用いて製作されていたことが，これまでの研究で明らかになっている。したがって，ここで取り扱う弥生時代後期の両地域における青銅器製作に関しては，鋳型材質の違いが大きな差として確認できる。

　そこで，この鋳型材質の違いを最も反映しやすいと考えられる文様の鋳出しに着目して両者の違いを明らかにしたい。着目したのは北部九州産の小形仿製鏡や上記の13面の小形仿製鏡に共通して認められる櫛歯文の数である。この点に注目したのは土製鋳型で製作される製品は，基本的に細かな文様を鋳出すことができ，結果として櫛歯文の数が多くなると考えたからである。

　計測結果をまとめたのが図115である。計測は鏡の1/4鏡背面に施された櫛歯文の数を計測した。①は鋳型が北部九州（とくに須玖遺跡群）において出土しており，製品の分布が北部九州に偏ることから，確実に北部九州産の鏡群であると言える内行花文系小形仿製鏡第3型の22面をサンプルにしている。平均14.5本，標準偏差は2.55である。②は先程示した近畿出土の北部九州産と想定される小形仿製鏡7面をサンプルとしている。平均14.4本，標準偏差は4.85である。③は非北部九州産と想定している鏡のうち，櫛歯文が判明する11面をサンプルにしている。平均23.7本，標準偏差7.71である。この図から，先程の仮説が検証されたことが判明する。すなわち，①石製鋳型で製作した北部九州産の小形仿製鏡の櫛歯文の数は，③の非北部九州産で土製鋳型によって製作されたと考えている鏡の櫛歯文の数より少ないからである。②に関してはサンプル数も少なく，箱ひげ図もいびつな形をしてしまっているが，どちらかというと石製鋳型による北部九州産の可能性が高いことを示しているだろう。したがって，この櫛歯文の数の検討から，北部九州産の鏡と非北部九州産の鏡とでは製作技術（鋳型の材質）が異なっている点が明らかになる。

　土製鋳型については，唐古・鍵遺跡において，鋳型の外枠と想定される土製品が数多く出土している（藤田1998・2004）。それらは形態的にいくつかに分類することができ，12cm前後の方形に復元される外枠（藤田分類Dタイプ）は，薄くて小さな製品を製作したと考えられている。報告者の藤田三郎氏は腕輪か，もしくは小形仿製鏡を製作したのではないかと推定している。現状では3点確認されている。鋳型の所属時期は中期末から後期初頭に属するらしい。したがって，近畿において，

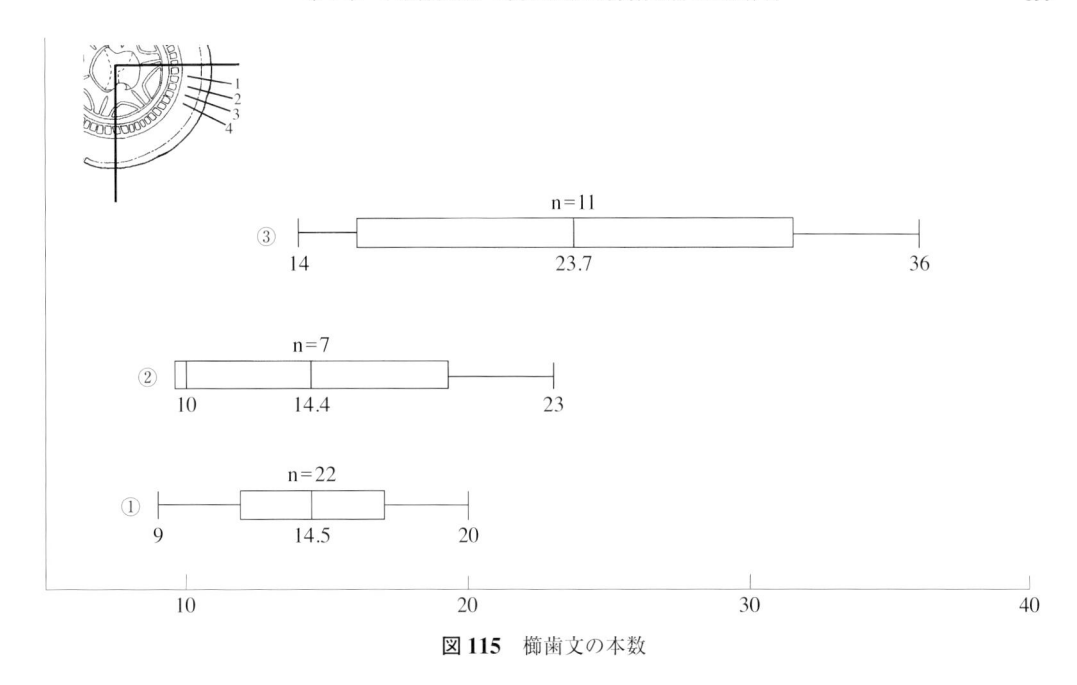

第3章　小形仿製鏡から捉える弥生時代青銅器の生産体制　　　　　　　　　　　　　　　　199

図115　櫛歯文の本数

　土製鋳型そのものは出土していないが，土製鋳型の外枠と想定される遺物が出土していることになる。こうした事実から，これまで非北部九州産としていた鏡群は，近畿において製作された可能性が高く，以下では近畿産[33]として扱う。

　しかし，近畿における小形仿製鏡の製作が土製鋳型だけであったのかどうかという疑問が存在する。なぜなら，表採資料ではあるが，垂水遺跡(茨木市)から，鏡を彫り込んだ石製鋳型が確認されているからである。北部九州からの技術的影響や，銅鐸鋳型の製作技術との関連など様々な問題を含んでおり，注意しなければならないが，これまで1点しか確認されておらず，おそらく生産量としても石製鋳型による近畿産の小形仿製鏡が，多数派を占めることはないであろうことから，ここでは保留しておく。

(2)　形態的特徴による検討

　次に2つ目の違いである近畿産の小形仿製鏡の形態的特徴を示す。ここで述べる形態的特徴とは，前項で検討した製作技術の差に基づく形態的な差である。すなわち，土製鋳型を用いることによって製作されたため，石製鋳型で製作された製品とは結果的に異なってしまった形態的特徴について検討する。まず，注目するのは鈕である。

　近畿産と考えられる13面の鏡のうち，12面で面径と鈕径を計測することができ，また，北部九

---

[33]　「近畿産」という語をここでは用いるが，北陸や瀬戸内，東海地方においても製作されていた可能性はあり，北部九州産に対する非北部九州産という意味合いを強く示すため，あえて「近畿産」と呼称する。著者は北陸や瀬戸内，東海など他地域での生産を全く否定するつもりはなく，逆に十分可能性が高いと考えている。

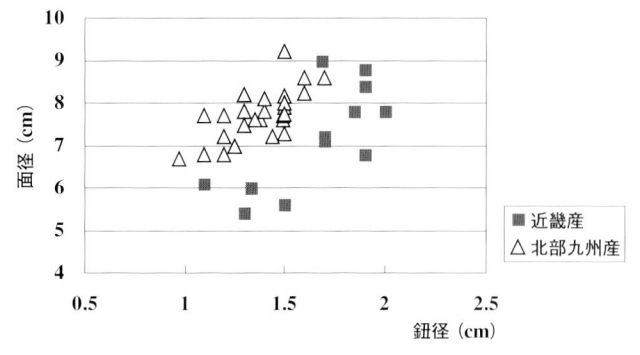

図116 面径と鈕径の比較散布図

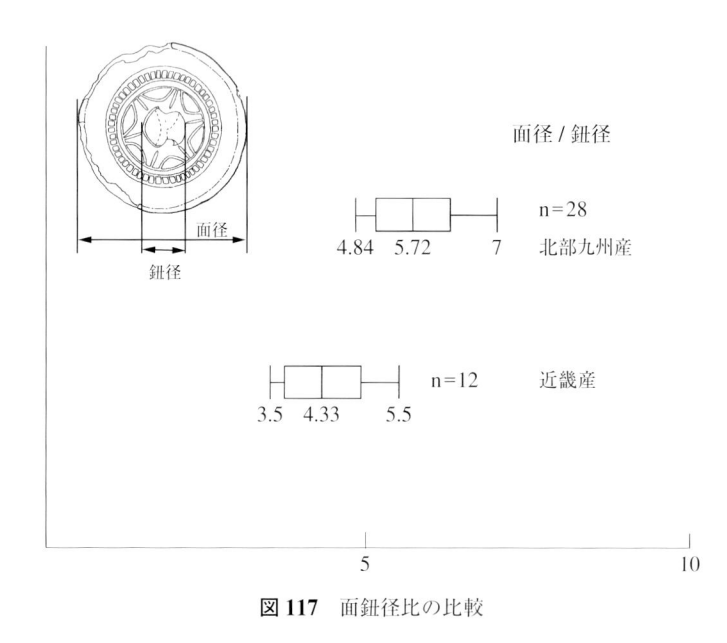

図117 面鈕径比の比較

州産の内行花文系第3型は28面についての数値をとることができた[34]。図116は，縦軸に面径，横軸に鈕径をとり，2つの鏡群の散布図を作成している。北部九州産の鏡と近畿産の鏡は，面径に関してはそれほど差は見られないが，鈕径に関して北部九州産の方が小さいという結果が得られる。また，図117は面径／鈕径で割り出した面鈕径比の箱ひげ図である。下段が近畿産で上段が北部九州産の鏡群である。面鈕径比は数値が大きいほど面径に対する鈕径が小さいことを示しており，この図からも，近畿産の鏡群は鈕が大きく，北部九州産の鏡群は鈕が小さいことがうかがえる。

次に鈕孔のサイズである。鈕孔の幅と高さを計測し散布図で示した（図118）。やはり鈕孔は近畿産の鏡群の方が大きく，北部九州産の鏡群の方が小さいことが判明する。この鈕孔のサイズはおのずと鈕のサイズと対応していることも明らかである。

最後に鈕の形態である。近畿産の鏡群に認められる鈕は，土饅頭型の円形を呈しているが，北部九州産の鏡群で認められる鈕の多くはつまみ状になっており，鈕孔の側面が窪んでいる形状の鏡も認められる（図119）[35]。

これまでの検討から，鈕において北部九州産と近畿産の鏡群の形態的特徴が読みとれた。鈕が大きく，鈕孔のサイズもそれに応じて大きく，形状が土饅頭型をしている鏡群が近畿産であり，鈕が

---

34) 大きく摩滅して鈕孔の形状が大きく偏っている資料も認められるが，ここではそのままの計測値を示している。摩滅のあり方に関して本書では詳しく触れないが，鏡の使用状況を推定できる可能性がある。

35) 近畿産の小形仿製鏡の鈕の形態に関しては，「挽型」の使用による鋳型製作の可能性もあるが，これまでのところ「挽型」の使用を明確に確認することはできていない。石原遺跡（京都府福知山市）出土鏡に関しては縁が大きく反っており，「挽型」による製作の可能性を想定して調査を行ったが，明確な証拠を確認することはできなかった。

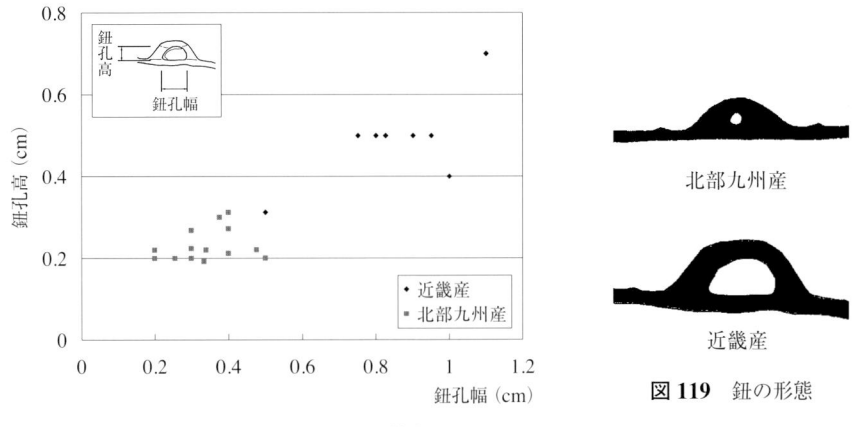

第 3 章　小形仿製鏡から捉える弥生時代青銅器の生産体制

図 118　鈕孔幅と鈕孔高の比較散布図

図 119　鈕の形態

小さく，鈕孔も小さく，形状は扁平なつまみ状を呈している鏡群が北部九州産であることが明らかになった。

　この鈕に認められた形態的特徴は，先程検討した製作技術の差に起因していると考える。具体的には鈕の形態差は鋳型材質の差と対応関係にあるのではないだろうか。土製鋳型と石製鋳型の違いは，鋳型対象物への彫り込みやすさである。一般的に土製鋳型の方が彫り込みやすく，石製鋳型の場合は彫り込みにくい。彫り込みに使用する道具や熟練度にもよるが，土製鋳型の方が加工はしやすい。したがって，土製鋳型で製作された鏡の鈕は，石製鋳型で製作された鏡の鈕より相対的に大きな鈕を彫り込みやすい。鈕の彫り込みが大きくなれば，鈕孔を作り出すブリッジ状の真土の設置も容易となり，大きなブリッジを設置することができるようになる。その結果，鈕の大型化にともなって鈕孔も大型化するのである。こうした推察から，鈕の大型化は土製鋳型による鏡の製作根拠となる可能性があり，鋳型材質の差が鈕の形態差として反映していると考える。

　また，ここで近畿産の小形仿製鏡に認められる別の特徴を指摘しておく。鏡背面文様を詳細に観察すると，鋳出された文様の断面形が鋭いことがわかる。銅鐸においても同様に指摘されている点[36]であるが，土製鋳型で鋳造した場合と石製鋳型で鋳造した場合では，突線の鋳出され具合が異なる。北部九州で認められる鏡の多くは，突線の表現が鈍く全体的に曖昧な感じであるが，近畿産の鏡群の突線表現は，鋭くシャープである。

　以上が，形態的特徴から検討を加えた近畿産鏡群の抽出である。これらの形態的特徴は，製作技術と密接に関わっており，先程述べたように，土製鋳型を使って製作されたことにより，このような違いが生じたことになる。

　ここまでの検討から，近畿出土の鏡群の中に，北部九州産の鏡群と近畿産の鏡群が含まれていることが判明し，さらに鋳型の材質の違いによる製作技術の違いと，それにともなう形態的特徴を示すことができた。そこで，次に近畿産の鏡について文様構成を分析し，生産体制を明らかにしていきたい。なお，文様構成の分析から，複数の鏡群を導き出し，個別の鏡群の生産体制を明らかにする。

---

36)　難波洋三氏は，線の「伸び」という表現で違いを指摘している(難波 1986b)。

3. 近畿産小形仿製鏡の分類と編年

ここまでの分析で近畿産の小形仿製鏡としたのは，13面である。これらの鏡の内訳は内行花文系小形仿製鏡第5型5面と重圏文系小形仿製鏡第3型6面，さらに仿製内行花文鏡2面に分類できる。この3種の鏡群のうち，前2者については内行花文系小形仿製鏡第5型から内行花文帯が欠落したことによって，重圏文系小形仿製鏡第3型が成立したと考えており，内行花文帯の有無を除けば内区文様が類似していると指摘している。そこで，まずそれぞれの鏡群ごとに内区文様を用いて細別し，型式学的検討を行い，編年案を提示する。

(1) 内行花文系小形仿製鏡第5型(図120)

内行花文系小形仿製鏡第5型の鏡は篠原遺跡出土鏡・八尾南遺跡出土鏡・東奈良遺跡出土鏡・石原遺跡出土鏡・次場遺跡出土鏡の5面である。これらの鏡の内区文様を見ると，①擬銘文で構成される鏡，②乳状突起で構成される鏡，③多重内行花文の認められる鏡，④単線の内行花文と直線文で構成されている鏡などがある。

①擬銘文で構成される鏡 八尾南遺跡出土鏡は擬銘文で構成され，鈕の外側に内行花文帯が配されている。擬銘文は2種類確認される。内区を画する円圏は破片資料のため確実ではないが，正円に近く，コンパスが使用された可能性がある。畿内第Ⅴ様式の土器と共伴している(森岡1987)。

②乳状突起で構成される鏡 篠原遺跡出土鏡には乳状突起が認められる。現状で4個確認でき，復元では6個になる。八尾南遺跡出土鏡と同じく鈕の外側に内行花文帯が認められるが，花文間の

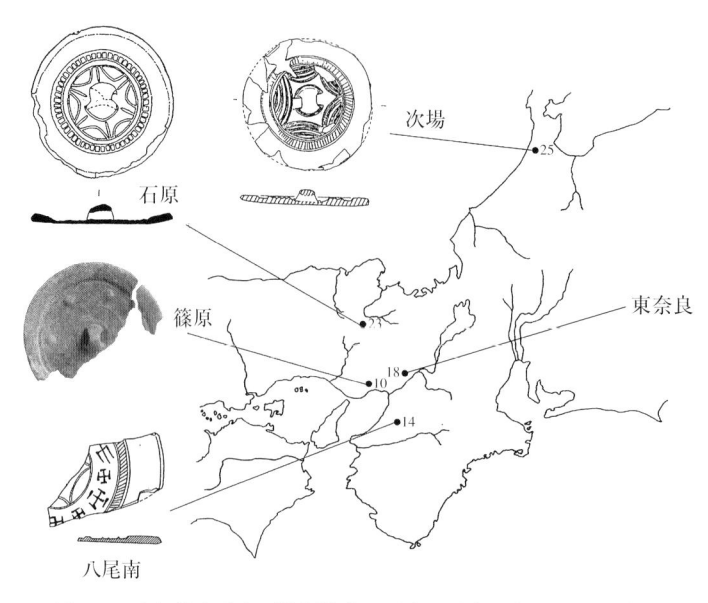

図120 内行花文系小形仿製鏡第5型出土分布図(表16と対応)

間隔がばらつき，フリーハンドで描かれているようである。なお，X線写真では，鈕孔の延長線上に幅広い変色部が認められ，湯道の方向を想定できる可能性がある[37]。出土遺構は溝であるが，後期後半の土器と共伴しており，おそらくその時期前後に製作されたと考えられる。

③**多重内行花文で構成される鏡**　次場遺跡出土鏡は5つの多重内行花文が認められる。実見をしていないので詳細は不明であるが，服部遺跡出土鏡も同じような鏡である可能性がある。包含層からの出土であるが，時期は後期である(橋本1968)。

④**単線の内行花文と直線文で構成される鏡**　東奈良遺跡と石原遺跡から出土した鏡は，単線の内行花文と直線文で構成される鏡である。内行花文帯の間に鈕に向かう直線文が確認できる。東奈良遺跡は詳細が不明であるが，石原遺跡出土鏡は，後期後半の土器をともなって住居跡埋土から出土している。

これらの4つのグループの内区文様帯は，それぞれ全く別の意匠である。したがって，モデル[38]になった鏡が異なっていた可能性が高い。小形仿製鏡の生産に関しては，漢鏡の影響を受けながらも独自に変化している。なかでも鏡群ごとに分類を行っても，1方向からもう1方向への変化が追えない鏡群が認められ，そのような場合はモデルとなった鏡が各々に異なっていた可能性が高いことを指摘できる。したがって，この内行花文系小形仿製鏡第5型で認められた①から④の4つのグループは，それぞれモデルとなった鏡が異なっていたとすることができる。また，製作時期であるが，使用期間をどれほど想定するかにもよるが，出土状況の検討から，後期後半頃を中心に一部前半へ遡る段階を考えることができよう。

(2)　重圏文系小形仿製鏡第3型(図121)

重圏文系小形仿製鏡第3型の鏡は青谷遺跡出土鏡・山ノ上遺跡出土鏡・田井中遺跡出土鏡・亀井遺跡出土鏡・四柳白山下遺跡出土鏡・中小泉遺跡出土鏡の6面である。これらの鏡は内区文様を用いて，⑤擬銘文で構成される鏡や⑥乳状突起で構成される鏡，⑦蕨手文で構成される鏡に区分することができる。

⑤**擬銘文で構成される鏡**　擬銘文で構成される鏡は，青谷遺跡出土鏡・山ノ上遺跡出土鏡・亀井遺跡出土鏡の3面である。森岡秀人氏はこれらの3面に加え，「十」状の擬銘文が認められる加茂B遺跡(岡山県足守川)出土鏡の検討から，3段階の変遷を想定している(森岡1987)。まず，畿内第Ⅳ様式の土器を中心に共伴し，モデルとなった前漢鏡に類似している青谷遺跡出土鏡を第1段階とし，その後上記で内行花文系小形仿製鏡第5型①に分類した八尾南遺跡出土鏡・加茂B遺跡鏡へ変化し，最後に山ノ上遺跡出土鏡・亀井遺跡出土鏡へと変遷するとした。また，寺沢薫氏は，本書で

---

37)　神戸市教育委員会の千種浩氏に御教示を受けた。
38)　本書の小形仿製鏡研究で用いる「モデル」とは，小形仿製鏡を製作する際に製作者の頭の中に存在する範型"mental template"(Deetz 1967)とし，具体的な鏡実物ではない。小形仿製鏡の文様の多様性や，系統が追えない変化に関して，実体としての模(模笵)のような原鏡が存在したとは考えにくいからである。したがって，「モデル」は鏡1個体を示すものではなく，型式のまとまりとしての様式を指す。なお，こうした「モデル」に対する捉え方は岩永氏より御教示を受けた。

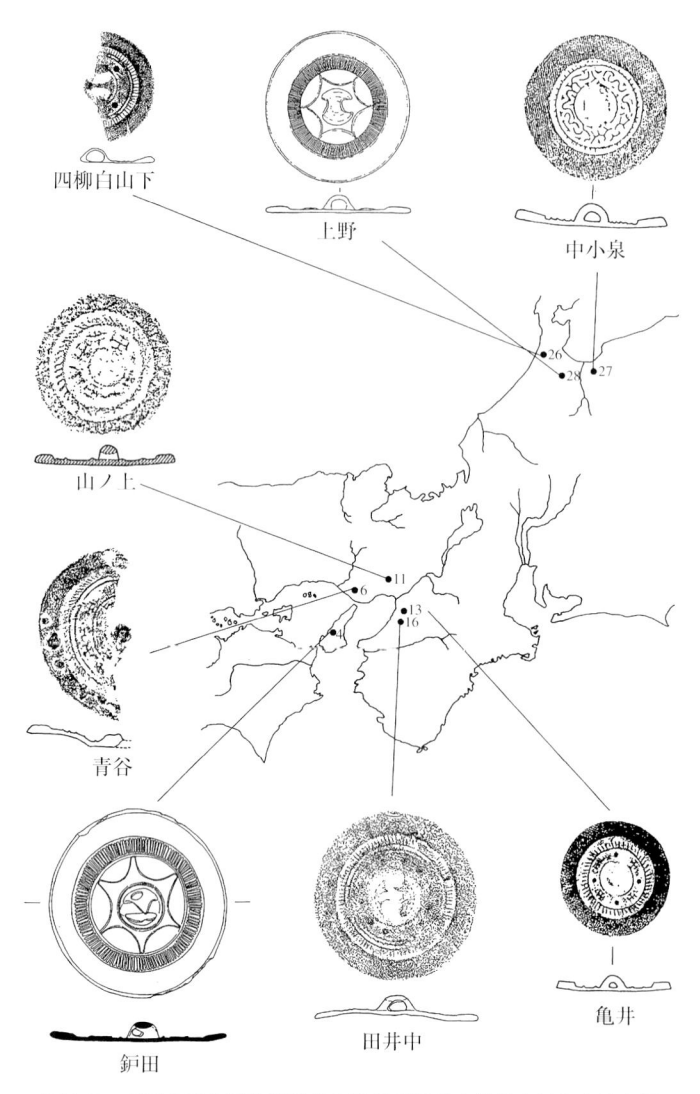

図121 重圏文系小形仿製鏡第3型及び仿製内行花文鏡出土分布図
（表12と対応）

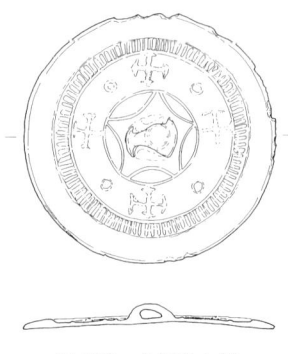

図122 余野出土鏡

は扱っていないが愛知県丹羽郡大口町余野出土鏡（図122）の紹介と検討を論じるなかで，「十」状の文様をもつ鏡群のうち青谷遺跡出土鏡を最古式の鏡であるとしている（寺沢1992・2010）。著者は森岡氏の言う2段階以降の変遷については賛成であるが，青谷遺跡出土鏡を第IV様式にまで古くすることに関しては疑問が残る。森岡氏は青谷遺跡出土鏡を包含層出土の資料であるが，共伴土器が第III様式から第V様式まであり，なかでも第IV様式の土器が量的に多い点と，文様構成が原鏡になったであろう重圏文日光鏡系に類似している点を根拠に，第IV様式にともなう資料であるとしている。青谷遺跡出土鏡の特徴は，擬銘帯を二重に配することであるので，重圏文日光鏡などの異体字銘帯鏡に近く，古式の様相を呈していると判断される（寺沢1992）。しかしながら，原鏡に関しては，重圏文日光鏡によらずとも著者分類の内行花文系小形仿製鏡第5型から内行花文帯が欠落するという変化の方向性も想定でき，必ずしも古式の文様構成として捉える必要はない。寺沢氏も指摘しているように，これらの鏡は1つの組列のみで把握できるものではなく，モデルとなった鏡や変化の方向性も

様々であろう。また，包含層出土資料であることから，森岡氏の指摘のように第IV様式にともなう可能性もあるが，第V様式まで新しくなる可能性も十分に存在する。したがって，著者は⑤擬銘文で構成される鏡群を内行花文帯が欠落した鏡群として捉え，八尾南遺跡出土鏡を最古式として，青谷遺跡出土鏡・山ノ上遺跡出土鏡・亀井遺跡出土鏡へと変遷すると考える。また，時期は全て共伴土器から後期に収まるであろう。これら一連の鏡群は擬銘文という同一文様で構成されていることからモデルが一致しており，同一製作者や同一製作地の可能性がある。

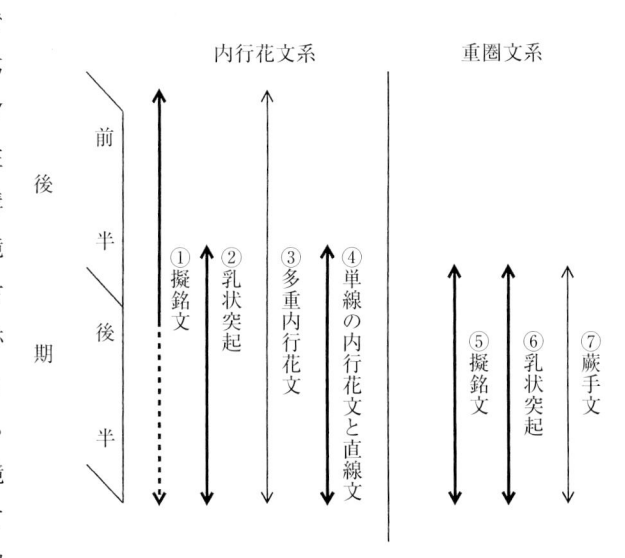

図123 近畿産小形仿製鏡編年図

⑥乳状突起で構成される鏡 乳状突起で構成される鏡は，田井中遺跡出土鏡と四柳白山下遺跡出土鏡である。古墳時代の珠文鏡との関係も考慮しなければならないが，乳状突起の数が少なく，弥生時代小形仿製鏡として扱う。この2面も②篠原遺跡出土鏡から内行花文帯が欠落して構成された鏡として考える[39]。櫛歯文帯の幅が面径と比べて極めて狭いこと，鈕や鈕孔が大きいこともこれら3面の鏡群が共通している点であろう。時期に関しては後期後半以降に盛行するものとして考えておきたい。

⑦蕨手文で構成される鏡 蕨手文で構成される中小泉遺跡出土鏡について，髙倉氏は北部九州の影響を受けつつ，北部九州以外の地域で製作された鏡として扱っている（髙倉1990）。著者もこの考え方に賛成である。鈕と鈕孔が大きいことから近畿産の鏡であろう。文様に関して，図文帯が類似している二塚山遺跡出土鏡やヒルハタ遺跡出土鋳型の影響を考慮している。二塚山遺跡出土鏡などは著者分類の内行花文系小形仿製鏡第4型に分類でき，製作時期は後期後半以降と考えている。中小泉遺跡出土鏡の製作は後期後半以降に近畿地方などで製作された鏡であると想定できる。

これまでの検討から，内行花文系小形仿製鏡第5型と重圏文系小形仿製鏡第3型との関係を明らかにしたい。内行花文系小形仿製鏡第5型から内行花文帯が欠落したものが，重圏文系小形仿製鏡第3型であると考えており，それぞれの資料の時期を確認すると，多くが同時的であるが，内行花文系小形仿製鏡第5型が若干先行しているようである（図123）。製作時期が先行することから文様帯が欠落する退化方向への変化が確認できそうである。このように考えた場合，①と⑤や②と⑥の関

---

39) 四柳白山下遺跡出土鏡に関しては，岩永氏より亀井遺跡出土鏡の擬銘文が欠落して成立する可能性を指摘された。四柳白山下遺跡出土鏡の乳状突起は4個（復元）であり，亀井遺跡出土鏡も乳状突起が4個である。田井中遺跡出土鏡の乳状突起は，不規則に配置された8個であり，四柳白山下遺跡出土鏡とはモデルの異なっている可能性がある。小形仿製鏡のモデルや変化の方向性については，まだ十分に定まっていない点もあり，今後の資料増加に期待する。

係のように，内行花文帯の欠落という現象がそれぞれの鏡群において生じている。このことは，生産体制を復元するうえで興味深い点であろう。

(3) 仿製内行花文鏡(図121)

仿製内行花文鏡は従来古墳時代の鏡として捉えられてきた鏡であるが，出土時期が弥生終末期として報告されている資料も存在し，注意しなければならない[40]。ここでは鉇田遺跡出土鏡と上野遺跡出土鏡の2面を紹介しておく。鉇田遺跡出土鏡は溝SD 01出土で，弥生時代後期から奈良時代前半期にかけての遺物が出土しており，弥生終末期の土器と共伴して鏡が出土したと報告されている。また，上野遺跡出土鏡は2号住居跡より出土し，弥生終末期の時期が与えられ報告されている。著者が実見したのは，鉇田遺跡出土鏡のみであるが，内行花文間の空間が不均一で，コンパスではなくフリーハンドで内行花文帯が構成されていた。このような特徴について清水康二氏は，内行花文帯の表現としては退行した結果であるとし，後続的な属性として扱っている(清水1994)。2面ではあるが弥生終末期に属すると報告され，森浩一氏が指摘しているように，これらの小型鏡の生産が，一部遡る可能性もある(森1970)。また，林原利明氏もいくつかの事例をあげている(林原1993)。これらの鏡は今後も増加する可能性があるが，基本的には古墳時代に属する事例も多い。初現問題や古墳時代の大型鏡との関係など様々な問題点を含んでおり，本書ではここまでとする[41]。

4. 近畿における小形仿製鏡の生産

これまでの検討から，近畿産の小形仿製鏡の変遷が明らかとなってきた。また，内行花文系小形仿製鏡第5型では，4つのグループが確認でき，重圏文系小形仿製鏡第3型でも3つのグループが確認できた。また，これらのグループは，①と⑤，②と⑥というようにそれぞれ内行花文帯の有無を別にすれば，内区文様に類似性が認められ，1つのグループにまとめることができよう。したがって，これらの鏡をこれまでの製作工程を念頭に置いた文様構成による分類から，内区文様の類似性を主題として以下のように細分類する。これは本章第1節で扱った，小形仿製鏡の製作工程を復元し，第2段階の「文様構成の決定」を重視した分類を，第3段階に相当する「各文様の決定」という下位の決定要因で細分することに相当する。

細分類した結果，表17のように5つの鏡群にまとめることができる。この分類は内区文様の類似性に主眼を置いており，その結果，モデルを推定することができる。したがって，この分類から少なくとも5つのモデルが存在することとなる。次にこの5つの鏡群の関係について考察する。

近畿産小形仿製鏡あ類と近畿産小形仿製鏡い類において内行花文帯が欠落するという現象が，鏡群を超えて確認できる。このことから，それぞれの鏡群が別々の製作者によって製作されていたと想定するよりも，少なくとも近畿産小形仿製鏡あ類とい類に関しては，同一の製作者が複数のモデ

---

40) 取り扱う資料のみが現状では弥生時代終末期に属すると報告されている。しかし，報告の終末期が庄内式期であるのかどうか詳細は不明であり，出土状況なども不明確なため，本書では資料紹介としてのみ取り上げる。
41) 仿製内行花文鏡の問題点等については，辻田淳一郎氏より御教示を受けた。

表17 近畿産小形仿製鏡の分類

	分類名称	内区文様の特徴	内行花文帯の有無	グループ
モデル1	近畿産小形仿製鏡あ類	「十」状などの擬銘文をもつ	有	①
			無	⑤
モデル2	近畿産小形仿製鏡い類	乳状突起で構成される	有	②
			無	⑥
モデル3	近畿産小形仿製鏡う類	多重の内行花文帯		③
モデル4	近畿産小形仿製鏡え類	単線の内行花文と直線文		④
モデル5	近畿産小形仿製鏡お類	蕨手文		⑦

ルを共有していたと考えることができる。すなわち，小形仿製鏡の製作者は，モデルを複数共有しており，そのモデルごとに鏡を製作していたということである。なかにはモデルが組み合わさる鏡も存在する。先述した余野出土鏡や亀井遺跡出土鏡の文様は「十」状の文様4つと，乳状突起が4つで構成されている。これらの鏡群は，近畿産小形仿製鏡い類の影響で乳状突起が付加されたのであろう。同一の製作者の中に複数のモデルをもっていたことを示している。

以上のことから，近畿における小形仿製鏡の生産は，モデルは複数存在するが，実際小形仿製鏡を製作していた製作者と，それぞれのモデルは1対1の対応した関係ではなく，流動的に文様が組み合わさっており，継続性や一貫性のない生産であったことが判明する。そこからは，小形仿製鏡の鏡背面文様自体に厳格な規制があるのではなく，類似した文様を製作するが，規格性のない生産であったことがうかがえよう。森岡氏は近畿における小形仿製鏡生産について，北部九州からの小形仿製鏡の流入を契機とし，「特定場所での画一的作鏡は考え難いが，複数の系列にわたって近畿内部での推移がたどられ」ると評価している(森岡1993：23)。著者が想定している生産体制も同様な体制である。

次にこれらの生産体制の評価について検討する。初期の生産については，これまで様々な議論がなされてきている。しかし，弥生時代後期段階において，近畿における小形仿製鏡生産を積極的に評価する考え方は少なかった。森岡氏は仿製第3期(弥生後期終末期)のあり方を近畿における小形仿製鏡生産の開始期としている(森岡1993)。しかし，同時に「十」状の文様をもつ鏡の存在から，若干遡る可能性も示唆している。また，北部九州の鏡生産との関係については，一部に北部九州からの製作者の移動も考慮しつつ，近畿の人々が主体的であったとしている。著者は，これまでの検討から，弥生後期前半段階に遡る近畿における小形仿製鏡生産の可能性を認める立場である。しかし，近畿産の小形仿製鏡の鏡背面文様に型式学的な連続性が認めにくいことから，生産量はそれほど多くなく，散発的な細々とした生産であったと考える。また，北部九州産の小形仿製鏡の流入が，近畿における製作の契機になったと考えている森岡氏の意見を支持したい。さらに近畿産の小形仿製鏡のモデルに関して，北部九州産の小形仿製鏡だけでなく，当該期に近畿へ流入してきた中国鏡も手本にしたであろうとする指摘にも賛同する。ただし，森岡氏が述べるような製作者たちが，北部九州から移動したかどうかに関しては，現状では検証することができない。

近畿における弥生時代の青銅器生産に関しては，近年，滋賀県内などから銅鐸鋳型の外枠と想定

される遺物が複数個体出土しており，製作地に関する議論についても，河内や大和などの中心的な特定の拠点集落以外の場所でも製作されていた可能性が指摘されている。それにともない，生産体制の評価に関しても，これまでの集約的な生産体制のあり方から，複数ヶ所での分散的な生産体制のあり方へ，評価が変化しているようである。こうした近畿における弥生時代青銅器生産体制において，本書で扱った小形仿製鏡の生産は，まさに画一的ではなく，規格性の認められない分散型の生産体制として評価することができよう。しかしながら，そのような生産体制が時間的変化の中で常に一定であったとは考えられない。

最後に近畿の小形仿製鏡生産の終焉について言及する。庄内式期には，近畿産の小形仿製鏡は，これまでの内行花文から，重圏文などの別鏡種へと嗜好が変化していく。本書では扱っていないが，重圏文鏡や「仿製内行花文鏡」の一部・珠文鏡・素文鏡などである。これらの鏡は古墳にも副葬される。古墳時代に製作されたこれらの小型鏡の製作地については，畿内の1ヶ所であるのか(小林1961ほか；清水1994)，また地方ごとに生産されていたのか(梅原1940；森1970；林原1990；森下1991；楠元1993；赤塚1997など)，それぞれ主張されている。著者は，地方ごとの生産を想定しているが，そうした時間的変化の中で，「弥生時代小形仿製鏡」は，「儀鏡」へと位置付けが変化するものと考えている(高倉1995b・1999)。弥生時代の小形仿製鏡生産が再編され，技術的には連綿とした関係を保ち続けながら，古墳時代の重圏文鏡などをはじめとする上記のような小型鏡の生産が行われたのであろう。

5. 小　　結

本節では，弥生時代小形仿製鏡のなかでも主に近畿地方から出土する小形仿製鏡の位置付けを行い，近畿地方において製作された小形仿製鏡の分類・編年と生産体制を復元した。具体的にはまず，近畿地方から出土する小形仿製鏡を北部九州産と近畿地方産に区分した。両者の分類基準は製作技術を中心としながら，文様や文様構成，出土分布を参考にしている。近畿地方における小形仿製鏡生産には土製鋳型の使用が想定され，北部九州における石製鋳型による製作とは鋳上がった製品の表面や文様の鮮明さが異なることを根拠とした。また，北部九州に認められない特徴的な文様や文様構成が近畿地方では認められている。出土分布に関しては，北部九州地方に多く出土する鏡が近畿地方で認められる場合には，北部九州からもち込まれたものであるとして捉えた。これらの検討から近畿地方産の小形仿製鏡を導き出し，北部九州産の小形仿製鏡との区分を行った。そこで，共伴遺物から近畿地方産の小形仿製鏡の編年を行い，複数ある系列が散発的に製作されていることを復元した。また，こうした生産体制のあり方は，近畿地方における銅鐸生産の中で，主流の器種になることはなく，各地に存在した銅鐸製作地において細々と生産されている様相として位置付けた。そこで，次節ではこれまでの資料整理をふまえて，北部九州における小形仿製鏡の生産体制について論じることとする。

第4節　小形仿製鏡の製作地と生産体制

これまでの検討によって，北部九州において製作されたと考えられる小形仿製鏡を導き出すことができた。そこで本節では，それらの資料を対象として，北部九州における小形仿製鏡の生産体制について言及したい。

1. 鏡群の抽出と分布

本章第1節の鋳型の出土状況を根拠に，後期中頃と後期末頃に須玖遺跡群以外で小形仿製鏡の製作が行われてきたことが明らかになった。そこで，次に小形仿製鏡の内区文様の分析を手掛かりに鏡群を抽出し，その分布状況の確認を行う。内区文様の類似している鏡群を導き出し，分布状況を確認することが，製作地の推定につながると考えているからである。

小形仿製鏡は漢鏡を意識し，模倣しながらも，独自の変化を遂げていく。基本的には文様の退化方向への変化であるが，同型同グループの鏡群には，一方から他方への変化が想定しにくく，それぞれモデル[42]を異にすると想定できる。そこで，内区文様の類似している鏡群はモデルが一致していたと考えることができる。つまり，モデルの一致は，製作者が移動[43]しない限り，製作地の推定をすることができるであろう。しかしながら，ある1つの製作地において，文様の類似した小形仿製鏡1群のみを製作していたかどうかという点に関しては，現状では解決することができない。生産体制を考えるうえでは重要な点であるが，製作者が移動していない点と須玖遺跡以外の製作地では，相対的に生産量が少ない点から，須玖遺跡群以外の製作地では，1時期に1群の小形仿製鏡群の製作を行い，生産量の多い須玖遺跡群では，1群以上の製作が行われていたと推定したい。今後の鋳型資料の増加が期待される。

（1）　内行花文系小形仿製鏡第2型の細分

まず，内行花文系小形仿製鏡第2型の細分を試みる。この鏡群の分析をはじめに行うのは，内区文様に乳状突起を配す鏡群や，蕨手文などの文様が認められる鏡群が認められるからである。このことから，他の鏡群よりも文様を手掛かりに細分が行いやすい。また，この鏡群の中には上述したように，須玖遺跡群以外に飯倉D遺跡や井尻B遺跡から鋳型が出土しており，複数の製作地で製作されていることが確認されているからである。そこで，内区文様と乳状突起との関係から，髙倉洋彰氏

---

42)　前掲註38参照。
43)　製作者が移動していないことに関しては，拙稿（田尻2001）で指摘している。時代背景は異なるが，古代瓦の研究では，笵が製作者とともに移動していることが指摘されている（金子1982）。製作者が移動していないのであれば，モデルのみが移動したとは考えにくい。そもそも，弥生時代小形仿製鏡のモデルに実体化された模（模笵）を想定することは難しいと考える。

表18 内行花文系小形仿製鏡第2型の細分

グループ	文様構成	面数
1	図文帯に乳状突起とS字状文・蕨手文などを配す	21
2	図文帯にS字状文・蕨手文などを配す(乳状突起なし)	25(+1)
3	乳状突起のみ	7(+1)
4	無文/内行花文の主文化	40

擬銘文①　S字状文　獣形文①

擬銘文②　蕨手文　獣形文②

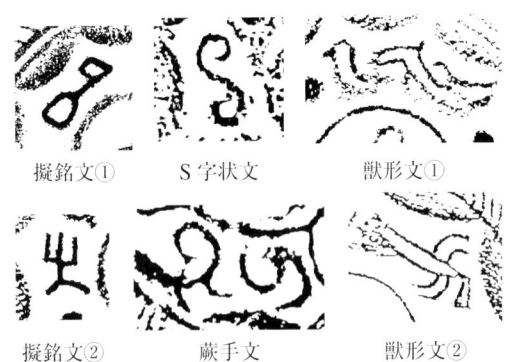

図124　単位文様の様相

表19　各文様の相関

	擬銘文	S字状文	蕨手文	獣形文
擬銘文	5	1		6
S字状文		15		
蕨手文			15	3
獣形文				(1)

表20　乳状突起あり(グループ1)

	擬銘文	S字状文	蕨手文	獣形文
擬銘文		1		6
S字状文		9		
蕨手文			3	1
獣形文				

表21　乳状突起なし(グループ2)

	擬銘文	S字状文	蕨手文	獣形文
擬銘文	4	1		
S字状文		6		
蕨手文			12	2
獣形文				(1)

の分類(髙倉1990)に従いグループ4までの4つに分けた(表18)[44]。

そこでまず,グループ1(21面)とグループ2(25面)を対象に検討を行う。グループ1と2の内区には,擬銘文・S字状文・蕨手文・獣形文の4つの単位文様が認められる(図124)。

擬銘文…銘帯を模したもの,本来は文字であったものが,簡略されている文字状の文様。

S字状文…S字または逆S字状の文様。

蕨手文…鈕の外側に鋳出された円圏から派生する蕨手状の文様

獣形文…何らかの動物,獣を模したと考えられる文様。

そこで,これらの文様が1つの鏡の中でどのように配されているかの相関を確認した(表19)。

その結果,基本的に単一の文様で構成される鏡が多いことがわかる。また,獣形文については,まだ製品が出土していないが井尻B遺跡鋳型で製作された獣形文のみで構成される鏡と,擬銘文と獣形文で構成される鏡,蕨手文と獣形文で構成される鏡などが存在する。このことから,獣形文は

---

44) 髙倉氏は文様が省略化される変化の方向性から,グループ1・2から3・4への変化を想定している。著者もその方向性に賛成する。

変異が激しく，別の単位文様と組み合わさり易いことがわかる。

次に乳状突起との関係を検討する（表20・21）。その結果から，7つの鏡群が導き出される。表中のアミをかけている7群である。

鏡群1　乳状突起があり，S字状文のみで構成される鏡群　　　9面
鏡群2　乳状突起があり，蕨手文のみで構成される鏡群　　　　3面
鏡群3　乳状突起があり，擬銘文と獣形文で構成される鏡群　　6面
鏡群4　乳状突起がなく，擬銘文のみで構成される鏡群　　　　4面
鏡群5　乳状突起がなく，S字状文のみで構成される鏡群　　　6面
鏡群6　乳状突起がなく，蕨手文のみで構成される鏡群　　　12面
鏡群7　乳状突起がなく，蕨手文と獣形文で構成される鏡群　　2面

そこで，これらの鏡群ごとに詳しく検討したい。

鏡群1は良洞里遺跡162号墓出土–2鏡・惣座遺跡出土–1鏡・石動四本松遺跡出土鏡・亀の甲遺跡出土–1鏡・小野崎遺跡出土–3鏡・小野崎遺跡出土–6鏡・鹿道原遺跡出土鏡・外川江遺跡出土鏡・李養璿蒐集資料–3鏡の計9面である（図125）。乳状突起は4つのものがほとんどであるが，惣座遺跡出土–1鏡は6つであり変則的な鏡もある。面径は平均8.02 cmとやや大きい。面径に関しても惣座遺跡出土–1鏡のみが面径6.1 cmであるので，乳状突起の数も多いことから細分することもできるかもしれない。内行花文の数は8から12で比較的多い。分布は福岡平野など玄界灘沿岸からの出土はなく，佐賀平野・筑紫平野や菊池川流域・大野川流域・南部九州などに分布している。また，朝鮮半島にも一部分布している。

鏡群2は金山遺跡VI区出土鏡・清原遺跡出土鏡・方保田東原遺跡出土–1（旧古閑白石）鏡の3面である（図125）。清原遺跡出土鏡は鏡面の約1/3が欠損しているため，蕨手文のみで文様が構成されているのか疑問も残る。しかしながら，文様の残存具合から判断すると，おそらく蕨手文で構成されていると考えられる。金山遺跡VI区出土鏡は全体として文様が曖昧で判別しにくいが，乳状突起の間に蕨手文が確認できることから，鏡群2に分類した。面径は縁が狭い清原遺跡出土鏡が6.1 cm，平縁の方保田東原遺跡出土–1（旧古閑白石）鏡が9.2 cm，金山遺跡VI区出土鏡が9 cmとばらつく。内行花文数は8と10であり，乳状突起の数は4つと5つである。清原遺跡出土鏡と方保田東原遺跡出土–1（旧古閑白石）鏡の出土位置は比較的近く，阿蘇山間部へ至る菊池川流域であるが，金山遺跡VI区出土鏡は北九州地域である。

鏡群3は牟田寄遺跡15区出土鏡・礫石B遺跡出土鏡・白壁白石遺跡出土鏡・平塚川添遺跡出土–2鏡・大庭久保遺跡出土鏡・李養璿蒐集資料–1鏡の6面である（図125）。これらの6面には同笵関係が確認でき（図126），大庭久保遺跡出土鏡と牟田寄遺跡15区出土鏡，礫石B遺跡出土鏡と李養璿蒐集資料–1鏡，白壁白石遺跡出土鏡と平塚川添遺跡出土–2鏡がそれぞれ同笵鏡である。この3組の同笵鏡のうち，縁幅が大庭久保遺跡出土鏡と牟田寄遺跡15区出土鏡では狭いことから，他の鏡に比べ，相対的に古いものであろう。3組6面の文様は，大庭久保遺跡出土鏡では，獣形文の文様が

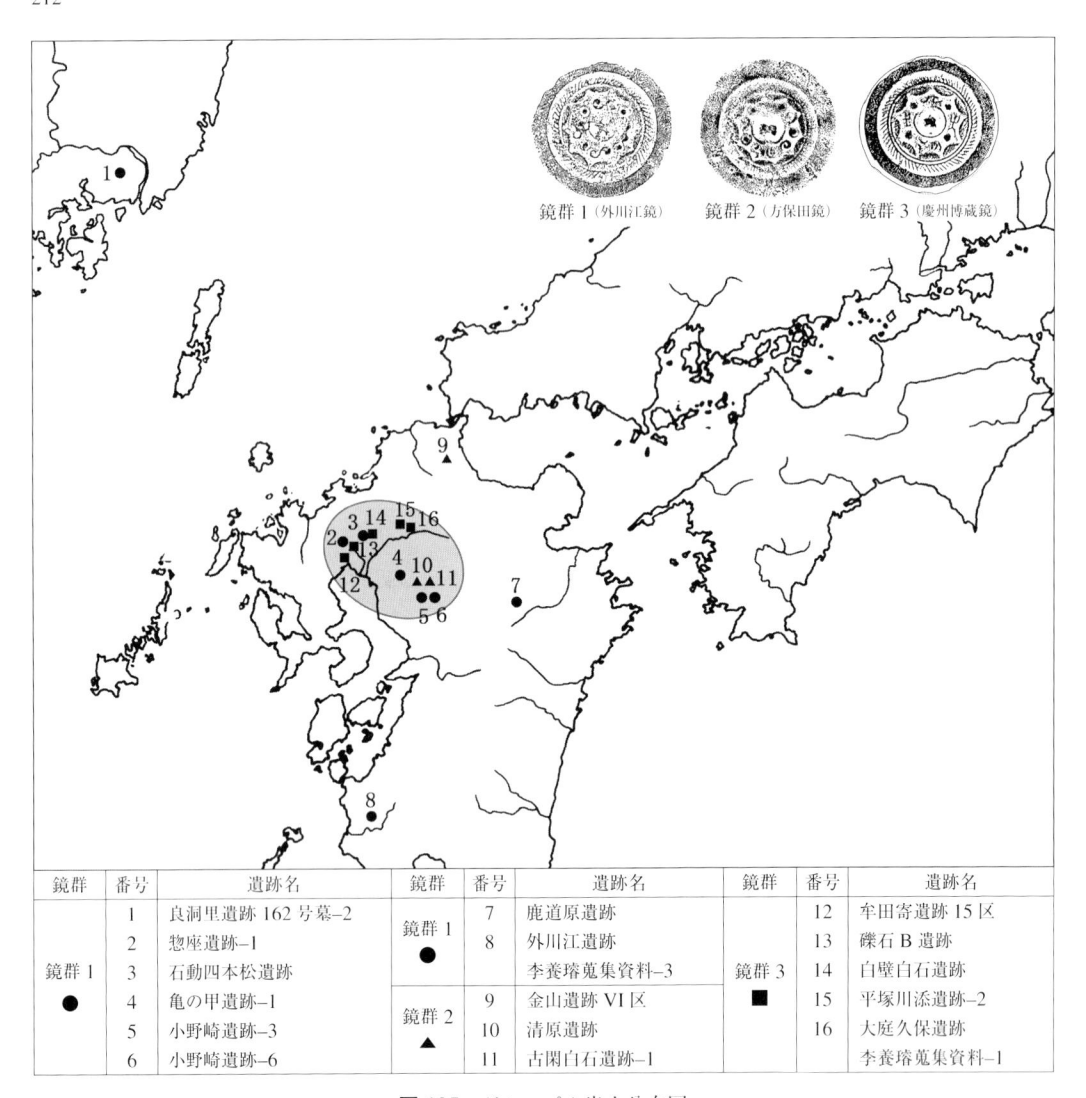

鏡群	番号	遺跡名	鏡群	番号	遺跡名	鏡群	番号	遺跡名
鏡群1 ●	1	良洞里遺跡162号墓-2	鏡群1 ●	7	鹿道原遺跡	鏡群3 ■	12	牟田寄遺跡15区
	2	惣座遺跡-1		8	外川江遺跡		13	礫石B遺跡
	3	石動四本松遺跡			李養璹蒐集資料-3		14	白壁白石遺跡
	4	亀の甲遺跡-1	鏡群2 ▲	9	金山遺跡Ⅵ区		15	平塚川添遺跡-2
	5	小野崎遺跡-3		10	清原遺跡		16	大庭久保遺跡
	6	小野崎遺跡-6		11	古閑白石遺跡-1			李養璹蒐集資料-1

図125　グループ1出土分布図

まだ意識されているが，礫石B遺跡出土鏡では獣形の胴部文様の一部のみが表現され，白壁白石遺跡出土鏡では，文様が2つに分離してしまっている。他の擬銘文も同様に崩れの方向性が見てとれる。このことから，文様の退化という方向性を読みとることができ，3組の関係は①大庭久保遺跡出土鏡・牟田寄遺跡15区出土鏡→②礫石B遺跡出土鏡・李養璹蒐集資料-1鏡→③白壁白石遺跡出土鏡・平塚川添遺跡出土鏡へと変遷していると考える。また，鈕孔と4つの乳状突起の配置関係・櫛歯文の方向は3組6面で全て一致しており，極めて類似した一群であろう。しかしながら，内行花文数は9・10・11と各組でばらつく。面径は縁幅の狭い大庭久保遺跡出土鏡の段階が7.8cmであるが，その他の2組は8.8cm前後と近接している。

　この3組の同笵鏡は分布状況にも特徴が見てとれる。すなわち，筑紫平野と佐賀平野にまとまっており，さらに同笵鏡の1つが筑紫平野から出土し，もう片方が佐賀平野から出土する。このこと

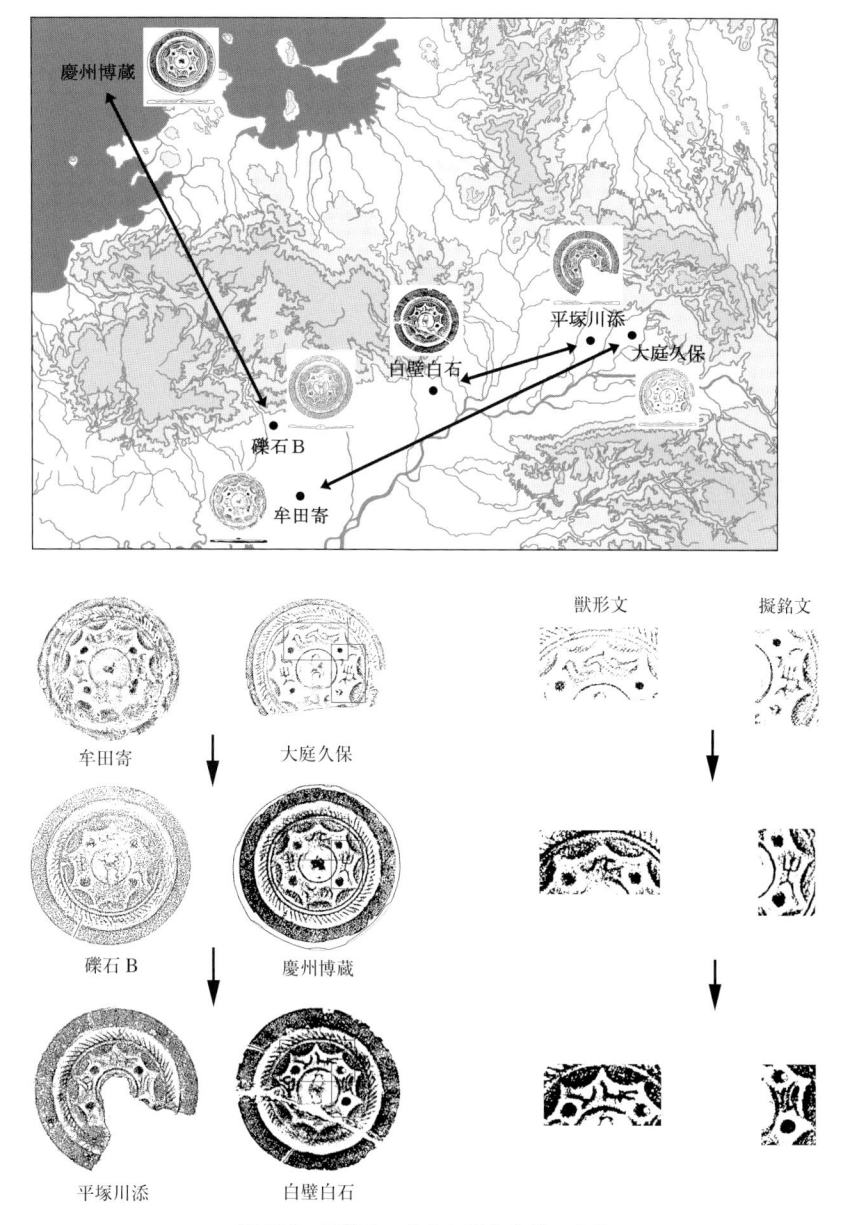

図 126 鏡群3の分布と単位文様の変化

から意図的な配布が行われていた可能性を指摘することができよう。また，この分布状況から，3組6枚の鏡群が1つの製作地で製作された可能性も指摘することができる。

　鏡群4はタカマツノダン遺跡出土−1鏡・赤崎遺跡出土鏡・飯氏馬場遺跡出土鏡・京野遺跡出土鏡の4面である（図127）。この擬銘文のみで構成される鏡群は，モデルとなった内行花文日光鏡に最も類似している。したがって，擬銘文のみで構成される鏡がよりモデルに近く，より古い文様構成であろう。また，擬銘文のみで構成される鏡は乳状突起を配さず，そのことから乳状突起は新しい属性であることが想定でき，グループ1とグループ2の関係もグループ2の方が相対的に古い鏡であ

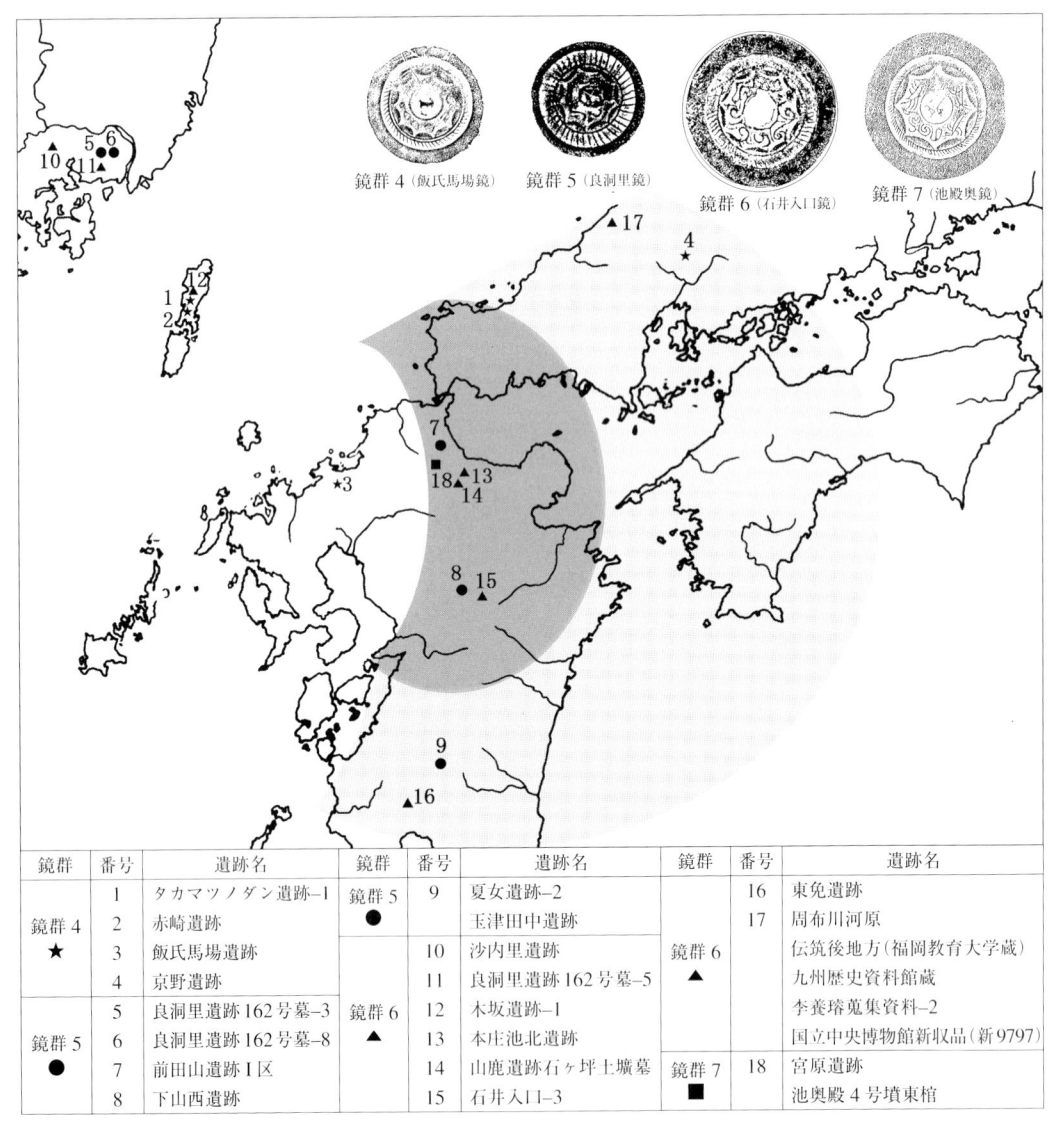

鏡群4（飯氏馬場鏡）　鏡群5（良洞里鏡）　鏡群6（石井入口鏡）　鏡群7（池殿奥鏡）

鏡群	番号	遺跡名	鏡群	番号	遺跡名	鏡群	番号	遺跡名
鏡群4 ★	1	タカマツノダン遺跡-1	鏡群5 ●	9	夏女遺跡-2		16	東免遺跡
	2	赤崎遺跡			玉津田中遺跡		17	周布川河原
	3	飯氏馬場遺跡		10	沙内里遺跡	鏡群6 ▲		伝筑後地方（福岡教育大学蔵）
	4	京野遺跡		11	良洞里遺跡162号墓-5			九州歴史資料館蔵
鏡群5 ●	5	良洞里遺跡162号墓-3	鏡群6 ▲	12	木坂遺跡-1			李養瑢蒐集資料-2
	6	良洞里遺跡162号墓-8		13	本庄池北遺跡			国立中央博物館新収品（新9797）
	7	前田山遺跡Ⅰ区		14	山鹿遺跡石ヶ坪土壙墓	鏡群7 ■	18	宮原遺跡
	8	下山西遺跡		15	石井入口-3			池奥殿4号墳東棺

図127　グループ2出土分布図

ると言える。4面の鏡は平均面径6.2 cmと小さく古式の様相を示している。内行花文数は9から13と比較的多い。分布状況は対馬に2面と中国地方に1面出土している点が特徴であろう。

　鏡群5は良洞里遺跡162号墓出土-3鏡・良洞里遺跡162号墓出土-8鏡・前田山遺跡Ⅰ区出土鏡・下山西遺跡出土鏡・夏女遺跡出土-2鏡・玉津田中遺跡出土鏡の6面である（図127）。平均面径は7.47 cmで比較的まとまっており，内行花文数は8か9である。阿蘇山間部や球磨川流域・朝鮮半島などからも出土しているが，分布状況は豊前地方や近畿地方にまで広がっている。

　鏡群6は沙内里遺跡出土鏡・良洞里遺跡162号墓出土-5鏡・木坂遺跡出土-1鏡・本庄池北遺跡出土鏡・山鹿遺跡石ヶ坪土壙墓出土鏡・石井入口出土-3鏡・東免遺跡出土鏡・周布川河原出土鏡・伝筑後地方出土鏡・九州歴史資料館蔵鏡・李養瑢蒐集資料-2鏡・国立中央博物館新収品鏡の12面

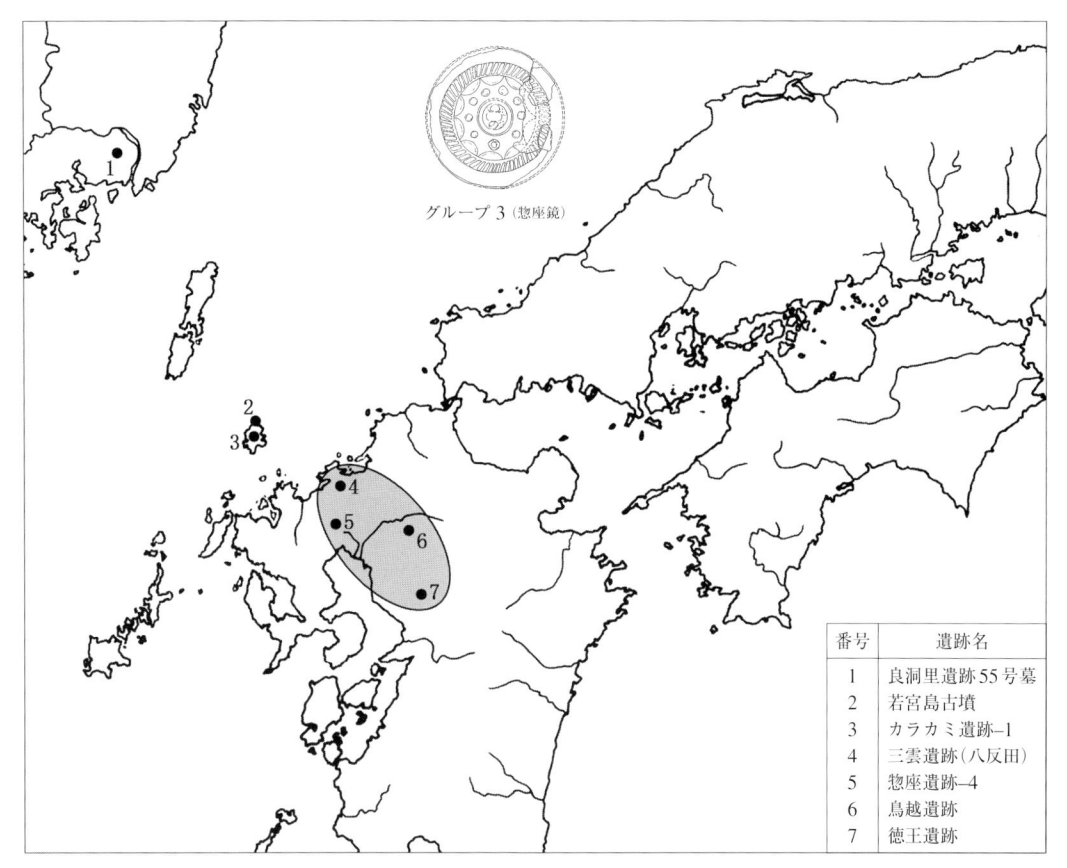

第 3 章　小形仿製鏡から捉える弥生時代青銅器の生産体制　　215

図 128　グループ 3 出土分布図

である(図 127)。平均面径は 8.1 cm とやや大きい。内行花文数は 6 から 11 とややばらつく。分布状況は佐賀平野や筑紫平野などでは認められず，豊前地方や対馬・大野川流域・朝鮮半島などで確認することができる。中国地方からも 1 面出土している。

鏡群 7 は宮原遺跡出土鏡と池奥殿 4 号墳東棺出土鏡の 2 面である(図 127)。この 2 面は同范鏡で，面径 9.5 cm をはかり大きい。2 面は豊前地方と近畿地方からの出土である。

以上 7 つの鏡群の特徴と分布状況を確認した。鏡群 3 は同范関係にある 3 組 6 面が分布状況でも特異なあり方を示しており，製作地が 1 つである可能性まで提示することができた。各鏡群の分布状況を比較すると，これまでのところ飯氏馬場遺跡出土鏡を除くと，福岡平野など玄界灘沿岸地域から出土していないという共通点が認められた。また，各鏡群間の分布に傾向性が見られ，佐賀平野や筑紫平野・菊池川流域を中心に分布する鏡群 1〜3 (グループ 1)と豊前地方や中国地方・近畿地方に分布する鏡群 4〜7 (グループ 2)に分けることもできるようである[45]。

次にグループ 3 の検討を行う(図 128)。良洞里遺跡 55 号墓出土鏡・若宮島古墳出土鏡・カラカミ

---

45)　本来であるならば，鏡群ごとにその分析を行うべきであるが，分析に耐えうるほどの安定した数量を得られていないものもあるので，以下ではグループ(複数の鏡群を含む)を分析単位とする。今後の資料の増加によって，各鏡群が製作地の単位として捉えられることを期待する。

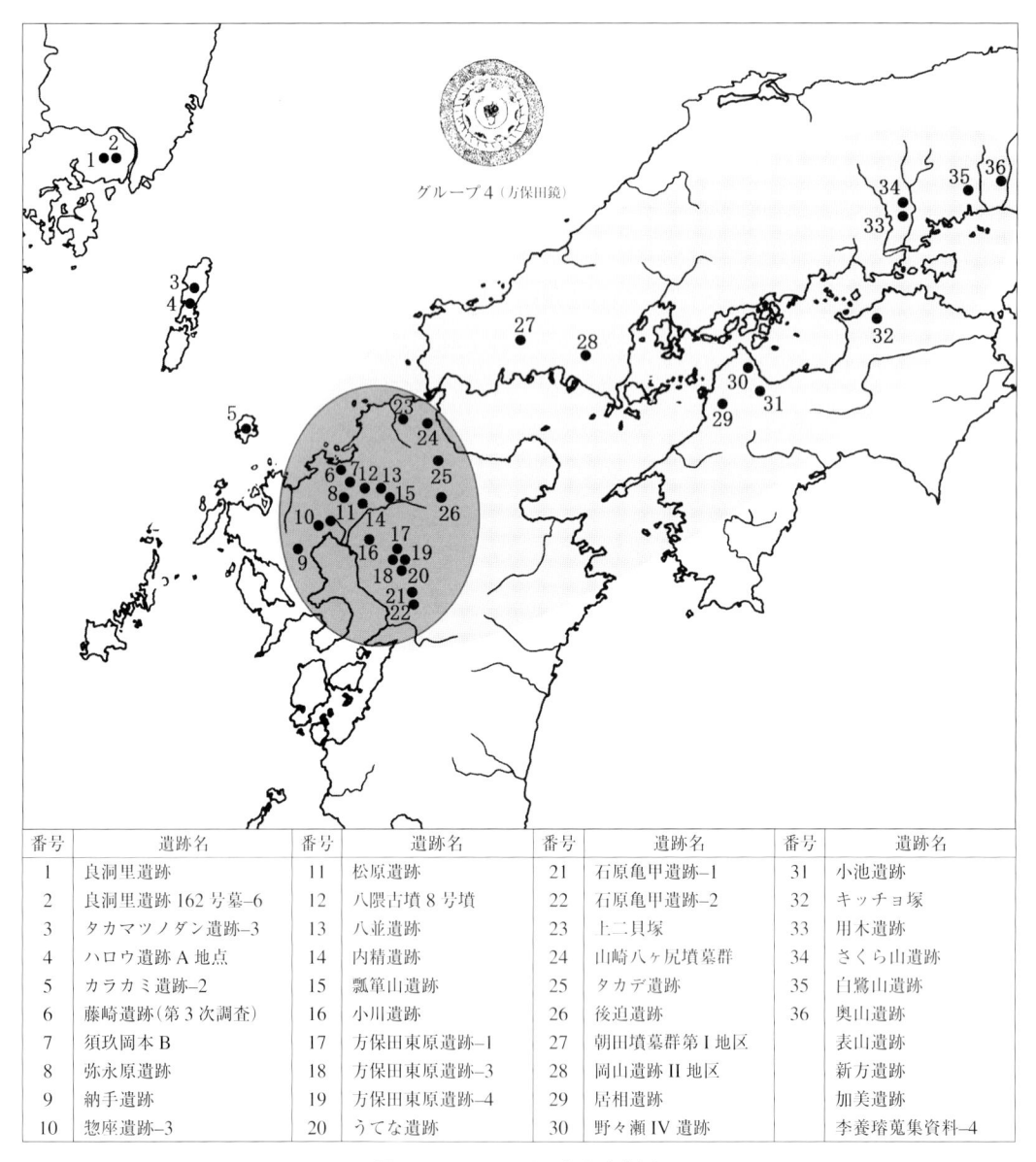

図129 グループ4（方保田鏡）出土分布図

番号	遺跡名	番号	遺跡名	番号	遺跡名	番号	遺跡名
1	良洞里遺跡	11	松原遺跡	21	石原亀甲遺跡-1	31	小池遺跡
2	良洞里遺跡162号墓-6	12	八隈古墳8号墳	22	石原亀甲遺跡-2	32	キッチョ塚
3	タカマツノダン遺跡-3	13	八並遺跡	23	上二貝塚	33	用木遺跡
4	ハロウ遺跡A地点	14	内精遺跡	24	山崎八ヶ尻墳墓群	34	さくら山遺跡
5	カラカミ遺跡-2	15	瓢箪山遺跡	25	タカデ遺跡	35	白鷺山遺跡
6	藤崎遺跡(第3次調査)	16	小川遺跡	26	後迫遺跡	36	奥山遺跡
7	須玖岡本B	17	方保田東原遺跡-1	27	朝田墳墓群第Ⅰ地区		表山遺跡
8	弥永原遺跡	18	方保田東原遺跡-3	28	岡山遺跡Ⅱ地区		新方遺跡
9	納手遺跡	19	方保田東原遺跡-4	29	居相遺跡		加美遺跡
10	惣座遺跡-3	20	うてな遺跡	30	野々瀬Ⅳ遺跡		李養塔蒐集資料-4

遺跡出土-1鏡・二雲遺跡(八反田)出土鏡・惣座遺跡出土-4鏡・鳥越遺跡出土鏡・徳王遺跡出土鏡の7面である。このうち，若宮島古墳出土鏡は内行花文数が4つと少なく古墳時代の鏡の可能性がある。その他の鏡の内行花文数は7から10までであり，ばらつく。平均面径は7.98cmで比較的まとまる。グループ3を特徴付ける乳状突起の数は4・8・9と分散する。分布状況は，壱岐・佐賀平野・筑紫平野・菊池川流域・朝鮮半島に認められる。飯倉D遺跡より出土した鋳型で製作された鏡はこのグループに属する。

　最後にグループ4である(図129)。40面が確認できるが，文様が曖昧で不明瞭な資料も含まれている。内区文様に内行花文しか施文されていないので，細分は難しい。しかしながら，このグルー

プには同笵鏡，もしくは鋳型が全く同じでないが意匠の類似している鏡群がある。1つはタカマツノダン遺跡出土-3鏡・弥永原遺跡出土鏡・方保田東原遺跡出土-1鏡・瓢箪山遺跡出土鏡の鏡群である。この鏡群は，櫛歯の間隔が広く，反時計回りに極めて強く傾いて施文されている鏡群である。このうちタカマツノダン遺跡出土-3鏡と弥永原遺跡出土鏡は同笵鏡であることが確認されている。また，方保田東原遺跡出土-4鏡・うてな遺跡出土鏡・李養璟蒐集資料-4鏡は同笵鏡と考えられている。これら2つの鏡群以外にも，今後資料の増加とともにいくつかの鏡群が認められるであろう。さらに，グループ4の中には野々瀬IV遺跡出土鏡が含まれている。この鏡には湯道の一部が削り取られずに取り付いており，湯口の形状が推定できる資料である(柴田2000)。湯道は断面が丸く，これまで北部九州で発見されている鋳型に残る湯道の形状とは異なると指摘されている。したがって，グループ4の中にはこれまで発見されている鋳型を使用した鋳造技法とは異なる技法で製作された鏡が含まれている。グループ4については，今後の資料増加によって分布状況が細分できる可能性もあろう。

(2) 内行花文系小形仿製鏡第3型の検討

これまで，内行花文系小形仿製鏡第2型について検討を行ってきた。そこで，次に面数の多い，内行花文系小形仿製鏡第3型について分析を行う。この鏡は，これまで47面確認されているが，このうち，第3型a類の40面について対象とする[46]。40面の鏡は，まず規格性が高いこと(図130)を

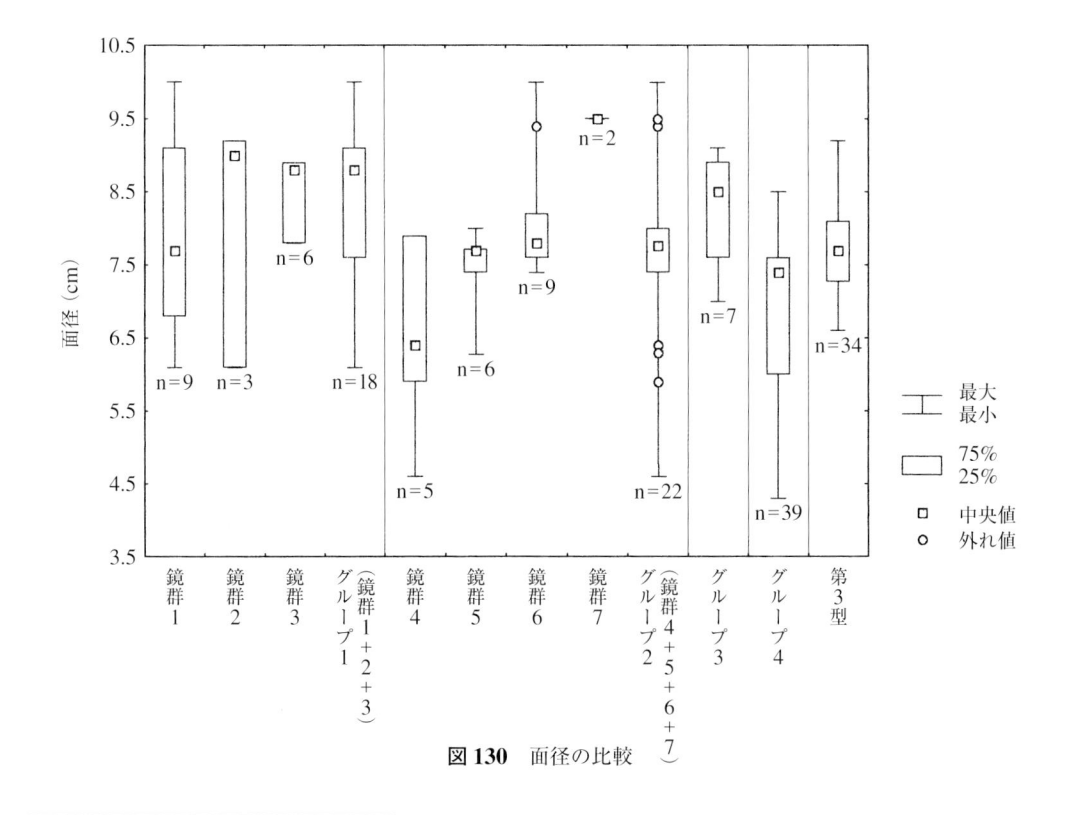

図130 面径の比較

---

46) 第3型b類については，面数が少なくサンプル数が有意ではないので分析対象としない。

図131 内行花文数の比較

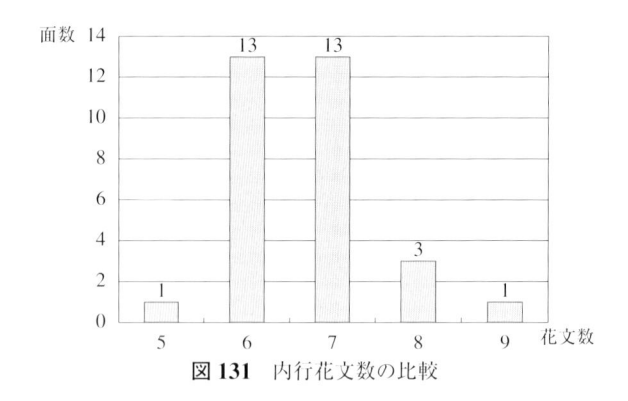

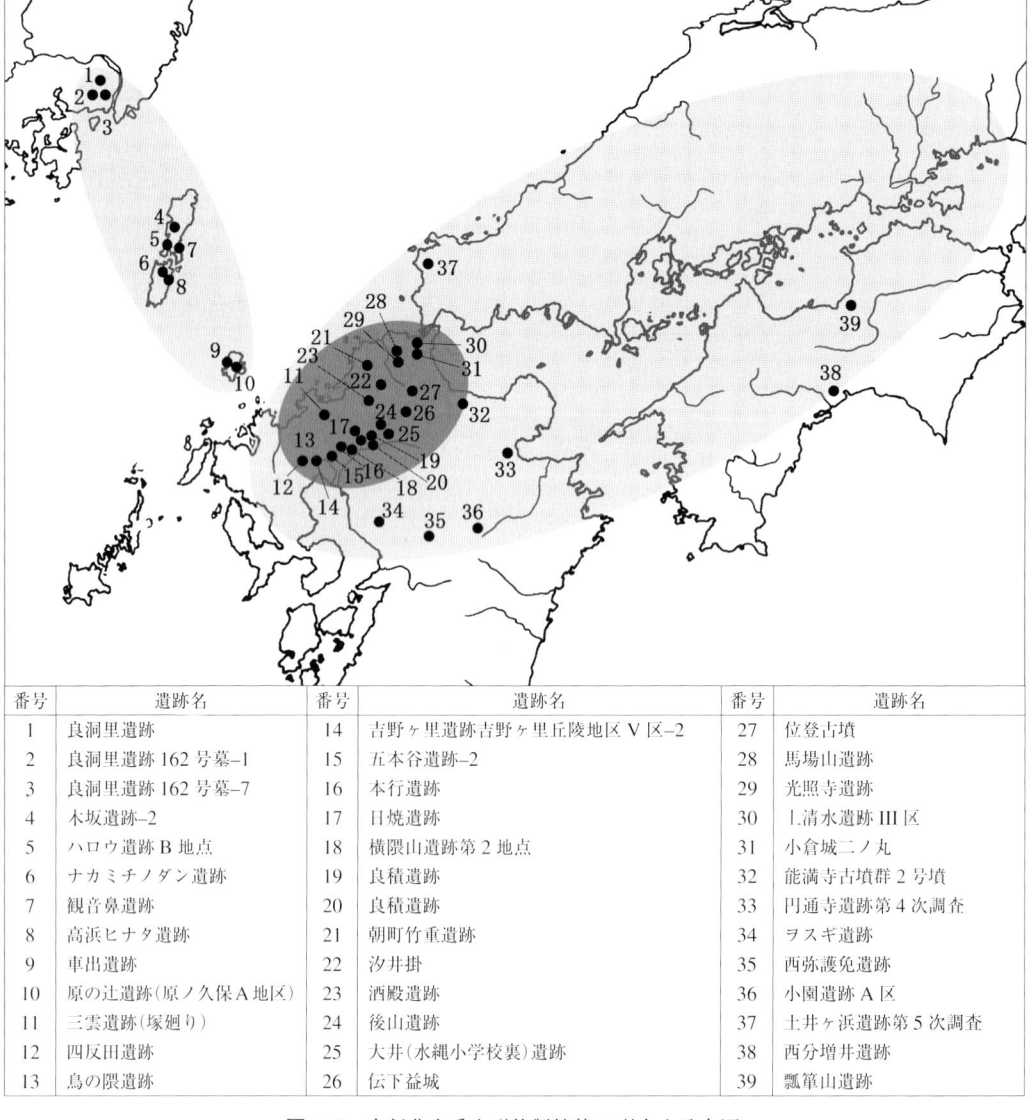

番号	遺跡名	番号	遺跡名	番号	遺跡名
1	良洞里遺跡	14	吉野ヶ里遺跡吉野ヶ里丘陵地区Ⅴ区-2	27	位登古墳
2	良洞里遺跡162号墓-1	15	五本谷遺跡-2	28	馬場山遺跡
3	良洞里遺跡162号墓-7	16	本行遺跡	29	光照寺遺跡
4	木坂遺跡-2	17	日焼遺跡	30	上清水遺跡Ⅲ区
5	ハロウ遺跡B地点	18	横隈山遺跡第2地点	31	小倉城二ノ丸
6	ナカミチノダン遺跡	19	良積遺跡	32	能満寺古墳群2号墳
7	観音鼻遺跡	20	良積遺跡	33	円通寺遺跡第4次調査
8	高浜ヒナタ遺跡	21	朝町竹重遺跡	34	ヲスギ遺跡
9	車出遺跡	22	汐井掛	35	西弥護免遺跡
10	原の辻遺跡(原ノ久保A地区)	23	酒殿遺跡	36	小園遺跡A区
11	三雲遺跡(塚廻り)	24	後山遺跡	37	土井ヶ浜遺跡第5次調査
12	四反田遺跡	25	大井(水縄小学校裏)遺跡	38	西分増井遺跡
13	鳥の隈遺跡	26	伝下益城	39	瓢箪山遺跡

図132 内行花文系小形仿製鏡第3型出土分布図

指摘できる[47]。面径は平均7.75 cmで標準偏差は0.65である。これまで検討してきた鏡群と比べても，極めてまとまったサンプルであることがうかがえる。また，内行花文数も6か7でまとまっている(図131)。つぎに分布状況(図132)を確認してみると，佐賀平野や筑紫平野・遠賀川紫川流域・四国地方・朝鮮半島・壱岐・対馬に認められる。この分布状況は，これまで検討してきた内行花文系小形仿製鏡第2型グループ1とグループ2の分布状況を合わせたようであり，また細分できなかったグループ4の状況と類似していると指摘できる。この鏡群は鋳型が須玖永田遺跡から出土しており，須玖遺跡群産の鏡群として捉えることができる。

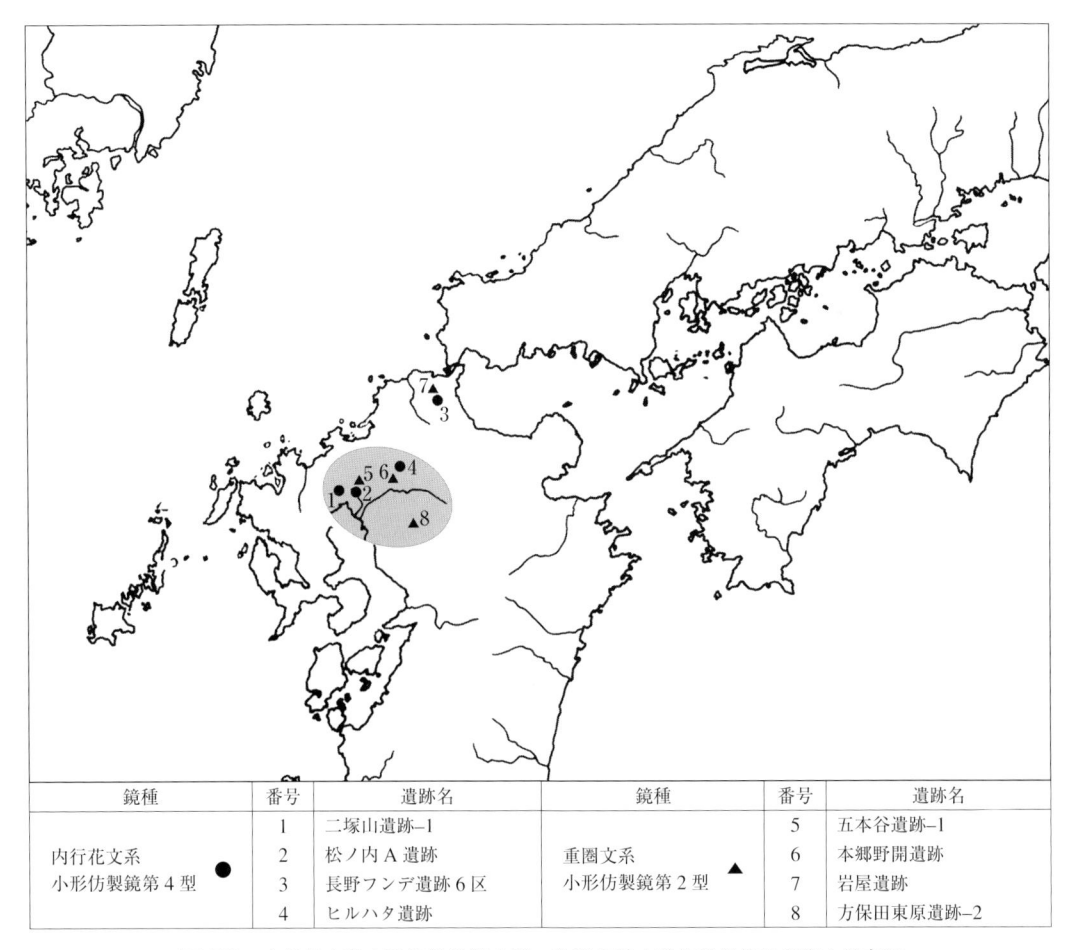

(3) 内行花文系小形仿製鏡第4型と重圏文系小形仿製鏡第2型の検討

内行花文系小形仿製鏡第4型と重圏文系小形仿製鏡第2型の検討を行う(図133)。先述したよう

鏡種	番号	遺跡名	鏡種	番号	遺跡名
内行花文系小形仿製鏡第4型 ●	1	二塚山遺跡–1	重圏文系小形仿製鏡第2型 ▲	5	五本谷遺跡–1
	2	松ノ内A遺跡		6	本郷野開遺跡
	3	長野フンデ遺跡6区		7	岩屋遺跡
	4	ヒルハタ遺跡		8	方保田東原遺跡–2

図133 内行花文系小形仿製鏡第4型・重圏文系小形仿製鏡第2型出土分布図

---

47) 内行花文系小形仿製鏡第3型a類(髙倉分類第2型b類)に関しては，髙倉氏が文様が画一的であると以前にも指摘している(髙倉1972)。

に重圏文系小形仿製鏡第2型は内行花文系小形仿製鏡第4型から内行花文帯が欠落したものと考えているので，あわせてここで検討する。内行花文系小形仿製鏡第4型は，現状では製品3面(二塚山遺跡出土-1鏡・松ノ内A遺跡出土鏡・長野フンデ遺跡6区出土鏡)，鋳型1点(ヒルハタ遺跡出土鏡)が確認されている。製品の中で二塚山遺跡出土-1鏡は面径が異なるが，ヒルハタ遺跡出土の鋳型と文様構成が類似しており，製作地を推定することができる資料である。重圏文系小形仿製鏡第2型はこれまでのところ，4面(五本谷遺跡出土-1鏡・本郷野開遺跡出土鏡・岩屋遺跡出土鏡・方保田東原遺跡出土-2鏡)が確認されている(図133)。この2つの鏡群の平均面径は8.2cmで大きい。これら2つの鏡群は幅広の縁と縁幅の約半分ほどの櫛歯文帯，そして縁幅より若干広い内区文様帯で構成されているという共通性をもつ。出土分布を見ると，玄界灘沿岸の福岡平野などからは出土せず，佐賀平野・筑後平野・北九州地域・菊池川流域などで出土していることがわかる。鋳型はそれらの地域の中で，地理的な中心的位置を占める筑後川中流域のヒルハタ遺跡から出土している。内行花文系小形仿製鏡第3型のような広域に広がる須玖遺跡群生産品とは明らかに異なった出土分布を示していることがわかる。内区文様はそれぞれの鏡で異なり，それぞれの鏡を型式学的な変化の方向性をもって関係付けることは難しい。また，出土面数が少ない点からも，ヒルハタ遺跡などでは継続的・恒常的な生産を行っていない可能性がある。

2. 小形仿製鏡生産体制の復元

これまでの分析で得られた点をここでまとめ直し，小形仿製鏡の生産体制の復元を行っていきたい。

まず，内行花文系小形仿製鏡第4型と重圏文系小形仿製鏡第2型において須玖遺跡群生産品とは明らかに異なる分布が認められた。先述したが玄界灘沿岸などからは出土せず，佐賀平野や筑後平野・北九州地域・菊池川流域から出土する。製作地が鋳型の出土したヒルハタ遺跡であり，分布域の中心である。この鏡群は鋳型が須玖遺跡群以外から出土していること，須玖遺跡群で製作されたと考えられる内行花文系小形仿製鏡第3型の分布状況とは異なることから，ヒルハタ遺跡において生産された製品が流通していたことが明らかとなった。また，これらの内行花文系小形仿製鏡第3型とこれら2つの鏡群は，後期後半以降に製作されたという時期的な並行関係にある。これまでの出土量から生産量を推定し[48]，両者を比較すると，須玖遺跡群で製作されたと考えられる内行花文系小形仿製鏡第3型は47面，非須玖遺跡群生産品である内行花文系小形仿製鏡第4型と重圏文系小形仿製鏡第2型は合わせて7面となり，須玖遺跡群生産品が圧倒的多数を占める主流派の鏡となる。それに対して非須玖遺跡群生産品は少数派の鏡となる。生産体制を比較すると，内区文様がそれぞれの鏡ごとに異なる内行花文系小形仿製鏡第4型や重圏文系小形仿製鏡第2型は継続的・恒常的な生産とは考えられないが，面径・文様構成・内行花文数などがまとまっている第3型は，相対的に継続して製作されていたと言えよう。

---

[48] 出土面数がそのまま生産量に対応することはないが，傾向性を把握する参考にはなろう。ここでは出土面数をとりあえず生産量として扱う。

次に内行花文系小形仿製鏡第 2 型における生産体制について考察する。内行花文系小形仿製鏡第 2 型は後期前半から中頃に製作されたと想定されている。内行花文系小形仿製鏡第 2 型の分布を鏡群ごとに読みとると，現状では以下のような傾向性があると認められる。内行花文系小形仿製鏡第 2 型グループ 1 は佐賀平野・筑紫平野に多く認められ，グループ 2 は対馬や豊前地方，また中国・近畿などに多く認められた。グループ 3 は面数が少なく，今後の資料増加に期待したい。グループ 4 については，今後細分することができるであろうが，後続する内行花文系小形仿製鏡第 3 型と類似した分布状況である。グループ 4 に関しては，第 2 型の他グループの文様と比較して後続型式と想定されることや，さらに後続する第 3 型の分布状況と類似することから，第 3 型の生産体制と類似した生産体制の可能性があり，その多くが須玖遺跡群産の鏡であったと捉えられるであろう。

　第 2 型のうちグループ 1 と 2 に関しては，分布域が異なることが確認されている。グループ 1 と 2 は内区文様に乳状突起をともなうか否かで区分されている。したがって，グループ 1 と 2 の関係は，型式学的な変化では捉えることができず，別の漢鏡をモデルにした可能性がある。具体的には四乳虺龍文鏡があげられる[49]。四乳虺龍文鏡は岡村編年の漢鏡第 4 期に相当し（岡村 1984），弥生時代の北部九州においても 6 面（平原遺跡・上り立遺跡・三津永田遺跡 5 号棺・志波屋三本松遺跡・六ノ角遺跡（武雄小学校）・みやこ遺跡）が確認されている。このように別系統の漢鏡をモデルにして第 2 型グループ 1 は製作された可能性がある。

　これまでの検討から，分布域が異なる点と，モデルとなった漢鏡が異なるという点の 2 点から内行花文系小形仿製鏡第 2 型の製作地は複数存在したことが想定される。内行花文系小形仿製鏡第 2 型の内区文様はバラエティーに富んでおり，そうした文様の多彩さも製作地が複数存在していたことを裏付けるであろう。複数の製作地には，当然，須玖遺跡群が含まれており，さらに周辺の飯倉 D 遺跡などがあげられる。後期前半から中頃はこのように複数の製作地において小形仿製鏡が製作されていた分散型の生産体制として捉えることができるだろう。

　次に小形仿製鏡の流通形態を考察する。上記の検討から導き出された複数の製作地の存在から，小形仿製鏡の流通形態には 2 つの可能性が想定される。それは，①それぞれの製作地が個別に製品を配布した場合と，②複数の製作地で製作された製品を一度 1 ヶ所に集め，その後，流通した場合である。両者はまず，流通の管理主体のあり方が異なる。①の場合は個別の製作地にそれぞれ流通の管理主体が存在していることを前提としており，②の場合は製品を取りまとめ，そこから全体に流通させる管理主体が単体であると想定している。しかしながら，②の方法を今回の小形仿製鏡の流通体制に当てはめることはできない。なぜなら②の場合，鏡群ごとに分布域が異なるという点を説明することが難しいからである。②を想定するのであれば，ある製作地で製作された鏡群を一度 1 ヶ所に集め，その後，鏡群ごとに一定の地域へ分配するという行為を認めなければならない。このような考え方にはやや無理があり，一度 1 ヶ所にまとめたのであれば，各地で同じような鏡が出土し，鏡群ごとに分布域がまとまる現象を生み出さないであろう。したがって，小形仿製鏡の生産は①のそれぞれの製作地から鏡が流通していたと考えることができる。こうした鏡の流通は，これ

49）髙倉氏も四乳虺龍文鏡が影響を与えた可能性を指摘している（髙倉 1990）。

図134 小形仿製鏡の生産体制

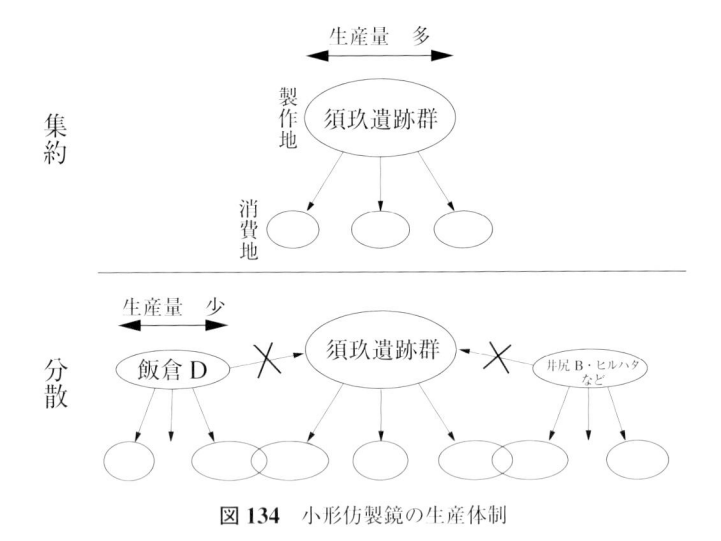

まで言われてきた須玖遺跡群を中心とした，一元的なセンターからの配布とは異なる状況を示しており，分散型の流通として捉えることができよう。青銅器の製作契機が，須玖遺跡群周辺にのみ存在するのではなく，個々の製作地に存在し，それぞれの製作地から消費地へ須玖遺跡群を経由せずに，流通していたのではないだろうか。

このような小形仿製鏡の生産体制は弥生時代後期の間，常に安定して存在していたとは考えられない。これまで鋳型の状況や小形仿製鏡自体の検討から，後期前半から中頃に製作地の分散化と流通の分散化が起こっていることを確認した。内行花文系小形仿製鏡第2型の製作段階である。しかし，後期後半以降に相当する内行花文系小形仿製鏡第3型の段階では，製作地はほぼ1ヶ所に集約しているようである[50]。鏡の規格性が高く，また分布状況も前段階の第2型の分布域全体に分布していることから，個々の製作地がそれぞれ製作したと考えるよりも，製作から配布までを集約した生産・流通体制を想定する。さらに，第2型グループ4は分布状況が第3型に類似していることから，前段階から一部集約化の方向に生産体制が変化していた可能性がある。また，同時期の第4型や重圏文系小形仿製鏡第2型の検討からは，継続性は認められないが，一部散発的に少量の非須玖遺跡群生産品が認められ，第2型で認められた分散型の生産体制と流通の残存したあり方を示している。さらに内行花文系小形仿製鏡第1型や重圏文系小形仿製鏡第1型など初期小形仿製鏡の製作は，製作の契機として漢鏡の不足を補うという要因を想定していることから，ほぼ1ヶ所に集約した製作地を想定することができる。

このように弥生時代小形仿製鏡の生産体制は，製作地が集約している内行花文系小形仿製鏡第1型や第3型，分散する第2型や第4型（重圏文系小形仿製鏡第2型を含む）と区分することができる（図134）。したがって，集約した生産体制が安定的に継続するのではなく，弥生後期社会の小形仿製鏡の生産体制は複雑な展開を示している。そこで，小形仿製鏡の生産体制を時間軸状に位置付けるならば，基本的に集約から分散，そして集約への方向性が想定される（図135）。初期の集約した生産

---

50) なお，この第3型の段階における集約した生産体制のあり方に関しては，岩永氏より御教示を受けた。

第3章 小形仿製鏡から捉える弥生時代青銅器の生産体制　　　223

第1期	（後期初頭〜）	小形仿製鏡の製作開始　製作地の集約	内行花文系小形仿製鏡第1型 （重圏文系小形仿製鏡第1型）
第2期	（後期前半〜中頃）	製作地の分散	内行花文系小形仿製鏡第2型 グループ1　グループ2　グループ3 製作地の集約化 グループ4
第3期	（後期後半〜終末）	製作地の集約	分散した製作地の残存 内行花文系小形仿製鏡第3型　内行花文系小形仿製鏡第4型 （重圏文系小形仿製鏡第2型）

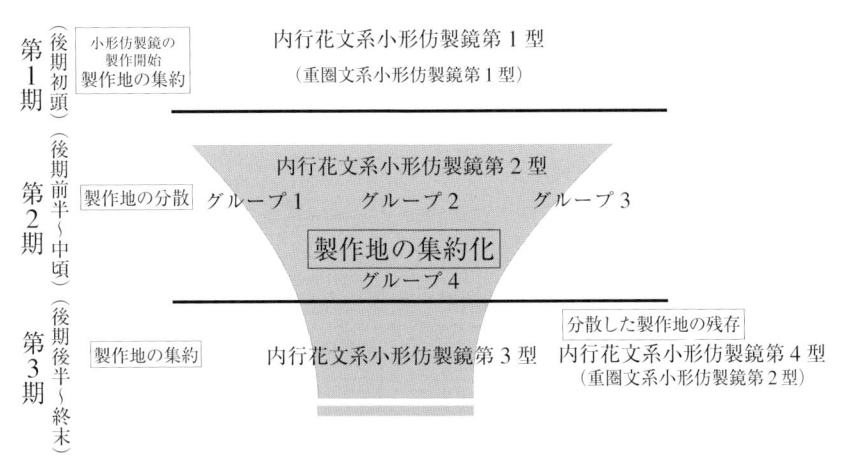

図135　小形仿製鏡の生産体制変遷

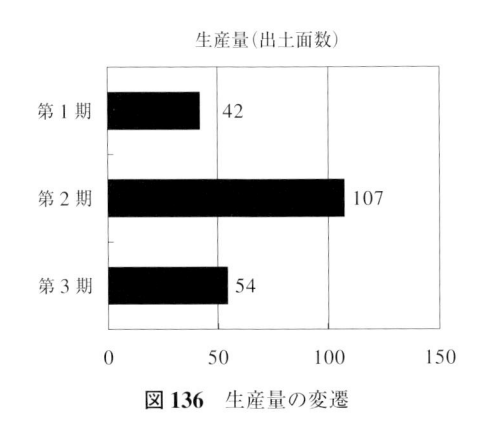

生産量（出土面数）

第1期　42
第2期　107
第3期　54

図136　生産量の変遷

体制とは，後期初頭前後に福岡平野内で内行花文系小形仿製鏡第1型や重圏文系小形仿製鏡第1型[51]が漢鏡の不足を補うため製作されたことを指す。その後，後期前半から中頃にかけて福岡平野や隣接諸平野の複数ヶ所において内行花文系小形仿製鏡第2型が製作された状況を分散した生産体制とまとめることができる。その後，後期後半から終末期にかけて，須玖遺跡群において規格性の高い内行花文系小形仿製鏡第3型が製作されたが，これを須玖遺跡群を中心とした集約した生産体制として捉えることができる。同時期に隣接諸平野などで内行花文系小形仿製鏡第4型や重圏文系小形仿製鏡第2型が散発的に製作されるが，大勢ではなく，前段階の残存したあり方が認められる。したがって，この時期は集約した生産体制と呼称しても問題はないであろう。

最後に生産量について比較しておく（図136）。これまでの検討から，後期初頭を第1期として小形仿製鏡の生産開始期と位置付ける。内行花文系小形仿製鏡第1型や重圏文系小形仿製鏡第1型が製作され，集約した生産体制をとっている。確認されている面数は42面である。後期前半から中頃についてを第2期とし，内行花文系小形仿製鏡第2型が分散した生産体制で製作される。面数は107

---
51) 重圏文系小形仿製鏡第1型については，拙稿（田尻2003）で内行花文系小形仿製鏡第1型に比べ若干遅れて製作され始めることを指摘している。

面である。最後に後期後半以降を第3期とする。内行花文系小形仿製鏡第3・4型を製作し，須玖遺跡群を中心とした集約した生産体制であるが，面数が54面と前段階に比べて減少する。現時点での出土面数をもとに生産量の傾向を読みとると，第2期をピークとして生産量は減少していることがうかがえる。弥生時代小形仿製鏡の終焉に関しては，古墳時代との関係もありここでは深くは触れないが，青銅器祭祀の終焉について，岩永氏は青銅器祭祀の急激な終焉は生産が一極に集中していた可能性を指摘している（岩永1998・2000）。この指摘はこれまで明らかにしてきた第3期の集約した生産体制と矛盾しない。第3期は生産量が大幅に減少しており，青銅器祭祀の最終末にあたっては，相対的に生産量の少ない須玖遺跡群と中心とした集約した生産体制であった可能性がある。

3. 小　　結

　小形仿製鏡の研究から，これまで述べられてきた須玖遺跡群を中心とした一元的な生産体制とは異なる青銅器の生産体制を明らかにしてきた。また，製品の流通に関しても，それぞれの製作地が個々に製品の配布を行う分散型の流通のあり方を提示した。弥生時代後期の武器形青銅器の生産と配布のあり方については，製品や鋳型の研究から，第1章でも触れたように福岡平野を中心とした生産体制の集中化と生産地と配布地との関係の一本化という評価がこれまで与えられてきている（下條1983）。本章は，そのような福岡平野を中心にした青銅器生産体制の具体的な内容と時間的変遷，製作地と配布地との関係について再考を加えた。第2章の鋳型研究では，須玖遺跡群とその他の青銅器鋳造遺跡との関係について一定の技術的影響下にある遺跡と，ややその影響力の弱い遺跡がある可能性を指摘したが，本章における分析は，それらの遺跡間の関係が，時間的変遷の中で変動していることが明らかになった。

　すなわち，小形仿製鏡の生産体制は第1期において集約的に生産が行われ，その後第2期では分散化し，第3期では生産量の減少にともなって製作地も減少し絞られていくという変遷であった。そうした生産体制の変遷は，第2章で示した鋳型加工痕の分析により導き出した須玖遺跡群からの技術的影響のある地域内での様相である。製作地の分散化のなかで，各製作地が須玖遺跡群から一定程度の影響を受けつつ，独自の生産と流通を行っていた点が明らかとなった。

第 3 章　小形仿製鏡から捉える弥生時代青銅器の生産体制

付表 2　小形仿製鏡集成表

長崎県

番号	遺跡名	市町村	出土地	分類	面径	遺構名	状態	備考	集成番号	所蔵・収蔵者	文献
1	タカマツノダン遺跡-1	対馬市峰町	三根タカマツノダン	2a	4.6	箱式石棺	ほぼ完形		長崎10	筑波大学	127
2	タカマツノダン遺跡-2	対馬市峰町	三根タカマツノダン	綾杉文鏡	(5.5)	箱式石棺	1/3 残存		長崎11	筑波大学	127
3	タカマツノダン遺跡-3	対馬市峰町	三根タカマツノダン	2b	7	箱式石棺？	完形	福岡県弥永原鏡と類似	長崎12	長崎県立対馬歴史民俗資料館	141
4	木坂遺跡-1	対馬市峰町	木坂	2b	7.86	5号石棺	完形		長崎16	海神神社宝物館	85
5	木坂遺跡-2	対馬市峰町	木坂	3a	8.24	5号石棺	完形		長崎17	海神神社宝物館	85
6	木坂遺跡-3	対馬市峰町	木坂	3b	7.48	5号石棺	ほぼ完形		長崎18	海神神社宝物館	85
7	木坂遺跡-4	対馬市峰町	木坂	不明	9.66	5号石棺	縁のみ残存		長崎19	海神神社宝物館	85
8	椎ノ浦遺跡	対馬市峰町	支多賀字椎ノ浦	2b	7.67	箱式石棺	完形			海神神社宝物館	112
9	赤崎遺跡	対馬市豊玉町	卯麦字赤崎(佐保浦赤崎)	2a	5.9	2号石棺	ほぼ完形		長崎22	豊玉町教育委員会	43
10	ハロウ遺跡A地点	対馬市豊玉町	仁位字ハロウA地点	2a	7.76	5号石棺	完形		長崎24	豊玉町教育委員会	111
11	ハロウ遺跡B地点	対馬市豊玉町	仁位字ハロウB地点	3a	8.16	2号石棺	完形		長崎25	豊玉町教育委員会	111
12	東の浜遺跡	対馬市豊玉町	仁位字和宮	不明		箱式石棺			長崎21	所在不明	142
13	観音鼻遺跡	対馬市豊玉町	千尋藻字舟カクシ	3a	7.7	2号石棺	完形		長崎23	長崎県立対馬歴史民俗資料館	43
14	中道壇(ナカミチノダン)遺跡	対馬市美津島町	州藻字挾嶽	3a	7.8	1号箱式石棺墓	1/3 欠損		長崎27	対馬郷土館	192
15	高浜ヒナタ遺跡	対馬市美津島町	高浜ヒナタ	3a	7.9	1号石棺	完形		長崎26	東京大学	106
16	若宮島古墳	壱岐市勝本町	東触字遠見	5？	7	箱式石棺墓	完形		長崎38	個人	102
17	カラカミ遺跡(小川貝塚)-1	壱岐市勝本町	立石カラカミ	2b	9	包含層	完形		長崎36	壱岐市立一支国博物館	186
18	カラカミ遺跡-2	壱岐市勝本町	立石カラカミ	2b			1/3 欠損	縁欠損	長崎37	壱岐市立一支国博物館	110
19	原ノ辻	壱岐市芦辺町	深江原ノ辻	不明	7.1		完形	文様不明		長崎県立美術博物館	44
20	原ノ辻(平成10年度原地区)	壱岐市芦辺町	深江鶴亀触字原	不明	不明		鈕のみ残存			長崎県教育委員会	8
21	原ノ辻(原ノ久保A地区)	壱岐市石田町	石田西触原ノ久保	3a	7.6	8号箱式石棺墓	ほぼ完形		長崎75	長崎県教育委員会	197
22	車出遺跡	壱岐市郷ノ浦町	田中触	3a	7		完形		長崎74	長崎県教育委員会	7
23	今福遺跡B3・4区	南島原市北有馬町	今福名今福B地点	不明	(7.5)	1号溝	小片		長崎68	長崎県教育委員会	196
24	今福遺跡B3・4区	南島原市北有馬町	今福名今福B地点	不明	(7.8)	1号溝	小片		長崎69	長崎県教育委員会	196

佐賀県

番号	遺跡名	市町村	出土地	分類	面径	遺構名	状態	備考	集成番号	所蔵・収蔵者	文献
25	四反田遺跡	多久市	東多久町大字別府字羽佐間	3a	(6.9)	8号住居	小片	穿孔あり・破面研磨	佐賀115	多久市教育委員会	184

佐賀県つづき

番号	遺跡名	市町村	出土地	分類	面径	遺構名	状態	備考	集成番号	所蔵・収蔵者	文献
26	納手遺跡	武雄市	橘町大字大日字納手	2c	7.48	SK228 土壙	ほぼ完形		佐賀 172	武雄市教育委員会	163
27	郷ノ木遺跡	武雄市	橘町大字大日字郷ノ木	2b	9	SP405 土壙墓	完形	刀子共伴	佐賀 175	武雄市教育委員会	164
28	茂手遺跡IV区	武雄市	橘町大字片白	不明		IV区表土剝ぎ中	一部欠損	腐食が激しく詳細不明	佐賀 171	武雄市教育委員会	163
29	潮見古墳主体部	武雄市	橘町大字片白字潮見	不明	6.2	横穴式石室	半分		佐賀 176	武雄市教育委員会	64
30	立物遺跡	小城市三日月町	道辺字立物(緑)	重2	8.8		完形	1975年の圃場整備事業で出土	佐賀 105	三日月町教育委員会	65·95
31	土生B遺跡	小城市三日月町		2a	7		完形		佐賀 198	三日月町教育委員会	109
32	八ツ戸遺跡	小城市小城町	松尾字八ツ戸	重2	7.6	3号住居	完形	1984年発掘(小城郡農協小城支所建設に伴う調査)	佐賀 106	小城町教育委員会	
33	惣座遺跡-1	佐賀市大和町	久池井字五本杉	2a	6.1	SD19 溝	完形		佐賀 83	佐賀県立博物館	119
34	惣座遺跡-2	佐賀市大和町	久池井字五本杉	不明	(8)	SD19 溝	小片		佐賀 84	佐賀県教育委員会	124
35	惣座遺跡-3	佐賀市大和町	久池井字五本杉	2a	7.5	SB219 住居	ほぼ完形		佐賀 86	佐賀県教育委員会	124
36	惣座遺跡-4	佐賀市大和町	久池井字五本杉	2b	9.1	SB219 住居	ほぼ完形		佐賀 87	佐賀県教育委員会	124
37	惣座遺跡(大和町調査)	佐賀市大和町	久池井字五本杉	2a	6.25	SP555 土壙墓	ほぼ完形		佐賀 88	大和町教育委員会	120
38	礫石B遺跡	佐賀市大和町	久池井字野口	2b	8.8	SJ14 甕棺墓	完形	慶州博蔵鏡と同笵	佐賀 81	佐賀県教育委員会	123
39	牟田寄遺跡B区	佐賀市	兵庫町大字瓦町字牟田寄	重2	6.7	No.3 トレンチ	完形		佐賀 74	佐賀市教育委員会	174
40	牟田寄遺跡15区	佐賀市	兵庫町大字瓦町字牟田寄	2a	7.8	SB15160	完形	大庭久保鏡と同笵	佐賀 191	佐賀市教育委員会	152
41	柴尾橋下流遺跡	佐賀市	蓮池町大字古賀字四本松	不明	4.2		完形	錆化ひどく不明	佐賀 75	佐賀県立博物館	
42	吉野ヶ里遺跡吉野ヶ里地区V区-1	神埼市神埼町	鶴字ドノ辻	3a	7.7	SD0925 溝	ほぼ完形	錆化ひどく不明	佐賀 50	佐賀県立博物館	72
43	吉野ヶ里遺跡吉野ヶ里地区V区-2	神埼市神埼町	鶴字ドノ辻	3a	7.6	SD0823 溝	1/4欠損		佐賀 53	佐賀県立博物館	72
44	吉野ヶ里遺跡吉野ヶ里丘陵地区VII区	神埼市		2b	8.6	第169調査区SD01 溝跡			佐賀 48	佐賀県教育委員会	167
45	小渕遺跡IV区石室羨道部	神埼市神埼町	的字花浦		9～10		完形		佐賀 61	神埼町教育委員会	
46	鳥の隈遺跡(萩原)	神埼郡吉野ヶ里町	鳥の隈	3a	7.6		ほぼ完形	県博では萩原と登録。佐賀16と出土地逆	佐賀 45	佐賀県立博物館	95
47	吉野ヶ里遺跡吉野ヶ里丘陵地区II区	神埼郡吉野ヶ里町	田手字四本杉	3a	6.7+	SD0054 溝	縁全周欠損	縁が全面欠損	佐賀 46	佐賀県立博物館	138
48	吉野ヶ里遺跡吉野ヶ里丘陵地区V区	神埼郡吉野ヶ里町	田手字四本杉	重1う	6.4	No.57 トレンチ	完形		佐賀 47	佐賀県立博物館	138

佐賀県つづき

番号	遺跡名	市町村	出土地	分類	面径	遺構名	状態	備考	集成番号	所蔵・収蔵者	文献
49	吉野ヶ里遺跡吉野ヶ里丘陵地区Ⅶ区	神埼郡吉野ヶ里町		2c	6.8	SD2121溝(ST2200前方後方墳周溝跡)		鏡背面に有機質付着		佐賀県教育委員会	167
50	二塚山遺跡-1	神埼郡吉野ヶ里町	大曲字東山二塚山	4	8.4	17号土壙墓	完形		佐賀31	佐賀県立博物館	12
51	二塚山遺跡-2	神埼郡吉野ヶ里町	大曲字東山二塚山	重1う	5.7	46号甕棺墓	完形	A同笵a	佐賀27	佐賀県立博物館	12
52	松ノ内A遺跡	神埼郡吉野ヶ里町	大曲字松ノ内	4	7.7	SR32祭祀跡	完形	破面研磨・朱付着	佐賀35	東脊振村教育委員会	109
53	亀作A遺跡	神埼郡吉野ヶ里町	大曲字亀作	不明	7+	SH009住居ピットA		文章報告のみ	佐賀34	東脊振村教育委員会	67
54	松原遺跡	神埼郡吉野ヶ里町	大曲字松原	2a	4.3	SD608	完形	内行花文帯を単線で表現	佐賀188	東脊振村教育委員会	176
55	石動四本松遺跡	神埼郡吉野ヶ里町	石動字四本松	2a	6.4	SC004	ほぼ完形		佐賀190	佐賀県立博物館・東脊振村教育委員会	166
56	五本谷遺跡-1	三養基郡上峰村	大字堤字五本谷	重2	8.45	25号土壙墓	完形		佐賀24	佐賀県立博物館	12
57	五本谷遺跡-2	三養基郡上峰村	大字堤字五本谷	3a	7.7	C区南端撹乱層	完形		佐賀25	佐賀県立博物館	12
58	姫方	三養基郡みやき町	姫方	3a	8	箱式石棺	鈕横が欠損	佐賀45と出土地逆	佐賀16	祐徳博物館	95
59	天神遺跡	三養基郡みやき町	西寒水天神	重1い	4.5		完形		佐賀18	佐賀県立博物館	122
60	白壁白石遺跡	三養基郡みやき町	白壁白石	2b	8.8		完形	平塚川添-2と同笵鏡	佐賀14	祐徳博物館	95
61	本行遺跡	鳥栖市	江島町本行	3a	7.8	溝1	完形		佐賀11	鳥栖市教育委員会	199
62	本行遺跡	鳥栖市	江島町本行	無文鏡	5.5	溝1	完形		佐賀200	鳥栖市教育委員会	199
63	内精遺跡	鳥栖市	蔵上町内精	2a		6区SH2162	1/3残存	縁欠損	佐賀201	鳥栖市教育委員会	99

福岡県

番号	遺跡名	市町村	出土地	分類	面径	遺構名	状態	備考	集成番号	所蔵・収蔵者	文献
64	三雲(塚廻り)	前原市	三雲字塚廻り	3a	8.1	端山古墳周構内	1/5欠損		福岡80	福岡県教育委員会	206
65	三雲(八反田)	前原市	三雲字八反田	2a	(7.6)	鎌倉期の溝	1/3残存		福岡81	福岡県教育委員会	206
66	飯氏馬場	福岡市西区	飯氏字馬場	2b	7.9	3号箱式石棺墓	完形		福岡149	福岡県教育委員会	105
67	有田遺跡(第177次調査)	福岡市早良区	小田部	重1う	5.1	ST002甕棺墓	完形		福岡608	福岡市教育委員会	26
68	藤崎(第3次調査)	福岡市早良区	藤崎	2a	6.2	土壙(現代)	鈕欠損	2つ穿孔		福岡市教育委員会	158
69	雀居遺跡	福岡市博多区	雀居	2b	9.1	中央ベルト3層	完形		福岡611	福岡市教育委員会	185
70	比恵遺跡(第91次調査)	福岡市博多区	博多駅南	2c	6.85	現代基礎撹乱	完形			福岡市教育委員会	212
71	井尻B遺跡	福岡市南区	井尻	2a	7.4	SE05	完形			福岡市教育委員会	216
72	弥永原遺跡	福岡市南区	弥永原	2b	(7.1)	2号住居	縁欠損	タカマツノダン遺跡-3と類似	福岡195	福岡市博物館	194
73	須玖岡本B	春日市	須玖岡本B地点	2b	7.8		1/4欠損		福岡258	九州大学総合研究博物館	
74	須玖岡本B	春日市	須玖岡本B地点						福岡259		

福岡県つづき

番号	遺跡名	市町村	出土地	分類	面径	遺構名	状態	備考	集成番号	所蔵・収蔵者	文献
75	須玖岡本遺跡第1・2次調査	春日市	岡本	不明	不明	地下式横穴(中世)の埋土	破片		福岡613	春日市教育委員会	190
76	駿河遺跡	春日市	原町	2	7.4	12号住居			福岡306	春日市教育委員会	
77	池ノ下遺跡	春日市	小倉	2b	7.6	竪穴住居	完形		福岡614	春日市教育委員会	16
78	須玖岡本遺跡坂本地区第4次調査	春日市	岡本	2a	8	P27	1/4残存	鈕の外側に珠文		春日市教育委員会	168
79	原門遺跡	大野城市	瓦田字原門	不明	7.5				福岡307	福間町歴史資料館	
80	宮ノ本遺跡第6次調査	太宰府市	大字向佐野字宮ノ本	2a	7	SI045内土壙				太宰府市教育委員会	139
81	前田遺跡	太宰府市	大佐野字前田				完形	文章のみ報告	福岡615		214
82	八隈古墳8号墳	筑紫野市	武蔵字八隈	2b	7.6	8号墳	完形		福岡212	ふるさと館筑紫野	83
83	御笠地区遺跡	筑紫野市	阿志岐字上島G地区	重1え	4.4	SX32	ほぼ完形		福岡217	筑紫野市教育委員会	38
84	日焼遺跡	筑紫野市	岡田	3a	(6.8)	3号住居	縁欠損			筑紫野市教育委員会	39
85	貝元遺跡-1	筑紫野市	古賀字ヘボノ木	1	(8.4)	312号住居	1/6残存		福岡616	福岡県教育委員会	144
86	貝元遺跡-2	筑紫野市	古賀字ヘボノ木	2	7.05	13号溝	内区欠損		福岡617	福岡県教育委員会	144
87	横隈山遺跡2地点	小郡市	三沢字横隈山	3a		14号住居			福岡455	福岡県教育委員会	37
88	横隈狐塚遺跡	小郡市	横隈字狐塚	重1い	5.95	63号土壙墓	完形		福岡504	小郡市教育委員会	159
89	寺福童遺跡	小郡市	寺福童	重2	8.6	46号土壙墓	完形			小郡市教育委員会	93
90	八並遺跡	筑前市	三並字八並	2b	6.9		完形		福岡452	福岡県教育委員会	35
91	後山遺跡	朝倉市	山田字後山	3a	8.6	2号石棺	完形	西弥護免と同笵	福岡434	個人	4
92	大庭久保遺跡	朝倉市	大庭久保	2a	7.8	29号木棺墓	ほぼ完形		福岡625	福岡県教育委員会	89
93	長島遺跡	朝倉市	須川字長島	無文鏡	3.9〜4.15	4号石棺墓	完形		福岡626	福岡県教育委員会	40
94	瓢箪山遺跡	朝倉市	菩提 丸山公園	2b	7.2		完形		福岡437	個人	204
95	平塚川添遺跡-1	朝倉市	大字平塚字川添	2b	7.6	南東埋土最上層	完形		福岡623	甘木市教育委員会	52
96	平塚川添遺跡-2	朝倉市	大字平塚字川添	2b	8.9	北東埋土最上層	1/4欠損	白壁白石と同笵	福岡624	甘木市教育委員会	52
97	西屋敷遺跡	久留米市	相川町西屋敷	3b	8.2	2号箱式石棺墓	1/2残存		福岡498	久留米市教育委員会	28
98	石垣	久留米市田主丸町	大字石垣	2or3	7.3			表記載のみ詳細不明	福岡471	個人	48
99	大井(水繩小学校裏)遺跡	久留米市田主丸町	大字石垣字大井	3a	8		ほぼ完形		福岡472	九州歴史資料館	48
100	良積遺跡	久留米市北野町	大字赤司	3a	7.7	28号甕棺	完形		福岡643	北野町教育委員会	177
101	良積遺跡IA地区	久留米市北野町	大字赤司	3a		SI027住居	完形	写真のみ報告		北野町教育委員会	178
102	法華原遺跡	うきは市吉井町	富永西屋形法華原	2c	6.1		1/3欠損		福岡488	浮羽高校	48
103	鳥越遺跡	うきは市吉井町	富永千代久鳥越	2b	8.5		ほぼ完形		福岡489	浮羽高校	48
104	塚堂古墳-1	うきは市吉井町	宮田	重1	(5.2)		小片		福岡495	浮羽高校	48
105	塚堂古墳-2	うきは市吉井町	宮田	不明	(6.1)		小片		福岡496	浮羽高校	48

第 3 章　小形仿製鏡から捉える弥生時代青銅器の生産体制

福岡県つづき

番号	遺跡名	市町村	出土地	分類	面径	遺構名	状態	備考	集成番号	所蔵・収蔵者	文献
106	堂畑遺跡	うきは市吉井町	大字新治	1	7.5	土壙3	完形			福岡県教育委員会	33
107	古畑遺跡	うきは市吉井町	富永西屋形古畑	3b	7.5		1/2残存			浮羽高校	48
108	流川遺跡	うきは市浮羽町	流川				破片		福岡474	個人	48
109	藤蔵大谷遺跡	筑後市	大字藤数字大谷	3a	7.8	SK10土壙	完形			筑後市教育委員会	18
110	本郷野開遺跡	三井郡大刀洗町	大字本郷	重2	7.8	11号住居	内区欠損			大刀洗町教育委員会	2
111	亀の甲遺跡-1	八女市	亀の甲	2b	9.4	21号石棺付近	完形	梅原報告（筑後市岡山ノ上）	福岡475	所在不明	42
112	亀の甲遺跡-2	八女市	亀の甲	重1え	5.2		ほぼ完形		福岡476	九州歴史資料館	42
113	北山遺跡	八女市立花町	北山	2b	(8)		完形	故田崎貞吉氏所蔵			150
114	田本上ノ山遺跡	八女市黒木町	田本	不明	7.6		小片				90
115	小川遺跡	みやま市瀬高町	小川	2b	7.2		完形		福岡487	九州大学	35
116	海津横馬場遺跡	みやま市高田町	大字海津字横馬場	2a	4.7	27号住居内ピット	ほぼ完形			福岡県教育委員会	198
117	酒殿遺跡	粕屋郡粕屋町	酒殿	3a	7.2		完形		福岡228		110
118	夜臼・三代地区遺跡群	粕屋郡新宮町	大字三代字大森	4	8.2	包含層	完形		福岡631	新宮町教育委員会	153
119	馬渡・束ヶ浦遺跡	古賀市	青柳	3a	8.5	大溝	完形		福岡632	古賀市教育委員会	17
120	朝町竹重遺跡	宗像市	朝町	3a	6.7	SK185	ほぼ完形		福岡636	宗像市教育委員会	200
121	徳重高田遺跡	宗像市	徳重字高田	不明	7.3	16号石棺墓	ほぼ完形	腐食激しく詳細不明	福岡637	宗像市教育委員会	200
122	向下益	嘉麻市	下益字向下益	3a	不明		ほぼ完形	絵図のみ	福岡447	不明	205
123	タタラ遺跡	嘉麻市	屏字タタラ	不明	(4.7)	16号住居跡覆土中	1/3残存		福岡446	嘉穂町教育委員会	171
124	宮永	宮若市	宮永	不明	不明	表採	完形	写真のみ	福岡413	不明	10
125	汐井掛	宮若市	汐井掛	3a	7.27	186号木棺墓			福岡410	福岡県教育委員会	11
126	大坪遺跡	遠賀郡岡垣町	山田字大坪	4	6.8	1層	完形			岡垣教育委員会	63
127	上二貝塚	遠賀郡水巻町	二西	2b	5.86	灰色粘質土			福岡639	水巻町教育委員会	191
128	位登古墳	田川市	位登	3a	8.4		完形		福岡549	再埋置	1
129	宮原遺跡	田川郡香春町	採銅所宮原	2b	9.5	1号石棺	完形		福岡557	個人	160
130	岩屋遺跡	北九州市若松区	有毛	重2	8.9		ほぼ完形		福岡420	いのちのたび博物館	61
131	馬場山遺跡	北九州市八幡西区	馬場山	3a	6.8	第42号遺構	ほぼ完形		福岡426	北九州市立考古博物館	62
132	馬場山遺跡C地区	北九州市八幡西区	馬場山	2b	8.7	AJ27検出の柱穴	完形		福岡428	北九州市教育委員会	70
133	光照寺遺跡	北九州市八幡西区	香月西	3a	9.2	第5層	ほぼ完形	内行花文帯の内側に文様		(財)北九州市教育文化事業団埋蔵文化財調査室	103
134	金山遺跡VI区	北九州市小倉南区	横代東町	2b	9	C-93　8層砂利層	完形		福岡573	(財)北九州市教育文化事業団埋蔵文化財調査室	213

福岡県つづき

番号	遺跡名	市町村	出土地	分類	面径	遺構名	状態	備考	集成番号	所蔵・収蔵者	文献
135	上清水遺跡Ⅲ区	北九州市小倉南区	横代字横枕	3a	7.2	第8層中層	完形		福岡575	(財)北九州市教育文化事業団埋蔵文化財調査室	91
136	高津尾遺跡16区南	北九州市小倉南区	高津尾	不明	6.9	12号箱式石棺墓	完形	繊維付着	福岡580	北九州市埋蔵文化財センター	96
137	高津尾遺跡16区北	北九州市小倉南区	高津尾	不明	(8)	28号土壙墓	小片	小片のため不明	福岡579	北九州市埋蔵文化財センター	96
138	高津尾遺跡16区北	北九州市小倉南区	高津尾	不明	7.7	92号土壙墓	1/2残存		福岡578	北九州市埋蔵文化財センター	96
139	山崎八ヶ尻墳墓群	北九州市小倉南区	長野	2b	7.4	4号石蓋土壙墓	ほぼ完形		福岡646	(財)北九州市教育文化事業団埋蔵文化財調査室	21
140	長野フンデ遺跡6区	北九州市小倉南区	長野	4	8.1	A区土器溜まり上面	ほぼ完形			(財)北九州市教育文化事業団埋蔵文化財調査室	22
141	伊崎遺跡	北九州市小倉南区	長行東	2b	7.1	環濠M13	ほぼ完形	破砕		(財)北九州市芸術文化振興財団埋蔵文化財調査室	92
142	前田山遺跡Ⅰ区	行橋市	大字前田〜大字検地前田山	2b	7.72	6号土壙墓	完形		福岡548	行橋市教育委員会	146
143	竹並遺跡	行橋市	泉町	不明	不明	不明	不明	定村貴二所蔵・岡崎地名表22	福岡586	不明	35
144	徳永川ノ上遺跡Ⅲ号墳丘墓	みやこ市豊津	大字徳永	不明	不明	Ⅲ号墳丘墓	鈕付近のみ		福岡658	福岡県教育委員会	207
145	本庄池北遺跡	みやこ市犀川	本庄	2b	7.4		完形		福岡592	小倉高校(いのちのたび博物館)	25
146	山鹿遺跡石ヶ坪土壙墓	みやこ市犀川	山鹿字石ヶ坪	2b	7.6	1号土壙墓	完形		福岡536	いのちのたび博物館	41
147	綾命院遺跡	みやこ市犀川	綾命院	1	6.1		完形		福岡590	豊津高校	145
148	タカデ遺跡	みやこ市犀川	大字木井馬場	2c	7.5	1号石棺墓	ほぼ完形		福岡666		113
149	鬼木四反田遺跡	豊前市	鬼木	重1あorい	(5.1)	22号住居	1/3残存		福岡668	豊前市教育委員会	121
150	能満寺古墳群2号墳	築上郡上毛町	大字下唐原	3a	7.7	2号墳主体部	完形		福岡671	大平村教育委員会	132
151	伝豊前国			重3	7.05		完形			個人	
152	筑後地方(福教大蔵)		伝浮羽郡	2b	9.4		完形		福岡491	福岡教育大学	48

熊本県

番号	遺跡名	市町村	出土地	分類	面径	遺構名	状態	備考	集成番号	所蔵・収蔵者	文献
153	方保田東原(旧古閑白石)遺跡-1	山鹿市	古閑白石	2b	9.2	3号石棺	完形		熊本18	山鹿市立博物館	75
154	方保田東原(旧古閑白石)遺跡-2	山鹿市	古閑白石	不明	不明		小片	小片のため不明	熊本19	山鹿市立博物館	
155	方保田東原遺跡-1	山鹿市	方保田字東原	2b	7.5	土器溜まり	完形	弥永原・タカマツノダンに類似	熊本21	山鹿市立博物館	147
156	方保田東原遺跡-2(平成9年度138番地)	山鹿市	方保田字東原	重2	8.05	1号住居	完形	二塚山に類似	熊本110	山鹿市立博物館	148

第 3 章　小形仿製鏡から捉える弥生時代青銅器の生産体制　　231

熊本県つづき

番号	遺跡名	市町村	出土地	分類	面径	遺構名	状態	備考	集成番号	所蔵・収蔵者	文献
157	方保田東原遺跡-3（平成8年度119番地）	山鹿市	方保田字東原	2b	7.85	包含層	完形			山鹿市立博物館	148
158	方保田東原遺跡-4（平成8年度119番地）	山鹿市	方保田字東原	2a	5.9	7号住居	完形	うてな遺跡・李養璋蒐集資料-4と同笵	熊本111	山鹿市立博物館	148
159	方保田東原遺跡-5（平成14年110-2番地）	山鹿市	方保田字東原	重1え	4.7	17号住居埋土	完形			山鹿市出土文化財管理センター	211
160	方保田東原遺跡-6	山鹿市	方保田字東原	不明	不明	包含層	1/8残存	小片のため不明		山鹿市立博物館	
161	方保田白石遺跡	山鹿市	方保田字東原	重？	8.1	第1トレンチ第1住居	1/3残存		熊本110	山鹿市出土文化財管理センター	208
162	ヲスギ遺跡	鹿本郡植木町	滴水字ヲスギ	3a	8	24号住居埋土	完形		熊本117	熊本県教育委員会	56
163	石川遺跡	鹿本郡植木町	大字石川字小迫	3a	6.9	13区2号住居	完形			植木町教育委員会	143
164	清原遺跡	玉名郡和水町	江田字大久保	2a	6.1	包含層	1/2残存		熊本108	菊水町教育委員会	208
165	高岡原遺跡	玉名市	高岡原	3a	7.9	16号住居			熊本107	玉名市教育委員会	5
166	柳町遺跡	玉名市	河崎	2b	5.5	溝	約1/3残存	穿孔あり			84・208
167	小野崎遺跡-1（報告番号245）	菊池市	蘇崎小野崎	2c	7.2	SK-68木棺墓	完形			七条町教育委員会	116
168	小野崎遺跡-2（報告番号248）	菊池市	蘇崎小野崎	重1う	5.4	SK-103土壙墓	完形			七条町教育委員会	116
169	小野崎遺跡-3（報告番号247）	菊池市	蘇崎小野崎	2a	7.6	SK-44木棺墓	完形			七条町教育委員会	116
170	小野崎遺跡-4（報告番号250）	菊池市	蘇崎小野崎	綾杉文鏡	4.35	SK-46横の柱穴	1/3欠損	舍羅里130号墓と同笵？		七条町教育委員会	116
171	小野崎遺跡-5（報告番号246）	菊池市	蘇崎小野崎	2b	7.6	SH-23	完形			七条町教育委員会	116
172	小野崎遺跡-6（報告番号242）	菊池市	蘇崎小野崎	2b	6.7	SH-24	完形			七条町教育委員会	116
173	小野崎遺跡-7（報告番号251）	菊池市	蘇崎小野崎	無文鏡	4.6	SH-14	完形			七条町教育委員会	116
174	小野崎遺跡-8（報告番号249）	菊池市	蘇崎小野崎	2b？	(6.6)	SD-01上層	1/2残存	腐食しており詳細不明		七条町教育委員会	116
175	うてな遺跡	菊池市	大字台	不明	不明	10号-A溝2層	小片		熊本115	熊本県教育委員会	151
176	うてな（城の上Ⅱ区）遺跡	菊池市	大字台	2a	5.9	57号住居	完形	方保田-4・李養璋蒐集資料-4と同笵？	熊本116	熊本県教育委員会	109
177	木瀬遺跡	合志市	上庄木瀬	重1え	4.9	4号住居	完形		熊本29	熊本大学	75
178	八反原遺跡	合志市	合生字八反原	2b	7.7	1号住居	完形		熊本31	西合志町教育委員会	94
179	西弥護免遺跡	菊池郡大津町	大津字西弥護免	3a	8.6		完形	後山鏡と同笵	熊本32	西弥護免遺跡調査団	75
180	徳王遺跡	熊本市	北部町徳王字鶴畑	2b	7.7		完形		熊本54	個人	75
181	石原亀甲遺跡-1	熊本市	石原町亀の甲	2b	7.5		1/4欠損		熊本56	熊本県教育委員会	75
182	石原亀甲遺跡-2	熊本市	石原町亀の甲	2b	(7.5)		小片		熊本57	熊本県教育委員会	75

熊本県つづき

番号	遺跡名	市町村	出土地	分類	面径	遺構名	状態	備考	集成番号	所蔵・収蔵者	文献
183	戸坂遺跡	熊本市	戸坂町北原	4	9.1	20号住居	完形		熊本50	熊本市教育委員会	31
184	弓削山尻遺跡	熊本市	弓削町大字山尻	不明	不明		破片		熊本58	熊本県教育委員会	35
185	長嶺遺跡群第11次調査	熊本市	長嶺東	4？	6.8	埋土	完形			熊本市教育委員会	161
186	五丁中原遺跡	熊本市	貞町・和泉町	1	6.13	5号住居	完形	続命院と同笵	熊本118	熊本市教育委員会	50
187	八島町遺跡	熊本市	蓮台寺	重1う	4	住居	完形			熊本県教育委員会	68
188	平田町遺跡第1次調査	熊本市	平田	2a	(6.3)	2号土壙	1/3残存			熊本市教育委員会	193
189	下山西遺跡	阿蘇市	乙姫字下山西	2a	6.3	32号住居	完形	背面・鈕に赤色顔料	熊本33	熊本県教育委員会	115
190	南鶴遺跡	阿蘇郡南阿蘇村	吉田字南鶴	2b	(9.2)	集落	1/3残存				47
191	伝阿蘇郡・菊池郡	伝阿蘇郡・菊池郡		重1あ	5.83		1/2残存		熊本44	個人	75
192	構口遺跡	下益木郡城南町	宮地字構口	不明	(8.1)		小片		熊本85	城南町教育委員会	131
193	新御堂遺跡-1	下益木郡城南町	宮地	重1	5.6	IVb79住居	完形			城南町教育委員会	66
194	新御堂遺跡-2	下益木郡城南町	宮地	2b	7.85	IVb119住居	完形			城南町教育委員会	66
195	夏女遺跡-1	球磨郡錦町	木上字夏女	不明	8	23号住居	ほぼ完形	2つ穿孔	熊本99	熊本県教育委員会	107
196	夏女遺跡-2	球磨郡錦町	木上字夏女	2b	8	50号住居	ほぼ完形		熊本100	熊本県教育委員会	107

宮崎県

番号	遺跡名	市町村	出土地	分類	面径	遺構名	状態	備考	集成番号	所蔵・収蔵者	文献
197	速日峰地区遺跡	東臼杵郡北方町	巳字早下	綾杉文鏡	5.3	18E区1号住居			宮崎124	北方町教育委員会	
198	神殿遺跡A地区	西臼杵郡高千穂町	大字三田井字神殿	2	不明	SA10住居跡	内区小片	文様明瞭		宮崎県埋蔵文化財センター	8
199	生目古墳群周辺遺跡	宮崎市	跡江	重1え	4.9	G区表採	ほぼ完形	穿孔あり	宮崎125	宮崎市教育委員会	149

鹿児島県

番号	遺跡名	市町村	出土地	分類	面径	遺構名	状態	備考	集成番号	所蔵・収蔵者	文献
200	外川江遺跡	川内市	五代町外川江	2b	9.1	E-25区VI層上部	ほぼ完形		鹿児島4	鹿児島県教育委員会	45
201	永山遺跡3号墓	姶良郡湧水町	西須行	無文鏡	7.4	3号墳		穿孔あり	鹿児島7	吉松町教育委員会	59
202	東免遺跡	霧島市	西光寺	2b	7.4	1号土壙	完形	鈕孔が裏に抜ける・紐あり	鹿児島22	鹿児島県教育委員会	118
203	横瀬遺跡	指宿市	西方道下字横瀬	重1	(6.5)	2号住居埋土上層	小片	破片	鹿児島1	指宿市教育委員会	202
204	明神古墳群3号墳	出水郡長島町	蔵之元明神	無文鏡	7.5	3号墳			鹿児島6	長島町歴史民俗資料館	19
205	芝原遺跡-1	南さつま市		重1い	4.9	B-35区11185住居	完形			鹿児島県教育委員会	46
206	芝原遺跡-2	南さつま市		2b	8.4	B-34区III層	半分			鹿児島県教育委員会	46
207	芝原遺跡-3	南さつま市		重1	3.4	11536	完形			鹿児島県教育委員会	46

第3章　小形仿製鏡から捉える弥生時代青銅器の生産体制

大分県

番号	遺跡名	市町村	出土地	分類	面径	遺構名	状態	備考	集成番号	所蔵・収蔵者	文献
208	植田条里遺跡	大分市	大字玉沢字小野田	重1う	6.1	1号溝	完形		大分95	大分県教育委員会	80
209	小園遺跡A区	竹田市	戸上字小園	3a	7.75	5号住居	完形		大分63	大分県教育委員会	87
210	石井入口-1	竹田市	菅生字向原	不明	(5.45)	23号住居	小片		大分64	大分県教育委員会	79
211	石井入口-2	竹田市	菅生字向原	重1い	5.45	57号住居	完形	B同范b	大分65	大分県教育委員会	79
212	石井入口-3	竹田市	菅生字向原	2b	10		鈕欠損		大分66	大分県教育委員会	79
213	石田遺跡	竹田市久住町	大字仏原字石田	重1え	5.05	7号住居埋土	完形		大分99	久住町教育委員会	195
214	上城遺跡	竹田市久住町	大字仏原	不明	(6)	9・10号竪穴	小片	穿孔途中の孔あり		久住町教育委員会	14
215	北方下角遺跡	由布市挾間町	北方	2b	8	10号住居	完形		大分100	挾間町教育委員会	
216	鹿道原遺跡	豊後大野市千歳町	大字新殿	2b	9.1	157号住居	完形		大分59	大分県教育委員会	69
217	高添遺蹟	豊後大野市千歳町		不明			破片				32
218	草場第二遺跡	日田市	大字渡里草場	不明	(5.5)	採集(6号方形墓)	小片			大分県教育委員会	114
219	後迫遺跡	日田市	大字三和字原地・慶徳・小原	2b	8	2号箱式石棺墓	完形		大分91	大分県教育委員会	134
220	本村遺跡	日田市	大字渡里字本村	不明	8	32号住居	破片			日田市教育委員会	219
221	円通寺遺跡第4次調査	別府市	北石垣ウト井手	3a		SC03住居		文章報告のみ		別府大学文化財研究所	156

愛媛県

番号	遺跡名	市町村	出土地	分類	面径	遺構名	状態	備考	集成番号	所蔵・収蔵者	文献
222	居相遺跡	松山市	井門〜居相	2b	7.5		完形			個人	27
223	若草町遺跡	松山市	若草町	無文鏡?	3.9					松山市教育委員会	189
224	瓢箪山遺跡	川之江市	川之江町瓢箪山	3a	8.9	2号土壙墓	ほぼ完形		愛媛2	川之江市教育委員会	136
225	小池遺跡	東予市	上市	2b	6	A4区17層下	完形		愛媛92	東予市教育委員会	137
226	野々瀬IV遺跡	今治市	大字朝倉南	2a	7.7〜8.3	B2区土器溜	内区欠損		愛媛93	朝倉村教育委員会	97

香川県

番号	遺跡名	市町村	出土地	分類	面径	遺構名	状態	備考	集成番号	所蔵・収蔵者	文献
227	キッチョ塚	善通寺市	善通寺町宮ヶ尾キッチョ塚	2a	8.1		ほぼ完形		香川78	飯ання共済会郷土博物館	6
228	彼ノ宗遺跡	善通寺市		綾杉文鏡	(8)	ST-09	小片	2つ穿孔,懸垂した痕跡あり	香川81	善通寺市立郷土館	88
229	旧練兵場遺跡	善通寺市		3a	(7.4)	SK2004	小片				108
230	下川津遺跡	坂出市	川津町大字下川津	5	7.3	SHII09床面	ほぼ完形		香川58	香川県埋蔵文化センター	175
231	寺田・産宮通遺跡	さぬき市大川町	富田西大道・寺田	5	7.8	河床面				香川県埋蔵文化センター	154

徳島県

番号	遺跡名	市町村	出土地	分類	面径	遺構名	状態	備考	集成番号	所蔵・収蔵者	文献
232	カネガ谷遺跡	鳴門市	大麻町萩原字カネガ谷	放射状文鏡	6.1		完形			徳島県教育委員会	165

高知県

番号	遺跡名	市町村	出土地	分類	面径	遺構名	状態	備考	集成番号	所蔵・収蔵者	文献
233	西分増井遺跡	高知市	西分字成岡	3a	7.7	I区調査区	1/2残存			高知県埋蔵文化財センター	129

山口県

番号	遺跡名	市町村	出土地	分類	面径	遺構名	状態	備考	集成番号	所蔵・収蔵者	文献
234	秋根遺跡 R-XVII地区	下関市	秋根	2a	6.3	LG039土壙墓	小片		山口 I 55	下関市教育委員会	13
235	土井ヶ浜遺跡第5次調査	下関市豊北町	土井ヶ浜	3a	7.7	北方トレンチ遺物包含層	完形		山口 I 61	土井ヶ浜人類学ミュージアム	49
236	土井ヶ浜遺跡第5次調査	下関市豊北町	土井ヶ浜	綾杉文鏡	6.5	北方トレンチ遺物包含層	完形		山口 I 62	土井ヶ浜人類学ミュージアム	49
237	朝田墳墓群第I地区	山口市	吉敷字朝田	2b	7.6	第13号箱式石棺墓			山口 I 36	山口県埋蔵文化財センター	209
238	朝田墳墓群第II地区	山口市	吉敷字朝田	3a	8	第7号方形周溝墓第2主体部	1/3残存		山口 I 38	山口県埋蔵文化財センター	210
239	岡山遺跡II地区	周南市	安田	2a	7.1	第2号土壙墓	完形		山口 I 15	山口県埋蔵文化財センター	181

島根県

番号	遺跡名	市町村	出土地	分類	面径	遺構名	状態	備考	集成番号	所蔵・収蔵者	文献
240	小谷遺跡	安来市	切川町小谷	4	8.2	木棺墓	完形		島根6	島根県教育委員会	20
241	鳥越山遺跡	八束郡東出雲町	出雲郷	不明	不明	表採	鈕孔のみ残存		島根11	個人	180
242	周布川河原	浜田市	周布町(周布川の河原)	2b	7.6	表採	ほぼ完形		島根34	個人	180

鳥取県

番号	遺跡名	市町村	出土地	分類	面径	遺構名	状態	備考	集成番号	所蔵・収蔵者	文献
243	宮内第I遺跡(D地区)	東伯郡湯梨浜町	宮内字雲山	5	7.1	SI01住居埋土	鈕欠損		鳥取133	鳥取県教育委員会	162
244	田住松尾平遺跡	西伯郡南部町	田住	5	5.4	包含層	ほぼ完形		鳥取134	会見町教育委員会	36
245	青谷上寺地遺跡	鳥取市青谷町	青谷字上寺地	5?	8.7	4区②層相当	完形			鳥取県教育文化財団	215
246	青谷上寺地遺跡	鳥取市青谷町	青谷字上寺地	無文鏡	3.4	6区①層	完形			鳥取県教育文化財団	215

広島県

番号	遺跡名	市町村	出土地	分類	面径	遺構名	状態	備考	集成番号	所蔵・収蔵者	文献
247	真亀C地点遺跡	広島市安佐北区	高陽町玖真亀C地点	重Iあ	6.2	住居	完形		広島14	広島県教育委員会	140
248	京野遺跡	山県郡北広島町	今田字有田	2a	6.4	SX34段上遺構覆土	1/2残存		広島105	広島県教育委員会	86

第 3 章 小形仿製鏡から捉える弥生時代青銅器の生産体制

岡山県

番号	遺跡名	市町村	出土地	分類	面径	遺構名	状態	備考	集成番号	所蔵・収蔵者	文献
249	百間川原尾島遺跡	岡山市	中須賀百間川原尾島	5	8.7	土壙84	1/3 欠損		岡山111	岡山県教育委員会	182
250	足守川加茂B	岡山市	加茂足守川加茂B	重3	6.7	土壙84	完形		岡山46	岡山県教育委員会	98
251	足守川加茂B	岡山市	加茂足守川加茂B	重1う	4.4	住居89	完形		岡山47	岡山県教育委員会	98
252	用木遺跡	赤磐市山陽町	河本用木2号墳	2b	6	第3主体部	ほぼ完形		岡山65	山陽町教育委員会	54
253	便木山遺跡	赤磐市山陽町	河本字便木山	5	7.25	土壙墓周辺	1/2 残存		岡山64	個人	53
254	さくら山遺跡	赤磐市山陽町	河本字石井谷さくら山	2b	(7.15)	第2主体と第3主体の間	1/3 残存	2つ穿孔	岡山72	山陽町教育委員会	55

兵庫県

番号	遺跡名	市町村	出土地	分類	面径	遺構名	状態	備考	集成番号	所蔵・収蔵者	文献
255	半田山古墳群	たつの市揖保川町	半田	重1う	5.3	1号墳1号主体部	完形		兵庫143	兵庫県教育委員会	220
256	白鷺山	たつの市	龍野町日山白鷺山	2b	7.7	箱式石棺墓	完形		兵庫145	龍野市教育委員会	188
257	奥山遺跡	赤穂市	有年原字奥山	2b	8.5		完形	2つ穿孔	兵庫164	有年考古館	183
258	青谷遺跡	神戸市西区	伊川谷町	重3	(7.4)	包含層	1/2 残存		兵庫72	神戸市博物館	201
259	表山遺跡	神戸市西区	伊川谷町上脇	2a	4.75	環濠の陸橋	完形		兵庫241	兵庫県教育委員会	170
260	玉津田中遺跡	神戸市西区	玉津町大字田中	2b	7.4	SH54006	ほぼ完形		兵庫73	兵庫県教育委員会	108
261	篠原遺跡	神戸市灘区	篠原中町	5	9	SD01	1/2 残存		兵庫238	神戸市教育委員会	74
262	新方遺跡	神戸市西区	玉津町正方	2a	5.6		1/2 残存		兵庫243	神戸市教育委員会	57

大阪府

番号	遺跡名	市町村	出土地	分類	面径	遺構名	状態	備考	集成番号	所蔵・収蔵者	文献
263	山ノ上遺跡	豊中市	宝山町	重3	6.1	SB-2埋土	完形		大阪12	豊中市教育委員会	201
264	加美遺跡	大阪市平野区	加美東	2a	5	大溝	完形	穿孔あり		大阪市文化財協会	78
265	亀井遺跡	八尾市	南亀井町亀井	重3	5.4		完形		大阪107	大阪文化財センター	29
266	萱振遺跡	八尾市	萱振町	不明	7.5		内区欠損		大阪104	大阪府教育委員会	169
267	八尾南遺跡	八尾市	若林	5	(8.4)		小片	破鏡	大阪109	八尾市立歴史民俗資料館	201
268	田井中遺跡	八尾市	空港	重3	7.8		完形		大阪262	大阪府文化財調査センター	179
269	泉ヶ丘	堺市	泉ヶ丘町	2a	6.3		完形				133
270	東奈良遺跡	茨木市	東奈良	不明	(6)		小片	破片	大阪31		117
271	東奈良遺跡	茨木市	東奈良	5	8.8		完形		大阪32	茨木市教育委員会	
272	上田町遺跡	松原市		不明			縁のみ残存	周縁のみ			30

奈良県

番号	遺跡名	市町村	出土地	分類	面径	遺構名	状態	備考	集成番号	所蔵・収蔵者	文献
273	四分遺跡	橿原市		重1う			小片				30

奈良県つづき

番号	遺跡名	市町村	出土地	分類	面径	遺構名	状態	備考	集成番号	所蔵・収蔵者	文献
274	唐古・鍵遺跡	磯城郡田原本町	唐古・鍵							田原本町教育委員会	30
275	池奥殿4号墳東棺	宇陀市榛原町	沢池奥殿4号墳東棺	2b	9.5		完形		奈良345	橿原考古学研究所	187

京都府

番号	遺跡名	市町村	出土地	分類	面径	遺構名	状態	備考	集成番号	所蔵・収蔵者	文献
276	石原遺跡	福知山市	石原	5	6.8	SHa001住居埋土	完形			福知山市教育委員会	203

和歌山県

番号	遺跡名	市町村	出土地	分類	面径	遺構名	状態	備考	集成番号	所蔵・収蔵者	文献
277	旧吉備中学校校庭遺跡	有田川町	下津野	2a	(6)	竪穴建物11	1/4残存			有田川町教育委員会	58

滋賀県

番号	遺跡名	市町村	出土地	分類	面径	遺構名	状態	備考	集成番号	所蔵・収蔵者	文献
278	服部遺跡	守山市	服部	3b	7.8				滋賀11	滋賀県教育委員会	82

石川県

番号	遺跡名	市町村	出土地	分類	面径	遺構名	状態	備考	集成番号	所蔵・収蔵者	文献
279	塚崎遺跡	金沢市	塚崎	不明	(8)	第6号住居	小片		石川10	石川県立埋蔵文化財センター	217
280	大友西遺跡	金沢市	大友町	不明	6.8		完形	文様が曖昧	石川31	金沢市理蔵文化財センター	128
281	古府クルビ遺跡	金沢市	古府クルビ	不明	(9)		小片	破面研磨	石川12	石川県立埋蔵文化財センター	157
282	次場遺跡	羽咋市	吉野井之部次場	5	6.2		ほぼ完形		石川6	羽咋市教育委員会	172
283	四柳白山下遺跡	羽咋市	四柳町	重3	5.6		1/2残存		石川30	石川県立埋蔵文化財センター	100

富山県

番号	遺跡名	市町村	出土地	分類	面径	遺構名	状態	備考	集成番号	所蔵・収蔵者	文献
284	中小泉遺跡	中新川郡上市町	中小泉	重3	7.1	SD39	完形		富山7	富山県埋蔵文化財センター	51

愛知県

番号	遺跡名	市町村	出土地	分類	面径	遺構名	状態	備考	集成番号	所蔵・収蔵者	文献
285	清水遺跡	丹羽郡大口町	余野字清水	5	7.4		完形		愛知58	個人	130
286	朝日遺跡	清洲市清洲町	朝日	重3	7.1		完形		愛知55	(財)愛知県埋蔵文化財センター	81

神奈川県

番号	遺跡名	市町村	出土地	分類	面径	遺構名	状態	備考	集成番号	所蔵・収蔵者	文献
287	大場第二地区遺跡群	横浜市緑区	大場町	5?	5.7	No.2地区YT-10住居跡	3/4残存		神奈川8	日本窯業史研究所	3

第3章 小形仿製鏡から捉える弥生時代青銅器の生産体制

東京都

番号	遺跡名	市町村	出土地	分類	面径	遺構名	状態	備考	集成番号	所蔵・収蔵者	文献
288	宇津木向原遺跡	八王子市	宇津木町向原		5.9		完形	2つ穿孔	東京10	八王子郷土館	125
289	館町515遺跡	八王子市	館町	5	7.8		完形		東京11	八王子市館町遺跡調査団	71

千葉県

番号	遺跡名	市町村	出土地	分類	面径	遺構名	状態	備考	集成番号	所蔵・収蔵者	文献
290	草刈遺跡K区	市原市	草刈大宮台	重3	5.4	039号竪穴住居				(財)千葉県文化財センター	101

群馬県

番号	遺跡名	市町村	出土地	分類	面径	遺構名	状態	備考	集成番号	所蔵・収蔵者	文献
291	塚原遺跡	藤岡市	小林字塚原	5	7.2		完形		群馬71	東京大学	73

埼玉県

番号	遺跡名	市町村	出土地	分類	面径	遺構名	状態	備考	集成番号	所蔵・収蔵者	文献
292	三崎台遺跡第3次調査	大宮市	片柳字三崎台	5?	7.6	第52号住居	1/3欠損			大宮市遺跡調査会	34

国内出土地不明

番号	遺跡名	市町村	出土地	分類	面径	遺構名	状態	備考	集成番号	所蔵・収蔵者	文献
293	九州歴史資料館蔵			2b	7.55		完形			九州歴史資料館	
294	五島美術館蔵			5			完形	2つ穿孔		五島美術館	

慶尚南道

番号	遺跡名	市町村	出土地	分類	面径	遺構名	状態	備考	集成番号	所蔵・収蔵者	文献
295	福泉洞古墳群	釜山広域市	東莱	重1え	(4.2)	152号墓	半分			釜山広域市立博物館	173
296	沙内里遺跡	咸安郡	伽倻面沙内里	2b	8.2		完形			釜山大学	44
297	良洞里遺跡	金海郡	酒村面良洞里	2b	7.7		完形			李養璿蒐集資料	76
298	良洞里遺跡162号墓-1	金海郡	酒村面良洞里	3a	7.6	162号墓	ほぼ完形			東義大学校	135
299	良洞里遺跡162号墓-2	金海郡	酒村面良洞里	2b	7.7	162号墓	ほぼ完形			東義大学校	135
300	良洞里遺跡162号墓-3	金海郡	酒村面良洞里	2c	7.7	162号墓	ほぼ完形			東義大学校	135
301	良洞里遺跡162号墓-4	金海郡	酒村面良洞里	2c	8.4	162号墓	ほぼ完形			東義大学校	135
302	良洞里遺跡162号墓-5	金海郡	酒村面良洞里	2b	7.8	162号墓	ほぼ完形			東義大学校	135
303	良洞里遺跡162号墓-6	金海郡	酒村面良洞里	2c	7.4	162号墓	完形			東義大学校	135
304	良洞里遺跡162号墓-7	金海郡	酒村面良洞里	3a	9.1	162号墓	完形			東義大学校	135
305	良洞里遺跡162号墓-8	金海郡	酒村面良洞里	2b	7.7	162号墓	完形			東義大学校	135

慶尚南道つづき

番号	遺跡名	市町村	出土地	分類	面径	遺構名	状態	備考	集成番号	所蔵・収蔵者	文献
306	良洞里遺跡55号墓	金海郡	酒村面良洞里	2b	8.9	55号墓	ほぼ完形			東義大学校	135
307	良洞里遺跡427号墓-1	金海郡	酒村面良洞里	2a	6.5	427号墓	完形			東義大学校	135
308	良洞里遺跡427号墓-2	金海郡	酒村面良洞里	2a	7.75	427号墓	完形			東義大学校	135
309	林堂古墳群D-Ⅱ区117号墓	慶山市	林堂	重1い	5.52	117号墓	1/2残存				60

慶尚北道

番号	遺跡名	市町村	出土地	分類	面径	遺構名	状態	備考	集成番号	所蔵・収蔵者	文献
310	坪里洞遺跡-1	大邱市		重1う	5.7		ほぼ完形	同笵a(二塚山とも)		大邱博物館	15
311	坪里洞遺跡-2	大邱市		重1い	4.5		完形			大邱博物館	15
312	坪里洞遺跡-3	大邱市		重1え	5.6		完形			大邱博物館	15
313	坪里洞遺跡-4	大邱市		重1う	4.6		完形			大邱博物館	15
314	漁隠洞遺跡	永川市	漁隠洞	重1う	5.7		完形	A同笵a		慶州博物館	23
315	漁隠洞遺跡	永川市	漁隠洞	重1う	5.7		完形	A同笵a		慶州博物館	23
316	漁隠洞遺跡	永川市	漁隠洞	重1う	5.7		完形	A同笵a		慶州博物館	23
317	漁隠洞遺跡	永川市	漁隠洞	重1う	5.7		完形	A同笵a		慶州博物館	23
318	漁隠洞遺跡	永川市	漁隠洞	重1い	5.5		完形	B同笵b		慶州博物館	23
319	漁隠洞遺跡	永川市	漁隠洞	重1い	5.45		完形	B同笵b		慶州博物館	23
320	漁隠洞遺跡	永川市	漁隠洞	重1い	5.5		完形	B同笵b		慶州博物館	23
321	漁隠洞遺跡	永川市	漁隠洞	重1う	5.2		完形	C		慶州博物館	23
322	漁隠洞遺跡	永川市	漁隠洞	重1う	5.9		完形	D		慶州博物館	23
323	漁隠洞遺跡	永川市	漁隠洞	1	5.2		完形	E		慶州博物館	23
324	漁隠洞遺跡	永川市	漁隠洞	重1う	5		完形	F		慶州博物館	23
325	舎羅里遺跡-1	慶州市		綾杉文鏡	4.7		完形			慶州博物館	218
326	舎羅里遺跡-2	慶州市		重1あ	5		完形	舎羅里遺跡-3と同笵		慶州博物館	218
327	舎羅里遺跡-3	慶州市		重1あ	5		完形	舎羅里遺跡-2と同笵		慶州博物館	218
328	舎羅里遺跡-4	慶州市		重1え	4.4		完形			慶州博物館	218

全羅南道

番号	遺跡名	市町村	出土地	分類	面径	遺構名	状態	備考	集成番号	所蔵・収蔵者	文献
329	スドン遺跡-1	霊光郡	大馬面禾坪里スドン	2b	8.5		完形			朝鮮大学校博物館	126
330	スドン遺跡-2	霊光郡	大馬面禾坪里スドン	綾杉文鏡	5.7		完形			朝鮮大学校博物館	126

済州道

番号	遺跡名	市町村	出土地	分類	面径	遺構名	状態	備考	集成番号	所蔵・収蔵者	文献
331	健入洞遺跡	済州市	健入洞	2b	7.6		完形				24

韓国出土地不明

番号	遺跡名	市町村	出土地	分類	面径	遺構名	状態	備考	集成番号	所蔵・収蔵者	文献
332	李養璿蒐集資料-1			2b	8.9		ほぼ完形			慶州博物館	76
333	李養璿蒐集資料-2			2b	7.8		ほぼ完形			慶州博物館	76
334	李養璿蒐集資料-3			2b	10		ほぼ完形			慶州博物館	76
335	李養璿蒐集資料-4			2a	6		完形	方保田・うてなと同笵？		慶州博物館	76
336	国立中央博物館新収品(新9797)			2b			完形			国立中央博物館	77

註：集成番号は国立歴史民俗博物館の集成と対応する番号である。

文献（五十音順）：
1 青木庄一郎 1934「豊前猪位金村位登古墳」『福岡縣史蹟名称天然記念物調査報告書 史蹟之部』第9輯
2 赤川正秀編 1997『本郷野開遺跡II』大刀洗町文化財調査報告書第13集 大刀洗町教育委員会
3 赤塚次郎 2004「東日本としての青銅器生産」『山中式の成立と解体』
4 甘木市史編纂委員会 1984『甘木市史資料考古編』
5 荒木純治 1992「玉名市高岡原遺跡」『歴史玉名』第11号
6 安藤文良 1961「大麻山宮ヶ尾出土鏡について」『香川県考古学会報告』第1輯
7 安楽勉 1998『車出遺跡』原の辻遺跡調査事務所調査報告書第8集 長崎県教育委員会
8 安楽勉・宮崎貴夫・杉原敦史編 2000『原の辻遺跡』原の辻遺跡調査事務所調査報告書第18集 長崎県教育委員会
9 飯田博之・戸高眞知子・谷口武範 1997『広木野遺跡・神殿遺跡A地区』宮崎県埋蔵文化財センター発掘調査報告書第1集 宮崎県埋蔵文化財センター
10 池辺元明 1977『九州縦貫自動車関係埋蔵文化財調査報告VIII』福岡県教育委員会
11 池辺元明 1980『若宮宮田工業団地関係埋蔵文化財調査報告』第2集 福岡県教育委員会
12 石隈喜佐雄・七田忠昭・高島忠平編 1979『二塚山』佐賀県文化財調査報告書第46集 佐賀県教育委員会
13 伊東照雄ほか編 1977『秋根遺跡』下関市教育委員会
14 櫟浦幸徳編 2002『上城遺跡』久住町教育委員会
15 尹容鎮 1981「韓国青銅器文化研究―大邱坪里洞出土一括遺物検討―」『韓国考古学報』10・11合輯
16 井上義也 2004「須玖遺跡群出土鏡鋳型の概要」『鏡笵研究I』奈良県立橿原考古学研究所二上古代鋳金研究会
17 井英明編 2003『馬渡・束ヶ浦遺跡』古賀市教育委員会
18 上村英士編 2007『藤数大谷遺跡』筑後市文化財調査報告書第82集 筑後市教育委員会
19 牛ノ浜修 1982「明神古墳群」『長島の古墳―付出水地方の古墳―』
20 内田才ほか 1966「島根県安来平野における土壙墓」『上代文化』第36輯
21 宇野慎敏編 1994『山崎八ヶ尻墳墓群』北九州市埋蔵文化財調査報告書第158集 (財)北九州市教育事業団埋蔵文化財調査室
22 宇野慎敏編 2003『長野フンデ遺跡3』北九州市埋蔵文化財調査報告書第301集 (財)北九州市教育事業団埋蔵文化財調査室
23 梅原末治・藤田亮策・小泉顕夫 1925『南朝鮮に於ける漢代の遺蹟』大正11年度古蹟調査報告第2冊
24 梅原末治・藤田亮策 1947『朝鮮古文化綜鑑』第1冊
25 梅原末治 1959「上古初期の仿製鏡」『国史論集』(1)
26 榎本義嗣編 1997『有田・小田部28』福岡市埋蔵文化財調査報告書第513集 福岡市教育委員会
27 愛媛県史編さん委員会 1982『愛媛県史』資料編
28 大石昇・園井正隆編 1984『西屋敷遺跡II』久留米市文化財調査報告書第40集 久留米市教育委員会
29 大阪府文化財センター 1999『河内平野遺跡群の動態VII―石器・木製品・金属器―』
30 大阪府立弥生文化博物館 1999『卑弥呼誕生』
31 大城康雄 1986『戸坂遺跡発掘調査報告書』熊本市教育委員会
32 大野郡教育委員会連合会 2003『大野川中上流域の弥生・古墳集落』
33 大庭孝夫 2004『堂畑遺跡II』浮羽バイパス関係埋蔵文化財調査報告第20集 福岡県教育委員会
34 大宮市遺跡調査会 1996『三崎台遺跡第3次調査』大宮市遺跡調査会報告第56集
35 岡崎敬也 1979『日本における古鏡発見地名表 九州地方II』
36 岡田龍平 1995『田住松尾平遺跡発掘調査報告書』会見町文化財調査報告書第24集 会見町教育委員会
37 小郡市史編集委員会 1997『小郡市史』第1巻

38　奥村俊久編 1986『御笠地区遺跡』筑紫野市文化財調査報告書第 15 集　筑紫野市教育委員会
39　奥村俊久編 1989『日焼遺跡』筑紫野市文化財調査報告書第 20 集　筑紫野市教育委員会
40　小田和利編 1999『九州横断自動車道関係埋蔵文化財調査報告 55』福岡県教育委員会
41　小田富士雄 1959「豊前京都郡発見の三重墓—特殊土壙墓と舶載鏡片副葬の箱式石棺—」『古代学研究』第 20 号
42　小田富士雄編 1964『亀ノ甲遺跡』八女市教育委員会
43　小田富士雄・佐田茂・橋口達也・髙倉洋彰・真野和夫・藤口健二・武末純一編 1974『対馬』長崎県埋蔵文化財調査報告書第 17 集　長崎県教育委員会
44　小田富士雄・韓炳三 1991『日韓交渉の考古学』六興出版
45　鹿児島県教育委員会 1984『外川江遺跡・横岡古墳』鹿児島県立埋蔵文化財センター発掘調査報告書(30)
46　鹿児島県立埋蔵文化財センター 2004『埋文だより』第 35 号
47　笠健 2002『南鶴遺跡』白水村文化財調査報告書第 1 集
48　片岡宏二 1996「地域間の連帯からクニへ」『田主丸町誌』第 2 巻
49　金関丈夫ほか 1961「山口県土井浜遺跡」『日本農耕文化の生成』
50　金田一精編 1997『五丁中原遺跡群第 1 次調査区発掘調査概要報告書』
51　狩野睦・酒井重洋・久々忠義・橋本正春編 1981・82『北陸自動車道遺跡調査報告　上市町遺構編　上市町土器・石器編』上市町教育委員会
52　川端正夫編 1994『平塚川添遺跡発掘調査概報 II』甘木市文化財調査報告第 29 集　甘木市教育委員会
53　神原英朗編 1971『便木山遺跡発掘調査報告』岡山県営山陽新住宅市街地開発事業用地内埋蔵文化財発掘調査概要 2
54　神原英朗編 1975『用木古墳群』岡山県営山陽新住宅市街地開発事業用地内埋蔵文化財発掘調査概報(1)　山陽町教育委員会
55　神原英朗編 1976『さくら山方形台上墓』岡山県営山陽新住宅市街地開発事業用地内埋蔵文化財発掘調査概要 3
56　亀山学編 2003『ヲスギ遺跡』熊本県文化財調査報告書第 214 集
57　樋本誠一 2002『兵庫県の出土古鏡』学生社
58　川口修実編 2008『旧吉備中学校校庭遺跡』有田川町遺跡調査会発掘調査報告書第 1 集
59　河口貞徳ほか 1973「永山遺跡」『鹿児島考古』第 8 号
60　韓国土地公社・韓国文化財保護財団 1998『慶山林堂遺蹟』(Ⅴ)
61　北九州市史編さん委員会 1985『北九州市史　総論　先史・原史』
62　北九州市埋蔵文化財調査会 1975『馬場山遺跡』
63　木下修編 1983『大坪遺跡』岡垣町文化財調査報告書第 5 集　岡垣町教育委員会
64　木下之治 1975『武雄市潮見古墳』武雄市教育委員会
65　木下之治 1985「原始」『三日月町史』上巻
66　清田純一編 2003『宮地遺跡群』城南町文化財調査報告書第 13 集
67　久保伸洋編 1989『亀作 A 遺跡』東背振村文化財調査報告書第 15 集
68　熊本県文化財資料室 2005『文化財通信くまもと』第 22 号
69　栗田勝弘編 2001『鹿窪原遺跡』千歳村文化財調査報告書第 VII 集　千歳村教育委員会
70　栗山伸司 1980『馬場山遺跡』北九州市埋蔵文化財調査報告書第 36 集　(財)北九州市教育文化事業団埋蔵文化財調査室
71　黒尾和久 1989「小形倣製鏡を出土した古墳時代の集落遺跡—八王子市館町 515 遺跡の調査から—」『東京の遺跡』第 24 号　東京考古談話会
72　桑原幸則編 1990『環濠集落吉野ヶ里遺跡概報』佐賀県教育委員会
73　群馬県立歴史博物館 1980『群馬の古鏡』
74　神戸市教育委員会 1998『神戸市埋蔵文化財年報平成 7 年度』
75　甲元眞之他 1983「弥生時代の鏡」『肥後考古』第 3 号
76　国立慶州博物館 1987『菊隠李養璿蒐集文化財』
77　国立中央博物館 1992『韓国の青銅器文化』
78　古代を考える会 1986『加美遺跡の検討』古代を考える 43
79　後藤一重編 1992『菅生台地と周辺の遺跡』XV　竹田市教育委員会
80　小柳和宏編 1997『国道 210 号バイパス(木の上 I 区)建設に伴う埋蔵文化財発掘調査報告書　ガランジ遺跡　稙田市遺跡　稙田条里遺跡』大分県教育委員会
81　(財)愛知県埋蔵文化財センター 1992『朝日遺跡 II』
82　(財)滋賀県文化財保護協会 1979『服部遺跡発掘調査概報』
83　酒井仁夫・松村一度編 1976『九州縦貫自動車道関係埋蔵文化財調査報告書 VII』福岡県教育委員会
84　坂田和弘 2004『柳町遺跡 II』熊本県文化財調査報告書第 218 集　熊本県教育委員会
85　坂田邦洋 1976「木坂石棺群」『対馬の考古学』
86　坂本一志編 1998『千代田流通団地造成事業に係る埋蔵文化財発掘調査報告書(II)』広島県埋蔵文化財調査センター調査報告書第 160 集　(財)広島県埋蔵文化財調査センター
87　坂本嘉弘・牧尾義則・小柳和宏・松田政基・佐伯治編 1985『菅生台地と周辺の遺跡』X　竹田市教育委員会
88　笹川龍一 1985『彼ノ宗遺跡』善通寺市文化財保護協会
89　佐々木隆彦編 1995『九州横断自動車道関係埋蔵文化財調査報告 36』福岡県教育委員会
90　佐田茂 1993「弥生時代」『黒木町史』
91　佐藤浩司編 1995『上清水遺跡 III 区』北九州市埋蔵文化財調査報告書第 160 集　(財)北九州市教育文化事業団埋蔵文化財調査室

第 3 章　小形仿製鏡から捉える弥生時代青銅器の生産体制

92　佐藤浩司編 2010『伊崎遺跡(4区・5区)』北九州市埋蔵文化財調査報告書第 433 集　(財)北九州市芸術文化振興財団埋蔵文化財調査室
93　佐藤雄史・沖田正大編 2006『寺福童遺跡 5』小郡市文化財調査報告書第 208 集　小郡市教育委員会
94　澤田宗順 1993『たたかいと祈りと』八代市立博物館未来の森ミュージアム
95　志佐憚彦 1977「県内出土の古鏡—弥生・古墳時代—」『佐賀県立博物館調査研究書』
96　柴尾俊介編 1991『高津尾遺跡 4』北九州市埋蔵文化財調査報告書第 102 集　(財)北九州市教育文化事業団埋蔵文化財調査室
97　柴田昌児 2000「湯道を残す甕と後期弥生土器」『紀要愛媛』創刊号　(財)愛媛県埋蔵文化財センター
98　島崎東編 1995『足守川河川改修工事に伴う発掘調査足守川加茂 B 遺跡』岡山県埋蔵文化財発掘調査報告 94　岡山県教育委員会
99　島孝寿編 2000『内精遺跡』鳥栖市文化財調査報告書第 59 集　鳥栖市教育委員会
100　(社)石川県埋蔵文化財保存協会 1998『(社)石川県埋蔵文化財保存協会年報 9』平成 9 年度
101　白井久美子 1992「発掘調査速報—住居から出土した巫女の鏡—」『房総の文化財』創刊号　(財)千葉県文化センター
102　須藤資隆 1977「考古」『勝本町の文化財』勝本町教育委員会
103　関川妥編 1999『光照寺遺跡 1』北九州市埋蔵文化財調査報告書第 233 集　(財)北九州市教育文化事業団埋蔵文化財調査室
104　瀬戸内歴史民俗資料館 1983『讃岐青銅器図録』
105　副島邦弘 1971「飯氏馬場遺跡」『今宿バイパス関係埋蔵文化財調査報告』第 2 集　福岡県教育委員会
106　曽野寿彦 1954「鶏知町付近の墳墓」『対馬の自然と文化』九学会連合対馬共同調査会
107　園村辰実編 1993『夏女遺跡』第 128 集　熊本県教育委員会
108　多賀茂治編 1995『玉津田中遺跡—第 3 分冊—』兵庫県文化財調査報告 135-3 冊　兵庫県教育委員会
109　高木恭二 2002「韓鏡・弥生時代倭鏡」『考古資料大観』5　弥生・古墳時代鏡　小学館
110　髙倉洋彰 1972「弥生時代小形仿製鏡について」『考古學雜誌』第 58 巻第 3 号
111　髙倉洋彰 1980「対馬豊玉町ハロウ遺跡」豊玉町教育委員会
112　髙倉洋彰 1990「弥生時代の小形仿製鏡」『日本金属器出現期の研究』学生社
113　高橋章・伊崎俊秋 1992『城井遺跡群』犀川町文化財調査報告書第 3 集　犀川町教育委員会
114　高橋徹編 1989『草場第二遺跡』九州横断自動車道関係埋蔵文化財発掘調査報告書(1)　大分県教育委員会
115　高谷和生編 1987『下山西遺跡』熊本県文化財調査報告第 88 集　熊本県教育委員会
116　高見淳編 2006『小野崎遺跡』菊池市文化財調査報告第 1 集　菊池市教育委員会
117　田代克己・奥井哲秀編 1979『東奈良』発掘調査概報 I　東奈良遺跡調査会
118　立神次郎・前迫亮一編 2004『東免遺跡・曲迫遺跡・山神遺跡』鹿児島県立埋蔵文化財センター発掘調査報告書(64)　鹿児島県教育委員会
119　立石泰久編 1978『肥前国府跡 I』佐賀県教育委員会
120　立石泰久編 1986『惣座遺跡』大和町文化財調査報告第 3 集　大和町教育委員会
121　棚田昭仁・坂梨祐子 2006『鬼木四反田遺跡(遺物編)【河原田遺跡群 V】』豊前市文化財報告書第 21 集　豊前市教育委員会
122　田平徳栄 1979「天神遺跡」『地下の遺宝—解明されていく郷土の歴史—』佐賀県立博物館
123　田平徳栄編 1989『礫石遺跡』佐賀県文化財調査報告書第 91 集　九州横断自動車道関係埋蔵文化財調査報告書(9)　佐賀県教育委員会
124　田平徳栄編 1990『惣座遺跡』佐賀県文化財調査報告書第 96 集　九州横断自動車道関係埋蔵文化財調査報告書(11)　佐賀県教育委員会
125　中央高速道八王子地区遺跡調査団 1973『宇津木遺跡とその周辺—方形周溝墓初発見の遺跡—』
126　朝鮮大学校博物館・韓国道路公社 2003『霊光マジョン・クンドン・ウォンダン・スドン遺跡』
127　対馬遺跡調査会 1963「長崎県対馬調査報告(1)」『考古學雜誌』第 49 巻第 1 号
128　出越茂和・谷口宗治・前田雪恵編 2002『大友西遺跡 II』金沢市文化財紀要 40　金沢市埋蔵文化財センター
129　出原恵三編 2004『西分増井遺跡 II』(財)高知県文化財団埋蔵文化財センター発掘調査報告書第 83 集　(財)高知県文化財団埋蔵文化財センター
130　寺沢薫 1992「巫の鏡—「十」字小形仿製鏡の新例とその世界—」『考古学と生活文化』同志社大学考古学シリーズ V
131　徳本明ほか 1987「肥後古鏡聚英(追補 2)追 7 内行花文鏡」『肥後考古』第 6 号
132　飛野博文編 1994『能満寺古墳群』大平村文化財調査報告書第 9 集　大平村教育委員会
133　富岡謙蔵 1920『古鏡の研究』　丸善
134　友岡信彦編 2001『後迫遺跡』九州横断自動車道関係埋蔵文化財発掘調査報告書(18)　大分県教育委員会
135　東義大学校博物館 2000『金海良洞里古墳文化』東義大学校博物館学術叢書 7
136　長井数秋編 1976『瓢箪山遺跡』瓢箪山遺跡発掘調査委員会
137　長井数秋編 1999『新池遺跡小池遺跡』東予市教育委員会
138　長崎浩編 2003『弥生時代の吉野ヶ里』佐賀県教育委員会
139　中島恒次郎編 2005『太宰府・佐野地区遺跡群 19』太宰府市の文化財第 78 集
140　中田昭編 1977『真亀 C 地点遺跡』山陽自動車道建設に伴う埋蔵文化財発掘調査報告 IV
141　永留久恵 1963「対馬遺跡地名表」『九州考古学』18
142　永留久恵 1964「対馬の弥生式文化」『新対馬島誌』
143　中原幹彦編 2002『石川遺跡』植木町文化財調査報告書第 14 集
144　中間研志編 1999『貝元遺跡 II』福岡県教育委員会
145　長嶺正秀 1981「付録豊前国における古鏡について」『亀田南遺跡』勝山町文化財調査報告書第 1 集

146 長嶺正秀編 1987『前田山遺跡』行橋市埋蔵文化財調査報告書第 19 集　行橋市教育委員会
147 中村幸史郎編 1982『方保田東原遺跡』山鹿市博物館調査報告書第 2 集
148 中村幸史郎編 2001『方保田東原遺跡 IV』山鹿市教育委員会山鹿市文化財調査報告書第 14 集
149 中山豪・久富なをみ編 1996『史跡生日古墳群周辺遺跡発掘調査報告書』宮崎市教育委員会
150 西健一郎 1996「弥生時代」『立花町史』上巻
151 西住欣一郎 1992『うてな遺跡』熊本県文化財調査報告第 121 集　熊本県教育委員会
152 西田巖編 1998『牟田寄遺跡 VI』佐賀市文化財調査報告書第 89 集　佐賀市教育委員会
153 西田大輔編 1994『夜臼・三代地区遺跡群』第 3 分冊新宮町埋蔵文化財発掘調査報告書第 8 集　新宮町教育委員会
154 西村尋文編 2003『寺田・産宮通遺跡　南天枝遺跡』香川県教育委員会
155 信里芳紀 2005「旧練兵場遺跡」『香川県埋蔵文化財センター年報平成 16 年度』
156 野村俊之 2003「円通寺遺跡 4 次調査」『大分県文化財年報 11』平成 13 年度版
157 橋本澄夫・高橋裕編 1972『金沢市古府グリビ遺跡』石川県教育委員会
158 濱石哲也 1991「福岡市早良区藤崎遺跡出土の小形仿製鏡」『福岡考古』第 15 号
159 速水信也編 1985『横隈狐塚遺跡 II』小郡市文化財調査報告書第 27 集　小郡市教育委員会
160 原口信行 1954「箱式棺内出土の内行花文鏡」『考古學雜誌』第 40 巻第 3 号
161 原田範昭 2000「長嶺遺跡群第 11 次調査区」『熊本市埋蔵文化財調査年報』第 3 号
162 原田雅弘・濱田竜彦・遠藤秀光・宮川紳編 1996『宮内第 1 遺跡宮内第 4 遺跡宮内第 5 遺跡宮内 2・63～65 号墳』鳥取県教育文化財団調査報告書 48　(財)鳥取県教育文化財団鳥取県埋蔵文化財センター
163 原田保則編 1986『茂手遺跡』武雄市文化財調査報告書第 15 集下巻　武雄市教育委員会
164 原田保則編 1986『みやこ遺跡』武雄市文化財調査報告書第 15 集上巻　武雄市教育委員会
165 原芳伸編 2005『四国横断自動車道建設に伴う埋蔵文化財発掘調査報告』徳島県埋蔵文化財センター調査報告書第 62 集　徳島県埋蔵文化財研究会
166 東脊振村教育委員会 1995『石動四本松遺跡』東脊振村文化財調査報告第 19 集
167 七田忠昭編 2003『吉野ヶ里遺跡平成 8 年度～10 年度の発掘調査の概要』佐賀県文化財調査報告書第 156 集　佐賀県教育委員会
168 平田定幸・吉田佳広・井上義也編 2011『須玖岡本遺跡 4』春日市文化財調査報告書第 61 集　春日市教育委員会
169 広瀬雅信編 1992『堂振遺跡』大阪府文化財調査報告書第 39 輯　大阪府教育委員会
170 深江英憲・服部寛編 2000『神戸市神戸西バイパス関係埋蔵文化財調査報告書 I 表山遺跡池ノ内群集墳』兵庫県文化財調査報告 202 冊　兵庫県教育委員会
171 福島日出海編 1986『嘉穂地区遺跡群 III』嘉穂町文化財調査報告書第 6 集　嘉穂町教育委員会
172 福島正美 1988『吉崎・次場遺跡(II)』石川県埋蔵文化財センター
173 釜山広域市立博物館福泉分館 1999『東萊福泉洞古墳群』釜山広域市博物館福泉分館研究叢書第 5 冊
174 福田義彦編 1989『牟田寄遺跡』佐賀市文化財調査報告書第 31 集　佐賀市教育委員会
175 藤好史朗・西村尋文編 1990『瀬戸大橋建設に伴う埋蔵文化財発掘調査報告 VII 下川津遺跡』香川県教育委員会
176 細川金也 1998「松原遺跡(9 区)」『佐賀県文化財年報 1996 年度』3 号
177 本田岳秋編 1998『良積遺跡 II』北野町文化財調査報告書第 11 集　北野町教育委員会
178 本田岳秋編 2005『良積遺跡 IV』北野町文化財調査報告書第 21 集　北野町教育委員会
179 本間元樹編 1997「田井中(1～3 次)・志紀遺跡(防 1 次)」(財)大阪府文化財調査研究センター調査報告書第 23 集　財団法人大阪文化財調査研究センター
180 埋蔵文化財研究会 1986『弥生時代の青銅器とその共伴関係』第 2 分冊
181 前田耕次ほか 1987「岡山遺跡第 II 地区の調査」『岡山遺跡―旭田川中流域遺跡群の調査―』山口県教育委員会
182 正岡睦夫ほか 1984『百間川原尾島遺跡 2』岡山県埋蔵文化財発掘調査報告 56
183 松岡秀夫 1981「考古学からみた赤穂」『赤穂市史』第 1 巻
184 松尾吉高編 1992『佐賀県農業基盤整備事業に係る文化財調査報告書 10』佐賀県文化財調査報告書第 108 集　佐賀県教育委員会
185 松村道博編 1995『雀居遺跡 3』福岡市埋蔵文化財調査報告書第 407 集　福岡市教育委員会
186 松本友雄 1927「壱岐国考古通信(2)」『考古學雜誌』第 17 巻第 5 号
187 松本洋明 1988「池殿奥支群 4 号墳」『野山遺跡群 1』奈良県史跡名勝天然記念物調査報告
188 松本正信ほか 1984「龍野市とその周辺の考古資料」『龍野市史』第 4 巻　龍野市史編纂専門委員会
189 松山市考古館 2002『伊豫の鏡』　松山市教育委員会、松山市考古館、松山市生涯学習振興財団埋蔵文化財センター
190 丸山康晴ほか編 1995『須玖岡本遺跡』春日市文化財調査報告書第 23 集　春日市教育委員会
191 水巻町教育委員会 1998『上二貝塚』水巻町文化財調査報告書第 6 集　水巻町教育委員会
192 美津島町教育委員会 1980『洲藻遺跡』美津島町文化財調査報告書第 2 集　美津島町教育委員会
193 美濃口雅朗 2006「平田町遺跡第 1 次発掘調査区」『熊本市埋蔵文化財調査年報』第 8 号　熊本市教育委員会
194 三野章編 1967『福岡市弥永原遺跡調査概要』福岡市住宅供給公社・福岡市教育委員会
195 宮内克己編 1996『市第 I 遺跡・石田遺跡』久住町教育委員会
196 宮崎貴夫編 1985『今福遺跡 II』長崎県文化財調査報告書第 77 集　長崎県教育委員会
197 宮崎貴夫・安楽勉・西信男・杉原敦史編 1999『原の辻遺跡』原の辻遺跡調査事務所調査報告書第 11 集　長崎県教育委員会
198 宮地聡一郎 2006『海津横馬場遺跡 II』九州新幹線関係埋蔵文化財調査報告第 2 集　福岡県教育委員会
199 向田雅彦編 1997『本行遺跡』鳥栖市文化財調査報告書第 51 集　鳥栖市教育委員会
200 宗像市史編纂委員会 1997『宗像市史』

第 3 章　小形仿製鏡から捉える弥生時代青銅器の生産体制

201　森岡秀人 1987「「十」状図文を有する近畿系弥生小形仿製鏡の変遷」『文化史論叢(上)』横田健一先生古稀記念会
202　弥栄久志編 1982『横瀬遺跡』指宿市埋蔵文化財調査報告書(6)　指宿市教育委員会
203　八瀬正雄・永谷隆夫編 2001『福知山市文化財調査報告書第40集』福知山市教育委員会
204　柳田康雄 1982『甘木市史』上巻　甘木市史編さん委員会
205　柳田康雄 1984『甘木市史資料　考古編』　甘木市史編纂委員会
206　柳田康雄編 1982『三雲遺跡 III』福岡県文化財調査報告書第63集　福岡県教育委員会
207　柳田康雄編 1996『徳永川ノ上遺跡 II』椎田道路関係埋蔵文化財調査報告第7集　福岡県教育委員会
208　山鹿市立博物館 2001『火の国みだれる』　山鹿市立博物館
209　山口県教育委員会 1976『朝田墳墓群 I 木崎遺跡』山口県埋蔵文化財調査報告第32集
210　山口県教育委員会 1983『朝田墳墓群 VI』山口県埋蔵文化財調査報告第69集
211　山口健剛 2005『方保田東原遺跡(6)』山鹿市教育委員会山鹿市文化財調査報告書第18集　山鹿市教育委員会
212　山崎龍雄ほか編 2006『比恵42』福岡市埋蔵文化財調査報告書第898集　福岡市教育委員会
213　山手誠治編 1996『金山遺跡 VI区』北九州市埋蔵文化財調査報告書第184集　(財)北九州市教育文化事業団埋蔵文化財調査室
214　山村信榮 1992「弥生時代の遺跡と遺物―佐野地区の遺跡―」『太宰府市史』考古資料編
215　湯村功・高尾浩司・野田真弓・北浦弘人・井上貴央・村上隆・大澤正己編 2002『青谷上寺地遺跡4』(財)鳥取県教育文化財団鳥取県埋蔵文化財センター
216　横山邦継 2007『井尻 B 遺跡 15』福岡市埋蔵文化財調査報告書第918集　福岡市教育委員会
217　吉岡康暢ほか 1976『塚崎遺跡』石川県教育委員会
218　嶺南文化財研究院 2001『慶州舎羅里遺蹟 II』嶺南文化財研究院学術調査報告32
219　若杉竜太編 2004『本村遺跡3次』日田市埋蔵文化財調査報告書第51集　日田市教育委員会
220　渡辺昇編 1989『半田山』兵庫県文化財調査報告第65冊　兵庫県教育委員会

第 4 章

巴形銅器から捉える弥生時代青銅器の生産体制

　本章においては，巴形銅器に関する生産体制の復元を行う。巴形銅器は，弥生時代後期に日本列島内で独自に成立した製品であり，そうした意味では前章において検討した小形仿製鏡と類似している。しかし，ここで 1 章を設け，巴形銅器の生産体制に関する考察を行う理由は，巴形銅器の鋳型と製品の関係が明らかになったからである。第 1 章の解決すべき問題で整理した「問題点 6　製品と鋳型の一致」に該当する。鋳型と製品の一致という議論が青銅器生産体制のなかで捉えることができるならば，その成果に基づき前章で導き出した小形仿製鏡の生産体制に関するモデルを補強することができると考える。以下では 1998（平成 10）年に九州大学筑紫地区遺跡より出土した巴形銅器鋳型を中心に，その鋳型の存在から派生する巴形銅器の諸問題について考察を行い，巴形銅器の製作技法という視点から，分類・変遷観を提示し，巴形銅器の生産体制について述べる。

　まず，巴形銅器の研究史を，分類・変遷観，編年，起源，地域性という 4 つの側面からまとめ，その問題点を抽出したい。

第 1 節　巴形銅器研究の現状と問題点

1. 巴形銅器の分類・変遷観

　巴形銅器の研究は後藤守一氏から始まる（後藤 1920）。巴形銅器はその特異な形態のため早くから注目され，巴形銅器という名称の妥当性も後藤氏が強調している。論中で後藤氏は当時出土していた古墳時代のものを含む 43 例の製品に対し，座の形状から 3 つに分類し変遷案を提示している。その後の研究は，新資料の発見報告とともに，後藤氏の分類が深化され複雑化されていく（森本 1929・1930；鈴木 1959；杉原 1971；小田 1974；後藤 1986；柳田 1986；隈 1989；高橋 1994；安藤 2003）。また，古墳時代の巴形銅器との区分を座径指数という客観的な数値を用いて明示しようとした試みが，宇佐晋一氏・西谷正氏によって行われた（宇佐・西谷 1959）。指数 50 を境界とした区分は客観的な説得力をもっていたが，大まかな指標としては使用できても，変化の方向性が異なるものや指数区分に該当しない資料も現状では存在している。

　そこで，これまでの研究による分類をまとめると，座の形状に基づき弥生時代の巴形銅器は基本的に 3 つに分けられ（扁平座・半球座・截頭円錐座），古墳時代の巴形銅器の座の形状が円錐形座である点から弥生時代のものと区分することができるだろう。また，弥生時代の巴形銅器には脚の裏

側に文様が認められる事例が確認でき，古墳時代のものが無文であることから，その変遷は綾杉文から凸線へ変化し，その後，無文化していくという点も多くの研究者が賛同している点であろう。

2. 巴形銅器の編年

　巴形銅器の編年については，基本的に製作時期ではなく，使用後の副葬・埋納・廃棄された時期を中心に議論が行われてきた。こうした状況は鋳型が出土していないという資料的な制約が存在したからである。しかし，近年になって巴形銅器の鋳型が，吉野ヶ里遺跡，九州大学筑紫地区遺跡，那珂遺跡からそれぞれ1点出土し，計3点が知られることとなった。ところが九州大学筑紫地区遺跡出土鋳型は包含層出土であり，弥生時代後期という時間幅を解消することはできない。また，吉野ヶ里遺跡出土鋳型は溝からの出土であるが，溝の掘り直しが行われているようであり，鋳型は掘り直された溝の下層から出土しており時期幅を詰めることができない(高橋1994)。また，那珂遺跡出土鋳型は報告のみで詳細は不明であり，十分に時期決定できる状況ではない[1]。したがって，鋳型が出土した現状でも製作年代については考察することができず，使用年代から編年を示さなければならない。そこで巴形銅器を副葬する甕棺の年代が1つの鍵となる。ところが，棺内から複数の巴形銅器が出土したとされる井原鑓溝遺跡(福岡県糸島市)や桜馬場遺跡の場合，発見報告が古く，肝心の甕棺本体の型式が不明瞭であった。その結果，巴形銅器の起源問題とも関連するが，巴形銅器の形態的組列をそのまま編年案とする方法が用いられてきた。截頭円錐座を古式とする案(宇佐・西谷1959：大塚1964)などは，上記の制約のなかで成立した考え方としてまとめることができる。そうした状況のなかで柳田康雄氏は扁平座である東宮裾例について，出土した甕棺写真の検討から後期初頭の副葬であることを指摘し，後期初頭段階には巴形銅器の一群が製作・副葬されることと，そのなかで最古式の型式が扁平座であることを明らかにした(柳田1986：高橋1994)。また，桜馬場遺跡では2007(平成19)年に再発掘調査が実施され，2008(平成20)年には概要報告書が刊行されている(仁田坂ほか2008)。その報告書の成果を受け，蒲原宏行氏は半球座の巴形銅器が副葬されていた甕棺の時期を，後期前半新段階の古いところとしており，副葬時期の1つが判明した(蒲原2009)。

　さて，近年の発掘調査数の増加により，明確に土器を共伴する事例も報告されてきた。海津横馬場遺跡(福岡県みやま市)で出土した巴形銅器は布留式古段階の土器と共伴している(進村・宮地編2005)。しかし製作されたと考えられる時期とは異なることから，一定期間の伝世を想定せざるを得ないであろう。したがって，資料数が増加しつつある現状でも多くの巴形銅器の製作時期は判明せず，大まかな変遷案を提示するに留まる。

---

[1] 那珂遺跡出土の巴形銅器鋳型は，2009(平成21)年に出土しており，新聞発表のみで正式報告書が刊行されていないため鋳型の詳細は記述しないが，鋳型を実見したところ，井原鑓溝遺跡で出土したと記述される製品に類似する大型の截頭座で，脚裏面に綾杉文が鋳出される製品が彫り込まれているようである。

3. 巴形銅器の起源

　巴形銅器は特異な形態から脚部の鉤が注目され，そこから起源についても多くの説が提示されてきた。それらの諸説をまとめると大きく単体起源説と複合起源説に分けることができる。単体起源説では岡崎敬氏によるスイジ貝説(宇佐・西谷 1959)が有名であるが，その他にもヒトデ説(後藤 1920)や太陽説(原田 1954)，鉤自身に意味をもたせる説(三島 1973 ほか)など様々である。複合起源説では銅釦説(梅原 1921[2] ほか)や小形仿製鏡説(高橋 1994)，ゴホウラの断面の一部(橋口 2004)などがあげられよう。いずれにしてもこれまでの研究は形態的に類似しているもの同士の比較であり，最終的な結論を導き出すことはむずかしい。

4. 巴形銅器の地域性

　巴形銅器の出土数が増加するにつれ，鈕の形状による比較から巴形銅器に地域性が存在することが指摘され，さらにはそれは製作地とも関連しているのではないかとされてきた(小田 1974)。そこでは瘤状の鈕は北部九州産であり，橋状や棒状の鈕は北部九州以外での生産ではないかということが指摘された(後藤 1986)。この製作地の推定は極めて重要な指摘であったと考える。

　巴形銅器の研究史について分類・変遷観，編年，起源，地域性という4つの側面から概観したが，鋳型資料の不足と巴形銅器という独特な形態的特徴に注目が集まったために，これまでの研究では製作技法に関する検討が全くされてこなかった。巴形銅器がどのように製作されたのか，製作技法に基づく分類については十分に検討されていない。しかしながら，そうした研究史にあって，赤塚次郎氏は朝日遺跡(愛知県)出土の巴形銅器の報告と位置付けを行う論考のなかで，製作技法による分類に初めて着目した(赤塚 2004)。赤塚氏は巴形銅器の脚部の鋳型への彫り込みについて注目し，鋳型Aと鋳型Bに分けた。鋳型Aは脚を上下の鋳型両面に彫り込み，鋳型Bは脚を上下どちらか一方の鋳型に彫り込む方法であるとした。さらに鋳型Bには下の鋳型(裏面鋳型)に主に彫り込む古式と，上の鋳型(表面鋳型)に主に彫り込む新式に細分できるとした。その後この分類の時間的変遷を述べるのであるが，残念なことに論中でそれぞれの名称が混乱してしまう。しかし，赤塚氏の論文は，これまで巴形銅器の研究においては触れられてこなかった製作技法に着目した画期的な研究であった。

　そこで，本章でも赤塚氏の着眼点を活かし，九州大学筑紫地区遺跡出土鋳型を用いて巴形銅器の製作技法や鋳型材質に着目した分類変遷案を提示したい。なぜなら製作技法や鋳型材質による分類こそが，上記の4つの分類・変遷観，編年，起源，地域性という問題の解決につながると考えるからである。

---

2) 銅釦起源説は後藤氏によると，和田千吉氏が最初に指摘したと記載されているが(後藤 1923)，その文献を探し当てることができなかったため，初出として梅原末治氏の文献(梅原 1921)をあげておく。

248

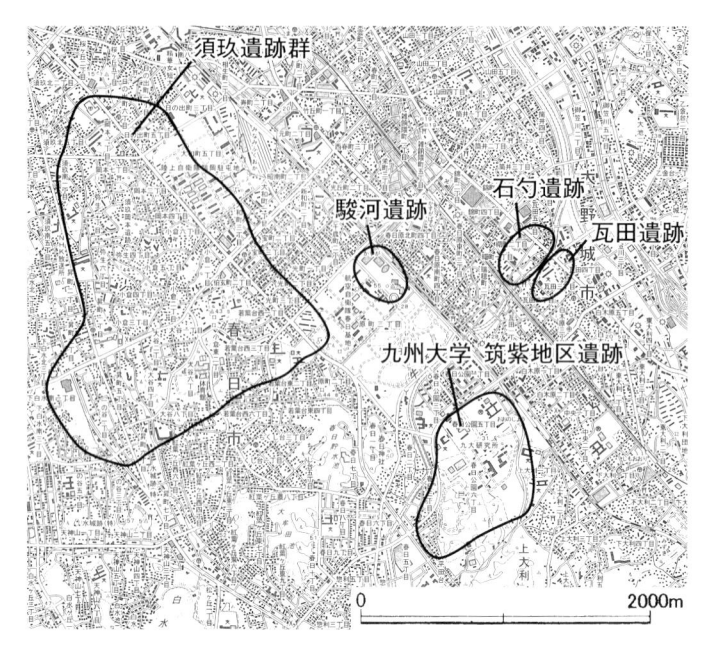

図 137　周辺遺跡図(S＝1/50000)

第2節　九州大学筑紫地区遺跡出土巴形銅器鋳型について

　九州大学筑紫地区は福岡平野の南東部に位置し，現在の大野城市と春日市にまたがる約26万㎡のキャンパスである(図137)。1978(昭和53)年より九州大学の新たなキャンパスとして整備され，これまでに約50次以上の埋蔵文化財調査を行っている。ここで紹介する資料が出土した調査は1998(平成10)年度に実施された地球大気動態シミュレーション装置建設にともなう調査であり約690㎡の調査区であった(図138)。当時の調査記録からは南側に開口する谷地形であり遺構は検出されていない。谷に沿って遺物包含層が確認され本資料も包含層からの出土であった。遺物包含層は上下2層に区分され，上層は奈良時代から平安時代，下層は6世紀後半から奈良時代にかけての須恵器が大量に出土したようである。本資料は下層の包含層から出土したらしく，共伴遺物は確認されていない。当時の記者発表資料では同じく包含層下層から弥生時代後期の複合口縁壺片が1点確認されたとされているが，本資料出土地点と水平距離で約10m離れており判断が難しい。いずれにせよ本資料は遺構にともなうものではなく，製作時期や埋没時期の確定は困難である。

　本資料を弥生時代青銅器製作用の鋳型として判断した場合，九州大学筑紫地区遺跡ではこれまでに青銅器製作関連資料として中細形銅戈が両面に彫り込まれた鋳型が1点，鋳型石材の転用と想定できる石英斑岩製の砥石が2点出土しているが，青銅器製作地として認定[3]するには資料が少なす

---
3)　本書第2章を参照。

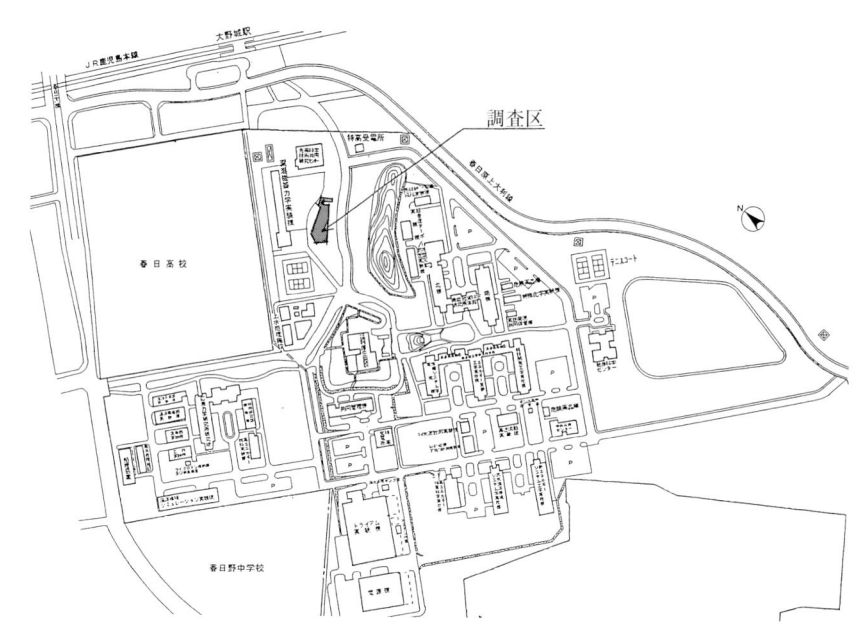

第 4 章　巴形銅器から捉える弥生時代青銅器の生産体制　　　　　　　　　　　　　　　　　　　　249

図 138　調査区の位置

ぎるであろう。本遺跡の北西約 3 km には著名な須玖遺跡群が存在し，第 2 章で検討した春日丘陵北側低地部に含まれる須玖永田遺跡や須玖岡本遺跡坂本地区からは，多量の鋳型や青銅器製作関連資料が出土しており，青銅器製作地の中心地とされる。また本遺跡の東北約 1 km には弥生時代後期の鋳型が少量出土した瓦田遺跡や石ヶ遺跡も存在する。したがって，本調査区において青銅器の製作を行っていなくても，周辺において青銅器の製作が行われていた点は明らかであろう。本資料もそうした周辺に存在した青銅器製作地からもち込まれたものと考える。

1.　資料の確認

　出土した資料の法量は 11.9 cm × 12.9 cm × 最大厚 6.9 cm をはかり（図 139），石材は著者の肉眼観察によると石英斑岩である。2 つの鉤状の彫り込みと座の外縁に相当する円弧が彫り込まれている。1 面のみに彫り込みが認められる単面笵であり，他の面に彫り込みは確認できない。彫り込み面は表面が黒変しており，実際に鋳造に使用した鋳型であると判断できる。図 139 のように資料を設置した場合，左側面と下端面は破損している。上端面と裏面それぞれには局部的な敲打が施され凹みが認められる。しかし，2 つの凹みは完結しており，左側面と下端面の破損以降に施されたものと考えられる。したがって，鋳型としての使用後に何らかの加工を行ったものであると判断した。しかし，北部九州で多く認められる破損鋳型の砥石への転用は，この鋳型の場合どの面にも認められなかった。

　彫り込まれた製品は巴形銅器であると判断する。現状で 2 つの鉤状の彫り込みと，それらをつなぐ円弧の一部が確認できるからである。これまで出土している弥生時代の青銅器から判断して，巴

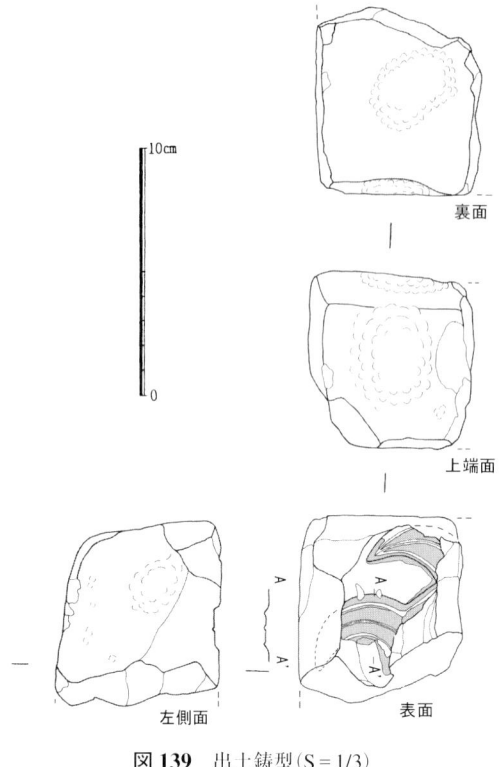

図 139　出土鋳型 (S = 1/3)

形銅器が妥当であろう。なお，本鋳型の石材やこれまで出土している巴形銅器の時期から，この資料が弥生時代後期の所産であると確認する。

さて，詳しく彫り込み面を観察すると，2つの鉤は左に捩れており，さらに鉤の中心には1条の凹みが認められる。これを鋳造した場合は鉤の中心部分に凸線が鋳出される。そうした特徴をこれまで出土している巴形銅器と比較すると，巴形銅器の裏面が彫り込まれた鋳型であると判断できる。

ここまでの観察から，以下では本資料を巴形銅器の裏面が彫り込まれた弥生時代後期の石製鋳型として扱う。座の復元径は約6.9 cmとなる。脚の彫り込みは深さ約1.5〜2.0 mmとしっかり彫り込まれている。とくに脚端部の方が脚の付け根部分より彫り込みがしっかりとしており深さ約2 mmをはかる。また，わずかに残る座の外縁端と脚には段差が認められる。後藤直氏は製品の観察から脚と座の外縁端部に段差のある製品とない製品があると指摘しており（後藤1986），本資料の場合は段差のある製品を彫り込んでいる。

2. 製作された製品の復元

本来であるならば鋳型自身の情報から，製作された製品を復元するべきであるが，現状では脚は左振り，座の復元径約6.9 cmという断片情報しかなく，十分に復元することができない。残存する2つの脚も先端部をトレースして合わせても，重なり合うことがなく，脚の形状の復元もできない。座径を復元し脚数を復元しても，6もしくは7脚となってしまい確定することができない。そこで，これまで出土している製品から本鋳型によって製作された製品の復元を行いたい。これまで出土したいわゆる弥生系巴形銅器[4]は23ヶ所37例[5]が確認されている（表22，図140・141）。なお，弥生系巴形銅器は大きく座の形状によって扁平座，半球座，截頭円錐座の3つに分けられることが指摘されている[6]。

---

4) 弥生系巴形銅器とは，製品の一部は古墳時代まで使用された可能性があるが，製作時期が概ね弥生時代相当期に含まれることからこのような名称を使用する。
5) 茨城県の一本松遺跡第I調査区第53号住居より特異な巴形銅器が出土している。脚端が隣接する脚に接続しており，鋳造時のバリを落とさなかった可能性が指摘されている。東京国立博物館の日高慎氏より弥生時代の製品ではないかとの御教示を得た。また，近年福井県の府中石田遺跡より半球座左回り5脚の巴形銅器が1点出土している（田中編2011）。
6) 巴形銅器の各名称と分類に関しては後藤氏の論考（後藤1986）を参考にしている。

第4章 巴形銅器から捉える弥生時代青銅器の生産体制

表22 弥生系巴形銅器集成表

番号	遺跡名	所在地	遺構	全径	座径	高さ	座	鈕	脚数	捩り	裏面	彫り込み	文献
1	東宮裾遺跡	佐賀県武雄市	甕棺墓	4.9	2.4	0.4	扁平	瘤	5	右	無文	①	柴元1970
2	五丁中原遺跡	熊本県熊本市	竪穴住居跡	5.5	2.4	0.3	扁平	瘤	5	左	無文	①	橋口2004
3	佐保ソウダイ遺跡1	長崎県対馬市	不明	5.9	3	1	半球	瘤	6	左	綾杉	①	永留・小田1967
4	佐保ソウダイ遺跡2	長崎県対馬市	不明	5.9	3	1	半球	瘤	6	左	綾杉	①	永留・小田1967
5	雄城台遺跡	大分県大分市	小ピット内	5.5	2.9	0.9	半球	瘤	6	左	綾杉	①	小林1996
6	稲佐津留遺跡	熊本県玉東町	住居	6.4	2.9		半球	瘤	6	左	綾杉		
7	桜馬場遺跡4	佐賀県唐津市	甕棺墓	5.6	3	1.1	半球	瘤	6	左	綾杉	①	仁田坂ほか2008
8	桜馬場遺跡5	佐賀県唐津市	甕棺墓	5.6	3	1.1	半球	瘤	6	左	綾杉	①	仁田坂ほか2008
9	海津横馬場遺跡	福岡県みやま市	土壙	5.5	2.9	0.9	半球	瘤	6	左	凸線		進村ほか2005
10	桜馬場遺跡3	佐賀県唐津市	甕棺墓	5.6	3.1	1.3	半球	瘤	6	左	凸線		梅原1950
11	桜馬場遺跡1	佐賀県唐津市	甕棺墓	6.1	3.1	1.1	半球	瘤	6	左	無文		梅原1950
12	桜馬場遺跡2	佐賀県唐津市	甕棺墓	6.1	3.1	1.1	半球	瘤	6	左	無文		梅原1950
13	井原鑓溝遺跡1	福岡県糸島市	甕棺墓	15.3	9.1		截頭	瘤	8	左	綾杉		青柳1823
14	井原鑓溝遺跡2	福岡県糸島市	甕棺墓	14.1	9.4		截頭	瘤	8	左			青柳1823
15	井原鑓溝遺跡3	福岡県糸島市	甕棺墓	16.7	10.4		截頭	瘤	8〜9	左	綾杉		青柳1823
16	森広天神遺跡A群1	香川県さぬき市	埋納	11.6	7	1.6	截頭	瘤	7	左	凸線	①	後藤1920:杉原1971
17	森広天神遺跡A群2	香川県さぬき市	埋納	11.6	7	1.6	截頭	瘤	7	左	凸線	①	後藤1920:杉原1971
18	森広天神遺跡A群3	香川県さぬき市	埋納	11.6	7	1.6	截頭	瘤	7	左	凸線	①	後藤1920:杉原1971
19	森広天神遺跡B群1	香川県さぬき市	埋納	10.7	5.9	1.7	截頭	瘤	7	左	凹	①	後藤1920:杉原1971
20	森広天神遺跡B群2	香川県さぬき市	埋納	10.7	5.9	1.7	截頭	瘤	7	左	凹		後藤1920:杉原1971
21	森広天神遺跡B群3	香川県さぬき市	埋納	10.7	5.9	1.7	截頭	瘤	7	左	凹		後藤1920:杉原1971
22	森広天神遺跡B群4	香川県さぬき市	埋納	10.7	5.9	1.7	截頭	瘤	7	左	凹		後藤1920:杉原1971
23	森広天神遺跡B群5	香川県さぬき市	埋納	10.7	5.9	1.7	截頭	瘤	7	左	凹		後藤1920:杉原1971
24	方保田東原遺跡	熊本県山鹿市	土壙の上	12.4	6.9	1.7	截頭	瘤	7	左	凹	①	中村1982
25	西山貝塚	広島県広島市	貝塚採集	10.6	6.4	1.5	截頭	瘤	7	左	凹	①	藤田1965
26	新御堂遺跡	熊本県熊本市	包含層採集	12.3	6.4	1.5	截頭	瘤	8	右	無文	①	島津1982
27	物部遺跡	滋賀県高月町	住居床面				截頭	瘤				①	赤塚2004
28	谷尻遺跡	岡山県	住居	8	2.9	1.3	半球	橋	5	右	無文		高畑ほか1976
29	国府遺跡	大阪府藤井寺市	中世建築跡		2.9	1	半球	橋	6	左	無文		佐久間ら1980
30	五村遺跡	滋賀県虎姫町	包含層	6.9	3	1	半球	橋	6	左	無文	②?	林1980
31	荒尾南遺跡	岐阜県大垣市	溝	7.5			半球	橋	5	左	無文		
32	朝日遺跡	愛知県清洲町	包含層	5.6	3	1.1	半球	橋	5	左	無文	②	赤塚2004
33	宮平遺跡	茨城県石岡市	住居焼土下層	4.95	2.2	0.89	半球	橋	5	右	無文	②	箕輪2002
34	長瀬高浜遺跡	鳥取県	SK04	5.58	2.9	0.81	半球	橋	6	左	無文	③	赤塚2004
35	唐古・鍵遺跡	奈良県田原本町	中世溝				半球	橋					
36	上ノ平遺跡	長野県武石村	包含層採集	10.4	5.2	2.2	截頭	棒	7	右	凸線	③	小山1927
37	新保遺跡	群馬県高崎市	不整形土壙								無文		佐藤1986

鋳型

番号	遺跡名	所在地	遺構	全径	座径	高さ	座	鈕	脚数	捩り	裏面	彫り込み	文献
1	吉野ヶ里遺跡	佐賀県吉野ヶ里町	環濠内	14.5	7.8	1.85	截頭		7	左		①	七田1992・2007
2	九州大学筑紫地区遺跡	福岡県春日市	包含層	12.1	6.9		截頭		7	左	凸線	①	田尻2009
3	那珂遺跡	福岡県福岡市					截頭			左	綾杉	①	未発表

252

1 東宮裾　2 五丁中原　3 佐保ソウダイ1　4 佐保ソウダイ2　5 雄城台

7 桜馬場4　9 海津横馬場　10 桜馬場3　11 桜馬場1　12 桜馬場2

13 井原1　14 井原2　15 井原3　16 森広A1

17 森広A2　18 森広A3　19 森広B1

20 森広B2　21 森広B3　22 森広B4

23 森広B5　24 方保田東原　25 西山

26 新御堂

図140　北部九州産巴形銅器集成（12〜14を除いてS＝1/5）

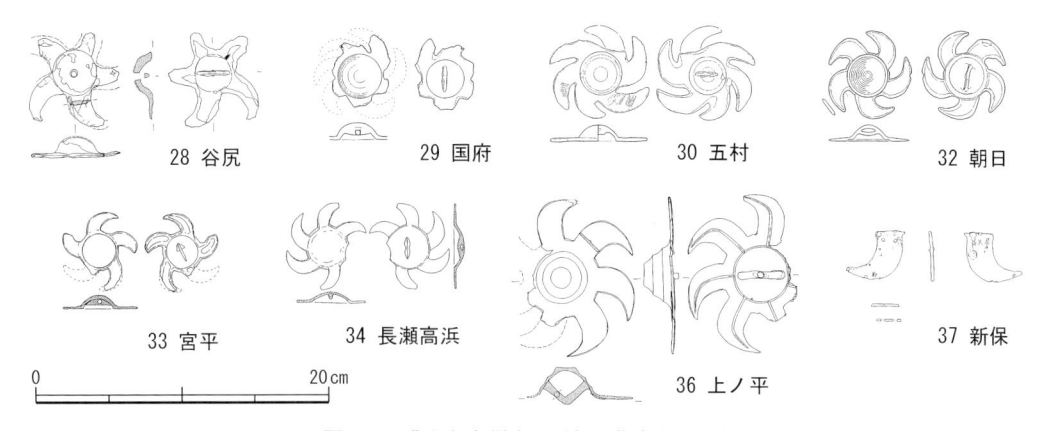

第 4 章 巴形銅器から捉える弥生時代青銅器の生産体制

図 141 非北部九州産巴形銅器集成（S = 1/5）

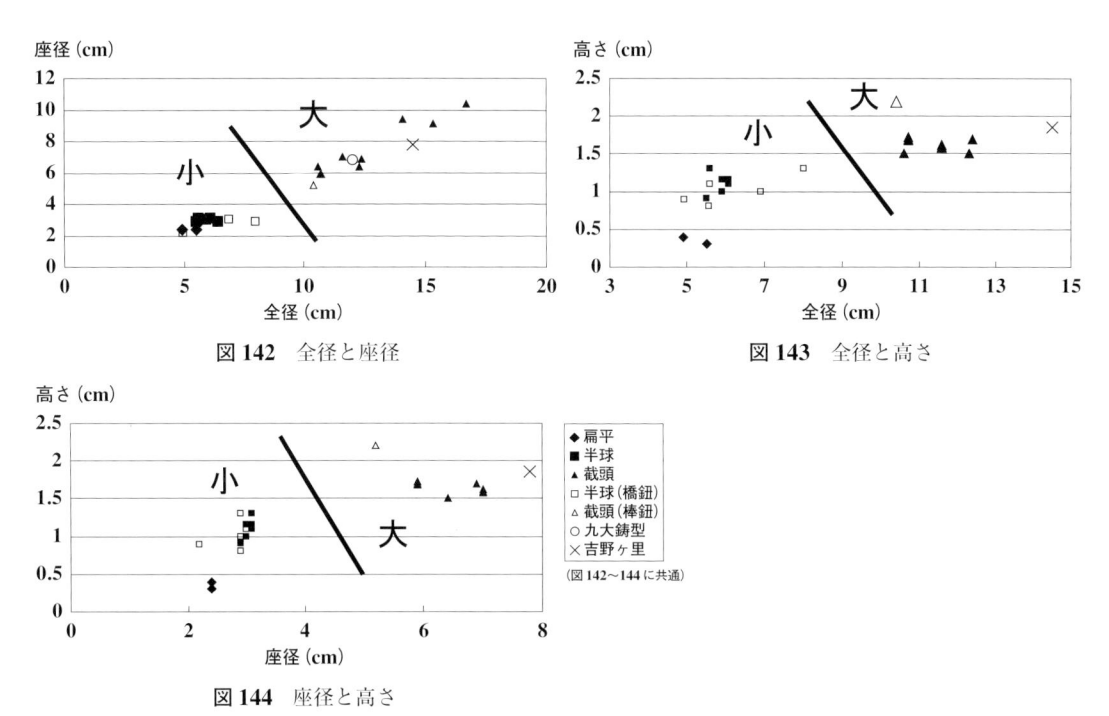

図 142 全径と座径

図 143 全径と高さ

図 144 座径と高さ

　そこで，これまで出土している巴形銅器の座の形状と全径・座径の相関をまとめたのが図 142 である。その結果，従来から指摘されているが，大きく小型品と大型品に区分することができる。さらにその区分は座の形状とも相関しており，小型品は扁平座と半球座であり，大型品は截頭円錐座と明確に区分することができる。また，参考に巴形銅器の全径と高さ，座径と高さについても同様な結果を得ており（図 143・144），巴形銅器の全径，座径，高さはそれぞれ大小に区分でき，かつ座の形状とも対応関係にあることが指摘できるのである。

　さて，そのような巴形銅器の傾向に基づいて，本鋳型で製作された資料の復元を行う。復元座径は約 6.9 cm であることから，大型品であり，座の形状は截頭円錐座として捉えることが可能である。また，表 22 を見ても明らかなように截頭円錐座の巴形銅器は脚数が全て 7 脚以上であること

から，本鋳型で製作された製品も7脚以上である可能性が高い。脚の復元では6脚か7脚か確定できていなかったが，7脚の説をとることとする。したがって，これまでに出土した製品との対比から本鋳型で製作された製品は，復元座径約6.9cm，復元全径12.1cm，左捻り7脚，脚裏面に凸線の文様が施された截頭円錐座の巴形銅器である。

ここまで製作された製品の復元を行ったが，これまでに出土している製品のうち極めて類似した数値を示している製品が存在する。森広天神遺跡(香川県)[7]から出土した8点の巴形銅器のうちの3点である。この3点は杉原荘介氏によって森広A群と名付けられた製品群であり，同笵品ではないかと指摘されている(杉原1972)。森広A群は全径11.6cm，座径7cm，左捻り7脚，脚の裏面には中心に凸線が認められ，かなり類似している。そこで，2008(平成20)年1月に鋳型と製品を実際に重ね合わせる調査を実施した。

3. 鋳型と製品の一致

(1) 一致確認調査

対象資料は，杉原氏が分類したところの森広A群であり，東京国立博物館列品番号J-6180-1，J-6180-2，J-6180-3の3点(図145)である。

現在，森広天神遺跡出土巴形銅器は東京国立博物館に収蔵されていることから，2008(平成20)年1月21日(月)に東京国立博物館において調査を行った。なお，鋳型と製品の同定に関しては，鋳型自体に製品を重ね合わせることが有効であると考え，鋳型を東京国立博物館へもち込んだ。

第1回調査
　調査日　2008年1月21日(月)
　調査者　田尻義了(九州大学埋蔵文化財調査室)
　立会者　井上洋一(東京国立博物館)
　　　　　日高慎(同上)

午前中に森広天神遺跡出土巴形銅器8点の肉眼観察調査を行い，A群とB群の特徴を把握した。そこで，A群のうち最も残存率のよい東博列品番号J-6180-1を手にとり，鋳型の上方で回転させて形状の一致する箇所を探してみた。これまで著者は巴形銅器の脚や脚間の距離は，それほど差がないのであろうと考えていたのであるが，実際に鋳型上方で製品を回転させてみると，それぞれの脚の大きさや脚間の距離に大きな差があることが判明した。しばらく製品を回転させながら探してみると，鋳型に残存している2脚とその間の距離，脚の形状と製品とが一致する場所が判明した。そこで，製品を鋳型にはめ込んでみると完全に一致した。他の部分で一致する箇所はなかった。J-6180-2やJ-6180-3も同一箇所で一致した。立会を行っていた井上洋一氏や日高慎氏とも，鋳型と製品が一致する事実を確認し，九州大学よりもち込んだ鋳型で森広天神遺跡出土の製品を製作し

---

7) これまで多くの先行研究で香川県「森弘」という漢字名称を使用しているが，1997(平成9)年に刊行され，巴形銅器出土周辺遺跡を調査した『森広遺跡』(山本ほか1997)において，小字名として「森広」を使用すると記載しているため，本書では「広」の字を使用する。

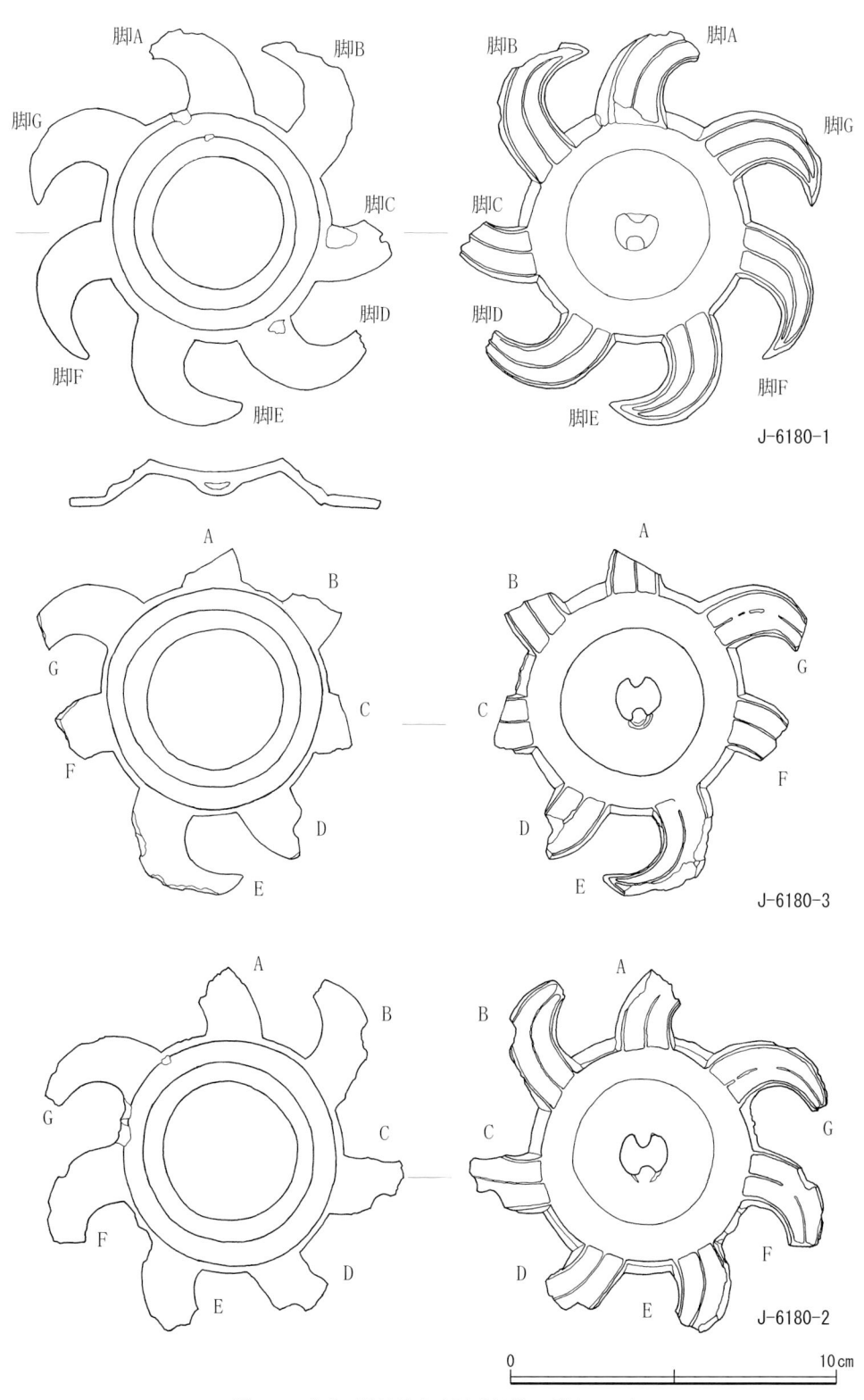

第 4 章　巴形銅器から捉える弥生時代青銅器の生産体制　　　255

図 145　森広天神遺跡出土巴形銅器 A 群 (S = 1/2)

脚F

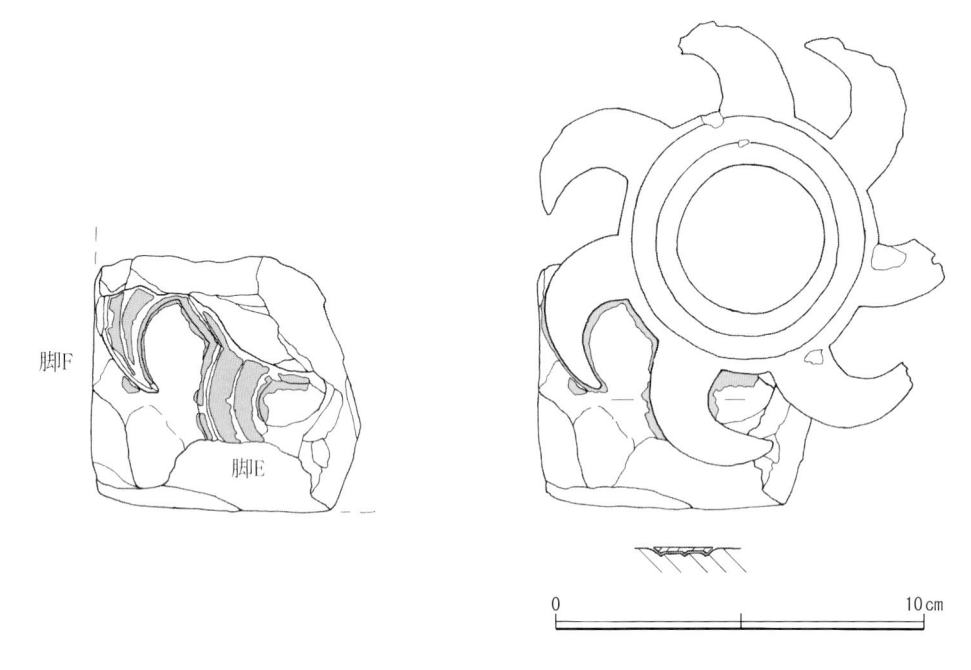

脚E

図 146 九州大学筑紫地区遺跡出土鋳型と森広天神遺跡出土巴形銅器(J–6180–1)の重ね合わせ(S = 1/2)

たことが証明された。その後は，写真撮影とビデオ撮影による記録と，2 点の製品を実測し調査を終了した。全ての実測が終了しなかったことや，観察項目の整理を行う必要があることから，6 月に再度調査を行うこととした。

第 2 回調査

調査日　2008 年 6 月 30 日(月)

調査者　田尻義了(九州大学埋蔵文化財調査室)

　　　　邱鴻霖(当時：九州大学大学院比較社会文化学府)

立会者　古谷毅(東京国立博物館)

第 2 回調査では，鋳型と製品が一致した状態での写真撮影を行い，巴形銅器の製作に関わる情報の抽出や，同笵品の製作順序の推定など，新たな知見を得ることができた。また，実測が終了できていなかった資料について，再度実測することができ，前回と同様に製作技法についての検討も行った。さらにこの調査では，今後の調査方針として，より客観的な数値データの提供を含めて，3 次元計測装置による調査の重要性を認識した。

さて，一致した 3 点は左振り 7 脚[8]の截頭円錐座に分類することができる。それぞれの脚裏面には，突線表現が確認できる。先述したが，この 3 点は杉原氏の分類によると，森広 A 群とされ，これまでは製品の観察結果から同笵品であろうと推定されてきた。しかしながら，今回の調査成果によって，1 つの鋳型から 3 点の製品が製作されていることが明らかとなり，確実に同笵品であるこ

---

8)　巴形銅器の脚にそれぞれ名称を付ける。図 145 のように設置した場合，上方の脚を脚 A とし，時計回りで脚 G まで付ける。

とが認定された。なお，製品の裏側に取り付けられた鈕の形状を観察すると，3点はそれぞれ異なっていることが判明した。この点については，内型との関連もあるので後述する。

鋳型を図146のように設置した場合，鋳型に彫り込まれた左側の脚が製品の脚Fに，右側の脚が製品の脚Eに一致する。一致の根拠は2つある。1つは脚の形状，脚間の距離が一致するという形態的特徴である。もう1つは製品裏面の突線表現が鋳型に彫り込まれた文様と一致することである。図147は，J–6180–1の裏面から脚Eと脚Fを鏡像反転し，鋳型上に重ね合わせ，不透明処理した図である。脚裏面の突線表現が鋳型の彫り込みと一致していることがわかる。以上の点を根拠に一致するという結論を導いた。

さて，巴形銅器は脚間の距離や脚幅，脚の形状がそれぞれ異なる。そこで，3点の脚間と脚幅の数値を計測した（表23）。鋳型の数値もあわせて提示しているが，この数値データだけでは鋳型との一致に関して十分に説明できない[9]。一致することを確実にするためには，最終的に今回のような鋳型に製品を重ね合わせることが重要であろう。

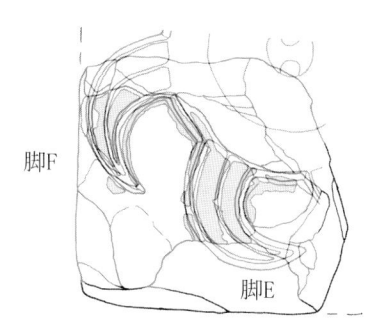

図147 突線の重ね合わせ
註：J–6180–1を鏡像反転し重ね合わせた。

表23 脚幅と脚間の距離比較

列品番号	J–6180–1	J–6180–2	J–6180–3	九大鋳型
脚A幅	2.1	1.8	1.85	−
脚AB間幅	1.15	1.5	1.45	−
脚B幅	1.75	1.75	1.85	−
脚BC間幅	1.45	1.35	1.4	−
脚C幅	1.8	1.85	1.8	−
脚CD間幅	1.4	1.5	1.35	−
脚D幅	1.85	1.8	1.8	−
脚DE間幅	1.4	1.45	1.43	−
脚E幅	1.9	1.8	1.85	1.8
脚EF間幅	1.4	1.5	1.45	1.5
脚F幅	1.75	1.75	1.8	−
脚FG間幅	1.4	1.45	1.35	−
脚G幅	1.8	1.8	1.8	−
脚GA間幅	1.45	1.45	1.3	−

（2） 鋳造順序の判明

九州大学筑紫地区遺跡出土の鋳型を用いて森広天神遺跡出土の巴形銅器3点を製作したことが判明したが，さらにその調査過程で3点の鋳造順序が明らかとなった。これまでの同笵青銅器の研究の場合，鋳造順序の検討には2つの方向性がある。1つは土製鋳型を使用した製品に対する場合であるが，笵傷の進行を根拠として順序を明らかにする方法である。この手法は三角縁神獣鏡などの鏡の検討（八賀1984ほか）や瓦当文様の検討でもよく用いられている。もう1つの方法は石製鋳型を

9） 数値データがそれぞれ異なるという結果は，考えてみれば当然のことである。鋳造時の収縮率や，鋳造後のバリ落としなどで，今回提示した程度の数値はバラツキが出る可能性がある。逆に今回の事例は，収縮率やバリ落としなどの行為による形態上の変化について説明できるデータとなろう。そうした細かな数値データに関しては，今後3次元計測装置を使用して検討していくつもりである。

用いて鋳造した製品に対する場合で，鋳造の回数を重ねると文様の鋳出しが不鮮明になるという点を根拠とする方法(小田1982aほか)である。今回の鋳造順序を推定するには，鋳型が石製であることから，後者の方法を採用する。すなわち，文様の鋳出しが相対的に鮮明な製品が先行して鋳造され，不鮮明な製品は後続して製作されたと仮定する。

そうした視点で，森広天神遺跡出土巴形銅器3点の裏面脚部の突線表現を観察した結果，J–6180–1が鮮明であり，その次にJ–6180–3，最後にJ–6180–2という鋳造順序が導き出される(図148)。とくに脚Gの突線表現によって，3点の順序が顕著に確認でき，J–6180–1では突線表現が1本でつながっているが，J–6180–3では3ヶ所ほどで突線が分断され

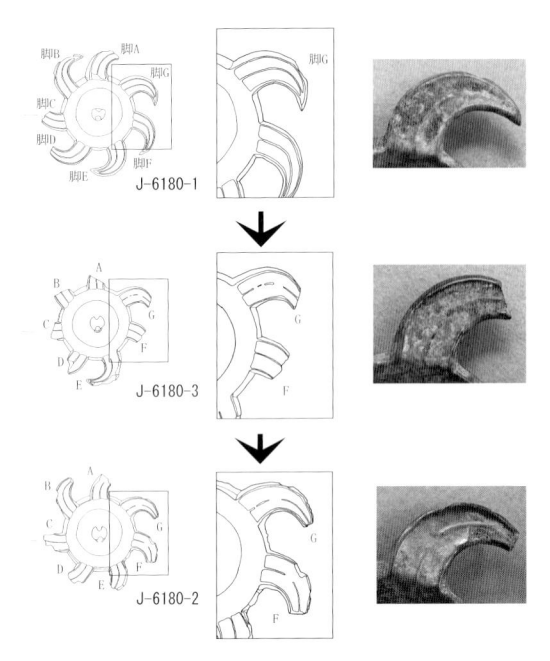

図148 森広天神遺跡出土巴形銅器A群の鋳造順序

不鮮明になり，J–6180–2の場合は，中間部分で突線が鋳出されなくなってしまっている。こうした突線表現の不鮮明への進行は，脚Fでも確認でき，3点の巴形銅器の鋳造順序が判明する。

すなわち，J–6180–1が先に鋳造され，次にJ–6180–3が製作され，この3点のなかでは最後にJ–6180–2が鋳造されたと復元することができる。

4. 吉野ヶ里遺跡出土巴形銅器鋳型との比較

巴形銅器が彫り込まれた鋳型は，九州大学筑紫地区遺跡出土鋳型(以下では本鋳型)以外に吉野ヶ里遺跡においても出土している(七田編1992・2007)。そこで，吉野ヶ里遺跡出土鋳型と本鋳型との比較を行い巴形銅器鋳型の特徴をまとめておく。吉野ヶ里遺跡で出土した鋳型は巴形銅器の表面を彫り込んだ鋳型であり，本鋳型は裏側を彫り込んだ資料である。したがって，本鋳型は巴形銅器の裏側が彫り込まれた初めての資料となる。吉野ヶ里遺跡出土鋳型には復元全径14.5 cm，復元座径7.8 cm，左振り7脚，截頭円錐座とされる巴形銅器が彫り込まれている。法量は異なるが脚数，脚の振り方向，座の形状など本鋳型と類似する点は多い。しかし，鋳型の断面形，平面形を比較すると，大きく異なる様相を示している(図149)。吉野ヶ里遺跡出土鋳型の断面形は中心部が厚く蒲鉾状の円形を呈した形態であるが，本鋳型の断面形は側面の直線が長く，長方形を意識しているようである。さらに平面形では吉野ヶ里遺跡出土鋳型はほぼ円形であるのに対し，本鋳型は正方形に復元できる。したがって，両者の鋳型を上下に組み合わせた場合，緊縛することが困難であり，これまで出土している2点の鋳型同士は組み合うものではない。そこで，第2章でまとめた鋳型から捉えた青銅器生産体制の復元のなかにこの様相を位置付けるならば，吉野ヶ里遺跡では吉野ヶ里遺跡に

おける青銅器製作技術が存在しており，その製作技術は本鋳型が出土した春日丘陵東部とは異なる製作技術であったことが想定できる。ここでは巴形銅器の断面形や平面形の様相から，吉野ヶ里遺跡出土鋳型を上下に組み合わせた巴形銅器の製作方法を吉野ヶ里タイプとし，本鋳型のような長方形を意識した鋳型を上下に組み合わせる方法を九大タイプとして仮称しておく。今後，資料の増加によって更なるタイプの追加の可能性は存在するが，現状では巴形銅器の製作地は複数ヶ所存在し，それぞれの製作地で細かな点で製作技法が異なっていた点を指摘しておく[10]。

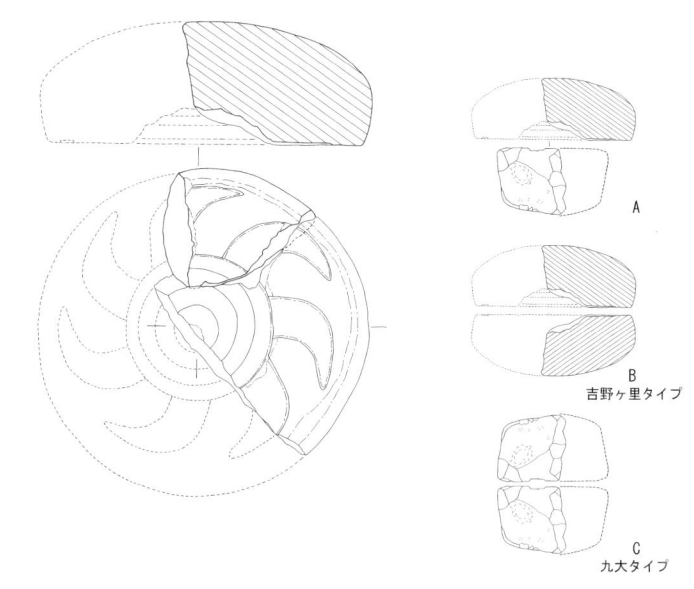

図149 吉野ヶ里遺跡出土鋳型(S = 1/3)

5. 小　結

ここまでの調査検討の結果，九州大学筑紫地区遺跡出土の鋳型は巴形銅器の裏面が彫り込まれた石製鋳型であり，その鋳型を用いて森広天神遺跡出土の巴形銅器3点を鋳造していたことが判明した。鋳型と製品が一致した調査の結果，3点の製品は確実に同笵関係にあることが判明し，3点の鋳造順序を復元することも可能となった。また，九州大学筑紫地区遺跡出土巴形銅器鋳型と吉野ヶ里遺跡より出土した巴形銅器鋳型を比較すると，平面形や断面形が異なっており，第2章でまとめたようにそれぞれの製作地によって，鋳型の加工方法が異なる点が明らかとなった。次に鋳型と製品が一致した成果から導き出される巴形銅器の製作方法について考察する。

第3節　巴形銅器の製作方法の復元

1.　土製内型の採用

巴形銅器の鋳型は九州大学筑紫地区遺跡出土鋳型と吉野ヶ里遺跡出土鋳型，那珂遺跡出土鋳型の

---

10) 本章の註1でも述べたが，正式な報告書は刊行されていないものの，2009年に那珂遺跡より新たな巴形銅器の鋳型が発掘された。詳細は報告書の刊行を待つが，筑紫地区出土資料と同じく脚裏面が彫り込まれており，鋳型は方形を呈することから，九大タイプに相当する。第2章での検討でも明らかになったように，那珂遺跡は福岡平野東北部に位置しており，春日丘陵東部と同様，須玖遺跡群からの影響下で製作されたものであろう。

3点であることはすでに述べた。しかし，那珂遺跡出土鋳型は正式報告されていないことから，ここではそれ以外の2点の鋳型とこれまでに出土している製品の観察から巴形銅器の製作方法について復元を行いたい。

2点の鋳型の出土から，少なくとも北部九州では巴形銅器の鋳型は上下ともに石製鋳型であることが判明した。その結果，次は座の部分である内型をどのように鋳造したのかという点が問題となる。そこで，これまで出土している製品の内側の観察を行った。なかでも内側の状況が特徴的で鋳造方法の推定が可能である資料として海津横馬場遺跡（福岡県高田町）出土の巴形銅器（図140-9）を取り上げる（進村・宮地編2005）。この資料は半球座の左捩り6脚の巴形銅器である。脚の3本は一部欠損しているが，全体の残りはよい。調査では座の器壁の厚さを計測した。その結果，図上の左側と右側で座の器壁に厚さの違いがあることが判明した。左側では器壁が約2 mmであるのに対し，右側では約3 mmの厚さであった。なお，脚部分やその他の点には上下の鋳型がズレた形跡は認められなかった。その結果から，著者は内型のみを別作りにして，上下の石製鋳型の間に挟み込む方法を復元する。器壁の厚さが左右で異なっていたのは，上下の鋳型とは別に内型のみがズレた結果であると想定する。

さらに鋳型と製品の一致という事実と，同笵巴形銅器の観察から，内型が土製であることが判明した。先述したが3点の巴形銅器の裏面を観察すると，鈕の形態がそれぞれ異なることが判明する（図145）。鈕孔付近は，鋳造後の研磨や使用によって，それほど大きな改変を受けていないと考えられることから，鋳造時の内型の形態を比較的よく残している。そして，鈕の形態が3点の同笵品で異なるという事実から，鋳造ごとに内型を作り替えており，さらにはその材質が石製ではなく，土製の真土状の内型であったものと考えられる。内型の存在には異論はないであろうが，内型の材質が石製か，土製かについては疑問も存在しよう。これについては，内型が石製であるならば，同じ内型の再利用が可能であるはずであり，その結果，鈕の形態は3点とも一致しなければならない。なぜなら内型が破損でもしない限り，鋳造ごとに石製の内型を作り直すとは考えられないからである。また，これまで北部九州における青銅器生産において，内型を必要する銅矛の生産では，土製の内型を採用しており石製の内型を使用した事例は確認できない。このような点から，土製内型の使用を裏付けることができる。

2. 湯口の付設位置の復元

次に座の器壁の厚さと鈕孔方向に着目して，湯口の付設位置を想定したい。巴形銅器の湯口については製作実験を行った遠藤喜代志氏らが方保田東原遺跡（熊本県）出土巴形銅器を観察した結果，隣接する脚2本の先端部分に湯道を切断した部分ではないかという箇所を確認した（遠藤・増本2005）。遠藤氏らが復元実験を行った際にも，湯道を決断した箇所にも同様の痕跡が認められたことから，巴形銅器の湯道は脚先端部に接続しその後鋳型の側面部へ伸びるものと考える。九州大学筑紫地区遺跡出土の本鋳型の場合は，脚の彫り込みと鋳型の側面との距離が短いことから，鋳型の上端面に湯口が設置されていた可能性がある。そこで，同笵巴形銅器の観察を通じて，どの脚端部に湯口が

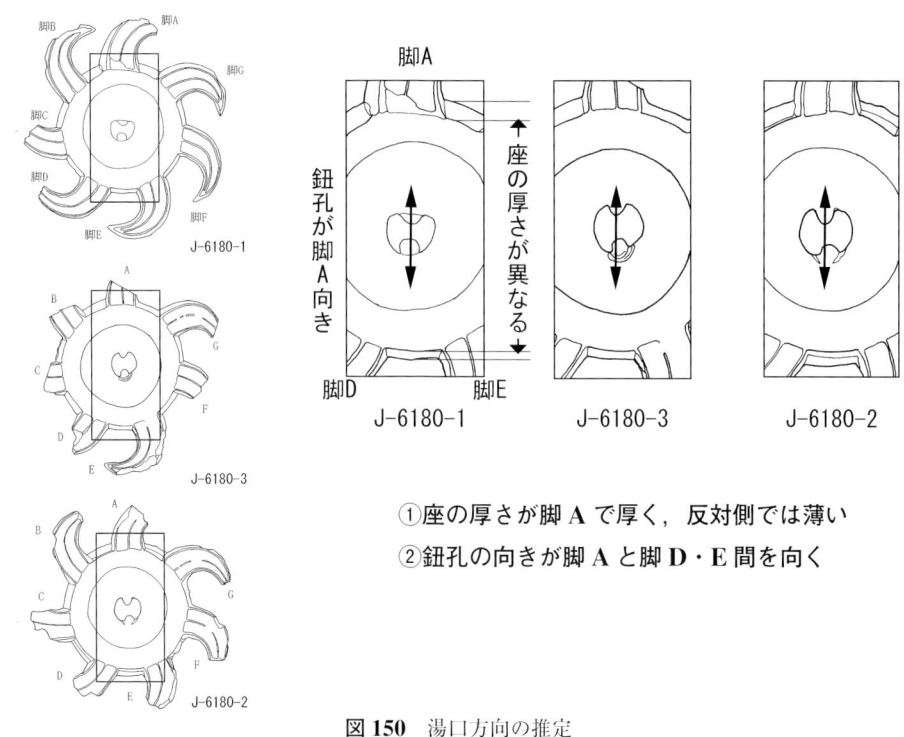

第 4 章　巴形銅器から捉える弥生時代青銅器の生産体制　　　261

①座の厚さが脚 A で厚く，反対側では薄い
②鈕孔の向きが脚 A と脚 D・E 間を向く

図 150　湯口方向の推定

付設されたのかを復元する。まず，座の器壁の厚さに注目する。J-6180-1 の場合，脚 A と座との接合部分付近では，座の器壁の厚さが約 5 mm であるのに対し，鈕孔を挟んで反対側の脚 D・E 間の座との接合部分付近では，座の器壁の厚さが約 2 mm である（図 150）。これは内型の径が外型の径に対し，やや小さかったことにも由来するであろうが，脚 A から脚 D・E へ向かって湯が流れたため，内型がズレた結果であると理解できる。他の J-6180-2 や J-6180-3 でも同様であり，脚 A 付近の方が脚 D・E 付近の座の器壁より厚いようである。こうした器壁の厚さの違いが同笵品 3 点において一致しているという点から，脚 A 付近に湯口が設置された可能性が高いと考える。すなわち，座の器壁の違いが，内型のズレに起因し，そのズレが湯口との位置関係を提示すると推定できる。

　次に，鈕孔方向との関係にも注目したい。拙稿（田尻 2008）でも指摘したが，巴形銅器の製作技法は小形仿製鏡の製作技法の影響を受けて成立し，両者には共通点が認められる[11]。そこで，湯口の付設位置についても小形仿製鏡の製作技法と比較し，先程導いた脚 A 付近に湯口が設置された可能性が高いという結論について論証したい。方法としては，小形仿製鏡研究で明らかになった湯口の付設位置から仮説を提示し，その検証を行う。すわなち，「小形仿製鏡の製作技法と巴形銅器の製作技法が類似しているのであれば，湯口の設置痕跡についても，小形仿製鏡で確認できた痕跡と，巴形銅器の湯口痕跡は類似しているはずである」という仮説である。

---

11) 小形仿製鏡の製作技法と共通する点については，拙稿（田尻 2008）では，以下の 3 点にまとめていた。1 つは同一の製作地であること，もう 1 つは形態的特徴が類似していること，最後に文様変化の方向が類似していることである。

小形仿製鏡における湯口設置の痕跡については，第3章や拙稿(田尻2003)でまとめている。そこでは，湯口は鈕孔方向に付設され，湯口の反対方向にある製品の鋳上がりはよく，湯口付近の鋳上がりは不鮮明になるということが確認できている。そこで，これらの特徴の有無を，今回の巴形銅器についても確認したい。3点の巴形銅器の鈕孔方向が一致している点は同笵品の認定を行う際に既述しており，鈕孔方向は脚Aから脚D・E間に貫通している。また，鋳造順序の推定を行う際，脚裏面の突線表現の鋳出しが悪くなる箇所は，脚Gであり，脚Aに隣接する箇所であった。このような観察結果から，巴形銅器においても湯口は鈕孔方向に設置され，湯口付近の文様の鋳上がりが悪くなっている点が確認でき，器壁の厚さの検討から導き出した脚A付近に湯口が設置されていたであろうという結論と一致する。残念ながら九州大学筑紫地区遺跡出土の鋳型は，脚Eと脚Fが彫り込まれた部分のみしか残存しておらず，湯口部分は未発見である。

3. 脚の彫り込み技法の細分と鋳型材質

　研究史で述べた赤塚次郎氏の着目点を踏襲しつつ，製品と鋳型が一致した事実と，鋳型材質との関係をまとめ，巴形銅器の脚部の彫り込み技法と鋳型材質によって3つに区分する(図151)。
　彫り込み技法①は脚の大部分を下の鋳型(裏面鋳型)に彫り込む(赤塚：鋳型B古式)方法であり，北部九州において外型に石製鋳型を用いる製作技法である。吉野ヶ里遺跡出土鋳型と九州大学筑紫地区遺跡出土鋳型の存在から設定できる。さらに，今回の製品と鋳型が一致した調査の結果，鋳型の脚部の彫り込みに製品を重ね合わせると，製品が彫り込みに収まってしまい，脚の上面と鋳型の彫り込み面が一致してしまった。このことは，上鋳型には脚部の彫り込みはなく，座の彫り込みだけでよいことを示している。したがって，彫り込み技法①は，さらに2つに細分することができる。下鋳型のみに脚部を彫り込む方法を彫り込み技法①Aとし，吉野ヶ里遺跡出土巴形銅器鋳型から復元される上鋳型にも浅めの脚を彫り込む方法を彫り込み技法①Bとする(図152)。
　なお，この彫り込み技法①Aと①Bの関係は，製作地の違いに起因する可能性がある。先述したが，吉野ヶ里遺跡出土鋳型と九州大学筑紫地区遺跡出土鋳型の平面形と断面形の比較から，吉野ヶ里タイプと九大タイプの製作方法に区別できる可能性を前節で指摘していた。断面形が蒲鉾状を呈し，平面形が円形の鋳型を吉野ヶ里タイプとして，断面形が長方形，平面形が正方形の鋳型を九大タイプとして仮称していた。さらに，第2章でまとめたように，吉野ヶ里遺跡には鋳型の加工に関する独自の製作技法が存在することも指摘している。このような観点から，この彫り込み技法の細分も，製作地の違いとして把握できる可能性があろう。
　彫り込み技法②は脚を上下の鋳型(表面鋳型)に彫り込む(赤塚：鋳型A)方法であり，瀬戸内以東において外型に土製鋳型を用いる製作技法である。これは赤塚氏の朝日遺跡出土巴形銅器の観察所見の結果導き出された製作技法である。脚断面が扁平な六角形になる。
　彫り込み技法③は脚の大部分を上の鋳型(表面鋳型)に彫り込む(赤塚：鋳型B新式)方法であり，同じく瀬戸内以東において外型に土製鋳型を使用する製作技法である。脚断面が上辺の短い台形になる。
　この3つの技法と鋳型材質との対応関係を示したのが，表24の分類である。これまでの青銅器

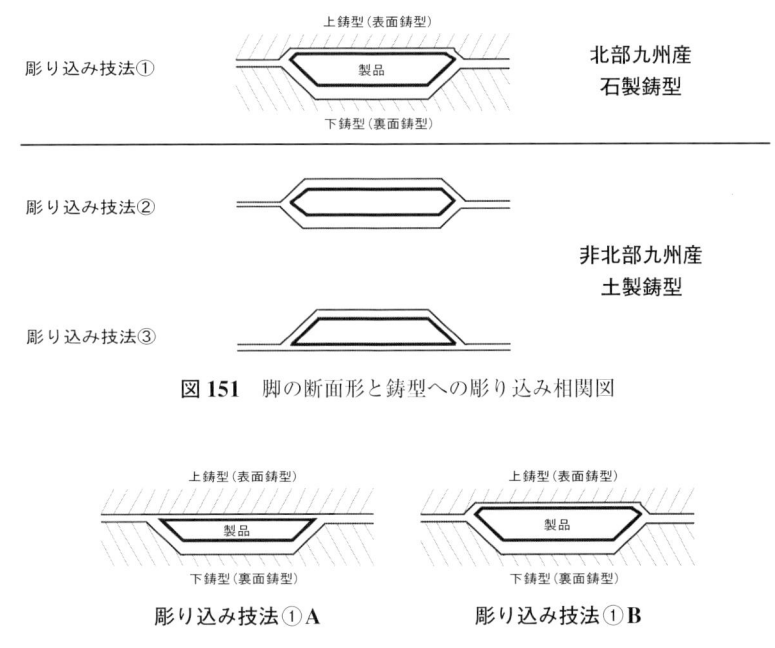

第 4 章　巴形銅器から捉える弥生時代青銅器の生産体制　　　263

図 151　脚の断面形と鋳型への彫り込み相関図

図 152　彫り込み技法①の細分

　研究によって，弥生時代後期の近畿地方においては基本的に石製鋳型による青銅器生産は行われておらず，土製鋳型による製作が中心であったことが確認されている[12]。そこで，ここでは巴形銅器にもそうした成果を援用し，北部九州産の石製鋳型による製品と，非北部九州産の土製鋳型による製品が存在し区分できる点を指摘する。後藤氏によって近畿以東で出土する巴形銅器は，北部九州で出土する製品と鈕の形態が異なる点が指摘されてきた。その成果に基づき製作地の違いに関しても異なるのではないかと

表 24　巴形銅器分類案

鋳型材質	座	文様	彫り込み技法	製作地
石製鋳型	扁平座	櫛歯文	①	北部九州
		無文		
	半球座	綾杉文		
		凸線		
		無文		
	截頭座	綾杉文		
		凸線		
		凹線		
		無文		
土製鋳型	半球座	無文	②③	非北部九州
	截頭座	凸線		

の指摘も行われてきた(後藤 1986)。著者はさらにその違いは，製作地の違いに起因する鋳型材質の違いとしてまとめることができるのではないかと考える。そのように考えた場合，巴形銅器の製作の拡散の様相について以下のような仮説を提示できる。
　北部九州において石製鋳型により製作していた巴形銅器は，瀬戸内以東に伝播したが，製品のみの伝播であったため製作技術に関する情報は十分に伝達されなかった。すなわち，瀬戸内以東では脚部を裏面(下)鋳型に彫り込む技法が伝わらず，上下の鋳型に脚部を彫り込む(彫り込み技法②)方法や，

---

12)　銅鐸の研究では扁平鈕式以降に土製鋳型の使用が指摘されており(難波 1986 ほか)，小形仿製鏡では基本的に土製鋳型による製作であると指摘している(田尻 2005)。

表面(上)鋳型に脚部の大部分を彫り込む(彫り込み技法③)方法を採用し，瀬戸内以東で用いられていた土製鋳型によって製作を行った。その後の古墳時代巴形銅器は北部九州の製作技法ではなく，瀬戸内以東で採用された表面鋳型に脚部を彫り込む(彫り込み技法③)方法で製作されることとなる。

　この仮説が成り立つのであれば，上述した鈕の形状が北部九州出土のものと異なるとされていた点，また，瀬戸内以東の製品は上ノ平遺跡出土例を除いて全て脚裏面は無文である点も表側の情報のみの伝播の結果であるのかもしれない。上記の仮説を検証するためには，非北部九州産の巴形銅器の詳細な観察が必要である。彫り込み技法①は本鋳型の報告で確認できるが，彫り込み技法②③の技法が土製鋳型使用であるとする点についてはまだ十分に検討しなければならない。現状では可能性の提示に留めるが，これまでの分類案とは鋳型材質と彫り込み技法を加えた点で明確な区分ができるのではないかと考える。

4. 鋳型の復元

　これまでの成果から，九州大学筑紫地区遺跡より出土した鋳型の復元を行うことができる(図153)。鋳型にJ-6180-1を重ね合わせた状態で鋳型の輪郭線を反転復元し，方形に復元した。また，脚A

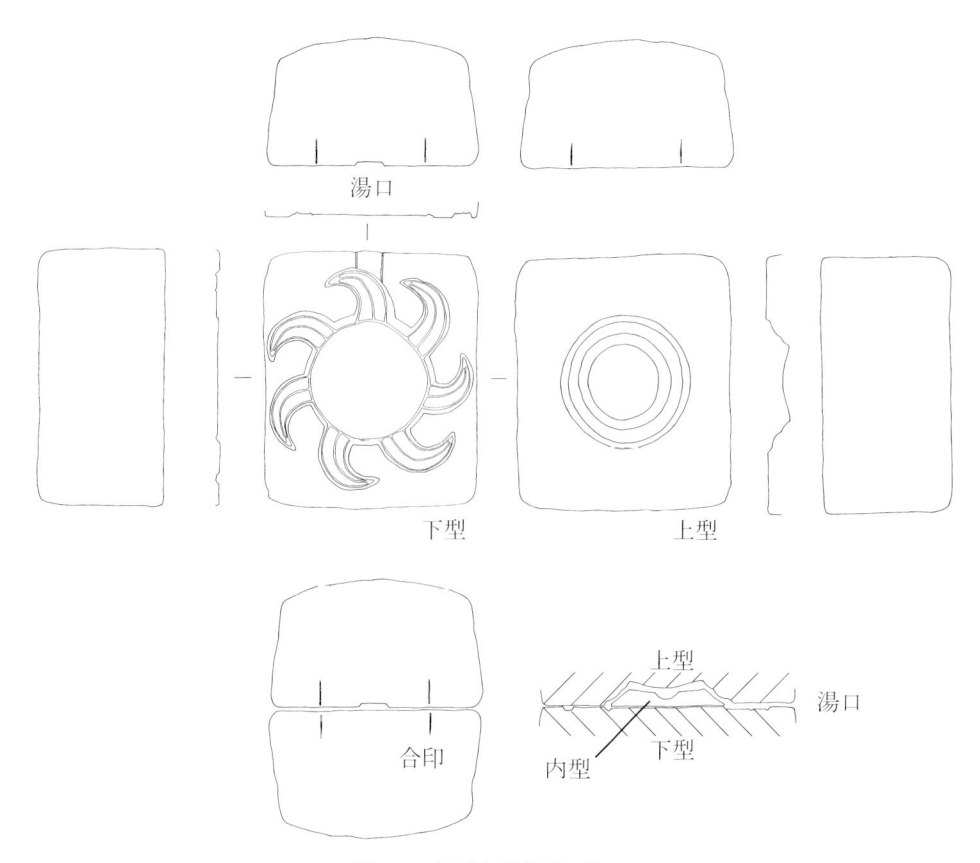

図153 巴形銅器鋳型の復元

には湯口を付設した。湯口の幅や深さは，他の遺跡から出土した湯口が残存する鋳型を参考にしている。湯口の左右には，上下の鋳型を重ね合わす際に目印となる合印が彫り込まれていたであろう。上型には，上述したように，座の部分の円形の凹みしか彫り込まれていない。上下の鋳型を重ね合わせ，土製内型を挟み込んで鋳造を行うと復元した。この場合，内型がズレるので，何ヶ所かのスペンサー状の型持たせが必要になる。もしくは，内型と下鋳型に引っかかりをつけていたのかもしれない。内型の固定に関しては，今後の課題とする。

　なお，鋳型の復元を行った際に気付いたことであるが，脚Cと脚Gの先端部分が鋳型の左右側面に近接している。復元では，脚先端部分を完結しようとしているが，実際は左右側面に抜けて，ガス抜きとして機能していた可能性もある。これは銅戈が彫り込まれた鋳型によく認められる例であり，銅戈の胡の先端部分を鋳型側面へ抜けるように彫り込んでいる[13]。鋳型の側面に抜ける彫り込みが，機能としてのガス抜きであるかどうかの基本的な議論もあるが，そうした可能性も指摘しておきたい。

5. 小　結

　ここでは製品と鋳型の観察結果から，巴形銅器の製作方法を解明し，土製内型の採用，湯口設置位置の推定，脚部彫り込み技法の細分と鋳型材質の対応関係を明らかにし，巴形銅器鋳型の全体像を復元した。破片資料しか出土していなかった鋳型から，全体像を復元し，またその製作方法が明らかになった点は青銅器生産の実証的な解明となる。そうした復元過程のなかで，九州大学筑紫地区遺跡が所在する春日丘陵東側と吉野ヶ里遺跡での製作技術の違いが明らかとなり，第2章の鋳型の加工痕の分析で組み上げた製作地間の関係について別の面から補完することができた。以下ではこれまでの巴形銅器の製作技法の検討から導き出された結果に基づき，巴形銅器の分類と変遷についてまとめる。

第4節　巴形銅器の分類と変遷

　さて，上述した脚部彫り込み技法と鋳型材質の対応関係を明らかにした分類案に基づき，石製鋳型を用いた北部九州産の巴形銅器の起源と変遷について述べたい(図154)[14]。著者はまず柳田康雄氏が指摘した扁平座の東宮裾例を最古にする説(柳田1986)を支持する。柳田氏は副葬された甕棺を根

---

13) 三雲屋敷田出土広形銅戈1点(高橋1925)，那珂八幡遺跡出土中広形銅戈鋳型1点(水野ほか1953)，高宮八幡宮蔵広形銅戈鋳型1点(力武・後藤1990)，大南遺跡出土広形銅戈1点，伝八田遺跡出土中細形銅戈鋳型4点(下條1977；下條1989；常松1998)，多田羅遺跡出土広形銅戈1点(後藤編1978)，吉木遺跡出土中広形銅戈鋳型1点(淡崖1887)，櫟ノ木遺跡出土中細形銅戈鋳型1点(文化財保護委員会1959)，柚比本村遺跡出土中細形銅戈鋳型1点(渋谷編2003)，江島出土広形銅戈鋳型1点(藤瀬1997)などの事例が確認できる。

14) ここでは石製鋳型を用いた北部九州産の製品を対象にしておく。瀬戸内以東の製品は数が少量であり，変遷案を提示するにはサンプル数が少ないようである。

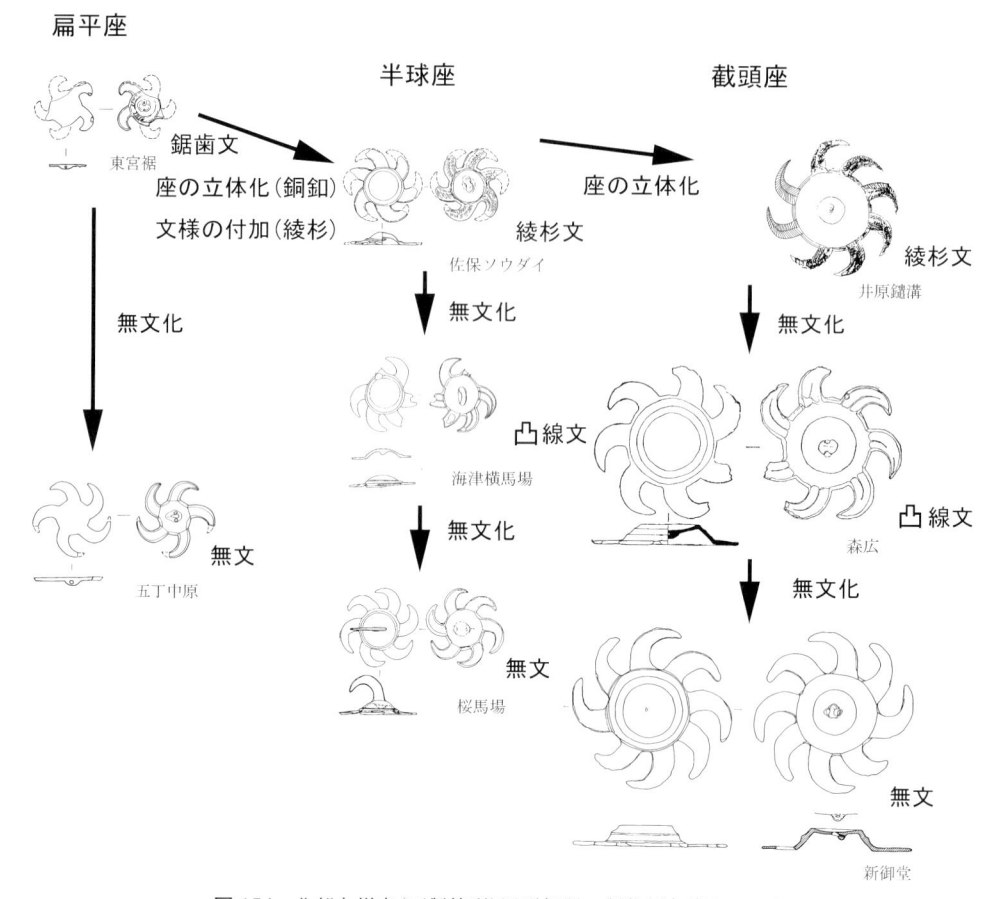

図 154　北部九州産(石製鋳型)巴形銅器の製作編年案(S = 1/5)

拠の1つにあげているが，さらに製作方法の面からもこの資料が最古式に相当するのではないかと考える。すなわちこの扁平座の巴形銅器の製作技法は基本的に小形仿製鏡の製作技法と同じであるからである。小形仿製鏡の製作方法は，合わさる鋳型の片方に鏡背面の文様を深く彫り込み，もう片方には平らな鋳型，もしくは彫り込みの浅い鋳型を用意する。この方法は扁平座の巴形銅器でも採用されており，上記の彫り込み技法①に相当する。小形仿製鏡の製作開始年代を著者は後期初頭と考えていることから[15]，扁平座の巴形銅器と小形仿製鏡が同様の製作技法で製作され始めたのではないかと考える。また，東宮裾例の巴形銅器には小形仿製鏡に認められる櫛歯文が施されており，高橋徹氏が指摘しているように巴形銅器の起源としても関係がある可能性がある(高橋1994)。その後，多くの先学が指摘しているように銅釦の影響を受け座が立体化し，また綾杉文の付加も行われる。桜馬場遺跡出土の半球座の巴形銅器の副葬時期が後期前半新段階の古いところとする時期を定点とするならば，比較的早い時期に座の立体化が進んだものと考えられる。半球座と截頭円錐座の関係は先述したように小型品と大型品というサイズカテゴリーに分かれることから，並列した関係を想定したい。脚裏面の文様の無文化が半球座でも截頭円錐座でも同様に認められることも並列す

15)　第3章及び拙稿(田尻2003・2004)を参照。

る根拠とする。しかし現状では截頭円錐座が直接的に扁平座から創出されたのか，半球座の最古段階を経て成立したのかは不明であるため，両者の可能性を提示しておく。

　この巴形銅器の変遷案は，同時期に製作された小形仿製鏡の変遷方向と基本的に類似している。小形仿製鏡の文様変遷は基本的にモデルとなった漢鏡の模倣，省略であり，文様の単純化としてまとめることができる。巴形銅器の文様変遷も複雑な文様から単純な文様へと変化しており，こうした変化は弥生時代後期の北部九州における青銅器生産の方向性を示していると考える[16]。

第5節　巴形銅器の生産体制

　ここまで九州大学筑紫地区遺跡出土巴形銅器鋳型と東京国立博物館蔵森広天神遺跡出土巴形銅器が一致したという経緯報告と，そこから導き出された巴形銅器の製作技法について述べてきた。そこで，以下では北部九州産の巴形銅器が瀬戸内の森広天神遺跡で出土したという事実から，北部九州産巴形銅器[17]の生産と流通についてまとめていきたい。

1.　消費地側の様相

　森広遺跡群は，香川県さぬき市寒川町石田に位置する弥生時代の集落遺跡である。阿讃山脈から北側に伸びる丘陵がいくつかあり，また丘陵間には多くの河川が流れている。森広遺跡群はそうした河川の1つである栴檀(せんだん)川の東岸微高地上に位置している(図155)。弥生時代前期・中期に関しては集落の様相は明確ではないが，後期になると数多くの遺跡が検出されている。巴形銅器が出土した遺跡は，地元では森広天神遺跡と言い，また住居群が検出され扁平鈕式袈裟襷文銅鐸片が出土した加藤遺跡(香川県教育委員会1979)，住居群と墓域が確認された石田高校校庭内遺跡(山本1997)や，森広遺跡(山本ほか1997)などが森広遺跡群として認識されている。全体として，森広遺跡群は東西約400 m，南北約800 mの弥生時代後期における大規模集落であると想定されている。さらに栴檀川を越えた西側の丘陵には，平形銅剣が3点出土した石田神社や住居群が検出された布勢遺跡が存在し，また，森広遺跡群の南側の丘陵上には，終末期に相当し方形墳丘墓であるとされる極楽寺墳墓群が確認されており(片桐1998)，周辺にも遺跡が広がって存在している。

　巴形銅器が出土したのは，栴檀川が西側へ蛇行する付け根に位置する森広天神社の境内東側であるとされる。現在は畑になっており，明確な出土位置は判明しない。1911(明治44)年5月26日に，石田村の白井重左氏が，田畑の開墾中に発見したそうである(杉原1972)。森広天神は前方後円墳であるとも言われ，現在も若干の高まりが存在している。以前は古墳の石室に使用していた可能性のある石材が，境内の高まりに確認できたそうであるが，著者が現地へ行った際には視認すること

---

16)　本来であるならば，この変遷案に副葬された甕棺や共伴土器の検討から製作年代の付与を行わなければならないが，上述したように現状では時期を絞り込むことが難しい。今後の鋳型資料の増加を待ちたい。

17)　拙稿(田尻2008)において，石製鋳型を使用し，脚の彫り込み技法①を採用する弥生時代の巴形銅器を，北部九州産巴形銅器として把握した。

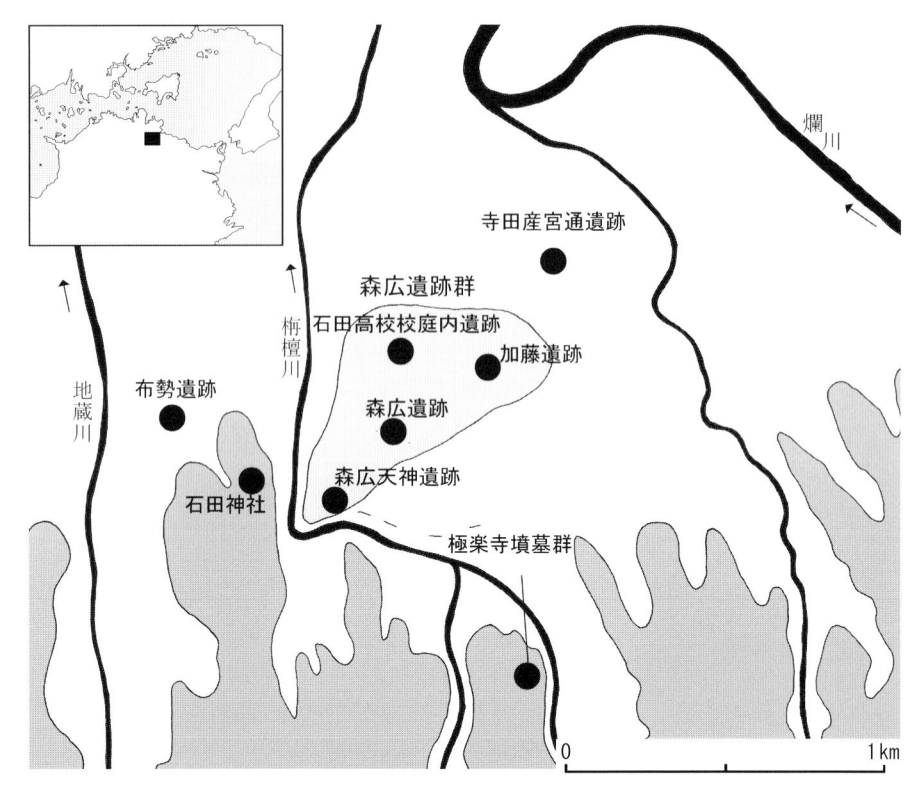

図 155　森広天神遺跡周辺図

はできなかった。墳丘と想定される高まりの東側縁付近が，巴形銅器の出土地であったらしい。巴形銅器の出土に関しては，1931(昭和6)年に刊行された『石田村史』に，以下のような記述がある。

「先年巴形の銅器を此畑地の東北隅，即ち前方部の最端にて発見されたりという。当時の談によれば，最初2個出でたれど，夫(それ)は鍬のために微塵に破壊され，其次に8個顕はれし中に，完全なるは1個にて，他の7個は悉く釣手欠損したりという。現に東京上野の博物館内に陳列されたるはこの8個なり。」(著者現代仮名へ一部変更)

この記述から，森広天神遺跡では，8点以外にさらに2点の巴形銅器が当時出土しており，最低でも10点もの巴形銅器が存在していたことになる。また，1966(昭和41)年に写本・刊行された『石田村古蹟考』の中にも同様な記述が認められる。

「例の銅器は即ち此畑地の東北隅で前方部の最端にあたる所にて採土の際，偶然にも同一地点から一時に発見したというのであるけれど，夫(それ)が如何なる状態で埋没していたのかこの点の不明なのは返す返すも遺憾の至りである。しかも，里人の話では最初は二個出たが，夫(それ)は鍬の為に微塵に破壊されて仕舞い，其次に八個顕れた中に完全なのは一個で，他の七個は悉く釣手の欠損していたという(東京博物館内に陳列してあるのは即ち，此の八個である)。然るに土を採った跡の断層面を見ると地下三尺内外の地層中に埴輪や陶器の破片が無数挟まっているのは，明らかに第二次的のあとを

示し，後世鍬の入りしを想像せしむか，或いは彼の銅器の出土点は此鍬の入りし地点—土器片の包含層以下に於いて発見されたものと推測せねばならぬ。」（著者現代仮名へ一部変更）

『石田村古蹟考』の原本は1922（大正11）年に執筆されたそうであり[18]，出土点数に関しては『石田村史』とほぼ同様に，最初に2点，その後8点の出土であるとされる。『石田村古蹟考』では，筆者である大内岩太郎氏による土層観察記録が記載されており，隣接する古墳との関係や，出土した地下1m（原文では地下三尺内外）の地層の状態が記載されている。大内氏は，地下1mまでは隣接する古墳の埴輪片や土器片が出土したことから，二次堆積土であり，その堆積土から出土したのか，あるいは巴形銅器は地下1mよりさらに下層から出土したのではないかと推測している。なお，杉原氏の記述では，出土地点の深さが地下一尺とされており（杉原1972）相違する[19]。森広天神遺跡は森広遺跡群のなかでも東端に位置し，梅檀川に近い。したがって，森広遺跡群の中心地からは若干離れた集落の縁辺部と考えられる。10点もの巴形銅器がそうした集落の縁辺部から出土するというのは，やはり埋納されていたと考えることができるのではないだろうか。

次に森広遺跡群周辺の青銅器の流入状況を捉えてみる。森広遺跡群内では，上記したが遺跡の中央部からやや東側の加藤遺跡から，扁平鈕式6区袈裟襷文銅鐸に復元できる青銅破片が包含層より出土している。破片は7片確認され，鋳掛けの足がかり[20]が確認できる破片もある。周辺の遺構の時期は弥生時代後期と報告されている。森広遺跡群の範囲に含めるかどうか疑問もあるが，梅檀川の西岸には平形銅剣Ⅱ式が3本出土したと言われる石田神社が所在する。また，森広遺跡群の東北側には，寺田産宮通遺跡が所在し，後期後半から古墳初頭に比定される土製鋳型で製作された非北部九州産の小形仿製鏡が1面出土している（西村2003）。現状で，森広遺跡群の周辺を含めた青銅器の流入状況を捉えてみたが，近畿産の銅鐸や，北部九州産の巴形銅器，四国北岸に多く分布する平形銅剣，非北部九州産の小形仿製鏡という具合に，様々な地域から青銅器が流入している様相が把握できる。

北部九州の後期に生産されたと考えられる中広形銅矛の一部や広形銅矛や銅戈，また小形仿製鏡などは，この森広遺跡群周辺では出土しない。近年，丸亀平野に所在する旧練兵場遺跡から北部九州産の内行花文系小形仿製鏡が出土しており（森下2006），この資料が唯一であろう。したがって，北部九州産の森広天神遺跡出土の巴形銅器8点は，極めて異色な存在である。

2. 製作地と流通の様相

過去の文献から，森広天神遺跡では10点ほどの巴形銅器が出土していたことが明らかとなった。

---

18) 『石田村古蹟考』は1922（大正11）年に書かれたが，大内氏がいつ土層断面を観察したのか不明である。
19) 開墾用の採土の際の出土なので，大内氏の言う地下1m（3尺）は深すぎるような気もする。その場合，杉原氏の記述している約30cm（1尺）が適切かもしれない。しかしながら，大内氏がどの段階で土層断面の確認を行ったのか不明であるため，何とも言えない。巴形銅器が出土した際，もしくは直後に確認しているのであれば当時1mほどの採土を行っていたのであろう。
20) 鋳掛けの足がかりについては近藤喬一氏の研究がある（近藤1970）。

そのうち現存している8点の巴形銅器は，3点と5点[21]の同笵品であり，セット関係をもっていると言えよう。破砕されてしまった2点が，現存する3点と同じ製品であれば，5点と5点の同笵品であった可能性もある。しかし，その2点については現存しておらず，これ以上推察することは無理である。いずれにしても，8点の巴形銅器は3点と5点に区分され，同笵品のセットであることを注目したい。

　これらの巴形銅器は北部九州で製作されたことは明らかである。そこで，流通のあり方を推定したい。3点が同笵品である巴形銅器は，九州大学筑紫地区遺跡出土鋳型で製作されたのであるが，3回の鋳造を行った後，3点をセットにして森広遺跡群まで流通したと考えるのが妥当な考え方であろう。消費地側で3回に分けて同笵品を入手したと考えるより，一括して入手したと考えた方が理解しやすいからである。そうした推察が成り立つのであれば，残りの5点も同じタイミングで入手した可能性が高く，現存していない2点も同様であろう。すなわち10点の巴形銅器は一括して入手したと考えるべきであり，流通段階でも10点がまとまって流通していたと考えられるであろう。

　では，これらの巴形銅器はどこで製作されたのであろうか。九州大学筑紫地区遺跡出土鋳型については，本章第2節の出土状況の検討から，調査区周辺で使用された鋳型が廃棄されたものであろうと結論付けた。先述したが，九州大学筑紫地区遺跡からは青銅器製作関連資料として，中細形銅戈が両面に彫り込まれた鋳型1点と，鋳型石材の転用と想定できる石英斑岩製砥石2点が出土しており，青銅器製作地として認定するには資料が少なすぎることを根拠に，調査区周辺からもち込まれたものであると考えている。九州大学筑紫地区遺跡の東北約1kmには，弥生時代後期の鋳型が出土した瓦田遺跡や行々遺跡が位置している。これらの周辺の遺跡と合わせて，九州大学筑紫地区遺跡は春日丘陵東部における青銅器製作地として捉えることができ，付近で巴形銅器を製作していたと考えられる。九州大学筑紫地区遺跡の北西約3kmには，著名な須玖岡本遺跡群が所在し，青銅器製作地の中心とされる須玖永田遺跡や須玖岡本遺跡坂本地区が含まれる。第2章での検討結果では，鋳型の加工方法が須玖遺跡群を中心に周辺の製作地へいくにしたがって，粗くなることを指摘している。さらに，九州大学筑紫地区遺跡を含む春日丘陵東側の製作地は，鋳型の加工方法が須玖遺跡群と類似していたことから，須玖遺跡群の技術的影響下で，青銅器生産を行っていたことも述べておいた。

　問題は，残りの森広B群の5点の巴形銅器が九州大学筑紫地区遺跡付近で製作された製品であるのか，また，別の製作地の製品であるのかという点である。前者の場合，10点(確実には8点)がまとまって1つの製作地から搬出されたと考えることができる。後者の場合，3点と5点(さらに2点)が別々の製作地で製作され，その後，北部九州の某所でまとめられ搬出されたと考えなければならない。そこで，残り5点の森広B群の脚部断面を観察してみた。これらのB群の脚部断面形態はA群と同じであり，復元される鋳型への脚部彫り込み技法は①Aとなる。したがって，森広B群

---

21) 5点のセットが同笵品であるかどうかについては，杉原氏が形態観察の結果から，同笵である可能性を指摘しており(杉原1972)，著者も観察から同笵品である可能性が高いと判断している。しかし，詳細な計測を行ったわけではないので，今後の課題としたい。ここでは同笵品であるという前提で論を進める。

は吉野ヶ里タイプの彫り込み技法①Bではなく，製作地も吉野ヶ里丘陵周辺ではない可能性が高い。すなわち，B群はA群と同じ製作技法であることから，須玖遺跡群の影響下で製作された春日丘陵周辺の製作地で鋳造されたと考えられる。

なお，前章で検討した小形仿製鏡の流通形態の復元では，複数ある製作地から製品を1ヶ所に集めてから配布するという方法は認められなかった。そこでは，複数の製作地があれば，それぞれの製作地ごとに製品を流通させている形態を復元している。そのような流通形態から巴形銅器の流通を復元するのであれば，森広B群がA群と異なる製作地で製作されたとは考え難い。A群が製作された春日丘陵東部で，B群もまとめて製作された可能性が高い。

こうした生産体制のなかで，巴形銅器の生産を位置付けるならば，森広天神遺跡出土巴形銅器10点（確実には8点）は，須玖遺跡群やその影響下にあった春日丘陵東部の青銅器製作地で製作され，セットにして搬出されたと考えられる。

3. 巴形銅器の消費の様相

次に，巴形銅器全体における森広天神遺跡出土の巴形銅器の位置付けについて言及する。森広天神遺跡出土の巴形銅器は，8点とも截頭円錐座に分類される。北部九州産巴形銅器は，西日本に分布し現状で26点出土している。そのうち截頭円錐座の巴形銅器は，計16点発見されている。この16点の截頭円錐座の半数を占めるのが森広天神遺跡である。截頭円錐座の他遺跡における出土状況を見ると，井原鑓溝遺跡より3点が甕棺の副葬品として出土したとされる以外は，1点ずつの出土である。また，截頭円錐座以外の巴形銅器を加えても，桜馬場遺跡の4点が最多数であり，それ以上の点数がまとまって出土した遺跡は確認されていない。また，多量の巴形銅器を埋納する様相も，他遺跡では確認されていない。すなわち，森広天神遺跡が多量の巴形銅器を埋納していることこそ特異な様相と言える。

森広遺跡群周辺には，各地で製作された青銅器が出土しており，この集落が青銅器の量的拠点[22]であったことがわかる。このような様相をふまえるならば，弥生時代後期段階に，森広遺跡群は北部九州と瀬戸内，近畿地方を結ぶ首長間のネットワーク[23]に組み込まれ他地域と交流していたことが明らかとなるが，さらなる評価については，巴形銅器の出土事例の増加と他の物質文化との関係，森広遺跡群の調査の進展に期待したい。

4. 小　結

これまでの検討の結果，森広天神遺跡へは8点もしくは10点の巴形銅器がセット状態で，九州から運ばれてきた可能性が高いことが判明した。また，巴形銅器の製作技術の検討から，須玖遺跡

---

22) 吉田広氏は，全体像の把握はできないが森広遺跡群の周辺から出土した他の青銅器からは，後期を通じて，森広遺跡群を祭祀的拠点として位置付けることも可能であるとしている（吉田2006）。
23) 弥生時代後期段階には社会の複雑性がある程度高まっており，首長制社会であったとされる（田中2000；溝口1998ほか）。各地の首長を通じて，森広天神遺跡の巴形銅器がもたらされたと考えられる。

群の影響下にある青銅器製作地でこれらの製品は製作されていたことも明らかになった。さらに流通形態の復元を通じて，8点もしくは10点の巴形銅器は同一の製作地で製作された可能性が高いことが指摘できた。受け取った消費地側では，これらの複数の製品を分散させたり周辺の有力首長などに配布することなく，まとめて埋納している。九州で出土する出土事例とは異なる取り扱い方をしており，配布者側の意図と異なっていた可能性がある。「問題点6　鋳型と製品の一致」という課題が本章において解決できた。

第 5 章

北部九州弥生時代青銅器における生産体制

　ここまでの検討により，北部九州における弥生時代の小形仿製鏡と巴形銅器を中心とした青銅器生産と流通に関して一定の成果を示すことができた。そこで，本章では，北部九州における青銅器生産体制全体の解明を行うこととする。第 1 章でも述べたが，ここで用いる生産体制とは，具体的な生産組織の管理形態として捉えており，生産組織は，①技術を保持する製作者，②生産用具（道具），③原材料，④製作場の有機的な結合で構成され，それらの諸要素の管理形態の実態として「生産体制」という用語を用いる。そこで，弥生時代の社会において，青銅器生産がどのように位置付けられたのか，製作者やその組織，使用方法や使用者のあり方にまで踏み込んで検討していきたい。また，青銅器生産と同じ金属器である鉄器の生産体制との関係や，鋳造技術で共通するガラス製品生産との関係についても述べる。最後に東アジア諸地域における青銅器生産体制に関するモデルと北部九州青銅器生産体制モデルとを比較し，北部九州弥生時代の青銅器生産の特色を明らかにする。

第 1 節　製作された青銅器の性格に関する検討

1. 威信財システムと弥生時代青銅器

　まず，ここでは弥生時代に製作された青銅品が，いかなる性格であったのかをまとめ，その製品の性格から生産体制を明らかにする手がかりとしたい。弥生社会で製作された青銅器は，その機能を次第に祭器へと変化したとされる。これらの研究史については第 1 章第 2 節において，副葬品から埋蔵品への変化と大型化する要因をまとめた。しかしながら，その性格に関しては十分に考察できていない。そこで具体的方法として，弥生時代の青銅器が威信財であるのかという点を議論の出発点としたい。なぜなら，弥生時代の青銅器に関して，威信財として機能していたと指摘する論考が存在するからである（春成 2002 ほか）。

　本書で扱う威信財システムとは J. フリードマン，M. J. ローランズ両氏によってまとめられた定義（Friedman and Rowlands 1977）を参考にし，また K. ポランニーの説を受け日本の事例に適応した穴沢咊光氏の「首長は交易を管理しその利益を独占することで富を蓄積し，（中略）珍品を配下や友好関係にある首長層に分配贈与することで，その威信を高め権力を築く」（穴沢 1995）という整理と，河野一隆氏がまとめたもの（河野 1998）を元にする。さらに，近年，辻田淳一郎氏によってまとめられた一連の威信財システムの定義や成立条件についても参考にする（辻田 2001・2005a・b・2006）。そ

こで，威信財システムとは「首長がある物品の生産・流通・使用を管理し，その物品を保持し誇示することや他者に分配贈与することによって自身の威信を高め，その結果他者との関係を確認し，社会全体の安定化をはかるシステム」としてまとめておく。また，このシステムは一度きりではなく，首長の分配贈与が繰り返されることによって，安定化されるという条件も付け加えておく[1]。さらに，威信財システムの作用する社会段階としては，一定程度の階層化が達成され，フリードマンらが指摘するように一定程度の政体が存在するいわゆる首長制社会における適応が求められる(Friedman and Rowlands 1977)。

「威信財」を調べると，春成秀爾氏は M. ゴドリエの説を示しながら「貴重財が威信財に相当する。貴重財は親族関係者の婚礼のとき，近隣集団と和平条約を結ぶとき，通過儀礼や宗教儀式のとき，贈物として流通して個人的に消費される」(春成 2002)としている。春成氏はさらに日本考古学での威信財の例として，縄文時代の翡翠製大珠，弥生時代の青銅武器や南海産貝輪，古墳時代の三角縁神獣鏡をあげている。すなわち，入手困難で貴重なものが威信財であるという考え方である。こうした考え方は，河野氏によって，時代を問わず様々に認められ，汎用・濫用されている傾向があると批判・指摘されている(河野 1998)。

そこで，本書では威信財システムにおいて機能するものを威信財として捉えておく。したがって，須玖岡本遺跡や三雲南小路遺跡出土などの前漢鏡をはじめとする中国鏡群の副葬品は威信財として捉えることができる[2]。しかしながらそのシステムは安定せず，威信財システムの萌芽期という穴沢氏，溝口氏，辻田氏の指摘[3]を支持したい。

次に，弥生時代中期以降を明確に階層化された社会として捉えるか，どうかである。河野氏は近年の傾向として威信財システムが首長制社会のキーワードとして扱われていると指摘している。したがって，この問題は弥生時代中期・後期の社会を首長制社会として捉えるかどうかという問いに変換することができる。弥生時代のどの段階からを首長制社会として捉えるかについては，田中良之氏による人骨資料の検討から，後期段階のある時期から移行していくのではないかとされている(田中 2000)。本書ではそうした指摘を前提とするが，田中氏も指摘しているように過渡期が存在するので，ここでは弥生時代中期末以降を部族社会から首長制社会への移行期として捉えたい。した

---

1) この繰り返される特徴に関しては，辻田氏による威信財システム成立条件②に相当する(辻田 2006)。
2) 岩永省三氏より，威信財は配布するものであるならば，配布者側の手元には残らず，考古学的には製作地とは離れた場所で確認されるのではないかとの御指摘を受け，さらにはそうした一見ランダムに捉えられる分布状況から，いかなる人物の威信を高めるために作用したのかを復元するのは困難ではないかとの御指摘を受けた。したがって，威信財として捉えるよりも髙倉氏(髙倉 1993b ほか)をはじめとする，以前から研究史上で述べられている「権威の象徴」として，中期後半の副葬された中国鏡を捉えた方がよいのではないかと指導していただいた。そこで，著者は威信財システムの定義に配布だけではなく，配布者が物品を保持・誇示するという点を追加し，捉えたいと考える。その場合，本来配布されるべき物品の一部が配布者側の手元に残り，それらは他者との関係において「権威の象徴」として機能し，また残りの配布された物品は配布元の威信を高めるように作用すると考える。中期後半に位置付けられる立岩堀田 10 号甕棺や東小田峰 10 号墓などは配布された側の有力候補である。
3) 舶載中国鏡に関しては威信財システムの萌芽であるとして穴沢氏，溝口氏，辻田氏がまとめている(穴沢 1985・1995；Mizoguchi 2002；辻田 2006)。

がって，次項において各青銅器が威信財として機能しているかどうかの検討を行うが，田中氏の言う社会発展段階の整理からまとめるならば，後期段階には一部に威信財システムが作用している可能性があるということになる。そこで，今一度それぞれの青銅器の分析から，それらがどのように扱われているのか検討を行い，威信財として認識できるか否か確認していきたい。弥生時代に生産された様々な青銅器は，それぞれ威信財として威信財システムに組み込むことができるのであろうか。

以下では，青銅器の器種ごとに使用のあり方と消費行為における階層的上下関係に注目し，検討していく。なぜなら，使用方法の管理徹底と階層性の検討こそが考古学的事象から読みとることのできる方法であると考えるからである。

2. 青銅器の使用のあり方と消費行為における階層的上下関係の検討

（1） 武器形青銅器（銅剣・銅矛・銅戈・銅鏃）

銅剣 北部九州において中期末頃までには生産が終わってしまう。また，副葬品として取り扱われており，基本的に1人1本の副葬である。森貞次郎氏は日本列島における青銅器の流入に関する論考のなかで，細形銅剣の属人的性格を説いている（森1968）。さらに，細形段階の青銅器を，脆弱さと数量の少なさから集落の構成員に対する権威の象徴として使用されたものとしている（森1975）。武末純一氏は細形段階の性格について，墓に埋められる以前の性格についてどのように用いられたか不明であるとしながらも，最終的な扱われ方が墓への副葬であることから，属人的なものであったことを追認している（武末1990a）。

さてこのような背景のもとで，墓群内に銅剣をもつ被葬者ともたない被葬者が存在するが，はたして両者に階層的上下関係が存在したかどうか，青銅器の有無のみで直接的に確定することはできない[4]。吉野ヶ里遺跡（佐賀県）北墳丘墓（吉野ヶ里丘陵地区V区ST1001墳丘墓）からは14基の甕棺墓が検出されており，調査された甕棺墓のうち8基から各1本の細形銅剣が出土した[5]。田中氏や溝口氏はこれらの甕棺墓の性格を，隈・西小田遺跡の分析成果などから，特定の家族集団とは考えず，複数の集団から選抜された人々である可能性を示している（田中2000[6]；溝口1998・1999）。そこでは，階層的な上下関係ではなく，集団内の職掌や達成者としてその墳丘墓に埋葬された可能性を説いている。したがって，銅剣の副葬が全て階層的上下関係を示すものではない。1人1本しか副葬されていないという点からも，被葬者本人が生前使用していた可能性がある[7]。また対馬にお

4） 武末氏は吉武遺跡群の事例を引用し，高木遺跡のなかでも青銅器が副葬された墓壙は他の墓壙より大きく，吉武遺跡群のなかで高木遺跡に青銅器が集中していることから階層的上下関係が存在しているとする（武末1990a）。

5） なお，田中琢氏は吉武樋渡遺跡における墳丘墓内に認められ，武器形青銅器が副葬された人々を戦闘指揮者一族の墓として捉えている（田中1991）。

6） 田中2000は1998年に開催された「基層構造フォーラム」における発表内容に基づいているので，溝口1998・1999より引用を先にしておく。

7） 田中氏より副葬品＝個人財という図式は成り立たないと御指摘を受けた。縄文時代にも同じような現象は認められており，ただ最終的に個人の墓に入れられた可能性もある。

ける「佩用の剣」としての銅剣のあり方を検討した吉田広氏の分析(吉田 2001a・b)も1つの根拠となる。

　銅矛　細形・中細形段階までは基本的に副葬品として取り扱われる。しかし，中広形・広形段階には埋納される[8]。したがって，この両者を一度切り離して取り扱う。細形・中細形段階までは銅剣と同様に個人に属する傾向が強いので，集団内の職掌や達成者の所有物などの可能性を指摘しておく。問題は次の中広形・広形段階の銅矛である。基本的に埋納されるが，武末氏が指摘しているように地域によって副葬されたり，埋納の取り扱い方に違いが生じている(武末 1982)。また，同じ埋納でも集落外の埋納と集落内(本行遺跡)・住居内(重留遺跡)の埋納が存在している。これらの地域的な違いや集落ごとの個別的な差異に関しては，製品を受け入れた側での事情の違いであると理解されている(武末 1982；岩永 1997)。さて，この段階の銅矛に関しては，これまで集団の祭器として取り扱われたと解釈されている。この集団の祭祀に関しては，岩永氏によって研究史がまとめられており(岩永 1997・1998)，銅鐸を含めたこれまでの議論を集団祭祀強化説(田中 1970・1977)と集団祭祀形骸化説(近藤 1966；春成 1982；和田 1986)に区分し，それぞれの問題点を指摘している。岩永氏は形骸化説を取りつつも，北部九州の場合は青銅器祭祀を護持する体制が強かったことから他地域と別の歩みをとったと説明している。この場合，威信財として中広形・広形銅矛が作用したとは考えられない。すなわち，祭祀執行者としての個人の威信を高める個人的な威信財としての扱いではなく，形骸化していく祭祀を何とか引き留めようとするなかでの「祭器」と捉えることができるだろう。祭器を大型化してまでも，集団の中でアピールし，これまでの社会秩序(対外交渉を含む集団関係や環境条件など[9])の変化に対する強迫観念のなかで，銅矛を埋納することのみに嗜癖し，祭祀自体は形骸化してしまっているのではないかと考える。さて，その祭祀執行者が社会の垂直的区分で階層上位者であるかどうか不明である。岩永氏は桑原久男氏や春成秀爾氏，松木武彦氏らの研究(桑原 1995；春成 1984；松木 1997)に対し，青銅祭器の所有主体が特定個人であることを前提に議論が進められていることを批判しており，副葬・埋納される青銅器の管理主体については慎重に分析を行うべきであるとしている(岩永 1998)。

　また，対馬で副葬される事例に関しては，吉田氏によって帰属意識の表明という意味付けがなされている(吉田 2001a・b)。銅矛を北部九州圏の倭人としての姿を示すシンボル的なものとする意味付けであるが，やはり階層的上位者を示すものではない。むしろ，下條氏が以前に唱えた半島と列島の間の交渉者・交易者としての役割(下條 1979a)を想定している。したがって，この場合も銅矛の副葬の有無をもって階層上位者としての区分を示しているものではなく，職掌的扱いが強い。

　銅戈　銅戈の特徴は銅矛とほぼ同じとして捉えることができよう。すなわち，細形・中細までは，属人的性格が強く，多くが副葬される。しかし，その後中細形の一部や中広形・広形へと大型

---

8) 一部に中細形段階からの埋納が認められる(岩永 1994b)。
9) 岩永氏も社会システムの崩壊要因を，自然災害による疲弊と大陸の動乱による外因性のカタストロフとしている(岩永 1998)。

化していくにしたがって，副葬ではなく埋納される量が増加する。広形銅戈の段階は広形銅矛と比較すると出土数量も格段に少なく，生産量は少なかったと推測される。

　銅鏃　銅鏃は近年出土量が増え注目される遺物である。また，その出土量が増加したことに関連して，3型式ほどに分類することも可能である（高田2001）。しかし，出土品の多くは包含層からの出土で，副葬品として扱われた痕跡はほとんどない[10]。銅鏃の分配贈与をもって階層的上下関係が確認されるとは考えられない。

(2) 農工具形青銅器（鋤先・銅鉇）

　弥生時代の青銅器のうち，実用性があった可能性のあるのが鋤先と銅鉇の2器種である。形状からここでは農工具形青銅器として扱う。

　鋤先　農具と明確に用途を限定することはできないが，掘削用に使用された可能性が高い。刃部の形状を見ると，基本的に多くの資料で左右非対称に使用した結果変形している。研ぎ減りとは異なるが，鋤先を地面に突き刺した結果，このように磨り減った形態になったのであろう。鋤先の鋳型が出土していないので，鋳造段階の明確な形状は不明であるが，はじめから左右非対称に製作したとは考えられない。このような形状は，使用された結果生み出されたものと考える。鋤先に関しては，柳田康雄氏によって，祭祀用の土壙（墓穴など）の掘削のための道具という評価が出されている（柳田1977・1980・1985・1989・2002b）。また，森氏は鍬入式のような祭祀で使用する可能性を示している（森1981）。出土状況は門田・辻田遺跡の1例のみが甕棺墓からの出土であった可能性があるが，それ以外は全て包含層や住居跡埋土からの出土である。全ての用途が祭祀土壙の掘削や鍬入式に使用したものであるかどうか不明であるが，階層的な上下関係をもたらすものではなく，やはり祭祀的な意味合いで使用されていたことは確かであろう。

　銅鉇　同じく実用的なものであった可能性が片岡宏二氏によって指摘されている（片岡1996b・1999）。鋤先と同様に刃部の磨り減りが認められ，実際に使用されていた可能性が高い。これまで出土した銅鉇のうち，多くは住居埋土や包含層などからの出土であるが，本村籠遺跡（佐賀県）と釈迦寺遺跡（佐賀県）の2点のみが副葬品として墓から出土した。片岡氏は朝鮮半島に認められる鉇の多くが墓からの出土品であること，また，本村籠遺跡や釈迦寺遺跡などが所在する地域は同時期に，擬朝鮮系無文土器が出土し渡来人の痕跡が認められる地域であることから，被葬者が直接渡来人でなかったとしても興味深い事例であるとして可能性に含みをもたせている。北部九州における特異な事例として捉えられるが，階層的上位者の墓ではないであろう。なお，釈迦寺遺跡では，細形銅剣が同一の甕棺（SJ 279）から出土しているが，出土した銅鉇を観察すると他の鉇と同じように実際に使用している。したがって，青銅製品を他人よりは多く獲得することができた人物であるということのみが指摘できる。

10）　観音堂遺跡（那珂川町）や新町遺跡（糸島市）・鬼神山遺跡（筑前町）において墓壙内などからの出土例が報告されているが，明確な出土状況が不明であり，また事例が少数であることから，銅鏃が副葬品として一般的でなかったことは明らかである。

鋤先は後期の所産で，銅鉇は中期中頃以前に製作[11]されており，製作された時期が異なるが，弥生時代の青銅器のなかで数少ない，形態と使用目的が合致して，実際に使用されたものであろう。銅鉇についても，その所有や使用が威信を確認するためのものではないと考えられる。

(3) 装飾品形青銅器（銅釧・巴形銅器・魚形製品・棒状製品・十字形製品）

銅釧 様々な検討が小田富士雄氏や木下尚子氏，井上洋一氏などによってなされ，型式分類や系譜関係，またモデルとなった製品との関係について言及されている（小田1974：木下1980・1982・1983・1989・1996：井上1989bほか）。いずれも装飾品として扱われており，その所有や副葬が社会的階層関係の表示であるとは論じられていない。

巴形銅器 様々な先行研究があるが，後藤直氏や隈昭志氏などの研究（後藤1986：隈1989）や第4章での検討を参考にすると，装飾的な意味合いの強い製品である。古墳時代における使用方法は，和泉黄金塚古墳の出土例などから盾などの飾りとして用いられたと想定されているが，弥生時代における実際の使用方法は良好な出土事例がなく，今のところ不明である。桜馬場遺跡や東宮裾遺跡からは甕棺墓の副葬品として出土しており，何らかの装飾として使用されたものと考える。

魚形製品・棒状製品・十字形製品 これまで製品が出土しておらず，鋳型のみの出土である。魚形製品の鋳型は，前田遺跡と土生遺跡から1点ずつ出土している。製品がどのように用いられたのか不明であり，位置付けが難しい。同様に棒状製品も鋳型が本行遺跡や吉野ヶ里遺跡から出土しているが，製品の出土がなく詳細は不明である。十字形製品はヒルハタ遺跡出土の鋳型に彫り込みが認められ，鋳型表面が黒変しており鋳造されたと考えられるが，製品が発見されていないため詳細は不明である。魚形製品や棒状製品は，共伴遺物や遺跡の時期から鋳型の年代が中期中頃までにおさまる比較的初期の鋳型である。中期中頃段階のその他の青銅製品の取り扱われ方から推察すると，階層的上下関係が認められる製品ではないであろう。また，十字形製品は後期に位置付けられる鋳型であるが，製品の位置付けを行うには情報不足である。

(4) 鐸形青銅器（小銅鐸・福田型銅鐸）

小銅鐸や福田型銅鐸は出土量が少ないが，いくつかの議論がなされている。多くは包含層や集落域からの出土で，墓に副葬された事例はない。これまで偶然に発見されることが多く，発掘調査で出土した吉野ヶ里遺跡の福田型銅鐸も溝からの出土であった。銅鐸の研究は近畿地方を中心に進んでおり，共同体の祭祀品としての位置付けが行われている。小銅鐸に関しては銅鐸との系譜関係が主な議題となっているが，近年出土例が増えており，十分な検討が行われていないが，悪霊祓いなどのような個々人レベルの祭祀に使用されたのではないかとされている（松井2004）。いずれも階層的上下関係は認められない。

---

11) 道蔵遺跡（大分県）出土の銅鉇が後期終末の溝から出土した例があるが，片岡氏も指摘しているように（片岡1999），長期に伝世する青銅器の例（別府遺跡（宇佐市）出土の小銅鐸や石井入口遺跡（大分県）出土の小形仿製鏡など）も大分県には存在し，廃棄時期・使用時期も含めて時間幅をもっておくべきであると考える。

(5) 鏡形製品（舶載鏡・小形仿製鏡）

舶載鏡　多鈕細文鏡と中国鏡，破鏡が含まれる。まず，多鈕細文鏡から順番に検討する。多鈕細文鏡の国内における出土例は12例となった。そのうち6例は墓からの出土であり，その点を強調するのであれば属人的な様相を示している。しかし，若宮遺跡（福岡県小郡市）で出土した2面の埋納例では，土坑内の甕の中から出土しており，必ずしも多鈕細文鏡の取り扱い方は国内において一貫しているものではない。柳田氏は多鈕細文鏡と武器形青銅器が共伴しない事例の存在から，地域間の格差の存在や政治権力と多鈕細文鏡が直結していない点を論じている（柳田2003a・2005a・2005b）。また，近年の詳細な観察調査によって，増田例以外の国内出土の多鈕細文鏡には全て懸垂された痕跡が認められる点も明らかとなった（杉山・村松2005）。さらに甲元眞之氏は東北アジア全体の多鈕鏡の検討のなかで，日本列島内における扱い方に関しては一部に変更が認められるが，シャーマニズムとの関連について検討している（甲元1987・1988・1990・2006）。いずれにしても国内出土の多鈕細文鏡は，階層秩序のなかに組み込まれたものではなく，基本的に懸垂という方法で使用されるが，受容された側の事情によって様々なあり方で取り扱われ，大きな視点ではシャーマニズムなどの祭祀的行為に関連する遺物であったとまとめることができよう。したがって，多鈕細文鏡は威信財として機能していない。

次に中国鏡である[12]。中国鏡は基本的に中国王朝から配布され，権威のシンボルとして結び付き，威信財として機能しているという評価が定説化している（髙倉1990・1992・1993b；柳田2002a；下條1991bほか）。これらの鏡が，対外交渉の結果，日本列島へもたらされた点は明らかである。また，中国鏡の出土量の分布を根拠に，福岡平野や糸島平野から各地の首長層（リーダー層）へ配布されたのではないかとして，さらに列島内でも威信財として機能したのであろうとも解されている（髙倉1990・1992；下條1991b；岡村1999ほか）。基本的に，これらの中国鏡が威信財システムのなかで機能している点は理解できるが，システムの特性として再現性が確保できない場合はシステムの崩壊につながるとされる。したがって，中国鏡の入手と配布の安定性が確保されなければならない。北部九州における中国鏡の入手と配布に関しては，一定程度の継続性が認められるが，供給元の後漢王朝の動向とも関連して安定化していない。そこで次に検討する小形仿製鏡が，そうした不安定なシステムにおいて，システムの維持のために求められた製品であると推測される。

小形仿製鏡　製作要因について，後漢鏡の流入が少なく，それを補うためであるという説が森氏によって示されている（森1966）。したがって，製作要因は後漢鏡の代用品を製作するという説が一般的である[13]。さらに髙倉洋彰氏によって，出土する空間分布にも意味付けがなされ，中期の甕棺分布圏の外縁地帯に多く出土することが指摘されている（髙倉1990）。傾向としては，福岡平野を中心としたドーナツ状の分布を指摘している。その意味については，周辺域の小首長の台頭により，中心地からの配布の多くが周辺に対して行われたとされている。すなわち，対外的な供給源である

12）　なお破鏡については小形仿製鏡の後で述べる。
13）　しかしながら，小形仿製鏡製作の全ての要因が，後漢鏡の不足であるかどうかには，著者自身は十分確信をもてない。後漢鏡が全く列島に流入していないわけではなく，別の要因も想定しなければならないだろう。

表 25　地域別小形仿製鏡出土数

地域	出土面数
対馬	16
壱岐	7
島原半島	2
佐賀平野西部	8
佐賀平野中央部	10
吉野ヶ里丘陵周辺	15
北茂安丘陵周辺	9
唐津平野	1
糸島平野	4
早良平野	4
福岡平野	11
地峡地帯	8
粕屋平野	4
宝満川中・上流域	3
筑後川中・上流域	22
矢部川流域	4
釣川流域	2
遠賀川流域	2
紫川流域	9
行橋地域	11
菊池川流域	23
白川流域	15
熊本県南地域	5
鹿児島県西部	6
大野川流域	11
日田盆地	3

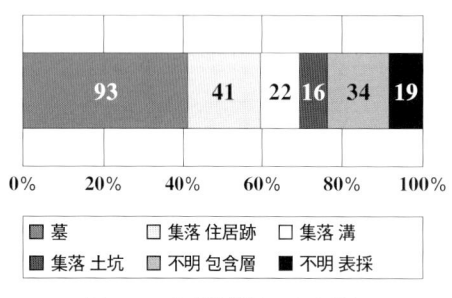

図 156　小形仿製鏡の出土状況

楽浪郡からの後漢鏡の流入が減少し，列島内部では鏡の需要層が増加するという状況において，不足した鏡を補うために小形仿製鏡が製作されたとまとめられている。小形仿製鏡の性格を考えるうえで生産要因に関する重要な指摘であろう。なお，甕棺分布圏の外縁やドーナツ状に出土するといった小形仿製鏡の出土分布に関する髙倉氏による指摘は，近年の資料増加の傾向のなかでも依然として有効性をもっている。小形仿製鏡の出土量分布を見ると，福岡平野内から出土した小形仿製鏡も一定量認められるが，周辺の各地域から倍以上の小形仿製鏡が出土している（表25）。第3章で検討したように，複数ある製作地から周辺各地へ搬出されたことが想定される。

小形仿製鏡の出土状況を見てみると，様々な状態で出土する。墓や住居跡・溝（水路・旧河川）・土坑・包含層などである（図156）。墓から出土する面数と集落域（住居跡＋溝＋土坑）から出土する面数は現状ではそれほど偏っておらず，両者から出土している。次に鏡式や時期によって出土する遺構が異なるかどうか比較する（図157）。内行花文系小形仿製鏡第2型b類をピークにしており，両者の違いは明確でない。また時期的にどちらの遺構に集中する傾向もない。第2型b類にピークがあるのは他の型式と比較してサンプル数が多いためである。次に小地域別のあり方を検討する（図158）。この結果，対馬では墓からの出土が，大野川流域[14]や白川流域では集落域からの出土がそれぞれ100%を占めていた。また，製作地が所在する福岡平野では墓および集落の両方から出土しており，さらに地理勾配となって周辺に広がっている。これらのことから，墓から出土する割合の高い地域や集落域から出土する割合が高い地域などの地域性は存在するが，決して画一的な出土状況ではないことが明らかとなった。最後に同一遺跡内での状況を確認する。複数面の小形仿製鏡が出土した吉野ヶ里遺跡と方保田東原遺跡を事例とする（図159）。吉野ヶ里遺跡では全て集落域からの出土で，方保田東原遺跡では1面であるが墓からの出土が認められる。したがって，1つの遺跡内において

---

14)　大分県の山間地においては，古墳時代まで小形仿製鏡が伝世し，住居の廃絶にともなって出土する傾向が指摘されている（髙橋1992）。

も出土状況が混在している様相が判明する[15]。

ここまでの検討から，分析する視点によって，傾向は異なるように読みとれるが，全体として出土状況に統一性がないことがわかる。このことは，配布する側の意志と受け取り手側の意志が異なっていた状況を示すのであろう。したがって，小形仿製鏡は威信財システムの中で十分に作用が果たせなかったものと解釈することができる。配布する側は威信財として扱う方法を想定していながら，受け取り手側がその意味を十分にくみとることができなかったと捉えたい。

また，小形仿製鏡の出土状況から用途を考えるならば，結果として武末氏が以前に指摘した「多義的な」青銅器として（武末1990a），様々な儀礼に用いられる多用途なものであったとすることができよう。

最後に，弥生時代の破鏡に関してであるが，基本的に小形仿製鏡と同じ取り扱いがされたと考えている。これまで破鏡に関しては，権威の象徴としてまた威信財として機能していたのではないかとして扱われてきた（髙倉1976・1986；田崎1984；西1983ほか）が，武末氏や近年の辻田氏の論考（武末1990a；辻田2005a・b）なども，小形仿製鏡のように様々な遺構から出土することから，様々な儀礼行為の場で使用されたと考えている。

図157　小形仿製鏡の型式別出土状況

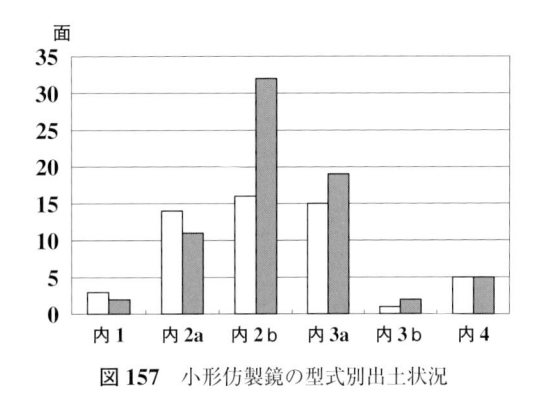

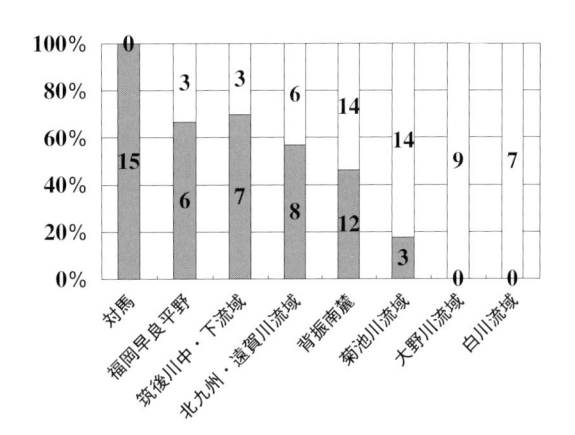

図158　小形仿製鏡の地域別出土状況

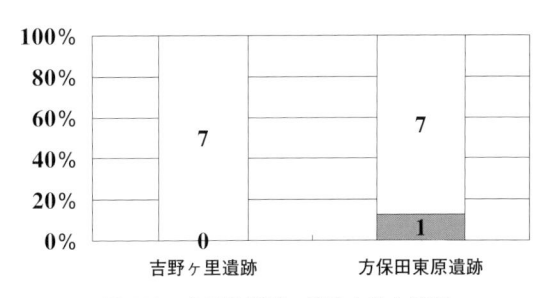

図159　小形仿製鏡の遺跡内出土状況

□集落　■墓　（図157〜159に共通）

3. 小　結

ここまで北部九州における弥生時代青銅器の器種ごとに，使用のあり方からその性格について検討を加えた。その結果，北部九州における青銅器は中国鏡を除いて威信財システムのなかでは作用しておらず，小形仿製鏡や破鏡などは明確な威信財として捉えることはできなかった。さらに，北

15） 武末氏はこうした状況から，小形仿製鏡そのものに多義的な性格が含まれていたとする（武末1990a）。しかし，なぜ製作者側・配布者側が使用のあり方について，それほど明確な規範のない曖昧な青銅器を製作し配布したのか不明確である。

部九州における弥生時代青銅器の性格は先学の指摘通り，属人的性格の強い個人の職能を示す青銅器から，共同体の祭器への移り変わりが認められた。

さて，こうした状況において，確実に威信財として認定できたのは，先程述べたような中期後半に認められた舶載の中国鏡である。漢王朝から下賜された中国鏡は，列島内において各地域のいわゆる厚葬墓から出土し，それらの厚葬墓は地域の有力者の墓として解される。しかし，この中国鏡は，威信財システムの特性としての再現性の確保が困難であった。現状でも糸島地域を除くほとんどの厚葬墓の場合，累代の墓は確認されず，一過性で次世代以降が明瞭ではない。こうした事態を乗り越えるため，再現性の確保を目的として製作されたと想定できるのが，威信財的な働きを示そうとした小形仿製鏡である。すなわち，小形仿製鏡の製作要因が，不足した漢鏡を補うためのものとして捉えられるからである。しかしながら，製作者側・配布者側の意図とは異なる多種多様な扱いが受け取り手側でなされ，明確な威信財として機能するに至らなかった。

また，銅矛を中心とする青銅祭器は対馬を除いて地域ごとに埋葬されるパターンは異なっても，基本的に埋納されるという行為の共通性が認められている。したがって，後期の生産体制は小形仿製鏡のような威信財的扱いにまで至らなかった製品と共同体の祭器として一定の役割を果たしたと考えられる銅矛が二重構造的に重なり合って生産されているようである。こうした青銅器の性格から，いかなる生産体制が想定できるのであろうか。次節において詳しく考察してみたい。

第2節　北部九州における弥生時代青銅器の生産体制

1. 青銅器生産体制の具体像に関する検討

これまでの検討から，北部九州における青銅器製作地は，1ヶ所のみであった時期はなく，複数の製作地が同時併存していたことが明らかとなっている。そこで問題となるのが，生産や使用に関わる各工程に関して，北部九州各地に所在する製作地において，統一性が認められるかどうかという点である。すなわち，それぞれの製作工程において，北部九州全体でまとまりが認められるのであれば，下條モデルの一元的な生産管理や使用の管理が認められることになる。また，逆に統一性が認められないのであれば，一元的に管理された生産体制ではないと想定される。この場合，管理する立場としては首長層（リーダー層）[16]が想定でき，管理される立場としては製作者や使用者が含まれる。また，下條モデルは主に弥生後期社会を想定しているが，時期的な変遷についても検討する必要がある。そこで，統一性が認められるレベルを北部九州全体という大きな単位と，小平野を単位とした小地域に分け，青銅器の製作工程ごとの統一性について検討してみたい。なお，ここで用いる製作工程とは，青銅器の生産と使用に関わる工程まで含み，生産準備段階・生産段階・流通

---

16) 前節でもまとめたが田中良之氏の説（田中2000）を引用して，中期後半以降から後期を部族社会から首長制社会への移行期とするので，以下では誤解を避けるため中期前半以前までは首長という名称ではなく，リーダーという名称を使用する。また，時期を特定しない記述に関しては両者を併記する。

段階・使用廃棄段階の4つの段階に区分し，そこから読みとれるそれぞれの工程に携わる人々に関しても考察していく。

　生産準備段階とは青銅原材料の獲得と鋳型材料の獲得が想定できる。製作契機を誘導する首長（リーダー）とその材料を運搬する運搬者，また実際に製作を行う製作者がこの段階では関わることになる。首長（リーダー）は青銅器を必要とする何らかの製作契機が存在し，青銅器の製作へと駆り立て様々な差配をする。運搬者は，この場合製作者と同じ人間である可能性もある。製作者自身が原材料を求め移動することは十分想定できる。石材の材質に関しては，製作者自身でないと選択決定できない可能性があり，この場合は運搬者と製作者が同一になる場合もあろう[17]。また，複数製作地間の関係としては，原材料の獲得についてそれぞれの製作地が独自に行っていたのか，センターを仲介して一元的に供給されていたのかという検討が必要である。

　生産段階は鋳型の加工・製品の彫り込み・鋳型の固定・青銅の融解・注湯・研ぎが想定できる。また，鋳型に製品を彫り込む際には，彫り込まれる製品の決定（形式）・製品の形態的特徴の決定（全長・幅・厚さなど）・施される文様の決定が行われる。この段階ではやはり製作契機を誘導した首長（リーダー）と製作者が関わることになる。首長（リーダー）は青銅器の形状などに関する欲求や期待をもっており，それを製作者に要請する。製作者はそうした首長（リーダー）からの要請を受け，青銅器の製作に取りかかる。首長（リーダー）の要請が，製品の数や形態（形式）・形状（大きさなど）・文様・研ぎなどどのレベルまで及んでいたのか問題である。複数製作地間の関係としては各工程における行為の統一性が地域レベルで行われているのか，小平野や遺跡単位で行われているのかを問題にする必要がある。なお，坩堝や取瓶のつくりや炉の製作方法などに統一性や差異があらわれるかもしれない。比恵遺跡第40次調査SD 01出土の鋳造関連遺物として報告される資料には，坩堝と取瓶がある。報告では内外面が被熱しているものを第1類として坩堝と想定し，内面しか被熱していないものを第2類として取瓶としている（図160）。しかし，報告書中の考察で触れているが，全ての鋳造において，坩堝から取瓶に湯を移して，その後鋳型に流し込むといった一連の手順をふむのではなく，坩堝からいきなり鋳型に流し込む方法も可能性としてありうる（田中1994）。また，製作される青銅器の形式によって，必要とする湯の量が異なるため，形式ごとに溶銅行為や使用する道具が異なっていた可能性もある。現状では，確認されている取瓶や坩堝は資料数が少なく，詳細な分析を行うことはできない。今後の良好な資料の増加に期待したい。

　流通段階では，複数ある製作地からそれぞれ個別に流通されるのか，一度センターに集められてから流通されるのかという問題がある。そこではそれぞれの製作地を取り仕切り製品を差配する首長（リーダー）と製品を運ぶ運搬者，また製品を受け取る使用者が関わる。製作を促した首長（リーダー）と使用者が同じ可能性もある。また，製品の運搬者と使用者が同一の場合もあろう。古墳時代

---

17) なお，弥生時代の青銅器生産において首長自らが青銅器を製作したという想定は考えていない。墓の分析から青銅器製作者の特別視や職能的分化が進んでいたとは考えられないからである。なお，岩永省三氏によると民族誌ではアフリカにおいて鍛冶王なる専門技能に通じた人物が首長になりうる報告がなされている（岩永1991；網野・上野・宮田1988）。

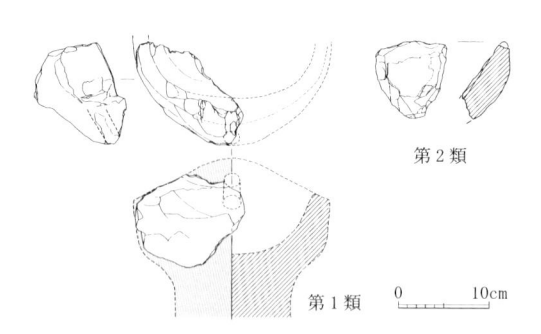

図160　比恵遺跡第40次調査出土鋳造関連遺物(S=1/8)

の三角縁神獣鏡の研究ではあるが，川西宏幸氏は配布という行為に「参向型」と「下向型」の2タイプを想定してモデル化したが(川西2000)，弥生時代の青銅器がどのようなあり方で配布されたか十分明らかでない。そのようななかで，溝口孝司氏は連鎖型の広域依存関係のモデル化を示している(溝口2000)。「贈与」「負債」という部族社会的な人類学の用語を用いて，広域に分布する遺物の理解を試みている。この検討では第3章で行ったような製品の分布を手がかりに考察を加える。

　使用廃棄段階では，副葬や埋納など，どのようなパターンが認められるのか問題となる。埋納される方法に関しても一定のルールに従って行われているのかどうかである。また，この段階では使用者が関わる。

　以上の4つの段階ごとに統一性や地域的な差について検討し，パターンを示してみたい。なお，段階ごとの検討項目結果をわかりやすく示すために，数値で表す。北部九州全域で統一性が認められ地域的に均質である場合を1ポイント，北部九州全域で検討すると均質性が認められないが地域的(遺跡単位ごと)にまとまる場合を0.5ポイント，各地で認められる状況が全てばらつく場合を0ポイントとして，各検討項目に関して数値を付加した。また，流通段階では集約型の流通を1ポイント，分散型の流通を0ポイントとした[18]。

　なお，ここで第1章でまとめた「生産体制」という用語と本節で分析する製作工程との関係を繰り返しになるが示しておく。第1章では「生産体制」を具体的な生産組織の管理形態として捉え，生産組織は①技術を保持する製作者，②生産用具(道具)，③原材料，④製作場の有機的な結合で構成されるとした。さらに本書では「製品管理」という項目も生産体制の一部に組み込んでいる。このうち，ここで用いる製作工程の生産準備段階・生産段階が①技術を保持する製作者と②生産用具(道具)と③原材料と④製作場の有機的な結合である生産組織の管理の検討と結び付く。また，流通段階・使用廃棄段階が製品管理と関連する。したがって，本節で分析する製作工程ごとの検討は，北部九州における青銅器生産体制の具体的な解明に結び付いている。

　また，時期的変遷を考慮するために，弥生時代中期と後期の生産体制を時期別に検討したい。中

---

18)　こうしたポイントによる比較にはそれぞれの社会的背景や意味が単純化してしまう可能性もあるが，全体を通じて比較を行う際には有効な手段となりうるのではないかと考えている。方法論については今後，十分に洗練していく必要があろう。

期段階については中細形以前の武器形製品を取り扱い，後期においては前節の検討で威信財的な扱いの可能性があった小形仿製鏡と，生産時期がほぼ同時期である中広形・広形銅矛を取り上げる。

2. 中期の青銅器生産体制

　中期の青銅器生産体制を考えるうえで重要な指摘が，第1章でも取り上げたが片岡宏二氏によってされている(片岡1996a・1999)。すなわち，鋳型の出土する遺跡では擬朝鮮系無文土器が出土する場合が多いという点である。このことから，片岡氏は渡来人集団が青銅器生産と関わった可能性が高いとして，渡来人集団と青銅器製作者[19]の関係について，前期末から中期中葉にかけて3段階の変化をモデル化した(図161)。擬朝鮮系無文土器が出土する遺跡の時期と鋳型自体の廃棄時期が若干ズレて後続することから，①前期末に渡来人集団が既存の弥生人集団の集落(中心的な集落＝拠点集落)の中に居住を始める段階と，②中期前葉頃にそうした集落(拠点集落)へ青銅器製作者が渡来人系集団を頼って受け入れられる段階が存在することを指摘している。その後，③中期中葉以降は弥生

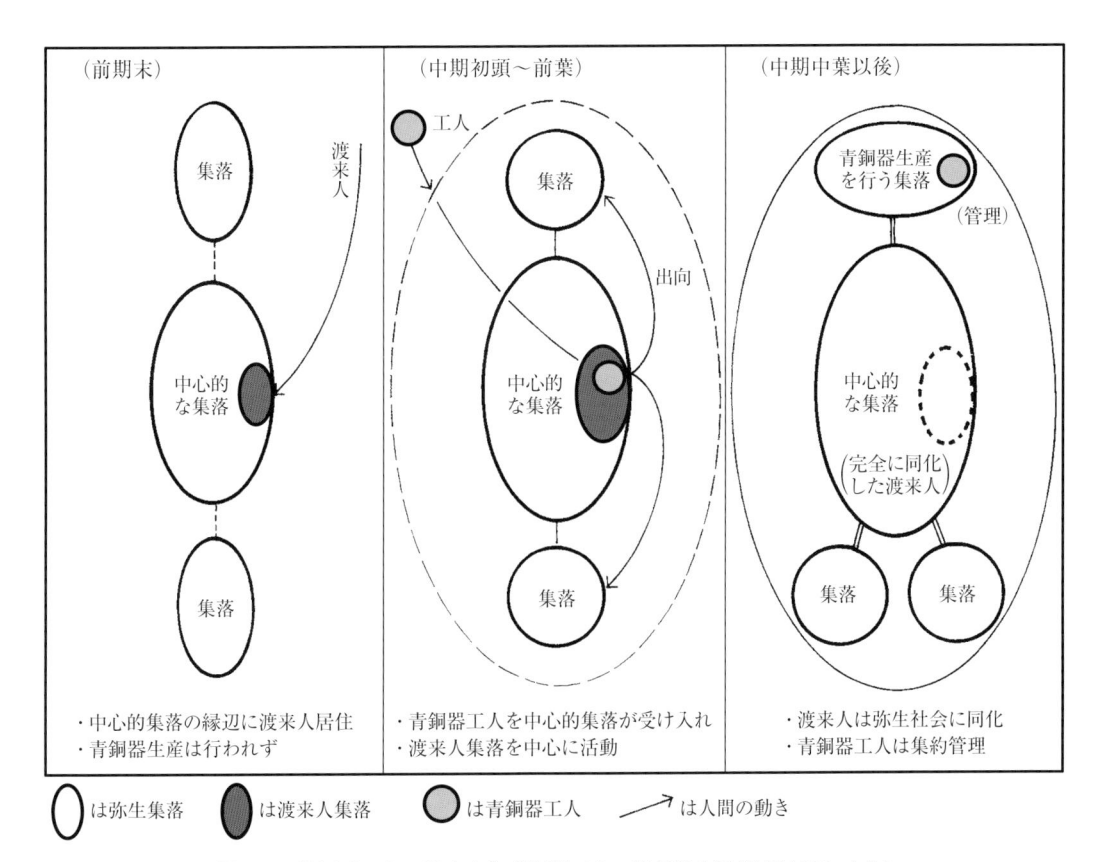

図161 片岡氏による渡来人と青銅器工人の関係概念図(片岡1996aより)

---

19) 片岡氏は「青銅器製作者」ではなく「青銅器工人」という名称を使用している。第1章でも触れたが本書では「製作者」として用語を統一する。

社会のなかに渡来人系集団が埋没し，青銅器の生産も量的な安定化が図られるとともに，青銅器生産がこれまでの拠点集落ではなく，新たな生産拠点で集約管理されて行われたとした。

青銅器生産体制に関しては，②段階において，鋳型出土と擬朝鮮系無文土器との共伴関係が根拠の１つとなっているが，最近の資料増加[20]によっても，ますますその傾向は強められており，渡来人系集団と青銅器生産の結び付きは妥当性が認められよう。しかし，③段階における生産体制については，その対象地域が脊振山地南麓であり，北部九州全体に適応できるモデルであるのか，また十分な根拠が示されておらず，下條モデルとの対比も十分に行われていないなどの問題点が存在する。中期後半以降は春日丘陵地区における青銅器生産も認められることから，片岡モデルが後期に向かってどのような変遷を辿るのか不明である。鋳型の出土量から想定すると，中期後半以降も北部九州全体では各地に青銅器生産を行っている製作地は存在する。そこで，中期段階の青銅器生産について，北部九州全体でどのような統一性や地域性が認められるのか考察する。以下では資料数の多い細形・中細形の武器形製品を対象とし，生産準備・生産・流通・使用廃棄の各段階における検討を行う。

(1) 細形・中細形段階の武器形青銅器の生産体制

生産準備段階　青銅原材料については鉛同位体比分析の成果を引用する。鉛同位体比分析の方法やデータの読みとりに関して，一部に疑問点が提示されていること（岩永1997・2001；新井2000）は第１章でも提示したが，銅そのものの分析が困難である現状では，期待することが大きい。

細形・中細形段階の武器形青銅器に関する鉛同位体比分析は，平尾良光・鈴木浩子両氏によって行われている（平尾・鈴木1999）。両氏の成果を引用すると，図162～164のようになる。銅剣の場合は細形段階も中細形段階もA領域とDライン上に分布する（図162）。また，銅矛は細形・中細形段階ともDライン上に分布する（図163）。銅戈は細形段階がDライン上に，中細形段階がA領域とDライン上に分布する（図164）。このことから，製作される形式ごとに鉛の成分が異なっていたことが判明し，画一的な原材料を使用したわけではないことが明らかとなる。平尾氏らはそれぞれの形式の製作地が異なっていた可能性を示唆しているが，それ以上に個別の製作ごとに原材料を入手しており，継続的で安定的な製作を行っていなかったと解釈できる。なお，久里大牟田遺跡や野田遺跡（福岡県八女市）出土の鉛矛などの存在から鉛の地金利用が想定でき，一部の製作地においては鋳潰しだけでなくインゴットの使用も考えられる。したがって，原材料は全体としては類似しているが，個々の製作地で様々な原材料を用いていることがうかがえる。評価としては限りなく0.5ポイントに近い0ポイントである。

この時期の鋳型石材に関する唐木田芳文氏の検討では，各種の石材の使用が明らかにされている（唐木田1993）。遺跡ごとにアクチノ閃石や滑石（滑石片岩）・角閃石・流紋岩質岩・石英斑岩など様々な石材が使用されていたことが明らかになっており，統一されていない。詳細に見ると細形段階に

---

20)　八ノ坪遺跡（熊本県熊本市）では，鋳型４点（小銅鐸・武器・武器・不明）と付近の墓群から朝鮮系無文土器が出土している（美濃口2005；林田編2005）。

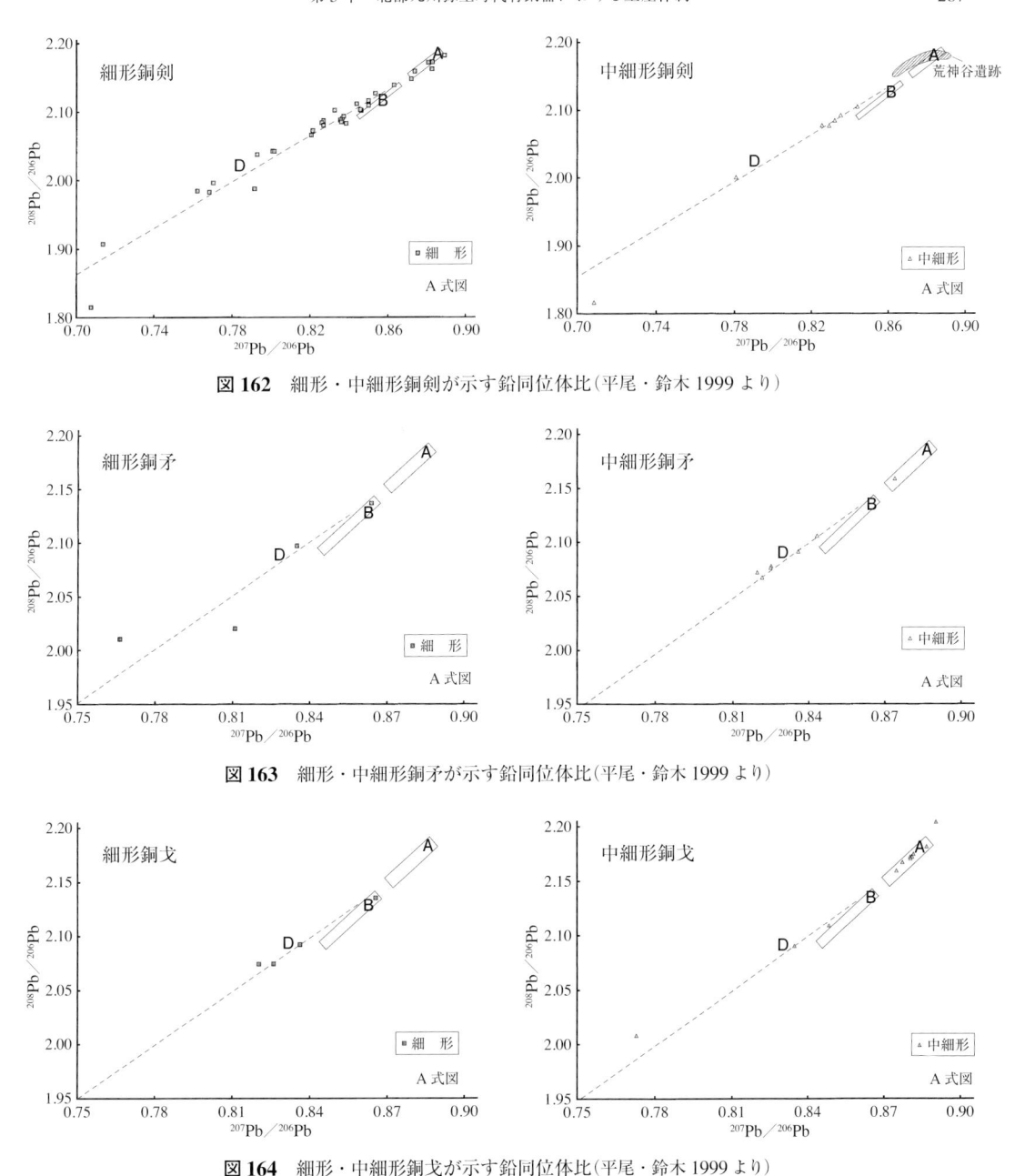

第 5 章　北部九州弥生時代青銅器における生産体制

図 162　細形・中細形銅剣が示す鉛同位体比（平尾・鈴木 1999 より）

図 163　細形・中細形銅矛が示す鉛同位体比（平尾・鈴木 1999 より）

図 164　細形・中細形銅戈が示す鉛同位体比（平尾・鈴木 1999 より）

おいてより様々な石材を使用しているが，中細形段階においてもいくつかの石材が使用されている。方向性としては徐々に石英斑岩にまとまるようであるが，限定されるわけではない。また，本行遺跡においては，異なる石材の鋳型が共伴している。12点の出土した鋳型のうち，石英斑岩製の鋳型が9点と多いが，その他は滑石製鋳型が2点とアクチノ閃石が1点であり，興味深い結果を示している。鋳型は概して中期中頃までに使用されたと報告されている（向田編 1997）が，鋳造ごとに鋳型石材が変わっていた可能性もある。したがって，この時期の鋳型石材に関しては0ポイントに近い

0.5 ポイントと評価できよう。

また，石材の転用率（再利用率）が高い遺跡とそうでない遺跡が存在するならば，石材に対する入手方法が異なる可能性が存在すると考えた。検討した結果，石材の転用率には遺跡ごとに特に差が認められなかった。しかしながら，石材そのものが遺跡ごとに異なっており，入手方法も遺跡ごとに異なっていた可能性が高い。したがって，0.5 ポイントと評価しておく。

生産段階　生産段階における項目としては，鋳型の加工方法や彫り込む製品の形態的類似性などがあげられる。しかし，細形・中細形段階の鋳型の加工方法については資料が少なく十分に検討することができない。製品の形態的類似度なども十分に検討できていないが，佐賀県や熊本県の一部の遺跡で，ミニチュアの青銅器が製作された。ミニチュア製品がいかなる意味で製作されたのか不明であるが，法量が極端に小さいことから，実用ではなく祭祀的な意味が含まれている可能性がある。広範には分布せず，鋳型が土生遺跡（佐賀県）から，製品が白藤遺跡（熊本県）から出土している。限定的に製作されたものと考えられ，北部九州全体に認められるものではないであろう。また，中細形銅戈においては内の部分に，鹿や人面などの文様が彫り込まれた製品が認められる。これらの文様は類似性が高く製作地が同一である可能性が高い。しかしながら，文様が施される製品は少量でしかなく，全体の傾向性を示しているかどうか不明である。いずれにしろ，北部九州全体で細形・中細形段階の生産は，生産の試行錯誤と定着化をはかる段階であり，製作地ごとに様々な異なる傾向性を示している。したがって，北部九州全体で統一性が認められないため，ポイントは 0.5 となる。

流通段階　細形段階や中細形段階に，製品をまとめて流通するために，どこか 1 ヶ所の集落に各地で製作された製品を集めたかどうか不明である。現状では解決する糸口がない。しかし，1 ヶ所の製作地が複数の集落へ製品を流通させていた可能性は高い。同笵品の認定から，異なる埋納一括資料間で同笵関係が認められるからである。現状では中細形銅戈において同笵品が認められ，3 組（3 + 2 + 2）7 本に同笵関係が認められた（岩永 2004）。しかし，この結果が製品を集約してから流通させた結果なのか，各製作地が個別に流通させた結果であるのか不明である。

使用廃棄段階　細形・中細形段階は前項で検討したように，祭器化が進む段階である。属人的な性格の強かった副葬行為から，共同体としての祭器的性格が想定される埋納行為への移行期にあたる。岩永氏によると，中細形段階から埋納行為による祭器化が進行するが，その開始は製作地が所在する北部九州の中心的地域ではなく，非中心的地域（熊本・大分など）で生じた可能性を示している（岩永 1994b）。すなわち，この段階においてすでに製作者・配布者側の事情と使用者側の事情が異なっていたことを示している。北部九州全体で使用・廃棄のあり方にズレが生じ始めた段階として捉えることができよう。したがって，当初は副葬行為に統一性が認められ 1 ポイントとなるが，その後中細形段階において統一性がなくなり 0.5 ポイントとなる。

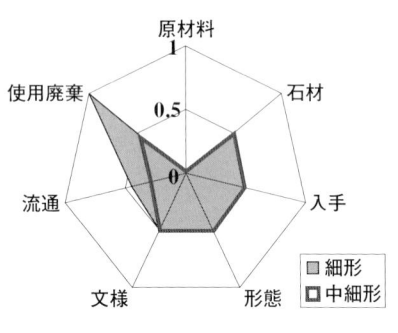

図 165　細形・中細形における統一性

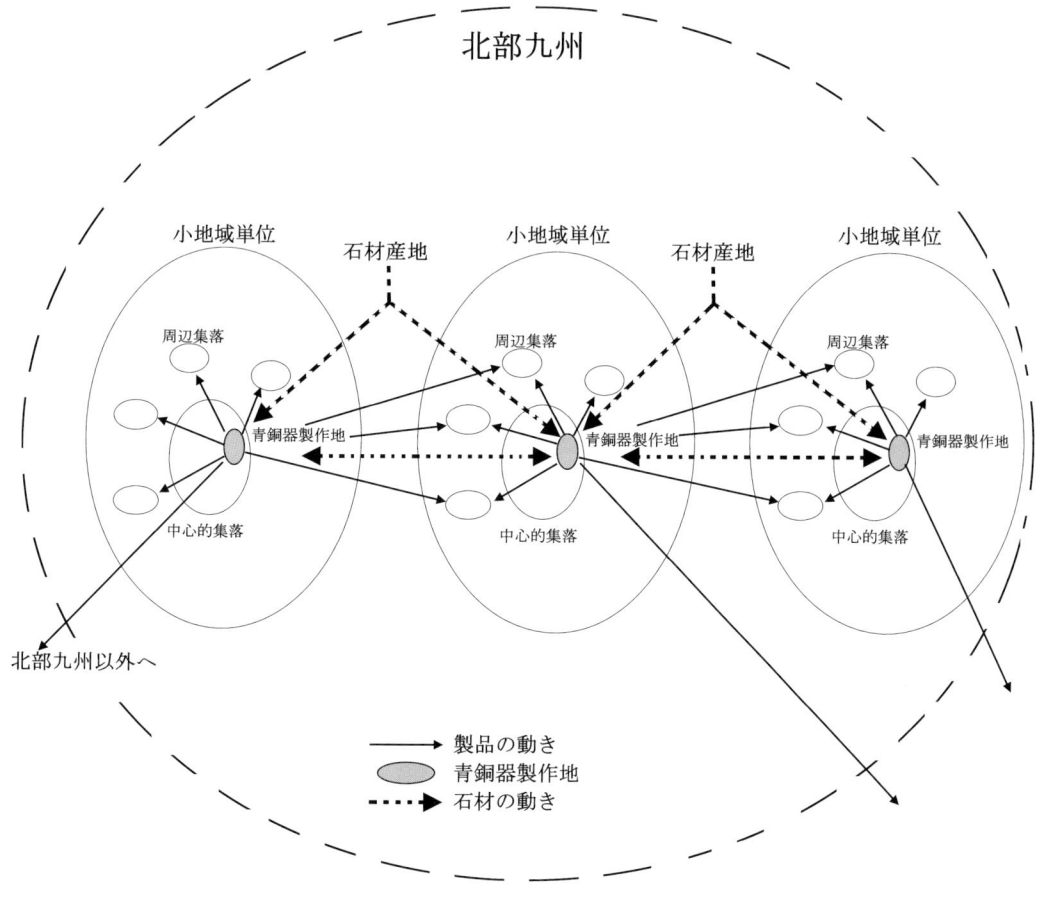

第 5 章　北部九州弥生時代青銅器における生産体制

図 166　中期中葉以降における青銅器生産体制

　この結果を図 165 のように提示した。この図は北部九州全域で各項目が統一性・斉一性・均質なあり方を高く認められた場合，円形に近く表示される。また，そうでない場合は不整形な形状を示す。したがって，この図を使用した場合，それぞれの青銅器生産体制の特徴をわかりやすく表示し，可視的に比較を行うことができよう。その結果，細形段階の使用廃棄の項目において，唯一「副葬される」という北部九州全体としての統一性が認められただけであった。図の形態は不整形で，遺跡単位や地域単位のみのまとまりが各項目で認められる結果となっている。

　そこで，中期における青銅器生産体制についてまとめていきたい。片岡氏が示した初期の青銅器生産に何らかの形で渡来人系集団が関わっており，その証拠が擬朝鮮系無文土器であるとする考え方（片岡 1996a・1999）に関しては，新たな追加資料も発見されており支持できると考えるが，片岡氏の第 3 段階である中期中葉以降における製作地の集約化や生産管理という点に関しては別のモデルを提示する（図 166）。生産準備段階では，細形段階において特に鋳型石材の多様化が認められ，中細形段階においては統一化が進むが，石英斑岩のみに限定されるわけではない。製作地ごとに，もし

くは製作ごとに使用石材が異なっていた可能性が存在する。また、青銅原材料においても同様である。生産段階には特定の文様が施文される製品が少数確認された。流通段階に関しては、現状では不明である。使用廃棄段階では徐々に製作者側の意図とは異なる使用のあり方が認められるとしてまとめることができよう。すなわち細形段階では副葬品という唯一の使用方法であった青銅器が、中細形段階は祭器化していく過程として捉えることができる。こうしてまとめてみると、北部九州全体では中期中葉以降に青銅器生産の集約化や生産管理というものが十分に達成されていたとは考えられない。鋳型の出土量から想定すると明確な量的センターとして捉えることができる遺跡もなく、地域ごとに製作地が散在していることが判明する。片岡氏のモデルは背振南麓をターゲットにした1小地域単位のモデルであるが、北部九州全体として捉えた場合、第3段階の片岡モデルが小地域単位で複数存在すると考えた方がより妥当性がある。その場合の集約化とは、鋳型石材の統一化に向かう方向性や、製作地がどの遺跡にも存在するのではなくある小地域単位のなかで特定の集落に製作地が付随するような形態をとるようになることであろう。具体的には、比恵・那珂遺跡、大谷遺跡、八田遺跡、本行遺跡、姉遺跡、吉野ヶ里遺跡などである。そうした遺跡では、中期前半以降各地域の拠点的な性格の集落や、それに準ずる性格の集落として捉えられる。そうした集落の一角に青銅器製作地が付随し、北部九州の各地で青銅器生産が行われていた。中期中葉以降は、このような各小地域単位で青銅器生産が行われていたことが判明するであろう。

3. 後期の青銅器生産体制

次に後期における青銅器生産体制について考察したい。前節で明らかとなった弥生時代後期の青銅器に関する特徴から、本項では威信財的性格をともなおうとした小形仿製鏡と祭器的性格の中広形・広形銅矛の生産体制の復元を試みる。そこでまず、これまでの検討から明らかとなった製作地に関する2点を確認しておく。

(1) 分散した製作地の存在

まず、研究史で取り上げた下條モデルの検討である。第1章の問題点の整理でもあげたが、下條モデルで示された生産体制と社会イメージはこれまで明らかにしてきた生産のあり方とは異なっている。すなわち、一元的関係とされた製作地間の関係は認められない。

「出先工房」や「出店」として評価されてきた周辺の製作地に関して検討すると、前節の威信財システムのあり方からしても矛盾している。すなわち首長は生産管理を完全に掌握することで、生産物に対し一定の価値・意味を生み出すので、生産拠点は自らの管理下に置くことが望ましい。首長の管理外で生産された製品が自由に出回り流通するならば、その生産物は威信財として機能していない。天然資源などに頼った環境的な制約がかかり、首長が遠隔地の製作地を管理下に置く場合が想定できるが、青銅器の生産はそのような環境的な制約はかからないだろう。したがって、遠隔地に生産地を設けること自体が首長にとって意味のないことであると考える。首長の管理下にある製作地から直接運ばれてこそ、その生産物の価値が高まるはずである。逆に地理的環境要因などがな

い場合，遠隔地に製作地が存在していること自体が一元的な特定の首長の管理下に生産が行われていないことを示していると考える。

また，北部九州における青銅器の製作地は分散した状況が確認される。すなわち中心部は1つの製作地であるが，周辺部には複数の製作地が含まれている。そうした複数製作地が存在していることからも，中心的製作地からの生産管理の存在を否定する根拠となる。生産管理を徹底して行うのであれば，製作地は1ヶ所に限定されるべきであろう。

(2) 量的な中心製作地（量的センター）の存在

北部九州における青銅器生産において，とくに後期に関しては須玖遺跡群に生産の中心地が存在したことはこれまでの研究からも指摘されている。しかしながら，その中心地の実態は明確になっていない。量的な中心地であるのか，質的な中心地であるのかなどの性格や意味付けがなされていない。

そこで，まず量的な中心地であったのかどうか検討する。鋳型の出土量から当時の生産量がそのまま復元できるわけではないが，それに基づいて生産量を復元するならば，以下のような傾向性は示すことができよう。図167～169は福岡平野における時期別の鋳型出土分布図である。この図を検討すると，須玖遺跡群のなかでも春日丘陵北側低地部において鋳型の出土量が多いことから，この地域が量的なセンターであると考えられる。しかし，中期後半においてはその他の遺跡でも一定量のまとまった数の鋳型が出土しており，センター形成が十分に達成されていない。その後，春日丘陵北側低地部では後期後半に至るまで，一定量の鋳型を常に出土しているが，他の遺跡からも鋳型の出土は確認できる。図170は福岡平野全体における春日丘陵北側低地部出土の鋳型出土量を時期別にまとめた変遷図である。また，表26は鋳型の出土量の変遷を百分率で示した表である。中期後半では22.03％であった出土量が，中広形段階の後期前半には47.37％に増加し，広形段階の後期後半には56.36％と半数以上が春日丘陵北側低地部から出土している。以上の結果から，須玖遺跡群が中期後半のはじめから量的な中心地であったわけではなく，後期になって徐々に量的な中心地として形成されたことを示している。

さて，ここで須玖遺跡群が後期に至って量的に中心地として形成されていく理由を示しておきたい。これには2つの理由を考えている。1つは須玖遺跡群における他の遺跡の動向から捉えることができる。須玖遺跡群は，須玖岡本遺跡を中心とした集落・墓地遺跡である。なかでもいわゆる王墓と呼ばれる須玖岡本遺跡D地点の甕棺からは，30数枚に及ぶ前漢鏡をはじめとして多くの副葬品が出土している（島田編1930）。この甕棺は中期後半に位置付けられ，北部九州を代表する厚葬墓であると評価されている。こうした厚葬墓の出現が中期後半に認められることから，この時期を前後に首長の存在が推定されている。したがって，一定程度物資のコントロールが行われていたと想定され，中期後半以降，須玖遺跡群の鋳型出土量が増加するものと考えられる。もう1つの理由は，地理的な要因である。須玖遺跡群は福岡平野の南側の春日丘陵上に位置するが，交通の要衝に位置している。すなわち，遺跡の東南側には地峡地帯があり宝満川中・上流域と接続しており，西側へは早良平野に抜けることができ，南西側には安徳台遺跡を経由して，山越えの峠道が吉野ヶ里遺跡

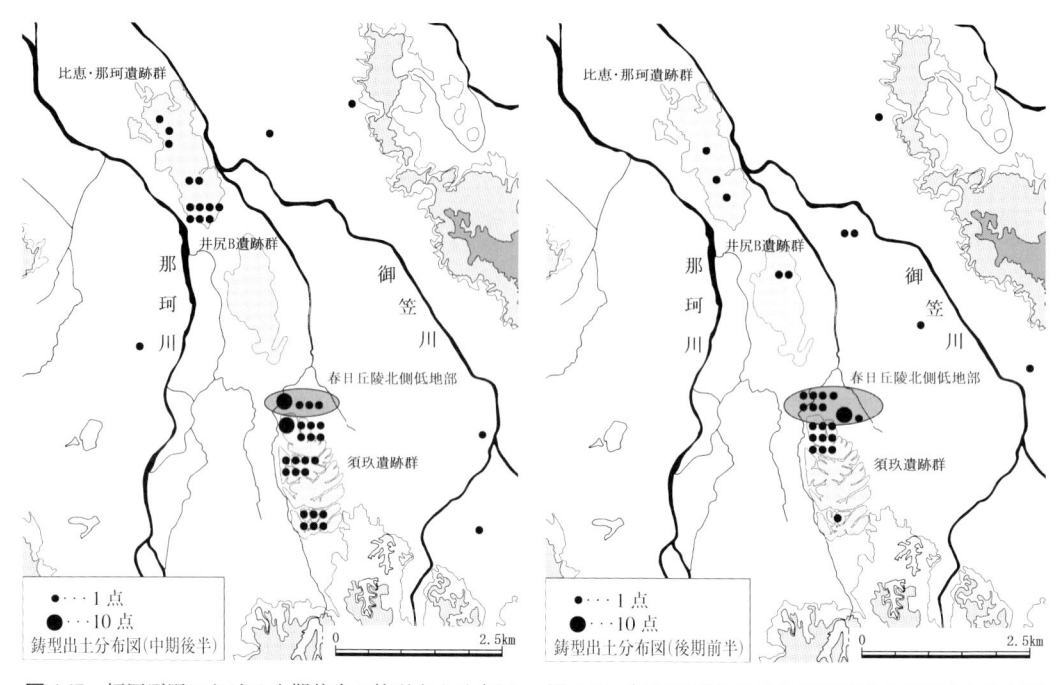

図167 福岡平野における中期後半の鋳型出土分布図

図168 福岡平野における後期前半の鋳型出土分布図

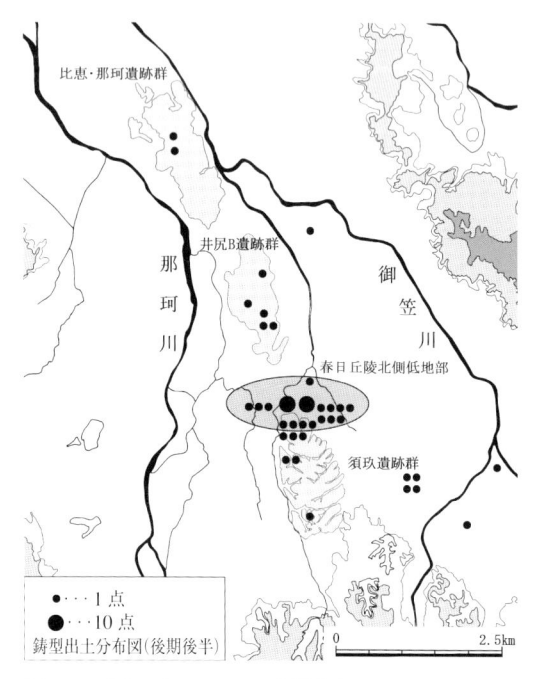

図169 福岡平野における後期後半の鋳型出土分布図

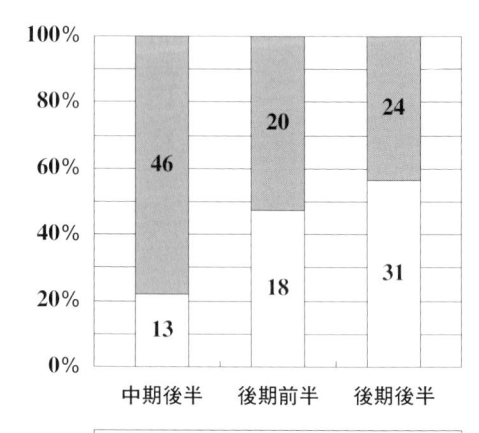

図170 春日丘陵北側低地部における鋳型出土量の変遷

表26 春日丘陵北側低地部の鋳型出土量の変遷

時期	割合	春日丘陵北側低地部／福岡平野
中期後半	22.03%	(13/59)
後期前半	47.37%	(18/38)
後期後半	56.36%	(31/55)

までつながっている。また，北側は福岡平野の主要な集落群が見渡せ，東側には席田丘陵が認められる。したがって，福岡平野やそれに隣接する地域の動向が全て視界のなかに入っているのである。こうした交通の要衝に位置することから，周辺の集落との物資流通に関する主導的立場に至ったのではないかと考える。

次に春日丘陵北側低地部が青銅器製作地の質的な中心地であったのかどうか検討する。具体的には，須玖遺跡群で製作された製品が，他の製作地で製作された製品と比較して高品質や高度な技術によって製作されていたのかという問題である。品質に関しては考古学的に証明することは困難であるが，第3章の小形仿製鏡の検討で示した確実に須玖産と想定できる鏡（内行花文系小形仿製鏡第3型）と，それ以外の製作地で製作された鏡（内行花文系小形仿製鏡第4型）の現在の表面の状況を比較すると，それほど差は認められない。色調はともに青緑色で表面にスが認められる。一部の製品に銅質がよい黒青色の製品が認められるが，須玖遺跡群で製作された青銅器が高品質の製品であるとは言えないであろう。また，特異な技術や高度な技術が使用されていたという証拠もない。技術的には須玖遺跡群と周辺の製作地は同レベルであったことが確認できる。

また，第2章における特定形式製作集団の有無の検討から，須玖遺跡群で製作された製品が特定の形式のみを独占的に製作していた状況も認められなかった。

したがって，これらの検討から，須玖遺跡群において認められた青銅器の製作地は量的な中心地であっても質的な中心地ではないことが明らかとなる。また，その量的な中心地は時期とともに次第に中心化していくが，鋳型の出土量を見る限り後期後半以降になってようやく生産量全体の約半数を超えるという状況であることが明らかとなった。

(3) 小形仿製鏡の生産体制

資料数と分析項目が安定的な弥生時代後期の小形仿製鏡の生産体制を復元する。

生産準備段階　青銅原材料に関して検討する。小形仿製鏡に関する鉛同位体比分析は，これまでにいくつかデータが提示されている。北九州市内と近郊から出土した小形仿製鏡の分析データを参照する（平尾・鈴木1995）と，11面の小形仿製鏡が分析され，全ていわゆるA領域に収まる結果が得られた（図171）。また，福岡県内出土の小形仿製鏡を分析したデータ（馬淵・平尾1990）によると2面を除いて6面はA領域に収まった（図172）。A領域に収まった製品は，全て内行花文系小形仿製鏡第2型b類と第3型a類に分類される。なお，内行花文系小形仿製鏡第2型b類のなかには，グループ1・2・4が含まれている。第3章でこれらのグループは製作地を異にしている可能性を示したが，鉛同位体比分析からは同一

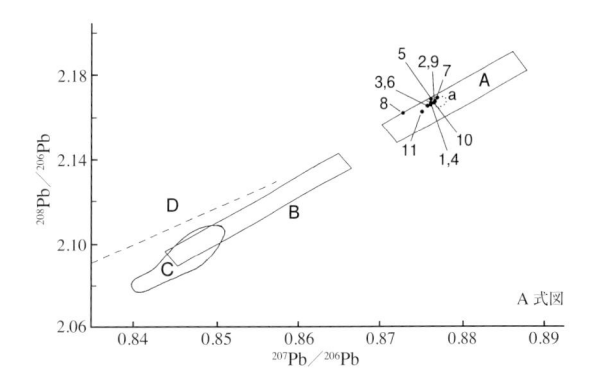

図171 北九州市周辺出土の小形仿製鏡が示す鉛同位体比
（平尾・鈴木1995より）

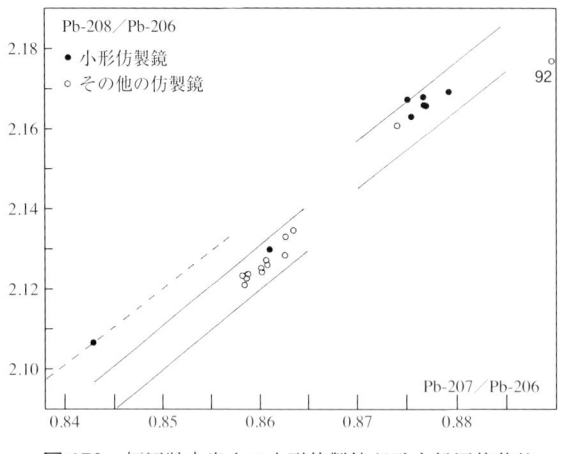

図172 福岡県内出土の小形仿製鏡が示す鉛同位体比
（馬淵・平尾1990より）

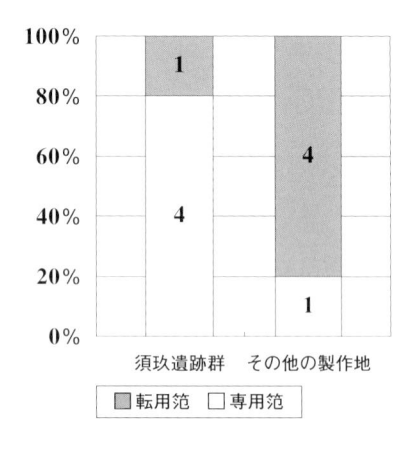

図173 小形仿製鏡鋳型の石材利用

の領域に含まれた。したがって，鉛に関しては同様な原材料が複数の製作地で使用されていたことがうかがえる。しかし，全てが同一というわけではなく，福岡県内出土小形仿製鏡の分析のうち，A領域に含まれなかった2面（横隈狐塚遺跡出土鏡[21]と西屋敷遺跡出土鏡[22]）は，文様の分析から製作地がおそらく須玖遺跡群と想定できる資料である。これらの2面はA領域から大きくはずれており，須玖遺跡群においても常に一定の原材料から製作されたわけでなく，様々なルートで手に入れた原材料を使用していたことが推定される。なお，原材料に関してはインゴットや鋳潰しが行われていたと解釈しており，そうした状況が鉛同位体比分析の結果からもうかがえる。これらの点から，青銅原材料については1ポイントに近い0.5ポイントとする。

　小形仿製鏡の鋳型材料に関しては，唐木田氏によって石英斑岩と鑑定されており，産地はどこか特定の一地域であるとされている（唐木田1993）。しかし，須玖坂本B遺跡第2次調査出土の小形仿製鏡鋳型の石材は滑石である（井上2003）。この鋳型は帰属時期が中期末から後期初頭にかけてであり，小形仿製鏡鋳型のなかでも初期のものに相当する。したがって，初期の鋳型材質は，統一されていないことが判明し，当初は0.5ポイントであるが，その後1ポイントに変化すると評価できる。

　また，小形仿製鏡の鋳型は転用率が須玖遺跡群とその他の製作地では異なる。転用とは，ある製品を彫り込んだ鋳型に対して石材の再利用を行い，他の製品を彫り込むことを言う。サンプル数が少なく，完形資料も十分でないので言及はできないが，須玖遺跡群から出土する小形仿製鏡の鋳型は，他の鋳型からの転用率が低く，小形仿製鏡専用笵として扱われており，他の製作地では転用笵が多く使用されている（図173）。鋳型材料の入手方法と関連している可能性があり，同一の石材であっても獲

---

21) 横隈狐塚遺跡出土鏡は漁隠洞出土鏡と同笵鏡であり，重圏文系小形仿製鏡第1型い類に分類される。製作時期は後期初頭の時期を想定しており（第3章参照），岩永氏によると中期段階の鉛同位体比分析で一部Dラインに認められた製品群との関連を予想させると指摘していただいた。

22) 西屋敷遺跡出土鏡は内行花文系小形仿製鏡第3型b類に分類でき，製作時期は後期後半であろうと考えられる。この鏡は鋳上がりがよく，色調もやや白色を呈しており，肉眼からも他の鏡とは異なる原材料が使用された可能性が高い。後期後半段階では珍しい資料である。

得方法や量に差があった可能性がある。鋳型石材の入手に関しては0.5ポイントとして評価しておく。

生産段階　小形仿製鏡鋳型の加工に関して検討する限り，資料が少数のため言及できないが，それぞれの鋳型によって明瞭な違いは認められない。なお，彫り込みにおいては，第3章の分析で施される文様に製作地ごとの差が抽出できた。しかしながら，形態的特徴（面径や鈕の大きさなど）については，それほど明瞭な違いを見出すことはできていない。また，鋳型の固定・青銅の融解・注湯・研磨などの工程に関しても比較資料が少なく言及できない。したがって，生産段階では製作地ごとに個別性が若干現れていると判断される。0.5ポイントとする。

流通段階　小形仿製鏡の流通に関しては，まず第3章の検討結果から分散型の流通であるということを示すことができた。ここでは詳細について触れないが，特定文様グループが特定地域にまとまって分布するという点から，分散型の各製作地が個別に製品を流通させていることを示した。したがって，0ポイントと評価できる。

使用廃棄段階　小形仿製鏡の使用廃棄段階は様々な様相を示す。使用している様相については，多くの資料において鈕孔に紐ズレが認められること，また鈕が欠損した資料の場合には鏡面に穿孔していることから，紐を通して懸垂していた状況が想定できる。しかしながら，全ての鈕孔に明瞭な紐ズレが認められるというわけではなく，多様性が認められよう。

廃棄のあり方については，前項で検討したように副葬品としての扱われ方や集落域から出土するあり方が確認できた。地域全体として，統一した使用廃棄がされておらず，また地域ごとに差異が認められた。さらに同一遺跡内でも扱われ方が統一されていなかった。これらのことから小形仿製鏡の使用廃棄には統一性がないことを示していた。0ポイントに近い0.5ポイントとして捉えることができよう。

以上の検討から，小形仿製鏡の生産体制をまとめる（図174）。

この図を見ると線が不整形で，形態と鋳型石材を除いて北部九州全体では統一性が認められない。また，鋳型石材も当初は統一されていないことが判明する。そこで第3章でも取り扱ったが，あらためて小形仿製鏡の生産体制をまとめる。各製作地がそれぞれ独自に生産しているが，量的なセンターが須玖遺跡群に存在していることもあり，そこからの一定の影響関係が認められる。それは，原材料や小形仿製鏡が小形であるという面径の小さな鏡を製作するという点である。その他の文様や流通方法，また使用に関する影響や規制は認められない。したがって，下條モデルのような一元的な管理された生産体制ではなく，個々の製作地の独自性が一定程度保たれており，須玖遺跡群を中心とした完全なピラミッド型の階層的秩序をもった生産体制ではない。しかし，生産準備段階に相当する原材料の確保・入手に関して須玖遺跡群が他の製作地に対して優位に立っていた可能性はある。したがって，ここではこうした生産体制を「ネットワーク」[23]型の生産体制と呼称する。個々

23）本書で用いるネットワークとは，今田高俊氏によって簡潔にまとめられた概念の②・③であり，有機的統合を図り効率性を増すために用いられるネットワークではなく，階層性がなく水平的で，それぞれが緩やかな結合を行い，部分同士が自立的分散型のシステムであるとする定義でこの用語を用いる（今田1993）。

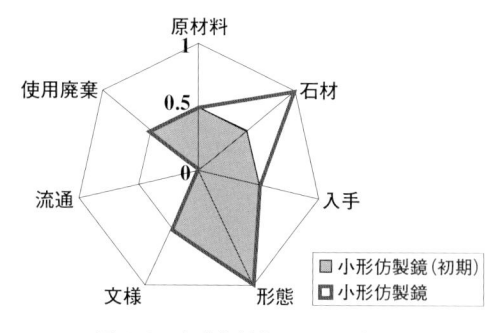

図 174　小形仿製鏡における統一性

の製作地は自立して自由度が認められるが，原材料の統一化が図られるため，北部九州全体としては統合されたネットワークのなかで青銅器生産を行っているからである。

そこで，第3章で考察した小形仿製鏡の生産体制の3段階の変遷と，ここでまとめた「ネットワーク」型の生産体制との関係を述べる。第3章における考察では当初は須玖遺跡群において小形仿製鏡の製作が始まり，その後各地の青銅器製作地でも作られるようになったと説明した。さらに，分散化した生産体制は，須玖遺跡群における生産に集約されるとまとめていた。すなわち，第1期(後期初期)にあたる当初はネットワークの節点(拠点的集落)となる須玖遺跡群のみが小形仿製鏡の生産を行い，他の節点では製作されないが，第2期(後期前半～中頃)になると他の節点でも製作されるようになり，ネットワークが形成される。しかしながら，そのネットワーク自身も不安定で，節点自身も生産量が安定せず，分散化した生産体制は長続きしない。第3期(後期後半～終末)には周辺の節点では小形仿製鏡生産が行われなくなり，ネットワークも形骸化するということになる。したがって，小形仿製鏡の分析より導き出した「ネットワーク」型の生産体制は，後期社会において安定しておらず，ネットワークの形成を試みながら，十分に安定化することができず，最終的には崩壊してしまうのであろう。

この安定化しない「ネットワーク」型の生産体制に関しては，後期社会の地域集団関係とも関連するので，詳細は後述する。

(4)　中広形・広形銅矛の生産体制

次に，小形仿製鏡生産とほぼ同時期(中期後半～後期全体)の中広形・広形銅矛の生産体制について検討する。

生産準備段階　中広形以降の銅矛に関する鉛同位体比分析に関しては，細形・中細形段階の鉛同位体比と比較すると分布域が変化することが指摘されている(平尾・鈴木1999)。分布域から，中細段階まではDラインに認められていたドットが，中広形以降はA領域にまとまる(図175)。しかし，中広形段階はまだDライン上に分布するものがいくつか認められ，移行期的な状況が読みとれる。広形段階ではドットの集中度合が激しく，ほぼ一点にまとまっている。以上のことから，原材料の鉛に関しては，時期的変化として統一化していく傾向が読みとれる。小形仿製鏡の分析でも提示したように，最初期の段階では一部にバラツキが認められたが，その後まとまっていく傾向と類似している。ポイントとしては1に近い0.5であろう。

鋳型石材に関しては，これまで確認できる中広形以降の銅矛鋳型46点は，全て石英斑岩製であり，統一されている。ポイントは1である。

なお，境靖紀氏の中型材の研究によると，佐賀平野と福岡平野では真土の成分が異なっているよ

うである(境 2006)。非常に参考となる分析であるが，他時期と比較できないため，ここではポイントは付けない。

また，鋳型の転用率に関しては，須玖遺跡群において転用率が低く，周辺の製作地における転用率は高い(図176)。この点は小形仿製鏡鋳型のあり方に類似している。この生産準備段階は0.5 ポイントとしておく。

生産段階 銅矛鋳型の加工方法については，それぞれの製作地においてそれほど明確な差は認められない。製品の形態的特徴に関しては，製作地を特定できる製品や鋳型資料が存在していないことから十分に検討できていないが[24]，中広形銅矛に認められる研ぎに関して七田忠昭氏による研究が認められる（七田 1976・1985・1986)。そこでは中広形銅矛全体の分布状況と研ぎ分けが認められる中広形銅矛の分布状況を比較し，佐賀県東部地域での生産を想定している。検見谷遺跡(佐賀県)出土銅矛群の12本中10本に研ぎ分けが認められ，それらの銅矛群の計測値や形態的特徴は類似している。研ぎ分けは鋳造後施される工程であるが，研ぎ分けの手法がどの資料も類似していることから，受容先で施された工程ではなく，製作地において施されたと考えられている。この点に関しては，小形仿製鏡における文様と同様に生産段階の工程として議論することが可能となる[25]。さらに，七田氏はこうした研ぎ分けが施された資料は福岡平野ではなく，分布の偏在性から佐賀平野東部の安永田遺跡での生産の可能性を示している。しかし

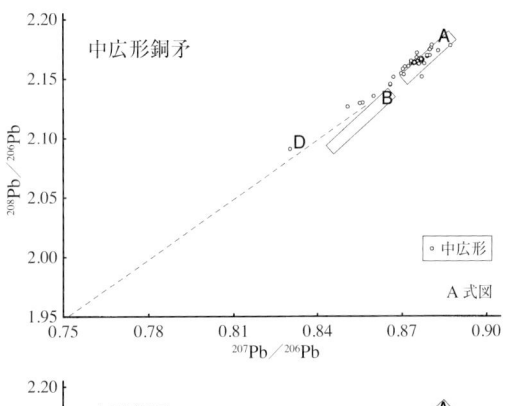

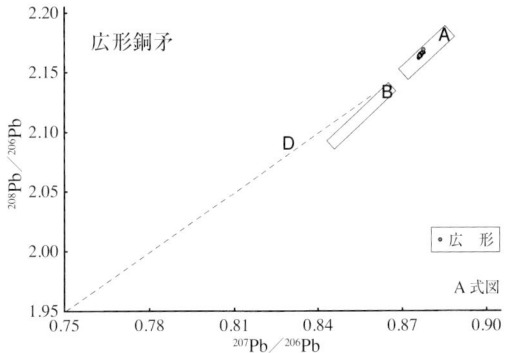

図175 中広形・広形銅矛が示す鉛同位体比
（平尾・鈴木 1999 より）

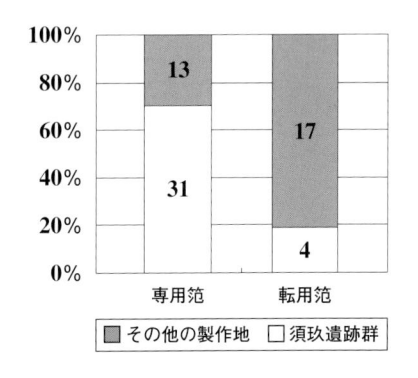

図176 後期における石材利用

---

24) 吉田氏は，大量埋納された武器形青銅器の検討から，埋納された遺跡ごとに形態的特徴が類似していることを指摘している(吉田 2004)。
25) 綾杉状の研ぎ分けに関して，岩永氏は須玖岡本遺跡D地点出土青銅器の検討において「施文が製作時になされたのか，製作後時を経てなされたのか不明である」として七田氏とは意見を異にしている(岩永1982)。また，常松幹雄氏は中広形段階以前の型式に綾杉状の研ぎ分けが施される事例を紹介し，初期の研ぎ分けの解明には朝鮮半島出土事例との比較が有効であるとしている(常松 2000)。

ながらこの点に関しては，岩永氏はそもそも中広形銅矛の出土数が佐賀平野や筑後平野に多いことから，分布の偏在性をもって製作地を推定する手法に関して，疑問を呈している。現時点で確認できる中広形銅矛160本のうち，49本が佐賀平野・筑後平野から出土しており，約1/3の出土数が確認できる。研ぎ分け銅矛の出土数は18本のうち，11本が佐賀平野・筑後平野から出土して半数以上の割合を占め，確かに偏在性が認められる。サンプル数の問題もあり今後の資料増加にもよるが，現状では佐賀平野・筑後平野の中広形銅矛の出土数の偏り以上に研ぎ分け銅矛出土数の偏りが大きく，安永田遺跡などの製作地を完全に否定することはできない。いずれにしても研ぎ分けが製作地で施されるのであれば，研ぎ分けの存否が存在し，中期後半段階の場合，福岡平野の製作地とは異なる製作地において，独特の製品が製作されていた可能性は残る。これらのことから，生産段階の研ぎ分け（施文）に関しては，北部九州全体としての統一性がなく，製作地ごとにまとまる可能性があり，0.5ポイントと評価しておく。また，資料が少ないが，井上洋一氏は有文銅矛について検討を行い，銅矛の施文方法には「線刻」と「研ぎ分け」の2方法が存在し，それらの方法が両者とも施文されている製品群について「工房の共通性を示しているのではないか」としている（井上1989a）。しかし，両者の方法が採用されている製品は旧有馬家所蔵銅矛と，若林勝邦氏によって紹介された『山城国高山寺古文書』に記載されている肥前国基肄郡出土銅矛（若林1897）の2点のみであり，現状では数が少なく，製品群としてまとめられるか不明である。いずれにしても北部九州全体での明瞭な統一性は認められず，製作地ごとにまとまる可能性が高いのではないだろうか。その他の分析項目では十分な検討が行えない。

　流通段階　　中広形・広形銅矛の流通に関しては，まだ詳細な研究がなされていない。しかし，同笵品の研究が近年進められており（島根県古代文化センター2004），その研究を手がかりに流通段階について考察したい。研究では多量埋納される中広形・広形段階の銅矛や中細形段階を含む銅戈に関して，詳細な観察を行い同笵品の判定を試みている。その結果，多量埋納された銅矛群中の同笵品率は1.1本以下と極めて低く，また多量埋納品において形態的類似度が高いことから，一括入手・一括埋納である可能性を提示した。したがって，流通段階では複数製作地で製作された製品を1ヶ所にまとめて流通する一元的な流通ではなく，特定の製作地から直接消費地へ流通する分散型の流通である可能性がある。また，生産段階でも触れた研ぎ分けのある中広形銅矛の資料は，出土分布域が佐賀県東部から筑後川を遡り大分県へ広がり，一部が荒神谷遺跡まで達している。出土分布が特定地域にまとまっていることからも，分散型の流通の可能性を考える。そこで0ポイントと評価しておく。なお，境氏は目達原遺跡（佐賀県）出土の中広形銅矛中型の観察から，福岡平野タイプと佐賀平野タイプの中型が確認され，複数の製作地で製作された製品が一括埋納されたあり方を示した（境2006）。まさに分散型の流通の様相を示している。また，そうした事例は増田山遺跡（対馬市）出土銅矛でも確認されている。

　使用廃棄段階　　前述したが，銅矛の使用・廃棄段階に関する研究は武末純一氏によって進められており，北部九州全体としては埋納という点で共通点が認められるが，埋納方法を詳しく検討すると対馬や四国地域まで含めた場合4つの地域性が認められると指摘されている。したがって，極

第 5 章　北部九州弥生時代青銅器における生産体制

めて 1 に近い 0.5 ポイントとしておく。

　以上の検討から，中広形・広形銅矛の生産体制のあり方は，小形仿製鏡の生産体制と極めて類似していることが明らかとなった（図 177）。前節の検討から，小形仿製鏡と中広形・広形銅矛とでは製作要因や取り扱われ方は異なると結論付けていたが，両者の生産は弥生時代後期の共通した生産体制としてまとめることができる。すなわち，生産準備段階における青銅原材料の種類と鋳型石材の入手量については統一性が認め

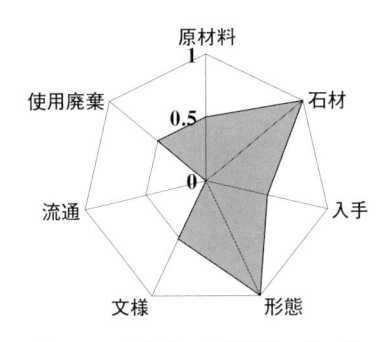

図 177　中広形・広形銅矛の統一性

られず，鋳型石材の種類に関しては完全な統一性が認められる。生産段階においては，ある特定の製作地において，特定の文様や研ぎ分けが施された製品群を製作している可能性が指摘でき個別性が認められたが，その他の工程に関しては不明である。流通段階では分散型で，一度センターを経由した可能性は低く，使用廃棄段階では小形仿製鏡と異なり基本的に埋納される点で一致しているが，対馬などの事例では副葬されており必ずしも統一性は認められなかった。これらの諸点から，小形仿製鏡の生産体制のあり方と同じく「ネットワーク」型の生産体制で銅矛の生産が行われていたのではないだろうかと考える。各地域の製作地における独自性や自由度が一定程度は存在するが，鋳型石材や大型化した製品を製作するなどの点で統一性が認められた。後期の生産体制として，製作される製品ごとにそれぞれの生産体制が存在するのではなく，全体として「ネットワーク」型の生産体制としてまとめて言及することができよう。

　さて，予察ではあるが，鋳型石材産地が 1 ヶ所であるならば，鋳型石材が流通していた可能性を考えたい。なぜならば，それぞれの製作地が石材産地へのアクセスをもっていたとは想定しにくいからである。鋳型石材が統一しているという点を重視するならば，石材を管理した主体の存在を想定せざるを得ない。首長制社会では一定程度の空間に自然環境的な変異が存在し，その結果各地に特産物が生まれ，特産物を首長に納める代わりに首長は再分配を行い，地理的な経済的不均衡を緩和する役割を行うとされる（サーヴィス 1971）。距離的に近隣の製作地が石材に対するアクセス権を保持している可能性があるが，その場合は特産品として鋳型石材が大量に出土する須玖遺跡群に対し，石材を納めていたのではないだろうか。その後，須玖遺跡群の青銅器製作管理主体から各地の製作地へ鋳型石材が流通したのであろう[26]。周辺の製作地において転用率が高く，須玖遺跡群では転用率が低いという現象も周辺の製作地では石材の不足や安定的な石材供給が行われていなかったことを示している。また，第 2 章で示した鋳型の加工技術の分析によって明らかになった地理的勾配も，石材の流通に付随して起こった現象であると理解できる。今後，石材の原産地や須玖遺跡群で未使用石材（ストック）の出土などが確認されれば，証明できるかもしれない。そこで，後期の生産体制

---

[26]　糸島地域においての様相は今後注意する必要があろう。発掘調査が進展すれば新たな展開も予想されるが，現状では糸島地域で出土している鋳型の石材は全て石英斑岩であり，須玖遺跡群などで製作された鋳型石材と同一である。

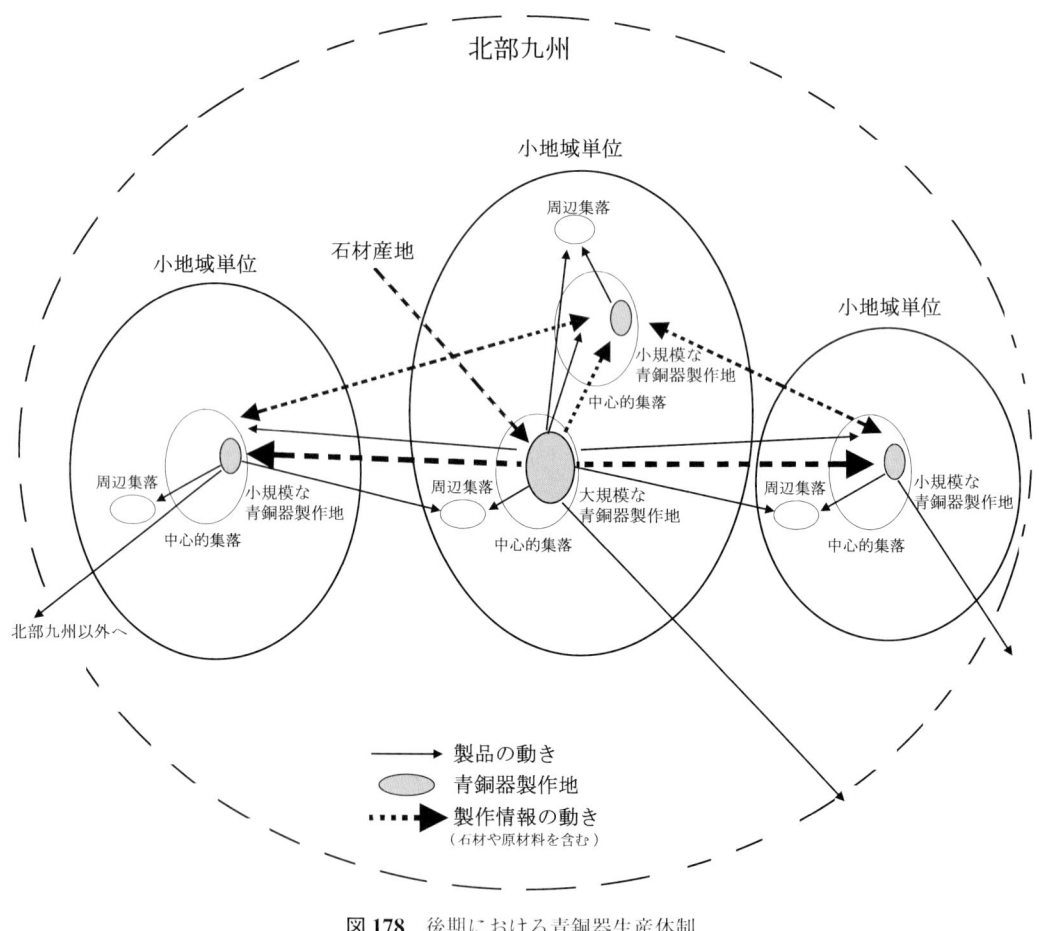

図 178　後期における青銅器生産体制

について図 178 のようにモデル化した。

　この図において，大きな全体の波線で囲んだ範囲は北部九州という地域単位であり，その内部に複数の小地域単位が認められる。それぞれの小地域単位内の中心的集落において青銅器生産が行われており，中期の生産体制と異なる点として，相対的な量的センターの存在があげられる。具体的には須玖遺跡群のことである。青銅器生産に関わる原材料も中期と異なり鋳型石材が統一化されていることから，1ヶ所の石材産地からの供給が想定される。上述したように，この段階において鋳型石材のコントロールを生産量の多い須玖遺跡群が行っていた可能性があり，石材とともに他の青銅原材料や加工技術などの青銅器生産に関する情報も周辺の小規模生産の製作地へ流れていたと考えている。また，もう1つの中期との差は福岡平野という小地域単位内にもさらにいくつかの小規模な青銅器製作地が複数認められることである。具体的には井尻遺跡群や那珂・比恵遺跡群などがあげられる。これらの遺跡群のうち那珂遺跡群などは前段階からも鋳型を出土していたが，それぞれの製作地が自立的・分散的な生産であり，それほど須玖遺跡群からの影響下にあったとは考えられない。後期段階に向かうにつれて，圧倒的な生産量を誇る須玖遺跡群からの関係が認められると

想定した。また，第2章で扱った鋳型加工パターンの地理勾配が認められたことなどから，青銅器製作に関する情報はセンターからの一元的な発信のみだけでなく，小規模な製作地間同士も情報のやりとりを行っている様相がうかがえる。製作された製品は，製作地周辺の小地域単位で消費されるが，他の小地域へ運ばれたり，さらには北部九州という枠組みを越えて他地域へもたらされる場合もある。しかしながら，それぞれの製作地が個別に製品を搬出しており，独占的に1ヶ所へ製品を取りまとめてから搬出するようなあり方は想定できないだろう。

4. 青銅器生産体制の変遷

　ここで，北部九州における中期の青銅器生産と後期の青銅器生産の比較と，その変遷について検討したい。

　変化の方向性を読みとると，青銅原材料・鋳型石材・形態に関して，中期から後期に向かってより統一性をもつ方向に変化するが，使用廃棄に関しては，逆に統一的な取り扱われ方がされなくなり，地域性や個別性が一部認められる状況へ変化している。中期前葉以前では，鋳型が各地から出土することや擬朝鮮系無文土器との関係から，片岡モデルの有効性を支持した。しかし，その後の中期中葉以降の各地における青銅器生産と後期の「ネットワーク」型の生産体制についての変遷過程を説明していないので，以下で触れることとする。

　前期末から中期前葉において，朝鮮半島より製作者たちが渡来し，すでに列島に移り住み既存の弥生人社会に溶け込みつつあった渡来人系集団を頼り，彼らと密接な関係をもって北部九州各地で青銅器が製作され始める。片岡モデルの第1・2段階である。この段階では朝鮮半島における青銅器生産と全く同様の滑石製の鋳型を用いて製作される。森貞次郎氏も指摘してるが，当初は半島から石材自身ももち込んだ可能性もある（森1966）。しかし，列島内では十分に石材が供給できず，様々な石材を使用する。また，鋳型の出土量から推測すると生産量は安定しておらず，鉛同位体比分析の結果から青銅原材料は鋳造ごとに差が生じており，原材料も安定的な供給を得られていない。庄原遺跡などの例からも青銅器生産の試行錯誤段階と考えられる。製作される製品には少量ではあるがミニチュア製品が存在し，法量が安定していない。使用廃棄方法は副葬する点で全てにおいて統一されており，製品の受け取り手側は一定の規範をもって取り扱っていた。

　中期中葉以降は，各地の集落のなかでも限られた集落において，前段階よりは安定的に生産が行われる。しかし，この段階においても，本行遺跡において認められたように，鋳型石材が統一化されておらず，また青銅原材料も鉛同位体比分析からは安定していない。片岡モデルの第3段階であるが，その片岡モデルが北部九州の各地に認められると捉えることができ，この小地域における自立性と，各地に製作地が存在する分散性をまとめて「自立・分散」型の生産体制として捉えることができるのではないだろうか。各地の製作地は，原材料の供給から製作・流通・使用まで自立し自由度が高い生産が行われていた可能性がある。使用廃棄に関しても，受け取り手側の事情により一部の製品では埋納が始まる。

　後期になると，各地に存在した製作地のうち，須玖遺跡群における生産量が他の製作地に比べて

増加してくる(図167～170)．そうした現象にともない，青銅器生産に関わる物資流通のあり方に変化・再編が生じ，多量に原材料が消費される須玖遺跡群を中心とした青銅器生産が行われるようになる．鋳型石材の統一性はそうした大量消費に応じた結果であるとも捉えることができる．また，この時期の再編にともなって鋳型石材の流通が始まるのかもしれない．しかし，中期以来各地に存在した製作地においても，一部の青銅器生産は継続され，小形仿製鏡の文様構成などに認められた一定程度の自立性をもった「ネットワーク」型の生産体制に変化する．また，この時期鋳型の出土状況からすると全く生産を止めてしまう本行遺跡なども存在し，中期から後期の間に生産体制の画期が存在し，製作地が再編成されたことは確かである．そのような変化のなかでも，比恵・那珂遺跡群などのいくつかの集落では青銅器生産は継続され，一定の自由度をもって製作されている．小形仿製鏡の分析からは後期後半に，そうした須玖遺跡群以外の青銅器製作地が各地に存在していたことが明らかとなっている．また，青銅器の取り扱い方に関しては，小形仿製鏡では受け取り手側の事情で様々な扱いを受けている．

さて，中期の「自立・分散」型の生産体制から，後期の「ネットワーク」型の生産体制への変化はいかなるメカニズムなのであろうか．その変化の要因や変化の過程については本章第4節において，青銅器生産以外の他の考古学的事象ともあわせて説明する．特に集団編成の変化とそれにともなう集落構造の変化が関連する．

最後に北部九州における青銅器生産の終焉であるが，小形仿製鏡の分析から，生産量が終末期段階には減少しており，須玖遺跡群における鋳型の出土も減少している．各地において存在した製作地も安定的な生産をしていないのであろう．したがって，最終的には全体の生産量が減少し，最後に須玖遺跡群における生産が停止してしまい，北部九州における青銅器を使用した祭祀は突然終了する(岩永1998)ものと考えている．

5. 小　結

本節において北部九州における青銅器生産体制の変遷を，生産準備段階・生産段階・流通段階・使用廃棄段階に分け示すことができた．そこでは，中期の「自立・分散」型の生産体制モデルと，後期の「ネットワーク」型の生産体制モデルを提示し，その変遷過程について説明した．また，予察的ではあるが，鋳型石材の流通の可能性についても触れた．鋳型石材の統一性と転用鋳型の周辺遺跡での出現率が高いことが根拠である．今後，鋳型未加工品などの分析が必要と考えるが，資料増加を待ちたい．次節では，ここまで明らかになった弥生時代青銅器生産体制における製作者について考察する．

第3節　青銅器製作者の社会的位置付け

これまで青銅器の生産体制について，主に製作地間の関係を取り上げ議論をしてきた．そこで，この節においては，実際に青銅器生産に携わった人々についてその社会的位置付けを行いたい．青

銅器生産に関わる人々を，本書においては第1章でまとめたように，「製作者」という用語を用いて記述してきた。そこで，本節においてはそれらの人々について，「専業」「兼業」という視点からもう少し掘り下げ，弥生社会における「青銅器製作者」について考察する。まず，「専業」「兼業」という用語の確認と，「専業化」の定義の確認を行い，それらとここまで積み上げてきた青銅器生産に関するあり方を比較し，製作者の社会的位置付けに関して論じたい。

1. 製作者のいわゆる専業化について

弥生時代の青銅器製作者が専業化していたのか，非専業(兼業)の人々であったのかという議論については，これまで様々な考え方が示されてきた。なかでもこの専業化の問題は，弥生社会の評価に関わってきている。そこで，ここで「専業」という言葉について一度整理しておく[27]。一般にSpecialistを専業家などと訳すことが多い。しかしまず確認できるのは，青銅器製作技術が一般的な技術ではないという点である。すなわち，第1章でも触れたが，火力の管理という点からしても一般的な日常生活において使用する技術ではない。したがって，日常生活を営む多くの成員が一般的に有している技術とは異なり，専門知識を有し特殊で高度な技術をもつ人々のことをスペシャリスト(Specialist＝専門家)としたい。本書ではそうした人々のことを「青銅器製作者」と呼称していることから，青銅器製作に通じた専門家という意味で「製作者」という名称を使用する。したがって，「専業」という用語はその生業に対する従事度合・従事時間を示す概念として使用する。すなわち専業とはフルタイム(恒常的)であり，逆の概念として兼業[28]があげられ，パートタイム(随時的)となる。さて，この「専業」と「兼業」の度合が，社会進化の段階設定と相関し，特にこれまでは前者のフルタイム(恒常的)な専業のあり方の出現が，マルクス主義において「未開」と「国家(文明)」を区分する指標ともなり古典学説においても注目されてきた(エンゲルス1884)。そこで問題は，弥生時代青銅器製作者が「パートタイムの兼業」であるのか，「フルタイムの専業」であるのかという点に集約できる。

弥生時代の青銅器生産に関して，その製作者たちが高度に発展したフルタイム専業であるという考え方には，弥生社会がマルクス主義で示す「未開」段階よりも，より「国家(文明)」段階に近い段階であるとする考え方に結び付いている。さらに研究史を振り返るならば，青銅器製作者を専業度の高い恒常的専業集団とする考え方はG.チャイルドによって示された「都市革命」と結び付いている。余剰の形成により恒常的専業集団を抱え込むことが可能となり，都市の成立と関連すると説明される。「弥生都市」を唱えている一部の研究にもこの影響が認められるであろう(寺沢2000；広瀬2003など)。また，そうしたフルタイム専業以外の兼業の可能性を示した研究としては近藤義郎氏があげられよう。近藤氏は須玖遺跡群や近畿地方の東奈良遺跡における青銅器生産を取り上げ，「青

---

[27] この「専業」等に関する理解や考え方に関しては，岩永省三氏より御教示を受けた。著者も基本的に岩永氏の考え方に賛同し，以下の論を進めたい。

[28] 岩永氏により「兼業」という用語が相応しいのではないかとの御指摘を受けた。以下ではこの用語を使用する。

銅祭器生産を専業とする自立的な集団であったとは考えられず，日常的には農耕を営む集団の季節的ないし随時的な作業，あるいは農耕集団の内にかかえられた専業工人集団の作業」として2つの可能性を述べている(近藤1983)。すなわち，青銅器生産に携わった人々は自立しておらず，従事度合として①日常的には農耕を営み，季節的・随時的な兼業として青銅器生産を行う人々と，②農耕には従事せずフルタイム専業として青銅器生産を行っていた人々の2つである。近藤氏の前者の考え方はまさに兼業的な青銅器生産を述べているものである。

そこで以下では専業化の定義とその出現に関してまとめ，考古学的な事象から確認された様態との比較を行い，青銅器生産の位置付けを確認する。

2. 専業化の定義とその出現について

さてここで，いわゆる首長制社会における専業の様態をまとめておく。E.サーヴィスは首長制社会における専業化の特徴として，部族社会までは各種生産が半専門家たちによる生産であったものが，首長制社会では首長の庇護のもとで助成を受け，家系の専業化をもたらし，仕事が世襲化し，技能が洗練向上するとしている(サーヴィス1971)。首長の助成とは食料やその他の必需物資であり，専業化した製作者らは経済的な意味では全く社会に貢献しなくなる。こうした社会構造が恒久的に世襲され安定化すると，社会的不平等が社会の特徴となるとしている。すなわちサーヴィスは①専業化にともなう世襲化と家系の安定化，②専業化にともなう技術の向上，③専業化にともなう必需物資の助成などが認められるとしている。

松木武彦氏は専業の出現要因を4つに区分し整理している(松木2000)。「経済的出現」「社会的出現」「技術的出現」「政治的出現」の4つである。「経済的出現」に関しては，主に自然・資源環境の違いから出現する専業で，生活財を対象とし，今山の石斧生産や立岩の石包丁生産が具体的事例としてあげられる。「社会的出現」に関しては，呪的必要性や希少なものに対する欲求から出現する専業で，財貨を対象とし，玉生産や精製土器の生産などがあげられている。「技術的出現」では特別な技術と熟練による出現で，生活財と財貨の両者で認められ，大型獣の狩猟などを対象とした渡辺仁氏の狩猟系家族やチャイルド，それを受けた佐原眞氏によって推定された青銅器製作における「渡り職人(移動工人)」説などがあげられる(渡辺1990：佐原1981)。最後の「政治的出現」に関しては，様々な状態で存在する専業を政治的な意図で再編成することによって出現する専業で，古墳時代の鏡などの威信財の生産や須恵器生産などが具体例としてあげられる。松木氏の整理によると，青銅器生産はこのうち「技術的出現」に含まれていた。なかでも松木氏は生産従事者は高度な知識と熟練した技能を有し，「目にするものに特別な感興を，従事者には一種のプライドをもたらす」として，そうした結果，排他性をもち威信を高め専業化がより発展し，身分分化の契機となりうるとしている。

3. 考古学的事象との対比

そこで，本書のこれまでの考古学的事象から明らかとなってきたいくつかの項目について，サー

ヴィスの整理した専業化の項目や松木氏の専業の出現に関する整理との対比を行いたい。

サーヴィスは専業化にともない①家系の安定化と技術の世襲，②技術の向上，③助成が認められるとした。このうち，①の世襲に関しては，考古学的に検証可能な事例がほとんど認められないので不明である。しかし，後述するが，製作者たちの住居や墓が確認できるのであれば可能となる。②に関しては，弥生後期段階の青銅器製作技術は大型製品の鋳造が可能であるという点や，それにともなう石製鋳型の連結という特異な技術を評価するのであれば発展向上しているようである。したがって，②の要素は認められるのではないだろうか。③の首長による助成であるが，助成を行うためには首長による生産物の管理が前提となろう。武末純一氏は後期の吉野ヶ里遺跡の事例や後期後半の千塔山遺跡（佐賀県）の事例を使いながら，特定有力集団による倉庫管理の存在を説いている（武末 1990b・1991・2000 など）。したがって，後期段階では首長による生産物の管理とそれにともなう助成が行われていた可能性がある。これまでの議論をまとめるならば，サーヴィスの②・③に関しては弥生後期段階では認められる可能性があり，①についてはまだ不明であり，全体としては「専業」の可能性も考えられる。

次に松木氏の整理による出現の問題について検討したい。製作される青銅器は前項でまとめたように，威信財や生活財ではなく主に祭器であった。したがって，弥生時代青銅器生産の専業化の出現に関して，松木氏の言う「経済的出現」や「政治的出現」には含まれない。そこで，弥生時代青銅器生産の専業化の出現に関しては「社会的出現」と「技術的出現」の2つが複合した状態で現れたと考えたいが，弥生時代青銅器の製作者が一定のプライドや専業の排他性や威信をもっていたかどうかについては，疑問である。ある墓の副葬品として，鋳型などの鋳造関連品が認められた場合について，青銅器製作者の墓であると想定することができるかもしれないが，そうした事例は弥生時代では確認されていない[29]。さらに，そうした墓が他の墓と場所を区分して特定の墓群を形成している事例も今のところ報告されていない。また，現状では須玖五反田遺跡の事例などは，青銅器生産以外にガラス製品生産も行っていた可能性が高く，青銅器生産が他業種に対する排他性をもつのであれば，他の生産物（ガラス製品）とともに同じ作業場を使用した特殊な事例と言える。こうした状況を積み重ねて考えるならば，弥生時代青銅器製作者が一定のプライドや専業の排他性や威信をもっていたとは考えにくい。むしろ高度で特別な技術は有しているが，社会階層的に明確に分化した人々ではなく，一般成員のなかにやや埋没している様相がうかがえる。

次にとくにこれまで検討されていないが，生産量について検討しておく。生産量を推定した場合，現状で確認できる生産量は極めて少量である。かなり大まかな数値になるが，具体的には現在出土している中広形・広形銅矛の数量を約500本（集成では453本）とし，弥生後期を約250年間とすると，平均年間生産量は2本でしかない[30]。かなり大雑把な数値であるが，それほど恒常的に生産を

29） 全ての社会において専業化した人々が特定の墓域に埋葬されるとは限らないであろう。民族誌などの事例も十分検討しなければならないが，埋葬に関する点は今後の課題としておきたい。ここでは特定墓域が明確ではないという点を確認しておく。

30） この平均年間生産量に関する議論は，九州大学大学院比較社会文化学府「階級社会形成論」の講義中，岩永氏によって述べられている。なお，著者もこの議論に賛同している。

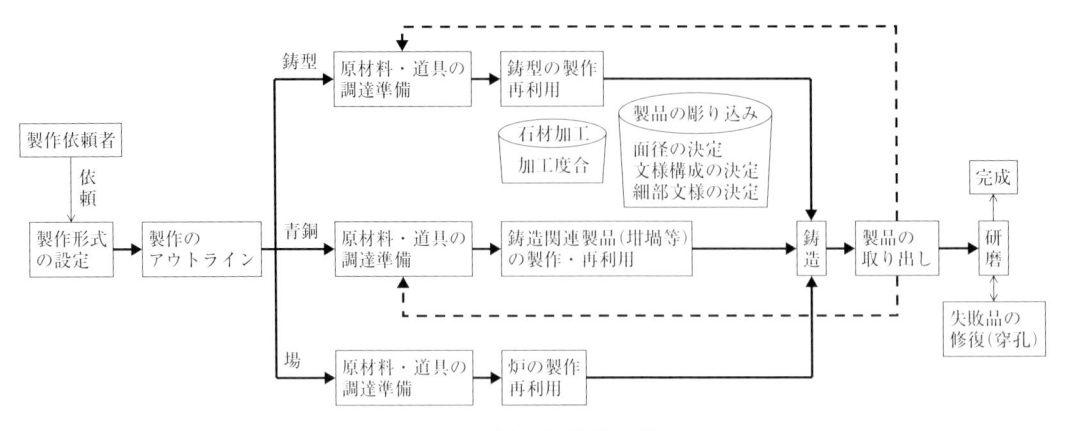

図 179　青銅器の製作工程

行っていたと支持できる数値ではない。また，前項で検討した製作地に関する議論でも，それぞれの製作地が時期変遷と生産量の変遷を示しており，一定量生産され続けるようなフルタイムの専業のあり方ではないだろう[31]。

　最後に北部九州における青銅器生産の終焉に関して専業との問題について触れてみる。フルタイムの専業が青銅器生産で行われたのであれば，生産量が減少する終末期段階において製作者は何か別の職種に転職しなければならない。青銅器生産の技術が古墳時代に直接的に継続することはなく，製作者たちの有する技術は次世代には継承されない。そうした状況を想定するならば，フルタイムの専業ではなく，青銅器生産以外の生業も行う兼業の青銅器生産であった蓋然性が高い。

　前節の検討までに，原材料の確保の問題についても触れてきた。すなわち，青銅器生産をフルタイムで行うためには青銅原材料と鋳型石材の安定的な供給が必要である。さらには，作業場としての製作地が恒常的に利用できなければならない（図179）。青銅器の製作はこの青銅原材料・鋳型石材・製作場が確保されなければ行えないのである。これまでの検討から，中期段階では青銅原材料や鋳型石材では安定的な供給がなされていたという積極的な証拠はなく，逆に製作ごとに異なる材料を確保しており，製作者側の苦労がうかがえる。後期段階では原材料・製作場の安定的な供給・確保も一部に認められよう。

　さて以上のような検討から，現状でのこれまでの考古学的事象と本書で明らかとなった様相をまとめるならば，後期段階においてもいわゆる「専業」が完全に明確に認められるとは言い難い。「専業」の可能性のある項目としては，技術の向上や首長による庇護・助成また原材料の安定供給・製作場の安定確保などが認められる可能性がある。しかし，技術の世襲やプライド表示などの製作者の社会的区分の明確化，生産量や古墳時代への継続性など問題点も認められよう。このような検討

---

31)　武末氏より，何本製作するのであれば専業化として認められ基準を超えるのかという御指摘を受けた。この場合の数値は年間生産量が少量であることを示したものであり，たとえ年間生産量が10本を超えた場合でも兼業であると考えている。専業の出現とは社会段階と密接に関連しており，基本的に弥生時代の段階ではどの業種においても全て兼業でしかないと考えているからである。

から，弥生時代の青銅器製作者たちは「専業」への方向性をもちつつも十分に「専業化」していない「兼業」段階の人々であると位置付けたい。

これは弥生社会の発展段階とも関連する。これまで上記で整理してきたように，フルタイム専業と社会段階との対応は，基本的には首長制社会段階から認められるものとして捉えることができる。また，アール氏もハワイにおける複雑首長制社会の理解において，首長制社会とSpecializationとの関係を密接に捉えている(Earle 1987)。そこで前節以来，弥生時代中期後半から後期について部族社会から首長制社会への移行期として捉えているので，青銅器製作者の専業化段階としては移行期としてのあり方を示しているのである。したがって，近藤氏が①として述べたように青銅器生産に携わった人々は自立しておらず，日常的には農耕を営み，季節的・随時的な兼業として青銅器生産を行う人々(近藤1983)として捉える。

4. 小　結

本節では，これまでの検討から，弥生時代における青銅器製作者は，恒常的な生産を行っておらず，集団内において特別な技術を有しているが，身分分化などが進んでいない一般成員に埋没している人々であると位置付けた。そこで，次節では弥生時代青銅器生産から捉える社会について考察する。なかでも，弥生後期社会の評価を行いたい。

第4節　青銅器生産から捉える弥生後期社会の評価

本節ではこれまで明らかにしてきた青銅器生産体制を弥生時代社会のなかに位置付けてみる。とくに北部九州における弥生後期社会について，これまで示してきた青銅器生産のあり方がいかなる意味をもつのか提示したい。具体的には集落動向と青銅器生産体制の共変動を確認する。また，青銅器生産と同じ手工業生産であるガラス製品の生産や鉄器生産とも比較し，青銅器生産の特色を導き出す。さらに北部九州における青銅器生産体制の特徴を明らかにするためにも，後半で近畿地方の青銅器生産との比較も行う。

1. 北部九州における弥生後期社会の動向

北部九州における弥生後期社会をめぐる評価は，大きく2つの方向性が認められる。第1章の研究史でも取り上げたが，1つは中期後半頃に，各平野単位で順調な社会発展が進み，いわゆる「クニ」と称される地域単位が成立し，「オウ」と呼ばれるリーダーの存在を積極的に認め，後期社会では玄界灘沿岸に強固な政治的組織の存在を想定する立場である(下條1991b；髙倉1991・1992など)。もう1つが，後期社会は，外来地域からの影響が北部九州に入り込み，中期後半まで順調に発展してきた社会がやや下降し停滞した社会と評価する立場である(岩永2002など)[32]。そこで，これまで

---

32) 髙倉洋彰氏は後期中頃以降は，北部九州の影響力の低下と外部地域からの影響を認めている(髙倉1995c)。両者の中間的な考え方であろう。

検討した青銅器生産のあり方から，この正反対の後期社会に対する 2 つの評価に対し再評価を試みたい。

弥生時代後期社会を，安定して強固な政治的組織が存在した社会と考える立場では，青銅器生産も社会の発展方向と同様に拡大上昇傾向であるとされる。とくに下條モデルでは，後期になり須玖遺跡群を中心としたピラミッド型の階層的な生産体制の成立を説いている。しかし，そうした生産体制はこれまでの検討からは導き出すことができなかった。逆に各地に分散する製作地間の関係は，量的な中心地からの影響を受けつつも自立的な関係であり，「ネットワーク」型の生産体制であった。つまり強固で一元的に見える生産体制は，鋳型の出土量をもとにした量的センターの存在を示しているが，実際は各地の製作地において一定程度の自立的な青銅器生産を行っていたということである。したがって，これまでの研究で述べられてきた前者のような社会評価における青銅器生産とは，異なるあり方が本書では導かれている。

次に，後者の社会評価とこれまでの青銅器生産体制について検討する。弥生後期社会は中期と比較して下降・停滞気味の社会であるとする評価では，北部九州における政治的・経済的に求心的な集団の不在もしくは求心力の低下が想定できる。すなわち，中期における一定程度の社会発展を，後期では維持・安定させる方向に社会が進んでいるとするものである。このような社会評価は，青銅器生産体制のあり方と比較するならば，北部九州全体としては統合化しているが，各地の製作地が独自性をもって生産している「ネットワーク」型の生産体制に適合するであろう。前者より後者の社会評価の方がこれまで検討してきた青銅器生産体制と合致するのである。したがって，次項では後者の社会評価に則って，青銅器生産と集落動向や鉄器生産・ガラス製品生産などのその他の考古学的現象との関係を見ていきたい。

2. 後期社会の集落動向と青銅器生産

本項では，弥生後期社会の集落動向と青銅器生産との関係について述べる。弥生後期社会の集落動向に関しては，小沢佳憲氏の一連の研究があげられる（小沢 2000・2002）。小沢氏は北部九州における集落の動向を詳細に分析し，中期末から後期初頭において北部九州全体で画期が存在することを明らかにした。具体的には大半の集落がこの時期に断絶し，一方で中期以来の中心的集落のみが集落を大規模にして存続するという現象である[33]。こうした現象と墓制の動向から，小沢氏は居住集団の明確化と集団間の序列化が一定程度進展したと結論付けている。

青銅器生産はこのような中期末から後期初頭における大規模な集落再編と無関係ではなく，同様な画期が存在する。すなわち須玖遺跡群を中心として生産量の集中化が進行するのである。この変化を，中期の「自立・分散」型生産体制から，後期の「ネットワーク」型生産体制への変化として先述してきた。さて具体的には次のようなモデルが想定できる。

---

33) 小沢氏の研究はさらに後期内においてもいくつかの画期となる時期を捉えているが，青銅器生産との関係が捉えにくいので，ここでは触れない。なお小沢氏の集落動向の捉え方に関しては，久住猛雄氏などが批判的に述べている（久住 2010 ほか）。

中期にわたり各地域の集落で製作されてきた青銅器の生産体制は、後期における集住化という集落の再編の動きのなかで、それぞれの製作地での青銅器生産の停止と、集住化した大規模集落における青銅器生産が始まる。この集住化は地理的格差による資源や情報に対するアクセスの傾斜の結果として導き出され、さらにそれ以前の部族的結合を解体しつつ有力クランへ財や地位が集積し、中期後半の厚葬墓の出現などが1つの具体例としてあげられる。そこで、この時期の集住化にともなって集落間の各種物流・情報・関係も再編され、全体としては中期までの分散した関係から、集落間同士の新たなネットワーク的な関係へと変化する。

この上記のモデルは、集落における変動と青銅器生産の変遷を関連付けたものであるが、検証するためには、他の考古学的な現象との比較検討が必要であろう。

現状では、集落変遷における画期と青銅器生産の変遷が互いに密接して関連していることが指摘できよう。

3. 鉄器生産の動向と青銅器生産

青銅器と同じ金属器のなかで、弥生時代には鉄器が存在する。そこでここでは、鉄器生産の動向と青銅器生産について述べる。北部九州の弥生時代の鉄器生産に関する研究は、これまで数多く発表されており、ここで十分にまとめることはできないが、研究の到達点としては村上恭通氏の一連の研究があげられよう（村上1992・1994・1996・1998）。それまでの研究成果を受け村上氏は、北部九州では中期には舶載鉄器を再利用した鉄器に加え、各地で鍛造鉄製工具の生産が行われ、後期に至り生産量も増加し工具に加え農具も鉄器化していくことを指摘している。しかし、中期末において登場した、地下構造をともなうI類鍛冶炉は、その後発展せずに小型化し減少してしまい、鍛冶技術は中期末を境に退化傾向にあるようであると述べている。また、後期後半以降は北部九州の周縁域である中九州や東九州において鉄器組成が異なり、細かく見るならば隣接する河川流域間や河川の上・中・下流間においても鉄器の形態や組成に違いが認められるとする。さらに村上氏は中期後半から後期初頭にかけて製作される鉄戈に関して、川越哲志氏や藤田等氏の研究を引用しつつ（川越1975；藤田1987）、高度な技術の必要性と出土分布の分析から、須玖遺跡群周辺に製作地を求めている[34]。銅戈を模して鉄戈が製作されており、鉄戈の使用と最終的な取り扱われ方が他の武器形青銅器と同様に副葬されるという点から、鉄戈の製作と青銅器生産との密接な関係を説いている。

こうした鉄器生産の動向と青銅器生産との関係について、興味深い点が2点ある。1点は鉄戈の問題である。中期後半から末頃にかけて須玖遺跡群を中心として製作されたと考えられ、武器形青銅器との関係が深いことが提示されているが、中期末頃の須玖遺跡群はそれほど青銅器生産の量的

---

34) 村上氏は「春日市周辺には、（中略）鍛冶遺構が高い密度で分布している。鉄戈はこのように生産技術の高いセンター的な鋳造工房で生産されたのであろう」として、須玖遺跡群周辺での生産を想定している（村上1998）。なお、小型の鉄戈に関しては、李南圭氏の研究を引用しつつ（李1989）、朝鮮半島産である可能性が高いとしている。また、東潮氏のように全ての鉄戈を舶載品と見る考え方もあるが（東1986）、出土品の分布状況から国産説を取りたい。

センターではないという点である。すなわち，須玖遺跡群における鉄戈の生産ピークと青銅器生産のピークがズレている点である。もう1点は中期末を境に鉄器の製作技術は退行していくのに対して，青銅器生産は製品の大型化にともない鋳型が大型化し，さらには大型化した鋳型を組み合わせる技術を獲得している。このように製作技術の時間的変遷の方向性が鉄器生産と青銅器生産では異なっているようである。以下ではこの2点について個別に述べていく。

(1) 須玖遺跡群における中期末の鉄戈生産と青銅器生産の評価

まず，中期末前後の青銅器生産の様相を振り返る。須玖遺跡群では中期末から後期前半にかけて中広形段階の青銅器生産が行われている。中広形段階の鋳型は赤井手遺跡や大南遺跡などの丘陵上の遺跡と，丘陵北側低地部の須玖岡本遺跡坂本地区で確認されており，それらの遺跡で生産されたと考えられる。また，丘陵上の平若C遺跡では中期末の住居内に青銅器鋳造にともなう溶解炉が1基検出され，そこでの製作がうかがえる。次に鉄器生産であるが，これまでのところ丘陵上の赤井手遺跡と仁王手遺跡[35]において，中期末頃の住居内に鍛冶炉がそれぞれ1基設置されている。赤井手遺跡は青銅器生産も行っているが，仁王手遺跡では鉄器の製作のみである。各遺跡間の距離は1km弱であるが，丘陵上の各所に青銅器や鉄器の製作地が分散している状況がうかがえよう。

そこで，この時期の鉄戈の生産が上記の遺跡で行われたとするならば，鉄戈の生産体制は青銅器生産体制の一部に組み込まれていたと考えることもできる。赤井手遺跡で青銅器と鉄器の両者を製作している点や，また，平若C遺跡で確認された青銅溶解用の炉と赤井手遺跡や仁王手遺跡で確認された鍛冶炉がともに一般的な住居内から検出されている点，鉄戈が銅戈を模して製作され始めたと考えられる点などが根拠としてあげられよう。しかし，鉄戈が生産され副葬される頃には武器形青銅器は副葬されず祭祀品として扱われている。この場合同一の生産体制のなかで，使用目的の異なる製品を製作していたことになる。武器形青銅器が副葬される時期は，鉄戈よりも早く中期末以前であり，そのような意味でズレが生じている。したがって，この時期の青銅器生産と鉄戈の生産は隣接した地域で製作されながらも，全く別の生産体制であったと考える。鉄戈が須玖遺跡群以外では製作されていないと想定される点からも補強されよう。

その後の須玖遺跡群において，この中期末以降の鉄器生産は青銅器生産ほど良好な資料が認められず，十分に検討することができないが，鉄戈生産がこの一時期で終了してしまうことから，鉄戈の生産体制は中期段階で終焉を迎えたのであろう。なお，鉄器は鉄戈以外にそれぞれの集落で実用的な農工具類が製作されており(村上1992)，そうした実用製品としての鉄器の生産体制はさらに青銅器生産体制と異なったものであったと考える。

(2) 鉄器生産と青銅器生産の製作技術の方向性

次に鉄器生産技術と青銅器生産技術の変化の方向性について述べる。この場合の鉄器とは実用品

---

35) 赤井手遺跡と仁王手遺跡の鍛冶関連遺構については，武末純一氏や境靖紀氏がまとめている(武末1998b；境2004b)。また，仁王手遺跡A地点に関しては，2004年度に報告書が刊行された(境編2004)。

としての農工具である。上記したようにそれぞれの生産体制は全く別の動きをしており，相互の関連はないと言ってよいであろう。また，先程もまとめたように後期後半へ向けて鉄器製作技術は退行し，「手抜き」の方向へ進んでいくが，青銅器製作技術は大型石製鋳型を組み合わせて大がかりな装置で製作を行っており，その点を評価すれば退行していない。こうした両金属器に認められる差異は，鉄器が実用品であることから，一見退行しているような製作技術も，実は必要な要素以外そぎ落としていった結果であると評価することもできよう。小型の農工具が生産できる設備さえ整っていれば，大がかりな地下構造をもつ鍛冶炉は必要なく，最低限度の技術に特化したと評価できる。逆にこの時期の青銅器は祭器であるが故に，製作という行為自体がある種祭祀的な意味合いをもっていた可能性があり，そうした結果，大型石製鋳型を組み合わせてまで製作するという極めて不合理な生産を行っていた可能性がある。製作技術としては第1章でもまとめたように土製鋳型による製作も可能であったはずであるが，あえて石製鋳型に固執し製作技術を簡略化しなかった。そうした理由が青銅器が祭祀品であったということに起因している可能性は十分にあるであろう[36]。すなわち，鉄製農工具と青銅祭祀具は同じ金属器であっても，使用する場面が異なっており，製作段階から全く別のカテゴリーのものであったとまとめることができる。いずれにしても鉄器と青銅器とは生産体制が異なっており，製作技術変化の方向性も異なっていたことになる。

4. ガラス製品生産の動向と青銅器生産

ここでは青銅器生産と密接な関わりが認められるとされるガラス製品生産に関してその生産体制との比較を行いたい。北部九州におけるガラス製品生産の生産体制に関する研究は，藤田等氏の一連の研究があげられよう（藤田1994）。しかしながら，ガラス製品生産に関する研究は資料の少なさから，20年近く経過した現在においても十分に進んでおらず，鋳型が出土している勾玉を中心に述べられている。藤田氏の成果によると，中期後半には大型勾玉が須玖遺跡群において独占的に製作され，各地の政治的リーダーに配布したとしている。後期には大型勾玉などは須玖遺跡群で引き続き製作されるが，佐賀平野などでも鋳型が出土しており，ガラス勾玉の生産は分散化している状況がうかがえるとされる。そこでガラス勾玉鋳型の最新の集成を行い，これまで検討を進めてきた青銅器生産との関連について述べる。

(1) 勾玉鋳型の動向

表27がこれまで出土した勾玉鋳型である。藤田氏の集成に井尻B遺跡での3点が増加され，10遺跡23点の鋳型が確認されている。このうち下七見遺跡出土の鋳型のみ中期に属する鋳型で，ここでの議論対象から外しておく[37]。また，長野尾登遺跡出土の鋳型は使用痕跡に関して，詳細が不

---

36) 近畿地方における銅鐸生産の場合は土製鋳型の導入に別の理由を考えなければならない。
37) 下七見遺跡からは後期の銅釧鋳型も発見されており，今後資料が増加すれば北部九州に隣接する地域での様相が明らかとなるであろう。

明であるので除外する[38]。下七見遺跡を除くと，ガラス勾玉鋳型の時期は全て後期に使用廃棄されている。出土遺跡は須玖遺跡群の五反田遺跡・赤井手遺跡・坂本地区・平若C遺跡や弥永原遺跡のほかに，井尻B遺跡やヒルハタ遺跡，三本谷遺跡で発見されている。三本谷遺跡の事例を根拠に，藤田氏は佐賀平野への生産の広がりを示しているが，資料が増加した現在においても特異な資料で

表27　ガラス勾玉鋳型集成

山口

番号	遺跡名	彫り込まれた勾玉の数	鋳型法量(cm)	勾玉法量(cm)	穴の有無	鋳型材質	鋳型形状	使用の有無	時期	出土遺構
1	下七見	1	6.5+×4.4+×2.4	4.4+	なし	土製	縦長方形	使用	中期初頭	SK67土壙

福岡

番号	遺跡名	彫り込まれた勾玉の数	鋳型法量(cm)	勾玉法量(cm)	穴の有無	鋳型材質	鋳型形状	使用の有無	時期	出土遺構
2	長野尾登	5	3.8×5.4×5.8	1.5×5	あり	土製	円環状	不明	後期	包含層
3	弥永原1	1	5.5+×4.5×2.3	5.0+	あり	土製	縦長方形	使用	後期	採集
4	弥永原2	2+	5.0×3.2+×1.7	2.4 / 1.2+	あり？ / 不明	土製	横長方形	使用	後期	住居
5	弥永原3	1+	2.6+×4.0+×1.9	1.2+	不明	土製	横長方形	使用	後期	溝
6	赤井手	2+	6.3+×4.8+×2.6	4.0+ / 不明	あり / 不明	石製(砂岩)	横長方形	使用	不明	不明
7	五反田(第1次調査)1	3+	3.7×7.0+×2.8	2.9 / 2.9 / 2.8+	あり / あり / あり	土製	横長方形	使用	後期後半	1号住居跡
8	五反田(第1次調査)2	2+	3.6×2.6+×2.8	3.0+ / 3.2	不明 / 不明	土製	横長方形	使用	後期後半	1号住居跡
9	五反田(第1次調査)3	2+	3.9×2.3+×2.8	3.1+ / 3.2	あり / あり	土製	横長方形	使用	後期後半	1号住居跡
10	井尻B(第17次調査B区)	2+	4.37×4.44×2.05	3.2 / 不明	なし / 不明	土製	横長方形	使用	後期後半	SC4064
11	井尻B(第17次調査C区)	2+	5.5×4.1+×1.5	3.8 / 不明	なし / 不明	土製	横長方形	使用	後期後半	SC01
12	井尻B(第17次調査C区)	1	2.7+×3×1.6	不明	あり	土製	横長方形	使用	後期後半	SE05
13	坂本地区A面 / 坂本地区B面	1+ / 1+	3.5+×2.65+×2.15	不明 / 2.2	あり / 不明	石製(石英斑岩)	方形	使用 / 使用	後期	溝31
14	ヒルハタ	1	5.0×13.0	2.4	あり	石製(石英斑岩)	横長方形	未使用	後期後半	1号土壙
15	五反田(第1次調査)4	2+	5.1×2.2×1.2	3.7 / 不明		土製	組合式縦長方形	使用	後期後半	1号住居跡
16	五反田(第1次調査)5	1	円形(径8.5×1.8)	45		土製	組合式円盤形	使用	後期後半	2号土壙
17	五反田(第1次調査)6	1	円形(径7×0.9)	不明		土製	組合式円盤形	使用	後期後半	溝
18	五反田(第2次調査)1	1+	4.18×2.9×1.03	3.5		土製	組合式横長方形	使用	後期後半	1号土壙
19	平若C	1	2.45×2.5×1.26	不明		土製	組合式縦長方形		後期後半	
20	五反田(第2次調査)2	1	3.5×2.8×0.9		あり	土製	組合式底板	使用	後期後半	1号土壙
21	五反田(第2次調査)3		2.3×2.4×1.35			土製	組合式底板	使用	後期後半	1号土壙
22	五反田(第2次調査)4		3.55×3.8×1.2			土製	組合式底板	使用	後期後半	1号土壙

佐賀

番号	遺跡名	彫り込まれた勾玉の数	鋳型法量(cm)	勾玉法量(cm)	穴の有無	鋳型材質	鋳型形状	使用の有無	時期	出土遺構
23	三本谷	1	円形(径7.5×2.0)	2.5	あり	土製	円盤形	使用	後期	環濠

38) 長野尾登遺跡からは後期のガラス勾玉鋳型が出土したと報告されている。5個分の型を環状に配することから，東奈良遺跡で発見されているようなタイプの鋳型である。

あり重要である。その他の鋳型はいずれも青銅器生産とつながりのある遺跡からの出土であり，ガラス勾玉生産と青銅器生産の密接な関係を示している。鋳型の材質は石製鋳型と土製鋳型が存在する。鋳型は2種類存在し，1つは通常の鋳型であるが，もう1つは底面鋳型と枠の鋳型を組み合わせて使用する組合式鋳型である。五反田遺跡では2種類出土しており，異なる製作技術が共存していたことがうかがえる。

(2) ガラス勾玉生産と青銅器生産の評価

ガラス勾玉生産と青銅器生産との密接な関係は，①鋳型の出土遺跡が共通することや，また，②須玖岡本遺跡坂本地区や赤井手遺跡・ヒルハタ遺跡では青銅器鋳型と同じく石製鋳型が出土していること，さらに③ヒルハタ遺跡出土の資料は，製作に実際に使用されていないが，青銅器鋳型と同一個体にガラス勾玉が彫り込まれている点で認められる。したがって，青銅器生産体制の一部にガラス勾玉生産が組み込まれていた可能性が高い。とくに五反田遺跡第1号住居跡における青銅器鋳造関連遺物とガラス勾玉製作関連遺物の遺構レベルでの共伴は，両者の生産が同時に行われていたことを示している。しかし，上記したように五反田遺跡ではガラス勾玉製作においても異なる2種類の鋳型製作法が共存しており，製作者と製作技術の関係を探るうえで興味深い資料である。すなわち，1ヶ所の製作地に，複数の製作技術を習得した少数の製作者が作業を行っていたのか，単独の製作技術しか習得していない複数の製作者たちが作業を行っていたのかという問題である。ガラス勾玉製作では青銅器生産との関わり合いが強く，とくに単純に場所の共通性だけでなく，上記の②や③などの鋳型の共有が行われている点から，複数の製作技術を習得している製作者が，青銅器生産からガラス勾玉製作の2種類の方法に至るまで関わっていたと考える。

次に，三本谷遺跡出土鋳型の評価である。藤田氏が指摘しているように，後期になって製作地が拡散する点に関しては青銅器生産の動向とも対応していることから支持したい。今後も須玖遺跡群以外からガラス製作勾玉が出土する可能性は高いだろう。実際，井尻B遺跡出土ガラス勾玉鋳型資料の出土は，そうした様相を裏付けるものである。後期の青銅器生産は「ネットワーク」型の生産体制を想定しているので，ガラス勾玉生産もそうした生産体制のなかに組み込まれていたと考える。

5. いわゆる福田型銅鐸の生産について

最後にいわゆる福田型銅鐸の位置付けである。吉野ヶ里遺跡で銅鐸が発見されるに至って，赤穂ノ浦遺跡出土鋳型や安永田遺跡・本行遺跡出土の銅鐸鋳型の評価が定まった。北島大輔氏は福田型銅鐸を中心とした研究のなかで，それらの銅鐸群を北部九州産としながら中期末から後期初頭の極めて短期間に製作されたものであると評価している（北島2002・2004）。また，成立要因に関しては中国地方や近畿地方と北部九州地方の相互干渉が積極的に行われた結果，需要側の要望に応えるために，北部九州側で製作が行われたとしている。銅鐸を詳細に観察した結果，銅矛の製作技術との類似性が認められる点や安永田遺跡で銅矛鋳型と銅鐸鋳型が共伴している点から，銅矛の生産に関わった製作者が，福田型銅鐸の生産に関わったとしている。こうした福田型銅鐸の生産に関しては，

前節で示した「自立・分散」型の生産体制のなかで位置付けることができよう。すなわち、複数ある製作地のうち鳥栖丘陵周辺において短期間に製作され、他の製作地では製作されなかった可能性が強いのではないだろうか[39]。なお、安永田遺跡出土の鋳型は後期初頭に位置付けられるので、厳密に時期で分けるなら前節でまとめた「ネットワーク」型の生産体制の一部に含まれるが、全体としては、中期から継続していた「自立・分散」型との過渡的な段階として捉える。九州における銅鐸の生産は、ほぼ1地域の特定の製作地でしか行われず、また製品の出土分布が中国地方に偏っている点は、「自立・分散」型の生産体制の特徴と言えよう。なお、北島氏は福田型銅鐸の成立要因について述べてはいるが、製作が短期間で終わってしまったことについては触れていない。福田型銅鐸の生産が「自立・分散」型の生産体制のなかに位置付けられるのであれば、その製作地での生産が何らかの要因で生産を停止すると、他の製作地がその負担を補うことはなく全体として終了してしまうと考えられる。銅鐸が北部九州における生産体制のネットワークのなかで製作されていなかった証拠であり、複数の製作地では製作されなかったのであろう。さらにもう少し付け加えるならば、需要側の要望に応えるために福田型銅鐸の製作を行っていたのであれば、需要者側の何らかの事情により製作停止措置がとられる可能性もある。いずれにしても製作側・配布者側の強い意図のもとで製作された製品ではないのであろう。

6. 近畿地方における青銅器生産との関係

　ここでは、近畿地方における青銅器生産と北部九州における青銅器生産との関係について述べる。銅鐸に代表される近畿地方の青銅器生産に関する研究は、主に型式学的編年にともなう生産開始期についての議論が北部九州の研究者と近畿地方の研究者の間で行われてきていた。すなわち、佐原眞氏による編年作業以降、近畿地方の研究者は前期末から中期初頭には確実に銅鐸生産が始まっているとし、北部九州の研究者は、前期末頃にようやく北部九州での青銅器生産が始まるのであるから、近畿地方の銅鐸生産は中期以降に開始されるであろうとする議論である。さらに両地域の土器の併行関係がその議論に複雑に絡まり、前期における銅鐸生産を主張する研究者が根拠とした鶏冠井遺跡(京都府向日市)出土の銅鐸鋳型が包含層出土であったため、古い時期の土器と新しい時期の土器が混ざり合い、なかなか議論の収集がつかなくなっていた。そうした研究動向のなかで、1999年に堅田遺跡(和歌山県)で前期の集落遺構から、鋳造用の炉と解釈される遺構と鉇が彫り込まれた鋳型が出土したことは、近畿地方の青銅器生産が前期に遡ると主張している研究者にとって念願の新資料であった。最近では、近年報告された朝日遺跡(愛知県)出土の菱環鈕段階の鋳型などによって、北部九州以外の地域でも前期末頃には青銅器生産が行われていたことが明らかとなってきている。しかし、現状での初期の鋳型の分布は近畿地方の周縁域であり、畿内中枢部(大和・河内・摂津

---

39) 赤穂ノ浦鋳型については重機による掘削中に出土しており、出土状況の詳細は不明である。周辺から鋳造に関連する遺物は出土しておらず、現段階で赤穂ノ浦遺跡において青銅器生産が確実に行われていたか明らかでない(席田遺跡群発掘調査班 1982)。したがって、福田型銅鐸の生産に関しては、鳥栖丘陵周辺を有力な製作地として論を進める。

など)の地域では発見されていない。いずれにしろ今後新資料が出土し，前期末頃から青銅器生産が一部で行われていたとする可能性があるだろう。しかし，資料が少ないことから，極めて短期間で製作され，社会全体に定着はしない青銅器生産体制であったのであろう。

次に近畿地方で青銅器生産が始まる初期段階における，北部九州からの技術的なつながりの有無について検討する。北部九州において初期に製作される製品は，銅剣・銅戈・銅矛・銅鉇・棒状製品などである。したがって，堅田遺跡(和歌山県)の報告でも指摘されているが，銅鉇の鋳型が出土したことに意味があり，北部九州から技術が伝わったと考えられる(久貝1999)。しかし，近畿地方ではその後時期をおかず，銅鐸の生産が始まる。そこでは北部九州からの影響は想定できず，独自な発展を遂げている。したがって，堅田遺跡のような最初期の段階は北部九州からの影響を想定でき，その後は継続しなかったのであろう。北部九州における青銅器生産がその後の近畿地方における青銅器生産に与えた影響はかなり低いと考えられる。

さて，近畿地方における青銅器生産体制は，これまで導かれた北部九州における青銅器生産体制とどのような関係にあったのか示したい。近畿地方における青銅器生産体制に関する研究は，銅鐸を中心に進められてきている。第1章の研究史でも触れたが，銅鐸の生産体制には佐原氏によって提唱された「移動工人」説と近藤義郎氏によって唱えられた「定着工人」説があり(佐原1981；近藤1983)，現状では春成秀爾氏や難波洋三氏によって再考された「定着工人」説が優勢である(春成1992b；難波1991・2000)。こうした各集落に「定着」して青銅器生産に携わる製作者たちの動向は，北部九州における製作者のあり方と類似している。

近畿地方における銅鐸生産は扁平鈕式の一部の時期に石製鋳型による製作から土製鋳型による製作へと変化する。そこで，石製鋳型によって銅鐸が製作される段階と，土製鋳型によって製作される段階の2段階に分けて生産体制を検討する必要がある。これまでの研究から，摂津地域では神戸層群中の凝灰岩質砂岩を使用し(田代ほか1975)，河内地域では徳島県下の和泉層群の和泉砂岩が使用されているとされる(芋本ほか編1981)。したがって，前半段階の石製鋳型を用いた青銅器生産では，複数の鋳型石材産地からそれぞれの青銅器製作地へ石材がもち込まれ，鋳型の製作が行われたと考えられている[40]。また，製品はこれまでの研究から複数の製作地で製作された銅鐸が一括して埋納されている例が知られている。こうした状況をまとめるならば北部九州における中期段階に認められた「自立・分散」型の生産体制を想定することができるだろう。なお，難波氏は特定銅鐸型式の出土分布の偏在から，近畿式銅鐸出現以前の段階には5つ程度の製作者集団が分散していた可能性を提示している(難波2006)。

土製鋳型による青銅器生産では，唐古鍵遺跡(奈良県)が量的センターになるようである。数多くの土製鋳型の外枠が出土しており，かなりの生産量を推定することができる。さらに，近年の調査により近畿地方の各地で土製鋳型を使用した青銅器の生産が行われていたことが明らかになりつつある。十分な考察を行ったわけではなく予察であるが，この段階の生産体制については，中期以来

---

[40] 西神ニュータウン内第65地点遺跡(神戸市)出土の銅鐸鋳型は未製品であり，石材産地に遺跡が近接していることから，産地付近である程度，鋳型の粗加工が行われていた可能性もある。

の「自立・分散」型の生産体制の継続ではないかと想定している。なかでも，一部の製作地においてのみ生産量が増加するが，それぞれの製作地間の関係は希薄であったのではないかと考えている。第3章第3節の近畿地方における小形仿製鏡生産の分析において，後期の近畿地方における小形仿製鏡の生産体制について分散型という表現を行っているが，青銅器生産全体でも同様な生産体制であったのであろう。

7. 弥生時代の社会変化と青銅器生産

　ここで，これまで述べてきた青銅器生産体制の変遷と北部九州弥生社会の変化について述べる。これまで中期段階の「自立・分散」型の生産体制から，後期には「ネットワーク」型の生産体制へと青銅器生産のあり方，すなわち生産組織の管理形態が変化するということを述べてきた。そこで，この点をもう少しまとめておく。「自立・分散」型の生産体制においては，基本的に個々の製作地ごとに，自立的に，また分散して青銅器生産が行われていたとして評価してきた。別の言葉で置き換えるならば，後期段階の「ネットワーク」型生産体制と比較して，相対的にそれぞれの製作地における青銅器製作に関する様々な場面での規制が緩く，自由度が高いとまとめることができる。具体的には，生産準備段階や生産段階に相当する青銅原材料の入手，鋳型石材の材質，製作される製品の形態などの項目で製作地ごとの独自性が認められた。また，逆に後期段階の「ネットワーク」型の生産体制では，上記の項目で統一性が認められたが，製品の流通段階や使用廃棄段階において自由度が高くなる傾向が認められた。すなわち，これらの点を青銅器の一連の製作・使用工程に則ってまとめるならば，中期段階では生産準備段階と生産段階に独自性が認められ，後期段階では流通段階[41]や使用廃棄段階に独自性が認められたと言えよう。中期から後期への時間的変遷のなかで，こうした製作・使用工程ごとに規制のかかる強弱が存在し，それぞれが変化しているようである。

　さて，こうした変化の様相はいかなる性格として捉えることができるのであろうか。青銅器の製作が製作者自身が自由勝手に製作するのではなく，クライアントとして当時のリーダー層が存在し，また青銅器を欲する使用者（クライアントと同じ場合もある）が存在していたことから，当然のことながら青銅器生産と当時の社会やリーダー層との関係が問題となる。具体的にはクライアントと製作者の関係であり，またリーダー層の安定化の問題であり，さらには当時の集団の統合範囲の伸縮性の問題として置き換えることができる。

　そこで，これまでの青銅器生産体制の変遷と上記の諸問題との解決を図ることとする。まず，製作者とクライアント（リーダー層）との関係に関しては，クライアント（リーダー層）の製作現場への関与の問題として考えることができよう。先程の製作・使用工程でまとめた場合，「自立・分散」型の中期段階と「ネットワーク」型の後期段階では，生産準備段階や生産段階において中期段階では独自性が，後期段階では統一性が認められ，時期的変遷のなかで規制の強化が確認できた。さて，クライアント（リーダー層）の製作現場への関与が想定されるのであれば，生産段階までの統一性，

---

[41] 流通段階については中期段階の様相が十分把握できていないが，後期段階は分散型であるので製作地ごとの独自性が認められたとしておく。

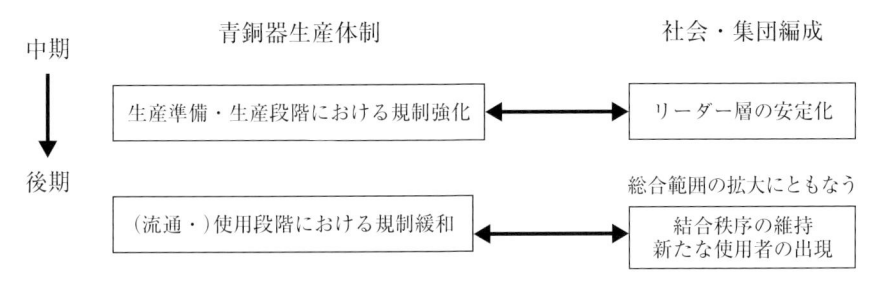

第5章 北部九州弥生時代青銅器における生産体制　　317

```
中期
 ↓           青銅器生産体制                    社会・集団編成

           ┌─────────────────────┐         ┌─────────────┐
           │生産準備・生産段階における規制強化│ ←→ │リーダー層の安定化│
           └─────────────────────┘         └─────────────┘
後期
                                          総合範囲の拡大にともなう
           ┌─────────────────────┐         ┌─────────────┐
           │(流通・)使用段階における規制緩和│ ←→ │結合秩序の維持  │
           └─────────────────────┘         │新たな使用者の出現│
                                          └─────────────┘
```

図180 青銅器生産体制の変化と社会背景

規制強化が導き出されるであろう。そこでこの現象は，クライアント(リーダー層)の製作現場への関与が後期段階になり強化されたと理解することができよう。

次にリーダー層の安定化の問題である。この点に関しては，田中良之氏や溝口孝司氏らの一連の研究から，中期から後期にかけて，有力層(リーダー層)の顕在化とともに共同性が混在する過渡的段階からクラン内・クラン間の階層化が進行する段階としてまとめられている(田中2000；溝口1998ほか)。すなわち，単純化はできないが有力層(リーダー層)の安定化が進行しつつ，定着化へ至る過程として捉えることができる。したがって，青銅器生産を要請するクライアントの系譜的な安定化へ至る過程と，先程指摘した青銅器生産体制の製作現場への関与の強化は併行して進展するものと考えられる。

最後に当時の集団の統合範囲の伸縮性の問題についてである。クラン間の階層化の進展において，集団の統合範囲は中期段階より後期段階の方が広がると考えられる。そうしたなかで北部九州の有力者層は部族的秩序維持の強い青銅器埋納に固執[42]して銅矛祭祀を継続させ，大型化した銅矛生産を行わせ，生産量を強化している。統合範囲の伸縮変化のなかで，秩序維持を目的にした青銅器として捉えることができよう。なお，小形仿製鏡もこうしたクラン間の階層化にともない必要となったアイテムの可能性がある。その場合，受け取り手側の新たな青銅器保持者が，製品の取り扱い方に関して十分に理解していなかったため，使用廃棄段階における自由度が発現しているのかもしれない。いずれにしても，集団規模の拡大にともない青銅器生産は強化されるが，裾野は広がるという現象として把握できよう。

これまでの議論を図180においてまとめた。後期段階の「ネットワーク」型生産体制への変化を図のように考えたい。

8. 小　　結

本節では，これまで明らかになった青銅器生産体制と北部九州における集落動向の分析との対比を行い，青銅器生産体制の変化と集落動向の変化が一致していることを示した。集落動向が当時の集団編成や社会変動の一端を表すとされるので，弥生社会の変化と密接に関連して青銅器生産体制

---

42) 後期段階の青銅器祭祀の理解は岩永省三氏の考え方を参考にしている(岩永1998)。

が変化している点が明らかになった。また，第1項でまとめた弥生時代後期社会が停滞下降気味であるとする社会評価と，これまで明らかにしてきた後期における「ネットワーク」型の生産体制は合致するとした。製作地間の関係は緩やかなつながりでしかなく，それぞれの製作地における独自性が想定され，社会全体としては強固にまとまっているわけではない様相である。

さらには，青銅器生産と関連が予想される鉄器生産・ガラス製品生産との関係について検討を加えた。青銅器生産と同じく高温を用いる作業であるが，青銅器生産と変化方向が異なり，とくに鉄器生産とは関わり合いが少ない点が明らかとなった。また，近畿地方における銅鐸生産との比較も行い，北部九州からの技術的影響は少ないと結論付けた。また，予察ではあるが，近畿地方の青銅器生産は当初から「自立・分散」型の生産体制であったのではないかとまとめた。さらに，九州で製作されたいわゆる福田型銅鐸の評価とその生産のあり方については，中期段階の「自立・分散」型の生産体制内で製作された，極めて特異な製品群として捉え，鳥栖丘陵周辺での短期間での生産を明らかにした。

最後に「自立・分散」型生産体制から「ネットワーク」型生産体制への変化を，当時の社会背景との関連からメカニズムを説明した。

これまでの考察によって特徴を示した北部九州における青銅器生産体制を，次節では東アジア的な視点から捉え直したい。

第5節　東アジアにおける青銅器生産との比較

ここまで北部九州における青銅器の生産体制について明らかにしてきた。具体的には，生産体制の時期的変遷や，青銅器生産と隣接する鉄器・ガラス製品生産との関係，集落動向と社会発展段階との対応などをまとめた。最後に本節では，東アジアの他地域における初期青銅器生産と北部九州における青銅器生産との比較を行う。具体的には中国中原の二里頭遺跡における青銅器生産体制と中国東北地方および朝鮮半島における青銅器生産体制との比較である。

1.　二里頭遺跡における青銅器生産との比較

東アジアにおける青銅器文化は大きく2系統に分化できる。1つは北方草原地帯を中心とし，中国東北地方・朝鮮半島・日本列島へと至る北方青銅器文化であり，もう1つは中国中原を中心に発展拡散する中原青銅器文化である。この2つの青銅器の系統性は，排他的なものではなく，互いに影響し合っており，製品の流入は勿論のこと，製作技術に関しても相互に影響し合っている。その影響関係は安定して増加したり，減少したりする方向性ではなく，不安定であり，地域や時期によって一方向の影響が強い場合も存在し，また逆に弱い場合も存在する。そうした大きな流れのなかで捉えるならば，中国中原の二里頭遺跡における青銅器生産は，弥生時代青銅器生産に直接影響を与えることはない。しかしながら，東アジア全体のなかで両地域の青銅器生産という生業をそれぞれの社会で比較すると一定の共通性や差異が明らかになるようである。

この系統が異なるという点は，単に出土遺物が異なるのではなく，背景にある社会性についても大きく異なるので，注意しなければならない。すなわち，単純な分析項目の比較ではなく，それぞれの社会における発展段階と青銅器生産体制を復元することによって，各対象地域の青銅器生産体制の特徴を導き出すことが可能である。システム論的に捉えるのであれば，全体社会システムのなかにおける青銅器生産サブシステムという階層的な社会理解を前提としている。青銅器生産の個別事象を対象にした比較ではなく，生産体制と社会段階の比較を行うことが青銅器文化の系統性を超えた比較研究のアプローチであると考えている。

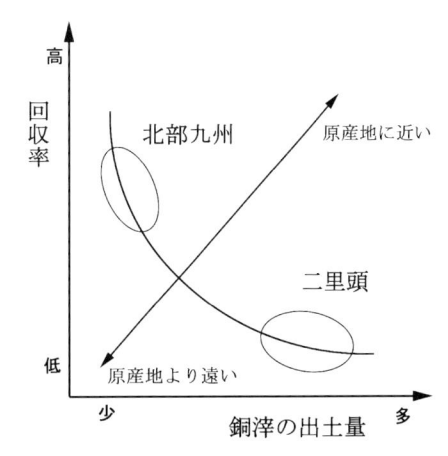

図 181 原産地からの距離と銅滓の出土量と回収率

　二里頭遺跡と北部九州における須玖遺跡群を比較するならば，出土遺物に大きな違いが存在する。二里頭遺跡[43]で出土した鋳造関連遺物には銅滓が数多く出土しており，その点から銅の回収率が悪いことが指摘できる。須玖遺跡群でも銅滓が若干出土しているが，圧倒的に量が少なく，二里頭遺跡における特徴であろう。これは，北部九州における青銅の原材料が基本的にインゴットや再利用品を使っていたのに対し，二里頭遺跡における青銅器生産では鉱石から銅や錫などを製錬する作業も行っていた点に違いがある可能性があろう。二里頭遺跡の銅滓のあり方は，比較的原材料が安定的に豊富に供給されていた可能性があり，逆に北部九州における青銅器製作地では原材料の確保が不安定で，細かな銅滓まで回収し再利用していた可能性がある[44]。二里頭遺跡において，現状では精錬作業の痕跡は認められていないが，精錬に使用したとされる坩堝片などが臨汝煤山遺跡（河南省）などで報告されており（中国社会科学院考古研究所河南二隊 1982），今後の出土も予想される。いずれにしても原産地との距離は日本列島の北部九州の場合より近くアクセスしやすい。これらのことから，そうした原材料の豊富さと銅滓の出土量は比例している可能性が指摘できる（図 181）。

　また，二里頭遺跡では緑松石製品の生産との関連についても検討している（田尻 2009a）。そこでは青銅器と緑松石製品の製作地に空間的区分が認められ，それぞれ隣接しながら製作を行っていた様相を明らかにしている。さらに，空間区分が明瞭であったことから，別々の製作集団がそれぞれの生産に携わっていた可能性も指摘できる。須玖遺跡群でも，須玖五反田遺跡ではガラス製品生産が行われており，一定程度の空間区分と隣接して異業種の生産が行われていたことが明らかになっている。しかし，同一遺構（1号住居跡）からガラス勾玉鋳型と青銅器鋳造関連遺物が出土しており，二里頭遺跡のように明確な空間区分ができるかは不明である。前節でまとめたように，同一の製作者

---

43) 二里頭遺跡の青銅器生産体制に関する研究は，田尻 2009a を参考にしていただきたい。
44) この点については田中良之氏から操業形態や生産量の差が銅滓の差として表れているのではないかとの御指摘を受けた。確かにそうした要因による差も想定でき，原材料確保の安定性とあわせて今後検討していかなければならない。

集団が青銅器生産とガラス製品生産に関わっていた可能性も指摘できる。製作者集団のあり方については不明な部分が多いが，各種の作業場が集落の一地区にまとまる様相は両者において類似している傾向である。

　生産された製品に関しては，二里頭遺跡では威信財的要素をもつ青銅容器類と実用的な青銅工具・武器類の2種が製作されていた（田尻 2009a）。北部九州においては，青銅器のほとんどは実用的な利器ではなく，大型化した祭器や威信財的な意味をもたせようとした小形仿製鏡などの製品が製作されている。北部九州において青銅器が実際の利器として使用された可能性があるのは，上述したが中期段階では鉇と一部の武器類が相当し，後期段階では鋤先と銅鏃などが考えられる。青銅器が実際の利器として使用されなかった原因は，これまで先学によって指摘されているが，北部九州の弥生時代において一部に鉄器が流入してきている点と石器を残存して利用しているという点であろう。逆に二里頭遺跡では，石器や骨角器の利用は認められるが，他の金属器は登場しない。したがって，鉄器や石器などの他の材質との関係がこうした違いの原因と考えられる。

　二里頭遺跡の社会段階は首長制段階から国家段階までいくつかの評価が存在し議論が分かれている。なかでも初期国家形成期であるとするのは宮本一夫氏の考え方である（宮本 2005）。宮本氏は二里頭社会を，祖先祭祀や他地域の社会維持システムを包括的に取り入れた社会であり，地域社会内で台頭しつつあった首長がより広域な地域（畿内）との関係を結びつつあった段階であると評価している。後続する殷王朝（商代）とは広域な地域社会の直接的な領域化が進行した段階であり，区別することができるとした。こうした社会評価のなかで，青銅容器の生産は，社会の維持安定システムのなかに組み込まれている。したがって，原材料の調達から製作，使用に至るまで，明確な規制の下で行われたと考えられるのである。それに対して，北部九州の弥生後期社会は，一部に首長制社会に達しつつある段階であると評価されている（田中 2000；溝口 2000・2001 ほか）。墓に埋葬される被葬者の分析から，後期社会では特定の人々のみが埋葬される状況が認められるが，部族的結合要素が色濃く残っており，北部九州全体が首長制社会に至っているわけではない。鋳型の分析からも，須玖遺跡群に量的なセンターを認めることはできても，周辺域でも青銅器生産が行われ，「ネットワーク」型の生産体制であることもこれまでの分析で示してきた。したがって，二里頭社会と大きく異なるのは，青銅器生産体制が安定化していない点であろう。原材料の調達・製作・使用の各段階において相対的に統一化されておらず，安定化していない生産体制である。

　しかしながら，現状の資料では二里頭遺跡における生産体制は，とくに周辺遺跡との関係について不明瞭な部分が多い。したがって，確定的ではないが，北部九州における「ネットワーク」型生産体制の断片を捉えている可能性がある（図182）。しかもこの場合は「ネットワーク」型生産体制の中心域（須玖遺跡群≒二里頭遺跡）だけが判明しており，他の様相が明らかでないという理解も可能である。なお，二里頭遺跡の場合は，量的センター内の業種間の区分が明瞭化しており，北部九州後期段階の「ネットワーク」型生産体制のより発展した形態ともとれよう。北部九州の後期段階では達成されなかった威信財システムも二里頭遺跡では機能しており，弥生後期から一歩進んだ，日本列島で言うところの古墳時代前期におけるいわゆるヤマト王権が関わった倭鏡生産などの様

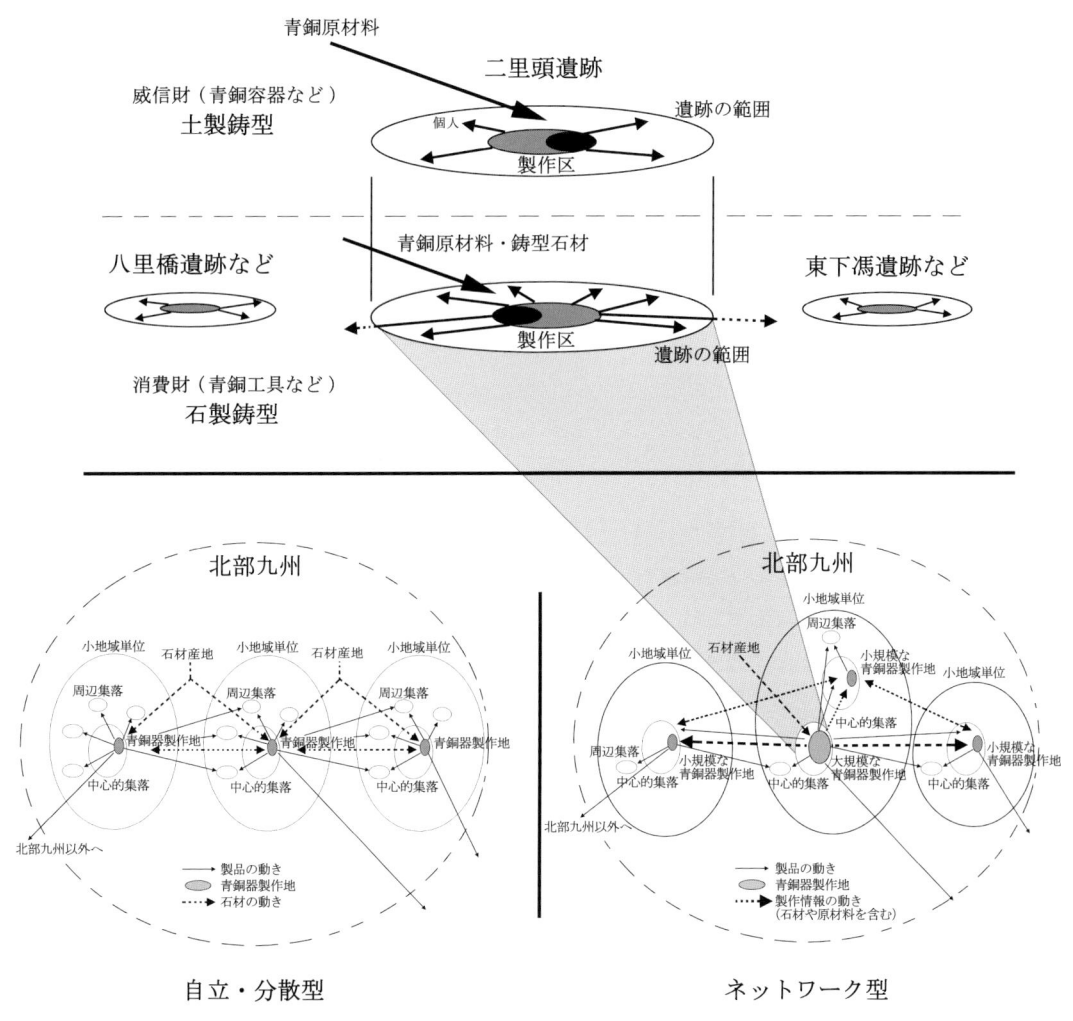

図182　二里頭遺跡における生産体制モデルとの比較

相[45]に類似しているようである[46]。北部九州における青銅器生産と二里頭遺跡における青銅器生産を比較した場合，断片的に類似した様相が認められるが，明確に威信財システムを機能させていない点などで異なり，それぞれの生産体制の背後にある社会段階とも対応しているようである。

2. 中国東北地方・朝鮮半島における青銅器生産との比較

次に中国東北地方と朝鮮半島における青銅器生産と北部九州における青銅器生産について比較する。東北地方では，遼西地区において石製鋳型による青銅器生産から，いち早く土製鋳型による製作技術が導入され，その後各地へ両者の製作技術が広がっていく様相が認められた（田尻2007）。そ

45）辻田淳一郎氏による議論が詳しい（辻田2001・2006）。
46）二里頭遺跡と古墳時代前期における倭鏡生産との対比については，宮本氏より有効ではないかとの御指摘を受けた。

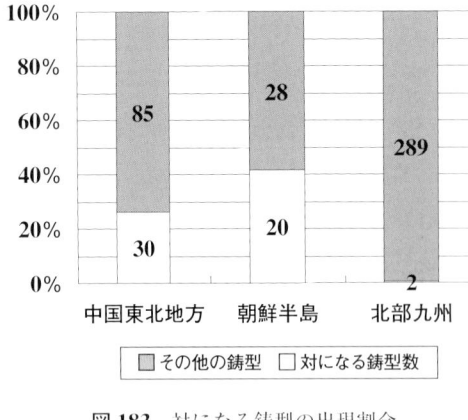

図183　対になる鋳型の出現割合

の傾向は朝鮮半島においても同様で，石製鋳型の製作技術に土製鋳型による製作技術が重なる様相である。また，石製鋳型の石材は時期が下るごとに滑石を使用する割合が増加する。弥生時代の初期の鋳型に滑石製の鋳型が認められることに関係するのであろう。中国東北地方や朝鮮半島における青銅器生産の動向は，内部の動きは複雑であるが全体に玉突き状の伝播の様態として捉えることができ，製作技術の影響を受けたそれぞれの地域で様々に変化していく。

　この伝播様態のなかで，土製鋳型による青銅器製作技術の問題が存在する。具体的には，朝鮮半島まで達した土製鋳型による青銅器製作技術は，北部九州には伝来したのであろうが，石製鋳型を用いた製作技術に取って代わって主体を占めることがなかった。吉野ヶ里遺跡出土の一鋳式銅剣などに関しては，製作地に関する議論はあるが，土製鋳型の使用を想定させる（岩永1994bほか）。近年は柳田康雄氏によって土製鋳型の一部と考えられる製品も報告され（柳田2009b），一定程度は土製鋳型も用いていたのであろう。なお，北部九州に土製鋳型が十分に定着しなかった理由としては，朝鮮半島側の事情があった可能性も指摘しておく。すなわち朝鮮半島のなかで，青銅器製作技術に関する地域性が存在するからである。現状では慶尚道において石製鋳型さえ発見されておらず，土製鋳型による製品は忠清道付近に多いことから，朝鮮半島全体に青銅器生産に関わる技術が均一的に広がっていたわけではない。北部九州に青銅器生産を伝えた集団の技術が，石製鋳型を用いた青銅器生産に長けており，土製鋳型による製作技術に対して熟達していなかった可能性がある。

　次に中国東北地方や朝鮮半島から出土した鋳型には，対になる鋳型が多く確認されている（田尻2007）。中国東北地方においては，115点の鋳型のうち15組30点の鋳型が対になり，朝鮮半島では48点のうち10組20点の鋳型が対になっている。それらの値に比べ，北部九州で発見された291点の鋳型のうち対になる鋳型は1組2点しか確認されていない（図183）。この違いの理由に関しては，①製作における技術的な違いと，②石材の材質による違い，③鋳造後の鋳型の取り扱いの違いなどが考えられる。このうち，まず②の鋳型石材の違いを想定したい。なぜなら中国東北地方や朝鮮半島で発見されている対になる鋳型の多くは滑石製の鋳型であり，北部九州から発見されている鋳型の石材は，これまでも指摘したように石英斑岩であるからである。滑石の方が石英斑岩よりも鋳造時に受ける比熱耐久性が強い可能性がある。破損率が低いという現象の背景には②の理由を想定したい。また，①製作における技術的な違いも石材の違いに起因する可能性がある。③は製作段階と直接関係しないが，製作が終わった鋳型をどのように取り扱うかという点である。北部九州では鋳型石材が砥石に転用される例が多いことを第2章で例示した。中国東北地方や朝鮮半島から出土する鋳型を砥石に転用する事例は確認できない。①の石材の違いにも起因するが，砥石への転用

が可能であるかどうかも違いに反映していると考える。

　中国東北地方の春秋・戦国期の社会段階をどの程度として捉えるかについては様々な意見が存在する（甲元2006ほか）。宮本氏は燕の外縁地帯に位置する遼西地区を，一定程度階層化の進んだ社会と捉え，統制のとれた青銅器生産が行われていたとしている（宮本1998・2000）。また遼西地区に比べて，その他の遼東半島地区や遼東地区に関しては，地域的な独自性を保ちつつ，相対的に階層化が進んでいない社会であるとしている（宮本2000）。北部九州の弥生後期社会とこれらの地区とを単純に比較することは難しいが，これらの地域は全体として首長制社会への移行期，もしくは一部首長制社会に入っている地域も存在するとして捉えることができる。また，戦国期の遼西地区は燕の領域に含まれており，全く別の社会段階を想定しなければならない。さてこのような各地の社会段階と青銅器の生産体制が対応すると考えるのであれば，遼西地区の第1期[47]が「自立・分散」型の青銅器生産体制であり，第2期の青銅器生産体制は，「ネットワーク」型の生産体制である可能性がある（図184）。また，その他の中国東北地方の各地区は一段階遅れて，第2期が「自立・分散」型の青銅器生産体制で，第3期になると量的センターの存在や原材料確保の一本化などが認められ，北部九州の「ネットワーク」型生産体制のあり方と類似してくる。しかし，二里頭遺跡のあり方でも不明であったが，複数あるとされる青銅器製作地間の関係にまで言及することができておらず，詳細は不明である。また，このような一段階遅れて隣接地区へ波及するあり方は，典型的な文化伝播の様態を示しているが，そうしたあり方が朝鮮半島・北部九州まで及ぶものと考えている。なお，上述したように弥生後期社会では威信財的な意味付けを想定して小形仿製鏡を製作したが，その意図が十分に理解されず，各地での使用方法は様々であった。そのような点では遼西地区で生産された遼寧式銅剣が，他地域では十分に実用の武器として理解されていないことや，さらに各地で模倣され鋳放したまま埋納品として出土した事例も報告されており[48]，北部九州における弥生時代後期の生産体制は，中国東北地方のなかでも第2期の遼西地区に類似している。なお現時点では，中国東北地方各地区での青銅器生産体制に関しては鋳型と製品の関係が十分明らかにされておらず，この点については今後の課題としておきたい。

　朝鮮半島の無文土器時代の社会評価としては前期・中期・後期へと進むにしたがって，階層化が進み，中期には有力集団墓や有力個人墓が出現し（武末2002），集落間や集落内においても階層構造が認められるようになる（武末2005）。後期はこうした流れの延長として捉え，一層の階層化が進むとされている。したがって，前期や中期段階での青銅器生産は地域ごとに分散化した状態と想定され，北部九州中期段階の「自立・分散」型の青銅器生産と類似しているのではないかと想定できる。すなわち，小地域単位での統合化が進む過程における生産のあり方である。また，無文土器時代後期段階には，予見であるが「ネットワーク」型の生産体制へ移行していった可能性がある。なお，

---

47) 時期区分に関しては，宮本氏の編年研究を参考にして（宮本2004・2006），第1期を西周期，第2期を西周末期から春秋時代並行期，第3期を春秋時代後期から戦国時代としている（田尻2007）。

48) 森脩氏によって南山里より15本の遼寧式銅剣が鋳放したまま埋納されていた事例が報告されている（森1937）。

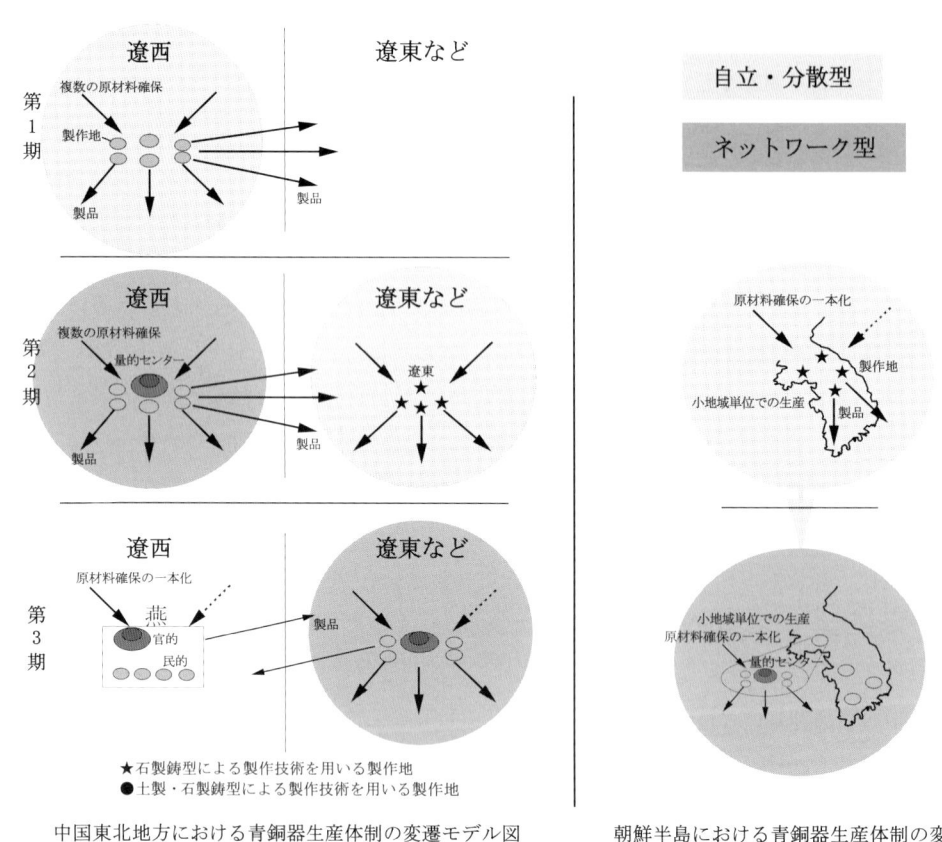

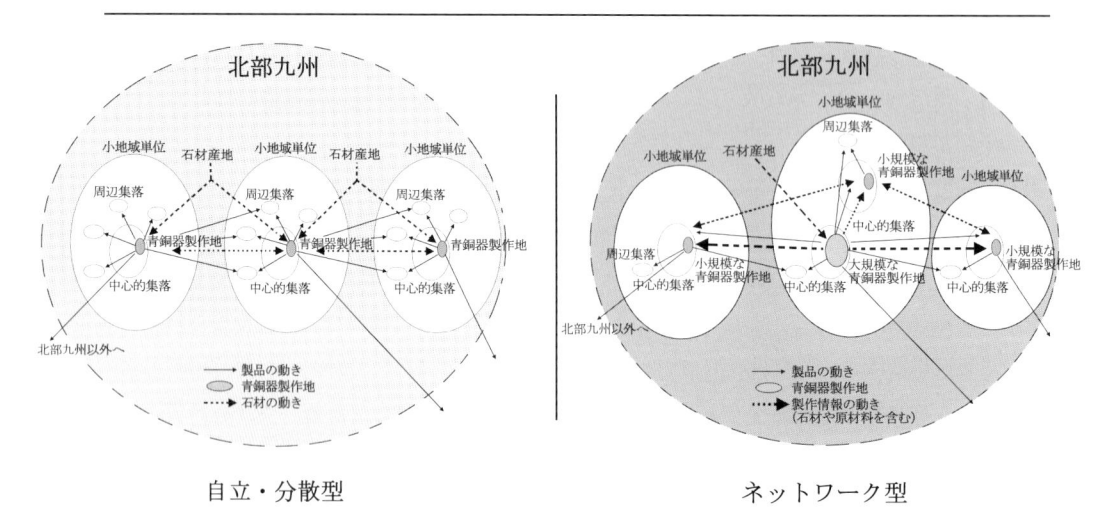

図 184　中国東北地方・朝鮮半島との生産体制モデルの比較

中国東北地方から朝鮮半島への青銅器生産技術の流入に関しては，複数のルートと複数回の伝播が想定できる。単純化した議論に陥るのではなく，多層的なあり方が予見できるが，朝鮮半島における青銅器生産も製作地が十分に明らかになっていない点で，議論をこれ以上進めることは困難である。朝鮮半島の事例増加が待たれる。

3. 北部九州における青銅器生産の評価

　最後に，青銅器生産を機軸として北部九州における弥生後期社会の評価を行いたい。これまでの検討から，北部九州における青銅器生産は「自立・分散」型の生産体制から「ネットワーク」型の生産体制に移ることを明らかにしてきた。また，青銅器生産が決してフルタイムの生産ではなく，不定期な生産であることも明らかにした。さらに，鋳型石材の流通の可能性や，ガラス製品生産との関係について論じた。鉄器生産とは一定の距離を置いた関係で，技術の変化方向が異なることを明らかにした。弥生後期社会は右肩上がりの上昇方向に向かっている社会ではなく，中期後半に達成された中国漢王朝との関係や，朝鮮半島諸地域との関係の安定・維持や，さらには北部九州内・外部に起こる様々な矛盾を解消しなければならない社会であったと考えている。社会全体をシステムと捉えるならば，青銅器生産はそのような社会の安定維持に関わるサブシステムとしての役割を果たしていたのであり，製作される青銅器も社会の安定維持に役立っていたものと考える。この時期の小形仿製鏡の生産がまさにそれであり，新たな製品を生み出し，周囲へ配布することによって矛盾の解消と安定化を図ろうとしたが，受け取り手側では十分にその意味が理解されず，使用方法に統一性が認められなかった。すなわち，小形仿製鏡の場合は，地域ごとや集落ごとなど様々な位相によって分析を行っても，統一性のない出土状況や使用方法が復元されている。製品自体が多義的な性格をもっているという指摘(武末1990)に加え，配布者や製作者の意図とは異なり，受け取り手側でそれぞれ別個の扱いを行った結果であろう。中期後半までは青銅器の扱い方に地域を越えた一定程度のまとまりが認められるが，後期ではそうしたまとまりが相対的に緩んでいる。青銅器のもつ意味が製作者側と受け取り手側で一致していない点は，そうした社会の不安定さを示している。

　また，当初は朝鮮半島から伝わった青銅器製作技術には，土製鋳型による製作技術も含まれていたが，北部九州では十分に根付くことはなかった。これは青銅器生産が安定的に継続して製作されていなかったことに起因している。東アジアの先端に位置する北部九州では，半島を経由して様々な文物や情報が伝播するが，全ての情報を受け入れるのではなく取捨選択して有効な情報や技術のみを習得しているという現象は，青銅器生産に限ったことではない。また，石製鋳型による製作技術を選択した製作者たちにとって，その後石材の確保が重要な責務となる。そこで石英斑岩という鋳型に適した石材を発見することによって，北部九州における青銅器生産は石製鋳型に固執する極めて特異な青銅器製作技術へと変遷していく。東アジア的な視点から捉えるならば，連結式鋳型の登場や，石製鋳型であれば容易に可能である同笵品を故意に製作しない点などは，そうした特異な技術の表れであると理解される。

　最後に，弥生時代青銅器生産体制を東アジアの諸地域で認められた初期青銅器生産体制と比較す

るならば，首長制社会に十分に達することができなかった段階，もしくは部族社会から首長制社会への過渡期における生産体制として，弥生時代青銅器生産の様相を捉えることができる。二里頭遺跡では首長制社会における安定化しつつある威信財システムの存在が，弥生時代後期では認めることができなかった。また，中国東北地方・朝鮮半島でも首長制社会への過渡期における様相の一端で類似した様相が明らかになりつつあった。本書で明らかにした「ネットワーク」型の生産体制とは，首長制社会への過渡期において認められる不安定な生産体制であると評価することができる。

第6章

結　　論

　本章では，本書で明らかになった点をまとめ結論とする。

　本書の目的は大きく2つある。1つは弥生時代北部九州における青銅器の生産体制を明らかにすることである。また，もう1つはそうした弥生時代の青銅器生産体制を，隣接する朝鮮半島や中国大陸の青銅器生産体制と比較することによって，より鮮明に特色を導き出し，東アジア的視点のなかで弥生時代の青銅器生産を特徴付けることである。

　そこで，本書では上記の2つの目的を達成するために，具体的な8つの問題点を抽出し，それらを解決することによって目的の達成をはかることとした。

　　問題点1　青銅器の製作地の認定方法
　　問題点2　鋳型の加工痕の検討
　　問題点3　下條モデルの検討と弥生時代の社会イメージ
　　問題点4　青銅器の製作者と使用者に関する検討
　　問題点5　小形仿製鏡の製作地と生産体制
　　問題点6　鋳型と製品の一致
　　問題点7　青銅器製作に関わる原材料論
　　問題点8　東アジアにおける弥生時代の青銅器生産の評価

　問題点1に関しては，第2章において鋳型以外の鋳造関連遺物の状況と，鋳型1個体ではなく複数個体の出土，さらには鋳造関連施設の検出という3つの項目の相互の確認によって，青銅器製作地が認定できる方法論を確立した。「鋳型の出土＝青銅器の生産」というこれまで多く用いられてきた考古学的類推は成立せず，複数の根拠をもって慎重に判断されるべきである。特に北部九州の石製鋳型は，石材の特質から，鋳型としての役割を終えた後，砥石に転用され，青銅器の製作地から離れて出土する場合があるからである。そうした分析を行った結果，鋳型は出土しているが現状ではその他の考古学的証拠がない遺跡や地域などでは，青銅器生産は行っていないと判断し，青銅器の製作地を絞り込むことができた。

　問題点2に関しては，鋳型に彫り込まれた製品を中心に進められた研究を脱却し，鋳型の製作に関わる加工痕を対象とする研究を第2章で進めた。その結果，鋳型の製作手順の復元のみならず，加工痕による鋳型の時期変遷，さらには鋳型の加工に関わる情報伝達のあり方を復元することができた。北部九州における青銅器製作地間で，須玖遺跡群を中心として鋳型の加工に関する情報があ

る程度共有される地域と，そうではない地域に区分することができた。また，鋳型の時期変遷を明らかにしたことによって，そうした空間区分の時期的変化も示すことができた。

問題点3の下條モデルの検討については，第2章の鋳型に残る加工痕の分析により，加工方法の情報が十分に伝わっている地域と，そうでない地域に区分ができた。十分に加工方法の情報が伝わっている地域内では，青銅器生産の量的センターである須玖遺跡群を中心に鋳型加工の情報に地理勾配が認められた。そのことから，中心的な製作地と周辺の製作地には一定の関係性を認めることができた。しかし，そこに下條モデルが示す階層的な関係は，生産量以外に確認することはできなかった。また，鋳型の加工方法がそれぞれの製作地で異なることから，巡回工人説は成り立たないことが明らかとなった。第3章では弥生時代後期に製作された小形仿製鏡の分析を行い，特定文様を持つ鏡群が特定の地域にまとまって出土している現象を明らかにし，そうした現象の理由として，文様の違いは製作地の違いによるものであり，特定の地域に製品が偏るのは，それぞれの製作地が個別に製品を流通させたためであると結論付けた。第4章の巴形銅器の分析でも，複数ある製作地で製作された製品は，それぞれの製作地から個別に流通していることが明らかになり，また鋳型の加工痕の分析で明らかになっていた製作技法の違いが，巴形銅器の脚部の彫り込みや技法や鋳型の形状の違いとなって表れていることが確認できた。弥生時代の社会イメージに関しては，第5章において後期社会を右肩上がりの発展社会と捉えるのではなく，これまでの研究で提示されている停滞下降気味で安定維持を模索している社会と捉えることによって，考古学的諸現象の理解に努めた。その結果，下條モデルのようなピラミッド型の青銅器生産体制よりも個々の製作地には一定の自由度が認められるが，全体として統一している「ネットワーク」型の青銅器生産体制がそうした社会において適合することを示した。

問題点4に関しては，第2章の鋳型の加工痕に関する研究から青銅器の製作者に関する具体的事例を導き出し，第5章で製作者の社会的位置付けを行った。鋳型の出土状況を前提に墓地の分析を行った結果，青銅器製作者と考えられる墓がこれまで検出されていないことから，弥生時代における青銅器製作者の専業度は後期になっても進んでおらず，集落内の一般構成員が青銅器製作者であると結論付けた。なお，中期前半頃に朝鮮半島から製作技術をもたらした青銅器製作者たちは，自らのアイデンティティーを表す半島系の土器や墓などの要素を，しばらくの間もち続けているが，その後，一般的な弥生人に埋没してしまう。中期におけるこうした様相については先学の研究（片岡1996a）を参照したが，後期における青銅器製作者の没アイデンティティーという現象については東アジア的な視点で見た場合，特異な様相であった。中国東北地方などでは鋳型が墓の副葬品に用いられている事例がいくつか確認されており，こうした現象は北部九州では認められないからである（田尻2007）。

また，青銅器の使用者に関する検討では，第5章の検討結果から，後期社会においては小形仿製鏡の使用に関する厳格な統一性が認められず，製品の使用者が個別に様々な用い方を行っている様相が明らかとなった。一方で，銅矛は埋納祭器として地域全体で統一性が認められ，こうした2つのあり方から，青銅器の取り扱いに関して，中期の比較的統一性が認められた様態が，後期では統

一性の程度が相対的に低くなっていたと捉えることができた。なお，製作者と使用者におけるこれら変化については，問題点3と関連し，後期社会の捉え方のなかで解決を試みた。すなわち，社会が発展方向ではなく，停滞下降方向へ進んでいる場合，青銅器の製作者や配布者は社会全体の安定維持を志向するが，各地の青銅器の使用者はそれぞれに独自の扱いを行っているという捉え方である。製作者と使用者の動向から当時の社会の方向性を捉えることができる。

問題点5では第3章において検討を行い，朝鮮半島から出土する小形仿製鏡は基本的に日本列島産（北部九州）であることを提示した。具体的な理由は，朝鮮半島出土の小形仿製鏡は日本列島で製作された小形仿製鏡と同一の製作技術で生産されており，そもそも朝鮮半島では小形仿製鏡を製作する要因がないことを根拠とした。これまでの研究では，初期の製品が朝鮮半島に偏って出土していたことを根拠としていたが，近年の調査によって，日本列島内でも多くの初期の製品が発見されるに至り従来の説が成り立たなくなってしまった。小形仿製鏡を日本列島から朝鮮半島へもち込まれた製品として理解すれば，列島の事例では認められない半島での1遺構から複数面出土する現象の理解が可能である。すなわち列島との交易の結果，半島の有力者が入手し他者へ配布することなく手元に残し，副葬されたものと理解できる。

また，北部九州の内部においては，小形仿製鏡の生産体制の変遷を捉えることができた。具体的には集約的な生産から分散化した生産へ変化し，その後生産量の減少にともなって分散化した製作地の多くが生産を停止してしまうという変遷である。また，近畿地方における小形仿製鏡生産についても分析を行い，分散化した製作地で断続的に生産が行われていた様相を明らかにした。さらにその分散化した製作地の一部では，継続して古墳時代の小型鏡の生産が行われていく可能性を示唆した。

問題点6については，第4章で巴形銅器という形態的に特徴のある青銅器の分析を通じて，鋳型と製品が一致した研究成果をまとめ，その事実から導き出される製作技法の問題や鋳型の復元を行った。銅鐸の研究では鋳型と製品の一致という事例は確認されているが，北部九州産の青銅器では今回の成果が初めてである。鋳型と製品の両者を調査することによって，巴形銅器の製作技法を復元することができた。なお，そこから導かれた製作技法を分析した結果，春日丘陵東部と吉野ヶ里丘陵で脚の彫り込み技法や鋳型の形状などが異なり，製作技法が異なる点が明らかになった。この成果は第2章で提示していた鋳型の加工方法の情報伝播の違いで導き出された地域性と対応し，結果を追認することになった。さらに巴形銅器の流通に関しても考察を加えることができ，春日丘陵東部で製作された製品が，8個もしくは10個まとめて瀬戸内東部にまでもたらされていることを明らかにした。

問題点7に関しては，これまでの青銅器生産に関する研究では，青銅原材料を主に議論してきたが，鋳型材料についても第2章と第5章において検討を加えた。その結果，近年，石製鋳型の原産地が特定されつつある点を念頭に置き，鋳型石材の転用率の比較から，後期社会では須玖遺跡群を中心とした石材原産地への影響力の増加と鋳型石材の流通という可能性を提示した。製品の流通以外に原材料の流通と確保という点を明らかにすることができた。

問題点 8 については弥生時代の青銅器生産の評価を行うために，第 5 章において東アジアの諸地域における青銅器生産体制と北部九州との比較を行った。第 5 章では東アジアの青銅器文化が中国中原青銅器文化と北方青銅器文化の 2 つの系統に大きく分かれることを前提とし，中国中原青銅器文化を代表して二里頭遺跡における生産体制を，北方青銅器文化の流れのなかでは中国東北地方や朝鮮半島における青銅器生産を対象にして，著者のこれまでの研究成果に基づいて弥生時代青銅器生産体制との比較を行った。その結果，二里頭遺跡における青銅器生産は「ネットワーク」型生産体制の中心部分のみが解明されている状況と理解し，中国東北地方や朝鮮半島における青銅器生産は「自立・分散」型の生産体制と把握できるとした。

　これらの成果と第 2 章から第 4 章で明らかにした北部九州における青銅器生産体制を第 5 章において比較検討し，北部九州青銅器生産の東アジア的位置付けを行った。北部九州における青銅器生産は，首長制社会にあって中期段階の「自立・分散」型の生産体制から，後期段階の「ネットワーク」型の生産体制へ変化していると結論付けた。この生産体制の変化は社会の発展動向とも対応しており，東アジア的視野に立てば，北部九州の青銅器生産体制は順調に発展していった中国中原地域とは全く異なっている様相が把握できた。また，最後まで石製鋳型に固執した北部九州の青銅器製作技術は特異であることが明らかとなった。

　これら 8 つの問題点をそれぞれに明らかにしていった結果，上記のように本書の目的である弥生時代北部九州における青銅器の生産体制の解明と東アジアにおける弥生時代青銅器生産の位置付けを達成できたと考える。しかし，不十分な点も多々ある。東アジアにおける青銅器生産は今回取り上げた地域や場所だけでなく様々な場所で行われており，複雑な状況である。また，日本列島内においても，銅鐸をはじめとする青銅器生産が行われた近畿地方や，弥生時代の後期には東日本の各地で認められる青銅器生産との十分な対比が行われていない。したがって，本研究はまだ空間的な広がりをもっている。また，弥生時代における青銅器生産が古墳時代以降どのような変遷を辿るのかについても十分明らかにできていない。さらには青銅器生産と社会発展のあり方について考えるならば，対象地域を選ばず，より一般性のある議論として様々な地域について考察することもでき，今後も取り組まなければならない課題は多い。

参 考 文 献

日本語（五十音順）

青木政幸 2002「研磨痕と武器形青銅器―韓半島出土のいわゆる細形銅剣・細形銅矛を中心に―」『朝鮮古代研究』第 3 号　朝鮮古代研究刊行会　pp. 1–14

青柳種信 1823『柳園古器略考』

赤塚次郎 1997「東海の内行花文倭鏡」『考古学フォーラム』9　考古学フォーラム　pp. 62–71

赤塚次郎 2004「弥生後期巴形銅器の研究」『地域と古文化』伊達宗泰監修　地域と古文化刊行会編集事務局編　pp. 315–326

東潮 1987「鉄戈」『弥生文化の研究』9　弥生人の世界　雄山閣出版　pp. 80–83

穴沢咊光 1985「三角縁神獣鏡と威信財システム」『潮流』第 4・5 号　いわき地域学會　pp. 1–3

穴沢咊光 1995「世界史のなかの日本古墳文化」『文明学原論　江上波夫先生米寿記念論集』古代オリエント博物館編　山川出版社　pp. 401–421

網野善彦・上野千鶴子・宮田登 1988『日本王権論』春秋社

新井宏 2000「鉛同位体比による青銅器の鉛産地推定をめぐって」『考古學雑誌』第 85 巻第 2 号　日本考古學會　pp. 1–30

安藤広道 2003「弥生・古墳時代の各種青銅器」『考古資料大観』6　弥生・古墳時代　井上洋一・森田稔編　小学館　pp. 291–306

井上洋一 1989a「旧有馬家所蔵銅矛について」『MUSEUM』462　東京国立博物館　pp. 1–95

井上洋一 1989b「銅釧」『季刊考古学』第 27 号　雄山閣出版　pp. 56–59

井上洋一 1992「銅鐸起源論と小銅鐸」『東京国立博物館紀要』第 28 号　東京国立博物館　pp. 1–95

井上義也 2004「IV まとめ」『大南遺跡 B 地点』春日市文化財調査報告書第 38 集　春日市教育委員会　pp. 19–22

今井堯 1991「中・四国地方古墳出土素文・重圏文・珠文鏡―小形倭鏡の再検討 I―」『古代吉備』第 13 集　古代吉備研究会　pp. 1–26

今井堯 1992「小形倭鏡の再検討 II―中・四国地方古墳出土内行花文鏡―」『古代吉備』第 14 集　古代吉備研究会　pp. 121–154

今田高俊 1993「ネットワーク論を超えて―リゾーミックなシステム観―」『ファイナンシャル・レビュー』大蔵省財政金融研究所　pp. 1–17

芋本隆裕・松田順一郎編 1981『鬼虎川の銅鐸鋳型』第 7 次発掘調査報告 1　東大阪市遺跡保護調査会

岩永省三 1980a「弥生時代青銅器型式分類編年再考―剣矛戈を中心として―」『九州考古学』No. 55　九州考古学会　pp. 1–22

岩永省三 1980b「日本青銅武器出土地名表」『青銅の武器』九州歴史資料館　pp. 49–145

岩永省三 1982「須玖遺跡 D 地点出土青銅利器の再検討」『MUSEUM』373　東京国立博物館　pp. 11–19

岩永省三 1986a「銅剣」『弥生文化の研究』6　道具と技術 II　金関恕・佐原眞編　雄山閣出版　pp. 44–52

岩永省三 1986b「銅矛」『弥生文化の研究』6　道具と技術 II　金関恕・佐原眞編　雄山閣出版　pp. 52–57

岩永省三 1988「青銅武器形祭器生成考序説」『日本民族・文化の生成』永井昌文教授退官記念論文集　六興出版　pp. 555–572

岩永省三 1989「伝福岡県福岡市東区八田出土銅戈鋳型をめぐって」『明治大学考古学博物館館報』No. 5　明治大学考古学博物館　pp. 52–54

岩永省三 1991「日本における青銅武器の渡来と生産の開始」『日韓交渉の考古学』弥生時代編　六興出版　pp. 114–119

岩永省三 1994a「蟹満寺本尊・薬師寺金堂本尊を巡る諸問題」『古文化談叢』32　九州古文化研究会　pp. 113–146

岩永省三 1994b「日本列島産青銅武器類出現の考古学的意義」『古文化談叢』33　九州古文化研究会　pp. 37–60
岩永省三 1997『金属器登場』歴史発掘7　講談社
岩永省三 1998「青銅器祭祀とその終焉」『日本の信仰遺跡』奈良国立文化財研究所埋蔵文化財研修の記録　奈良国立文化財研究所学報第五十七冊　奈良国立文化財研究所　pp. 75–99
岩永省三 2000「青銅器祭祀の終わり」『古墳発生前後の社会像―北部九州及びその周辺地域の地域相と諸問題―』九州古文化研究会　pp. 123–134
岩永省三 2001「考古学からみた青銅器の科学分析」『考古学ジャーナル』No. 470　ニュー・サイエンス社　pp. 18–21
岩永省三 2002「階級社会への道への路」『古代を考える　稲・金属・戦争』吉川弘文館　pp. 261–282
岩永省三 2003「武器形青銅器の型式学」『考古資料大観』6　弥生・古墳時代　青銅・ガラス製品　小学館　pp. 242–252
岩永省三 2004「銅戈の同范関係」『青銅器の同范関係調査報告書Ⅰ―武器形青銅器―』島根県古代文化センター調査研究報告書19　島根県古代文化センター　pp. 55–59
岩永省三・佐原眞 1982「銅剣鋳型」『田能遺跡発掘調査報告書』尼崎市文化財調査報告第15集　尼崎市教育委員会　pp. 544–549
上市町教育委員会編 1981・1982『北陸自動車道遺跡調査報告上市町遺構編　土器・石器編』富山県埋蔵文化財センター
宇佐晋一・西谷正 1959「巴形銅器と双脚輪状文の起源について」『古代学研究』第20号　古代学研究会　pp. 1–9
宇野隆夫 1979「韓国南城里出土の青銅器」『古代文化』第31巻第4号　古代学協会　pp. 29–41
宇野隆夫 1998「原始・古代の流通」『古代史の論点』3　都市と工業と流通　小学館　pp. 158–182
梅原末治 1921『佐味田及新山古墳研究』岩波書店
梅原末治 1923a「銅剣銅鉾に就いて（一）」『史林』第8巻第1号　史學研究會　pp. 21–39
梅原末治 1923b「仿製支那鏡に就いて」『藝文』第14年第6号　京都文學會　pp. 1–22
梅原末治 1924「銅鐸の化学成分に就いて」『白鳥博士還暦記念・東洋史論叢』岩波書店　pp. 225–269
梅原末治 1925『南朝鮮に於ける漢代の遺跡』大正十一年度古蹟調査報告第2冊　朝鮮総督府
梅原末治 1940「上古古墳出土の古鏡に就いて」『鏡剣及玉の研究』吉川弘文館　pp. 1–24
梅原末治 1950「肥前唐津市発見の甕棺遺物」『考古學雑誌』第36巻第1号　日本考古學會　pp. 1–13
梅原末治 1959「上古初期の仿製鏡」『国史論集』読史会創立五〇年記念　pp. 263–282
榎本義嗣編 1997『有田・小田部28』福岡市埋蔵文化財調査報告書第513集　福岡市教育委員会
F. エンゲルス 1884（戸原四郎訳 1965）『家族・私有財産・国家の起源』岩波書店
遠藤喜代志・増本達彦 2005「4 資料観察・鋳造方法考察・製作工程および考察　F 巴形銅器」『弥生時代青銅器鋳造に関する日韓比較による実験考古学的研究』遠藤喜代志編　北九州鋳金研究会　pp. 39–44
大塚初重 1964「巴形銅器」『日本原始美術』4　青銅器　杉原荘介・大塚初重編　講談社　pp. 127–130
岡内三眞 1980「朝鮮初期金属器の製作技術」『古代探叢―滝口宏先生古稀記念考古学論集―』早稲田大学出版会　pp. 623–644
岡内三眞 1983「朝鮮の異形有文青銅器の製作技術」『考古學雑誌』第69巻第2号　日本考古學會　pp. 73–116
岡内三眞 1984「東北アジアにおける青銅器の製作技術」『尹武炳博士回甲紀念論叢』　pp. 623–654
岡内三眞 1990『古代東アジアの青銅器製作技術の研究』（課題番号：62510222）平成元年度科学研究費補助金（一般研究C）研究成果報告書
岡崎敬 1939「遠賀川上流の有紋弥生式遺跡地」『考古學雑誌』第29巻第2号　日本考古學會　pp. 53–63
岡崎敬 1953「第二章　對馬の先史遺蹟(2)」『対馬』水野清一編　東方考古学叢刊乙種第六冊　東亜考古学会　pp. 35–68
岡崎敬 1955「銅剣・銅矛・銅戈」『日本考古学講座』4　弥生文化　河出書房　pp. 198–216
岡崎敬 1977「青銅器とその鋳型」『立岩遺蹟』河出書房新社　pp. 191–206
岡村秀典 1993「福岡県平原遺跡出土鏡の検討」『季刊考古学』第43号　雄山閣出版　pp. 44–47
岡村秀典 1984「前漢鏡の編年と様式」『史林』第67巻第5号　史学研究会　pp. 1–42
岡村秀典 1999『三角縁神獣鏡の時代』吉川弘文館
岡本健児 1977「四国の銅矛形祭器と水霊信仰」『國學院雑誌』第78巻第9号　國學院大学　pp. 15–28

小沢佳憲 2000「弥生集落の動態と画期—福岡県春日丘陵を対象として—」『古文化談叢』44　九州古文化研究会　pp. 1-38

小沢佳憲 2002「弥生時代における地域集団の形成」『究班 II』埋蔵文化財研究会　pp. 135-151

小田富士雄 1974「日本で生まれた青銅器」『古代史発掘』5　樋口隆康編　講談社　pp. 137-149

小田富士雄 1979a「国産青銅利器祭祀とその背景」『宇佐地区圃場整備関係発掘調査概報』宇佐市教育委員会

小田富士雄 1979b「銅剣・銅矛文化と銅鐸文化—政治圏・祭祀圏—」『ゼミナール日本古代史』上　邪馬台国を中心に　光文社　pp. 88-105

小田富士雄 1982a「日・韓地域出土の同笵小銅鏡」『古文化談叢』9　九州古文化研究会　pp. 87-104

小田富士雄 1982b「山口県沖ノ山発見の漢代銅銭内蔵土器」『古文化談叢』9　九州古文化研究会　pp. 157-169

小田富士雄 1985「銅剣・銅矛国産開始期の再検討—近年発見の鋳型資料を中心として—」『古文化談叢』15　九州古文化研究会　pp. 225-265

小田富士雄 1990「銅剣・銅矛国産開始期の再検討(2)—その後発見の鋳型資料を中心として—」『古文化談叢』23　九州古文化研究会　pp. 147-148

小田富士雄 1992「国産銅戈の出現—新出の細形銅戈鋳型をめぐって—」『北部九州の古代史』名著出版　pp. 2-12

小田富士雄・武末純一 1991「日本から渡った青銅器」『日韓交渉の考古学　弥生時代篇』六興出版　pp. 155-159

乙益重隆 1981「弥生時代の信仰遺跡・遺物にみる二つの視点」『神道考古学講座』第1巻　雄山閣出版　pp. 145-183

乙益重隆 1989「伝福岡県粕屋郡粕屋町出土の銅戈鋳型」『明治大学考古学博物館館報』No. 5　明治大学考古学博物館　p. 59

香川県教育委員会 1979『香川県埋蔵文化財調査年報』

春日市教育委員会編 1994『奴国の首都須玖岡本遺跡』吉川弘文館

春日市史編さん委員会 1995『春日市史』上　春日市史編さん委員会

片岡宏二 1993a「筑紫平野における初期鋳型の諸問題」『考古学ジャーナル』No. 359　ニュー・サイエンス社　pp. 2-9

片岡宏二 1993b「津古東台遺跡出土の広形銅矛鋳型」『津古遺跡群 I』小郡市文化財調査報告書第84集　小郡市教育委員会　pp. 114-120

片岡宏二 1993c「広形銅矛に残る鋳型の継ぎ目痕跡に関する研究」『九州考古学』第68号　九州考古学会　pp. 1-18

片岡宏二 1995「広形銅矛の鋳造技術に関する二・三の研究—連結式鋳型の製品を中心に—」『九州考古学』第70号　九州考古学会　pp. 1-11

片岡宏二 1996a「渡来人と青銅器生産—佐賀平野の渡来人集落を中心として—」『古代』第102号　早稲田大学考古学会　pp. 106-127

片岡宏二 1996b「青銅製鉇考—日本出土例を中心として—」『考古學雜誌』第81巻第2号　日本考古學會　pp. 1-30

片岡宏二 1996c「地域間の連帯からクニへ」『田主丸町誌』第2巻　田主丸町誌編集委員会　pp. 539-543

片岡宏二 1997「国産化のはじまりとそのひろがり—北部九州を中心に—」『弥生の鋳物工房とその世界』北九州市立考古博物館　pp. 17-19

片岡宏二 1999『弥生時代渡来人と土器・青銅器』雄山閣出版

片桐節子 1997『極楽寺墳墓群』寒川町教育委員会

金子裕之 1982「軒瓦製作技法に関する二，三の問題—川原寺の軒丸瓦を中心として—」『文化財論叢』奈良国立文化財研究所創立30周年記念論文集　同朋出版　pp. 269-284

蒲原宏行 2009「桜馬場「宝器内蔵甕棺」の相対年代」『地域の考古学　佐田茂先生佐賀大学退任記念論文集』佐田茂先生論文集刊行会　pp. 23-48

唐木田芳文 1993「弥生時代青銅器の鋳型石材考」『蟻塔』第39巻第2号　共立出版　pp. 1-5

唐木田芳文 2000「石英長石斑岩は筑肥山地に—弥生時代赤道期の鋳型石材 2—」『能古』第39号　九大理学部地質学科・地球惑星科学科同窓会　pp. 29-35

唐木田芳文 2005「北部九州で出土した弥生時代青銅器鋳型の石材」『鳥栖市誌』第2巻　原始・古代編　鳥栖市

教育委員会編　pp. 260–268

唐木田芳文・首藤次生・藤瀬禎博 2010「北部九州における「青銅器鋳型」の石材について」『FUSUS』2 号　アジア鋳造技術史学会　pp. 62–70

川越哲志 1975「金属器の製作と技術」『古代史発掘』4　講談社　pp. 104–115

川西宏幸 2000「同型鏡考」『筑波大学先史学・考古学研究』11　pp. 25–63

河野一隆 1998「副葬品生産・流通システム論―付・威信財消費型経済システムの提唱―」『第 44 回埋蔵文化財研究集会　中期古墳の展開と変革―5 世紀における政治的・社会的変化の具体相 (1)―』埋蔵文化財研究会　pp. 41–74

川端正夫編 1994『平塚川添遺跡』甘木市文化財調査報告第 29 集　甘木市教育委員会

北島大輔 2002「吉野ヶ里銅鐸を巡る諸問題」『吉野ヶ里銅鐸』佐賀県文化財調査報告書第 152 集　佐賀県教育委員会　pp. 66–80

北島大輔 2004「福田型銅鐸の型式学的研究」『考古学研究』第 51 巻第 3 号　考古学研究会　pp. 32–52

木下尚子 1980「弥生時代における南海産貝輪の系譜」『日本民族文化とその周辺』考古篇　新日本教育図書　pp. 311–358

木下尚子 1982「弥生時代における南海産貝製腕輪の生成と展開」『古文論集：森貞次郎博士古稀記念』森貞次郎博士古稀記念論文集刊行会編　森貞次郎博士古稀記念論文集刊行会　pp. 413–443

木下尚子 1983「貝輪と銅釧の系譜」『季刊考古学』第 5 号　雄山閣出版　pp. 40–47

木下尚子 1988「南海産貝製腕輪はじまりへの予察」『日本民族・文化の生成』1　六興出版　pp. 519–546

木下尚子 1989「南海産貝輪交易考」『横山浩一先生退官記念論文集』I　生産と流通の考古学　横山浩一先生退官記念事業会　pp. 203–250

木下尚子 1996『南島貝文化の研究―貝の道の考古学―』法政大学出版会

久貝健 1999「和歌山県御坊市堅田遺跡の弥生時代前期環壕集落跡」『考古學雜誌』第 85 巻第 1 号　日本考古學會　pp. 57–70

久住猛雄 2010「弥生時代後期の福岡平野周辺における集落動態 (1)―近年の研究動向の批判的検討から―」『市史研究ふくおか』第 5 号　福岡市史編さん室　pp. 102–117

楠元哲夫 1993「古墳時代仿製鏡製作年代試考」『大和宇陀地域における古墳の研究』宇陀古墳文化研究会　pp. 164–182

久野雄一郎 1985「自然銅考」『末永先生米寿記念献呈論文集』坤　末永先生米寿記念会　pp. 1787–1800

久野邦雄 1999『青銅器の考古学』学生社

隈昭志 1989「巴形銅器」『季刊考古学』第 27 号　雄山閣出版　pp. 53–56

熊野正也 1989「本館所蔵の銅戈鋳型について―鋳型の郷里を訪ねて―」『明治大学考古学博物館館報』No. 5　明治大学考古学博物館　pp. 37–41

黒沢浩 1989「武器形青銅器の生産と流通に関する素描」『明治大学考古学博物館館報』No. 5　明治大学考古学博物館　pp. 69–77

黒沢浩 1993「弥生時代の鋳型」『考古学ジャーナル』No. 359　ニュー・サイエンス社　pp. 31–35

桑原久男 1995「弥生時代における青銅器の副葬と埋納」『古墳文化とその伝統』勉誠社　pp. 15–47

神戸市教育委員会 1998『平成 7 年度神戸市埋蔵文化財年報』神戸市教育委員会

甲元眞之 1979「東北アジアの石製鎔范」『東洋史・考古学論集：三上次男博士頌寿記念』三上次男博士頌寿記念論集編集委員会　pp. 455–483

甲元眞之 1987「鏡」『弥生文化の研究』8　祭と墓と装い　金関恕・佐原眞編　雄山閣出版社　pp. 43–53

甲元眞之 1988「シャーマンと鏡」『日本民族・文化の生成』永井昌文教授退官記念論文集　六興出版　pp. 605–616

甲元眞之 1990「多鈕鏡の再検討」『古文化談叢』22　九州古文化研究会　pp. 17–45

甲元眞之 2006『東北アジアの青銅器文化と社会』同成社

国立慶州博物館 1987『菊隠李養璿蒐集文化財』国立慶州博物館

後藤明 1997「実践的問題解決過程としての技術―東部インドネシア・ティドレ地方の土器製作―」『国立民族学博物館研究報告』22 巻 1 号　国立民族学博物館　pp. 125–187

後藤守一 1920「巴形銅器」『考古學雜誌』第 11 巻第 3 号　日本考古學會　pp. 28–41

後藤守一 1923「再び巴形銅器に就て」『考古學雜誌』第 14 巻第 1 号　日本考古學會　pp. 54–58

後藤直編 1978『銅矛と銅鐸―弥生時代の祭器とその鋳型―』福岡市立歴史資料館図録第3集　福岡市立歴史資料館
後藤直 1980「人面付銅戈―人面と鋳かけ―」『福岡市立歴史資料館研究報告』第4集　福岡市立歴史資料館　pp. 11–26
後藤直 1985a「朝鮮半島青銅器文化の地域性」『三上次男博士喜寿記念論文集』考古編　平凡社　pp. 127–150
後藤直 1985b「青銅器文化の系譜」『稲と青銅と鉄』日本書籍　pp. 85–108
後藤直 1986「巴形銅器」『弥生文化の研究』6　道具と技術 II　金関恕・佐原眞編　雄山閣出版　pp. 146–151
後藤直 1996「霊岩出土鋳型の位置」『東北アジアの考古学』第二［槿域］東北亜細亜考古學研究會　pp. 149–203
後藤直 1997「東アジアのなかの弥生時代青銅器鋳型」『弥生の鋳物工房とその世界』北九州市立考古博物館　pp. 9–11
後藤直 2000『鋳型等の鋳造関係遺物による弥生時代青銅器の編年・系譜・技術に関する研究』(課題番号：10610392) 平成10～平成11年度科学研究費補助金(基盤研究C)研究成果報告書
後藤直 2009「弥生時代の倭・韓交渉　倭製青銅器の韓への移出」『国立歴史民俗博物館研究報告』第151集　国立歴史民俗博物館　pp. 307–342
小林昭彦 1996「108・雄城台遺跡(9次調査)」『大分県埋蔵文化財年報4　平成6(1994)年度版』大分県教育委員会　p. 103
小林行雄 1959『古墳の話』岩波書店
小林行雄 1961『古墳時代の研究』青木書店
小林行雄 1962『古代の技術』塙書房
小山真夫 1927「信濃国武石村出土の巴形銅器」『考古學雜誌』第17巻第4号　日本考古學會　pp. 18–24
近藤喬一 1969「朝鮮・日本における初期金属器文化の系譜と展開―銅矛を中心として―」『史林』第52巻第1号　史学研究会　pp. 75–115
近藤喬一 1970「平形銅剣と銅鐸の関係について」『古代学』17–3　古代学協会　pp. 143–155
近藤喬一 1974a「武器から祭器へ」『古代史発掘』5　大陸文化と青銅器　講談社　pp. 69–77
近藤喬一 1974b「青銅器の製作技術」『古代史発掘』5　大陸文化と青銅器　講談社　pp. 106–123
近藤喬一 1983「亜鉛よりみた弥生時代の青銅器の原材」『展望アジアの考古学』樋口隆康教授退官記念論集　新潮社　pp. 364–381
近藤喬一 1985「銅剣・銅鐸と弥生文化」『古代出雲王権は存在したか』山陰中央新報社
近藤喬一 1986「東アジアと青銅祭器―農耕儀礼の祭器としての武器と鐸―」『銅剣・銅鐸・銅矛と出雲王国の時代』日本放送出版協会　pp. 119–172
近藤喬一 1989「明治大学考古学博物館購入の銅戈鋳型」『明治大学考古学博物館館報』No. 5　明治大学考古学博物館　pp. 55–59
近藤義郎 1966「弥生文化の発達と社会関係の変化」『日本の考古学』III　河出書房新社　pp. 442–459
近藤義郎 1983『前方後円墳の時代』岩波書店
(財)大阪府文化財調査研究センター 1997『田井中遺跡(1～3次)・志紀遺跡(防1次)』(財)大阪府文化財調査研究センター調査報告書第23集　大阪府文化財調査研究センター
E. サーヴィス 1971 (松園万亀雄訳 1979)『未開の社会組織』人類学ゼミナール12　弘文堂
境靖紀 1998「武器形鋳型型式論―北部九州の石製鋳型を中心に―」『古文化談叢』41　九州古文化研究会　pp. 31–54
境靖紀 2004a「古文化研究会例会発表要旨　⑤中細～広形銅戈の鋳造技術について―製品と鋳型の検討から―」『古文化談叢』50下　古文化研究会　p. 235
境靖紀 2004b「弥生時代の鍛冶工房の研究―福岡県春日市赤井手遺跡の再検討―」『たたら研究』第44号　たたら研究会　pp. 1–18
境靖紀編 2004『仁王手遺跡A地点』春日市埋蔵文化財報告書第37集　春日市教育委員会
境靖紀 2006『北部九州における弥生時代の青銅器生産の研究』(課題番号：17904024) 平成17年度科学研究費補助金(奨励研究)研究成果報告書
酒井龍一 1978「銅鐸・その内なる世界」『摂河原文化資料』10　北村文庫会　pp. 1–15
佐久間貴士編 1980『国府遺跡発掘調査概要 X』大阪府教育委員会
佐々木隆彦編 1995『九州横断自動車道関係埋蔵文化財調査報告』36　福岡県教育委員会

佐藤明人 1986「新保遺跡」『弥生時代の青銅器とその共伴関係』埋蔵文化財研究会第 20 回研究集会　p. 623
佐原眞 1981「遍歴の鋳物師たち」『考古学ジャーナル』No. 194　ニュー・サイエンス社　p. 1
佐原眞 1996『まつりのカネ銅鐸』歴史発掘 8　講談社
佐原眞・近藤喬一 1974「青銅器の分布」『古代史発掘』5　大陸文化と青銅器　講談社　pp. 124–132
七田忠昭 1976「文様のある銅矛について—佐賀県目達原出土銅矛の紹介を兼ねて—」『九州考古学』No. 52　九州考古学会　pp. 12–18
七田忠昭 1985「装飾文様を施す銅矛について—佐賀県検見谷出土銅矛を中心として—」『考古學雜誌』第 70 巻第 4 号　日本考古學會　pp. 121–131
七田忠昭 1986「総括」『検見谷遺跡』北茂安町文化財調査報告書第 2 集　北茂安町教育委員会
七田忠昭編 1992『吉野ヶ里遺跡(神埼工業団地計画に伴う埋蔵文化財発掘調査概要報告書)』佐賀県教育委員会
七田忠昭編 2007『吉野ヶ里遺跡』佐賀県文化財調査報告書 173　佐賀県教育委員会
柴田昌児 2000「湯道を残す鏡と後期弥生土器」『紀要愛媛』創刊号　(財)愛媛県埋蔵文化財センター　pp. 31–47
柴元静雄 1970「北方町東宮裾遺跡」『新郷土』7 月　佐賀県文化館　pp. 48–50
渋谷格編 2003『柚比遺跡群 3』第 3 分冊　佐賀県文化財調査報告書 155 集　佐賀県教育委員会
島田貞彦編 1930『筑前須玖史前遺跡の研究』京都帝國大學文學部考古學研究報告第 11 冊
島津義昭 1982「巴形銅器二例」『古文化論集：森貞次郎博士古稀記念』森貞次郎博士古稀記念論文集刊行会編　森貞次郎博士古稀記念論文集刊行会　pp. 567–581
島根県古代文化センター・島根県教育庁埋蔵文化財調査センター 2004『青銅器の同笵関係調査報告書 I—武器形青銅器—』島根県古代文化センター調査研究報告書 19　島根県古代文化センター・島根県教育庁埋蔵文化財調査センター
清水康二 1994「倣製内行花文鏡の編年—倣製鏡の基礎研究 I—」『橿原考古学研究所論集』第 11　創立五十五周年記念　pp. 447–503
清水康二 2000「「平原弥生古墳」出土大型内行花文鏡の再評価」『大塚初重先生頌寿記念考古学論集』東京堂出版　pp. 813–827
下條信行 1975「弥生商工集団の活動」『北部九州の古代文化』明文社　pp. 94–109
下條信行 1977「考古学・粕屋平野」『福岡市立歴史資料館研究報告』第 1 集　福岡市立歴史資料館　pp. 13–38
下條信行 1979a「南北市糴考—弥生時代対馬舶載青銅器の意味—」『史淵』第 116 輯　九州大学文学部　pp. 175–210
下條信行 1979b「北九州における弥生時代の石器生産」『考古学研究』第 22 巻第 1 号　考古学研究会　pp. 7–14
下條信行 1982「銅矛形祭器の生産と波及」『古文化論集：森貞次郎博士古稀記念』森貞次郎博士古稀記念論文集刊行会編　森貞次郎博士古稀記念論文集刊行会　pp. 595–623
下條信行 1983「北九州」『三世紀の考古学』下巻　学生社　pp. 171–204
下條信行 1985「交通」『考古学調査研究ハンドブックス』第 3 巻　研究編　雄山閣出版　pp. 48–52
下條信行 1989「銅戈鋳型の変遷—伝福岡市八田出土明治大学蔵銅戈鋳型について—」『明治大学考古学博物館館報』No. 5　明治大学考古学博物館　pp. 42–51
下條信行 1991a「青銅器文化と北部九州」『新版古代の日本』3　九州・沖縄　角川書店　pp. 77–100
下條信行 1991b「北部九州弥生中期の「国」家間構造と立岩遺跡」『古文化談叢　児島隆人先生喜寿記念論集』児島隆人先生喜寿記念事業会編　pp. 78–106
下條信行 1997「玄界灘 VS 有明海」『青銅の弥生都市—吉野ヶ里をめぐる有明のクニグニ—』大阪府立弥生文化博物館　pp. 100–105
下條信行 2000「青銅製武器の伝播と展開」『考古学による日本歴史』6　戦争　雄山閣出版
(社)石川県埋蔵文化財保存協会 1998『(社)石川県埋蔵文化財保存協会年報』9　平成 9 年度　(社)石川県埋蔵文化財保存協会
進村真之・宮地聡一郎編 2005『海津横馬場遺跡 I』九州新幹線関係埋蔵文化財調査報告 1　福岡県教育委員会
杉原荘介 1964a「日本の青銅器」『日本原始美術』4　青銅器　講談社　pp. 122–126
杉原荘介 1964b「銅剣」『日本原始美術』4　青銅器　講談社　pp. 145–148
杉原荘介 1964c「銅鉾」『日本原始美術』4　青銅器　講談社　pp. 149–151
杉原荘介 1964d「銅戈」『日本原始美術』4　青銅器　講談社　pp. 151–152

杉原荘介 1971「巴形銅器」『考古學集刊』第 4 巻第 4 号　東京考古學會
杉原荘介 1972『日本青銅器の研究』中央公論美術出版
杉原荘介 1978「日・韓出土の同鋳型による小銅鏡」『日本考古学協会昭和五三年度大会研究発表要旨』日本考古学協会
杉山林継・村松洋介 2005「多鈕鏡の観察と使用痕跡について」『東アジアにおける新石器文化と日本 II』21COE 考古学シリーズ 4　國學院大學 21COE プログラム 2004 年度考古学調査研究報告　pp. 339–354
鈴木恒男 1959「巴形銅器―その一―」『國學院雜誌』第 60 巻第 1・2 号　國學院大學　pp. 20–30
髙木恭二 2002「韓鏡・弥生時代倭鏡」『考古資料大観』5　弥生・古墳時代鏡　小学館　pp. 213–216
髙倉洋彰 1972「弥生時代小形仿製鏡について」『考古學雜誌』第 58 巻第 3 号　日本考古學會　pp. 1–30
髙倉洋彰 1976「弥生時代副葬遺物の性格」『九州歴史資料館研究論集』二　九州歴史資料館　pp. 1–23
髙倉洋彰 1981a「S 字状文仿製鏡の成立過程」『九州歴史資料館研究論集』七　九州歴史資料館　pp. 13–31
髙倉洋彰 1981b「鏡」『三世紀の考古学』中巻　学生社　pp. 213–240
髙倉洋彰 1985「弥生時代小形仿製鏡について(承前)」『考古學雜誌』第 70 巻第 3 号　日本考古學會　pp. 94–121
髙倉洋彰 1986「割られた鏡」『文明のクロスロード Museum Kyushu』第 21 号　博物館等建設推進九州会議　pp. 41–44
髙倉洋彰 1989「韓国原三国時代の銅鏡」『九州歴史資料館研究論集』一四　九州歴史資料館　pp. 45–70
髙倉洋彰 1990『日本金属器出現期の研究』学生社
髙倉洋彰 1991「農耕の開始とクニの出現」『新版古代の日本』3　九州・沖縄　角川書店　pp. 43–66
髙倉洋彰 1992「弥生時代における国・王とその構造」『九州文化史研究所紀要』37　九州文化史研究所　pp. 1–33
髙倉洋彰 1993a「弥生時代仿製鏡の製作地」『季刊考古学』第 43 号　雄山閣出版　pp. 59–63
髙倉洋彰 1993b「前漢鏡にあらわれた権威の象徴性」『国立歴史民俗博物館研究紀要』55　国立歴史民俗博物館　pp. 3–38
髙倉洋彰 1995a「飯倉 D 遺跡出土の銅鏡鋳型をめぐって」『飯倉 D 遺跡』福岡市埋蔵文化財調査報告書第 440 集　福岡市教育委員会　pp. 169–170
髙倉洋彰 1995b「弥生時代小形仿製鏡の儀鏡化について」『居石遺跡』高松市埋蔵文化財調査報告第 30 集　高松市教育委員会　pp. 147–163
髙倉洋彰 1995c『金印国家群の時代』青木書店
髙倉洋彰 1996「青銅製祭器の埋納」『考古学ジャーナル』No. 406　ニュー・サイエンス社　pp. 2–6
髙倉洋彰 1999「儀鏡の誕生」『考古学ジャーナル』No. 446　ニュー・サイエンス社　pp. 33–36
髙倉洋彰 2002「弁韓・辰韓の銅鏡」『韓半島考古学論叢』すずさわ書店　pp. 235–248
多賀茂治編 1995『玉津田中遺跡第 3 分冊』兵庫県文化財調査報告第 135–3 冊　兵庫県教育委員会
高島徹・広瀬雅信・畑暢子編 1983『亀井』(財)大阪文化財センター
高田浩司 2001「弥生時代銅鏃の二つの性格とその性質―石鏃・鉄鏃との比較を通じて―」『考古学研究』第 47 巻第 4 号　考古学研究会　pp. 34–54
高橋健自 1916「銅鉾銅剣考(四)」『考古學雜誌』第 7 巻第 3 号　日本考古學會　pp. 20–31
高橋健自 1923「日本青銅文化の起源」『考古學雜誌』第 13 巻第 12 号　日本考古學會　pp. 16–30
高橋健自 1925『銅鉾銅剣の研究』聚精堂
高橋徹 1986「鏡」『弥生文化の研究』6　道具と技術 II　金関恕・佐原眞編　雄山閣出版　pp. 122–131
高橋徹 1992「鏡」『菅生台地と周辺の遺跡 XV』竹田市教育委員会　pp. 327–351
高橋徹 1994「桜馬場遺跡および井原鑓溝遺跡の研究」『古文化談叢』32　九州古文化研究会　pp. 53–99
高畑知功ほか編 1976『谷尻遺跡』中国縦貫自動車道建設に伴う発掘調査 6　岡山県埋蔵文化財発掘調査報告 11　岡山県教育委員会
武末純一 1982「埋納銅矛論」『古文化談叢』9　九州古文化研究会　pp. 119–156
武末純一 1985「仿製青銅器」『稲と青銅と鉄』日本書籍　pp. 129–147
武末純一 1990a「墓の青銅器，マツリの青銅器―弥生時代北九州例の形式化―」『古文化談叢』22　九州古文化研究会　pp. 47–55
武末純一 1990b「紫川の吉野ヶ里―北九州市上徳力遺跡―」『古文化談叢』23　九州古文化研究会　pp. 25–34

武末純一 1991「倉庫の管理主体―北部九州の弥生拠点集落例から―」『古文化論叢　児島隆人先生喜寿記念論集』児島隆人先生喜寿記念事業会編　pp. 108–117
武末純一 1994「弥生時代の朝鮮半島系土器」『倭人の世界』奈良県立橿原考古学研究所附属博物館
武末純一 1998a「日韓の青銅器鋳造文化」『弥生時代の鋳造』第8回鋳造遺跡研究集会発表資料集　鋳造遺跡研究会　pp. 8–26
武末純一 1998b「北部九州の初期精錬・鍛冶遺構―福岡県内を中心に―」『奥原峠遺跡』七尾市埋蔵文化財調査報告第23集　七尾市教育委員会　pp. 90–93
武末純一 2000「弥生環濠集落と都市」『古代史の論点』3　都市と工業と流通　小学館　pp. 82–108
武末純一 2002「弥生文化と朝鮮半島の初期農耕文化」『古代を考える稲・金属・戦争』吉川弘文館　pp. 105–138
武末純一 2005『韓国無文土器・原三国時代の集落構造研究』（課題番号：14510434）平成14～16年度科学研究費補助金（基盤研究（C）(2)）研究成果報告書
田崎博之 1984「北部九州における弥生時代終末前後の鏡について」『史淵』第121輯　九州大学文学部　pp. 181–218
田尻義了 2001「弥生時代青銅器生産における生産体制論―北部九州出土の鋳型資料の分析から―」『九州考古学』第76号　九州考古学会　pp. 11–33
田尻義了 2003「弥生時代小形仿製鏡の製作地―初期小形仿製鏡の検討―」『青丘学術論集』第22集　（財）韓国文化研究振興財団　pp. 77–95
田尻義了 2004「弥生時代小形仿製鏡の生産体制論」『日本考古学』第18号　日本考古学協会　pp. 53–71
田尻義了 2005「近畿における弥生時代小形仿製鏡の生産」『東アジアと日本―交流と変容』第2号　九州大学21世紀COEプログラム（人文科学）　pp. 29–45
田尻義了 2007「中国東北地方における青銅器製作技術の変遷と展開―鋳型資料とT字形剣柄の検討―」『中国考古学』第7号　日本中国考古学会　pp. 31–56
田尻義了 2008「九州大学筑紫地区出土巴形銅器鋳型の位置づけ―巴形銅器の分類と製作技法の検討―」『九州と東アジア―九州大学考古学研究室50周年記念論文集―』九州大学考古学研究室50周年記念論文集刊行会　pp. 201–216
田尻義了 2009a「二里頭遺跡における青銅器生産体制」『中国初期青銅器文化の研究』宮本一夫・白雲翔編　九州大学出版会　pp. 57–78
田尻義了 2009b「弥生時代巴形銅器の生産と流通―九州大学筑紫地区出土巴形銅器鋳型と香川県森広天神遺跡出土巴形銅器の一致―」『考古學雜誌』第93巻第4号　日本考古學會　pp. 1–22
田尻義了 2011「出土鋳型」『ヒルハタ遺跡』筑前町文化財調査報告書第14集　pp. 136–144
田代克己・奥井哲秀・藤沢真衣 1975「東奈良遺跡出土の銅鐸鎔范について」『考古學雜誌』第61巻第1号　日本考古學會　pp. 1–10
田中清美 1986「加美遺跡発掘調査の成果」『古代を考える』43　古代を考える会　pp. 21–46
田中壽夫 1994「第40次調査溝SD01出土の取瓶」『比恵遺跡』13　福岡市埋蔵文化財調査報告書第368集　福岡市教育委員会　pp. 136–139
田中裕二編 2011『府中石田遺跡』福井県埋蔵文化調査報告第121集　福井県教育庁埋蔵文化財調査センター
田中琢 1970「「まつり」から「まつりごと」へ」『古代の日本』5　近畿　角川書店　pp. 44–59
田中琢 1977「祭儀と青銅器」『鐸剣鏡』日本原始美術大系4　講談社　pp. 155–179
田中琢 1987「「銅鐸文化圏」と「銅剣銅矛文化圏」」『弥生文化の研究』8　祭と墓の装い　金関恕・佐原眞編　雄山閣出版　pp. 33–41
田中琢 1991『倭人争乱』日本の歴史2　集英社
田中良之 2000「墓地からみた親族・家族」『古代史の論点』2　男と女，家と村　小学館　pp. 131–152
谷澤仁 1989「福岡県宮ノ上遺跡」『日本考古学年報』40　日本考古学協会　pp. 532–535
田平徳栄編 1989『礫石遺跡』佐賀県文化財調査報告書第91集　佐賀県教育委員会
淡崖迋夫（神田孝平）1887「銅剣ノ鑄型」『東京人類學會雜誌』第19号　東京人類學會　pp. 326–327
淡崖迋夫（神田孝平）1888「銅鉾型に関せる江藤氏の報告」『東京人類學會雜誌』第24号　東京人類學會　pp. 129–133
辻田淳一郎 1999「古墳時代前期倣製鏡の多様性とその指向性」『九州考古学』第74号　九州考古学会　pp. 1–

辻田淳一郎 2001「古墳時代開始期における中国鏡流通形態とその画期」『古文化談叢』46　九州古文化研究会　pp. 53–91

辻田淳一郎 2005a「破鏡の伝世と副葬」『史淵』第 142 輯　九州大学大学院人文科学研究院　pp. 1–39

辻田淳一郎 2005b「破鏡と完形鏡」『東アジアにおける鏡祭祀の源流とその展開』國學院大學 21 世紀 COE プログラム考古学・神道シンポジウム予稿集　pp. 1–11

辻田淳一郎 2006「威信財システムの成立・変容とアイデンティティ」『東アジア古代国家論』すいれん社　pp. 31–64

常松幹雄 1998「伝福岡市八田出土の鋳型について—福岡市博物館平成六年度収集資料—」『福岡市博物館研究紀要』第 8 号　福岡市博物館　pp. 1–14

常松幹雄 1999「弥生時代の銅戈に鋳出された絵画と記号」『福岡市博物館研究紀要』第 9 号　福岡市博物館　pp. 1–24

常松幹雄 2000「福岡市下山門敷町遺跡出土の銅戈について　付篇北部九州の青銅器と鋳型に関する覚書」『福岡市博物館研究紀要』第 10 号　福岡市博物館　pp. 1–16

常松幹雄 2006「鹿と鉤の廻廊」『原始絵画の研究』論考編　六一書房　pp. 315–336

鄭仁盛 2001「楽浪土城と青銅器生産」『東京大学考古学研究室研究紀要』第 16 号　pp. 59–82

鄭仁盛 2002「楽浪土城の青銅鏃」『東京大学考古学研究室研究紀要』第 17 号　pp. 79–112

寺沢薫 1986「弥生人の心を描く」『日本の古代』13　心の中の宇宙　中央公論社　pp. 73–130

寺沢薫 1991「弥生時代の青銅器とそのマツリ」『考古学　その見方と解釈』上　筑摩書房　pp. 139–184

寺沢薫 1992「巫の鏡—「十」字小形仿製鏡の新例とその世界—」『考古学と生活文化』同志社大学考古学シリーズ V　pp. 411–433

寺沢薫 2000『王権誕生』日本の歴史 02　講談社

寺沢薫 2010『青銅器のマツリと政治社会』吉川弘文館

徳富則久編 1999『詫田西分遺跡　VI 区の調査』千代田町文化財調査報告書第 25 集　千代田町教育委員会

徳本洋一 1999「福岡県大野城市瓦田出土の広形銅矛鋳型」『九州考古学』第 74 号　九州考古学会　pp. 59–63

戸塚洋輔 2008「唐津平野における弥生時代の青銅器生産—中原遺跡出土鋳型の検討—」『アジア鋳造技術史学会発表概要集』第 2 集　アジア鋳造技術史学会　pp. 77–78

戸塚洋輔 2010「唐津平野における青銅器生産—中原遺跡出土銅剣・銅矛鋳型の検討—」『FUSUS』2 号　アジア鋳造技術史学会　pp. 1–14

富岡謙蔵 1920『古鏡の研究』丸善株式會社

中口裕 1972『銅の考古学』雄山閣出版

中口裕 1974『改訂銅の考古学』雄山閣出版

永留久恵・小田富士雄 1967「対馬・豊玉村佐保発見の馬鐸・巴形銅器調査報告」『九州考古学』第 32 号　九州考古学会　pp. 458–462

永留久恵 1982「矛と祭り—対馬の銅矛遺跡を中心として—」『古文化論集：森貞次郎博士古稀記念』森貞次郎博士古稀記念論文集刊行会編　森貞次郎博士古稀記念論文集刊行会　pp. 625–656

那珂八幡古墳調査団 1978「福岡県那珂八幡古墳」『九州考古学』第 53 号　九州考古学会　pp. 11–15

中村幸四郎ほか 1982『方保田東原遺跡』山鹿市立博物館調査報告書第 2 集　山鹿市教育委員会

中村友przez 1980「弥生時代の武器形木製品」『東大阪市遺跡保護調査会年報』1979 年度　東大阪市遺跡保護調査会

中村友博 1987「武器形祭器」『弥生文化の研究』8　祭と墓と装い　金関恕・佐原眞編　雄山閣出版　pp. 23–31

中村浩・池田榮史編 1995『飯倉 D 遺跡』福岡市埋蔵文化財調査報告書第 440 集　福岡市教育委員会

中山平次郎 1917「九州に於ける先史原史両時代中間期の遺物に就て」『考古學雜誌』第 7 巻第 10 号　日本考古學會　pp. 1–38

中山平次郎 1917「九州に於ける先史原史両時代中間期の遺物に就て(二)」『考古學雜誌』第 7 巻第 11 号　日本考古學會　pp. 1–34

中山平次郎 1917「九州に於ける先史原史両時代中間期の遺物に就て(三)」『考古學雜誌』第 8 巻第 1 号　日本考古學會　pp. 16–41

中山平次郎 1917「九州に於ける先史原史両時代中間期の遺物に就て(四)」『考古學雜誌』第 8 巻第 3 号　日本

考古學會　pp. 15–47
中山平次郎 1927「須玖岡本の遺物」『考古學雜誌』第 17 巻第 8 号　日本考古學會　pp. 1–26
中山平次郎 1928「魏志倭人伝の生口」『考古學雜誌』第 18 巻第 9 号　日本考古學會　pp. 1–18
中山平次郎 1929a「須玖岡本の鏡片研究（三）」『考古學雜誌』第 19 巻第 2 号　日本考古學會　pp. 26–46
中山平次郎 1929b「壱岐国加良香美貝塚発掘の鏡に就いて」『考古學雜誌』第 19 巻第 4 号　日本考古學會　pp. 1–9
難波純子 1990「殷墟前半期の青銅彝器の編年と流派の認識」『史林』第 73 巻第 6 号　史学研究会　pp. 1–43
難波純子 1992「婦好墓の青銅彝器群と流派」『泉屋博古館紀要』第 8 巻　pp. 82–100
難波純子 1995「殷墟後半期の青銅彝器（上）」『泉屋博古館紀要』第 11 巻　pp. 134–165
難波純子 1996「殷墟後半期の青銅彝器（下）」『泉屋博古館紀要』第 12 巻　pp. 93–113
難波洋三 1986a「戈形祭器」『弥生文化の研究』6　道具と技術 II　金関恕・佐原眞編　雄山閣出版　pp. 119–122
難波洋三 1986b「銅鐸」『弥生文化の研究』6　道具と技術 II　金関恕・佐原眞編　雄山閣出版　pp. 132–145
難波洋三 1991「同范銅鐸二例」『辰馬考古資料館考古学研究紀要』2　辰馬考古資料館　pp. 57–110
難波洋三 2000「同范銅鐸の展開」『シルクロード学研究叢書』3　シルクロード学研究センター　pp. 11–30
難波洋三 2006「近畿式・三遠式銅鐸の成立」『古代アジアの青銅器文化と社会』歴博国際シンポジウム 2006 発表要旨集　pp. 109–114
西川寿勝 2000「二〇〇〇年前の舶載鏡—異体字銘帯鏡と弥生の王—」『日本考古学』第 10 号　日本考古学協会　pp. 25–40
西健一郎 1983「筑後川流域」『三世紀の考古学』下巻　学生社　pp. 140–170
西田巌編 1998『牟田寄遺跡 VI』佐賀市文化財調査報告書第 89 集　佐賀市教育委員会
西村尋文 2003『県道富田西志度線道路改良事業及び県道高松長尾大内線道路改良事業に伴う埋蔵文化財発掘調査報告　寺田・産宮通遺跡　南天枝遺跡』香川県教育委員会
仁田坂聡ほか編 2008『桜馬場遺跡—重要遺跡確認調査概要報告書—』唐津市文化財調査報告書第 147 集　唐津市教育委員会
橋口達也 1992「弥生時代の戦い　武器の折損・研ぎ直し」『九州歴史資料館研究論集』17　九州歴史資料館　pp. 41–62
橋口達也 1995「弥生時代の戦い」『考古学研究』第 42 巻第 1 号　考古学研究会　pp. 54–77
橋口達也 2004「巴文と巴形銅器」『護宝螺と直弧文・巴文』学生社　pp. 101–132
橋本澄夫 1968「石川県羽咋市次場・吉崎遺跡」『日本考古学年報』16　日本考古学協会　pp. 112–113
八賀晋 1984「仿製三角縁神獣鏡の研究—同范鏡にみる范傷の補修と補刻—」『学叢』6　京都国立博物館　pp. 3–56
林純 1980「滋賀県虎姫町五村遺跡出土の巴形銅器に就て」『土盛』第 11 号　京都産業大学考古学部　pp. 23–34
林田和人・原田範昭 1998「白藤遺跡群出土の矛形銅製品・鋳型について」『肥後考古』第 11 号　肥後考古学会　pp. 141–147
林田和人編 2005『ハノ坪遺跡 I』東西屋敷地区経営体育成基盤整備事業に伴う埋蔵文化財発掘調査報告 1　熊本市教育委員会
林原利明 1990「弥生時代終末〜古墳時代前期の小形仿製鏡について—小形重圏文仿製鏡の様相—」『東国史論』第 5 号　群馬考古学研究会　pp. 49–64
林原利明 1993「東日本の初期銅鏡」『季刊考古学』第 43 号　雄山閣出版　pp. 26–29
原田大六 1954『日本古墳文化』東京大学出版会
原田大六 1961「伝福岡県遠賀郡岡垣村の銅剣」『九州考古学』第 11・12 号　九州考古学会　pp. 4–6
原葉子・森田孝志 1986「惣座遺跡」『弥生時代の青銅器とその共伴関係』埋蔵文化財研究会第 20 回研究集会第 I 分冊　pp. 529–534
春成秀爾 1978「銅鐸の埋納と分布の意味」『歴史公論』4-3　雄山閣出版　pp. 87–97
春成秀爾 1982「銅鐸の時代」『国立歴史民俗博物館研究報告』1　国立歴史民俗博物館　pp. 1–48
春成秀爾 1984「前方後円墳論」『東アジア世界における日本古代史講座』2　学生社　pp. 205–243
春成秀爾 1992a「銅鐸の製作工人」『考古学研究』第 39 巻第 2 号　考古学研究会　pp. 9–44
春成秀爾 1992b「青銅器の祭り」『新版古代の日本』4　四国・中国　角川書店　pp. 69–90

春成秀爾 1995「象徴としての弥生青銅器」『歴博』73　国立歴史民俗博物館　pp. 26-29
春成秀爾 2002「威信財」『日本考古学事典』三省堂　p. 33
樋口隆康 1979「仿製鏡」『古鏡』新潮社　pp. 275-356
櫃本誠一 2002『兵庫県の出土古鏡』学生社
兵庫県教育委員会編 1989『半田山』兵庫県文化財調査報告第 65 冊　兵庫県教育委員会社会教育・文化財課
兵庫県教育委員会編 1990『銅田遺跡』兵庫県文化財調査報告第 78 冊　兵庫県教育委員会埋蔵文化財調査事務所
平尾良光・鈴木浩子 1995「福岡県北九州市近郊から出土した弥生〜古墳時代の銅鏡の鉛同位体比」『研究紀要』VOL. 2　北九州市立考古博物館　pp. 1-5
平尾良光・鈴木浩子 1999「弥生時代青銅器と鉛同位体比」『古代青銅の流通と鋳造』平尾良光編　鶴山堂　pp. 165-208
平尾良光・佐々木美喜・竹中みゆき 1995「鉛同位体比法による春日市出土青銅器の研究」『春日市史』上巻　春日市史編さん委員会　pp. 860-901
平尾良光編 1999『古代青銅の流通と鋳造』鶴山堂
平田定幸 1993「福岡平野における青銅器生産」『考古学ジャーナル』No. 359　ニュー・サイエンス社　pp. 24-30
平田定幸 2005『須玖永田 A 遺跡 3』春日市文化財調査報告書第 43 集　春日教育委員会
平田定幸・吉田佳広・井上義也 2005『須玖岡本遺跡 3』春日市文化財調査報告書第 58 集　春日教育委員会
広瀬和雄 2003『前方後円墳国家』角川選書
深江英憲・服部寛・高木芳史・和佐野喜久生・大塚豊揚編 2000『表山遺跡池ノ内群集墳』兵庫県文化財調査報告第 202 冊　兵庫県教育委員会
福島正実編 1988『吉崎・次場遺跡』県営ほ場整備事業に係る埋蔵文化財発掘調査報告書第 2 分冊（資料編(2)）石川県立埋蔵文化財センター
藤瀬禎博 1997「付編　伝江島出土銅戈鋳型」『本行遺跡』鳥栖市文化財調査報告書第 51 集　鳥栖市教育委員会
藤田三郎 1998「唐古・鍵遺跡における青銅器鋳造関連の遺構と遺物について」『弥生時代の鋳造』第 8 回鋳造遺跡研究集会発表資料集　pp. 28-41
藤田三郎 2004「唐古・鍵遺跡出土の青銅器鋳造関連遺物」『鏡笵研究』I　奈良県立橿原考古学研究所・二上古代鋳金研究会　pp. 58-63
藤田等 1956「農業の開始と発展—特に石器の生産をめぐる問題—」『私たちの考古学』9 号　考古学研究会　pp. 4-11・19
藤田等 1965「巴形銅器を出土した西山貝塚調査概報」『日本考古学協会昭和 40 年度大会発表要旨』日本考古学協会
藤田等 1987「鉄戈」『東アジアの考古と歴史　岡崎敬先生退官記念論集』中　同朋社出版　pp. 479-539
藤田等 1994『弥生時代ガラスの研究—考古学的方法—』名著出版
藤丸詔八郎 2003「弥生時代の小型仿製鏡に関する一考察—内行花文日光鏡系 I・II 型鏡について—」『初期古墳と大和の考古学』石野博信編　学生社　pp. 110-120
文化財保護委員会 1959『埋蔵文化財要覧』2　文化財保護委員会
堀川義英 1982「大深田遺跡」『末蘆国』唐津湾周辺遺跡調査委員会　pp. 213-217
堀大介 1999「井戸の成立とその背景」『古代学研究』146　古代學研究會　pp. 26-45
本田岳秋 1998『良積遺跡 II』北野町文化財調査報告書第 11 集　北野町教育委員会
埋蔵文化財研究会 1986『弥生時代の青銅器とその共伴関係』第 I 分冊　九州篇　埋蔵文化財研究会
松井一明 2004「小銅鐸と銅鐸祭祀」『季刊考古学』第 86 号　雄山閣出版　pp. 67-71
松木武彦 1996「日本列島の国家形成」『国家の形成』三一書房　pp. 233-276
松木武彦 1997「ヤマト政権成立の背景」『卑弥呼誕生』大阪府立弥生文化博物館　pp. 102-109
松木武彦 2000「専業」『用語解説現代考古学の方法と理論 II』同成社　pp. 175-181
松本憲明 1966「福岡県夜須町出土の銅戈鎔范」『考古學雑誌』第 52 巻第 2 号　日本考古學會　pp. 59-60
松丸道雄編 1980『西周青銅器とその国家』東京大学出版会
松村道博編 1995『雀居遺跡』3　福岡市埋蔵文化財調査報告書第 407 集　福岡市教育委員会
馬淵久夫・平尾良光 1982「鉛の同位体比からみた銅鐸の原料」『考古學雑誌』第 68 巻第 1 号　日本考古學會

pp. 42–62
馬淵久夫・平尾良光 1990「福岡県出土青銅器の鉛同位体比」『考古學雜誌』第 75 巻第 4 号　日本考古學會　pp. 385–420
馬淵久夫 1989「青銅器の原料と生産」『季刊考古学』第 27 号　雄山閣出版　pp. 18–22
丸山泰晴・平田定幸編 1987『須玖永田遺跡』春日市文化財調査報告書第 18 集　春日市教育委員会
三木文雄 1968「流水文銅鐸考」『東京国立博物館研究紀要』第 3 号　東京国立博物館
三島格 1973「鉤の呪力　巴形銅器とスイジガイ」『古代文化』第 25 巻第 5 号　日本古代文化學會　pp. 157–175
水野清一編 1953『対馬』東方考古学叢刊　乙種第六冊　東亜考古学会
溝口孝司 1998「墓前のまつり」『日本の信仰遺跡』奈良国立文化財研究所埋蔵文化財研修の記録　奈良国立文化財研究所学報第五十七冊　奈良国立文化財研究所　pp. 53–74
溝口孝司 1999「北部九州の墓制」『季刊考古学』第 67 号　雄山閣出版　pp. 49–53
溝口孝司 2000「墓地と埋葬行為の変遷―古墳時代の開始の社会背景の理解のために―」『古墳時代像を見なおす』青木書店　pp. 201–273
溝口孝司 2001「弥生時代の社会」『現代の考古学』6　村落と社会の考古学　朝倉書店　pp. 135–160
三友國五郎 1934「佐賀縣に於ける合甕遺跡地」『考古學雜誌』第 24 巻第 5 号　日本考古學會　pp. 49–64
南健太郎 2005「弥生時代小形仿製鏡の鈕および鈕孔製作技法―その技術と系譜に関する予察―」『鏡笵研究』III　奈良県立橿原考古学研究所・二上古代鋳金研究会　pp. 16–26
南健太郎 2007「韓半島における小形仿製鏡の生産―製作技法からみた初期弥生時代小形仿製鏡の製作地―」『韓半島の青銅器製作技術と東アジアの古鏡』アジア鋳造技術史学会　pp. 233–264
美濃口雅朗 2005「熊本県」『日本考古学年報 56（2003 年度版）』日本考古学協会　pp. 355–360
箕輪健一 2002「茨城県石岡市宮平遺跡出土の巴形銅器について」『婆良岐考古』第 24 号　婆良岐考古同人会　pp. 122–131
宮井善朗 1987「銅剣の流入と波及」『東アジアの考古と歴史』中　同朋社　pp. 421–442
宮井善朗編 1997『井尻 B 遺跡』5　福岡市埋蔵文化財調査報告書第 529 集　福岡市教育委員会
宮井善朗 1998「初期銅剣の研磨について」『環濠集落と農耕社会の形成』九州考古学会・嶺南考古学会第三回合同考古学大会　pp. 309–329
宮井善朗 2000「上月隈遺跡出土銅剣を巡る若干の問題」『韓国古代文化の変遷と交渉』尹世英教授定年記念論叢刊行委員会
宮井善朗 2003「再び銅剣の研磨について」『青丘学術論集』第 22 集　（財）韓国文化研究振興財団　pp. 30–37
宮井善朗 2008「銅戈鋳型について」『比恵 52』福岡市埋蔵文化財調査報告書第 1002 集　福岡市教育委員会
宮里修 2001a「朝鮮半島の銅剣について」『古代』第 109 号　早稲田大学考古学会　pp. 125–159
宮里修 2001b「多鈕粗文鏡について」『史観』第 144 冊　早稲田大学史学会編　pp. 65–84
宮野淳一 1997「鏡祭祀のはじまり」『平成 9 年度秋季特別展卑弥呼誕生』大阪府立弥生文化博物館　pp. 58–62
宮本一夫 1996「東北アジアの青銅器文化」『福岡からアジアへ 4―弥生文化の二つの道―』西日本新聞社　pp. 116–132
宮本一夫 1998「古式遼寧式銅剣の地域性とその社会」『史淵』第 135 輯　九州大学文学部　pp. 125–160
宮本一夫 2000『中国古代北疆史の考古学的研究』中国書店
宮本一夫 2003「東北アジア青銅器文化からみた韓国青銅器文化」『青丘学術論集』第 22 集　（財）韓国文化研究振興財団　pp. 95–123
宮本一夫 2004「青銅器と弥生時代の実年代」『弥生時代の実年代　炭素 14 年代をめぐって』学生社　pp. 198–218
宮本一夫 2005『中国の歴史 1　神話から歴史へ』講談社
宮本一夫 2006「長城地帯の青銅器」『古代アジアの青銅器文化と社会』歴博国際シンポジウム　pp. 41–47
三好孝一 1993「近畿地方における青銅器生産の諸問題」『古文化談叢』30 中　古文化研究会　pp. 649–664
向井雅彦 1993「鳥栖市出土の青銅器鋳型類」『考古学ジャーナル』No. 359　ニュー・サイエンス社　pp. 17–23
向井雅彦 1996「鳥栖市本行遺跡の矛形祭器の埋納遺構」『考古学ジャーナル』No. 406　ニュー・サイエンス社　pp. 7–10
向井雅彦編 1997『本行遺跡』鳥栖市文化財調査報告書第 51 集　鳥栖市教育委員会
席田遺跡群発掘調査班 1982「席田遺跡群赤穂ノ浦遺跡出土の銅鐸鋳型について」『考古学ジャーナル』No. 210

ニュー・サイエンス社　pp. 5–9
村上恭通 1992「中九州における弥生時代鉄器の地域性」『考古學雜誌』第 77 巻第 3 号　日本考古學會　pp. 63–88
村上恭通 1994「弥生時代における鍛冶遺構の研究」『考古学研究』第 41 巻第 3 号　考古学研究会　pp. 60–87
村上恭通 1996「日本における鉄器普及の原初形態」『愛媛大学人文学会創立二十周年記念論集』愛媛大学人文学会　pp. 165–183
村上恭通 1998『倭人と鉄の考古学』青木書店
森岡秀人 1987「「十」状図文を有する近畿系弥生小形仿製鏡の変遷」『文化史論叢』（上）　横田健一先生古稀記念会　pp. 204–230
森岡秀人 1989「鏡」『季刊考古学』第 27 号　雄山閣出版　pp. 47–52
森岡秀人 1993「近畿地方における銅鏡の受容」『季刊考古学』第 43 号　雄山閣出版　pp. 21–25
森脩 1937「南満州発見の漢代青銅器遺物」『考古學』第 8 巻第 7 号　東京考古學會　pp. 328–348
森浩一 1970「古墳出土の小型内行花文鏡の再吟味」『日本古文化論攷』橿原考古学研究所　pp. 259–284
森貞次郎 1942「古期彌生式文化に於ける立岩文化期の意義」『古代文化』第 13 巻第 7 号　日本古代文化學會　pp. 1–39
森貞次郎 1960「青銅器の渡来　銅鏡，細形の銅剣，銅矛，銅戈」『世界考古学大系』2　日本 II　弥生時代　平凡社　pp. 78–84
森貞次郎 1963「福岡県香椎出土の銅釧鎔范を中心として—銅釧鎔范と銅釧の系譜—」『考古學集刊』第 2 巻第 1 号　東京考古學會　pp. 59–66
森貞次郎 1966「武器」『日本の考古学』III　弥生時代　河出書房新社　pp. 289–299
森貞次郎 1968「弥生時代における細形銅剣の流入について—細形銅剣の編年的考察—」『日本民族と南方文化』平凡社　pp. 127–161
森貞次郎 1970「青銅器の出現とその系譜」『古代の日本』第三巻　九州　角川書店　pp. 27–43
森貞次郎 1975『北部九州の古代文化』明文社
森貞次郎 1981「弥生時代の遺物にあらわれた信仰の形態」『神道考古学講座』I　雄山閣出版　pp. 184–235
森貞次郎・渡辺正気 1958「福岡県志賀島発見の細形銅剣鎔范」『九州考古学』3・4　九州考古学会　pp. 47–48
森貞次郎・乙益重隆・渡辺正気 1960「福岡県志賀島の弥生遺跡」『考古學雜誌』第 46 巻第 2 号　日本考古學會　pp. 1–23
森下英治 2006「瀬戸内の大規模密集型集落—香川県旧練兵場遺跡と周辺集落—」『日本考古学協会 2006 年度愛媛大会研究発表資料集』日本考古学協会　pp. 45–62
森下章司 1991「古墳時代仿製鏡の変遷とその変質」『史林』第 74 巻第 6 号　史学研究会　pp. 1–43
森弘 1913「銅鉾銅剣同鋳型の栞」『筑紫史談』第 4 集　筑紫史談会
森本六爾 1929「巴形銅器考」『三宅博士古稀祝賀記念論文集』大塚史學會編　岡書院　pp. 515–531
森本六爾 1930「再び巴形銅器に就いて」『考古學』第 1 巻第 1 号　東京考古學會　pp. 42–43
森本六爾 1931a「広鋒銅鉾鎔范」『考古學』第 2 巻第 1 号　東京考古學會　p. 54
森本六爾 1931b「日本に於ける青銅器文化の伝播」『考古學』第 2 巻第 5・6 号　東京考古學會　pp. 12–25
諸橋轍次 1955『大漢和辞典』大修館書店
八木奘三郎 1900「九州地方遺蹟調査報告」『東京人類學會雜誌』第 15 巻第 173 号　東京人類學會　pp. 429–470
八木奘三郎 1908「両筑の古物遺蹟（三）」『國學院雜誌』第 14 巻第 7 号　pp. 66–73
柳田康雄 1977「青銅製鋤先」『今宿バイパス関係埋蔵文化財調査報告』5　福岡県教育委員会　pp. 63–69
柳田康雄 1980「青銅製鋤先」『鏡山猛先生古希記念古文化論攷』鏡山猛先生古希記念論集刊行会　pp. 389–413
柳田康雄 1985「銅鋤先」『弥生文化の研究』5　道具と技術 I　金関恕・佐原眞編　雄山閣出版　pp. 89–98
柳田康雄 1986「青銅器の創作と終焉」『九州考古学』60　九州考古学会　pp. 21–40
柳田康雄 1989「銅鋤先」『季刊考古学』27　雄山閣出版　pp. 39–42
柳田康雄 2002a『九州弥生文化の研究』学生社
柳田康雄 2002b「青銅製鋤先」『九州弥生文化の研究』学生社　pp. 200–236
柳田康雄 2003a「「イト国」王墓と初期ヤマト王権の出現」『初期古墳と大和の考古学』石野博信編　学生社　pp. 374–384
柳田康雄 2003b「短身銅矛論」『橿原考古学研究所論集』14　橿原考古学研究所　pp. 91–123

柳田康雄 2005a「青銅武器型式分類序論」『國學院大學考古学資料館紀要』21　國學院大學考古学資料館　pp. 85–104
柳田康雄 2005b「多鈕鏡と漢式鏡の祭祀」『日本列島における祭祀の桃源を求めて―考古学から見た中国大陸・韓半島との比較研究―』21COE 考古学シリーズ 5　國學院大學 21COE プログラム国際シンポジウム予稿集　pp. 59–71
柳田康雄 2005c「佐賀県本行遺跡鋳型再考」『古代学研究』168　古代学研究会　pp. 46–49
柳田康雄 2007「銅剣鋳型と製品」『考古學雜誌』第 91 巻 1 号　pp. 1–43
柳田康雄 2008「青銅武器・武器形青銅祭器の使用痕」『橿原考古学研究所論集』15　橿原考古学研究所　pp. 43–73
柳田康雄 2009a「武器形青銅器の型式学的研究」『考古学ジャーナル』No. 590　ニュー・サイエンス社　pp. 7–10
柳田康雄 2009b「弥生時代青銅器土製鋳型研究序論」『國學院雑誌』第 110 巻第 6 号　pp. 1–19
柳田康雄 2010「日本出土青銅製把頭飾と銅剣」『坪井清足先生卒寿記念論集』下巻　坪井清足先生の卒寿をお祝いする会　pp. 702–712
柳田康雄 2011「佐賀県中原遺跡青銅器鋳型の実態」『古文化談叢』65　古文化研究会　pp. 21–32
柳田康雄・平嶋文博 2009「福岡県筑前町東小田峯遺跡出土銅矛土製鋳型」『古代学研究』182　古代学研究会　pp. 49–52
山野洋一 1979「筑紫野市永岡遺跡出土銅戈鋳型」『地域相研究』7　地域相研究会
山本一伸 1997『石田高校校庭内遺跡』寒川町教育委員会
山本一伸・國木健司・片桐節子 1997『森広遺跡』寒川町教育委員会
山元建 1986「山ノ上遺跡第六次調査概要報告」『豊中市埋蔵文化財発掘調査概要 1985 年度』豊中市教育委員会
山本三郎 1989「国内における青銅器鎔笵とその遺跡　近畿 1―兵庫」『シンポジウム青銅器の生産』学生社　pp. 64–73
吉田広 1993「銅剣生産の展開」『史林』第 76 巻第 6 号　史学研究会　pp. 1–40
吉田広 1996「第 5 章遺物　第 1 節銅剣　2 銅剣の分類　(2)同笵品の識別」『出雲神庭荒神谷遺跡』島根県教育委員会　pp. 85–89
吉田広 2001a「青銅器・青銅にみる弥生時代の交易」『第 49 回埋蔵文化財研究集会　弥生時代の交易―モノの動きとその担い手―』発表資料集　pp. 101–126
吉田広 2001b「対馬海人の剣」『九州考古学』第 75 号　九州考古学会　pp. 171–194
吉田広 2002「武器形青銅器の祭祀」『季刊考古学』第 86 号　雄山閣出版　pp. 54–58
吉田広 2004「5. 考察」『青銅器の同笵関係調査報告書 I―武器形青銅器―』島根県古代文化センター調査研究報告書 19　島根県古代文化センター　pp. 65–71
吉田広 2006「四国・瀬戸内地域の集落出土青銅器」『日本考古学協会 2006 年度愛媛大会研究発表資料集』日本考古学協会　pp. 237–262
力武卓治・後藤直 1990『高宮八幡宮所蔵鋳型の調査報告』福岡市埋蔵文化財調査報告書第 218 集付編　福岡市教育委員会
李南圭 1989「最近発見された韓国銅戈の意義」『たたら研究』第 30 号　たたら研究会　pp. 34–45
若林勝邦 1897「銅剣に関する考説及び其材料の増加」『考古學會雜誌』第 1 編第 8 号　考古學會　pp. 15–23
和田晴吾 1986「金属器の生産と流通」『岩波講座日本考古学』3　生産と流通　岩波書店　pp. 264–303
渡辺仁 1990『縄文式階層化社会』人類学叢書 11　六興出版
和辻哲郎 1939『改稿版　日本古代文化』岩波書店

英語(アルファベット順)

Clarke, D. L., 1978, *Analytical archaeology.* (2ed.), Columbia University, New York.
Deetz, J., 1967, *Invitation to Archaeology*, Bantam Doubleday Dell Publishing Group Inc, New York.
Earle, T. K., 1987, "Specialization and the production of wealth: Hawaiian Chiefdoms and the Inka empire", In: Brumfiel, E. M. and Earle, T. K. (eds), *Specialization, Exchages, and Complex societies*, pp. 64–75, Cambridge University, London.
Friedman, J. and Rowlands, M. J., 1977, "Notes towards an epigenetic model of evolution of 'civilization'", In:

Friedman, J. and Rowlands, M. J.（eds）, *The evolution of social systems,* pp. 201–276, Duckworth, London.
Kristiansen, K., 1991, "Chiefdoms, state, and systems of social evolution", In: Earle, T. K.（eds）, *Chiefdoms: Power, Economy, and Ideology,* pp. 16–43, Cambridge University, London.
Li Yung-ti, 2003, *The Anyang Bronze Foundries: Archaeological Remains, Casting Techonology, and Production Organization,* Harvard University.
Mizoguchi, K., 2002, *An Archaeological History of Japan. 30.000B.C. to A.D.700,* University of Pennsylvania, Philadelphia.
O'Shea, J. M., 1984, *Mortuary variability,* Academic Press, Orlando.

朝鮮語・ハングル語（カナ順）
崇実大学校韓国基督教博物館 2005 『韓国の青銅器生産と鎔范』崇実大学校韓国基督教博物館
崇実大学校韓国基督教博物館 2011 『鎔范と青銅器』崇実大学校韓国基督教博物館
尹武炳 1966「韓国青銅短剣の型式分類」『震檀学報』第 29・30 号合本　震檀学會　pp. 43–50

中国語（アルファベット順）
安志敏 1981「中国早期銅器的幾個問題」『考古学報』1981 年第 3 期　pp. 269–285
安志敏 1993「試論中国的早期銅器」『考古』1993 年第 12 期　pp. 1110–1119
李京華 2004「《偃師二里頭》有関鋳銅技術的探討—兼談報告在的几点問題—」『中原文物』2004 年第 3 期　pp. 29–36
唐蘭 1979「中国青銅器的起源与発展」『故宮博物院院刊』1979 年第 1 期　pp. 4–10
中国社会科学院考古研究所河南二隊 1982「河南臨汝煤山遺跡発掘報告」『考古学報』1982 年第 4 期　pp. 427–476
中国社会科学院考古研究所 1999 『偃師二里頭』中国大百科全書出版社
中国科学院考古研究所安陽工作隊 2006「2000–2001 年安陽孝民屯東南地殷代鋳銅遺址発掘報告」『考古学報』2006 年第 3 期　pp. 351–384

（敬称略）

図 出 典

図1・2　著者作成

図3　『正式二万分一地形図集成』地図資料編纂会編集　柏書房発行の帝國陸地測量部明治33年測図「春日」「博多」を元に著者作成

図4〜12　著者作成

図13　1〜5藤瀬禎博編1985『安永田遺跡』鳥栖市文化財調査報告書第25集　鳥栖市教育委員会／6下村智編1993『那珂遺跡8』福岡市埋蔵文化財調査報告書第324集　福岡市教育委員会／7・8宮井善朗1995『井尻B遺跡2』福岡市埋蔵文化財調査報告書第411集　福岡市教育委員会／9・10宝川昭男1992『下七見遺跡II』菊川町教育委員会／11〜15中村浩・池田榮史編1995『飯倉D遺跡』福岡市埋蔵文化財調査報告書第440集　福岡市教育委員会／16・17柳田康雄・小池史哲編1982『三雲遺跡III』福岡県文化財調査報告書第63集　福岡県教育委員会／18・19・23七田忠昭ほか1992『吉野ヶ里遺跡』佐賀県教育委員会／20田平徳栄1990『惣座遺跡』九州横断自動車道関係埋蔵文化財発掘調査報告書(11)　佐賀県教育委員会／21片岡宏二1993『津古遺跡群I』小郡市文化財調査報告書第84集　小郡市教育委員会／22浜田信也1983『焼ノ正遺跡』飯塚市教育委員会／24丸山康晴1980『赤井手遺跡』春日市文化財調査報告書第6集　春日市教育委員会

図14〜36　著者作成

図37　崇実大学校韓国基督教博物館2011『鎔笵と青銅器』崇実大学校韓国基督教博物館

図38〜42　著者作成

図43　写真トレース

図44〜57　著者作成

図58　藤瀬禎博編1985『安永田遺跡』鳥栖市文化財調査報告書第25集　鳥栖市教育委員会／春日市史編さん委員会1995『春日市史』上　春日市史編さん委員会

図59　丸山康晴・平田定幸編1987『須玖永田遺跡』春日市文化財調査報告書第18集　春日市教育委員会一部改変

図60　平田定幸編2011『須玖岡本遺跡4』春日市文化財調査報告書第61集　春日市教育委員会

図61〜102　著者作成

図103　金田一精編1997『五丁中原遺跡群第1次調査区発掘調査概要報告書』熊本市教育委員会／西田巌編1998『牟田寄遺跡VI』佐賀市文化財調査報告書第89集　佐賀市教育委員会／田平徳栄編1989『礫石遺跡』佐賀県文化財調査報告書第91集　九州横断自動車関係埋蔵文化財発掘調査報告書(9)　佐賀県教育委員会／山崎龍雄ほか編2006『比恵42』福岡市埋蔵文化財調査報告書第898集　福岡市教育委員会／甘木市史編纂委員会1984『甘木市史資料考古編』／坂田邦洋1976「木坂石棺群」『対馬の考古学』／石隈喜佐雄・七田忠昭・高島忠平編1979『二塚山』佐賀県文化財調査報告書第46集　佐賀県教育委員会／寺沢薫1992「巫の鏡—「十」字小形仿製鏡の新例とその世界—」『考古学と生活文化』同志社大学考古学シリーズV

図104　中田昭編1977『真亀C地点遺跡』山陽自動車道建設に伴う埋蔵文化財発掘調査報告IV／速水信也編1985『横隈狐塚遺跡II』小郡市文化財調査報告書第27集　小郡市教育委員会／榎本義嗣編1997『有田・小田部28』福岡市埋蔵文化財調査報告書第513集　福岡市教育委員会／後藤一重編1992『菅生台地と周辺の遺跡』XV　竹田市教育委員会／石隈喜佐雄・七田忠昭・高島忠平編1979『二塚山』佐賀県文化財調査報告書第46集　佐賀県教育委員会／大阪府文化財センター1999『河内平野遺跡群の動態VII—石器・木製品・金属器—』

図105　1山崎龍雄ほか編2006『比恵42』福岡市埋蔵文化財調査報告書第898集　福岡市教育委員会／2・3写真トレース／4片岡宏二1996「地域間の連帯からクニへ」『田主丸町誌』第2巻／5七田忠昭編2003『吉野ヶ里遺跡平成8年度〜10年度の発掘調査の概要』佐賀県文化財調査報告書第156集　佐賀県教育委員会／6高見淳編2006『小野崎遺跡』菊池市文化財調査報告第1集　菊池市教育委員会

図106　著者作成

図107　田平徳栄1989『礫石遺跡』佐賀県文化財調査報告書第91集　九州横断自動車関係埋蔵文化財発掘調

査報告書(9) 佐賀県教育委員会／本田岳秋編 1998『良積遺跡 II』北野町文化財調査報告書第 11 集 北野町教育委員会

図 108～110　著者作成

図 111　1 兵庫県教育委員会編 1989『半田山』兵庫県文化財調査報告第 65 冊 兵庫県教育委員会社会教育・文化財課／2・3・9 櫃本誠一 2002『兵庫県の出土古鏡』学生社／7 深江英憲・服部寛・高木芳史・和佐野喜久生・大塚豊揚編 2000『表山遺跡・池ノ内群集墳』兵庫県文化財調査報告第 202 冊 兵庫県教育委員会／8 多賀茂治編 1995『玉津田中遺跡第 3 分冊』兵庫県文化財調査報告第 135-3 冊 兵庫県教育委員会／12 田中清美 1986「加美遺跡発掘調査の成果」『古代を考える』43 古代を考える会 pp. 21-46／20 写真トレース／21 松木洋明 1988「池殿奥支群 4 号墳」『野山遺跡群 I』奈良県史跡名勝天然記念物調査報告／22 川口修実編 2008『旧吉備中学校校庭遺跡』有田川町遺跡調査会発掘調査報告書第 1 集 有田川町教育委員会

図 112～119　著者作成

図 120　10 神戸市教育委員会 1998『平成 7 年度神戸市埋蔵文化財年報』神戸市教育委員会／14 森岡秀人 1987「「十」状図文を有する近畿系弥生小形仿製鏡の変遷」『文化史論叢(上)』横田健一先生古稀記念会／22 八瀬正雄・永谷隆夫編 2001『福知山市文化財調査報告書第 40 集』福知山市教育委員会／24 福島正実編 1988『吉崎・次場遺跡』県営ほ場整備事業に係る埋蔵文化財発掘調査報告書第 2 分冊(資料編(2))　石川県立埋蔵文化財センター

図 121　4 兵庫県教育委員会編 1990『釖田遺跡』兵庫県文化財調査報告第 78 冊 兵庫県教育委員会埋蔵文化財調査事務所／6 森岡秀人 1987「「十」状図文を有する近畿系弥生小形仿製鏡の変遷」『文化史論叢(上)』横田健一先生古稀記念会／11 山元建 1986「山ノ上遺跡第六次調査概要報告」『豊中市埋蔵文化財発掘調査概要 1985 年度』豊中市教育委員会／13 大阪府文化財センター 1999『河内平野遺跡群の動態 VII—石器・木製品・金属器—』／16 (財)大阪府文化財調査研究センター 1997『田井中遺跡(1～3 次)・志紀遺跡(防 1 次)』(財)大阪府文化財調査研究センター調査報告書第 23 集 大阪府文化財調査研究センター／25 (社)石川県埋蔵文化財保存協会 1998『(社)石川県埋蔵文化財保存協会年報』9 平成 9 年度 (社)石川県埋蔵文化財保存協会／27 林原利明 1993「東日本の初期銅鏡」『季刊考古学』第 43 号 雄山閣出版／28 狩野睦・酒井重洋・久々忠義・橋本正春編 1981・82『北陸自動車道遺跡調査報告 上市町遺構編 上市町土器・石器編』上市町教育委員会

図 122　寺沢薫 1992「巫の鏡—「十」字小形仿製鏡の新例とその世界—」『考古学と生活文化』同志社大学考古学シリーズ V pp. 411-433

図 123～136　著者作成

図 137　国土地理院発行 25000 分の 1「福岡南部」を著者改変

図 138・139　著者作成

図 140・141　表 22 に記載

図 142～159　著者作成

図 160　田中壽夫 1994『比恵遺跡』13 福岡市埋蔵文化財調査報告書第 368 集 福岡市教育委員会

図 161　片岡宏二 1996a「渡来人と青銅器生産—佐賀平野の渡来人集落を中心として—」『古代』第 102 号 早稲田大学考古学会 pp. 106-127

図 162～164　平尾良光・鈴木浩子 1999「弥生時代青銅器と鉛同位体比」『古代青銅の流通と鋳造』平尾良光編 鶴山堂 pp. 165-208

図 165～170　著者作成

図 171　平尾良光・鈴木浩子 1995「福岡県北九州市近郊から出土した弥生～古墳時代の銅鏡の鉛同位体比」『研究紀要』VOL. 2 北九州市立考古博物館 pp. 1-5

図 172　馬淵久夫・平尾良光 1990「福岡県出土青銅器の鉛同位体比」『考古學雜誌』第 75 巻第 4 号 日本考古學會 pp. 385-420

図 173・174　著者作成

図 175　平尾良光・鈴木浩子 1999「弥生時代青銅器と鉛同位体比」『古代青銅の流通と鋳造』平尾良光編 鶴山堂 pp. 165-208

図 176～184　著者作成

付図 1～36 までの鋳型の図面は，付表 1 の鋳型集成表の参考文献及び後藤 2000 より引用し，一部改変している。

あとがき

　本書は2007年に九州大学大学院比較社会文化研究院へ提出した博士学位論文をもとに，その後の新たな研究を付け加え再構成し，第2回九州大学出版会学術図書刊行助成に選出され，多くの方々のお力添えによって刊行することができました。末尾ではありますが，感謝申し上げます。

　指導教官の宮本一夫先生には日頃の研究に関しては言うまでもなく，中国や韓国へ青銅器の調査へ連れて行っていただき東アジア的な広い視点で物事を捉える研究の立場について御教授いただきました。田中良之先生には，弥生時代をはじめとする先史社会に関する様々な議論や，研究の楽しさや苦しさなど研究者としての生き方についても御指導いただきました。岩永省三先生には，青銅器に関する研究手法はもちろんのこと，研究の着実性と粘り強さ，論理構成の展開など研究者としての立場を厳しく御指導いただきました。さらに溝口孝司先生には弥生時代研究の本質や，社会像，北部九州社会の特質など多くの点で御指導いただきました。また，武末純一先生には博士論文の審査委員としてだけでなく，学会や研究会において，常に厳しい質問や核心を突く問題点の指摘をしていただき，他大学でありながらも多くの御指導を受けました。佐藤廉也先生や中橋孝博先生には，とくに演習中に厳しい質問をいただき，御指導いただきました。辻田淳一郎先生には，北部九州弥生社会と後続する前期古墳社会に関する日頃の議論だけでなく，鏡研究の細かな点にまで付き合っていただき，御指導いただきました。深謝を申し上げます。

　また，九州大学を離れましたが，西谷正先生には多くの御指導と御教授をいただきました。琉球大学池田榮史先生，大阪大谷大学中村浩先生には，飯倉D遺跡というすばらしい遺跡に巡り合わせていただき，その後も様々な形で御指導いただきました。九州大学考古学研究室の先輩方や後輩，同輩には数多くの手助けをいただき，日頃の討論・議論を通じて自分の考えをまとめることができました。

　最後にこれまで様々な方々に支えられて研究を進めることができました。皆様に深い感謝を申し上げます(五十音順・敬称略)。

安楽勉・家田淳一・石川健・石木秀啓・李タウン・板倉有大・井上洋一・井上義也・岡田裕之・小山内康人・小澤佳憲・小田富士雄・片岡宏二・加藤良彦・鐘ヶ江賢二・上條信彦・蒲原宏行・河合章行・川口修実・岸本圭・北島大輔・金宰賢・木村幾多郎・黒坂秀樹・後藤直・佐野和美・澤下孝信・清水康二・白井久美子・進村真之・杉村彰一・高木恭二・髙倉洋彰・高橋徹・高見淳・谷直子・崔鐘赫・千種浩・常松幹雄・寺井誠・寺前直人・徳留大輔・中島達也・長家伸・中摩浩太郎・中村幸史郎・西田巌・能登原孝道・端野晋平・濱名弘二・原田智也・原田保則・比佐陽一郎・舟橋京子・舟山良一・平田定幸・藤丸詔八郎・古澤義久・古谷毅・八瀬正雄・前田軍治・宮崎歩・

宮井善朗・宮里修・村野正景・森岡秀人・桃崎祐輔・柳田康雄・山口健剛・山本三郎・吉田広・米田敏幸・渡邊誠

　有田川町教育委員会・壱岐市教育委員会・石川県埋蔵文化財センター・伊都国歴史博物館・茨木市立文化財資料館・指宿市考古博物館・大阪大学考古学研究室・大阪市文化財協会・大阪府文化財センター・小郡市埋蔵文化財センター・香川県埋蔵文化財センター・春日市教育委員会・鹿児島県立埋蔵文化財センター・金沢市埋蔵文化財センター・菊池市教育委員会・北九州市立いのちのたび博物館・九州国立博物館・九州歴史資料館・熊本市教育委員会・神戸市埋蔵文化財センター・さいたま市教育委員会・佐賀県立博物館・佐賀市教育委員会・さぬき市教育委員会・下関市立考古博物館・善通寺市教育委員会・高松市教育委員会・太宰府市文化ふれあい館・筑紫野市歴史博物館・千葉県文化財センター・東京国立博物館・東京大学考古学研究室・東京大学総合研究博物館・鳥取県埋蔵文化財センター・高月町教育委員会・武雄市教育委員会・鳥栖市教育委員会・長崎県教育委員会・兵庫県教育委員会・福知山市教育委員会・福岡市教育委員会・福岡市埋蔵文化財センター・福岡県教育委員会・宮崎県立西都原考古博物館・宮崎県埋蔵文化財センター・宮崎市教育委員会・八尾市教育委員会・山鹿市出土文化財管理センター・山鹿市立博物館

　なお，九州大学出版会の尾石理恵さんには，煩雑な文章や図面の校正に粘り強く付き合っていただき，本書を刊行することができました。

　また，最後に私事ではありますが，これまであたたかく見守ってもらった両親と本書の挿図や校正だけでなく，研究についても的確な指摘をくれる妻・直子には心身ともに多岐にわたって支えられ，本書を完成することができました。深く感謝します。

　2012 年 3 月

田　尻　義　了

索　引

あ行

有田遺跡　30, 42, 46, 61, 82, 83, 85, 87
飯倉D遺跡　35, 46, 85, 87, 92, 101–103, 173, 184, 209, 216, 221
井尻B遺跡　35, 50, 66, 91, 92, 184, 188, 209, 210, 311–313
威信材システム　273–275, 279, 281, 282, 290, 320, 321, 326
板付遺跡　27, 50, 88
内型　14, 15, 192, 257, 259–261, 265

か行

加工痕　18, 25, 29–35, 37, 39, 44, 60, 61, 64, 65, 70, 72, 82–88, 90, 91, 97, 104, 105, 224, 265, 327, 328
春日丘陵北側低地部　27–29, 88, 89, 91, 98, 101–105, 249, 291, 293
九州大学筑紫地区遺跡　1, 47, 48, 50, 51, 69, 82, 86, 91, 245–248, 257–260, 262, 264, 265, 267, 270
櫛歯文　174, 175, 178, 180, 183, 198, 205, 212, 220
工人　8–10, 12, 13, 21, 22, 91, 285, 304, 315, 328
工房　10, 12, 13, 17, 21–23, 104, 290, 298

さ行

雀居遺跡　27, 47, 48, 82, 88, 92, 96
サブシステム　319, 325
下條モデル　7, 9, 18, 25, 171, 282, 286, 290, 295, 308, 327, 328
社会システム　319
首長制社会　17, 274, 299, 304, 307, 320, 323, 326, 330
「自立・分散」型　301, 302, 308, 314–316, 318, 323, 325, 330
鋤先　277, 278, 320
須玖遺跡群　28, 50, 51, 173, 184, 198, 209, 219–224, 249, 259, 270, 271, 291, 293–297, 299–303, 308–313, 319, 320, 328, 329
須玖永田遺跡　51, 66, 67, 79, 80, 88, 91, 92, 98, 175, 219, 249, 270
須玖岡本遺跡　3, 4, 12, 22, 28, 47, 48, 51, 69, 82, 86, 88, 92, 270, 274, 291
須玖岡本遺跡坂本地区　14, 50, 51, 66, 67, 69, 79, 80, 86, 88, 91, 92, 98, 184, 188, 249, 270, 310, 312, 313
製作者　21, 303–307, 316
製作場　2, 20, 22, 23, 49, 50, 273, 284, 306

生産体制　20, 284
石英斑岩　15, 42, 48, 75, 181, 248, 249, 270, 286, 287, 289, 294, 296, 299, 322, 325
専業　21, 303–306
双面范　26

た行

多鈕細文鏡　188, 192, 279
単面范　47, 51, 54, 56–60, 70, 249
鈕孔　188, 192, 193, 200, 201, 203, 205, 212, 260–262, 295
鋳造場　72, 74, 79, 80
地理勾配　98, 100–104, 280, 301, 328
鉄戈　49, 309, 310
銅鏃　50, 51, 55, 66, 67, 69, 91, 92, 184, 275, 277, 320
銅鉇　91, 277, 278, 315
巴形銅器　5, 10, 11, 14, 19, 20, 51, 59, 87, 91, 192, 245, 278, 328

な行

那珂遺跡　35, 50, 66, 91, 92, 184, 188, 209, 210, 311–313
中子　47, 49, 75, 88
中原遺跡　14, 45, 69, 74
鉛同位体比分析　15, 20, 286, 293, 294, 296, 301
二里頭遺跡　16, 17, 19, 318–321, 323, 326, 330
「ネットワーク」型　296, 299, 301, 308, 313, 314, 316–318, 320, 323, 325, 326, 328, 330

は行

八ノ坪遺跡　65, 69
八田遺跡　31, 32, 52, 53, 61, 69, 82, 86, 92, 101, 290
盤石遺跡　47, 48, 69, 79, 80, 82, 88, 91, 92
比恵遺跡　27, 47, 50, 69, 82, 85, 88, 91, 102, 180–182, 283, 290, 300, 302
ヒルハタ遺跡　55, 66–68, 86, 92, 173, 184, 199, 205, 220, 278, 312, 313
福田型銅鐸　11, 278, 313, 314, 318
部族社会　274, 284, 304, 307, 326
本行遺跡　7, 56–58, 69, 83, 84, 87, 92, 276, 278, 287, 290, 301, 302, 313

ま行

勾玉鋳型　311–313, 319
松本遺跡　53, 75, 82, 96
真土（まね）　14, 15, 19, 201, 260, 296

や行

安永田遺跡　6, 7, 11, 30, 35, 37, 57, 58, 79, 87, 101, 104, 297, 298, 313, 314

湯口　15, 25, 31, 35, 40, 43, 45–47, 51, 53, 55, 59, 63–66, 68, 180, 188, 217, 260–262, 265
吉野ヶ里遺跡　10, 15, 35, 37, 58, 59, 84, 87, 92, 181, 246, 258, 259, 262, 265

ら行

連結式鋳型　13, 51, 52, 55, 325
連鋳式　66–70, 73

著者紹介

田尻 義了（たじり よしのり）
1973 年生まれ。
琉球大学法文学部卒業。九州大学大学院比較社会文化研究科修士課程修了。九州大学大学院比較社会文化学府博士課程単位取得退学。日本学術振興会特別研究員 (PD) を経て，現在，九州大学大学院比較社会文化研究院学術研究員。九州大学埋蔵文化財調査室に勤務。博士(比較社会文化)。
主な論文に「弥生時代青銅器生産における生産体制論」『九州考古学』第 76 号 2001 年,「弥生時代小形仿製鏡の生産体制論」『日本考古学』第 18 号 2004 年,「弥生時代巴形銅器の生産と流通―九州大学筑紫地区出土巴形銅器鋳型と香川県森広天神遺跡出土巴形銅器の一致―」『考古學雜誌』第 93 巻第 4 号 2009 年などがある。

弥生時代の青銅器生産体制
2012 年 5 月 15 日　初版発行

著　者　田 尻 義 了
発行者　五 十 川 直 行
発行所　（財）九州大学出版会
〒 812-0053　福岡市東区箱崎 7-1-146
九州大学構内
電話　092-641-0515（直通）
振替　01710-6-3677
印刷・製本　研究社印刷株式会社

© Yoshinori Tajiri, 2012　　　ISBN 978-4-7985-0060-7

九州大学出版会・学術図書刊行助成

　九州大学出版会は，1975年に九州・中国・沖縄の国公私立大学が加盟する共同学術出版会として創立されて以来，大学所属の研究者等の研究成果発表を支援し，優良かつ高度な学術図書等を出版することにより，学術の振興及び文化の発展に寄与すべく，活動を続けて参りました。

　この間，出版文化を取り巻く内外の環境は大きく様変わりし，インターネットの普及や電子書籍の登場等，新たな出版，研究成果発表のかたちが模索される一方，学術出版に対する公的助成が縮小するなど，専門的な学術図書の出版が困難な状況が生じております。

　この時節にあたり，本会は，加盟各大学からの拠出金を原資とし，2009年に「九州大学出版会・学術図書刊行助成」制度を創設いたしました。この制度は，加盟各大学における未刊行の研究成果のうち，学術的価値が高く独創的なものに対し，その刊行を助成することにより，研究成果を広く社会に還元し，学術の発展に資することを目的としております。

　　第1回助成作（2010年度刊行）
　　道化師ツァラトゥストラの黙示録
　　　細川亮一（九州大学大学院人文科学研究院教授）

　　中世盛期西フランスにおける都市と王権
　　　大宅明美（九州産業大学経済学部教授）

　　第2回助成作（2011年度刊行）
　　弥生時代の青銅器生産体制
　　　田尻義了（九州大学大学院比較社会文化研究院学術研究員）

　　沖縄の社会構造と意識
　　　　——沖縄総合社会調査による分析——
　　　安藤由美・鈴木規之　編著（ともに琉球大学法文学部教授）

＊詳細については本会Webサイト（http://www.kup.or.jp/）をご覧ください。